KB139100

READINGS IN CYBERETHICS

정보화 시대의

사/이/버/윤/리

정보화 시대의 사이버윤리

리차드 스피넬로/허만 타바니 엮음
이태건/홍용희/이범웅/노병철/조일수 옮김

인간사랑

컴퓨터윤리학 분야는 다른 응용윤리학 분야와 비교해 볼 때 이제 막 성숙하기 시작하였다. 새로운 저술들, 학회지들 그리고 학술회의들이 지난 10여 년간 확산되었다. 컴퓨터윤리학의 방법론과 관련하여 많은 논의와 상이한 견해들이 제시되었다. 이와 동시에 대학교 교육 과정에도 '윤리적 문제와 정보기술', '정보윤리학' 그리고 '인터넷과 사회' 와 같은 다양한 강좌들이 제공되고 있다. 인터넷 프라이버시와 같은 주제에 대한 전문적인 세미나 강좌도 개설되고 있다. 사이버 법률이나 공공정책과 관련된 강좌들도 법대나 경영대 혹은 정책 대학원에서 표준적인 강좌가 되고 있다.

이러한 비교적 새로운 분야의 응용윤리학은 인터넷과 웹이 사회적 · 정치적 그리고 법적 제도들에 미치는 영향을 반영하며 상당히 역동적이고 급속히 변화하고 있다. 인터넷이 문화 전반에 걸쳐 영향을 주게 됨에 따라 십 년 전에는 없었던 새로운 논쟁적인 문제들이 등장하고 있다. 냅스터, 소스 코드 공개, 스팸, 블랙홀,[1] PICS, 쿠키, 웹사이트 해킹, 웹라이닝²⁾(Weblining), 프레이밍³⁾과 캐싱⁴⁾ 같은 것들은 윤리학자나 정책결정자에 의해 주의깊게 검토되어져야 하는 새로운 종류의 윤리적이면서 사회적인 문제들을 야기하는 용어들 중의 일부이다. 이러한 문제들과 관련하여 제임스 무어(J. Moor) 교수가 명명한 것처럼 '정책 공백' 상태가 발생하고 있으며, 이러한 문제들을 해결하기 위한 공정한 새로운 정책, 법, 혹은 규범을 만들고 정당화하기 위해서는 윤리적 분석이 필요하다.

인터넷윤리를 컴퓨터윤리학 분야와는 별개의 분야로 상정할 필요는 없으나 이 분야에 종사하는 많은 학자들은 언제 어디서나 접속할 수 있는 네트워크화된 커뮤니케이션이라는 온라인 세계에 의해 야기되는 새로운 도전들로 관심의 초점을 변화시키고 있다. 점점 심각해지는 프라이버시 침해, 음란물 유통을 제한하기 위해 만든 콘텐츠 통제의 일부 유형에 대한 논란, 익명의 소스로부터 오는 '사이버 명예훼손'에 대한 걱정, 지적 재산 소유권의 범위에 대한 논란 등이 있다.

물론 프라이버시, 여론, 그리고 지적 재산권과 관련된 논의는 새로운 것은 아니고, 지난 20년 동안 컴퓨터윤리학에서 광범위하게 다루어졌던 주제들이다. 그러나 인터넷은 그러한 주제들과 관련하여 새로운 방향에서 복잡하게 얽혀 있는 현재의 논란거리들을 컴퓨터윤리

---

1) 역자 주_ 메일남용방지체계(Mail Abuse Preventtion System)의 운영자는 스팸메일을 발송하는 것으로 판단되는 인터넷 주소는 실시간 블랙홀 목록(Realtime Blackhole List)에 올리고, 그 주소의 메일 송수신을 차단한다.
2) 역자 주_ 웹상에서의 개인 정보에 근거하여 개인들을 차별하는 것.
3) 역자 주_ 웹페이지 작성자가 자신의 웹페이지 화면상에 작은 창이나 블록 형태로 다른 웹페이지 자료를 포함시키는 행위.
4) 역자 주_ 명령어와 데이터를 캐시 기억장치 또는 디스크 캐시에 일시적으로 저장하는 것.

학에로 가져왔다. 우리가 인터넷윤리학이라 언급할 때 그것은 컴퓨터윤리학과는 분리된 별도의 분야를 가정하거나 의도하는 것은 아니다. 오히려 인터넷윤리학은 좀 더 초점을 좁힌 컴퓨터윤리학이라 할 수 있다. 왜냐하면 인터넷윤리학은 인터넷이나 네트워크화된 환경에서 발생하는 분규와 관련되지 않는 주제(예를 들어, 소프트웨어의 품질이나 신뢰성 문제)는 배제하기 때문이다. 그러나 우리의 논의에서 직업적 책임성과 직업적 행동강령과 관련된 주제들을 간접적으로 논의하는 직업윤리는 포함하고 있다.

이 책은 인터넷의 도덕적 의미에 초점을 맞추고 있는 컴퓨터윤리학 분야의 연구나 교육에 관심이 있는 사람들에게 필요한 자료들로 구성되었다. 웹상에서 프라이버시가 광범위하게 보호될 수 있을까? 인터넷은 우리가 알고 있는 것처럼 카피라이트의 종말을 의미할까? 사이버공간에서 정부의 범죄에 대한 감시와 시민의 자유가 공존할 수 있을까? 인터넷에서는 익명의 발언을 할 수 있는 권리가 있는 것일까? 이러한 질문들은 여기서 우리가 다루려는 난감한 질문들 중의 일부이다.

이 책은 *Cyberethics : Morality and Law in Cyberspace* (Sudbury, MA : Jones & Bartlett)[5]의 자매본이다. 위의 책은 인터넷의 폭발적 성장에 의해 야기된 주요 도덕적·사회적 문제들에 대해 간략히 기술하고 있다. 이 책의 목적은 위의 책이 소개한 주제들을 좀 더 깊이 있게 다루는 것이다. 이 책은 다양한, 심지어는 서로 갈등하고 있는 관점에서 여러

---

[5] 역자 주_ 한국어로는 『사이버윤리 : 사이버공간에 있어서 법과 도덕』(서울, 인간사랑, 2001)으로 번역출간되어 있다.

가지 주제들을 다루고 있는 논문들을 편집한 것이다. 이 책은 독자들에게 윤리 이론에 대한 논의로부터 시작해서 '사이버윤리학'에서의 기본적이면서도 서로 연관된 4개의 주제, 즉 여론, 재산권, 프라이버시 그리고 보안의 문제들에 대한 다양한 도전을 보여주고 있다.

이 책은 위의 책 *Cyberethics*에서 간결하게 제시된 주요한 주제들을 광범위하게 다루고 있다. 예를 들어, 이 책에 제시된 프라이버시와 관련된 다양한 글들은 학생들로 하여금 *Cyberethics*의 프라이버시 장에서 제기된 핵심 주제들을 탐구할 수 있도록 해주고, 데이터 가공, '쿠키' 기술, 작업장에서의 감시와 같은 주제들에 대해 좀 더 깊이 있게 탐구할 수 있도록 해준다. 그리고 지적 재산권과 관련된 글들은 보호받을 수 있는 저작권의 범위와 그 정당성과 관련된 주요한 철학적 질문들을 제기한다. 또한 이 부분에서의 다른 글들은 초점을 달리하여 최근의 입법안이 저작권의 공정한 사용에 어떤 영향을 줄 것인지와 같은 주제를 다루고 있다. 이 책의 마지막 부분은 컴퓨터와 정보 관련 직업에 종사하고 있는 사람들의 행동양식과 직업적 책임의 문제를 다루고 있다.

이 책의 글들은 1996년 이후에 발표된 것들로서 『컴퓨터와 사회』(*Computers and Society*), 『ACM 커뮤니케이션』(*Communications of ACM*), 『윤리와 정보사회』(*Ethics and Information Society*)와 같이 이 분야에서 선도적인 위치에 있는 학술지나 정기간행물들에서 선별하였다. 선택된 글들은 상당수가 컴퓨터와 정보윤리학 분야에서의 선도적인 연구자나 교육자에 의해 저술되었으며, 상당수의 논문들은 각각의 분야에서 거의 고전이 되어가고 있다. 각각의 글들은 시의성, 풍부한 내용, 정확성이라는 관점에서 선택되었으며, 각각의 연구분야에서의 활기와 연구방향을 반영하고 있다.

또한 이 책의 글들은 논쟁적인 주제에 대해 균형잡힌 시각을 제공하기 위해 선택되었다. 사이버공간에서 음란물을 차단하자는 논의로부터 음란물 차단을 단지 권장하거나 익명의 여론 허용이 가지는 위험성에 대한 논의에 이르기까지 여러 주제에 대해 상반되는 견해들을 제시하고 있다. 모든 글들은 인터넷의 상업적 및 사회적 환경의 복합적인 현실에 상응하는 현대적 주제들을 제시하고 있다. 우리의 목적은 많은 주제들에 대해 서로 갈등하고 충돌하는 견해들을 제시하여 학생과 독자들로 하여금 특정 주제에 대해 신중하게 생각하여 정보에 근거한 올바른 결정을 내리는 데 도움을 주고자 하는 데 있다.

대부분의 선택된 글들은 이 분야에서 활발히 활동하는 윤리학자나 철학자들에 의해 저술되었으며, 일부 논문들은 컴퓨터과학자나 사회과학자에 의해 쓰여졌다. 다른 일부 논문들은 예를 들어 지적 재산권과 같은 특정 분야에 대한 법률적 논의는 법률분야의 학자들에 의해 저술되었다. 이러한 글들은 법정 소송과 중앙집중화된 통제가 새로운 기술에 대한 가장 좋은 방식인지 아닌지에 대해서와 관련하여 많은 논란을 야기하였다. 사법적 조정 혹은 새로운 규제가 넷의 혁신을 방해할 것인가, 혹은 넷에서의 상호작용에 필요한 질서와 규범을 가져올 것인가? 우리는 인터넷의 구조 변화와 관련하여 정책이 어떻게 만들어져야 하는가를 도덕적 관점에서 고려하는 것이 중요하다고 판단했기 때문에 이러한 글들을 포함하였다.

우리는 여러 부류의 독자들이 이 책을 읽을 것으로 예상하고 있다. 이 책은 학부와 대학원 강좌의 교재로 사용되거나 전문화된 윤리학 세미나의 보충 교재로 사용될 수 있으며, 또한 이미 출간된 *Cybereth-*

*ics*와 함께 사용되거나 혹은 독립적으로 사용될 수 있다. 어떤 경우든 간에 이 책은 '인터넷윤리학'이라는 주제의 모든 강좌에 적합하다. 이 책은 또한 다음 분야의 강좌들에도 적합하다. 비즈니스 윤리 강좌, '기술과 사회' 강좌, 정보 관리, MIS 혹은 윤리학적 관점을 포함하고 있는 컴퓨터 과학. 이 책은 또한 인터넷 관련 윤리나 정책을 다루고 있는 기업이나 대학의 실무 교육에도 사용할 수 있다.

더 나아가 이 책의 내용은 학문적 연구에 관심이 적은 일반 독자들의 눈길을 끌 수 있을 정도로 흥미롭고 도발적이다. 인터넷 윤리와 관련된 주제들의 복합성과 중요성을 이해하고 있는 사려깊은 일반 독자들이 많이 있다. 우리는 그들이 이 책을 읽음으로써 '사이버윤리'에 대해 깊이 이해할 수 있게 되기를 희망한다.

마지막으로 포괄적인 웹사이트(www.jbpub.com/cyberethics)를 소개하고자 한다. 이 사이트는 많은 부가적인 읽을거리와 다른 웹사이트들을 링크하고 있다. 이 웹사이트는 또한 '백서'[6]나 다른 프로젝트를 위한 지침뿐만 아니라, 이 책의 글들을 중심으로 개설할 수 있는 강좌의 강의계획서 샘플을 포함하고 있다. 이 웹사이트는 이 책에 제시된 주제들을 깊이 있게 탐구하는 데 흥미가 있는 학생이나 사람들에게 필요한 매우 귀중한 자료들을 제공하고 있다. 이 사이트는 또한 새로운 중요한 연구성과에 대한 배경 정보를 제공해 주고 있기 때문에 우리는 이 분야의 최근 동향과 발전을 따라가는 데, 그리고 이 책을 시의

---

6) 역자 주_ 백서는 일반적으로 정부 기관 등이 발행하는 간단한 공식 보고서를 의미한다. 또한 백서는 전자 상거래 등의 분야에서 '회사에 관한 정보를 고객이나 파트너, 미디어, 다른 조직과 기관들에게 제공하기 위해 제작되는 문서'라는 의미로도 사용된다.

적절하게 만드는 데 이 웹사이트를 상당히 활용하고 있다.

이 책과 웹사이트는 사이버공간에서의 윤리에 대한 학문적 경험을 고양시키기 위해 활용된다. 양자는 상호 보완적이다. 강의실에서 이 책을 사용하는 사람과 일반 독자들은 보충자료를 찾기 위해 웹사이트를 방문하기를 희망한다.

감사의 말

자신의 논문이나 에세이를 이 책에 수록하도록 허락해 준 필자들에게 깊이 감사드린다. 이 책을 편집하는 프로젝트에 대한 그들의 열정과 지원이 우리의 노력을 고무시켰다. 이 책이 만약 성공적이라면 그것은 기본적으로 그들의 저작물들이 수준이 높고 내용이 철저했기 때문이다.

우리는 또한 지원을 해준 보스톤 대학(Boston College)과 리비어 대학(Rivier College)에 감사한다. 적절한 재정적 지원을 해준 보스톤 대학의 캐롤 경영대(Carroll School of Management)에 특히 감사한다. 그리고 이 책 발간의 진짜 이유라 할 수 있는 우리의 학생들에게 감사한다.

우리는 또한 컴퓨터 윤리의 철학적 탐구(Computer Ethics Philosophical Enquiry : CEPE)와 ETHICOMP와 같은 학회의 연례 학술회의에서 귀중한 통찰력을 공유할 수 있도록 해준 여러 동료들에게 많은 도움을 받았다. 학술회의 동안의 그들과의 교류는 이 책에 제시된 여러 주제들에 대한 우리의 이해를 넓고 세련되게 해주었다. 이 책에 포함된 여러 편의 논문은 위의 학술회의들에서 최초로 발표된 것들이다.

지적 재산권 부문에 제시된 두 편의 논문은 1999년 보스톤 대학에서 열린 제4차 윤리 및 기술 연차 학술회의(The Fourth Annual Ethics and Technology Conference)에서 최초로 발표되었다. 이 학술회의는 1년마다 열리며, 보스톤 대학과 로욜라 대학(Loyola University/Chicago), 그리고 산타클라라 대학(Santa Clara University)의 노력으로 개최되고 있다. 우리는 논문들의 출판을 허락하고 이 분야에서의 연구를 촉진하고 있는 이 학술회의의 주최자들에게 깊이 감사드린다.

죤스 앤드 바틀렛(Jones & Bartlett) 출판사의 마이클 스트란쯔(M. Stranz)와 다른 분들에게도 감사드린다. 그들은 이 프로젝트에 깊은 관심을 보여주었고, 많은 논문들을 하나의 통일된 형태로 만드는 어려운 작업에 많은 도움을 주었다.

그리고 마지막으로 우리는 이 책을 편집하는 데 소비한 많은 날들 동안에 자제와 인내를 보여준 우리의 배우자 수잔(Susan)과 조안(Joanne)에게 많은 개인적 빚을 지고 있다. 그들은 우리의 작업에 의미와 목적을 부여해 주었다.

리차드 스피넬로 _Richard A. Spinello
허만 타바니 _Herman T. Tavani

마케팅 조사 전문 기업 AC 닐슨은 2006-07년도 미디어 인덱스 조사결과 한국이 가정 내 PC 보급률과 인터넷 사용률에서 세계 1위를 차지하였다고 발표하였다. 미국의 한 조사기관의 통계에 따르면, 사람들의 주중 미디어 평균 소비 시간 중 인터넷 이용 시간이 34%로 텔레비전(30%) 시청 시간을 추월하였다고 한다. 사이버공간은 이제 우리 생활에서 없어서는 안 될 중요한 자리를 차지하게 된 것이다.

사이버 문화의 급속한 확산은 큰 영향력을 갖고 우리 삶에 많은 변화를 가져오고 있다. 우리는 서재에 앉아서도 인터넷 검색창을 통하여 필요한 각종 정보를 간단한 방법으로 얻을 수 있고, 동호인끼리 필요한 정보를 다양한 형태로 주고받을 수도 있다. 종래에는 시간적 · 공간적 제약으로 인해 만나기 어려웠던 사람들과도 이제는 인터넷을 통하여 쉽게 만날 수 있으며, 백화점이나 쇼핑몰에 가지 않고서도 원하는 물건을 구입할 수 있다. 심지어는 안방에 앉은 채 인터넷 쇼핑몰을 열어 사업을 벌일 수도 있고, 해외에 나가지 않고서도 전 세계 어느 나라에나 주식이나 환(換) 투자가 가능하다.

인터넷은 그 연결범위가 전 세계적으로 확대되어 있는 데다가 정보 전달 속도도 매우 빨라 우리 삶의 무대를 범세계적으로 넓히고 사고방식을 세계화시키는 데에도 결정적으로 작용하고 있다. 또한 사이버공간에서는 익명성이 보장되는 데다가 권위가 철저히 개인화·분권화됨으로써 오늘날 인터넷은 거의 '무정부상태' (anarchy)에 가까울 만큼 자유로운 의사소통의 마당을 제공하고 있다.

'무정부상태'라는 말은 두 가지 서로 대조되는 뜻을 지니고 있다. 그 하나는 '협력적이고 자율적인 개인과 집단의 연합체를 통하여 지배되는 이상사회(utopia)'라는 뜻이고, 다른 하나는 '정치적으로나 사회적으로 무질서와 혼란이 팽배해 있는 혼돈의 상태(chaos)'라는 뜻이다. 이는 사이버공간의 '무정부상태'는 그 안에 사는 사람들이 자율적으로 협력하여 잘 세워나가면 '이상사회'가 될 수도 있지만 그렇지 못하면 '혼돈의 상태'로 전락해 버릴 수도 있음을 시사한다.

해마다 사이버 범죄 발생 건수가 급격히 늘어나고 그 수법도 다양하게 발달되고 있음은 세계적으로 공통된 현상인 것 같다. 사이버공간에서 보장되는 익명성으로 인해 상대방의 인격을 고려하지 않는 여러 가지 양상의 사이버 언어폭력이 자행되는 경우가 적지 않음은 실로 크게 우려되는 현상이다. 게임 도중 채팅을 통해 상대방에게 듣기 거북한 욕설을 마구 내뱉는 일이 허다할 뿐만 아니라, 채팅이 불건전한 만남으로 발전하여 불행을 자초하는 경우도 없지 않다. 그리고 해킹으로 인한 사생활 침해, 개인정보 유출, 성폭력, 불법복제 및 유통 등 각종 사이버 범죄도 기승을 부리고 있다. 최근에는 인터넷 피싱 (internet phishing)이 빈발하고 있어 사이버 경찰청을 긴장시키고 있다.

사이버 중독 역시 사이버공간에서 극복되어야 할 또 하나의 중대한 문제로 대두되고 있다. 한 마디로 인터넷 보급률 1위의 나라에 어울리지 않는 윤리상황이 사이버공간에서 펼쳐지고 있는 것이다. 이러한 불일치 현상이야말로 사이버윤리 교육의 필요성을 절실하게 제기하는 상황적 배경이다.

사이버 문화의 이러한 이중성을 우리는 어떻게 받아들여야 할 것인가? 이것은 정보화의 역기능에 대한 적절한 대응 노력을 우리 사회가 절실하게 요청하고 있다는 사실에 대한 명백한 근거라고 해석되어야 할 것이다. 그동안에는 정보화의 역기능 방지 방법으로 사이버 범죄 예방과 처벌을 위한 법 제정이라는 제도적 대응이나 사이버 범죄 차단을 위한 프로그램 개발과 적용이라는 기술적 대응 등이 모색되어 온 바 있다. 그러나 최근 들어 법적인 대응이나 기술적 대응 방안이 그 한계를 드러내면서 보다 중요한 대응책으로 부각되고 있는 것이 교육적인 대응이다. 즉 네티즌들에게 정보사회에 가장 기본이 되는 가치관과 윤리규범을 가르쳐 익히게 함으로써 보다 근본적으로 정보화 역기능의 피해를 줄이고자 하는 접근이 새롭게 모색되고 있는 것이다.

이러한 차원에서 대두된 '정보통신 윤리 교육'은 정보화 역기능에 따른 피해를 줄이기 위한 교육적 방안의 하나로 주목되고 있다. 정보사회를 살아가는 사회구성원으로서 갖추어야 할 올바른 가치관과 행동양식을 심어주는 것이 이 교육의 기본 목적이다. 1995년에 발표한 "정보통신 윤리 강령"의 서문에서 '정보통신윤리위원회'가 "모든 정보는 정확하고 성실하게 활용되어야 하며, 인간의 존엄성을 지키고 삶의 품위를 높이는 데 이용되어야 한다. 개인의 창의력과 조직의 능

률을 향상시키며, 나라의 발전과 민족문화의 창조적 계승을 도모하
고 세계가 더불어 번영하는 데 이바지하도록 정보문화를 가꾸어 나
가야 한다"라고 선언하고 있는 것은 이런 맥락에서 적절하였다고 평
가된다.

사이버공간의 건전화를 위한 응용윤리학의 한 분야로 새로이 대두
된 '사이버윤리학'은 다른 응용윤리학 분야와 비교해 볼 때 아직 몽
고반점(birth mark)도 지워지지 않은 유아기(乳兒期) 단계를 벗어나지
못하고 있다. 하지만 그 중요성에 비추어 볼 때 관련 분야 학자들의 공
동 노력으로 이를 더욱 적극적으로 키워나가야 함은 두말할 나위도
없다.

전통적으로 윤리는 앞으로 일어날 일을 예방하는 기능보다는 이미
일어난 일에 대한 도덕적 평가에 초점을 맞추어 왔다. 그 결과 늘 시
대 변화를 제대로 따라가지 못하는 심각한 윤리적 지체(ethical lag) 현
상을 겪어온 것도 사실이다. 결국 우리는 '사이버윤리학'은 사이버
시대를 살아가는 우리 모두에게 올바른 판단을 내리는 데 도움이 되
는 하나의 기준이나 나침반으로서의 역할을 수행할 수 있는 기본 원
리를 제시해 주어야 할 것이라는 결론에 이르지 않을 수 없다.

이 책은 바로 '사이버윤리학'의 방향타와 같은 지침서로 편찬된,
Richard A. Spinello and Herman T. Tavani(ed.), *Readings in Cyber
Ethics*(Boston : Jones and Bartlett Publishers, 2001)을 발췌 번역한 것이다.
이 책은 본래 다양한, 심지어는 서로 갈등하고 있는 관점에서 여러 가
지 주제들을 다루고 있는 논문들을 모아 편집하여 펴낸 것으로서, 인
터넷의 폭발적 성장에 의하여 야기된 주요 도덕적 · 사회적 문제들에
대해서 기술하고 있다. 이 책은 독자들에게 윤리이론에 대한 논의로

부터 시작해서 '사이버윤리학'에서의 기본적이면서도 서로 연관된 여론, 재산권, 프라이버시 그리고 보안의 문제들에 대한 다양한 도전을 보여주고 있다. 선택된 글들은 상당수가 컴퓨터와 정보윤리학 분야에서의 선도적인 연구자나 교육자에 의해서 저술되었으며, 그 가운데 상당수의 논문들은 오늘날 각각의 분야에서 거의 고전이 되어가고 있다.

여기 선정되어 옮겨져 있는 글들은 그 시의성(時宜性), 내용의 풍부성, 정확성이라는 기준에서 선택된 것으로서, 각각의 연구분야에서는 최신(最新)의 논문들이다. 이 책의 목적은 많은 주제들에 대해 서로 갈등하고 충돌하는 견해들을 다양하게 제시함으로써 이 책을 읽는 학생들이나 독자들로 하여금 특정 주제에 대하여 보다 신중하게 생각하여 정확한 정보에 근거한 올바른 결정을 내릴 수 있도록 이끌고 돕는 데 있다. 이 책은 학부와 대학원 강좌의 교재로 사용되거나 윤리학 세미나의 보충 교재나 각종 연수의 교재로 활용될 수 있을 것이다.

이 책은 크게 3부로 구성되어 있다. 1부는 주로 "인터넷, 윤리적 가치, 개념적 틀" 등 사이버윤리학의 기초 이론과 관련된 내용을 다루고 있으며, 이태건(인하대 명예교수, 성산효대학원대학교 부총장)과 노병철(충주대학교 교수)이 번역하였다. 2부는 주로 "인터넷 통제 : 표현의 자유와 내용 통제 간의 균형"을 다루고 있으며, 홍용희(충주대학교 교수)와 조일수(충북대학교 교수)가 번역하였다. 끝으로 3부는 주로 "사이버공간에서의 지적 재산권 문제"를 다루고 있으며, 이범웅(공주교육대학교 교수)이 번역하였다. 역자들이 모두 인문사회과학 전공자들이기 때문에 컴퓨터와 인터넷 관련 전문용어를 정확하게 한국어로 옮기는 데 부정확한 측면이 있을 수 있다. 이는 전적으로 역자들의 책임이며, 독자들의 지적과 질정을 겸허히 받아들여 다음 기회에 꼭 바로 잡도록 하겠다.

끝으로 여러 가지로 어려운 여건 속에서도 우리들의 출판 제의를 흔쾌히 받아들여 이 책의 산파역을 자임하신 도서출판 인간사랑 여국동 사장님과 편집과 교정에 정성을 다하여 이렇게 좋은 책으로 빚어내어 주신 편집부 직원 여러분에게 깊은 감사를 드린다.

2008년 7월
역자를 대표하여 **이 태 건**

차례

제3부 ■■■

제1부

서론
인터넷, 윤리적 가치들, 그리고 개념적 분석틀

```
                                        1010101010100
              1010100010011101011010100010011101011010101010100
              0110101010101010001110101010101010001001110101010101
                        1110101010101010001001110101010101
                    00100101001010111110101010100010101010101000
      10101000100111010100100100101010011101011111010100010001001110101010101000
      10101010101001010101010101010010011101010101011111010100010001010101000
                10101010101010001010101010101010100111010101000
```

사이버윤리(Cyberethics)란 정확히 무엇을 말하는가? 이 분야는 어떻게 발전해 왔는가? 이 분야의 핵심 논제들과 주제들은 무엇인가? 그리고 이와 같은 응용윤리학 분야에 종사하는 사람들은 어떤 방법론들을 사용하고 있는가? 이 책에서는 이와 같은 그리고 이와 관련된 문제들을 주로 다루고 있다.

Ⅰ. 용어상의 특징

무엇보다도 먼저 많은 사람들이 현재 '사이버윤리'라고 부르기 시작한 이 분야는 최근까지도 보다 일반적 명칭인 '컴퓨터윤리'로 불리워 왔음을 지적할 필요가 있다. 현재 컴퓨터와 인터넷 기술과 관련된 윤리적 논제들을 지칭하는 데 사용되고 있는 다른 표현들로는 '정보윤리', '정보기술윤리', '정보 · 커뮤니케이션 기술윤리', '전 세계적 정보윤리', 그리고 '인터넷윤리' 등이 있다. '인터넷윤리'의 경우에 있어서와 같이 '사이버윤리'는 특히 인터넷과 관련되는 윤리적 관심사들을 다루기 위한 것이다. 그리고 이 책에서 우리가 관심을 기울이고 있는 것은 주로 인터넷이라는 특수한 매체와 관련된 윤리적 논제들이다. 또한 '컴퓨터윤리'라는 표현은 일반적인 컴퓨터 기술이 사회 · 정치적 제도뿐만 아니라 윤리학에 미쳤던 영향을 보다 훌륭하게 설명하고 있다는 점을 지적할 필요가 있다. 설사 우리의 주된 관심이 인터넷과 관련되는 윤리적 논제들에 있다 할지라도 이 책에 실린 많은 논문들은 좀 더 광범위한 의미의 컴퓨터 기술과 관련되는 윤리적 논제들에도 관심을 기울이고 있다. 그러므로 이 책에서 '사이버윤리'와 '컴퓨터윤리'라는 표현들은 때때로 같은 의미로 사용되기도 한다.

Ⅱ. 컴퓨터윤리학의 발전

이 책의 처음 세 논문은 세 명의 '컴퓨터윤리 개척자들'이 기고한 것으로, 이들은 20년 넘게 컴퓨터윤리 연구에 주요한 기여를 해온 사람들이기도 하다. 전체적으로 이 논문들은 광범위한 분야를 포괄하고 있는데, 여기에는 (1) 컴퓨터윤리 분야의 출현과정에 대한 설명, (2) 인터넷 기술이 어떤 독특한 혹은 특수한 윤리적 문제를 야기했는가에 대한 고찰, 그리고 (3) 컴퓨터윤리에 있어 연구 수행방법과 관련된 일련의 방법론상의 제안들이 포함된다.

첫 번째 논문인 「윤리와 정보혁명」에서 바이넘(T. Bynum)은 1940년대와 1950년대의 비공식적인 출범에서부터 자신과 다른 사람들이 현재 '전 세계적 정보윤리'(Bynum and Rogerson, 1996)라고 지칭하고 있는 시점에 이르기까지 컴퓨터윤리 분야의 발전과정을 상세히 설명하고 있다. 먼저 제2차 세계대전 기간 중에 이 분야의 초기 발전에 미친 위너(N. Weiner)의 공헌에 대한 논의를 시작으로 바이넘은 지난 50년간 주요 학자들이 기여한 핵심적인 공헌들에 대해 매우 포괄적으로 설명하고 있다. 또한 이 논문은 컴퓨터윤리 분야를 분명하게 규정하는 핵심적인 문제들과 주제들을 확인해 주고 있다. 바이넘은 이 분야의 미래에 관한 두 개의 서로 상이한 가설에 대해 간략히 설명하면서 결론을 맺고 있다.

두 번째 논문인 「온라인윤리」에서 존슨(D. Johnson)은 특히 인터넷 기술의 출현으로 어떤 독특한 혹은 특수한 도덕적 문제가 야기되었는지를 살펴보고 있다. 모든 컴퓨터윤리의 논제들이 실제로 독특한 윤리적 논제들인가 하는 문제는 이 분야에서 현재 진행되고 있는 논쟁의 핵심이 되고 있다. 논쟁의 한편에는, 본질적으로 컴퓨터 사용과 관련되는 윤리적 문제에 있어 새롭거나 특수한 것은 없다고 믿는 사람들이 있다. 예를 들어, 이러한 견해를 지지하는 사람들의 주장은, 특정한 프라이버시 침해나 특정한 범죄가 컴퓨터 기술의 존재나 그 사용과 관련해서 발생한 것과는 관계없이 어디까지나 프라이버시 침해는 프라이버시 침해이고 범죄는 범죄라는 것이다. 논쟁의 다른 한편에는, 컴퓨터의 사용으로 인해 컴퓨터 기술이 발명되지 않았다면 존재할 수 없었던 일련의 새롭고도 독특한 윤리적 문제들이 야기되었다고 믿는 매너(W. Maner, 1996)와 같은 사람들이 있다. 매너의 주장은, 컴퓨터와 관련되는 도덕적 문제에 대하여 '만족할 만한 컴퓨터 이외의 유추'를 할 수 없기 때문에 컴퓨터윤리의 문제는 독특한 윤리적 문제라는 것이다. 존슨(D. Johnson, 1994)은 이러한 논쟁에 있어 중도적인 입장으로 간주될 만한 견해를 제시하고 있다. 속(屬, genus)과 종(種, species)의 비유를 사용하고 있는 그녀의 주장은, 컴퓨터 기술로 야기된 윤리적 문제들을 기존의 도덕적 문제들로부터 파생된 하나의 '새로운 종'으로 이해할 때 가장 잘 이해될 수 있다는 것이다.

그러나 인터넷 그 자체는 어떻게 되는가? 인터넷 기술이 어떤 독특한 혹은 특수한 윤리적 문제들을 야기하였는가? 두 번째 논문에서 존슨은 윤리적 고찰과 관련하여 인터넷 기술에는 고려할 만한 세 가지 특징이 있음을 지적하고 있다 : 전 세계적으로 상호작용하는 범위와 익명으로 의사를 교환할 수 있는 능력, 그리고 매체상에서 정보의 재생가능성이 그것이다. 비록 그녀가 이러한 특성들로 인해 "전자 네트워크에서는 오프라인 행위와는 도덕적으로 상이한 행위를 한다는 점에서 도덕적 차이가 나타날 수 있음"을 지적하고는 있지만, 인터넷이 필연적으로 어떤 새로운 혹은 독특한 윤리적 문제들을 야기했다고는 주장하지 않는다. 다른 논문에서 존슨(2001)은 어떤 특정한 기술이 독특한 윤리적 문제들을 야기했는가를 둘러싼 논쟁에 대한 여러 가지 견해는 종종 그 견해가 어디서 출발했는가에 따라 좌우되고 있음을 강조하였다. 예를 들면, 만일 누군가 기술의 관점에서 출발한다면 그는 컴퓨터가 갖는 많은 특성들이 지닌 독특성에 관심을 갖게 된다. 반면에 누군가 윤리학에서 출발한다면 그는 보다 광범위하게 인간의 행동과 인간의 가치들을 강조하게 된다.

　세 번째 논문인 「컴퓨터윤리에 있어서 이성, 상대성 그리고 책임」
에서 무어(J. Moor)는 자신의 독창적 논문인 「컴퓨터윤리란 무엇인가?」
(1985)에서 제기했던 일부 주장들을 자세히 설명하고 있다. 이전의 논
문에서 무어는 과거의 기술들과는 달리 컴퓨터 기술은 다양한 기능
들을 수행할 수 있도록 만들어지고 변형될 수 있기 때문에 '매우 유연
하다'고 주장하였다. 컴퓨터 이외의 기술들은 일반적으로 어떤 특정
한 기능이나 업무를 수행하도록 설계된다. 예를 들면, 전자레인지는
비디오를 감상하는 데 사용될 수 없으며, 비디오 레코더는 음식을 조
리하거나 데우는 데 사용될 수 없다. 그러나 컴퓨터는 어떤 소프트웨
어를 사용하느냐에 따라 다양한 업무를 수행할 수 있다. 예를 들어,
서로 다른 소프트웨어를 장착하여 동일한 컴퓨터를 가지고 비디오 게
임, 워드프로세서, 계산, 전자우편을 주고받는 매체, 웹사이트의 인터
페이스 등의 기능을 수행하도록 할 수 있다. 무어는 컴퓨터가 지닌 유
연성으로 인해 컴퓨터는 인간행동에 있어 거의 무한한 '새로운 가능
성들'을 창조해내고 있음을 강조하고 있다.

　더 나아가 무어는 행동에 대한 이러한 새로운 가능성들이 어떤 '공
백상태'를 만들어낼 수 있음을 지적하고 있다. 그러한 공백상태는 두
가지 범주로 구분된다 : (i) '정책 공백상태', 다시 말해 컴퓨터로 인
해 가능해진 행동에 있어 새로운 선택의 지침이 되는 규범적인 규칙
과 정책의 공백상태, 그리고 (ii) 새롭게 나타나고 있는 특정한 규범적
문제들의 본질을 분명하게 이해할 수 있게 해주는 개념적 분석틀의
공백상태. 무어가 강조하는 바는 설사 '개념적 혼란'이 해소되고 새롭
게 나타난 문제들이 보다 분명하게 이해되었다 하더라도 이따금 기
존의 정책들을 이러한 문제에 쉽게 적용할 수 없다는 것이다. 따라서

우리는 컴퓨터 기술로 인해 초래된 특정한 공백상태에 대응하여 새
로운 정책들을 만들어내고 정당화할 필요가 있다. 그렇다면 무어의
분석에 있어서 컴퓨터윤리는 컴퓨터가 초래한 정책 공백상태를 확인
하고, 그러한 문제들을 둘러싼 개념적 혼란이나 혼동을 분명하게 설
명한 후, 현재 어떠한 정책도 존재하지 않거나 혹은 기존의 정책들이
적절하게 적용될 수 없는 그러한 분야를 위한 새로운 정책을 형성하
고 정당화하는 하나의 특수한 분야이다.

　이전의 논문(1985)에서 제기되었던 많은 주장들을 계속 발전시켜
무어는 평범한 혹은 '통상적인' 윤리학으로는 컴퓨터 기술의 사용으
로 인해 생겨날 수 있고 또 생겨나고 있는 많은 규범적인 문제들을 적
절하게 다룰 수 없기 때문에 컴퓨터윤리 분야가 필요하다고 주장한
다. 그리고 나서 무어는 '통상적 윤리학'과 '문화적 상대주의' 모두
컴퓨터윤리의 논제들을 설명하기엔 부적절한 이유를 설명하고 있다.
무어에 따르면, '통상적 윤리학'은 최소한 특정한 컴퓨터윤리 문제들
이 우리가 지닌 전통적인 개념적 분석틀에 대한 도전의 성격을 과소
평가하고 있기 때문에 잘못되었다는 것이다. 또한 무어는 '문화적 상
대주의'는 어떤 보편적인 인간의 '핵심' 가치들의 중요성을 과소평가
하고 있기 때문에 잘못되었다고 주장한다. 그리고 나서 무어는 컴퓨
터윤리에 있어 이성과 제한적 상대성 모두를 견지하는 것이 어떻게
가능한지를 설명하고 있다. 자신의 주장을 뒷받침하기 위해 무어는
'정보의 풍부함'이라는 개념을 도입하고 있으며, 화폐, 전쟁, 프라이
버시, 그리고 저작권의 사례를 통해 이 개념을 설명하고 있다.

　컴퓨터윤리 분야에 종사하고 있는 많은 학자들에게 있어서 무어의
접근방식은 이와 같은 상대적으로 새로운 응용윤리 분야에 있어 표

준적인 혹은 '주된' 방법론이 되고 있다. 최근에 일부 학자들은 그러한 방법론이 성별의 차이를 고려할 뿐만 아니라 학제적인 특성까지도 지닐 수 있도록 수정되거나 확대될 수 있는 방법을 제안하고 있다. 브레이(P. Brey)의 네 번째 논문(「컴퓨터윤리의 모색」)과 아담(A. Adam)의 다섯 번째 논문(「성별과 컴퓨터윤리」)은 각각 이러한 특성과 관심을 설명할 수 있도록 이 방법론을 확대시킬 수 있는 구체적인 방법에 대해 설명하고 있다.

Ⅲ. 기술에 내재된 가치와 편견

브레이(P. Brey)는 그 자신이 '주류 컴퓨터윤리'라 부르고 있는 것에 대해 비판하면서 컴퓨터 시스템, 응용, 그리고 실행에 있어 어떤 '내재된 가치들과 규범들'을 '판독'할 수 있는 하나의 대안적 접근법을 제시하고, 이를 '탐색적 컴퓨터윤리'라 부르고 있다. 그는 컴퓨터윤리 연구는 '다차원적'인 동시에 학제적이어야만 한다고 주장한다. 브레이의 주장은 컴퓨터윤리 연구는 세 가지 차원들— '탐색적 차원', '이론적 차원', 그리고 '응용적 차원' — 을 구분할 필요가 있기 때문에 다차원적이어야 한다는 것이다. 또한 이러한 연구는 철학자, 컴퓨터과학자, 그리고 사회과학자들이 연구과정에 있어 다양한 차원에서 협력할 필요가 있기 때문에 학제적이어야 한다는 것이다. 예를 들어, 탐색적 차원에서는 이 세 분야의 학자들이 공동 연구를 통해 컴퓨터 시스템과 그 실행에 있어 내재되어 있는 규범적 가치들을 밝혀낼 수 있다.

컴퓨터 시스템에 내재되어 있는 규범성과 관련된 편견들을 밝혀내기 위해 주류 컴퓨터윤리 방법론을 수정할 필요성에 초점을 맞추고 있는 브레이와는 달리, 아담(A. Adam)은 컴퓨터윤리에 있어 연구를 수행하기 위한 적절한 방법은 성별(姓別)과 관련된 편견들을 밝혀내야만 한다고 주장하고 있다. 그녀는 성별과 관련된 어떤 의미들을 인식할 수 있는 차원으로 컴퓨터윤리 연구를 끌어올리기 위해 여성해방의 윤리학이 관찰과 면접을 강조하는 경험적 연구와 어떻게 결합될 수 있는지에 대해 살펴보고 있다. 아담은 더 나아가 이러한 의미들이 프라이버시와 권력 같은 컴퓨터윤리의 논제들에 관한 우리의 태도와 정책에 영향을 미칠 수 있음을 지적하고 있다.

아담과 브레이 모두는 컴퓨터윤리 방법론의 여러 측면에 내재된 특정한 편견들뿐만 아니라 컴퓨터 기술에 내재되어 있는 특정한 가치들을 밝혀내고 있다. 「전 세계적 정보 인프라 구조가 과연 민주적인 기술인가?」라는 제목의 여섯 번째 논문에서 존슨(D. Johnson) 또한 컴퓨터와 인터넷 기술에 내재되어 있는 가치들에 대해, 특히 그러한 가치들이 민주주의와 관련해서 갖는 의미에 대해 우려하고 있다. 존슨이 지적하고 있는 것은 사이버공간이, 또는 논문 속에서 그녀가 '전 세계적 정보 인프라 구조'라고 지칭하고 있는 것이 종종 민주적인 기술로 인식되고 있다는 점이다. 그러나 그녀는 전 세계적 정보 인프라 구조가 민주적이라는 주장은 곧 이 기술이 그 안에 어떤 가치가 내재되어 있다는 주장과 같다는 점 또한 지적하고 있다. 전 세계적 정보 인프라 구조가 과연 민주적인지를 이해하려면 먼저 어떤 기술에 가치가 내재되어 있다는 말이 무엇을 의미하는지를 이해해야만 한다는 것이 존슨의 주장이다. 그녀는 '내재된 가치들' 의 의미를 이해하는 데 도움이 되는 다양한 모델들을 검토하고, 그러한 개념이 전 세계적 정보 인프라 구조에 적용될 수 있는지를 살펴보고 있다. 존슨에 따르면 전 세계적 정보 인프라 구조는 매우 명백한 하나의 편견을 지니고 있는데, 바로 그것이 '전 세계적 시스템' 이라는 것이다. 또한 그녀는 전 세계적 정보 인프라 구조로 인해 민주주의에 있어 지리적 공간의 역할과 관련된 오래된 논제, 즉 '과연 민주주의는 공유되는 공간이 아닌 다른 어떤 것에 토대를 둘 수 있는가?' 라는 논제에 대한 새로운 해석이 제기되고 있음을 지적하고 있다. 존슨은 국가의 경계들이 "점점 미약해지고 있으며, 개인들이 지리적으로 멀리 떨어진 사람들과 상호작용하는 시간이 많아질수록 개인들은 자신의 민족국가보다는 정보제공자들과 더욱 일체감을 느끼게 될 것"이라는 점을 지적하면서 논문을 마무리짓고 있다.

브레이, 아담, 그리고 존슨은 각자 컴퓨터와 인터넷 기술, 그리고 그것의 다양한 응용과 관련되어 있는 특정한 가치들의 의미에 관해 개별적이지만 서로 연관되는 질문을 제기하고 있다. 또한 아담과 브레이는 전통적 혹은 '주류' 컴퓨터윤리를 대체하는 새로운 방법론을 통해 미래의 컴퓨터윤리 방향을 구성하고 수정하는 방식을 변화시킬 수 있음을 강조하고 있다.

Ⅳ. 윤리이론

앞서 컴퓨터윤리에 관한 무어의 중요한 논문(1985)에 대한 논의에서 언급했듯이, 우리는 컴퓨터 기술로 야기된 어떤 '공백상태'로 인해 기존 정책들과 분석틀을 수정해야만 할 뿐만 아니라, 동시에 이러한 정책들을 정당화시켜야만 한다. 도덕적 논제들을 내포하고 있는 정책들을 정당화할 때 일반적으로 철학자들은 하나 혹은 그 이상의 규범적 윤리이론에 근거한다. 철학문헌에서 상당한 관심을 받고 있는 이러한 유형의 윤리이론들은 결과 혹은 의무라는 범주에 근거하고 있는 이론들이다. 결과주의 윤리이론의 하나인 공리주의는 어떤 정책에 대한 도덕적으로 옳고 그름의 판단은 단지 그러한 정책의 시행으로 인해 발생할 수 있는 결과에 따라 결정된다는 생각을 견지하고 있다. 일반적으로 말해서 공리주의자들은 최대다수의 최대선(행복)을 산출할 수 있는 정책들을 증진시키는 데 관심을 기울인다. 다른 한편으로, 의무론 혹은 의무에 근거한 이론들은 어떤 정책이 도덕적으로 옳은지 혹은 그른지를 판단할 때 결과 그 자체는 고려할 사항이 아니라고 추정한다. 예를 들면, 의무론자들은 어떤 정책의 시행을 통해 가장 많은 사람들에게 바람직한 결과를 산출할 수도 있지만, 그와 같은 정책이 여전히 도덕적으로 잘못된 것일 수 있음을 지적하고 있다. 의무론자들에게 있어서 특정 정책의 도덕성을 판단하는 최고의 기준은 바로 그러한 정책이 개개인을 존중하고 있는지의 여부이지, 그 정책으로 인해 다수가 좋은 영향을 받느냐의 여부는 아니다. 일부 사람들은 공리주의자들이 다수의 공리(행복) 증진에 지나치게 집착함으로써 결과적으로 각 개인의 정의와 공정함의 중요성을 간과하고 있다고 생각한다. 이와는 반대로 의무론자들은 종종 개인을 지나치게 강조함으로써 공리(행복)의 중요성을 간과하고 있다는 비난을 받는다. 철학자들은 이러한 두 개의 윤리이론들을 조화시키는 데 많은 어려움을 겪고 있다.

규범이론을 적용하는 것이 항상 가능한지에 대한 의문이 제기되어 왔다―예를 들어, 공리주의와 의무론을 특정한 컴퓨터윤리 문제에 적용하는 것. 「정보기술에 대한 윤리적·도덕적 개념과 이론의 적용 : 몇몇 핵심 문제들과 과제들」이라는 제목의 일곱 번째 논문에서 비어러(F. Birrer)는 컴퓨터와 정보기술 문제에 규범적 윤리이론을 적용하는 데 있어서의 어려움을 기술하고 있다. 비어러는 또한 윤리학에 있어 '전문가'의 역할을 강조하고 있으며, 특히 이에 대해서 이제까지 컴퓨터윤리 문헌에서 논의되었던 것보다 더욱 구체적인 검토가 필요하다고 강조한다. 동시에 그는 '컴퓨터윤리'라는 용어 자체가 '과장된' 이유와 그로 인해 '컴퓨터윤리'라는 용어를 확대 해석하여 지난 수십 년 동안 '컴퓨터가 지닌 사회적 문제들'이라는 용어로 지칭되어 온 거의 모든 것에 적용하려는 것이 하나의 추세가 된 이유를 정확하게 분석하고 있다. 이러한 요인으로 인해 컴퓨터와 관련된 윤리적 문제 제기에 상당한 혼란이 초래되었을 뿐만 아니라, 컴퓨터와 정보기술에 적용될 수 있는 전통적인 윤리이론의 물음들과 관련되는 문제들이 뒤섞이게 되었다.

마지막 논문에서 무어(J. Moor)는 윤리이론을 컴퓨터윤리 문제에 적용해야 한다는 비어러의 입장을 수용하고 있다. 무어가 제시하는 해법은 바로 두 개의 전통적 윤리이론들의 여러 측면들을 자신이 '정의로운 결과주의'라고 부르는 하나의 포괄적인 이론으로 통합하자는 것이다. 본질적으로 무어는 공리주의 이론과 의무론의 요소들을 결합하여 이러한 두 개의 윤리이론들이 정의라는 틀 속에서 정책의 결과를 '강조하는' 하나의 포괄적인 이론으로 어떻게 통합될 수 있는지를 보여주고 있다. 무어는 결과주의와 의무론적 요소 모두를 통합함으로써 이제 정의로운 결과주의라는 자신의 이론은 컴퓨터와 정보윤리에 있어 제기되는 윤리적 문제들을 다룰 수 있는 '이론적으로 견고한' 동시에 '실천적인' 접근방법이 되었다고 믿고 있다. 자신의 이론이 컴퓨터 기술과 관련된 정책 공백상태에 어떻게 적용될 수 있는지를 보여주기 위해 무어는 불량 소프트웨어 칩의 설치라는 가상의 시나리오를 분석하고 있다.

이 책은 「정의로운 결과주의 이론과 컴퓨터」라는 제목의 무어의 논문으로 마무리된다. 그러나 컴퓨터윤리에 있어 윤리이론과 방법론이 수행해야 할 역할과 관련된 중요한 물음들 모두에 대해 답해졌다고 생각해서는 안 된다. 물론, 컴퓨터윤리에 있어 윤리이론과 방법론의 중요성에 대하여 좀 더 많은 것들이 논의될 수 있으며, 또한 논의될 필요가 있다. 우리는 독자들이 컴퓨터와 관련된 구체적인 도덕적 문제들을 분석하는 데 있어 본 저서와 관련되어 후속으로 이어지는 책들에서 제시된 다양한 개념적 도구들을 사용할 것을 권한다. 인터넷에 있어서의 표현의 자유, 재산권과 관련된 도덕적 문제들에 대해 접근함에 있어서 이 책의 관련 논문들을 읽어본 후에 윤리이론과 방법론을 통해 그러한 문제들을 분석한다면 독자들에게 많은 도움이 될 것이다.

 참고문헌

Bynum, Terrell Ward and Simon Rogerson(1996). "Global Information Ethics : Introduction and Overview," *Science and Engineering Ethics*, Vol. 2, No. 2, pp. 131–136.

Johnson, Deborah G.(1994). *Computer Ethics*. 2nd ed. Englewood Cliffs, New Jersey : Prentice Hall.

Johnson, Deborah G.(2001). *Computer Ethics*. 3rd ed. Upper Saddle River, New Jersey : Prentice Hall.

Maner, Walter(1996). "Unique Ethical Problems in Information Technology," *Science and Engineering Ethics*, Vol. 2, No. 2, pp. 137–154.

Moor, James H.(1985). "What is Computer Ethics?" *Metaphilosophy*, Vol. 16, No. 4, October, pp. 266–275.

 추천도서

Basse, Sara(1997). *A Gift of Fire : Social, Legal, and Ethical Issues in Computing*. Upper Saddle River, NJ : Prentice Hall.

Edgar, Stacey L.(1997) *Morality and Machines : Perspectives on Computer Ethics*. Sudbury, MA : Jones and Bartlett Publishers.

Friedman, Batya, ed.(1997). *Human Values and the Design of Computer Technology*. Cambridge University Press.

Gert, Bernard(1998). *Morality : Its Nature and Justification*. New York : Oxford University Press.

Hester, D. Micah and Paul J. Ford, eds.(2001). *Computers and Ethics in the Cyberage*. Upper Saddle River, NJ : Prentice Hall.

Johnson, Deborah G. and Helen Nissenbaum, eds.(1995). *Computing, Ethics & Social Values*. Englewood Cliffs, New Jersey : Prentice Hall.

Langford, Duncan, ed:(2000). *Internet Ethics*. New York : St. Martin's Press.

Rawls, John(1971). *A Theory of Justice*. Cambridge, MA : Harvard University Press.

Rosenberg, Richard S.(1997). *The Social Impact of Computers*. 2nd ed. San Diego, CA : Academic Press.

Spinello, Richard A.(2000). *Cyberethics : Morality and Law in Cyberspace*. Sudbury, MA : Jones and Bartlett Publishers.

Tavani, Herman T., ed.(1996). *Computing, Ethics, and Social Responsibility : A Bibliography*. Palo Alto, CA : CPSR Press.(최신 자료들은 http://cyberethics.cbi.misstate. edu/biblio/에서 찾아볼 수 있음.)

Wecker, John Douglas Adeney(1998). *Computer and Information Ethics*. Westport, CT : Greenwood Press.

토의문제

1. 인터넷 기술과 관련된 윤리적인 문제들 중에서 실제로 독특한 윤리적 문제라고 생각되는 것이 있는가? 만일 그렇다면 어떤 점에서 그러한 문제들이 독특한 것인가?

2. '매우 유연한', '개념적 혼란', '정책 공백상태', 그리고 '정보의 풍부성'과 같은 표현을 통해 무어(J. Moor)가 의미하고자 하는 바는 과연 무엇인가?

3. 기술에 있어 '내재된 가치들'과 편견들이란 무엇인가? 그리고 왜 그러한 것들이 밝혀져야 하는가?

4. 과연 인터넷은 민주적인 기술인가? 민주주의 개념에 있어 '지리적 공간'은 어느 정도로 중요한가?

5. 결과에 기초한 윤리이론과 의무에 기초한 윤리이론의 본질적인 차이점은 무엇인가? 이러한 이론들의 서로 다른 요소들이 하나의 포괄적인 윤리이론으로

통합되어 컴퓨터윤리의 문제들에 적용될 수 있는가?

1장_ 윤리와 정보혁명[1)]

테럴 바이넘Terrell Ward Bynum

Ⅰ. 정보혁명

    강력한 기술은 커다란 사회적 영향력을 지닌다. 농업, 인쇄, 그리고 산업화가 전 세계에 끼친 영향력을 생각해 보라. 정보, 커뮤니케이션 기술(ICT) 또한 예외일 수 없다. 로저슨(S. Rogerson)과 필자가 지적했

---

* 이 논문은 *Ethics in the Age of Information Technology*(Linkoping University, Sweden, 2000, pp. 32–55)에 발표되었다. Copyright ⓒ 2000 by Terrell Ward Bynum. 저작권자의 허락 하에 수록한다.

1) 이 논문은 Kocikowski, Andrzej, Terrell Ward Bynum, and Krystyna Gorniak-Kocikowska, *Wprowadzenie do etyki informatycznej*, Humaniora Press, Poland(1997)에 있는 폴란드어로 된 논문을 확대·보완한 것이다. 이전의 영어판 또한 Terrell Ward Bynum and James H. Moor, eds, *The Digital Phoenix : How Computers are Changing Philosophy*, Blackwell, 1998에 수록되어 있다.

듯이,

> 컴퓨터 기술은 이제까지 개발된 기술 중에서 가장 강력하고도 유연한 기술
> 이다. 이러한 이유로 인해 컴퓨터 활용은 모든 것을 변화시키고 있다—작업
> 장소와 방식, 학습장소와 방식, 쇼핑, 식사, 투표, 의료 서비스, 여가시간의 활
> 용, 전쟁, 친구를 사귀고 사랑을 하는 장소와 방식을 변화시키고 있다(Roger-
> son and Bynum, June 9, 1995).

그러므로 더욱 증대되고 있는 정보혁명은 '단순히 기술적인' 것이
아니다—이는 근본적으로 사회적이고 윤리적인 것이다. 무어(J. Moor)
는「컴퓨터윤리란 무엇인가?」라는 그의 고전적인 논문에서 정보기술
이 그토록 강력한 영향력을 지니고 있는 이유를 잘 설명하고 있다
(Moor, 1985). 컴퓨터는 일종의 '만능의 도구'이다. 왜냐하면 컴퓨터는
'매우 유연성이 있어' 거의 모든 업무수행에 맞게 고안되고 설계될
수 있기 때문이다.

Ⅱ. 정보기술과 인간의 가치들

이제 수많은 업무들이 일상적으로 컴퓨터에 의해 처리되고 있다.
실제로 정보·커뮤니케이션 기술(ICT)은 매우 유연성이 있고 저렴하
기 때문에 우리도 모르는 사이에 가전제품, 은행과 상점, 자동차와 비
행기, 학교와 병원시설 등 우리의 삶 속에 널리 확산되고 있다. 산업

화된 국가에 있어서 정보혁명은 이미 은행업무와 상거래, 일과 고용, 의료, 국방, 수송 그리고 오락과 같은 일상적인 삶의 많은 측면들을 상당히 변화시키고 있다. 실제로 정보·커뮤니케이션 기술은 공동체 생활, 가정생활, 인간관계, 교육, 자유, 민주주의 등등에 (좋은 방식과 나쁜 방식 모두를 통해) 중대한 영향을 미치기 시작하였다. 산업화된 국가들 대부분은 미국의 사례를 뒤따라 급속도로 '정보화 시대'로 나아가고 있다. 저개발국가들 또한 이러한 혁명에 동참할 것인가? 아마도 상당한 지체가 생겨날 것이다. 예를 들면, 코시코프스키(A. Kocikowski, 1996)는 오늘날 많은 국가에 있어서 경제적·사회적 요인들로 인해 정보·커뮤니케이션 기술의 광범위한 도입이 어려워지고 있음을 강조하고 있다. 이러한 이유로 인해 동유럽과 아프리카, 그리고 남미와 같은 지역에의 정보혁명은 아마도 매우 느리게 진행될 것이다.

　　다른 한편으로, 코시코프스카(Krystyna Gorniak−Kocikowska, 1996)는 "컴퓨터에는 국경이 없다. 여타 매스 미디어와는 달리 컴퓨터 네트워크는 진정한 전 세계적 특성을 지니고 있다"고 지적하고 있다. 또한 소즈카(Sojka, 1996)는 다음과 같이 논평하고 있다.

　　　전 세계를 상대로 하는 사업과 경영기법에 대한 접근보다는 사이버공간에 대한 접근이 훨씬 용이하다. 정보기술로 인해 어떠한 경계선도 존재하지 않는다. 매우 멀리 떨어져 있는 개발도상국이라 할지라도 사이버공간에 충분히 참여할 수 있으며, 또한 전 세계적 네트워크를 통해 주어진 새로운 기회를 기대할 수도 있다(Sojka, 192) ….

　　　… 인터넷은 많은 비민주적인 국가에 있어 유일한 자유의 영역을 구성하고 있다. 또한 상거래에 있어 인터넷이 제공하는 기회들은 상거래상의 자유를

보장해 주고 있다 : 어떤 나라도 이러한 경쟁적인 이익을 상실할 여유가 없다 (Sojka, 198).

이러한 이유들과 더불어 급속도로 낮아지는 정보 · 커뮤니케이션 기술 비용으로 인해서 정보혁명은 사람들이 현재 생각하고 있는 것보다 훨씬 빠른 속도로 전 세계의 모든 부분에 영향을 미치고 있다. 그러므로 전 세계에 걸쳐 공공 정책 입안가들, 기업과 산업 지도자들, 교사들, 사회사상가들, 컴퓨터 전문가들, 그리고 일반 시민들이 정보 · 커뮤니케이션 기술이 갖는 사회적 · 윤리적 영향에 대해 관심을 갖는 것은 당연한 일이다.

정보 · 커뮤니케이션 기술의 윤리적 영향에 대해 연구하고 분석하기 위해 현재 '컴퓨터윤리' 라고 불리는 새로운 학문분야가 등장하고 있다. 미국과 기타 산업화된 국가에서 협의회, 토론회, 전문조직, 교과과정 교재, 도서, 논문, 잡지 그리고 연구소 등이 만들어지고 있다.[2] 그리고 이와 같이 빠르게 발전하는 컴퓨터윤리 분야는 보다 광범위하고 중요한 '세계 정보윤리' 의 연구영역으로 급속히 전환되고 있다.

---

[2] 예를 들면, 1995년에 영국과 폴란드의 연구소를 포함하여 3개의 연구소가 중심이 되어 "컴퓨터와 사회적 가치에 관한 전 지구적 컨소시엄"이 형성되었다. 1987년에 설립된 The Research Center on Computing & Society, Southern Connecticut State University, USA ; 1995년에 설립된 The Centre for Computing and Social Responsibility, De Montfort University, UK ; 그리고 1995년에 설립된 The Center for Business and Computer Ethics, Adam Mickiewicz University, Poland가 그것이다. 이 세 연구소들은―출판, 국제학회, 연구 프로젝트, 웹페이지, 그리고 국제자문위원회를 통해―전 세계 학자들과 협력하여 연구하고 있다.

Ⅲ. 컴퓨터윤리 : 역사적 사건들

컴퓨터윤리의 역사에 있어서 중요한 사건들 중에는 다음과 같은 것들이 포함된다.

1. 1940년대와 1950년대

하나의 연구분야로서의 컴퓨터윤리는 제2차 세계대전 기간에 (1940년대 초) 빠른 전투기를 격추시킬 수 있는 대공포의 개발에 참여하고 있던 MIT 교수 위너(N. Weiner)에 의해 시작되었다. 이 프로젝트를 통해 위너와 일부 동료 연구자들은 위너가 '사이버네틱스'(cybernetics)라고 명명한 정보 환류 시스템의 과학이라는 새로운 연구분야를 만들어내게 되었다. 위너는 사이버네틱스의 개념들을 그 당시 개발되고 있던 디지털 컴퓨터와 결합시켜 현재 우리가 정보·커뮤니케이션 기술이라고 부르는 기술에 관한 매우 통찰력 있는 윤리적 결론을 이끌어냈다. 그는 혁명적인 사회적·윤리적 결과들을 거의 정확하게 예견하였다. 예를 들면, 1948년에 『사이버네틱스 : 혹은 동물과 기계에 있어 통제와 커뮤니케이션』이라는 책에서 위너는 다음과 같이 적고 있다.

나는 오랫동안 오늘날의 엄청나게 빠른 컴퓨터 계산장치가 대체로 자동 통제장치를 위한 이상적인 중앙신경체계가 될 것이라고 확신해 왔다. 그리고 투입과 산출이 반드시 숫자나 도표의 형태로 존재할 필요는 없으며, 제각기 광전지나 온도계와 같은 인공 감각기관의 독본이 되며 또한 전동기나 솔레노이드의 작업수행이 될 것이라고 확신해 왔다. … 우리는 이미 성능에 있어 거의 완벽한 인공기계를 만들 수 있는 위치에 와 있다. 나가사키의 원자폭탄에 대한 대중의 인식이 있기 훨씬 오래 전에 나는 선과 악에 대해 전례 없이 강조하고 있는 또 다른 사회적 잠재성의 현실 속에 우리가 이미 서 있다는 것을 느끼고 있었다(pp. 27-28).

1950년에 위너는 『인간에 대한 인간의 이용』이라는 기념비적인 컴퓨터윤리 저서를 출간하였다. 이 저서를 통해 그는 컴퓨터윤리의 창시자로 인정받았을 뿐만 아니라, 더 중요한 사실은 반세기가 지난 오늘날에도 컴퓨터윤리에 관한 연구와 분석에 있어 핵심적인 토대로 남아 있는 포괄적인 컴퓨터윤리의 기반을 확립하였다는 것이다. (그러나 그는 '컴퓨터윤리' 라는 명칭을 사용하지 않았으며, 이 명칭은 그로부터 20여 년이 지나서야 널리 사용되기 시작하였다.)

위너의 저서는 (1) 인간의 삶의 목적에 대한 설명, (2) 정의의 네 가지 원칙들, (3) 응용윤리에 필요한 훌륭한 방법, (4) 컴퓨터윤리에 대한 근본적인 물음에 대한 논의, 그리고 (5) 컴퓨터윤리의 핵심 주제들의 사례 등을 다루고 있다(Wiener, 1950/1954 ; Bynum, 1999).

위너에 의한 컴퓨터윤리의 토대 확립은 시대를 훨씬 앞선 것이었으며, 또한 이는 수십 년 동안 거의 관심을 받지 못하였다. 그의 견해에 따르면, 컴퓨터 기술과 사회의 통합은 궁극적으로 사회의 개조—'2차 산업혁명'—를 가져올 것이다. 그것은 수십 년간의 노력이 수반되는 다면적 과정을 필요로 할 것이며, 또한 모든 것을 근본적으로 바꾸어 놓을 것이다. 매우 광대한 프로젝트에는 불가피하게 매우 다양한 과제와 도전이 포함될 것이다 : 노동자들은 근로현장의 급속한 변화에 적응해야만 하며, 정부는 새로운 법과 규제들을 만들어야만 한다. 또한 기업과 공장은 새로운 정책과 업무관행을 만들어내야 하며, 전문집단들은 그 구성원들을 위한 새로운 행위규범을 개발해야만 한다. 그리고 사회학자들과 심리학자들은 새로운 사회적 · 심리적 현상에 대해 연구하고 이해해야만 하며, 철학자들은 낡은 사회적 · 윤리적 개념들을 다시 살펴보고 새롭게 정의내려야 한다.

2. 1960년대

1960년대 중반, 파커(D. Parker)는 컴퓨터 전문가에 의한 컴퓨터의 비윤리적이고 불법적인 사용을 조사하기 시작하였다. 그는 "사람들이 컴퓨터센터에 들어갈 때 윤리는 문 앞에 두고 들어가는 것 같다"고 말했다.[3] 그는 컴퓨터 범죄와 여타 비윤리적인 컴퓨터 관련 행위 사례들을 수집하였다. 그는 1968년에 컴퓨터협회(Association for Computing Machinery : ACM) 학술지에 「정보처리의 윤리적 규칙들」이라는 논문을 발표하였으며, 최초로 이 협회를 위한 전문가 행위규범의 개발을 선도하였다. 결국 1973년에 협회는 이 규범을 채택하였다. 그후 20년 동안 파커는 지속적으로 저서, 논문, 강연 그리고 토론회를 개최하여[4]

---

[3] 도나 파커의 논평 [Fodor and Bynum, 1992].

컴퓨터윤리 분야를 새롭게 발전시켰을 뿐만 아니라 이 분야에 대한 중요성을 널리 인식시켰다.

3. 1970년대

1960년대 후반, MIT 컴퓨터 과학자인 와이젠바움(J. Weizenbaum)은 엘리자(ELIZA)라는 이름을 지닌 컴퓨터 프로그램을 만들어냈다. 엘리자에 대한 첫 번째 실험에서 그는 '환자와 최초 인터뷰를 하는 남자 심리치료사'를 단순히 모방하는 원안을 만들어냈다. 와이젠바움은 자신의 간단한 컴퓨터 프로그램에 대한 사람들의 반응에 상당히 놀랐다 : 개업 중인 일부 정신의학자들은 이를 컴퓨터가 머지 않아 자동화된 심리치료를 수행하게 될 증거로 간주하였으며, 심지어 MIT에 있는 컴퓨터 학자들조차도 컴퓨터와 자신들의 개인적 생각을 교환하면서 컴퓨터에 감성적으로 빠져들기 시작하였다. 와이젠바움은 인간의

---

4) 파커의 출판물로는 Parker, Donn.(1968) "Rules of Ethics in Information Processing," *Communications of the ACM*, Vol. 11. 198–201 ; Parker, Donn, Susan Nycum, and Stephen S. Oura. (1973) *Computer Abuse : Final Report Prepared for the National Science Foundation*, Stanford Research Institute ; Parker, Donn. (1976) *Crime By Computer*, Charles Scribner's Sons ; Parker, Donn. (1979) *Ethical Conflicts in Computer Science and Technology*, AFIPS Press ; Parker, Donn. (1979) *Computer Crime : Criminal Justice Resource Manual*, U.S. Government Printing Office. (Second Edition 1989) ; Parker, Donn. (1982) "Ethical Dilemmas in Computer Technology," Hoffman, W. and J. Moore, eds. *Ethics and the Management of Computer Technology*, Oelgeschlager, Gunn, and Hain ; Parker, Donn. (Summer 1988) "Ethics for Information Systems Personnel," *Journal of Information Systems Management*, 44–48 ; Parker, Donn, S. Swope, and B. N. Baker. (1990) *Ethical Conflicts in Information & Computer Science, Technology & Business*, QED Information Science 등이 있다.

'정보처리 모델'이 과학자들 사이에서, 그리고 심지어 일반 대중들 사이에서 점차 인간을 단순한 기계로 보려는 경향을 더욱 강화하고 있다는 사실에 큰 관심을 갖고 있었다. 1970년대 초에 와이젠바움은 인간은 단순한 정보처리자 이상이라는 견해를 강조하기 위해 저술작업이 동반된 프로젝트에 착수하였다. 이 프로젝트는 『컴퓨터의 힘과 인간의 이성』(Weizenbaum, 1976)이라는 저서로 귀결되었고, 이 저서는 오늘날 컴퓨터윤리의 고전으로 간주되고 있다. 1970년대에 와이젠바움의 저서와 더불어 그가 MIT에서 행한 강의, 그리고 전국을 순회하며 했던 많은 강연들은 많은 사상가들에게 영감을 주고 컴퓨터윤리 연구를 고취시켰다. 그는 위너, 파커와 더불어 컴퓨터윤리의 발전사에 핵심적인 인물로 평가되고 있다.

1970년대 중반, 매너(W. Maner)는 컴퓨터 기술로 인해 생겨나거나 변형된 혹은 심각해진 윤리적 문제들을 다루는 응용 전문가(직업)윤리의 분야를 지칭하기 위해 '컴퓨터윤리'라는 용어를 사용하기 시작하였다. 매너는 버지니아에 있는 올드 도미니언 대학에서 이 주제에 대한 실험적인 강의를 시작하였다. 1970년대 후반(실제로는 1980년대 중반까지)에 그는 미국 전역에 걸쳐 컴퓨터과학 학술대회와 철학 토론회에서 다양한 강연과 세미나를 개최함으로써 대학의 컴퓨터윤리 강좌에 대한 많은 관심을 이끌어냈다. 1978년에 그는 컴퓨터윤리 강좌를 개설하려는 대학교수들을 위한 강의자료와 교육학적인 조언을 담은 『컴퓨터윤리의 출발자』(Maner, 1980)라는 저서를 손수 출판하여 배포하였다. 이 저서에는 대학교 홍보책자를 위한 추천강좌의 설명, 대학 교과과정에 그러한 강좌가 개설되어야 할 당위성, 강의목표와 대상, 효과적인 교수법, 그리고 프라이버시와 비밀보장, 컴퓨터 범죄, 기술의 존성 그리고 전문가 윤리규범과 같은 주제들에 대한 논의가 담겨져 있다. 매너의 선구자적인 강좌와 더불어 그의 저서, 그리고 그가 행했던 수많은 토론회는 미국 전역에 걸쳐 컴퓨터윤리를 가르치는 데 매우 중요한 영향을 미쳤다. 매너로 인해 많은 대학에서 강좌가 개설되었으며, 일부 저명한 학자들이 이 분야에 관심을 갖게 되었다.

4. 1980년대

1980년대에 이르러 정보기술이 가져온 수많은 사회적·윤리적 결과들이 미국과 유럽에서 공개적인 논의주제가 되기 시작하였다 : 컴퓨터로 인해 생겨난 범죄, 컴퓨터 실수로 야기된 재난, 컴퓨터 데이터베이스를 통한 프라이버시 침해, 그리고 소프트웨어 소유권과 관련된 주요 법정소송 등과 같은 주제들이 그것이다. 파커, 와이젠바움, 매너 그리고 많은 사람들의 연구 덕택에 학문분야로서의 컴퓨터윤리의 토대는 꾸준히 확립되어 왔다. 그러므로 이 시기는 컴퓨터윤리에 있어 왕성한 연구활동이 이루어질 수 있는 최적기였다.

1980년대 중반, 다트머스 대학의 무어(J. Moor)는 컴퓨터와 윤리라는 특별 주제를 다룬 학술지 *Metaphilosophy*에 「컴퓨터윤리란 무엇인가?」(Moor, 1985)라는 논문을 게재하였다.

이와 함께 렌슬러 폴리텍 연구소의 존슨(D. Johnson)은 이 분야에서 최초의 교재인—그리고 십여 년이 넘도록 독보적인 교재인—『컴퓨터윤리』(Johnson, 1985)를 출간하였다. 심리학과 사회학에서도 관련 저서들이 출간되었다. 예를 들어, MIT의 터클(S. Turkle)은 컴퓨터 사용이 인간의 심리에 미치는 영향을 다룬 『두 번째 자아』(Turkle, 1984)를 저술하였으며, 페롤(J. Perrolle)은 컴퓨터 활용과 인간의 가치에 대하여 사회학적으로 접근한 『컴퓨터와 사회변동 : 정보, 재산 그리고 권력』(Perrolle, 1984)이라는 책을 출간하였다.

1978년, 바이넘(필자 자신)은 매너에 의해 펼쳐진 컴퓨터윤리 분야에 관심을 갖게 되었다. 1980년대 초, 대부분의 철학자와 컴퓨터 과학자들이 이 분야를 별로 중요하지 않은 것으로 간주하던 시기에 바이넘은 매너의 조교로서 그의 저서인 『컴퓨터윤리의 출발자』의 출간을 도왔다(Maner, 1996). 이전의 매너처럼 바이넘 또한 대학에서 강좌를 개설하여 강의하였으며, 미국에서 수많은 학술대회에 참여하여 토론하였다. 1985년, 바이넘은 학술지 *Metaphilosophy*의 편집자로서 컴퓨터윤리와 관련된 특별 주제를 마련하였으며, 1987년에는 서던 코네티컷 주립대학에서 '컴퓨터와 사회 연구소'를 만들었다. 1988년 바이넘은 매너와 함께 컴퓨터윤리를 주제로 하는 최초의 국제 학술대회를 계획하였고, 결국 1991년에 개최되어 미국 32개 주와 세계 7개 국가에서 관련 학자들이 참가하였다. 철학자, 컴퓨터 전문가, 사회학자, 심리학자, 법률가, 기업경영인, 신문기자 그리고 정부관료들이 참여하였다. 학술대회를 통해 많은 전공논문과 비디오 프로그램, 그리고 교과교재들이 발표되어 현재 전 세계적으로 수많은 대학에서 사용되고 있다(van Speybroeck, July 1994).

5. 1990년대

1990년대 중반에 이르러 연구분야로서의 컴퓨터윤리에 대한 관심은 유럽과 호주로 확산되었다. 이러한 중요한 발전에는 로저슨(S. Rogerson)의 선구적 연구가 결정적인 역할을 하였다. 로저슨은 컴퓨터 사용과 사회적 책임을 연구하는 기관을 설립하였고, 바이넘과 함께 일련의 주요한 국제 학술대회를 개최하였다. 로저슨의 견해에 따르면, 1990년대에는 컴퓨터윤리 발전의 '제2세대'에 대한 필요성이 존재하고 있다.

> 1990년대 중반은 컴퓨터윤리의 제2세대의 시작을 예고하였다. 개념적 토대를 구축하고 정교화시키는 동시에 실제적인 분석틀을 개발하여 이를 통해 정보기술의 활용과정에서 예측하지 못했던 결과의 가능성을 줄여야 할 시기가 도래한 것이다(Rogerson, Spring 1996, 2 ; Rogerson and Bynum, 1997).

Ⅳ. 컴퓨터윤리 분야의 재정의

1940년대와 1950년대 초, 오늘날 '컴퓨터윤리'라고 부르는 분야는 위너에 의해 견실한 토대가 마련되었지만 불행히도 위너의 연구들은 수십 년간 사실상 잊혀져 왔다. 이제 컴퓨터윤리 분야는 재창조·재정의되고 있으며, 워낙 새로운 분야이기 때문에 이를 발전시키고 있는 사람들은 아직도 이 분야의 내용과 경계를 분명히 하기 위해 모든 노력을 경주하고 있다. 컴퓨터윤리를 정의하는 다섯 개의 관점들을 간략히 살펴보도록 하자.

1. 월터 매너(Walter Maner)

1970년대 중반에 매너가 '컴퓨터윤리'라는 용어를 사용했을 때, 매너는 이 분야를 "컴퓨터 기술로 인해 생겨나거나 변형된 혹은 심각해진 윤리적 문제들"을 연구하는 학문으로 정의하였다. 예전부터 존재했던 일부 윤리적 문제들이 컴퓨터로 인해 더욱 악화된 반면에, 다른 문제들은 정보기술로 인해 완전히 새로운 것으로 바뀌었다. 보다 발전된 의료윤리 분야와 유사하게 매너는 '응용윤리'를 연구하는 철학자들에 의해 사용되는 전통적인 윤리이론의 적용에 관심을 두고 있다. 특히 영국 철학자 벤담(J. Bentham)과 밀(J. S. Mill)의 공리주의 윤리나 독일 철학자 칸트(I. Kant)의 합리주의 윤리를 사용한 분석에 관심을 두고 있다.

2. 데보라 존슨(Deborah Johnson)

존슨은 그녀의 저서 『컴퓨터윤리』에서 컴퓨터윤리란 "컴퓨터로 인해 관례적인 도덕적 문제들과 딜레마들이 새롭게 해석되며, 기존의 문제들이 악화되고, 또한 기존의 도덕규범을 미지의 영역에 적용하게 만드는" 방식에 대해 연구하는 분야라고 정의하였다(Johnson, 1). 과거 매너가 그랬던 것처럼 존슨도 공리주의와 칸트 철학의 절차와 개념을 사용하는 '응용철학' 접근법을 사용하였다. 그러나 매너와는 달리 존 슨은 컴퓨터가 완전히 새로운 도덕적 문제들을 만들어낸다고는 생각 하지 않았다. 오히려 그녀는 컴퓨터로 인해 이미 잘 알려진 윤리적 논 제들에 대한 '새로운 해석'이 이루어질 것이라고 생각했다.

3. 제임스 무어(James Moor)

「컴퓨터윤리란 무엇인가」(Moor, 1985)라는 논문에서 컴퓨터윤리에 대한 무어의 정의는 매너나 존슨의 정의에 비해 보다 포괄적이고 광 범위하다. 무어의 정의는 그 어떠한 철학자의 이론과도 무관하며, 윤 리적 문제를 해결하기 위해 사용되는 다양한 방법론적 접근법과도 양 립 가능하다. 지난 십여 년 동안에 무어의 정의는 가장 유력한 정의로 간주되어 왔다. 그는 컴퓨터윤리를 정보기술의 사회적 · 윤리적 사용 과 관련된 '정책 공백상태'와 '개념적 혼란상태'에 관심을 기울이는 분야라고 정의했다.

컴퓨터윤리에 있어 전형적인 문제는 컴퓨터 기술이 어떻게 사용되어야만 하는가에 대한 정책 공백상태가 존재하기 때문에 생겨난다. 컴퓨터는 우리에 게 새로운 능력을 갖게 해주며, 우리는 이러한 능력을 갖게 됨으로써 행동에 있어 새로운 선택을 할 수 있게 된다. 이러한 상황에서는 행위에 대한 어떠한 정책도 존재하지 않거나 또는 기존의 정책들이 부적절해 보이기도 한다. 컴퓨터윤리의 핵심 과제는 그러한 경우에 있어 어떻게 행동해야 하는가를 결정하는 것이다. 즉, 우리의 행동에 지침이 되는 정책을 공식화하는 것이다 …. 한 가지 어려움은 정책 공백상태와 더불어 종종 개념적 혼란상태가 존재한다는 것이다. 컴퓨터윤리에 있어 어떤 문제가 처음에는 분명하게 보인다 하더라도 조금만 생각해 보면 개념적 혼란에 빠지게 된다. 그러한 상황 속에서 절실하게 필요한 것은 바로 행동의 지침을 형성할 수 있는 일관된 개념적 분석틀을 제공해 주는 분석이다(Moor, 1985, 266).

컴퓨터 기술은 '매우 유연하기' 때문에 진정으로 혁명적인 성격을 지닌다고 무어는 말한다.

컴퓨터는 투입, 산출, 그리고 연결회로의 작동으로 특징지워질 수 있는 그 어떠한 활동도 수행할 수 있도록 만들어지고 변형될 수 있다는 점에서 매우 유연하다고 할 수 있다 …. 회로는 모든 곳에 적용되기 때문에 컴퓨터 기술의 잠재적 응용가능성은 거의 무한해 보인다. 컴퓨터는 우리가 지닌 도구 중에서 소위 만능도구에 가장 근접한 도구이다. 사실상 컴퓨터의 한계는 곧 우리 자신이 지닌 창의력의 한계와 같다고 할 수 있다(Moor, 1985, 269).

무어에 따르면, 컴퓨터 혁명은 두 단계를 거쳐 발생할 것이다. 첫 번째 단계는 컴퓨터 기술이 개발되고 정교화되는 '기술의 도입' 단계이다. 이 단계는 제2차 세계대전 이후 45년간 이미 미국에서 발생했다. 두 번째 단계는—산업화된 국가들이 최근에서야 들어서게 된 단계로—기술이 일상의 인간 활동과 사회제도 속에 통합되어 '돈', '교육', '작업' 그리고 '공정한 선거'와 같은 근본적인 개념의 의미를 변화시키는 '기술의 침투' 단계이다.

4. 테럴 바이넘(Terrell Ward Bynum)

컴퓨터윤리 분야에 대한 무어의 정의방식은 매우 강력하고 시사적이다. 그의 정의는 매우 포괄적이어서 다양한 철학이론과 방법론과도 양립 가능하다. 또한 기술혁명이 어떻게 진행되고 있는가에 대한 인지적 이해에 기초하고 있다. 현재 그의 정의는 이 분야에 대한 가장 유용한 정의이다.

그럼에도 불구하고 컴퓨터윤리를 정의하는 또 하나의 방식이 존재하는데, 이 또한 매우 유용할 뿐만 아니라 다양한 이론이나 접근법과도 양립 가능하다. 사실상 이 '또 다른 방식' 은 무어가 1985년의 논문에서(p. 266) 추가적으로 제안한 것을 정교화시킨 것이다. (무어의 정의를 필자가 1989년에 발전시킨) 이 정의에 따르면 컴퓨터윤리는 **건강, 부, 노동, 기회, 자유, 민주주의, 지식, 프라이버시, 안전, 자기 충족** 등과 같은 **사회의,** 그리고 **인간의 가치**에 대한 **정보기술의 영향력**을 확인하고 분석하는 것이다. 컴퓨터윤리에 대한 이와 같은 매우 광범위한 관점은 응용윤리, 컴퓨터 사회학, 기술평가, 컴퓨터 법규, 그리고 관련 분야들을 포괄하고 있을 뿐만 아니라, 그러한 분야를 넘어서 관련되는 모든 분야의 개념과 이론 그리고 방법론을 수용하고 있는 것이다(Bynum, 1993).

컴퓨터윤리에 대한 이러한 개념은 정보기술이 인간이 소중히 간직했던 모든 것에 대해 중대한 영향을 미칠 것이라는 믿음에 따른 것이다.

5. 도날드 고터반(Donald Gotterbarn)

1990년대에 고터반은 컴퓨터윤리 분야를 정의하는 새로운 접근법을 강력하게 주창해 왔다. 고터반의 견해에 따르면, 컴퓨터윤리는 기본적으로 실제 행위의 표준과 컴퓨터 전문가들의 행위규범과 관련되어 있는 직업윤리의 한 분야로 간주되어야만 한다.

> 직업윤리의 영역에는―전문가로서의 자신의 역할이라는 측면에서 컴퓨터 전문가들의 일상적인 활동에 지침이 되는 가치들―거의 관심을 기울이지 않는다. 내가 말하는 컴퓨터 전문가란 컴퓨터 가공물의 설계와 개발에 관계하는 모든 사람들을 지칭한다 ⋯. 이러한 가공물의 개발과정에서 이루어지는 윤리적 결정들은 컴퓨터윤리라는 보다 넓은 개념 속에서 논의되는 많은 주제들과 직접적으로 관련된다(Gotterbarn, 1991).

컴퓨터윤리에 대한 이와 같은 보다 협소한 개념정의 하에서 고터반은 ACM 윤리규범의 최근 수정안에 참여하여 소프트웨어 개발자에 대한 허가기준의 확립 등과 같은 관련 활동을 활발히 하고 있다(Anderson, Johnson, Gotterbarn, and Perrolle, 1993 ; Gotterbarn, 1992).

V. 컴퓨터윤리의 대표적 주제들

컴퓨터윤리에 대한 어떤 정의를 선택하건 간에 이 분야를 이해하는 가장 좋은 방법은 현재 관심이 모아지고 있는 몇몇 하위 분야의 사례를 살펴보는 것이다. 다음 네 가지 사례를 살펴보도록 하자.

1. 작업현장에서의 컴퓨터

원칙적으로 거의 모든 업무를 수행할 수 있는 일종의 '만능' 도구로서 컴퓨터는 직업에 대한 확실한 위협이 되고 있다. 이따금 수리가 필요하다 할지라도 컴퓨터는 잠을 자지 않으며, 피곤해하지도 않고, 아파서 집에 가거나 휴식을 위한 시간을 필요로 하지도 않는다. 동시에 컴퓨터는 많은 업무를 수행하는 데 있어 인간에 비해 매우 효율적이다. 그러므로 인간을 컴퓨터화된 장치들로 대체하려는 경제적인 유혹은 매우 높다고 할 수 있다. 실제로 산업화된 국가에서는 많은 노동자들—은행직원, 자동차 노동자, 전화교환원, 타자수, 그래픽 아티스트, 보안요원, 조립공장 노동자 등등—이 이미 컴퓨터화된 장치들로 대체되고 있다. 이와 함께 의사, 법률가, 교사, 회계사, 그리고 심리학자와 같은 전문가들조차도 컴퓨터가 자신들의 전통적인 전문업무의 상당 부분을 매우 효과적으로 수행하고 있음을 인식하고 있다.

그러나 이러한 것들이 모두 나쁜 것만은 아니다. 예를 들어, 컴퓨터

공장이 이미 수많은 새로운 일자리를 만들어내고 있다는 사실을 생각해 보라 : 하드웨어 기술자, 소프트웨어 기술자, 시스템 분석가, 정보기술 교사, 컴퓨터 판매원 등등. 그러므로 단기적으로 볼 때, 컴퓨터로 인한 실업이 중요한 사회문제가 될 것으로 보인다. 그러나 장기적으로 볼 때, 정보기술은 그것으로 인해 사라진 것보다 더 많은 일자리를 산출해낼 것이다.

설사 어떤 일자리가 컴퓨터로 인해 사라지지는 않았다 하더라도 근본적으로 변화될 수 있다. 예를 들어, 비행기 조종사는 아직도 비행기를 통제하기 위해 앉아 있지만 비행 중 대부분은 단순히 컴퓨터가 비행을 잘 실시하고 있는지를 쳐다볼 뿐이다. 이와 유사하게 식당에서 음식을 준비하거나 혹은 공장에서 상품을 만드는 사람들은 여전히 직장을 유지하고 있을 수 있다. 그러나 그들은 단순히 단추를 눌러 컴퓨터 장치들이 정확하게 필요한 업무를 수행하는지를 감시하고 있을 뿐이다. 이런 식으로 컴퓨터가 노동자의 '단순작업' 을 유발하고 이들을 수동적 관찰자와 단추를 누르는 사람으로 전락시킬 가능성이 있다. 그러나 반복해서 말하지만 이러한 것이 모두 나쁜 것만은 아니다. 왜냐하면 컴퓨터는 '컴퓨터 관련 산업계' 와 '레이저 광선을 이용한 수술' 과 같은 새롭고 숙련된 기술을 필요로 하는 새로운 일자리를 계속해서 산출해내고 있기 때문이다.

작업현장과 관련된 또 다른 주제는 건강과 안전이다. 포레스터와 모리슨이 지적한 바와 같이(Forester and Morrison, 140-72, Ch. 8) 작업현장에 정보기술이 도입될 때, 이 기술을 사용하게 될 노동자의 건강과 작업 만족도에 미칠 수 있는 영향에 대해 생각해 보는 것이 중요하다. 예를 들어, 노동자들이 빠른 속도의 컴퓨터 장비들에 뒤처지지 않기 위해 노력하는 과정에서 스트레스를 받을 가능성도 있다. 또는 동일한 신체동작을 계속 반복함으로써 부상을 당할 수 있으며, 컴퓨터 모니터에서 방출되는 전자파로 인해 건강이 위협받을 수도 있다.

이러한 것들은 정보기술이 작업현장에 도입되었을 때 발생하는 사회적·윤리적 주제들의 일부에 지나지 않는다.

2. 컴퓨터 보안

컴퓨터 '바이러스'와 '해커'에 의한 염탐행위가 보편화된 시대에 있어서 컴퓨터 보안이 컴퓨터윤리 분야의 관심 주제가 되는 것은 당연하다. 문제는 하드웨어에 대한 물리적 보안(절도, 화재, 홍수 등으로부터의 보호)이라기보다는 오히려 스파포드(Spafford, et al, 1989)가 다섯 가지 측면으로 구분하고 있는 **회로상**의 보안이다.

1. 데이터의 프라이버시와 비밀성
2. 보전―데이터와 프로그램이 정당한 승인 없이 수정되지 않도록 하는 것
3. 손상 없는 서비스
4. 일관성―오늘 본 데이터와 행위가 내일도 동일하게 남아 있도록 하는 것
5. 자료에 대한 접근의 통제

악의적인 소프트웨어 혹은 '프로그램화된 위협'은 컴퓨터 보안에

대한 심각한 위협이 된다. 이러한 것들의 예로서는 스스로는 작동할 수 없지만 다른 컴퓨터 프로그램에 잠입해 들어가는 '바이러스', 네트워크를 통해 이 컴퓨터에서 저 컴퓨터로 옮겨다닐 수 있으며, 그 중 일부는 다른 컴퓨터를 작동시킬 수 있는 '웜' (worms), 하나의 프로그램인 것처럼 보이지만 실제로는 아무도 모르게 엄청난 피해를 입히는 '트로이의 목마' (Trojan horses), 특정한 조건들을 확인하고 나서 이러한 조건들이 충족되면 작동하는 '로직 밤' (logic bombs), 그리고 급속도로 증가하여 컴퓨터의 메모리를 채워버리는 '박테리아' 혹은 '래빗' (rabbits) 등이 있다.

횡령 또는 '로직 밤'의 주입과 같은 컴퓨터 범죄들은 대개 컴퓨터 시스템의 사용 허가를 지닌 신뢰받는 사람들에 의해 저질러진다. 그러므로 컴퓨터 보안은 신뢰받는 컴퓨터 사용자의 행동과 관련될 수밖에 없다.

컴퓨터 보안에 있어 또 다른 심각한 위협은 누군가의 컴퓨터 시스템에 허가 없이 침입하는 소위 '해커'이다. 일부 해커들은 국제적으로 자료를 훔치거나 야만적인 행동을 저지르는 데 비해, 다른 해커들은 단순히 특정 시스템이 어떻게 작동하고 있으며 어떤 자료들을 저장하고 있는지 살펴보기 위해 '탐색'하고 있다. 이러한 '탐색자들'은 종종 자유의 옹호자이며 대기업의 착취나 정부기관에 의한 스파이 행위에 대항하여 싸우는 선의의 투사라고 주장한다. 이러한 자칭 사이버공간의 자율방범대원들은 자신들은 해를 끼치지 않으며, 오히려 보안상의 위험성을 노출해 보임으로써 사회에 도움이 된다고 주장한다. 그러나 특정 컴퓨터 시스템에로의 성공적인 침투라 할지라도 일단 알려지게 되면 시스템 소유자는 그로 인한 데이터와 프로그램의 손상이나 손실 여부를 철저히 점검할 수밖에 없기 때문에 모든 해킹행위는 유해한 것이다. 설사 해커가 아무런 변화를 일으키지 않았다 하더라도 컴퓨터 소유자는 손상된 시스템에 대한 검사를 철저하게 해야만 한다(Spafford, 1992).

3. 소프트웨어 소유권

보다 논쟁이 되고 있는 컴퓨터윤리 분야 가운데 하나가 바로 소프트웨어 소유권과 관련된 것이다. 무료 소프트웨어 운동을 시작한 스톨만(R. Stallman)과 같은 사람들은 소프트웨어 소유권이 절대로 허용되어서는 안 된다고 생각한다. 그는 모든 정보는 자유로워야만 하며, 또한 모든 프로그램은 원하는 모든 사람에 의한 복사, 연구 그리고 수정이 가능해야만 한다고 주장한다(Stallman, 1993). 반면에, 만일 소프트웨어 회사나 프로그래머들이 라이센스 요금 혹은 판매의 형태로 투자에 대한 대가를 얻을 수 없다면, 이들은 소프트웨어의 개발에 엄청난 노력과 소중한 자금을 투자하지는 않을 것이라고 주장하는 사람들도 있다(Johnson, 1992, 1-8).

오늘날 소프트웨어 산업은 수백 억 달러에 달하는 산업분야가 되고 있으며, 또한 소프트웨어 회사들은 불법복사('해적판')로 인해 연간 수십 억 달러의 손실을 입고 있다고 주장한다. 많은 사람들이 소프트웨어는 소유 가능해야 한다고 생각하고 있지만, 친구를 위한 개인적 소유 프로그램의 '일상적인 복사' 또한 허용되어야 한다고 생각한다. 소프트웨어 산업계는 그러한 복사로 인해 수백만 달러의 판매 손실이 생겨나고 있다고 주장한다. 소유권은 복잡한 문제이다. 왜냐하면 소유될 수 있는 소프트웨어에 대하여 일부 상이한 관점들이 존재하고 있을 뿐만 아니라, 세 가지 상이한 형태의 소유권— 저작권, 영업비밀, 그리고 특허권—이 존재하고 있기 때문이다. 프로그램의 다음과 같은 측면들을 소유할 수 있다.

1. 파스칼(Pascal) 또는 C++와 같은 고도의 컴퓨터 언어로 프로그래머가 기록한 '원시 부호'(source code).

2. 소스 코드를 기계적 언어로 번역한 '목적 부호'(object code).

3. 소스 코드와 오브젝트 코드가 표현하는 기계적인 명령들의 순서인 '연산방식'(algorithm).

4. 프로그램이 화면상에 나타나고 사용자들과 연결되는 방식인 프로그램의 '외관과 느낌'(look and feel).

오늘날 매우 논쟁이 되는 주제는 컴퓨터 연산방식에 대한 특허권의 소유 문제이다. 특허권은 특허받은 항목의 사용에 대한 배타적 독점권을 인정하고 있다. 따라서 특정 연산방식의 소유자는 다른 사람들이 그 연산방식의 일부가 되는 수학공식을 사용하지 못하게 할 수 있다. 수학자와 과학자들은 격분하여 연산방식에 대한 특허권은 결과적으로 수학의 일부를 공적인 영역으로부터 제거하는 것이며, 그에 따라 과학을 무력하게 만드는 위협이 된다고 주장하고 있다. 이와 더불어 누군가의 '새로운' 프로그램이 다른 누군가의 소프트웨어 특허권을 침해하지 않았음을 확인하기 위해 현재 실시 중인 예비 '특허권 심사'는 비용과 시간이 많이 드는 과정이다. 그 결과 오직 거대한 자금을 갖고 있는 거대기업들만이 그러한 심사를 받을 능력을 지닐 수 있을 뿐이다. 이는 결과적으로 경쟁을 억누르고 사회에서 이용 가능한 프로그램의 다양성을 감소시킴으로써 많은 소규모 소프트웨어 회사들을 사라지게 만든다(The League for Programming Freedom, 1992, 54-66).

4. 전문가의 책임성

컴퓨터 전문가들은 전문지식을 지니고 있으며, 종종 사회에서 존경과 권위를 지닌다. 이러한 이유로 인해 이들은 사람들이 가치를 두고 있는 많은 것들을 포함해 전 세계에 중요한 영향력을 지닐 수 있다. 그들에게는 세계를 변화시킬 수 있는 그러한 힘과 더불어 그러한 힘을 책임감 있게 사용할 의무도 따르는 것이다.

컴퓨터 전문가들은 다른 사람들과의 다양한 직업적인 관계 속에서 존재한다.

> 고용주 - 고용인
> 고객 - 전문가
> 전문가 - 전문가
> 사회 - 전문가

이러한 관계들에는 다양한 이해관계가 내포되어 있으며, 이따금 이러한 이해관계로 인해 다른 사람들과 갈등이 빚어지기도 한다. 따라서 책임감 있는 컴퓨터 전문가들은 이해관계로 인해 생겨날 수 있는 갈등을 인식하고 이를 방지하기 위해 노력할 것이다(Johnson, 1994, 37-57, Ch. 3).

컴퓨터협회(ACM)와 전기전자공학자협회(Institute of Electric and Electronic Engineers : IEEE)와 같은 미국의 전문가 조직들은 행위규범, 교육과정 지침서, 그리고 인정요건들을 만들어 컴퓨터 전문가들이 윤리적 책임성을 이해하고 실천하도록 돕고 있다. 예를 들면, 1991년에 컴퓨터협회(ACM)와 전기전자공학자협회(IEEE)의 교육과정 합동연구위원회는 1991년에 대학의 컴퓨터과학 강좌를 위한 일련의 지침서('Curriculum 1991')를 채택하였다. 이 지침서에는 컴퓨터과학을 전공하는 학부 교육에 반드시 컴퓨터윤리에 대한 강좌가 포함되어 있어야 한다고 규정하고 있다(Turner, June 1991, 69-84).

이와 더불어 ACM과 IEEE는 회원들을 위한 윤리규범을 채택하였다(Johnson, 1994, 165-73, 177). 가장 최근의 ACM 행위규범 속에는 "다른 사람들에게 해를 입히지 말 것", 그리고 "정직하고 신뢰가 있을 것"과 같은 '보편적 도덕준칙'을 포함하고 있다. 또한 "전문적 능력을 습득하고 유지할 것", 그리고 "업무와 관련되는 현행 법률을 숙지하고 존중할 것"과 같은 '보다 구체적인 전문가로서의 책임성' 또한 포함되어 있다. IEEE 행위규범(1990)에는 "가능한 한 실제적인 혹은 예상되는 갈등을 방지할 것", 그리고 "활용 가능한 자료에 기초해서 주장이나 평가를 할 때는 정직하고 현실적일 것"과 같은 원칙들이 포함되어 있다.

공학기술 인증국(Accreditation Board for Engineering Technologies : ABET)은 오래 전부터 컴퓨터공학 교육과정에 윤리를 포함시킬 것을 요구해 왔다. 1991년에 컴퓨터과학 인증위원회(Computer Sciences Accredita-tion Commission : CSAC)/컴퓨터과학 인증국(Computer Sciences Accredita-tion Board : CSAB) 또한 모든 컴퓨터과학 학위과정 속에는 국가적으로 인정되는 컴퓨터윤리 관련 교육이 포함되어야 한다는 요강을 채택하였다(Conry, 1992).

분명한 점은 컴퓨터과학과 관련된 전문단체들이 회원들을 위해 전문가로서의 책임의 도덕적 기준을 인식하여 강조하고 있다는 사실이다.

VI. 전 세계적 정보윤리

앞장에서 컴퓨터윤리에 대해—컴퓨터윤리의 역사, 개념정의를 위한 노력, 그리고 연구영역에 대한 사례—간략하게 기술하였다. 그러나 이는 어디까지나 과거에 대한 것이다. 오늘날의 컴퓨터윤리는 '전 세계적 정보윤리'라고 불릴 수 있는 보다 광범위하고 더욱 중요한 분야로 급속히 발전하고 있다. 인터넷 그리고 특히 월드 와이드 웹(World Wide Web)과 같은 전 세계적 네트워크를 통해 지구상의 모든 사람들은 서로 연결되어 있다. 코시코프스카(Kocikowska)가 「컴퓨터혁명과 지구윤리의 문제」(Gorniak-Kocikowska, 1996, 186-88)라는 논문에서 예리하게 지적하고 있듯이 역사상 최초로 상호 합의된 행위규범을 개발하기 위한 노력, 그리고 인간의 가치들을 발전시키고 지켜내려는 노력들이 말 그대로 전 세계적인 차원에서 이루어지고 있다. 따라서 역사상 최초로 윤리와 가치들이 특정한 지역이나 종교 혹은 문화에 구애받지 않으면서 논의되고 바뀌어질 것이다. 이는 역사상 가장 중요한 사회발전의 하나가 될 것이다. 전 세계적인 주제 중 몇 가지를 살펴보도록 하자.

1. 전 세계적 법(Global Laws)

예를 들어, 만일 미국의 컴퓨터 사용자가 자신들이 지니는 인터넷에서의 표현의 자유를 보호하고자 한다면 어떤 법률을 적용할 것인가? 100여 개 이상의 국가들이 이미 인터넷을 통해 상호 연결되어 있기 때문에 (표현의 자유를 규정하고 있는 수정헌법 제1조를 지닌) 미국 헌법은 인터넷에 있어서는 단지 '지역 법률'에 지나지 않는다. 즉, 그 법이 나머지 전 세계에는 적용되지 않는다. 수많은 국가들이 서로 관련되어 있을 경우 표현의 자유, '포르노그라피'의 통제, 지적 재산권의 보호, 프라이버시의 침해 등과 같은 주제들과 여타 법률의 규제를 필요로 하는 많은 것들을 어떻게 할 것인가? 만일 한 유럽 국가의 시민이 매우 멀리 떨어져 있는 누군가와 인터넷을 통해 거래를 했다면, 그리고 그 국가의 정부가 그러한 거래를 불법으로 간주한다면 그 유럽 시민은 멀리 떨어진 그 국가의 법정에서 재판을 받아야 하는 것인가?

2. 전 세계적 사이버 사업(Global Cyberbusiness)

전 세계는 머지않아 안전하게 국제적인 사업을 하기에 충분한 인터넷 전자 프라이버시와 보안기술을 갖게 될 것이다. 일단 이러한 기술이 사용되면 전 세계적인 사이버 사업은 급속하게 팽창할 것이다. 이미 기술적 기반구조를 갖추고 있는 국가들은 급속한 경제성장을 만끽할 것이며, 반면에 나머지 국가들은 뒤떨어지게 될 것이다. 전 세계적인 사이버 사업의 급속한 성장으로 인해 어떠한 정치적 · 경제적 부작용이 나타날 것인가? 세계의 특정 지역에서 통용되는 사업행위가 다른 지역에서는 '사기' 혹은 '부정행위'로 인식될 것인가? 소수의 부유한 국가들이 부유한 국가와 가난한 국가 간에 이미 엄청나게 벌어져 있는 격차를 더욱 넓힐 것인가? 정치적 그리고 심지어 군사적 대결상황이 초래될 것인가?

3. 전 세계적 교육(Global Education)

만일 전 세계적 정보망에 대한 손쉬운 접근이 부유한 나라나 가난한 나라에 똑같이 보장된다면 역사상 최초로 지구상의 거의 모든 사람들이 자유언론으로부터 그날 그날의 뉴스를 접할 수 있을 것이다. 또한 세계의 주요 도서관이나 박물관으로부터 본문, 사료 그리고 예술작품들을 접할 수 있을 것이며, 모든 지역 사람들의 정치, 종교 그리고 사회적 관행을 접할 수 있을 것이다. 이와 같은 급작스럽고도 중

대한 '전 세계적 교육'이 정치적 독재자, 폐쇄적 공동체, 단일문화, 종교적 관행 등에 어떠한 영향을 미칠 것인가? 만일 전 세계적으로 유명한 대학들이 인터넷 강좌를 통해 지식과 학위를 수여하기 시작한다면 '보다 소규모의' 대학들은 심각한 타격을 입거나 혹은 심지어 사라지게 될 것인가?

4. 정보 부국과 정보 빈국

부유한 국가와 가난한 국가 간, 그리고 산업화된 국가들 내에서도 부유한 사람과 가난한 사람들 간의 격차는 이미 심각할 정도로 벌어져 있다. 교육기회, 사업과 취업기회, 의료 서비스, 그리고 많은 기타 삶의 필수품들이 점점 더 사이버공간으로 옮겨져 간다면 부자와 빈자의 격차는 더욱 악화될 것인가?

Ⅶ. 컴퓨터윤리의 미래는?

지난 20여 년 동안 컴퓨터윤리가 폭발적인 성장을 해왔다면 이 분야는 앞으로도 매우 중요하고도 유망한 분야가 될 것이다. 그렇다면 무슨 이유로 최근 두 명의 중요한 학자들이—코시코프스카와 존슨— 컴퓨터윤리는 응용윤리의 한 분야로 사라지게 될 것이라는 주장을 한 것일까?

코시코프스카의 가설—1995년에 코시코프스카는 현재 응용윤리의 한 분야로 인식되고 있는 컴퓨터윤리가 결국에는 그 이상의 것으로 발전할 것이라고 예견하였다(Gorniak-Kocikowska, 1996). 그녀는 컴퓨터윤리가 지구상의 모든 문화에 적용 가능한 지구 윤리체계로 발전할 것이라고 주장했다.

벤담과 칸트의 주요한 윤리이론들이 인쇄혁명과 더불어 발전한 것과 마찬가지로 새로운 윤리이론 또한 컴퓨터혁명과 더불어 컴퓨터윤리로부터 출현하게 될 것이다. 그러므로 새롭게 출현하고 있는 정보윤리 분야는 그 주창자나 옹호자들이 생각하고 있는 것보다 훨씬 더 중요하다(p. 177).

…

컴퓨터혁명의 특성으로 미루어 볼 때, 미래의 윤리는 전 세계적인 성격을 지니게 될 것이다. 그것은 전체 세계를 포괄할 것이기 때문에 공간적인 의미에서 전 세계적인 것이 될 것이다. 또한 인간의 행동과 관계의 모든 면을 언급할 것이라는 점에서도 전 세계적인 것이 될 것이다(p. 179).

…

… 아무리 철저한 숙고를 했다 하더라도 컴퓨터윤리의 준칙들은 대다수 사람들 혹은 모든 컴퓨터 사용자들이 존중하지 않는 한 비효과적일 것이다. 이것이 의미하는 바는, 미래에 있어서 컴퓨터윤리의 준칙들은 지구상에 살고 있는 대다수 (혹은 모든) 사람들에 의해 존중되어야만 한다는 것이다 … 다시 말해서 컴퓨터윤리는 보편적인 것이 될 것이며, 일종의 전 세계적 윤리가 될 것이다(p. 187).

코시코프스카의 가설에 따르면 유럽의 벤담 공리주의와 칸트 이론, 그리고 아시아나 아프리카 등지의 여러 윤리이론들과 같은 '지역적인' 윤리이론들은 궁극적으로 현재의 컴퓨터윤리로부터 발전된 전 세계적 윤리로 대체될 것이다. 그렇게 되면 '컴퓨터' 윤리는 정보화 시대의 '평범한' 윤리가 될 것이다.

　　존슨의 가설—1999년 그녀의 논문(Johnson, 1999)에서 존슨은 얼핏 보기엔 코시코프스카의 생각과 동일해 보이는 견해를 피력하였다.

> 나는 컴퓨터윤리 그 자체가 사라질 것이라는 예측을 한다 … 컴퓨터윤리가 일반적인 윤리가 된다고, 그리고 일반적인 윤리가 컴퓨터윤리가 된다고 모두 말할 수 있다(pp. 17-18).

　　그러나 자세히 살펴보면 존슨의 가설이 매우 다르다는 것을 알게 된다. 코시코프스카의 견해에 따르면, 컴퓨터혁명은 결국 본질적으로 문화를 초월한 전 세계적인 새로운 윤리체계를 이끌어낼 것이다. 이 새로운 '정보화 시대의 윤리'는 벤담과 칸트의 이론과 같은 편협한 이론들을 대체하게 될 것이다. 즉 유럽, 아시아, 아프리카 그리고 지구상의 여타 '국부적' 지역의 상대적으로 고립된 문화에 기초한 이론들을 대체할 것이다.

　　사실상 존슨의 가설은 본질적으로 코시코프스카의 가설과는 상반된다. 컴퓨터윤리는 '새로운 종류의 포괄적인 도덕적 문제들'에 관심을 기울이고 있다는 그녀의 견해를 다른 방식으로 표현하고 있는 것이다. 컴퓨터윤리는 벤담이나 칸트와 같은 이론들을 대체하기보다는 오히려 이러한 이론들의 필요성을 지속적으로 인정할 것이다. 존슨에 따르면, 현재의 윤리이론들과 원리들은 윤리적 사고와 분석의 기본 토대로서 계속 남아 있게 될 것이며, 컴퓨터혁명이 윤리의 혁명을 야기하지는 않을 것이다.

그래서 21세기가 시작되었을 때 컴퓨터 윤리학자들은 컴퓨터 기술의 윤리적 적절성과 관련된 두 개의 매우 상반된 견해를 제시하였다. 위너–매너–코시코프스카의 견해는 컴퓨터 기술을 **윤리적으로 혁명적인** 것으로 간주하고 있으며, 우리로 하여금 윤리의 토대와 인간의 삶에 대한 정의 자체를 재검토하도록 요구하고 있다. 존슨의 견해는 보다 보수적인 것으로, 그녀는 서구의 윤리가 별다른 영향을 받지 않을 것으로, 즉 컴퓨터윤리의 주제들은 단순히 기존 윤리의 논제들을 새롭게 변형한 것에 불과한 것으로 보고 있으며, 그에 따라 종국에는 철학의 독특한 분야로서의 컴퓨터윤리는 사라지게 될 것이라고 보고 있다.

참고문헌

Anderson, Ronald, Deborah Johnson, Donald Gotterbarn and Judith Perrolle. (February 1993) "Using the New ACM Code of Ethics in Decision Making," *Communications of the ACM*, Vol. 36, 98–107.

Bynum, Terrell Ward. (1993) "Computer Ethics in Computer Science Curriculum," Bynum, Terrell Ward, Walter Maner and John L. Fodor, eds. (1993) *Teaching Computer Ethics*. Research Center on Computing & Society.

Bynum, Terrell Ward. (1999) "The Foundation of Computer Ethics," a keynote address at the AICEC99 Conference, Melbourne, Australia, July 1999.

Conry, Susan. (1992) "Interview on Computer Science Accreditation," Bynum, Terrell Ward and John L. Fodor, creators, *Computer Ethics in the Computer Science Curriculum* (a video program). New Haven, CT : Educational Media Resources.

Fodor, John L. and Terrell Ward Bynum, creators. (1992) *What is Computer Ethics?* (a video program). Educational Media Resources, Inc.

Forester, Tom and Perry Morrison. (1990) *Computer Ethics : Cautionary Tales and Ethical Dilemmas in Computing*. Cambridge, MA : MIT Press.

Gorniak–Kocikowska, Krysyna. (1996) "The Computer Revolution and the Problem of Global Ethics" in Bynum and Rogerson. (1996) *Global Information Ethics*, Opragen Publications, 177–90.

Gotterbarn, Donald. (1991) "Computer Ethics : Responsibility Regained," *National Forum : The Phi Beta Kappa Journal*. Vol. 71, 26–31.

Gotterbarn, Donald. (1992) "You Don't Have the Right to Do It Wrong," *CIO*.

Johnson, Deborah G. (1985) *Computer Ethics*. Prentice–Hall, 2nd Edition, 1994.

Johnson, Deborah G. (1992) "Proprietary Rights in Computer Software : Individual and Policy Issues," Bynum, Terrell Ward, Walter Maner and John L. Fodor, eds,

(1992) *Software Ownership and Intellectual Property Rights.* Research Center on Computing & Society.

Johnson, Deborah G. (1999) "Computer Ethics in the 21st Century," a keynote address at the ETHICOMP99 Conference, Rome, Italy, October 1999.

Kocikowski, Andrzej. (1996) "Geography and Computer Ethics : An Eastern European Perspective," Bynum, Terrell Ward and Simon Rogerson, eds. (1996) *Global Information Ethics*, Opragen Publications, 201–10. (April 1996) *Science and Engineering Ethics.*

The League for Programming Freedom. (1992) "Against Software Patents," Bynum, Terrell Ward, Walter Maner and John L. Fodor, eds. (1992) *Software Ownership and Intellectual Property Rights*, Research Center on Computing & Society.

Maner, Walter. (1980) *Starter Kit in Computer Ethics*, Helvetia Press (published in cooperation with the National Information and Resource Center for Teaching Philosophy).

Maner, Walter. (1996) "Unique Ethical Problems in Information Technology," Bynum and rogerson. (1996) 137–52.

Moor, James H. (1985) "What is Computer Ethics?" Bynum, Terrell Ward, ed. (1985) *Computers and Ethics.* Blackwell, 266–75. (October 1985) *Metaphilosophy.*

Perrolle, Judith A. (1987) *Computers and Social Change : Information, Property, and Power.* Wadsworth.

Rogerson, Simon. (Spring 1996) "The Ethics of Computing : The First and Second Generations," *The UK Business Ethics Network News.*

Rogerson, Simon and Terrell Ward Bynum, eds. (1997) *Information Ethics : A Reader*, Blackwell. This anthology contains articles from ETHICOMP95 and ETHICOMP96.

Rogerson, Simon and Terrell Ward Bynum. (June 9, 1995) "Cyberspace : The Ethical Frontier," *Times Higher Education Supplement*, The London Times.

Sojka, Jacek. (1996) "Business Ethics and Computer Ethics : The View from Poland" in Bynum and Rogerson (1996) *Global Information Ethics,* Opragen Publications, 191−200.

Spafford, Eugene, et al. (1989) *Computer Viruses : Dealing with Electronic Vandalism and Programmed Threats.* ADAPSO.

Spafford, Eugene. (1992) "Are Computer Hacker Break−Ins Ethical?" *Journal of Systems and Software,* January 1992, Vol. 17, 41−47.

Stallman, Richard. (1992) "Why SoftwareShould Be Free," Bynum, Terrell Ward, Walter Maner and John L. Fodor, eds. (1992) *Software Ownership and Intellectual Property Rights.* Research Center on Computing & Society, 35−52.

Turkle, Sherry. (1984) *The Second Self : Computers and the Human Spirit.* Simon & Schuster.

Turner, A. Joseph. (June 1991) "Summary of the ACM/IEEE−CS Joint Curriculum Task Force Report : Computing Curricula, 1991," *Communications of the ACM,* Vol. 34, No. 6, 69−84.

van Speybroeck, James. (July 1994) "Review of Starter Kit on Teaching Computer Ethics," by Bynum, Terrell Ward, Walter Maner and John L. Fodor, eds. *Computing Reviews,* 357−8.

Weizenbaum, Joseph. (1976) *Computer Power and Human Reason : From Judgement to Calculation,* Freeman.

Wiener, Norbert. (1948) *Cybernetics : or Control and Communication in the Animal and the Machine,* Technology Press.

Wiener, Norbert. (1950/1954) *The Human Use of Human Beings : Cybernetics and Society,* Houghton Mifflin, 1950. (Second Edition Revised, Doubleday Anchor, 1954).

2장_ 온라인윤리

데보라 존슨Deborah G. Johnson

우리는 온라인 커뮤니케이션 시스템의 미래에 대한 중요한 결정을 내려야 하는 시점에 와 있다. 현재 다가올 미래의 전망에 대한 공개적인 논의가 벌어지고 있다. 고어(A. Gore) 전 부통령은 **미래의 전자고속도로**라는 표현을 통해 미국이 미래의 국제적 경제경쟁에서 승리하기 위한 수단으로 국가와 전 세계적 정보 인프라 구조를 강조하고 있다 [7]. 발로우(J. Barlow), 캐퍼(M. Kapor), 그리고 첨단전자재단(the Electronic Frontier Foundation)은 자객, 의욕이 넘치는 보안관, 그리고 **21세기의 선구자들**이 사생결단의 싸움을 벌이고 있는 새로운 개척지를 사이버공간(cyberspace)이라는 표현을 통해 묘사하고 있다[1, 11]. 매스 미디어의 도움 없이도 정치적 연합들이 형성되고 사회운동의 영향력이 커

---

* 본 논문은 원래 *Communications of the ACM* 40 : 1 (January) 1997 : 60–69에 게재된 것이다. Copyright © 1997 by the ACM. 저작권자의 허락 하에 수록한다.

짐에 따라 새로운 형태의 민주주의가 출현할 것이라는 전망이 제기되고 있다.[1] 이처럼 발전하는 기술로 인해 각 가정마다 가장 발전된 오락수단을 지니게 될 뿐만 아니라, 우리 모두는 화면을 보면서 키보드를 두드림으로써 쇼핑, 업무, 구직, 금융거래 등과 같은 모든 일상적인 행위들을 편리하게 수행할 있을 것이라는 전망도 나오고 있다[5]. 이 따금 디즈니랜드와 같은 가상세계로의 도피가능성에 대한 전망도 제기되고 있다[2]. 이러한 것들은 우리의 관심을 끌기 위해 모두 가치와 이해관계가 상당히 개입된 전망들이다. 이 모든 전망들이 가능성을 지니고 있는 반면, 그 어느 것도 필연적인 것은 아니다. 오히려 이러한 전망들은 자기 충족적인 예언으로서 작동하게 되고, 이러한 전망이 결국 우리가 만들어 나가는 온라인 커뮤니케이션의 틀을 형성하게 될 것이다.

온라인 커뮤니케이션은 전례 없는 속도로 발전·성장해 오고 있으며, 또한 모든 상황과 지표에 비추어 볼 때 향후에도 지속적으로 성장할 것이다. 그러나 이러한 발전에는 많은 문제들이 수반되었으며, 그중 가장 심각한 문제가 바로 인간의 행위이다. 혼란을 초래하는 행위로는 무단침입, 전자재산의 탈취[14], 파괴적인 바이러스의 주입[3], 인종차별주의, 명예훼손[4], 괴롭힘에서부터 온라인 강간[6]이라는

---

1) 이러한 사례로는 로터스 개발회사(Lotus Development Corporation)의 상품을 상대로 한 항의운동이 있다. 관련 상품은 1억 2천만 미국인의 정보를 담은 데이터베이스를 우편을 통해 판매하고 있는 CD-ROM이었다. 상품광고는 몇몇 온라인 토론회에서 논쟁을 불러 일으켰으며, 논쟁은 확대되고 증폭되어 여러 집단으로부터 정보, 항의서한, 그리고 성명서들이 제기되었다. 수많은 개인들이 로터스사에 서한을 보내 자신들의 이름을 데이터베이스에서 삭제해 줄 것을 요청하였다. 이 대부분이 로터스사로 직접 전자우편을 보내 이루어졌다[8, 17].

최근의 사건에 이르기까지 다양하다. 이러한 행위에 대해 우리가 어떻게 대응하는가에 따라 온라인 커뮤니케이션의 미래가 좌우될 것이며, 또한 앞으로 어느 정도로 그리고 어떤 방식으로 전자 네트워킹 기술이 실현될 것인가가 결정될 것이다.

지금까지 온라인상의 행위문제에 대한 우리의 초기 대응은 법적이고 기술적인 것이었다. 문제가 확인되고 분명해짐에 따라 법률이 확대되거나 새롭게 만들어졌으며, 또한 이 새로운 영역에 대한 법적인 규제가 이루어지기 시작하였다[3]. 바이러스를 탐지하고 정보를 암호화하고 해독하는 새로운 기술이 개발되었다. 시스템을 보호하고 온라인상의 거래를 인지하고 추적하는 방법에 대한 지식이 날로 발전하고 있다.

그러나 이러한 방법만 가지고는 결코 온라인상의 행위들을 적절하게 통제할 수 없을 것이다. 우리의 유일한 희망은 개인들이 행위규범을 내면화하는 것이다. 이는 오프라인에서 대부분의 행위가 통제되는 방식이다. 개개인들은 특정 행위가 받아들일 수 없고, 바람직하지 못하거나 부적절하다는 것을 잘 알고 있으며, 그에 상응해서 행동하고 있다. 이러한 행동방식이 온라인에서도 이루어지기 위해서는 무엇보다도 온라인상의 행위가 갖는 특성을 논의하는 것이 중요하다. 또한 그러한 행위가 갖는 의미와 그러한 행위가 수용 가능한 혹은 수용 불가능한, 바람직한 혹은 바람직하지 못한, 올바른 혹은 잘못된, 합법적 혹은 불법적이라고 할 수 있는 이유를 밝혀내는 것이 중요하다. 사용자들은 온라인상에서 자신의 행위가 갖는 의미와 결과에 대해 충분히 인식하고 있어야만 한다.

전자 네트워크에 있어서의 주제와 문제들은 네트워크를 둘러싼 세

계의 문제가 된다. 이러한 문제들은 오프라인에서 우리의 존재와 행
동과 관계가 있다. 이것들은 현대의 고도로 산업화된 민주사회의 문
제들이다. 컴퓨터 기술이 진공상태로 존재하고 있는 것은 아니다. 그
것은 우리의 생활방식, 문화, 정치 그리고 사회제도 속에서 나타나는
여러 현상에 따라 개발되고 형성된다.

컴퓨터를 둘러싼 윤리적 논제들은 일반적으로 새로운 종류의 도덕
적 문제들이다[9]. 이는 다른 컴퓨터 분야와 마찬가지로 온라인 커뮤
니케이션과 관련해서도 타당하다. 일반적인 문제로는 프라이버시, 재
산권, 개인의 자유와 (공적인 그리고 사적인) 권위 간의 구분점, 서로 존
중하기, 책임소재 등과 같은 것들이 포함된다. 행위들이 컴퓨터를 통
해 이루어졌을 때 이러한 행위들은 새로운 특성을 지니게 된다. 이러
한 논제들은 설사 그 핵심 논제는 그대로 있다 하더라도 새롭게 변형
되어 특수한 것으로 변하게 된다. 예를 들면, 컴퓨터가 존재하지 않았
을 때 우리는 재산권을 기계에 의해 실행될 수 있는 일련의 코드라
는─언어적 상징들의 집합체─측면에서 생각해 본 적이 없었다. 그
러나 역사적으로 새로운 발견들이 이루어지면서 전통적인 재산권의
개념은 계속해서 도전받고 있다. 우리는 컴퓨터로 인해 가능해진 엄
청난 규모와 성격의 프라이버시에 대한 위협에 직면해 본 적이 한번
도 없었지만, 이전에도 사진기와 전화 같은 다른 기술들이 프라이버
시를 위협했었다. 이는 전자 네트워크에 있어서도 마찬가지이다. 네
트워크상의 행위들은 행위들 그 자체가 인간 행위의 새로운 범주에
속하는 것은 아니라 할지라도 특별한 특성을 지니게 된다. 우리는 메
시지를 보내고, 정보를 교환하고, 언어를 사용하고, 놀고, 작업하기도
한다. 컴퓨터 네트워크로 인해 오프라인에서 이루어지던 행위들이 새

롭게 변형되고 또한 과거의 문제들이 새로운 성격을 지니게 되었다.

이 논문은 온라인 커뮤니케이션이 지니는 세 가지 특수한 특성들을 확인하고 각각의 특성이 갖는 도덕적 함의에 대해 간략하게 논의하고 있다. 이 논문은 익명성에 초점을 두고 있으며, 그것이 지닌 이점과 위험성을 밝히고 있다. 모든 형태의 온라인 커뮤니케이션에서 익명성을 제거할 필요는 없지만 이를 제한해야만 한다는 것이 필자의 주장이다. 본 논문은 온라인상의 사회적 행위를 구체화시켜 주는 세 가지 원칙을 제시하면서 결론을 맺고 있다.

Ⅰ. 네트워크를 통한 커뮤니케이션의 특수한 특성들

컴퓨터 네트워크를 통한 커뮤니케이션은 서로 얼굴을 맞대고 이루어지는 커뮤니케이션이나 전화, 팩스 그리고 대중매체와 같은 다른 형태의 기술을 사용한 커뮤니케이션과는 상이한 몇 가지 특성을 지닌다. 이러한 특성들은 전자 네트워크상의 행위를 이와 동일한 오프라인상의 행위와는 도덕적으로 다르게 만든다는 점에서 도덕적 차이를 나타낸다.

1. 범위(Scope)

전자 네트워크를 통해 커뮤니케이션을 하고 있는 개인들은 오프라인에 비해 훨씬 광범위하게 접촉할 수 있다. 한 개인이 보낸 메시지는 전 세계의 수많은 개인들에게 매우 신속하게 전달될 수 있다. 이러한 요소들이―접촉할 수 있는 개인의 수, 속도, 그리고 개인의 이용가능성―결합되어 그 범위가 특별해지는 것이다. 속도/온라인 커뮤니케이션의 즉각성은 그 자체가 특별한 것은 아니다. 왜냐하면 이는 대면 혹은 전화를 통한 커뮤니케이션에서도 동일하게 이루어지기 때문이다. 라디오나 텔레비전 그리고 전화도 동일한 성격을 지니고 있기 때문에 접촉의 광대한 규모 또한 그 자체로는 특별한 것이 아니다. 그러나 라디오와 텔레비전의 경우 커뮤니케이션은 일방적으로 이루어지며, 전화를 통한 커뮤니케이션의 경우는 일반적으로 주어진 시간에 오직 한 사람 혹은 소수의 개인들에게만 국한된다. 상호작용성 또한 얼굴을 맞대고 이루어지는 커뮤니케이션에서도 가능하기 때문에 그 자체로는 특별한 것이 아니다. 접촉의 광대한 규모, 즉각성, 그리고 개개인의 상호작용 가능성이 결합됨으로써 무엇인가를 특별하게 만들고 있는 것이다. 나는 이러한 세 가지 요소 모두를 함께 지칭하는 개념으로 **범위**라는 용어를 사용하고 있다.

범위는 일종의 힘(power)으로 간주될 수 있다. 네트워크상의 행위―정보의 교환 혹은 소통―는 현실공간에서의 행위보다 훨씬 강력한 힘을 지닌다. 내 옆에 서 있는 누군가에게 무엇인가를 말하거나 또는 학술지에 논문을 게재했을 때 나의 행동은 물리적 한계를 지니게 된다. 네트워크의 경우 이와 유사한 행동의 영향력은 수없이 확대된다. 전자게시판에 어떤 생각을 올려놓으면 매우 짧은 시간 안에 전 세계의 수많은 사람들에게 전달된다. 더군다나 다른 사람들도 이용 가능하다는 점에서 그것은 사실상 영구히 존재할 수 있다. 이와 유사하게 오프라인에서 내가 어떤 컴퓨터 코드를 쓰면 이러한 나의 행동으로 인해 내 컴퓨터 작동방식에는 일부 변화가 초래된다. 또한 온라인에서 내가 어떤 컴퓨터 용어를(예를 들어, worm) 써서 보내면 이로 인해 전 세계의 시스템이 다운되기도 한다.

범위나 힘이 도덕적 함의를 지니는 한 가지 방법은 강력한 영향력을 지니는 행위에 관여하는 사람들로 하여금 조심하도록 만드는 것이다. 사용자격을 부여함으로써 강력한 기술을 사용할 수 있는 사람을 제한한다. 우리는 자동차 운전자, 비행기 조종사, 수술하는 사람에게 자격을 부여하고 있다. 또한 위험한 제조공정을 갖는 많은 형태의 사업을 규제하고 있다. 우리는 확성기나 카메라와 같은 비교적 덜 위험한 기술을 사용하는 사람에 비해 보다 강력한 기술, 특히 매우 위험한 기술을 사용하는 사람들에 대해 더욱 조심하고 보다 많은 주의를 기울일 것을 기대하고 또 요구한다. 실제로 누군가가 강력한 기술을 무모하게 사용했을 경우, 그 개인에게 자기 행동의 결과에 대한 법적인 책임을 묻고 있다.

2. 익명성(Anonymity)

네트워크상에서 가명을 사용하고 다른 사람처럼 행동하면서 개인들은 자기 신분을 드러내지 않고 커뮤니케이션을 한다. 더군다나 어떤 사람은 다른 사람의 말을 **가로채** 이를 변형시키거나, 또는 누군가의 신분을 **가로채** 다른 사람의 말인 것처럼 이야기를 퍼뜨리기도 한다. 대면접촉, 전화, 그리고 매체를 통한 커뮤니케이션에 있어서 개인들은 변장을 하고 자신들이 누구이며 무엇을 원하는지에 대해 거짓말을 한다 : 전화상의 목소리는 변조될 수 있다. 그리고 기자들은 영상물들을 조작할 수 있고, FBI 요원은 비밀수사를 할 수 있다. 오프라인의 익명성은 익명성을 추구하는 개인의 노력이 요구되는 데 비해, 온라인의 익명성은 대개 자연스런 상태라는 것이 두드러진 차이점이다. 최소한 이는 각 개인이 고유한 사용자 아이디를 부여받는 그러한 환경에 따른 것이다. 개인은 자신의 실제 정체성을 확립하기 위한 노력을 경주해야만 한다. 이런 점에서 익명성은 온라인 커뮤니케이션에 있어서 조장되고 있다고 할 수 있다.[2] 더군다나 오프라인에서 신원의 최종 확인은 그 사람을 직접 눈으로 확인하는 것이다. 이러한 확인이 온라인에서는 가능하지 않다는 사실 또한 익명성을 조장하는 요인이라고 할 수 있다.[3]

익명성은 신뢰에 있어 문제를 야기하고, 사람과 말을 갈라놓는다. 다른 사람이 내가 한 말을 마치 자신이 한 말인 것처럼 유포하는 것도 가능하다 : 내가 한 말이 다른 사람에 의해 변형되어 내가 한 말인 것처럼 유포될 수도 있다. 그리고 누군가에 의해 완전히 날조되어 나에게 책임을 전가시킬 수도 있다. 다시 말하자면, 이와 유사한 단절이 현실공간에서도 일어날 수 있지만 그러기 위해서는 매우 다른 물리적 행위가 요구된다.

---

[2] 기술은 익명의 가능성을 제거하도록 물리적으로 설계될 수 있기 때문에 익명성은 기술이 지닌 본래적 특성이라고 주장하는 것은 잘못된 것이다.

[3] 화면상의 이미지를 통한 접촉이 가능하고, 또한 시간이 지날수록 기술과 품질이 향상되고는 있지만, 화면상의 이미지를 통한 접촉은 가상적 이미지와의 접촉일 수 있기 때문에 직접적인 대면접촉만큼 신뢰를 주지는 못할 것 같다.

　이러한 특성들이 지니는 도덕적 중요성은 나중에 검토될 것이다. 현재로서는 우리가 어떤 결정을 내리는 데 사용하는 정보에 대한 신뢰와 우리가 관계를 맺고 있는 개인들에 대한 신뢰가 우리의 존재방식에 매우 중요하다는 점을 강조할 필요가 있다. 그러나 자신과 커뮤니케이션을 하고 있는 사람들의 신원을 확인할 수 없는 상황에서는 신뢰를 구축하기가 어렵다. 특정한 사람들과 안정적인 관계를 발전시키기가 어렵다.

3. 재생가능성(Reproducibility)

　온라인상에서 정보는 본래 가치의 손상 없이 정보의 작성자 혹은 보유자 모르게 재생산될 수 있다. 물론, 현실세계에 있어서도 정보는 복사기와 카메라를 통해 재생산될 수 있다. 그러나 전자 네트워크에 있어서는 재생과정에서 어떠한 가치의 손실도 생겨나지 않는다. 복제된 프로그램이나 자료들은 완벽하게 사용가능할 뿐만 아니라 복제가 이루어졌다는 어떠한 증거도 찾을 수 없다. 즉, 정보를 작성했거나 소유한 사람들은 그것이 복제되었다고는 결코 생각하지 않는다. 여기서의 차이는 그림을 갖는 것과 데이터를 복제하는 것 간의 차이인 것이다. 즉, 화가나 소유자는 더 이상 그림을 갖고 있지 않으며 그 그림이 자기 소유가 아니라는 것을 알지만 데이터 작성자나 소유자는 아직도 그 데이터를 갖고 있으며, 복제가 이루어졌다는 어떤 낌새도 알지 못한다.

　재생가능성의 또 다른 측면은 전자 네트워크상의 행위들이 기록되고 관찰될 수 있다는 점이다. 현실공간에 있어서 내가 친구에게 어떤 말을 하고, 내 친구는 이를 듣고 이해하고, 내가 한 말은 사라진다(혹은 기껏해야 나와 내 친구의 기억 속에 남아 있게 된다). 대부분의 온라인 커뮤니케이션에서는 그렇지 않다. 말은 누군가가 혹은 특정한 사건으로 인해 지워질 때까지 그곳에 존재한다. 내가 어디로 그것을 보냈는가에 따라 그것은 다른 사람들에 의해 복사되어 또 다른 무한한 사람들에게로 전송되거나 기술을 관리하고 감독하는 사람들이 이용할 수도 있으며, 혹은 염탐자의 수중에 들어갈 수도 있다.

재생가능성은 범위와 익명성 모두와 관련된다. 재생 가능하기 때문에 정보는 항구불변할 가능성, 혹은 최소한 상당히 오래 존재할 가능성을 지니고 있다. 이는 네트워크상의 행위범위를 증대시킨다. 즉, 컴퓨터 네트워크에서의 행위는 상당히 오래 존재한다. 익명성(사람과 말의 단절)으로 인해 제기되는 정보의 충실성(integrity) 문제 또한 정보의 재생가능성으로 인해 초래되는 문제이다. 재생가능성 때문에 누구든 익명으로 남의 말을 하거나 혹은 변형시킬 수 있다.

재생가능성은 전통적인 개인의 프라이버시와 재산권 개념과는 상반되기 때문에 도덕적 함의를 지니고 있다. 우리의 재산권 개념은 통제라는 사고와 연관되어 있다. 즉, 소유자는 자기 재산의 이용을 통제할 수 있다. 우리의 프라이버시 개념은 행위가 이루어졌다 사라지는 현실세계에 토대를 두고 있다. 이러한 행위들은 돌이킬 수 없는 것들이다(녹음기와 카메라 또한 이를 변화시켰다). 전자 네트워크의 경우에 있어서는 행위가 이루어지는 매체는 현실공간에 비해 재생산과 관찰을 더욱 용이하게 해준다. 물론 이러한 것이 시스템이 어떻게 설치되어 있는가에 좌우되기는 하지만, 컴퓨터 네트워크에 있어서는 일반적으로 행위를 삭제하기 위한 노력이 필요한 반면에 현실공간에서는 이를 기록하기 위한 노력이 필요하다. 그러므로 익명성과 마찬가지로 재생가능성 또한 컴퓨터 네트워크상에서 조장된다고 할 수 있다.

요약하자면, 네트워크 커뮤니케이션이 지닌 이러한 세 가지 특수한 특성들이 직접적 혹은 간접적으로 온라인상의 문제들을 야기하고 있다.[4] 범위가 광대하다는 것은 개인들이 오프라인에서는 행하기가 불가능하거나 혹은 매우 어려운 다양한 행위들을 온라인상의 다른 사람들과 서로 주고받을 수 있다는 것을 의미한다. 개인들은 물리적 근접성과 서로 다른 형태의 물리적 행위들을 필요로 하는 일들을 온라인상에서는 서로에게 행할 수 있다. 개인들은 온라인상에서 이리저리 기웃거리고, 훔치고, 모욕을 주고, 명예를 훼손하고, 또한 파괴적인 행동을 할 수 있다. 또한 지리적으로 멀리 떨어져 있는 수많은 사람들에게 영향을 줄 수도 있다. 익명성은 정보의 충실성과 커뮤니케이션에 있어 심각한 문제를 야기하고 있다. 재생가능성 또한 정보의

---

[4] 이러한 특성들을 컴퓨터 네트워크상의 커뮤니케이션이 갖는 **본래적인**, 따라서 불변적인 특성이라고 생각하기 쉬우나 이러한 생각은 잘못된 것이다. 현실공간에 있어서 얼핏 보기에는 우리의 신체와 정신 때문에 프라이버시가 선호되는 것 같다. 어느 누구도 내가 지금 무엇을 생각하고 있는지 알 수 없다. 나는 군중 속에서 누군가를 불러내어 귓속말을 속삭일 수 있다. 그러나 현실공간에서 프라이버시에 기여하는 것이 단지 우리의 신체와 정신만은 아니다. 사회적·문화적·정치적 관행들이 현실공간의 프라이버시를 만들어내고 뒷받침한다. 우리는 벽이 있는 건물을 만들고, 정당한 이유 없는 사법당국의 도청을 금지하는 법률을 통과시키고, 우리 이웃이 우리 집 창문을 겨냥해서 망원경을 설치하지 않을 것이라고 생각한다. 컴퓨터 네트워크가 지닌 특수한 특성에 대해서도 똑같이 말할 수 있다. 네트워크 기술은 어떤 특성을 구현하도록 설계된 것이다. 예를 들면, 재생가능성은 설계로 인해 나타난 기능이며, 없애버릴 수도 있는 것이다. (만일 우리가 클리퍼 칩을 내장한 네트워크 하드웨어를 설계하여 판독가능성을 높인다면 우리는 재생가능성을 염두에 두게 될 것이다[13].)

충실성을 위협하고 있으며, 이는 커뮤니케이션 혹은 정보행위가 내구성을 지닌다는 것을 의미한다. 재생가능성은 감시를 용이하게도 한다.

Ⅱ. 익명성

현재 온라인상의 비공식적 상호작용과 관련된 다양한 포럼—서로 다른 성격의 게시판, 토론집단, 전자우편, 역할게임 등등—이 존재하고 있다. 전자 네트워크가 발전함에 따라 앞서 논의한 세 가지 특성 모두가 현실로 나타나고 있다. 이 특성들은 각기 편리함을 제공하는 동시에 위험을 만들어내고 있다. 편리함과 위험이 함께 존재하는 것이다. 예를 들면, 네트워크 커뮤니케이션의 범위는 사람들을 한데 모으고, 세상이 좁아 보이게 만들고, 생각과 정보를 교환할 기회를 확대시키고 있는 동시에 다른 한편으로는 보다 큰 규모의 위험을 가져다 주고 있다. 재생가능성은 보다 많은 사람들에게 과거에 비해 엄청난 양의 정보를 매우 저렴한 비용으로 매우 편리하게 이용할 수 있는 가능성을 가져다 주고 있다. 동시에 재생가능성은 정보가 유실되고 파괴될 가능성이 그만큼 높아졌음을 의미하기도 한다. 본 논문의 나머지 부분에서는 익명성의 이점과 위험성에 대해 논의할 것이다. 온라인에서의 익명성은 향후 네트워크 시스템의 발전에 있어 보호되어야 하는 특성과 통제되어야 하는 특성 모두를 분명하게 보여주고 있다. 익명성이 지닌 긍정적 가치와 부정적 가치가 분명하게 드러나고 있기 때문에 이 점을 최대한으로 이용하고 그것이 지닌 위험성을 최소화해야 할 것이다.

익명성은 그 자체로는 나쁜 것이 아니다. 사실상 인종, 성, 혹은 신체적 용모들이 공정한 대우에 방해가 되고 있다는 점을 고려할 때 익명성은 매우 유용한 것일 수 있다. 이러한 맥락에서 익명성은 조정자로서의 기능을 수행한다. 예를 들면, 온라인 교육에 있어서 학생에 대한 교사의 평가에서 뿐만 아니라 학생들 간의 상호작용에서도 편견은 존재하지 않는다. 익명성은 또한 특정 활동에의 참여를 용이하게 한다. 오프라인이라면 강간 피해자나 폭행당한 주부 또는 전과자와의 토론에 참여하지 않았을 사람들도 온라인에서는 익명성이라는 보호막 하에 보다 기꺼이 참여할 수 있다. 참여를 통해 개인들은 귀중한 정보나 필요한 정서적 안정을 얻을 수 있다. 그리 중요하지 않은 주제에 대해서조차도 익명성이 보장되면 사람들은 자신의 생각을 말할 가능성이 높다. 작업장과 같은 공식적인 상황 속에서는 익명성이 보장되면 사람들은 보다 창의적으로 생각하고 상사에게 보다 훌륭한 결과를 제시할 수도 있다.

그럼에도 불구하고 익명성은 네트워크에 있어 문제가 되고 있는데, 이는 최소한 다음과 같은 세 가지 이유 때문이다.

1. 온라인뿐만 아니라 오프라인에서도 익명성은 문제가 되고 있다. 왜냐하면, 이로 인해 신원 확인과 범죄자 검거가 더욱 어려워졌기 때문이다. 물론 여기서도 익명성 그 자체가 나쁜 것은 아니지만 그것이 갖는 영향력 때문에 나쁘다는 것이다. 염탐하고 훔치고 파괴하는 사람이 누구인지를, 그리고 다른 사람들을 모욕하거나 비방하는 사람

이 누구인지를 추적하는 것이 더욱 어려워진 것이다.

2. 익명성의 두 번째 문제는 앞서 언급한 이점 중 하나와 직접적으로 관련된다. 익명성은 사람들이 두려워하지 않고 자신의 생각을 말할 수 있는 보호막을 만들어내고 있다. 익명성으로 인해 토론자들이 자신의 느낌에 대해 말하거나, 유사한 경험을 지닌 사람들로부터 위안을 받거나, 혹은 필요한 정보를 얻을 수 있는 토론회가 쉽게 이루어질 수 있다면 이는 좋은 것이다. 다른 한편으로, 익명성으로 인해 사람들이 바람직하지 못한 위험한 방식으로 행동할 수 있게 된다면 이는 그리 좋은 것이 못 된다[12, 15, 18]. 오프라인에서는 염탐하지 않거나, 훔치지 않거나, 괴롭히지 않거나, 인종차별적 말을 하지 않거나, 또는 타인에게 음란물을 들이대지 않는 사람들도 익명성이라는 보호막을 갖는 온라인에서는 그렇게 행동할 가능성이 높다. 다른 사람들에 의해 관찰되고 확인된다는 것은 바람직하지 못한 행위에 대한 일종의 사회적 통제라고 할 수 있는데, 온라인에서는 이것이 존재하지 않는 것이다.

3. 익명성으로 인해 온라인 정보는 그 충실성에 문제가 제기되고 있다. 우리는 온라인과 오프라인으로부터 오는 정보의 홍수 속에 살고 있으며, 그에 따라 어떤 것에 의존해야 할지를, 다시 말해 어떤 정보에 무게를 두고 언제 생각을 정리해서 결정을 내려야 할지를 선택해야만 한다. 그 중 한 가지 방법은 다양한 정보의 출처에 대한 경험에 근거하는 것이다. 시간이 흐르면 그간의 경험에 근거하여 우리는 어떤 출처는 다른 것보다 더 신뢰하거나 또는 특정 목적에 맞는 특정 정보를 더 신뢰하게 된다. 이는 개인적 관계나 미디어와의 관계에 있어 모두 해당된다. 가장 훌륭한 예는 개인들이 전형적으로 다양한 새

로운 정보의 출처들을—신문, 잡지, 그리고 기자들을—대하는 방식
이다. 각각에 대한 경험을 통해 사람들은 언제 어느 것을 받아들일지
를 판단한다.

그러나 광대한 양의 정보를 다루는 이러한 방식은 정보의 출처를
확인하기 어려운 상황 하에서는 사용될 수 없다. 동일한 사람이 여러
아이디로 정보를 유포시킬 수 있기 때문이다. 동일한 아이디가 여러
개인들에 의해 사용될 수도 있다. 결과적으로 우리가 받은 정보의 출
처에 대해 알 수가 없다. 또한 출처에 대한 경험도 축적시킬 수 없다.
말이 도용되고 변형될 수 있다는 사실 또한 이러한 문제를 더욱 악화
시키고 있다.

1. 신뢰의 손상(Diminished Trust)

익명성과 관련된 이러한 세 가지 문제들은 신뢰의 손상이라는 보
편적인 상황을 초래하고 있다. 사람들은 다양한 이유 때문에 온라인
상의 정보나 개인들을 신뢰하지 못하며, 최소한 자신과 커뮤니케이션
하고 있는 사람에 대해 알지 못한다. 커뮤니케이션 시스템은 고의적
인 파괴에 취약하다. 사람들은 익명성 덕분에 바람직하지 못한 방식
으로 행동할 가능성이 크며, 따라서 내가 어떻게 대우받을지 확신할
수 없다.

여성과 관련된 주제에 대한 온라인 토론에 참여하고 있는 여성들
이 휠체어에 의지하고 있는 나이 많은 미혼 여성이라고 믿었던 참여
자가 실제로는 30대의 남자 정신과의사였다는 사실을 알게 된 사례

를 살펴보면 신뢰손상의 문제에 초점이 맞추어지게 된다[16]. 자신들이 자기 마음 속 깊이 품고 있던 생각들을 함께 나누었던 그 사람이 자신들이 생각했던 그러한 여성이 아니었다는 것을 알았을 때, 토론회에 참여했던 여성들은 충격을 받고 몹시 격분했다. 이 경우를 단순히 기만사례로 볼 수도 있지만, 그럴 경우 중요한 점을 간과하게 되는 것이다. 토론회의 참여자들은 그 사람과의 그간의 (커뮤니케이션) 경험을 토대로 그 사람을 신뢰한 것이다. 아마도 그 여성들은 그 참여자의 진짜 신원을 알았을 때 심한 배신감을 느꼈을 것이다.

어떤 사람들은 온라인상의 사람에게 신뢰를 보내며 토론회에 참여한 여성들이 잘못한 것이라고 말할지도 모른다. 이들은 순진하게도 온라인상의 사람을 자신이 그러리라고 생각했던 사람으로 여겼던 것이다. 이러한 반응은 우리를 매우 혼란스럽게 한다. 왜냐하면 이는 온라인 커뮤니케이션에 있어서는 그 누구도 신뢰해서는 안 된다는 것을 의미하기 때문이다. 그렇다면 최소한의 추정과 최대한의 주의를 기울이는 것이 현명할 수 있다. 그러나 온라인 커뮤니케이션에 있어서 신뢰의 부재를 당연한 것으로 받아들이는 것은 매우 부끄러운 일이다. 보다 높은 신뢰를 형성하는 데 필요한 조건들이 형성될 수 없다고 믿을 아무런 이유가 없다.

신뢰는 지속적으로 충족되는 기대들(expectations)이 점차 발전하면서 형성되는 것이다. 사람들은 자신들의 기대가 충족되지 못했을 때 기만당하고 배신당했다고 느낀다. 나는 내 친구가 내가 한 말을 어느 누구에게도 말하지 않을 것이라고 기대하고, 동료들과의 토론에서 내가 한 말이 존중될 것이라고 기대한다. 또한 내 친구들이 나에게 거짓말하지 않을 것이라고 기대한다. 사람들이 이러한 기대감을 충족시키지 못할 때 나의 신뢰는 배신당한다.

기대가 어떻게 형성되는가 하는 것은 매우 복잡한 문제이다. 대개 기대는 문화나 제도 속에 내재되어 있으며, 은연중에 전달된다. 어떤 경우에는 공식적으로 형성되고 강화되기도 한다. 또는 매우 비공식적이기도 하다. 일반적으로 기대는 다양하게 나타난다. 즉, 개인들은 동일한 상황에 대하여 다양한 기대를 지닌다.

2. 다양성과 동의(Variety and Consent)

신뢰증진에 있어 가장 중요한 것은 개인들이 기대하는 바와 실제로 이루어지는 것 간의 일종의 조화이다. 이런 점에서 컴퓨터 네트워크에 있어 가장 중요한 것은 온라인이라는 환경 속에 들어갈 때 개인들은 무엇을 기대할 수 있는지를 알아야 하며, 또한 그 환경은 본래의 취지대로 존재해야 한다.

개인들이 온라인에 들어가기 전에 규정들을 알고 있거나 설명을 받게 되면 우리는 매우 신뢰할 수 있는 다양한 형태의 온라인 커뮤니케이션을 지닐 수 있다. 고도의 익명성이 존재하는 환경과 들어가기 전에 운영자가 특정인의 신원을 (그리고 자격까지도) 검사하고 확인할 수 있는 환경, 그리고 이 두 극단적인 환경 사이에 놓인 다양한 환경들을 지닐 수 있다. 우리는 다양한 범주에서 논의를 여과시키거나 여과시키지 않을 수 있다. 이미 지적했듯이 중요한 점은 개인들이 자신들이 어디로 들어가고 있는지를 안다는 것이다.

이러한 접근방식으로는 온라인에서 이루어지는 사회적 행위가 야기하는 모든 문제를 결코 해결할 수 없다. 실제로 다양한 형태의 온라인 토론이 이미 이루어지고 있으며, 어떤 이유로건 **규정을 준수하는 것**을 거부하는 사람들을 어떻게 처리할 것인가 하는 점이 끊임없이 제기되는 문제 중의 하나임이 분명해지고 있다. 온라인상에서 비공식적인 토론의 장을 마련한 개인이나 집단이 부딪히는 어려운 문제는 토론회를 어느 정도로 공개 혹은 비공개 할 것인지, 그리고 이러한 규정에 따르기를 거부하는 사람들을 어떻게 처리할 것이지를 결정하는 일이다.

이제 반드시 준수되어야 할 기본 원칙은 사전에, 즉 한 개인이 시스템 사용을 시작하기 전에 규정들이 분명하게 명기되어 있어야 하는 것이다[10]. 온라인을 통해 커뮤니케이션을 하는 사람들이 전자교환에는 여러 형태의 규칙들이 다양하게 존재한다는 것을 이해할 때 비로소 다양성은 유지될 수 있는 것이다. 규정의 내용은 방문지에 따라 달라진다. 어떤 곳은 사적인 곳이고 어떤 곳은 공개적인 곳이다. 어떤 곳은 특정한 목적과 친숙한 문화를 지니고 다른 곳은 광범위하고 낯선 문화를 지닌다. 그러나 어느 곳을 방문하든 누구나 어떤 규정들이 있고, 이를 위반할 경우에 어떤 결과가 생기는지에 대해 즉시 통보를 받거나 쉽게 알아볼 수 있어야 한다.

Ⅲ. 결론

법과 기술만으로는 결코 온라인상의 행위문제를 충분히 해결할 수 없을 것이다. 개인들은 온라인에서의 상호작용을 위한 행위규범을 내면화해야만 할 것이다. 지금까지 온라인 커뮤니케이션이 지닌 세 가지 특수한 특성들을 확인하고 익명성이 지닌 이점과 위험성을 강조했다. 많은 분석들을 종합해 보면 개인들이 항상 익명이어야 할 혹은 항상 자신의 신분을 밝혀야 할 필요는 없다. 오히려 모든 토론회의 규정들이 분명하고 또한 규정위반의 결과가 명시되는 하나의 원칙을 제도화하는 것이 중요하다. 그렇게 되면 개인들은 어떤 토론회에 참여할 것인지를 선택할 수 있으며, 또한 참여를 통해 무엇을 얻을 수 있는지를 알 수 있을 것이다.

온라인에서 제기되는 윤리적 논제들은 오프라인의 윤리적 논제들과 크게 다르지 않다. 그러므로 온라인에서 가장 강조되는 행위규범들이 오프라인의 행위규범과 동일하다고 해서 크게 놀랄 일은 아니다. 온라인윤리는 다음과 같은 세 가지 일반 규칙들을 필요로 한다.

1. 참여하고 있는 토론회의 규칙을 알고 이를 따른다.
2. 타인의 프라이버시와 재산권을 존중한다. 미심쩍을 때에는 사용자가 프라이버시와 소유권을 원하고 있다고 간주한다.
3. 커뮤니케이션을 하고 있는 상대방과 당신의 커뮤니케이션으로 영향받는 사람들을 존중한다. 즉, 속이거나 비방하거나 괴롭히지 않는다.

참고문헌

[1] Barlow, J. P. Coming into the country. *Communications of the ACM* 34, 3 (March, 1991), 19–21.

[2] Benedikt, M., Ed. *Cyberspace : First Steps.* The MIT Press, Cambridge, MA, 1991.

[3] Branscomb, A. W. Rogue Computer Programs and Computer Rogues : Tailoring the Punishment to Fit the Crime. *Rutgers Computer & Technology Law Journal* 16 (1990), 1–61.

[4] Charles, R. Computer Bulletin Boards and Defamation : Who Should Be Liable? Under What Standard? *The Journal of Law and Technology* 2 (1987) : 121–150.

[5] Chapman, G. and Rotenberg, M. A National Information Infrastructure : A Public Interest Opportunity. *The CPSR Newsletter* 11, 2 (Summer, 1993), 1.

[6] Dibble, J. A Rape in Cyberspace. *The Village Voice* 38 (December 21, 1993), 36–42.

[7] Gore, A. Infrastructure for the Global Village. *Scientific American* (1991), 108–111.

[8] Gurak, L. J. *The Rhetorical Dynamics of A Community Protest in Cyberspace : The Case of Lotus Marketplace*, dissertation, Rensselaer Polytechnic Institute, 1994.

[9] Johnson, D. G. *Computer Ethics.* Prentice Hal, Englewood Cliffs, NJ, 1985, 1994.

[10] Johnson, D. G. The Public–Private Status of Transactions in Computer Networks, *The Information Web*, edited by C. Gould, Westview Press, Boulder, CO, 1989.

[11] Kapor, M. Civil Liberties in Cyberspace, *Scientific American* (1991), 116–120.

[12] Kiesler, S., Siegel, J. and McGuire, T. W. Social Psychological Aspects of Com-

puter—Mediated Communication. *American Psychologist* 39, 10 (1984), 1123—1134.

[13] Levy, S. Battle of the Clipper Chip. *New York Times Magazine* (June 12, 1994), 44.

[14] Spafford, E. H. Are Computer Hacker Break—Ins Ethical? *In Computers, Ethics, and Social Values* edited by D. G. Johnson and H. Nissenbaum, Prentice Hall, Englewood Cliffs, NJ, 1995.

[15] Sproull, L. and Kiesler, S. Reducing Social Context Cues : Electronic Mall in Organizational Communication, *Management Science* 32, 11 (November, 1986), 1492—1512.

[16] Stone, A. R. Will the Real Body Please Stand Up? in *Cyberspace : First Steps*, edited by Michael Benedikt, MIT Press, Cambridge, MA, 1991, 81—118.

[17] Winner, L. A Victory for Computer Populism. *Technology Review* (May/June, 1991), 66.

[18] Zimbardo, P. G. The Human Choice : Individuation, Reason, and Order versus Deindividuation, Impulse, and Chaos in *Nebraska Symposium on Motivation* edited by Arnold, W. J. and Levine, D., University of Nebraska Press, Lincoln, Nebraska, 1969.

3장_ 컴퓨터윤리에 있어서 이성, 상대성 그리고 책임[1)]

제임스 무어James H. Moor

Ⅰ. 지구촌 윤리의 모색

컴퓨터가 보다 널리 이용됨에 따라 컴퓨터윤리는 더욱 중요해지고 있다. 바이넘(T. Bynum)이 지적한 바와 같이,

세계화와 도처에 널려 있는(ubiquitous) 컴퓨터로 대변되는 세대로 들어가

---

* 본 논문은 *Computers and Society*, Vol. 28, No. 1 (March) 1998 : 14-21에 게재된 논문이다. Copyright ⓒ 1998 by James H. Moor. 저작권자의 허락 하에 수록한다.
1) 이 논문의 초기본은 스페인의 마드리드에서 열린 Ethicomp 96에서 기조연설문으로 제시되었다. 이 논문은 *Computer and Society*에 처음 게재되었으며, 1999년 일본 교토에서 열린 FINE 99에서 "How Can Ethical Theory Be Applied to Information Technology"라는 발표문의 토대가 되었다.

고 있다. 그러므로 차세대 컴퓨터윤리는 '전 세계적 정보윤리' 여야만 한다. 정
보윤리는 매우 중요할 뿐만 아니라 그것과 관련된 고려사항과 그 응용은 매우
광범위하고 보다 근본적이어야만 하며, 무엇보다도 부수적이고 미약한 기술이
아닌 민주적이고 검증된 기술을 실현하는 데 효과적이어야만 한다(1996, p.
135).

컴퓨터가 미치는 전 지구적 영향력에 관하여 바이넘과 로저슨(Ro-
gerson)이 피력한 관심에 필자는 전적으로 동감한다. 컴퓨터가 응용되
는 분야는 매년 엄청나게 증가하고 있으며, 컴퓨터의 영향력은 전 세
계적으로 나타나고 있다. 전자우편, 전자 자금이체, 예약 시스템, 월드
와이드 웹 등의 광범위한 사용으로 인해 지구에 살고 있는 수백만의
사람들은 이제 하나의 전산화된 마을 속으로 모이고 있다. 원거리 커
뮤니케이션과 행동들이 그 어느 때보다 손쉽게 이루어지고 있다. 우
리는 말 그대로 컴퓨터혁명의 와중에 있다. 우리는 컴퓨터가 단지 극
소수 사람들이 이용하는 제한된 힘을 지닌 신기한 것으로 간주되는
혁명의 도입단계를 이미 지나 있다. 이제 컴퓨터가 선진국 전체 국민
들의 일상생활의 모든 측면에 급속도로 파고드는 혁명의 보급단계에
들어서 있다.

컴퓨터혁명은 그 자신의 고유한 생명력을 지니고 있다. 최근에 북
부 캘리포니아의 경우, 인터넷의 과도한 사용으로 인해 전체 전화통
화의 약 1/6이 연결되지 않았다. 컴퓨터 기술을 습득하기 위해 사람들
이 몰려들고 있다. 사람들은 컴퓨터를 일상생활의 일부로 간주하고
있을 뿐만 아니라, 일상적인 커뮤니케이션과 상업적 거래에 필수적
인 것으로 간주하고 있다. 사실상 수요는 너무나도 엄청나서 대표적

인 인터넷 서버인 아메리카 온라인(America On-Line)은, 정액요금제를 통해 인터넷을 무제한 사용할 수 있는 서비스를 시작한 이후 인터넷 연결수요가 회사가 갖고 있는 컴퓨터 기술을 압도함으로써 결국 자신의 고객들에게 환불을 제의하기에 이르렀다. 컴퓨터 통신에 대한 광범위한 욕구에 비추어 볼 때, 과연 컴퓨터혁명이 전 세계적으로 폭발했을 경우에는 어떤 일들이 벌어질 것인가를 진지하게 생각해 보지 않을 수 없다. 전 세계적 규모로 디지털 요정이 병 속에서 쏟아져 나오고 있는 것이다.

컴퓨터와 커뮤니케이션에 관한 한 지구의 모든 사람이 다른 모든 사람들과 연결되어 있는 지구촌의 미래는 아슬아슬하다. 파악하기가 힘든 점은 바로 이러한 것들이 인간의 삶에 어떠한 영향을 미치는가이다. 확실한 것은 그러한 영향 가운데 일부는 매우 긍정적일 것이며 다른 일부는 매우 부정적일 것이라는 점이다. 문제는 좀 더 나은 세상으로 나아가기 위해, 혹은 최소한 더 나쁜 세상으로 나아가지 않도록 하기 위해 우리가 컴퓨터혁명에 효과적으로 대처할 수 있는 윤리를 어느 정도까지 제공할 수 있는가 하는 점이다. 새롭게 얻어지는 컴퓨터 기술의 이점들과 관련해서 일부 사람들은 요정들을 병 속으로 완전히 되돌려 놓기를 원할 것이다. 그리고 지금까지 나타난 컴퓨터혁명의 특성에 비추어 볼 때, 그 혁명을 수정할 수는 있을지 모르지만 이를 완전히 통제하는 것은 불가능해 보인다. 컴퓨터혁명의 여러 양상들은 예측할 수 없는 행보를 통해 약진을 계속하고 있다—일부 경우에 있어서는 상당한 후회를 불러일으키고 있다. 그러므로 무엇이 벌어지고 있는지를 항상 경계하는 것이 매우 중요하다. 컴퓨터혁명은 우리의 생활방식에 중대한 영향을 미칠 수 있는 잠재력을 지니고 있기 때문에 현 상황에서 기술이 인간의 상호 이익에 부합되도록 하기 위해 컴퓨터와 정보의 흐름을 어떻게 통제할 것인가 하는 가장 중요한 논제를 검토할 필요가 있다. 지구촌을 파괴하지 않으려면 신중하고도 적극적인 태도를 견지해야만 한다.

설사 컴퓨터가 전 세계적으로 혁명적이지는 않더라도 중대한 영향을 미치고 있다는 점에 대해서는, 그리고 이러한 폭발적인 기술의 응용과 관련된 윤리적 논제들이 제기되어야만 한다는 점에 대해서는 거의 모든 사람들이 동의하고는 있지만 컴퓨터윤리의 본질에 관해서는 견해 차이가 나타나고 있다. 필자가 동의하지 않는 두 가지 관점을 살펴보도록 하자. 이 두 관점 모두 널리 통용되고 있는 것이지만, 필자는 이 두 관점 모두 컴퓨터윤리의 본질을 오도하고 있으며, 이 분야의 발전 잠재력을 저하시키고 있다고 생각한다. 첫 번째 관점은 필자가 '통상적 윤리'라고 부르는 것이다. 통상적 윤리의 관점에서는 컴퓨터와 관련된 윤리적 문제를 다른 분야의 윤리적 문제와 아무런 차이가 없는 것으로 간주한다. 즉, 컴퓨터 관련 윤리문제라고 해서 특별한 것이 없다는 것이다. 우리는 이미 확립된 관습, 법률, 그리고 규범들을 적용하여 상황을 있는 그대로 평가한다. 가끔 사람들은 자동차를 훔치며 가끔 사람들은 컴퓨터를 훔친다. 무슨 차이가 있는가? 두 번째 관점은 일반적으로 '문화적 상대주의'라고 불린다. 이 관점에 따르면, 지역적 관습과 법률에 따라 무엇이 옳고 그른지가 결정되지만, 문화경계를 넘어서는 월드 와이드 웹과 같은 컴퓨터 기술 때문에 컴퓨터윤리의 문제들은 다루기가 쉽지 않다. 미국에서는 표현의 자유가 허용되지만 중국에서는 그렇지 않다. 월드 와이드 웹에서의 언론의 자유와 관련된 단일한 기준을 어떻게 정당화시킬 수 있을 것인가? 통상적 윤리는 컴퓨터윤리를 평범한 것으로 만들고 있으며, 문화적 상대주의는 컴퓨터윤리를 불가능한 것으로 만들고 있다.

통상적 윤리와 문화적 상대주의 모두 컴퓨터윤리의 특성을 설명하기에는 합당하지 않다. 통상적 윤리는 우리가 지닌 개념적 분석틀의 변화를 과소평가하고 있으며, 문화적 상대주의는 우리가 강조하는 인간의 핵심 가치들의 안정성을 과소평가하고 있다. 컴퓨터윤리의 문제들은 최소한 몇몇 경우에 있어서 특수한 것으로 이해를 위해 상당한 노력이 필요한 것들이다. 그리고 아직까지 보편적인 인간의 본성에 근거하고 있는 우리의 근본적인 가치들은 심지어 서로 다른 관습을 지닌 문화들끼리도 서로 합리적으로 논의할 수 있는 여지를 제공하고 있다. 컴퓨터윤리에 있어서 이성과 상대성 모두를 견지하는 것이 어떻게 가능한지를 설명하는 것이 본 논문의 목적이다. 그러한 이해가 선행되어야 비로소 컴퓨터윤리의 전 세계적인 책임성이 가능해지는 것이다.

Ⅱ. 유연한 논리와 풍부한 정보

컴퓨터는 **논리적으로 유연하다.** 바로 이러한 특성 때문에 컴퓨터는 매우 혁명적인 성격을 지니게 되는 것이다. 컴퓨터가 논리적으로 유연하다는 것은 컴퓨터는 투입, 산출, 그리고 연결논리의 작동으로 특징지워질 수 있는 그 어떠한 활동도 수행할 수 있도록 만들어지고 변형될 수 있기 때문이다. 컴퓨터는 구문론적으로 그리고 의미론적으로 조작될 수 있다. 구문론적으로는 프로그램을 변경함으로써 컴퓨터의 수행능력을 변화시킬 수 있다. 그리고 의미론적으로는 컴퓨터는 증권의 시세로부터 우주선의 궤도에 이르기까지 누군가가 선택한 것을 보여준다. 컴퓨터는 다른 것과는 달리 다양한 목적에 사용되는 기계이다. 이것이 바로 컴퓨터가 오늘날 우리 삶의 거의 모든 면에서 사용되는 이유이며, 또한 컴퓨터혁명이 일어나고 있는 이유인 것이다.

컴퓨터는 또한 **정보적으로 풍부**하다. 논리적 유연성을 지니고 있기 때문에 컴퓨터는 다양한 활동에 다용도로 사용되고 있다. 일단 설치되면 컴퓨터는 변경을 통해 성능을 증대시키고 전반적인 수행능력을 더 뛰어나게 향상시킬 수 있다. 종종 전산화된 행위들은 정보화된다. 즉, 정보처리가 행위 그 자체를 수행하고 이해하는 데 있어 중요한 요소가 되는 것이다. 이러한 일이 발생했을 때 행위와 행위의 개념 모두는 정보적으로 풍부해지는 것이다.

정보적으로 풍부해지는 과정은 점진적으로 이루어지며, 어떤 행위는 다른 행위에 비해 보다 분명하다. 놀라운 점은 그러한 것이 얼마나 자주 그리고 어느 정도로 발생하는가이다. 전형적인 진행절차는 먼저 단순히 업무를 수행하거나 행위를 도와주는 하나의 도구로서 컴퓨터를 도입한다. 점차적으로 컴퓨터는 그 업무나 행위를 수행하는 데 있어 필수적인 것이 된다. 업무를 올바로 행하려면 컴퓨터를 사용해야만 하는 것이다. 시간이 지날수록 그 업무나 행위는 더욱 더 정보현상으로 간주되어 정보처리가 두드러진, 혹은 심지어 근본적인 특성으로 받아들여진다.

정보적 풍부성의 일부 사례들을 살펴보자. 한때 미국에서 돈은 곧 금을 의미하였다. 지폐의 교환이 있었지만 이 지폐들은 단지 금이나 은으로 상환되는 단순한 쿠폰에 불과하였다. 화폐거래는 금을 토대로 하였다. 그러나 금본위제가 쇠퇴하고 지폐가 돈이 되었다. 돈을 갖는다는 것은 곧 정부에 대한 굳은 믿음과 신뢰에 바탕을 둔 지폐를 갖는 것이었다. 이제 지폐는 컴퓨터로 판독되는 신용카드, 현금카드와 더불어 확대되고 있다. 물론, 항상 신용을 지폐와 교환하는 것이기 때문에 이러한 카드들이 실제 돈은 아니다. 그러나 지폐의 사용은 감소되고 대신 카드 표면에, 또는 은행 컴퓨터 내에 있는 전자표식이 곧 화폐가 될 가능성이 크다. 현재 일부 카드들은 칩을 내장하고 있어 전자화폐를 충전시킬 수 있는데, 이 전자화폐는 상품을 구매할 때 상인에게 정보로서 전해진다. 우리는 현금 없는 사회로 나아가고 있는 것이다. 통화거래는 점차 정보에 기초하고 있다. 화폐는 사람들 사이에서 정교하고 계산 가능한 기능으로 인식될지도 모른다. 컴퓨터 시대에 있어서 화폐의 개념은 점차 정보적으로 풍부해지고 있다.

정보적 풍부성의 또 다른 사례로서 변화하는 전쟁의 본질에 대해 살펴보자. 전통적으로 전쟁에서는 양쪽 편이 서로 사람들을 전장에 보내 어느 한편을 많이 죽이거나 혹은 생포해서 어느 한편이 항복할 때까지 서로 근접하여 싸운다. 물론, 정보는 전쟁에서 항상 중요했다. 그러나 오늘날 컴퓨터의 발전으로 인해 정보의 중요성은 가히 엄청나다. 전장은 급속히 전산화되어 가고 있다. 걸프전 때 미국이 사용한 스텔스 폭격기는 컴퓨터공학의 산물이었다. 컴퓨터가 레이더에 포착되지 않도록 비행기의 형태를 설계하였다. 이 비행기는 이라크로부터 정보를 수집했다. 폭탄은 투하되어 레이저와 컴퓨터로 유도되었다. 미사일은 군함에서 발사되어 컴퓨터 유도 시스템을 통해 지형을 읽으면서 목표물을 추적하였다. 슈와츠코프(H. N. Schwarzkopf) 장군이

지휘하는 군대의 첫 번째 목표는 이라크군의 내부 통신능력과 항공기 탐지 시스템 사용능력을 무력화시키는 것이었다. 전쟁이 끝난 후에 슈와츠코프는 걸프전은 정보부재로 적이 무릎을 꿇은 최초의 전쟁이었음을 강조했다. 전쟁이 점차 전산화되어 감에 따라 사람들을 전장에 보내는 것은 거의 필요없게 혹은 바람직하지 않게 되었다. 전쟁은 궁극적으로 정보의 파괴나 잘못된 정보의 주입에 관한 것이 될 것이다. 어느 한쪽이 특정 정보를 수집하고 통제할 수 없으면 항복하게 된다. 이것이 나쁜 결과는 아닐 것이다. 사람보다는 데이터가 죽는 것이 더 나을 것이다. 아마도 금본위제가 그랬던 것처럼 '총포본위제'도 사라지게 될 것이다. 어떤 경우에도 전쟁이 점차 전산화되어 가고 있으므로 전쟁에 대한 우리의 개념은 정보적으로 풍부해지고 있다. 정보처리 모델이 핵심 토대를 장악하고 있다.

정보적 풍부성은 또한 윤리적 · 법적 실제 행위와 개념에 영향을 미칠 수 있다. 하나의 예로서 미국에서 발전되어 온 프라이버시 개념을 살펴보도록 하자(Moor, 1990). 비록 일부 구절들이 정부의 간섭, 특히 국민의 주택에 대한 물리적 침입으로부터의 보호를 규정함으로써 함축적으로 프라이버시 개념을 뒷받침해 주고는 있지만 독립선언서나 미국 헌법에 프라이버시가 분명하게 언급되어 있지는 않다. 프라이버시 개념은 미국에서 발전된 개념이다. 예를 들어, 1960년대와 1970년대에는 프라이버시의 법적 개념이 확대되어 피임과 낙태에 관한 개인적 결정이 정부의 간섭으로부터 보호되었다. 오늘날에는 프라이버시 개념이 이와 같은 초창기 요소들을 포함하고 있기는 하지만 점차 정보 프라이버시에 초점을 맞추고 있다. 이러한 초점의 변화는 컴퓨터의 발전과 거대한 개인 정보 데이터베이스의 수집에 있어 컴퓨터의 사용으로 인해 생겨난 것이다.

초기에는 많은 사람들이 전자서류함 정도로 여겼던 컴퓨터가 그 잠재력을 급속도로 확대하였다. 일단 데이터가 컴퓨터로 입력되면 그 데이터는 일반 서류함으로는 불가능한 매우 쉬운 방법으로 분류되고 또한 접근될 수 있다. 정보를 저장하고 검색하는 활동이 증대되어 감에 따라 이제 우리 모두는 컴퓨터를 통한 개인 정보의 부당한 이용이나 유포에 대해 관심을 기울일 수 있는 합리적인 근거를 갖기에 이르렀다. 일상적 업무에 활용하기 위한 신용기록과 의료기록의 전산화는 오용과 남용의 가능성을 지니고 있다. 컴퓨터 기술이 광범위하게 활용되고 있기 때문에 오늘날 프라이버시에 대한 우리의 관심은 초창기 주택에 대한 정부권력의 물리적 침입과 관련된 걱정과는 비교가 되지 않는다. 이제 프라이버시에 대한 관심은 점차 전산화된 기록에 접근할 권한을 지니고 있는 정부와 많은 사람들에 의해 이루어지는 개인 정보의 부당한 입수와 사용 그리고 조작에 모아지고 있다. 미국에 있어서 프라이버시의 본래 개념이 컴퓨터 시대를 맞이하여 정보적으로 풍부해지고 있는 것이다.

심지어 정보의 개념으로 출발한 개념들조차도 정보적으로 풍부해질 수 있다. 그 사례로서 저작권의 법적 개념을 살펴보자. 미국 헌법은 작가나 발명가의 산물을 보호하는 법률을 정당한 것으로 인정하고 있다. 초기 저작권법은 문학작품을 보호하기 위해 제정되었고 특허법은 발명품을 보호하기 위해 제정되었다. 미국에서 저작권법은 수년에 걸쳐 수정되어 저자에 대한 보호기간을 연장하였을 뿐만 아니라, 음악과 사진을 포함한 보다 넓은 범위의 자료를 보호하고 있다. 그러나 컴퓨터 시대가 도래하기 전까지 저작권의 기본적인 개념은 언제나 사람들이 읽고 이해할 수 있는 품목을 보호하는 것이었다.

1960년대에 프로그래머들은 저작권 보호를 받기 위해 그들이 만든 프로그램의 출력정보를 복사해서 제출하기 시작하였다. 출력정보는 인간이 읽을 수 있는 형태였다. 그러나 프로그래머들이 보호받기를 원했던 것은 프로그램의 출력정보가 아니라 그들이 컴퓨터에 설치한 프로그램이었다. 그러나 컴퓨터에 설치한 프로그램은 인간이 읽을 수 있는 형태가 아니었다. 만일 인간이 읽을 수 있는 출력정보가 기계용 프로그램을 보호하는 대체물로 간주되었다면 저작권법은 확대되어야 한다. 더군다나 만일 기계가 읽을 수 있는 프로그램이 저작권에 의해 보호받을 수 있었다면 컴퓨터 칩 위에 설치된 프로그램 또한 저작권에 의해 보호받을 수 있어야 한다. 저작권 보호는 매우 확대되었고, 컴퓨터가 발전함에 따라 저작권 개념은 정보적으로 풍부해져 갔다. 저작권은 컴퓨터 언어는 물론이고 오직 기계만이 읽을 수 있는 형태의 컴퓨터 언어까지로도 확대되고 있다. 실제로, 오늘날 저작권의 보호를 받을 수 있는 것은 종종 문학작품보다는 발명품인 경우가 많다.

정보적 풍부성의 사례로서 화폐, 전쟁, 프라이버시 그리고 저작권과 같은 개념들을 사용하였다. 그 외에도 많이 있다. 오늘날 정보적으로 풍부하지 못한 컴퓨터에 의해 수행되고 있는 활동은 거의 없다. 어떤 경우에 있어서는 이러한 풍부성이 너무나도 현저해서 우리의 개념조차도 일정 정도 바뀌고 있다. 이 또한 정보적으로 풍부해지는 것이다. 컴퓨터 시대에 있어서 우리는 전혀 다른 세계에 살고 있는 것이다.

Ⅲ. 컴퓨터윤리의 특별한 성격

컴퓨터윤리가 윤리 연구와 응용의 특별한 분야라는 나의 생각에는 변함이 없다. 먼저 컴퓨터윤리를 서술하고 난 후 그것이 특별한 성격을 지니는 사례를 살펴보도록 하자.

> 컴퓨터윤리는 두 부분으로 이루어져 있다 : (1) 컴퓨터 기술의 본질과 사회적 영향력에 대한 분석, 그리고 (2) 이에 근거하여 그러한 기술의 윤리적 사용을 위한 정책의 제정과 정당화. 이 분야의 주요 문제로 소프트웨어, 하드웨어, 그리고 네트워크 등과 같은 컴퓨터와 이와 관련된 기술을 폭넓게 포함시키고 있기 때문에 나는 '컴퓨터 기술'이라는 용어를 사용하고 있다(Moor, 1985).

컴퓨터가 미치는 영향에 대하여 신중하게 분석할 필요가 있으며, 또한 컴퓨터를 윤리적으로 사용할 수 있는 정책을 제정하고 정당화할 필요가 있다. 설사 어떤 정책을 제정하고 정당화하기 전에 분석해야 할 필요가 있다 하더라도 발견과정은 종종 반대로 이루어진다. 특정 상황에서 컴퓨터 기술이 사용되고 있다는 것을 알고는 있지만 그것이 어떻게 사용되어야만 하는지에 대해서는 잘 모르고 있다. 일종의 **정책 공백상태**가 존재하는 것이다. 예를 들어, 감독관에게 직원의 전자우편을 읽을 수 있는 권한을 부여해야 하는가? 혹은 정부에게 인터넷상에서 정보를 검열할 수 있는 권한을 주어야 하는가? 초기에는 그러한 문제들에 관한 분명한 정책들이 없었다. 과거에 그런 문제들이 발생한 적이 없었기 때문이다. 그러한 상황에서 정책 공백상태가 발생한다. 이는 가끔 단순히 특정 정책을 제정하는 문제일 수도 있지만, 종종 그 상황을 좀 더 깊이 분석해야만 한다. 작업장에서의 전자우편은 회사의 서류철에 있는 회사 자산과 같은 것인가, 아니면 사적이고 개인적인 전화통화와 같은 것인가? 인터넷은 수동적인 잡지와 더 유사한 것인가, 아니면 능동적인 텔레비전과 더 유사한 것인가? 가끔 우리는 **개념적 혼란**에 빠지게 된다. 이 논제들은 사소한 의미론적 문제들이 아니다. 만일 누군가의 건강상태가 전자우편을 통해 폭로되거나 혹은 감수성이 예민한 아동이 인터넷에서 참혹한 자료들을 접하게 된다면 그 결과는 심각해질 수 있다. 설사 순서상으로는 먼저 우리가 적절한 정책에 관해 확신을 갖지 못하게 되어 개념적 명료화를 위한 연구에 착수해야 한다 할지라도, 윤리적 정책이 제정되는 토대인 주어진 상황에 대하여 분명하게 개념을 정립하는 것이 논리적 분석에 있어 제일 먼저 해야 할 일이다. 상황에 대한 잠정적인 이해가 이루어졌을 때, 적절한 행위를 보장하는 데 필요한 정책들을 제안하고 평가할 수 있는 것이다. 특정 정책에 대한 평가는 대개 인간의 가치에 대한 엄밀한 조사와 정교화를 필요로 한다. 그와 같은 정책평가는 좀 더 깊이 있는 개념적 명료화로 나아갈 것이며, 그런 다음에 정책의 제정과 평가로 이어질 것이다. 점진적으로 분명한 이해와 정당한 정책이 생겨날 것이다. 물론, 새로운 결과를 발견하고 그러한 상황에 새로운 기술을 적용할 경우 진행 중인 상황에 기초하여 개념적 명료화, 그리고 정책제정과 평가의 과정이 반복되어야 할 것이다.

컴퓨터는 매우 유연하기 때문에 예측할 수 없는 새로운 방식으로

계속해서 응용될 것이며, 또한 머지않은 장래에 수많은 정책 공백상
태를 초래할 것이다. 더군다나 전산화된 상황은 대개 정보적으로 풍
부해지기 때문에 우리들은 이러한 상황에 대한 정확한 이해방법을
놓고 계속 개념적 혼란에 빠지게 될 것이다. 이는 개념적 확실성을 지
닐 수 없으며 합리적인 정책을 제정하고 정당화할 수 없다는 말은 아
니다. 오히려 이는 컴퓨터윤리의 과제가 최소한 현재 진행 중이며 또
한 만만치 않다는 것을 말해주고 있다. 윤리의 그 어떤 분야도 컴퓨터
윤리가 지닌 이러한 특성을 지니지 못한다. 컴퓨터윤리는 단순히 컴
퓨터에 기계적으로 적용되는 윤리가 아니다. 전형적으로 컴퓨터윤리
의 문제들은 윤리원칙들을 주어진 상황에 직접적으로 적용하는 것
이상을 필요로 한다. 적절한 정책이 제정되고 정당화되기 전에 상당
한 설명이 요구된다. 물론, 컴퓨터윤리가 윤리의 특수한 분야라는 주
장이 컴퓨터와 관련된 모든 윤리적 문제가 특이하거나 이해하기 어
렵다는 것을 의미하는 것은 아니다. 컴퓨터를 훔치는 것은 일종의 단
순한 절도 사례이다. 하나의 윤리원칙을 직접적으로 적용하는 것이
타당하다. 이와 같은 상황에 있어서는 어떠한 정책 공백상태와 개념
적 혼란상태도 존재하지 않는다. 그리고 컴퓨터윤리가 윤리의 특수
한 분야라는 주장이 다른 응용윤리 분야에는 정책 공백상태와 개념
적 혼란상태의 사례가 없다는 것을 의미하는 것은 아니다. 의료기술
은 뇌사환자의 경우 어떤 정책을 따라야 하는가에 대한 의문과 삶에
대한 정의를 둘러싼 개념적 의문을 제기하고 있다. 컴퓨터윤리가 특
별하다는 것은, 컴퓨터윤리가 분명하게 개념을 정립하고 정당한 윤
리적 정책을 찾아내기가 힘든 지속적으로 변화하는 수많은 상황들을
지니고 있다는 점에서이다. 컴퓨터윤리를 행하는 것이 불가능한 것

은 아니지만, 이를 행하는 것은 일반적으로 기존 규범의 기계적 적용 이상의 것을 필요로 한다.

컴퓨터윤리가 특별하다고 강조해 왔지만 그 주제들이 과연 독특한 것인가? 이에 대한 답은 '주제'(subject matter)가 무엇을 의미하는가에 달려 있다. 만일 '주제'가 '컴퓨터 기술'을 의미한다면, 이 경우 컴퓨터 기술은 독특한 특성을 지니고 있기 때문에 컴퓨터윤리는 독특한 것이다(Maner, 1996). 나는 그러한 특성들 중에서 가장 중요한 특성은 논리적 유연성이며, 이것이 현재 진행 중인 윤리적 문제의 발생을 설명해 준다고 생각한다. 만일 '주제'가 일부 새로운 윤리적 논제들의 발생을 의미한다면, 이 경우 다른 윤리분야도 이따금 개념적 분석틀의 수정과 새로운 정책의 제정을 필요로 하는 새로운 상황을 고려하고 있기 때문에 컴퓨터윤리가 독특한 것이 아니다. 만일 '주제'가 '어떤 기술이 초래하는 윤리적 논제의 전반적인 범위와 깊이 그리고 새로움'을 의미한다면, 이 경우 컴퓨터윤리는 독특한 것이다. 그 어떤 기술도 특정 분야에서 설사 혁명적이라고 할지라도 컴퓨터 기술이 현재 지니고 있는, 그리고 앞으로 지니게 될 영향력과 동등한 범위와 깊이 그리고 새로움을 지니거나 지니게 될 수 없다. 컴퓨터윤리가 토스터윤리, 기관차윤리, 그리고 재봉틀윤리가 갖고 있지 않은 두드러진 특성을 갖고 있는 이유는 자명하다.

요약하자면, 컴퓨터윤리가 독특한 이유는 컴퓨터 기술 자체 때문이며, 또한 윤리의 한 분야로서의 컴퓨터윤리가 특이한 이유는 개념적 수정과 정책조정이 요구되는 윤리적 상황들이 갖는 범위와 깊이 그리고 새로움 때문이다. 컴퓨터윤리를 탁월하게 설명한 존슨(D. Johnson)은 컴퓨터윤리의 독특성의 논제와 관련하여 특정한 관점을 취하는 것을 회피하면서 컴퓨터를 둘러싼 윤리적 논제들은 '**기존의 도덕적 논제들의 새로운 종(種)**'임을 강조하고 있다. 존슨은 다음과 같이 말하고 있다.

> 새로운 종은 다른 종과는 구분되는 어떤 독특한 특성을 지닌다는 점에서 종(species)과 속(genus)이라는 비유는 논쟁을 벌이고 있는 양 진영이 모두 일부의 진실을 포함하고 있다는 것을 의미하기도 하지만, 이와 동시에 종은 속의 모든 구성원이 공통적으로 지니는 속 특유의 근본적인 특성을 지니고 있다 (1994, p. 10).

아마도 컴퓨터윤리의 독특성에 관한 질문이 지닌 모호함 때문에 이러한 중간적 접근방식을 택한 것 같다. 그러나 존슨이 컴퓨터윤리를 고정된 윤리적 속(屬) 안의 단지 또 다른 종(種)으로 규정한 것은 다소 잘못된 것이다. 왜냐하면, 컴퓨터윤리의 일부 문제들이 야기하는 개념적 모호성은 특정 상황에 대한 우리의 이해뿐만 아니라, 이에 적용되는 윤리적이고 법적인 범주에도 영향을 미치고 있기 때문이다. 내가 주장하고 있는 바와 같이 프라이버시와 저작권 같은 윤리적이고 법적인 범주들은 정보적으로 풍부해짐에 따라 그 의미가 변화할 수 있다. 종의 진기함은 이따금 속에 영향을 미친다. 컴퓨터윤리를 독특한 것으로 간주하건 안 하건 간에 컴퓨터윤리는 확실히 원리들의 통상적인 적용 이상의 것을 필요로 하는 윤리의 주요 분야이다.

Ⅳ. 상대론적 분석틀 안에서의 이성

나는 통상적 윤리의 측면에서 컴퓨터윤리를 이해하는 것에 반대하고 있다. 왜냐하면, 컴퓨터 기술의 적용은 정기적으로 정책 공백상태와 정보적 풍부성을 초래하여 철저한 개념적 혼란까지는 아니더라도 개념적 전환을 촉진시키기 때문이다. 컴퓨터윤리는 기계적인 방법이 아니다. 그러나 통상적 윤리의 거부는 많은 사람들을 불쾌하게 만든다. 만일 윤리가 기계적인 절차가 아니라면 도대체 윤리는 어떻게 행해질 수 있는가? 문화적 상대주의의 관점으로 후퇴한다고 해도 문제를 해결하지는 못한다. 문화적 상대주의에 따르면, 윤리적 논제들은 지역 관습과 법률에 근거하여 상황적으로 결정되어야만 한다. 컴퓨터윤리와 관련해서 그러한 관점은 곧바로 두 가지 문제를 야기한다. 첫째, 컴퓨터 행위는 전 지구적인 상호작용이기 때문에 지역 관습과 법률에의 호소는 대개의 경우 관습과 법률이 갈등을 빚을 때 어떻게 해야 하는가에 대하여 답을 제시하지 못할 것이다. 인터넷상에서 정보는 특정 관습에 관계없이 유통된다. 이를 규제함에 있어 어떤 관습을 적용해야 하는가? 어느 한 문화의 관습을 택하는 것은 자의적인 것이다. 컴퓨터 화면에 등장하는 문화의 관습을 채택할 것인가, 혹은 새롭게 등장한 문화의 관습을 채택할 것인가, 아니면 지나간 관습의 문화를 채택할 것인가? 둘째, 통상적 윤리가 지닌 모든 난점들이 계속해서 적용된다. 정책 공백상태는 모든 문화에서 생겨날 수 있다. 컴퓨터 상황은 너무나도 새로운 것이기 때문에 이를 감당할 만한 관습이나 법률은 어느 곳에서도 존재하지 않는다. 처음에는 문화적 상대주의에 호소하는 것이 통상적 윤리의 한계를 극복할 수 있는 세련되고 가능성이 있는 시도인 것처럼 생각되었지만 자세히 살펴본 결과 이 또한 통상적 윤리의 한계를 지니고 있었다.

통상적 윤리와 문화적 상대주의가 지닌 결점과 난점들은 응용윤리를 수행하는 데 있어 주의해야 할 사항을 지적해 주고 있다. 만일 사람들마다 서로 다른 윤리적 판단을 내린다면 어떻게 의견충돌을 피하거나 해소할 수 있는가? 내 생각으로는 컴퓨터과학자와 여타의 사람들이 가끔 컴퓨터윤리를 가르치기를 꺼려하는 것은 바로 이런 이유에서이다. 윤리적 논제들은 너무나도 정의하기 어렵고 모호한 것처럼 보여진다. 그러나 가치에 대한 어떠한 고려도 없이 모든 것이 흑 아니면 백, 참 아니면 거짓인 순수한 사실의 영역으로 안전하게 물러서는 것은 결코 가능하지 않다. 컴퓨터과학을 포함해 모든 과학은 가치판단에 근거하고 있다. 예를 들어, 만일 과학자들이 진실을 중요한 가치로 생각하지 않는다면 과학적 모험은 시작될 수 없다.

컴퓨터를 포함해 인간의 모든 흥미로운 모험은 가치의 분석틀 안에서 이루어진다는 것이 나의 입장이다. 더군다나 이러한 분석틀은 합리적으로 비판되고 조정될 수 있다. 가끔 이러한 분석틀은 다른 분석틀의 관점에서 외부적으로 비판을 받으며, 가끔은 내부적으로 비판을 받는다. 컴퓨터과학처럼 새롭게 출현하고 있는 과학의 가치 분석틀처럼 일부 가치 분석틀은 급속한 변화를 겪는다. 다른 가치 분석틀은 보다 안정적이다. 가치 분석틀은 특정한 가치판단을 정당화하는 데 적절한 여러 근거들을 제공해 준다. 인간의 가치들은 상대적이지만 단순히 문화적 상대주의의 피상적인 의미에서가 아니다. 인간의 가장 근본적인 가치들은 사람에 따라 상대적이며, 이는 일종의 보편적인 분석틀로 이에 기초하여 우리가 당연히 해야 할 것에 관한 이론적 논쟁이 이루어지는 것이다.

　나의 의도는 가치논쟁 모두를 제거할 방법을 찾는 데 있는 것이 아니라, 심지어 관습이 존재하지 않거나 혹은 갈등을 빚을 경우에 있어서도 가치논제에 관한 일부 이론적 논쟁이 어떻게 가능한가를 보여주는 데 있다. 가치가 상대적이라는 말은 그것이 절대적이지 않다는 것을 의미한다. 즉, 가치가 자의적이거나 진귀하다거나 또는 비판할 수 없다는 것을 의미하지는 않는다. 아마도 상대적 가치를 논리적으로 설명하기 위해 심사숙고하는 것은 마치 처음 수영에 대해 생각하는 것과 같을 것이다. 이는 불가능해 보인다. 왜 사람은 바닥으로 가라앉지 않는가? 만일 밀쳐내었을 때 물이 움직인다면 사람은 어떻게 움직일 수 있는가? 왜 사람은 익사하지 않는가? 그러나 물에 빠지지 않고 수영하는 것이 가능하듯이 마찬가지로 상대적 가치에 대한 논리적 설명도 가능하다. 사실상 이는 단지 가능할 뿐만 아니라 우리는 항상 이를 행하고 있다. 가치가 상대성을 지닌다면 컴퓨터윤리에 있어 합리적인 논쟁의 가능성은 존재하는가? 물론이다!

　나는 두 단계로 설명할 것이다. 첫째, 도처에 널려 있는 윤리와 무관한 가치들에 대해 논의하고 이러한 가치들이 인간 행위의 모든 측면에서 사용되고 있음을 강조할 것이다―우리는 어떠한 경우에도 가치에 기초한 의사결정을 피할 수 없다. 인간의 모든 흥미로운 모험이 사례가 되지만 나는 컴퓨터과학을 하나의 사례로 제시할 것이다. 그리고 둘째, 윤리적 결정을 내리는 데 있어 가치를 사용하는 것에 대해 논의할 것이다. 논리적 주장과 가치의 상대성 간의 조화가 가능하다는 것이 나의 입장이다. 우리는 사람들 간 그리고 문화들 간의 가치 차이를 인정할 수 있으며, 여전히 컴퓨터 기술의 사용을 위한 최선의 정책에 관하여 합리적으로 논의할 수 있다.

먼저 우리 삶에 있어 가치가 도처에 널려 있다는 점을 강조하면서 논의를 시작해 보자. 모든 복잡한 인간의 행위에 있어서 최소한 은연중에 가치선택을 요구하는 결정이 이루어진다. 요리사는 훌륭한 음식을 만드는 재료를 둘러싸고 가치결정을 내린다. 사업가는 훌륭한 투자에 대한 가치결정을 내린다. 변호사는 좋은 배심원에 대한 결정을 내린다. 각 분야는 그 구성원들이 결정을 내릴 때 사용하는 자신들만의 가치들을 지니고 있다. 심지어 사실을 추구한다고 스스로 자부하고 있는 과학자들조차도 최소한 은연중에 가치를 사용한다. 사실을 수집하기 위해서 과학자들은 무엇이 훌륭한 증거인지, 무엇이 좋은 방법인지, 그리고 무엇이 좋은 설명인지를 알아야만 한다. 가치는 우리 삶에 스며 있다. 나는 여기서 주로 윤리적 가치들을 말하고 있는 것이 아니다. 오히려 이러한 가치들은 우리의 행위를 의미 있는 것으로 만드는 일상 행위 속에 나타나는 가치들인 것이다. 가치들은 우리 행동의 많은 부분을 차지하기 때문에 우리는 종종 일상적인 결정을 내릴 때 가치들이 작용하고 있다는 사실을 잊곤 한다. 일하거나 노는 데 있어 그 누구도 가치판단을 피할 수는 없다. 가치는 우리의 의사결정에 스며들어 있으며, 또한 삶의 활동을 풍요롭게 하는 데 필요하다.

설사 일상적인 활동에 있어 윤리와 무관한 가치들을 피할 수 없다는 것에 동의한다 하더라도 가치의 상대성으로 인해 이론적 논쟁이 불가능하다는 우려가 여전히 존재한다. 결국 요리사, 사업가, 변호사, 그리고 과학자들은 그들 서로 간에 의견의 차이를 보인다. 가치의 상

대성 문제를 검토하기 위해 컴퓨터과학의 활동을 하나의 예로 들어
보자. 다른 세련된 인간의 활동과 마찬가지로 컴퓨터과학을 함에 있
어서 결정을 내려야만 하며, 이러한 결정들은 대개 은연중에 일련의
윤리와 무관한 가치들을 사용한다. 이러한 것들은 그 분야의 가치들
이다. 예를 들어, 컴퓨터과학자들은 무엇이 컴퓨터 프로그램을 좋은
프로그램으로 만드는지를 알고 있다. 여기서 나는 주로 윤리와 무관
한 의미에서 "좋은"이라는 말을 사용하고 있다. 좋은 컴퓨터 프로그
램이란 잘 작동하고, 철저하게 테스트되고, 버그를 지니지 않고, 잘 조
립되고, 잘 저장되고, 효율적으로 작동하고, 관리하기 쉽고 또한 유용
한 인터페이스를 지니고 있는 프로그램을 말한다. 좋은 프로그램이
지닌 특성 모두는 가치를 반영하고 있다. 그것들은 어떤 컴퓨터를 다
른 컴퓨터보다 더 좋은 것으로 만드는 특성들이다. 더군다나 이러한
일련의 연관되는 가치들은 컴퓨터과학에 있어서 일련의 기준을 형성
하고 있으며, 컴퓨터과학자들 사이에 널리 수용되고 있다. 이러한 기
준이 주어졌을 때, 특정 컴퓨터 프로그램을 향상시키는 방법에 대한
합리적 논의가 이루어질 수 있다. 더군다나 좋은 프로그램 작성기법
방안은 일련의 기준에 따라 정당화될 수 있다. 예를 들어, 버그가 적
고 또 관리하기 쉬운 컴퓨터 코드라는 이유에서 항목중심적 프로그
램 작성법을 사용하는 방안을 주장할 수도 있다.

　다른 모든 사람들과 마찬가지로 컴퓨터과학자들도 기준에 대한 이
견을 포함하여 견해 차이를 보이고 있다. 그러나 이따금 가치에 관한
것으로 보이는 견해 차이도 단지 사실에 관한 견해 차이에 불과하다.
만일 항목중심적 프로그램 작성법을 사용하는 방안의 정당화와 관련
된 견해 차이가 존재한다면, 진짜 견해 차이는 항목중심적 프로그램

작성법이 정말로 버그가 적고 관리하기 쉬운 코드를 만들어내는가의 여부에 관련된 것일 수 있다. 그와 같은 논쟁은 실제 테스트로 이어질 것이다. 이러한 상황에 있어서 논쟁은 무(無)버그나 유지하기 쉬운 코드의 중요성에 대한 것이 아니라, 항목중심적 프로그래밍이 이와 같은 가치 있는 목표들을 어떻게 훌륭하게 성취할 수 있는가에 대한 논쟁이 된다. 그러므로 처음에 가치에 대한 양립할 수 없는 논쟁으로 여겨졌던 논쟁들이 실제로는 경험적 판결에 따르는 사실들에 대한 논쟁들이 될 수 있는 것이다.

당연히 컴퓨터과학자들은 좋은 컴퓨터 프로그램이 되도록 하는 가치들에 대해서도 의견을 달리할 수 있다. 일부 과학자들은 문서화기능을 본질적인 것으로 간주하는 반면, 다른 과학자들은 그리 중요하지 않은 선택사항으로 간주할지도 모른다. 상이한 가치들의 우선 순위에 근거하여 어떤 프로그램이 더 좋은가, 그리고 컴퓨터 프로그램 구성에 관한 방안들 중에서 어떤 것이 가장 중요한가에 대한 상이한 판단들이 내려질 수 있다. 그러나 내가 강조하고자 하는 바는 좋은 컴퓨터 프로그램의 기준과 관련하여 컴퓨터과학자들 사이에 존재하는 합의의 정도이다. 구체적인 우선순위는 사람마다 다소 다를 수 있지만 합의양식은 가장 좋은 프로그램의 유형들과 관련해서 나타난다. 유용성이 적고, 검증되지 않았고, 버그가 있으며, 조립되어 있지 않고, 잘 저장되지 않고, 비효율적이고, 관리하기 힘든 데다 한정된 인터페이스를 갖는 코드를 좋은 프로그램이라고 생각하는 컴퓨터과학자는 아무도 없다. 그런 일은 절대 일어나지 않는다. 어떤 점에서는 공유된 기준들이 그 분야를 정의하며 또한 자격을 갖춘 사람이 누구인지를, 그리고 실제로 그 분야에 있는 사람이 누구인지를 결정한다. 만일 누군가 버그가 많은 "스파게티 코드" 프로그램을 만드는 것을 선호한다면 그는 진지한 컴퓨터과학을 수행하고 있는 것이 결코 아니다.

가치의 상대성에 관한 논의는 이따금 **많은/어떠한 오류**(Many/Any Fallacy)에 빠지게 된다. 이 오류는 누군가 많은 대안들이 수용될 수 있다는 사실로부터 어떠한 대안도 수용될 수 있다는 주장을 이끌어내는 경우에 발생한다. 어떤 여행사가 누군가의 보스턴과 마드리드 간의 여행 일정을 계획하는 데 있어 수용될 수 있는 많은 방법들이 존재한다. 그러나 이 두 도시 간을 연결하는 어떠한 방법도 수용될 수 있는 것은 아니다. 지구의 중심을 통과하여 여행하는 것과 북극성을 거쳐가는 것은 포함되지 않는다. 많은 상이한 컴퓨터 프로그램들이 좋을 수는 있지만 그저 어떠한 컴퓨터 프로그램도 좋은 것은 아니다.

요약하자면, 윤리와 무관한 가치들은 컴퓨터과학을 포함하여 흥미로운 인간의 모든 행위에서 이루어지는 의사결정 과정에 있어서 일정한 역할을 수행한다. 심지어 과학에 있어서조차도 안전한 순수 사실의 영역으로의 도피는 결코 가능하지 않다. 어떤 분야의 가치기준은 널리 공유되고 내재되어 있어 잘 드러나지 않지만 항상 존재하고 있다. 더군다나 모든 분야는 그 분야의 업무를 수행하기 위해 필요한 기준들에 대하여 폭넓게 합의하고 있다. 가치 있는 것에 대한 어떤 합의도 존재하지 않는다면 그 분야의 발전은 불가능하다.

V. 핵심적 가치들

만일 공동의 선호를 지닌 공동체 내에서 가치들에 관한 어떤 합의가 존재한다면 공동체들 간 가치들에 대한 합의의 토대가 존재하는가? 윤리적 판단은 특수한 이해집단의 협소한 한계를 넘어 이루어진다. 문화들 간의 차이는 말할 것도 없고 공동체들 간에 차이가 존재한다면 어떻게 윤리적 판단의 근거를 마련하는 것이 가능한가? 컴퓨터 기술에 관한 윤리적 판단은 더욱 모호해 보일 수 있다. 컴퓨터 기술은 정책 공백상태를 초래하고 있기 때문에, 즉 관습이나 법률 또는 종교에 기초하여 수립된 어떠한 정책도 존재하지 않는 상황을 만들어내고 있기 때문에 우리는 심지어 한 공동체 내에서조차도 컴퓨터 기술의 새로운 적용에 관한 윤리적 정책을 정당화해야 하는 어려운 과제에 직면해 있다.

이러한 문제를 다루기 위해서는 먼저 과연 우리는 인간으로서 어떤 가치들을 공유하고 있는지에 대한 물음에서 시작해야만 할 것이다. 우리가 공통적으로 지니고 있는 것은 과연 무엇인가? 모든 사람들은 아니더라도 대부분의 사람들에 의해서 공유되고 있는 일련의 핵심적인 가치들이 존재한다. 이러한 가치들은 우리 모두에게 친숙한 것들이다. 그러한 가치들 중에서 가장 분명한 두 개의 가치가 바로 생명과 행복이다. 사람들은 최소한 죽음과 고통을 피하려고 한다. 물론, 어떤 상황에서는 특정 목표를 달성하기 위해 자기 자신의 생명을 포기하고 고통을 감수하기도 한다. 그러나 사람들은 일반적으로 어떠한 이유로도 고의적으로 자기 자신을 다치거나 죽게 하지 않는다. 인간에게는 생명과 행복이라는 명백한 가치가 존재한다. 인간을 위한 다른 핵심 가치(혹은 핵심 선)들로는 능력, 자유, 지식, 자원, 그리고 안전 등이 있다. 이러한 가치들은 서로 다른 문화 속에서 서로 다른 방식으로 표현되지만 모든 문화들은 이러한 가치들에 대해 어느 정도 중요성을 부여하고 있다. 분명히 어떤 문화들은 구성원들에게 이러한 선들을 불평등하게 분배할 수도 있지만 어떠한 문화도 이러한 가치들을 완전히 무시하지는 않는다. 어떤 문화나 개인도 결코 핵심 가치들을 전적으로 무시하며 존재할 수는 없다. 인간에게는 양육이 필요하고, 문화는 젊은이들이 생존할 수 있도록 길러줄 필요가 있다. 이러한 종류의 활동은 최소한 어떤 능력과 지식, 자원, 그리고 안전을 필요로 한다. 인간이 어떤 기본적인 가치들을 공유하고 있다는 사실은 그리 새로운 것이 아니다. 핵심 선들을 완전히 무시하는 개인과 문화는 오래 생존하지 못할 것이다.

핵심 가치들은 우리의 행위와 정책의 합리성을 평가하는 기준이 된다. 또한 어떤 행위를 다른 행위보다 선호하게 만드는 이유가 된다. 또한 타인의 행위를 평가하는 가치 분석틀이 되기도 한다. 우리는 다른 문화를 접하게 되면서 종종 그 문화적 차이에 놀라게 된다. 다른 문화의 구성원들은 다른 음식을 먹고, 다른 옷을 입고, 그리고 다른 거주지에서 살고 있다. 그러나 보다 추상적인 차원에서 사람들은 놀라울 정도로 유사하다. 처음엔 다른 사람들의 습관이 낯설게, 어리석게, 혹은 기괴하게 생각될 수 있지만 찬찬히 살펴보고 나면 이해가 된다. 처음에는 자의적이고 뚜렷한 목적이 없어 보이는 행위들도 사실은 질서정연하고 목적을 지닌 것들이다. 이것이 우리 자신의 행위를 비난할 수 없게 하는 것 이상으로 타인의 행위를 비난할 수 없게 만드는 것은 아니지만 그러한 행위들을 이해할 수 있게는 해준다.

윤리에 있어서 상대주의에 관한 논의에는 종종 많은/어떠한 오류(Many/Any Fallacy)의 사례들이 발견된다. 많은 서로 다른 문화들이 존재하고, 그에 따라 어떠한 문화도 존재할 수 있다고 주장된다. 그렇지는 않다. 한 문화가 존재하기 위해서는 어떤 행위들은 거부되고 다른 행위들은 요구된다. 인간의 핵심 가치들은 수많은 방식으로 표현되지만, 이러한 가치들은 가능성의 영역을 제한하기도 한다. 다시 강조하지만 '상대적'이 '자의적'을 의미하지는 않는다.

핵심 가치들을 공유하고 있다는 것은 단지 윤리적 판단의 근거에 관한 논쟁에 있어 첫 번째 단계에 불과한 것이다. 가장 나쁜 악인과 가장 부패한 사회는 인간의 핵심 가치들을 한 개인에 기초하여 제시할 것이다. 인간의 핵심 가치들은 합리적이라는 하나의 표시이지 윤리적이라는 충분조건은 아니다. **윤리적인 관점**을 받아들이려면 다른 사람들과 그들이 지닌 핵심 가치들을 존중해야만 한다. 모든 것이 동등할 경우 사람들은 죽음, 고통, 장애, 간섭, 기만, 자원상실, 혹은 침입으로 고통받기를 원치 않는다.

만일 모든 사람들의 핵심 가치들을 존중한다면, 그럴 경우 우리는 행위와 정책을 평가할 수 있는 어떤 기준을 지니게 된다. 핵심 가치들은 컴퓨터윤리에 있어서 분석의 틀이 된다. 핵심 가치 분석틀을 사용하여 컴퓨터 기술의 적용과 관련해서 어떤 정책들이 다른 정책보다 더 좋다고 판단될 수 있다. 하나의 사례로서 웹 브라우저와 관련되는 몇 가지 가능한 정책들을 살펴보기로 하자.

1. 가능한 웹사이트 정책들

정책 1. 사용자의 하드 디스크에 시한폭탄을 남겨놓음으로써 사용자의 하드 디스크상의 정보를 파괴한다.

정책 2. 사용자 모르게 사용자의 하드 디스크로부터 정보를 빼낸다.

정책 3. 사용자에게 알리지 않고 사용자의 하드 디스크에 '쿠키'(사용자의 선호에 관한 정보)를 남긴다.

정책 4. 사용자의 하드 디스크에 '쿠키'를 남기고 사용자에게 알린다.

정책 5. 사용자의 하드 디스크로부터 어떠한 영구적인 정보도 빼내거나 남기지 않는다.

정책 6. 사용자에게 쿠키를 수용 혹은 거절할 수 있는 능력과 정보를 제공한다.

만일 다른 사람들과 그들의 핵심 가치들을 존중한다면, 다시 말해 윤리적 관점을 받아들인다면 이러한 정책들을 대략적으로 순위를 매길 수 있다. 정책 1과 정책 2는 확실히 수용할 수 없다. 어느 누구도 자신의 하드 디스크를 삭제하거나 정보를 빼낼 것 같은 웹사이트에는 접속하지 않는다. 하드 디스크에서 발견된 정보는 사용자의 자원으로 존중되고 보호받아야만 한다. 정책 3은 정책 1 또는 정책 2보다 낫다. 다음 번에 방문했을 때 보다 효과적으로 대응할 수 있도록 웹사이트가 사람들의 선호를 저장해 두는 것이다. 그러나 사용자들 모르게 사용자의 하드 디스크에 정보가 남겨지고 있다. 일부 속임수가 사용될 수도 있다. 그러한 행위에 대해 사용자에게 통보한다는 점에서 정책 3보다는 정책 4가 더 낫다. 사용자가 쿠키를 허용하거나 거절할 수 있는 능력과 지식 모두를 지닌다는 점에서 정책 6이 가장 낫다. 이러한 이점들로 인해 비록 사용자에게 어떠한 해도 끼치지 않는다면 점에서 정책 5가 가장 이상적인 정책일 수 있다 하더라도 정책 6이 정책 5에 비해 좀 더 좋은 것이다.

이러한 정책들의 장단점을 비교하는 이와 같은 분석은 보다 정교화될 수 있지만 몇 가지 점만 지적하는 것으로 충분하다. 사람들은 이러한 정책들의 순위를 매기는 방식에 대해 동의하지 않을 수 있다. 어떤 사람들은 정보를 도둑질하는 것이 정보를 파괴하는 것보다 더 나쁜 것이라고 생각할 수 있으며, 따라서 정책 2는 정책 1보다 더 나쁜 것이 된다. 하드 디스크에 남겨지는 것에 대해 오해할 가능성이 있기 때문에 사람들은 정책 6은 위험성을 지니고 있다고 생각할 수 있으며, 따라서 정책 5가 더 나은 것이 될 수도 있다. 그러나 어느 누구도 윤리적인 관점에서 정책 1 혹은 정책 2를 받아들일 수 있다고 주장할 수는 없을 것이다. 대부분의 사람들은 다른 정책들을 채택할 수 있다고, 그리고 어떤 것들은 다른 것들에 비해 더 낫다고 주장할 수도 있다. 더군다나 설사 순위와 관련하여 이견들이 존재한다 할지라도 그 이견들은 가치의 차이만큼이나 사실의 문제와 관련된다. 사실상 정보의 손실이 정보의 파괴보다 더 심각한 손상을 초래하는가? 사실상 하드 디스크에 남겨진 혹은 남겨지지 않은 것에 대하여 오해가 생겨날 수 있는가? 분명한 가치의 차이는 경험적 분석에 기인할 수 있다.

이 상황은 컴퓨터 프로그램에 대한 평가와 유사하다. 컴퓨터과학자들은 어떤 컴퓨터 프로그램들은 끔찍하고 어떤 컴퓨터 프로그램들은 매우 훌륭하다는 점에 기본적으로 동의하고 있다. 그 중간에 있는 것들에 대한 평가와 관련해서는 의견차이가 나타난다. 종종 어떤 것이 다른 것에 비해 더 좋은 이유가 제시될 수 있다. 이와 유사하게 어떤 컴퓨터 정책은 윤리적으로 수용할 수 없는 데 비해 어떤 것은 확실히 수용할 수 있다. 사람들은 서로 다른 순위를 지닐 수 있지만, 윤리적 관점을 취할 경우 이러한 순위들은 서로 중요한 상관관계를 갖는다. 더군다나 왜 어떤 정책이 다른 것들보다 더 좋은지에 대해 그 이유를 설명할 수 있다. 핵심 가치들은 서로 다른 정책들을 평가할 수 있는 일련의 기준이 된다. 핵심 가치들은 서로 다른 정책들의 장단점에 대해 평가할 때 우리가 무엇에 초점을 두어야 할지를 알려준다. 또한 어떤 정책을 다른 것에 비해 선호하는 이유가 되며, 정책을 더 나은 것으로 수정하는 방법을 알려준다.

VI. 책임, 분석(해결방안), 그리고 남은 문제들

가치판단에는 다양한 차원의 상대성이 존재한다. 우리가 지닌 가치들 중 어떤 것들은 사람에 따라 상대적이다. 만일 우리가 천사이거나 혹은 다른 차원의 창조물이라면 우리의 핵심 가치들은 달라졌을지 모른다. 그리고 그럴 경우 당연히 상이한 문화들이 인간의 핵심 가치들을 상이하게 표현할 것이다. 그리고 하나의 문화 속에서 상이한 개인들은 가치에 대해 서로 다르게 평가할 것이다. 실제로, 한 개인이 지닌 어떤 가치들은 시간에 따라 변할 수 있다. 그와 같은 상대성은 윤리적 논제들에 대한 합리적 논의와 최소한 일부 윤리적 논쟁에 대한 분석과 양립할 수 있다는 것이 나의 주장이다. 우리는 결국 인간이지 천사나 다른 차원의 창조물은 아니다. 우리는 핵심 가치들을 공유한다. 핵심 가치들은 심지어 이전의 정책들이 전혀 존재하지 않는 상황 하에서도 정책들을 평가할 수 있는, 그리고 이견이 생겨났을 때 우리의 가치 분석틀을 평가할 수 있는 일련의 기준들을 제공해 준다.

윤리적 책임성은 윤리적 관점을 수용하는 데서 시작된다. 우리들은 다른 사람들과 그들이 지닌 핵심 가치들을 존중해야만 한다. 다른 사람에게 심각한 손상을 입히는 정책을 피할 수 있다면 이는 책임감 있는 윤리적 행동을 향한 하나의 훌륭한 출발이 될 수 있다. 어떤 정책은 그 해로움이 너무나도 분명해서 핵심 가치의 기준에 입각해 즉시 거부된다. 불량 컴퓨터 소프트웨어의 판매가 그 대표적인 경우이다. 다른 정책은 쉽게 우리의 기준에 부합된다. 장애인이 편리하게 사용할 수 있는 컴퓨터 인터페이스를 만드는 것이 그 대표적인 경우이다. 그리고 컴퓨터 기술의 관리와 관련된 일부 정책은 논란을 야기하고 있다. 그러나 논쟁이 벌어지고 있는 윤리적 정책 중의 일부는 좀 더 심도 있는 합리적인 토론과 분석을 필요로 한다. 내가 강조하고 있는 주요한 분석기법은 제안된 정책이 가져올 실제 결과들에 대한 경험적 조사이다. 예를 들면, 어떤 사람들은 인터넷에서의 표현의 자유가 사회의 불안정을 초래하거나 혹은 일부 시민의 심각한 정신적 손상을 초래할 수 있다는 점에서 그러한 자유를 제한하자고 제안할 수도 있다. 표현의 자유를 옹호하는 사람은 이것이 지식을 전파함에 있어 유용하고 또한 정부의 잘못에 대해 주의를 환기시킴에 있어 효과적임을 강조할지도 모른다. 이러한 것들은 어느 정도까지는 확인되거나 확인될 수 없는 경험적 주장들로서 정책의 수정과 절충을 가져올 수 있다.

또 다른 분석기법은 정책을 평가할 때 공정한 입장을 견지하는 것이다. 여러분 자신이 어떤 정책에 의해 어떠한 이익이나 손해도 받지 않는 제3자라고 가정해 보자. 그것이 과연 공정한 정책인가? 자기 자신이 그 정책에 영향을 받는 입장에 갑자기 처하게 될 경우에도 옹호할 수 있는 그런 정책인가? 결함 있는 소프트웨어의 판매자가 되고 싶은 유혹이 있을 수 있겠지만 어느 누구도 그 소프트웨어의 구매자가 되고자 하지는 않는다. 마지막으로, 때로는 유추가 이견을 해소하는 데 유용하다. 만일 어떤 컴퓨터 전문가가 자신이 구매하려고 생각 중인 주식의 변동사항에 대해 정보를 알려주지 않는 주식중개인에 동의하지 않는다면, 이를 유추해 보면 고객이 구매하려고 생각 중인 컴퓨터 프로그램의 불안전성에 대하여 고객에게 알려주어야만 하는 것과 같은 것이다.

이러한 분석기법 모두는 받아들일 수 있는 정책에 대한 합의 형성을 도와준다. 그러나 분석기법들이 가능한 최대의 성과를 올리는 경우에도 일부 논쟁의 여지가 남아 있을 수 있다. 설사 그러한 상황이라 할지라도 모든 당사자들이 받아들일 수 있는 대안적인 정책이 가능하다. 그러나 윤리적인 차이가 생겨날 가능성을 두려워할 필요는 없다. 모든 인간사에서 논쟁은 발생하고 있으며 진보는 계속되고 있다. 이런 점에서 컴퓨터윤리도 예외는 아니다. 컴퓨터윤리에 있어 주요한 위협은 어떤 정책이 최선인가에 관한 논쟁의 여지가 그 문제들에 대한 논쟁이 완결된 후에도 계속 남아 있을 가능성이 아니라, 컴퓨터 기술에 대한 윤리적 논제에 대하여 논쟁 자체가 이루어지지 않는 것이다. 책임성은 우리로 하여금 윤리적 관점을 채택하도록 만들며, 또한 끊임없이 발전하는 컴퓨터 기술과 관련하여 개념적으로 분석하고 정책을 형성하고 정당화하도록 만든다. 오늘날 컴퓨터혁명은 전 세계를 강타하고 있기 때문에 컴퓨터윤리의 논제들이 전 세계적인 차원에서 논의되는 것이 중요하다. 지구촌은 컴퓨터가 가져올 사회적 · 윤리적 영향과 이에 대해 무엇을 해야만 하는지에 관하여 전 세계적인 대화를 나눌 필요가 있다. 다행스럽게도 컴퓨터는 바로 그러한 대화를 가능하게 해줄 수 있다.[2]

---

2) 이 논문에 유용한 논평을 해준 존슨(D. Johnson)과 밀러(K. Miller)에게 감사한다.

참고문헌

Bynum, Terrell, and Simon Rogerson. [1996] "Introduction and Overview : Global Information Ethics." *Science and Engineering Ethics*, 2 (2) : 131–136.

Johnson, Deborah. [1994] *Computer Ethics*. 2nd ed. Englewood Cliffs, New Jersey : Prentice Hall, Inc.

Maner, Walter. [1996] "Unique Ethical Problems in Information Technology." *Science and Engineering Ethics*, 2 (2) : 137–154.

Moor, James. [1985] "What is Computer Ethics?" *Metaphilosophy*, 16 (4) : 266–275.

Moor, James. [1990] "Ethics of Privacy Protection." *Library Trends*, 39 (1&2) : 69–82.

4장_ 컴퓨터윤리의 모색

필립 브레이 Philip Brey

　본 논문은 기존의 주요 컴퓨터윤리들을 비판하고 보다 탐색적인 (설명적인) 컴퓨터윤리를 위한 하나의 보완적 접근방식의 중요성을 강조하고 있다. 즉, 컴퓨터 시스템과 이러한 시스템의 응용, 그리고 실제 사용에 있어 내재되어 있는 가치와 규범들에 대한 도덕적 의미들을 찾아내고자 하는 것이다. 아울러 컴퓨터윤리에 관한 탐색적 연구의 출발점으로 네 개의 핵심적 가치들—정의, 자율성, 민주주의, 그리고 프라이버시—을 제시하고 있다. 마지막으로 컴퓨터윤리에 관한 연구는 설명적 차원과 이론적 차원, 그리고 응용적 차원을 구분하는 학제적이고 다차원적이어야만 한다는 것을 강조하고 있다.

---

* 본 논문은 *Computers and Society*, Vol. 30, No. 4(December) 2000 : 10-16에 게재된 것이다. Copyright ⓒ 2000 by Philip Brey. 저작권자의 허락 하에 수록한다.

I. 기존의 주요 컴퓨터윤리의 한계

본 논문의 목적은 **탐색적 컴퓨터윤리**(disclosive computer ethics)라고 불리는 컴퓨터윤리를 위한 특별한 접근법에 대한 개략적인 설명에 있다. 이미 컴퓨터윤리 분야에서 상당한 영향을 미치고 있음에도 불구하고 아직도 탐색적 컴퓨터윤리는 기존의 주류 접근법과는 상당히 떨어져 있는 실정이다. 본 논문에서 **주류 컴퓨터윤리**란 컴퓨터윤리에 있어 현재 주류를 이루고 있는 접근법들을 지칭하는 용어이다. 이는 내가 **응용윤리 표준모델**(standard model of applied ethics)이라고 부르는 것을 따르는 접근법들이다. 본장에서는 응용윤리 표준모델에 대해 간략하게 다루고, 주류 컴퓨터윤리가 이 모델과는 어떻게 연관되는지를 살펴볼 것이다. 그리고 나서 이 모델이 지닌 한계가 무엇이며 탐색적 컴퓨터윤리를 통해 어떻게 극복될 수 있는지에 대해 논의할 것이다. 본 연구의 목적은 탐색적 컴퓨터윤리를 하나의 대안적 접근법으로 제시하려는 것이 아니라, 오히려 주류 컴퓨터윤리를 보완하는 하나의 접근법으로 제시하고자 하는 것이다. 본 논문의 나머지 장에서는 컴퓨터윤리에 속하는 하나의 접근법으로서의 탐색적 컴퓨터윤리에 대해 개략적으로 설명하고 이를 정당화하는 데 주력할 것이다.

내가 말하는 주류 컴퓨터윤리는 그 출발점으로 응용윤리의 특정 모델을 수용하고 있는데, 이는 이 모델이 응용윤리의 많은 분야에서 사용되고 있기 때문이다. 표준모델을 채택하고 있는 응용윤리 분야의 연구들은 도덕원리들을 적용하고 정당화함으로써 도덕적으로 논쟁이 되고 있는 문제들을 명료화하고 평가하는 데 초점을 맞추고 있다. 이 모델을 사용하고 있는 연구는 대개 세 단계의 절차를 밟아나간다. 먼저 도덕적 논쟁의 주제가 되고 있는 개별적 혹은 집단적 문제의 윤곽을 그려낸다. 예를 들면, 생체임상의학윤리학자들은 안락사, 복제, 혹은 임신말기 중절수술 등에 대해 연구할 것이다. 마찬가지로 환경윤리학자들은 습지개발, 핵에너지의 사용 혹은 온실가스의 방출에 대해 초점을 맞출 것이다. 다음으로는 대개 개념적 분석과 사실 수집을 통해 문제를 명료화하여 고정시키려는 노력이 이루어진다. 예를 들면, 임신말기 중절수술에 대한 윤리적 연구는 인간다움의 개념을 분석하고 태아의 발육단계를 구별한 후, 말기 중절수술에 사용되는 기존 절차와 기법에 대해 기술할 것이다. 마지막으로, 도덕적 판단과 직관에 따른 도덕원리들이 제시·연구되고 있는 문제에 적용된다. 이는 특정 원리들 혹은 그 사례에 대한 원리들의 적용가능성에 대한 찬반논쟁을 수반하는 신중한 과정이다. 그 결과는 연구되고 있는 문제에 대한 도덕적 평가로 귀결된다.

응용윤리의 표준모델은 컴퓨터윤리 분야의 대부분의 문헌에서 사용되고 있다. 주류 컴퓨터윤리에 있어서 대개 연구는 소프트웨어 도용, 해킹, 전자감시 혹은 인터넷 포르노그라피와 같이 도덕적으로 논쟁이 되고 있는 문제를 확인하는 작업으로부터 시작된다. 그리고 나서 그 문제는 기술적인 용어로 서술되고 분석되며, 궁극적으로는 도덕적인 평가와 이에 따른 일련의 정책수정안의 제시로 종결되게 된다.

본 논문에서는 주류 컴퓨터윤리의 세 가지 측면에 특히 초점을 맞추고 있다. 첫째, 주류 컴퓨터윤리는 기존의 도덕적 논쟁에 초점을 맞추고 있다. 즉, 많은 사람들이 도덕적으로 문제가 있다고 인식하고 있는 주제들에 초점을 두고 있다는 말이다. 둘째, 주류 컴퓨터윤리는 실제 **관행**, 즉 사람들의 개별적 또는 집단적 행위에 초점을 두고 있다. 따라서 이러한 관행에 대한 평가와 정책의 고안에 중점을 둔다. 그리고 셋째로, 대개 주류 컴퓨터윤리는 컴퓨터 기술의 설계나 기술 그 자체가 아닌 컴퓨터 기술의 **사용**에 초점을 맞추고 있다. 무어(Moor, 1985)는 「컴퓨터윤리란 무엇인가?」라는 유명한 논문에서 이 점을 잘 요약하고 있다. 즉, "컴퓨터윤리에 있어서 전형적인 문제는 바로 컴퓨터 기술이 어떻게 사용되어야만 하는가에 대한 정책이 부재하기 때문에 생겨나고 있다"(p. 266).

바로 여기에서 주류 컴퓨터윤리의 첫 번째 한계가 드러난다. 주류 컴퓨터윤리는 도덕적으로 논쟁이 되는 관행에 대한 분석에 스스로를 국한시킬 뿐, 현재의 정책 공백상태에 대해서는 별다른 관심을 갖지 않고 있다. 그러나 아직 도덕적으로 논쟁이 되고 있지는 않지만 도덕적 중요성을 지니고 있는 컴퓨터 관련 문제들은 어떻게 할 것인가? 물론 어느 누구도 그러한 문제들이 간과되기를 원치는 않을 것이다. 도덕적 중요성을 지니고 있지만 일반적으로는 도덕적인 논쟁이 되는 것으로는 인식되지 않는 문제를 (도덕적으로) **불투명한 혹은 불명료한** 문제라고 부르기로 하자. 컴퓨터윤리 분야에서 일정 부분의 연구들은 반드시 도덕적으로 불투명한 문제들을 확인하고 연구하는 데 할애되어야만 한다는 것은 분명하다. 나는 이것이 컴퓨터윤리의 **주요한** 기능의 일부가 되어야 한다고 본다.

컴퓨터와 관련된 문제들은 두 가지 이유로 인해 도덕적으로 불명료할 수도 있다. 즉, 아직 알려지지 않았거나 혹은 겉보기에는 도덕과는 무관해 보이기 때문에 그럴 수도 있다. 대부분의 사람들에게는 많은 컴퓨터 관련 문제들이 단순히 익숙하지 않거나 혹은 잘 알려져 있지 않다. 왜냐하면 일반적인 컴퓨터 사용자들은 이러한 문제들을 쉽게 느끼지 못할 뿐만 아니라, 대중매체를 통해 이와 관련된 폭넓은 토론이 이루어지지도 않았기 때문이다. 또한 결국에는 이러한 문제들이 도덕적으로 논란이 되는 것임을 알지 못했기 때문이다. 예를 들면, 대부분의 인터넷 이용자들은 자신들의 인터넷 검색 행위가 온라인상에서 감시되고 있는 방식에 대해 잘 모르고 있다. 설사 온라인상의 감시가 대부분의 인터넷 사용자들이 별다른 관심을 기울이지 않는 문제라 할지라도 나는 온라인 감시를 확인·분석하며, 이를 도덕적으로 평가하고 이에 대한 정책적 지침을 고안하는 것이 컴퓨터윤리의 중요한 기능의 하나라는 점을 강조하고 싶다.

도덕적 불명료성이 나타나는 또 하나의 경우는 특정한 관행에 대해 친숙함을 갖고 있지만 그 자체가 실제로 지니는 도덕적 함의를 인식하지 못할 때이다. 컴퓨터에 사용되는 하드웨어, 소프트웨어, 테크닉 그리고 절차들은 실제로는 그렇지 않음에도 불구하고 종종 도덕적 중립성을 지니는 것처럼 보인다. 예를 들어, 인터넷에서 이용자들이 쉽게 관련 정보를 찾도록 도와주는 검색 엔진은 아무런 해를 끼치지 않는 것처럼 보인다. 그러나 인트로나와 니센바움(Introna & Nissenbaum, 2000)이 지적한 바와 같이 검색 엔진에 사용되는 특정한 검색규칙들은 결코 가치중립적이지 않을 뿐만 아니라, 유명한 컴퓨터 전문가들이 만든 규모가 크고 인기 있는 사이트의 순위를 제공하는 데 있어서도 서로 다르게 나타난다. 이런 식으로 검색규칙들은 모든 사람이 자신의 의견을 피력할 수 있는 동등한 기회를 갖는 공공의 공간이라는 웹(Web)의 개념을 위협하고 있다.

많은 기술과 구체적인 테크닉이 갖는 도덕적 비중립성에 대한 바로 위에서의 논평은 주류 컴퓨터윤리가 지닌 두 번째 한계를 지적해 주고 있다. 주류 컴퓨터윤리는 실제 관행에, 특히 컴퓨터 기술 이용의 도덕성에 초점을 맞추고 있다. 이용되고 있는 기술의 도덕적 역할에 대해서는 대개 논의과정에서 간과되거나 혹은 철저하게 배제되고 있다. 다시 말해서 컴퓨터 시스템과 소프트웨어가 설계된 목적이나 그 특성들은 대개의 경우 컴퓨터윤리에 포함된 것으로 간주되고 있다. 기술 그 자체는 이를 사용해서 도덕적 행위와 비도덕적 행위가 모두 이루어질 수 있는 일종의 가치중립적 도구로 간주되고 있으며, 초점은 (기술이 아니라) 이러한 행위들에 맞추어져 있다. 그러나 기술에 대한 철학적이고 경험적인 연구를 통해 오늘날에 있어서는 기술이 결코 가치중립적이지 않으며, 또한 종종 스스로의 환경을 만들어 나가는 데 적극적인 역할을 수행하고 있다는 점이 널리 받아들여지고 있다. 이러한 관점에서는 기술적 가공물은 그것을 사용하는 특정한 방식과는 별개로 그 자체가 도덕적 탐색의 대상이 된다.

기술이 도덕적 속성을 지니고 있다는 생각은 기술이 정치적 속성을 지니고 있다는 생각의 연장선상에 놓여 있다(Winner, 1980 ; Sclove, 1995 ; Feenberg, 1999). 위너(Winner, 1980)가 주장한 바와 같이 기술적 가공물과 시스템은 행위를 제약하고 공공질서의 기본틀로서 작용하고 있기 때문에 흡사 법과 같은 기능을 수행한다. 스클로브(Sclove)도 기술적 가공물을 사회구조의 구성요소로 간주하면서 이와 동일한 지적을 하고 있다. 스클로브는 사회구조를 "인간의 상호작용의 유형을 제한하거나 규제하는 사회의 이면적 특성으로 정의하면서 대표적인 사례로는 법, 지배적인 정치·경제제도, 그리고 문화적 신념체계를 제시하고 있다"(1995, p. 11). 그는 기술도 당연히 이 목록에 포함되어야만 한다고 주장한다. 왜냐하면 기술 역시 사회구조의 여타 구성요소와 마찬가지로 동일한 성격의 구조적 영향력을 행사하기 때문이다.

예를 들어, 기술은 개인들이 특정한 방식으로 행동하도록 강제할 수도 있으며, 기회를 제공함과 동시에 제약을 가할 수도 있고, 그들이 지닌 문화적 신념체계에 영향을 줄 수도 있으며, 적절한 기능을 위해 필요한 특정한 조건들을 요구할 수도 있다.[1] 기술이 지닌 그와 같은 구조적 영향력은 도덕적 관점에서 분석될 수 있다. 결국 핀버그(Feenberg)는 기술적 가공물이 지닌 정치적 속성들이 종종 불투명해지는 이유는 사회적으로 기술적 가공물이 정치와는 무관한 것으로 받아들여지고 있기 때문이라고 설명한다. 즉, **기술적인 규준**이라는 측면에서 이해되고 있기 때문에 이는 기술적 속성과 기능에 대해 중립적으로 구체화함으로써 결국 가공물이 지닌 비중립적인 사회·정치적 속성들을 애매모호하게 만들고 있는 것이다(Feenberg, 1999).

기술은 그 자체가 의미 있는 도덕적 분석의 대상이 된다는 생각은 특히 컴퓨터 기술에 있어서 합당하다. 왜냐하면, 컴퓨터 시스템은 그것이 지닌 정보처리 능력으로 인해 인간의 많은 의사결정 과정, 행위 그리고 사회관계에 있어서 중요한 결정요소가 되고 있기 때문이다. 컴퓨터 시스템은 종종 사회를 형성하는 데 있어서 도움이 되는 이면적 기술로서보다는 오히려 적극적인 구성요소로서 기능하는 경우가 더 많다. 컴퓨터 시스템의 이러한 적극적인 역할 때문에 그것의 사용

---

[1] 기술이 지닌 이러한 속성에 대한 보다 폭넓은 논의와 사례들은 Winner(1980), Sclove (1995), Pfaffenberger(1992), 그리고 Akrich(1992)에서 잘 나타나 있다.

과는 관계없이 하나의 도덕적 분석의 대상으로서 컴퓨터 시스템의 설계에 관한 컴퓨터윤리에 특별한 관심이 필요한 것이다. 결론적으로, 주류 컴퓨터윤리는 두 개의 중요하고도 상호 관련된 한계점을 지니고 있다 : 주류 컴퓨터윤리는 너무 협소하게 공개적으로 인지된 도덕적 딜레마에만 초점을 맞추고 있으며, 또한 도덕적 분석대상으로서의 컴퓨터 기술 그 자체에 대해서는 간과하고 있다.

Ⅱ. 숨겨진 도덕성과 탐색적 컴퓨터윤리

탐색적 컴퓨터윤리란 컴퓨터 기술에 대한 도덕적 분석에 주로 관심을 갖는 최근의 접근법들에 대해 내가 부여한 명칭이다. 이들은 다음 두 가지 점에서 주류 컴퓨터윤리와는 확연히 구별된다 : 이들은 지금까지 많은 관심을 받지 못해왔던 컴퓨터 사용과 관련된 도덕적 논제와 특성들을 밝혀내는 데 관심을 갖고 있으며, 또한 컴퓨터 기술의 설계에 초점을 맞추고 있다. 따라서 컴퓨터윤리에 있어서 탐색적 연구는 컴퓨터 시스템, 응용 그리고 실제 사용에 있어 내재되어 있는 규범성을 밝혀내고 평가하는 것에 초점을 둔 연구이다. 이 연구가 컴퓨터윤리에 있어 기여한 중요한 공로가 있다면, 그것은 윤리이론의 개발이나 적용에 있다기보다는 컴퓨터 기술과 이와 관련된 실제 행위들에 대해 그것이 지닌 도덕적 중요성을 밝혀내어 설명하고 있다는 점이다.

컴퓨터윤리에 있어 탐색적 접근법을 사용하는 현재의 연구들은 프라이버시, 민주주의, 분배정의 그리고 자율성과 같은 도덕적 논제들을 포괄하고 있으며, 또한 정보와 커뮤니케이션 기술의 전 영역을 포괄하고 있다. 예를 들어, 프리드만과 니센바움(Friedman and Nissenbaum, 1997)의 연구는 컴퓨터 시스템에 있어서의 편견에 대한 것이다. 그와 같은 편견들은 대개 잘 인식되지 않고 있지만 프리드만과 니센바움은 편견을 지닌 컴퓨터 시스템을 설명함으로써, 그리고 그와 같은 시스템으로 인해 발생할 수 있는 불공정한 결과를 드러내보임으로써 편견이 존재하고 있음을 밝혀내려고 하였다(Brey, 1998 참조). 편견이 개입된 컴퓨터 시스템이나 프로그램의 사례들로는 소녀보다는 소년에게 좀 더 호소력을 갖게 함으로써 결과적으로 성에 대한 편견을 보여주는 교육 프로그램, 이름을 통해 어느 인종인지 알 수 있는 사람들에 대한 대출에 있어 소극적으로 처리하고 있는 대출 승인 소프트웨어, 그리고 장기기증자를 이식을 원하는 사람들에게 연결시켜 줄 때 체계적으로 화면상 나중에 나타나는 사람들보다는 최초로 검색되어 나타나는 사람들에게 우선권을 주도록 짜여진 데이터베이스 등을 들 수 있다.

　이와 유사하게 브레이(Brey, 1999 ; 1998)는 컴퓨터 시스템의 설계가 사용자의 자율성에 미치는 영향력에 관심을 갖고 있다. 컴퓨터 시스템은 다른 사람에 의한 감시가 용이하게 설계되었거나, 혹은 사용자에게 시스템 고유의 작동논리를 강요해서 사용자의 창의성과 선택권을 제한하거나, 또는 사용자들이 시스템 기능을 유지하고 이용하기 위해서는 불가피하게 시스템 관리자나 다른 사람에게 의지하도록 만들 때, 이러한 컴퓨터 시스템으로 인해 사용자의 자율성은 훼손될 수 있다. 브레이는 두 편의 논문에서 컴퓨터 설계가 사용자의 자율성에 대해 미치는 잠재적 영향력을 밝혀내는 데 대부분의 지면을 할애하고 있는 반면에, 자율성이라는 도덕원리를 이론화하고 응용하는 데에는 거의 관심을 기울이지 않고 있다.

컴퓨터윤리에 있어서 탐색적 연구의 또 다른 사례들로는 공공 정보 등록 관행의 도덕적 중요성을 밝히고 있는 니센바움(Nissenbaum, 1997), 암호화와 지불 메커니즘에 있어 신뢰관계의 중요성을 밝히고 있는 블랑쉐(Blanchette, 1998), 검색 엔진에 감추어져 있는 책략을 분석하고 있는 인트로나와 니센바움(Introna and Nissenbaum, 2000), 개개인의 여행 성향에 관한 광대한 양의 자료를 수집하고 있는 정보고속도로 시스템의 프라이버시 문제를 밝혀내고 있는 아그레와 메이루(Agre and Mailoux, 1997), 프라이버시를 침해하는 데이터의 의미를 분석하고 있는 타바니(Tavani, 1999), 그리고 인터넷 구조와 조직 자체에 내재하고 있는 비민주적 경향을 분석하고 있는 존슨(Johnson, 1997) 등이 있다.

기술과 그것의 실제 운영에 대해 서술함으로써 기술이 지닌 도덕적 중요성을 밝혀내기 위해서는 먼저 도덕적으로 중요한 것과 그렇지 않은 것을 구별할 수 있어야만 하며, 그에 따라 분석이 이루어지기 전에 먼저 적절한 도덕적 가치들이 형성되어 있어야만 한다. 그러나 이것이 탐색적 분석을 시작하기 전에 먼저 도덕이론으로 무장하고 있어야 한다는 것을 의미하는 것은 아니다. 만일 설계나 실제 운영이 권력이나 재화의 불균등한 분배를 낳고 있다거나, (상식적인 의미의) 프라이버시나 자유를 침해하고 있다거나, 사회관계나 지위에 부정적인 영향을 미치고 있다거나, 혹은 사회적으로 널리 공유되고 있는 다른 중요한 도덕적 가치들을 해치고 있는 것으로 드러난다면 설계와 실제 운영이 갖는 (잠재적인) 도덕적 중요성은 이미 충분히 입증되고 있는 것이다. 그러므로 탐색적 연구는 기본적으로 이론에 선행하는 것이며, 보다 정교한 도덕적 평가는 탐색적 분석이 끝난 후에 이루어질 수 있는 것이다.

따라서 컴퓨터윤리에 있어서 탐색적 연구는 두 단계의 과정을 거쳐 진행된다. 첫 번째 분석단계에 있어서는 어떤 기술(X)이 관련되는 적절한 도덕적 가치(Y)—예를 들면 프라이버시, 정의, 자유 등 —의 관점에서 분석된다. 이러한 분석은 X의 어떤 특성이 Y를 특정한 방식으로 침해하는 (혹은 유지하는) 경향을 보인다는 잠정적인 결론을 이끌어낸다. 예를 들어, 인터넷에서 사용되고 있는 검색 엔진이 정보 프라이버시를 침해하는 경향이 있는 반면에, 정보 프라이버시는 자신에 대한 정보의 폭로를 통제하는 것이라고 다소 명확하지 않게 정의되고 있다. 이러한 분석은 두 번째 단계로 나아가게 되는데, 이 단계에서는 정보 프라이버시에 관한 이론들이 적용되고 좀 더 발전되어 검색 엔진에 대해 프라이버시와 관련하여 보다 구체적이고 규범적인 평가가 이루어지게 된다. 또한 이 단계에서는 검색 엔진의 설계와 사용 그리고 규제에 관한 정책지침이 이루어지기도 한다.

물론, 보다 이론에 기초하여 탐색적 연구를 수행하는 것 또한 가능하다. 앞서 제시한 사례의 경우를 볼 때, 구체적인 도덕원리들을 담고 있는 정보 프라이버시에 관한 도덕이론으로부터 출발할 수도 있다. 또한 검색 엔진이 이러한 원리들을 충족시키는 방식이나 충족시키지 못하는 방식에 대해 분석할 수도 있다. 그 어느 것을 선택하건 간에 이러한 분석은 결국 프라이버시라는 측면에서 검색 엔진에 관한 일련의 정책 권고안으로 귀결될 것이다.

탐색적 컴퓨터윤리는 이론에 선행한 연구와 이론에 기초한 연구 모두를 수용할 수 있다. 그러나 최소한 두 가지 이유로 인해 이론에 기초한 연구는 그리 선호되지 않고 있다. 첫째, 이론에 기초한 접근법은 특정한 도덕이론이 받아들여질 때에만 탐색적 분석을 받아들이는 경향이 있다. 예를 들면, 설사 현재 어떤 검색 엔진들이 정보 프라이버시에 관한 이론 T의 특정 개념을 위반하고 있다 하더라도, 만일 누군가가 T를 인정하지 않는다면 그는 검색 엔진들이 정보 프라이버시에 대해 문제를 야기하고 있음을 인정하지 않을 것이다. 이 사람은 정보 프라이버시에 대한 폭넓은 정의에 기초하여 검색 엔진들이 이러한 정의에 따른 정보 프라이버시에 관한 문제들을 야기하고 있음을 보여주는 분석을 믿을 수 있을 것이다. 둘째, 이론에 기초한 접근법은 관찰 가능한 현상에 대한 분석에 있어 매우 이론적인 용어를 사용하고 있으며, 이는 특정 가정들을 내포할 수 있기 때문에 현재 조사되고 있는 기술이나 관행에 대한 가정(선입관)을 지니게 된다. 그러므로 보다 중립적인 서술이 필요한 시점에서 그러한 가정에 기초한 관찰이 생겨날 수도 있는 것이다. 결론적으로, 탐색적 컴퓨터윤리에 있어서 이론에 기초한 접근방식을 가능한 한 선택하지 말아야 할 타당한 이유가 존재하고 있다.

이론에 선행하는 연구와 이론에 기초한 연구 간의 논쟁 자체를 거부할 수도 있다. 자유, 프라이버시 그리고 정의와 같은 도덕적 가치들에 대해 이론을 초월한, 그리고 논쟁의 여지가 없는 상식적인 정의가 가능한가에 대해서는 의문의 여지가 있다. 그러한 가치들에 대한 어떠한 개념적 정교화 노력도 필연적으로 이론적 가정들을 필요로 한다. 예를 들면, 자유를 타인의 강제나 간섭 없이 행동할 수 있는 능력이라고 상식적으로 정의할 경우, 자유는 행동에 대한 구속의 부재라는 측면에서 소극적으로 정의되어야 한다는 이론적 가정이 전제되어 있다. 이는 암묵적으로 자기 자신의 생각이나 목적을 설명할 수 있으며, 이에 대해 기꺼이 책임을 지는 자율적 결정능력에 기초한 적극적 자유 개념(Berlin, 1969)을 거부한다.

이러한 반박논리에는 타당한 측면이 있다 : 도덕적 가치들에 대한 상식적 정의들은 항상 이론에 기초하고 있으며, 이러한 가치에 대한 모든 사람의 도덕적 직관을 포괄하는 것은 아니다. 아직까지는 이론에 선행하는 접근방식과 이론에 근거한 접근방식을 구분할 필요가 있으며, 또한 두 가지 이유로 인해 전자를 선택하는 것이 타당하다. 첫째, 설사 도덕적 가치들에 대한 '상식적' 정의가 이론에 근거한 것이라 하더라도 이론에 근거한 정의와 그러한 가치에 관한 완전한 도덕이론—예를 들어, 자유론 혹은 정의론—사이에는 여전히 엄청난 차이가 존재하고 있다. 그러한 이론은 필연적으로 단순한 정의 이상의 보다 많은 이론적 가정들을 내포하고 있으며, 이에 따라 보다 이론적인 분석으로 나아가게 된다.

둘째, 탐색적 분석에 있어 가치에 대한 정의는 단지 **잠재적으로** 도덕적 논쟁이 될 만한 컴퓨터 시스템과 그 작동방식의 특성들을 확인하는 도구로서의 기능을 한다. 즉, 그러한 정의는 마치 어망과 같은 기능을 한다 : 이러한 정의를 통해 누군가가 관심을 갖고 있는 주제들뿐만 아니라 아무도 관심을 갖지 않는 주제들이 제시될 수 있다. 예를 들어, 탐색적 분석을 시작하기 위해서는 컴퓨터 시스템이 다른 사용자 집단보다는 체계적으로 특정한 사용자 집단의 이익에 유리하게 작동하기 때문에 부당하다는 점이 먼저 확인되어야 한다. 그런 후에야 이러한 정의에 입각하여 (잠재적으로) 부당한 컴퓨터 시스템의 여러 특성들에 대한 연구가 이루어질 수 있다. 이어지는 이론적 분석을 통해 이러한 특성들 중에 어떠한 것들이 실제로 부당한가를 확인할 수 있다. 예를 들어, 롤즈(Rawls)의 정의론(Rawls, 1971)에 입각하여 중요한 사회적 재화를 불평등하게 분배하는 결과를 야기하는 특성들은 부당한 것으로 확인될 수 있는 것이다. 그러므로 탐색적 분석의 초점은 잠재적으로 도덕적 논쟁이 될 수 있는 컴퓨터 특성과 작동양식을 보다 구체화하는 것이다. 이러한 것들이 실제로 도덕적으로 잘못된 것인지는, 그리고 만일 그렇다면 어떻게 잘못된 것인지는 나중에 이론적 분석을 통해 확인되는 것이다.

Ⅲ. 분석의 출발점으로서의 핵심 가치들

그러므로 탐색적 컴퓨터윤리는 컴퓨터 시스템의 설계와 응용에 내재되어 있는 가치와 규범을 밝혀내고 도덕적으로 평가한다. 컴퓨터윤리로서의 자격을 갖추기 위해서는 문제가 되는 가치와 규범들이 반드시 **도덕적인** 가치와 규범이어야만 한다. 효율성과 이윤, 또는 용어의 정확한 사용을 규정하는 규범이나 올바른 종류의 건전지 사용과 같은 가치들을 포함한 많은 가치와 규범들은 도덕과는 무관한 것들이다. 설사 도덕적 가치와 비도덕적 가치에 대한 구분이 논쟁의 대상이 될 수 있다 하더라도 도덕적 규범과 가치들은 대개 어떤 행위와 그 행위자의 옳고 그름, 혹은 좋고 나쁨, 그리고 이에 따른 칭찬 혹은 비난과 관련된 것으로 인식된다. 또한 종종 선(the Good)에 대한 인간의 개념을 형성하고 있는 보다 근본적인 가치들로 귀결되기도 한다.

이제 향후 컴퓨터윤리 연구의 출발점이 될 수 있는 네 개의 근본적인 가치들을 제시하고자 한다. 이 가치들은 특별한 관심을 기울일 필요가 있다. 왜냐하면, 이 가치들은 서구 민주주의에서 가장 고귀하게 여겨지는 가치들을 포함하고 있을 뿐만 아니라, 과거 탐색적 컴퓨터윤리 연구를 통해 도덕적으로 불명료한 컴퓨터 관련 관행들이 종종 이러한 가치들을 위협하거나 옹호하고 있다는 것이 밝혀졌기 때문이다. 이 네 개의 가치 모두는 서구 민주국가의 시민들뿐만 아니라 정치인, 법률가, 그리고 지식인들이 중요한 것으로 널리 인식하고 있는 것들이다. 이것들은 윤리, 법과 정치이론, 그리고 이러한 가치들을 증진시키기 위한 구체적인 정책과 법률분야에서 대부분 관심을 기울이고 있는 가치들이다(예를 들면, 전 세계에 걸쳐 수많은 법률과 정책을 통해 프라이버시를 보호하고자 한다). 더군다나 이러한 가치들은 종종 근본적인 것으로 간주된다 : 이들은 보다 근본적인 가치로 환원되지 않으며, 또한 그 스스로가 다른 가치들의 토대가 되고 있다.

물론 이러한 지위를 지니고 있는 다른 가치들(예를 들어, 지속성)도 존재하지만 그러한 가치들은 컴퓨터 기술에 의해 (긍적적 혹은 부정적으로) 많은 영향을 받지 않는다. 자유, 정의, 민주주의 그리고 프라이버시는 모두 현재의 정보화 사회에 있어서 매우 위태로운 상태에 놓여 있으며, 또한 도덕적으로 불명료한 컴퓨터 관련 관행에 영향을 받고 있기 때문에 종종 불확실한 방식으로 침식되거나 증진된다. 이러한 이유로 인해 이 네 개의 가치들은 컴퓨터윤리에 있어서 매우 특별한 지위를 갖는다. 이러한 개념들에 대해 논란의 여지가 있지만 상대적으로 비공식적인 정의를 제시할 것이다. 그리고 나서 컴퓨터윤리에 있어 의미가 있는 상이한 주제들을 추려낼 것이다.

1. 정의

정의(justice)의 개념은 대개 개인들이 불공평하게 혹은 부당하게 이익이나 불이익을 당하지 않는 것으로 이해된다. 즉, 다른 무엇보다도 사회는 사회적 재화의 불공정한 분배를 조장해서는 안 된다는 것을 함축하고 있다. 특히 사회는 권리와 자유, 권력과 기회, 소득과 부, 그리고 자기 존중의 사회적 토대와 같은 가장 기본적인 사회적 재화를 불공평하게 분배해서는 안 됨을 함축하고 있다. 왜냐하면, 이러한 것들은 개인들이 자신들의 삶의 계획을 실행하는 데 필수적인 것들이기 때문이다. 롤즈는 그러한 사회적 재화를 **기본적인**(primary) 사회적 재화라고 부른다. 따라서 기본적인 사회적 재화의 분배에 있어 일부 구성원들이 부당하게 불이익을 받아서는 안 된다는 사회적으로 공유된 합의가 존재하고 있다. 기본적인 사회적 재화의 특정한 분배방식을 둘러싸고 대부분의 갈등이 생겨난다.

컴퓨터 시스템과 정의에 관한 탐색적 연구는 바로 이러한 시스템 혹은 그 시스템의 적용으로 인해 정당화시킬 수 없는 (기본적인) 사회적 재화의 불평등한 분배가 야기되는 방식에 관한 연구인 것이다. 이러한 연구들은 일반적으로 권력, 자유, 취업기회 그리고 사회적 지위와 같은 특정한 사회적 재화에 초점을 맞추고 있으며, 이러한 것들을 구체적인 형태의 컴퓨터 시스템과 그 적용, 그리고 다양한 사회집단과 결부시킨다. 그리고 나서 이러한 분석에 있어 분배정의에 관한 분명한 이론을 적용하여 야기된 불평등이 과연 부당한가에 대해 논의하고 정책적 대안을 제시한다.

2. 자율성과 자유

사회적으로 자율성(autonomy)의 개념보다는 자유(freedom)의 개념이 보다 친숙한 데 비해 자율성의 개념은 보다 근본적이다. 개인의 자율성은 일반적으로 개인이 표현의 자유, 종교의 자유, 평화적 집회의 자유, 그리고 프라이버시와 같은 개인의 자유와 관련된 수많은 권리를 지니고 있음을 의미한다. 이러한 자유에 관한 권리들은 근본적인 것이다. 왜냐하면, 이를 통해 인간은 정부나 다른 사람의 가치와 욕구가 아닌 자기 자신의 가치와 욕구를 최대한 반영하고 있는 자기 자신의 고유한 삶의 계획을 펼칠 수 있기 때문이다. 만일 누군가가 어떠한 프라이버시도 지닐 수 없다면, 자신의 종교를 지닐 수 없다면, 혹은 자유롭게 말할 수 없다면 그는 자신의 삶을 펼쳐나가는 데 필요한 가장 기본적인 요소들 중의 일부를 결여하고 있는 것이다.

개인의 자율성이라는 이상은 오래 전부터 인간의 번영과 자기 발전에 근본적인 것으로 옹호되어 왔다(예를 들면 Dworkin, 1988 ; Hill, 1991). 개인의 자율성은 종종 자치(self-governance), 즉 자기 자신의 목표와 가치를 설정할 수 있는 능력, 그리고 이러한 목표들을 성취하고 이러한 가치들을 증진시키는 데 도움이 된다고 믿고 있는 방식으로 행동할 수 있는 자유를 지닐 수 있는 능력이라고 정의된다. 그와 같은 자치는 자아실현에 필수적인 것이기 때문에 개인의 자율성은 종종 중요한 것으로 옹호된다. 자기 스스로 의미 있고 충만한 삶을 영위하기 위해 서는 반드시 필요한 것이 자유이다. 게다가 드워킨(Dworkin)이 지적한 바와 같이 개인의 자율성은 평등한 인간이라는 개념에 있어 필수적 인 것이다. 만일 어떤 사람들이 자율적이지 못하다면 이들은 개개의 선호를 반영하는 도덕원리들에 동등하게 참여할 수 없으며, 그에 따 라 도덕적 삶에 있어서 동등해질 수 없다(1988 : 30–31).

컴퓨터 시스템과 자율성에 대한 탐색적 연구는 컴퓨터 시스템과 그 사용이 그 시스템을 사용하는 사람이나 제3자의 자율성 혹은 자유 에 어떠한 영향을 미치는가를 연구한다. 이러한 연구 속에는 컴퓨터 시스템이 사용자를 구속하고 그 시스템을 설치할 때 (컴퓨터 시스템 자 체, 시스템 운영자, 관리자 등에) 의존하게 만드는 방식에 대한 연구가 포 함된다. 그리고 개인이 특정한 정보를 습득, 소유 또는 분배할 수 있 는 자유인 정보의 자유에 대한 제약에 관한 연구도 포함된다. 또한 컴 퓨터 시스템과 자율성에 관한 연구는 개인의 자율성에 국한될 필요 가 없다. 독립 혹은 주권이라 불리는 조직과 국가의 자율성 또한 널리 공유되고 있는 도덕목표이며, 주권에 대해 컴퓨터 기술이 지니는 함 의 또한 의미 있는 연구주제가 된다.

3. 민주주의

민주주의(democracy)에 대한 다양한 개념이 존재하고 있지만 민주 주의는 '국민에 의한 통치'라는 생각은 널리 수용되고 있으며, 또한 이러한 생각 속에는 모든 구성원들이 자신의 이익이 반영되도록 영향력을 행사할 기회를 제공하는 정치적 의사결정 과정을 갖고 있음이 함축되어 있다. 이것이 의미하는 바는 정치권력이 국민에 의해 권한을 부여받지 않은 개인이나 조직에 집중되는 것이 아니라 사회의 모든 구성원에게 적절하게 배분된다는 것을 의미한다.

비록 민주주의라는 가치가 정의와 자율성의 가치와 관련되고는 있지만 일반적으로 별개의 가치로 간주되며, 따라서 컴퓨터 시스템과 민주주의에 관한 탐색적 연구도 별도의 연구가 될 수 있는 것이다(cf. Sclove, 1995). 이러한 연구들은 특정한 컴퓨터 기술이나 이의 적용이 사회나 조직에 있어서 민주적 역량의 손실 혹은 추가와 같은 정치권력의 재분배에 영향을 미치는지의 여부를 분석한다. 정보의 소유와 통제는 사회에 있어 정치권력의 중요한 원천이 되기 때문에 사회나 조직에서 누가 정보와 커뮤니케이션 과정을 통제하는가 하는 문제는 특히 중요하다.

4. 프라이버시

프라이버시(privacy)는 종종 자율성의 한 측면으로 간주된다. 그러나 컴퓨터 기술과 관련하여 그것이 가지는 중요성 때문에 독립적으로 다루어야 할 필요가 있다. 프라이버시는 타인에 대한 자신의 노출을 통제할 수 있도록 허용된 자유이다. 통상적인 구분은 **관계** 프라이버시와 **정보** 프라이버시이다. 관계 프라이버시는 자신 주변의 사람들과 환경에 대한 통제로 타인에 의한 감시나 간섭 없이 혼자 있을 수 있는 자유와 관련된다. 정보 프라이버시는 원문, 사진, 기록 등과 같은 개인적인 정보의 통제를 말한다. 컴퓨터 시스템과 프라이버시에 관한 탐색적 연구는 컴퓨터 시스템과 그 적용이 관계, 그리고 정보 프라이버시에 대해 갖는 함축적 의미를 분석한다.

컴퓨터윤리에 있어 탐색적 연구의 출발점으로 간주되는 위의 네 가치들은 결코 일련의 도덕가치들을 소진시키지 않는다. 어떠한 사회적 합의도 존재하지 않는 가치들을(예를 들어, 특정 종교나 문화적 가치들) 포함해서 다른 가치들 또한 출발점으로 간주될 수 있다. 특히 컴퓨터 기술이 삶의 질이나 사회의 질이라는 일반적인 측면에 어느 정도의 영향을 미치는가에 대해 연구해 볼 필요가 있다(Brey, 1997).

컴퓨터 기술에 관한 탐색적 연구가 윤리 연구로서의 가치를 인정받기 위해서는 위에서 논의한 것과 같은 도덕적 가치들에 분석의 초점이 분명하게 맞추어져야 할 필요가 있다. 컴퓨터 기술이 재화와 권력의 분배에 영향을 미치는 방식에 대한 단순한 조사 그 자체는, 설사 그것이 도덕적인 문제에 대한 관심에서 시작되었다 하더라도 분명한 규범적인 주제의식이 결여되어 있기 때문에 윤리 연구가 되지 못한다.

Ⅳ. 다차원적이고 학제적인 연구의 필요성

탐색적 컴퓨터윤리는 다차원적이고 학제적인 접근법을 필요로 한다. 다양한 단계 혹은 수준에서 연구가 이루어진다는 의미에서 다차원적이다. 다음의 세 가지 수준을 구분할 수 있다. 첫째로, 탐색적 컴퓨터윤리 연구가 이루어지는 맨 처음 단계로 **탐색적 수준**이 있다. 이 단계에서는 특정한 형태의 컴퓨터 시스템이나 소프트웨어를 프라이버시나 정의와 같은 관련되는 도덕적 가치의 관점에서 분석한다.

둘째로, 도덕이론이 개발되고 정의되는 **이론적 수준**이 있다. 무어(J. Moor, 1985)가 지적했듯이 새로운 컴퓨터 기술로 인해 변화된 상황과 관행으로 인해 새로운 가치들이 만들어질 뿐만 아니라 기존 가치들에 대한 재검토가 불가피해진다. 또한 새로운 상황과 관행 속에서 함께 존재할 때 갑자기 서로 충돌하는 가치들로 인해 새로운 도덕적 딜레마가 존재할 수도 있다. 그럴 경우 기존의 도덕이론이 이러한 가치들과 가치갈등 상황을 적절하게 설명하지 못하고 있다는 생각이 들수도 있다. 예를 들어, 이제 프라이버시 문제는 많은 컴퓨터윤리 연구자들에 의해 도덕이론에 있어 과거보다 훨씬 더 많은 관심이 필요한 문제로 인식되고 있다. 이는 부분적으로는 컴퓨터 기술의 사용으로 인한 사적인 영역과 공적인 영역에 대한 재개념화에 따른 것으로, 프라이버시에 대한 기존의 도덕이론이 부적절함을 보여주는 것이다. 그러므로 컴퓨터윤리학자들이 프라이버시에 관한 도덕이론을 개발하기 위해 노력하는 것은 당연한 일이다. 일반적으로 컴퓨터 기술과 관련된 새로운 관행들로 인해 나타난 새로운 요구에 비추어 볼 때, 기존의 도덕이론이 불충분하거나 부적절할 경우 기존 도덕이론을 수정하고 더욱 발전시키는 것은 컴퓨터윤리 과제 중의 일부이다.

셋째로, 탐색적 수준에서 이루어진 연구결과에 대해 구체성과 특수성의 다양한 수준에 근거하여 도덕이론을 적용하는 **응용적 수준**이 있다. 예를 들어, 소프트웨어 개발자는 자신의 프로그램에 대한 복제 행위에 대해 어느 정도로 보호받을 수 있는가 하는 문제는 프라이버시에 대한 결과주의 이론 혹은 자연법 이론을 적용함으로써 그 답을 제시할 수 있을 것이다. 또한 시민들이 컴퓨터를 손쉽게 사용할 수 있도록 도와주기 위해 정부는 어떤 행동을 취해야 하는가 하는 문제는 롤즈의 정의원칙들을 적용함으로써 답할 수 있을 것이다.[2) 응용적 수준은 도덕적 심사숙고가 이루어지는 단계이다. 대개 여기에서는 기존의 도덕규칙들을 단순히 적용하는 것이 아니라 도덕이론, 도덕적 판단이나 직관, 그리고 배후 사실이나 이론에 대한 종합적인 고려가 이루어진다.

이론적 수준에서의 컴퓨터윤리 연구는 단지 철학적 전문지식을 필요로 하고 또한 철학자에 의해 수행되지만 탐색적 수준과 응응적 수준에서의 연구는 그렇지 않다. 탐색적 수준에서의 연구는 종종 연구대상이 되는 시스템이나 관행이 갖는 기술적 측면에 대한 포괄적인 지식을 필요로 하며, 또한 시스템의 기능이 인간의 행동, 규칙 그리고 제도에 따라 달라지는 방식을 분석하기 위해서는 사회과학적 전문지식을 필요로 한다. 따라서 이상적으로는 탐색적 수준의 연구는 컴퓨터과학자, 사회과학자 그리고 철학자들 간의 일종의 협동적 연구가 되어야 한다. 그렇지 않다면 최소한 적절한 학제적 배경지식을 지닌 연구자에 의해 수행되어야만 한다.

도덕이론의 응용(예를 들면, 도덕적 판단에 필요한 도덕원리의 신중한 고려)은 대부분 철학적 전문지식에 의존하고 있기 때문에 응용적 수준의 연구는 철학자의 몫이라고 말할 수도 있다(Van Den Hoven, 1997).

---

2) 좀 더 자세한 논의는 Van den Hoven(1997)을 참조하라. 그는 도덕이론을 응용윤리에 적용하기 위한 모델에 관해 논의한다.

그러나 설사 도덕적 판단과 경험적 사실, 과학적 주장, 그리고 기타 적절한 정보에 부합되는 도덕이론을 적용하는 것이 대부분 철학적 전문지식에 근거하는 행동이라고 할지라도 이러한 과제에 있어 처리되어야만 하는 정보의 상당 부분은 비철학적인 종류의 것이다. 그러므로 이러한 행동에 참여하고 있는 철학자들은 도덕적 판단을 내려야 하는 기술이나 관행이 지닌 사회적 · 법적 · 기술적 측면에 대하여 보다 확실하게 이해하고 있거나 또는 이 분야의 전문가들과 함께 연구해야만 한다.

V. 결론

탐색적 컴퓨터윤리는 응용윤리의 전통적 접근법들과는 다른 컴퓨터윤리가 필요로 하는 접근법을 제공해 주고 있다. 응용윤리의 전통적인 접근법들은 대개 도덕적으로 논쟁이 되는 관행에 초점을 두고있으며, 기술 시스템과 관행에 내재되어 있는 규범성은 간과하고 있다. 또한 아직도 도덕이론의 구성과 적용에 주로 관심을 갖고 있다. 앞서 강조된 바와 같이 탐색적 컴퓨터윤리는 이론에 이끌리지 않으며, 다차원적이고 학제적이며, 또한 네 개의 핵심 가치들에 초점을 맞춘다 : 정의, 자율성, 민주주의, 그리고 프라이버시. 이러한 탐색적 방법은 기술이 중요한 역할을 수행하고 있는 응용윤리의 다른 분야에서도 일반화될 수 있을 것이다.

참고문헌

Agre, R. and Mailloux, C. (1997) Social Choice about Privacy : Intelligent Vehicle—
 Highway Systems in the United States, in *Human Values and the Design of Computer
 Technology* (ed. B. Friedman), Cambridge University Press, Cambridge.

Akrich, M. (1992) The description of technical objects, in *Shaping Technology/Build-
 ing Society : Studies in Sociotechnical Change* (eds. W. Bijker, and J. Law), MIT
 Press, Cambridge, MA.

Berlin, I. (1969) *Four Essays on Liberty.* Oxford University Press, Oxford.

Blanchette, J. (1998) On the Social Discourse of Crytology. Paper presented at
 CEPE98, London School of Economics and Political Science, 14—15 December.

Brey, P. (1997) New Media and the Quality of Life, *Techne, Society for Philosophy and
 Technology Quarterly* 3 : 1, 1—23.

Brey, P. (1998) The Politics of Computer Systems and the Ethics of Design, in *Com-
 puter Ethics : Philosophical Enquiry* (ed. J. van den Hoven), Rotterdam University
 Press, Rotterdam.

Brey, P. (1999) Worker Autonomy and the Drama of Digital Networks in Organi-
 zations, *Journal of Business Ethics* 22 : 1, 15—25.

Dworkin, G. (1998) *The Theory and Practice of Autonomy,* Cambridge University Press,
 Cambridge.

Feenberg, A. (1999) *Questioning Technology.* Routledge, London and New York.

Friedman, B. and Nissenbaum, H. (1997) Bias in Computer Systems, in *Human
 Values and the Design of Computer Technology* (ed. B. Friedman), Cambridge
 University Press, Cambridge.

Hill, T. (1991) *Autonomy and Self—Respect.* Cambridge University Press.

Hoven, J. van den (1997) Computer Ethics and Moral Methodology. *Metaphilosophy*

28 : 3, 234−248.

Introna, L. and Nissenbaum, H. (2000) The Public Good Vision of the Internet and The Politics of Search Engine, *Preferred Placement. Knowledge Politics on the Web* (ed. R. Rogers), Jan van Eyck Akademie Editions, Maastricht.

Johnson, D. (1997) Is the Global Information Infrastructure a Democratic Technology? *Computer & Society* 27 : 20−26.

Moor, J. (1985) What is Computer Ethics? *Metaphilosophy*, 16, 266−275.

Nissenbaum, H. (1998) Can We Protect Privacy in Public? in *Computer Ethics : Philosophical Enquiry* (ed. J. van den Hoven), Rotterdam University Press, Rotterdam.

Pfaffenberger, B. (1992) Technological dramas, *Science, Technology, and Human Values* 17 : 182−312.

Rawls, J. (1971) *A Theory of Justice*, Harvard university Press, Cambridge, MA.

Sclove, R. (1995) *Democracy and Technology*, Guilford Press, New York.

Tavani, H. (1999) Informational Privacy, Data Mining, and the Internet, *Ethics and Information Technology* 1, 137−145.

Winner, L. (1980) Do Artists have Politics? *Daedalus* 109 : 121−136.

5장_ 성별과 컴퓨터윤리

앨리슨 아담^{Alison Adam}

본 논문은 컴퓨터윤리에서 상대적으로 관심이 적은 연구분야인 성
별에 따라 윤리적 결정에 있어 차이가 나타나는지의 문제를 살펴보고
있다. 성별(姓別)과 컴퓨터윤리에 관한 연구에는 두 가지 분야가 있다.
첫 번째는 여성의 컴퓨터 기술 이용에 대한 문제에 초점을 맞추고 있
으며, 두 번째는 정보 · 컴퓨터 기술(Information and Computing Technolo-
gies : ICTs) 과 관련하여 남성과 여성의 윤리적인 의사결정에 있어 차
이가 있는지에 대해 초점을 맞추고 있다. 본 논문은 두 번째 분야를
비판하고 있다. 즉, 이 분야의 연구들은 학생층을 대상으로 조사하고
있고, 결정에 이르는 과정보다는 윤리적 결정이라는 결과를 강조하
고 있으며, 연구방법론에 있어 문제가 있을 뿐만 아니라 이론화가 미

---

* 이 논문은 *Computers and Society*, Vol. 30, No. 4(December) 2000 : 17-24에 게재된 논문
이다. Copyright ⓒ 2000 by Alison Adam. 저작권자의 허락 하에 수록한다.

흡하다. 전통적인 윤리이론들이 대개 성별을 무시하고 있기 때문에 본 논문에서는 이론적인 내용들을 찾을 수 있는 가장 좋은 분야로 여성해방의 윤리라는 측면에서 성별에 기초한 윤리를 제안하고 있다. 성별과 컴퓨터윤리를 남성과 여성의 윤리적 결정들에 관한 통계적 연구로부터 프라이버시와 권력과 같이 성별과 관련된 의미를 함축하고 있는 보다 실질적으로 이론화된 컴퓨터윤리의 연구분야로 더욱 발전시키기 위해 본 논문은 여성해방의 윤리가 관찰과 면접을 강조하는 경험적 연구들과 결합될 수 있는 방법을 살펴보는 것으로 결론을 맺고 있다.

I. 서론

이제까지 컴퓨터윤리에 있어서 성별이라는 주제는 다소 무시되어 왔다. 그럼에도 불구하고 성별 차이가 컴퓨터윤리 문제와 일부 관련된다는 관점을 진지하게 받아들이고 있는 몇몇 연구들이 존재한다. 본 논문은 이러한 연구들에 대한 비판적 검토를 통해 성별과 컴퓨터윤리 연구에 있어 현재의 추세는 다소 문제가 있으며, 통계에 기초한 경험적 연구와 성별과 컴퓨터윤리에 대한 보다 본질적이고 이론적인 이해 간의 균형이 더욱 도움이 될 수 있음을 강조하고 있다. 본 논문에서는 성별과 컴퓨터윤리에 관한 두 가지 연구경향을 구분하고 있다. 첫 번째는 여성의 컴퓨터 기술 이용에 대한 문제에 초점을 맞추고 있으며, 두 번째는 정보·컴퓨터 기술(ICTs)과 관련하여 남성과 여성의 윤리적인 의사결정에 있어 차이가 있는지에 대해 초점을 맞추고 있다. 본 논문은 후자와 관련해서 조사를 학생층에 한정하는 것은 문제가 있으며, 그러한 연구들은 윤리적 결정에 이르는 과정보다는 그러한 윤리적 결정의 결과를 강조하고, 종종 정보·컴퓨터 기술과 관련된 많은 연구들이 겪는 질적/양적 논쟁에 휘말리고 있으며, 또한 대부분의 경우 이론화가 미흡함을 강조하고 있다.

컴퓨터윤리 연구는 항상 경험적 연구와 이론 간의 적절한 균형을 유지해야만 한다 할지라도 성별과 컴퓨터윤리 연구는 보다 본질적인 이론화가 거의 이루어지지 않고 있는 실정이다. 전통적인 윤리이론들이 대개 성별을 무시하고 있기 때문에 본 논문에서는 이론적인 내용들을 찾을 수 있는 가장 좋은 분야로 여성해방의 윤리라는 측면에서 성별에 기초한 윤리를 제안하고 있다. 여성해방 윤리는 여성해방 철학에 있어서 괄목할 만한 성장을 해왔으며, 그에 따라 단지 성별과 컴퓨터윤리 문제에 국한되지 않고 공리주의, 칸트 윤리, 혹은 덕윤리에서 유래된 보다 전통적인 접근법들과 어깨를 나란히 하는 컴퓨터윤리의 대안적 윤리로서 상당한 설명력을 지니고 있다. 여성해방 윤리가 지닌 가능성을 간략하게 기술한 후에 성별과 윤리를 남성과 여성의 윤리적 결정들에 관한 통계적 연구로부터 프라이버시와 권력과 같이 아직 널리 연구되지 않고 있는 성별과 관련된 의미를 지니고 있는 보다 실질적으로 이론화된 컴퓨터윤리 연구분야로 더욱 발전시키기 위해 여성해방의 윤리가 관찰과 면접을 강조하는 경험적 연구들과 결합될 수 있는 방법을 살펴보는 것으로 결론을 맺을 것이다.

Ⅱ. 성별과 컴퓨터윤리 – 장벽과 통로

이 절과 다음 절에서는 성별과 컴퓨터윤리의 최근 연구에 있어 주요한 두 개의 분야를 검토할 것이다. 첫 번째 분야는 장벽과 '통로' (Camp, 1977)에 관한 정보 시스템과 컴퓨터 연구에서 오는 파급효과로 간주될 수 있는 것으로, 이는 성별과 정보 · 컴퓨터 기술의 문제를 여성들의 정보 · 컴퓨터 기술에 대한 접근문제로 보는 경향이 있다. 최근까지 이와 같은 연구는 직장, 교육, 심리학(Brosnan, 1998)의 연구분야와 컴퓨터 학문분야 주변에서(Lovegrove and Segal, 1991 ; Lander and Adam, 1997 ; Grundy, 1996 참조) 보다 실질적으로 나타나고 있다. 그러나 이러한 보편적인 성격의 논문들이 윤리 학술지와 컴퓨터윤리 학술회의에 등장하여 전통적으로 인식되어 왔던 이전의 것과는 다른 방식으로 여성과 컴퓨터 접근/배제의 문제를 하나의 분명한 윤리적 문제로 강조하기 시작하였다(Rogerson and Stack, 1997 ; Panteli and Stack, 1998 ; Turner, 1998 ; Panteli et al, 1999 ; turner, 1999 참조).

성별과 컴퓨터윤리에 관한 이러한 첫 번째 분야의 연구에 대해 장황하게 논평할 생각은 없다. 그러나 낮은 비율의 여성만이 컴퓨터를 사용하는 것과 관련된 연구는 좀 더 심도 있게 핵심 문제에 도전하기보다는 성별과 컴퓨터 문제를 여성에 대한 교육과 사회화, 그리고 설득의 측면에서 특징짓는 전통적인 그리고 자유주의적인 관점을 수용하고 있다는 이유로 과거에 비판을 받았음을 강조하고 싶다(Henwood, 1993). 다른 것은 둘째치고 컴퓨터 산업 조직을 문제삼지 않고 있는 자유주의적인 주장들은 컴퓨터 교육과 직업에 있어 여성의 지위를 개선하는 데 아무런 도움이 되지 않는다. 그러한 관점에 근거한 여성 캠페인은 아무런 효과도 없다. 검토되지 않은 자유주의는 경솔함의 덫이 된다는 것을 강조한다고 해서 앞서 인용한 성별과 컴퓨터윤리 연구가 이로 인해 곤란을 겪는다는 것을 의미하지는 않는다. 재미있는 점은 그러한 연구가 스스로를 윤리연구로 간주하기 시작했기 때문에 자유주의에 대한 비판의 일부를 벗어나고 있다는 것이다. 여성과 컴퓨터 문제가 새로운 것은 아니라 할지라도 여전히 문제가 되고 있다. 컴퓨터와 관련하여 수많은 여성들이 낮은 수준에 머물러 있는데, 이는 어떤 이유에서건 여성들이 여전히 보다 나은 급여와 원하는 직장에 취업하지 못하고 있음을 의미하는 것으로 해결해야 할 문제인 것이다. 이 문제를 접근의 문제가 아닌 윤리적 문제로서 보는 것은, 이 주제를 여성들이 자신들에게 주어진 기회를 잡지 못하는 이유가 무엇인가에 관한 문제가 아니라 배제라는 윤리적이고 정치적인 문제로 간주하는 것이다. 다시 말해서, 변화의 책임을 기회를 잡는 데 실패한 여성들 자신에게 돌리는 것이 아니라 배타적인 관행을 재고하고 변화시키는 데 실패한 컴퓨터 산업에 돌리는 것이다. 다른 무엇보다도 이러한 연구가 일깨워 주고 있는 바는 여성들의 경우 지난 20여 년간 컴퓨터 산업에 있어 거의 아무런 변화가 없었다는 것이다.

Ⅲ. 성별과 컴퓨터윤리-남성과 여성의 도덕적 의사결정

성별과 컴퓨터윤리에 관한 두 번째 연구분야는 전체적으로 컴퓨터 윤리와 관련된 관심사에, 말하자면 컴퓨터윤리와 관련하여 남성과 여성의 윤리적 의사결정에 있어 차이가 존재하는가의 문제에 초점을 맞추고 있다(Mason and Murdrack, 1996 ; MacDonald and Pak, 1996 ; Khazanchi, 1995 ; Kreie and Cronan, 1998 ; Bissett and Shipton, 1999 ; Escribano et al., 1999). 개괄적으로 말하자면, 이러한 연구들이 사용하는 연구방법론은 다음과 같은 특징을 지닌다. 설문지를 통해 연구 모집단(이 경우에는 모집단이 항상 학생)을 조사하며, 일련의 질문에 대하여 등급별 응답을 유도한다. 응답은 대개 예/아니오 혹은 리커트(Likert) 척도에 따라 평가된다. 그리고 나서 결과들에 대한 (일부는 백분율을 사용하지만, 대부분의 경우보다 정교한 통계방법을 사용하는) 양적인 분석이 이루어진다 : 여기에는 다양한 윤리적 변수들의 추출과 피조사자의 응답에 대한 평가가 포함된다. 그런 후에 분석은 양적인 측정으로부터 질적인 결론으로, 즉 어떤 경우에는 컴퓨터윤리 문제와 관련하여 여성이 남성보다 더 윤리적이고 다른 경우에는 별다른 차이가 없다는 결론으로 귀결된다. 흥미로운 점은 이러한 연구 중에서 남성이 여성보다 더 윤리적이라는 점을 보여주는 연구는 하나도 없다는 것이다. 가끔 이러한 결과들은 이론적으로 여성해방의 윤리에 있어 가장 유명한 연구인 길리간(Gilligan, 1982)의 '다른 목소리로' 와 관련되고 있지만(Bissett and Shipton, 1999 ; Mason and Mudrack, 1996 ; McDonald and Pak, 1996), 다른 것들은 설명과 관련하여 여성해방이나 성별에 기초한 윤리를 전혀 사용하지 않고 있다(Kreie and Cronan, 1998). 이러한 연구들은 좀 더 자세히 설명할 필요가 있다.

컴퓨터 기술과 관련된 많은 의사결정은 작업현장에서 이루어진다. 그러므로 설사 정보·컴퓨터 기술 그 자체가 주된 관심사항이 아니라 할지라도 경영윤리 내의 성별 연구와 정보 시스템은 관련이 있다. 따라서 여기서 간략하게 제시되고 있는 처음 세 개의 연구들은 성별과 관련된 보다 일반적인 경영윤리 의사결정을 다루고 있다. 이 연구들은 밑에서 보다 자세하게 기술하고 있는 컴퓨터윤리 연구들과 양식이나 내용에 있어서 매우 유사하다. 본 논문에서는 이러한 연구들을 통해 사용되고 있는 연구방법론의 특징을 명확히 하고, 윤리적 의사결정에 있어 성별의 중요성에 관한 연구결과들이 매우 부정확하다는 것을 논증하며, 또한 이러한 방법론에 대하여 비판하고자 한다.

메이슨과 머드랙(Mason and Mudrack, 1996)은 강의실 내에서 경영학과 학부생과 대학원생을 대상으로 한 설문조사를 통해 일련의 윤리적 변수들과는 대비되는 성별 사회화와 직업 사회화에 관한 이론을 검증하였다. 성별 사회화 이론은 피조사자의 고용상태와 상관없이 윤리적 변수들의 차이를 강조한다. 반면에, 직업 사회화 이론은 피고용인들은 일반적으로 유사하며 윤리적 의사결정에 있어 성별 차이는 나타나지 않음을 함축하고 있다. 따라서 첫 번째 이론은 성별에 따른 윤리적 차이를 강조하는 반면, 두 번째 이론은 직업적 경험이 사회화된 성적 지위보다 우선시되는 경향이 있으며, 남성과 여성은 작업현장에서 유사한 윤리적 선호를 지니고 있음을 강조한다. 메이슨과 머드랙은 경영윤리 연구에 있어 흔히 사용되는 척도의 특이성을 잘 알고 있기 때문에 응답들을 프뢰리흐와 코트케(Froelich and Kottke, 1991)의 표준윤리척도와는 다른 척도에 따라 평가하였다. 결과에 대한 분석에는 표준통계척도가 사용되었다. 그들의 연구결과는 어느 이론과도 부합되지 않았다. "비록 정식으로 고용되지 않은 개인들에게 있어서는 어떠한 중요한 성별 차이점도 나타나지 않았지만 여성직원과 남성직원 간에는 중요한 차이점이 나타나고 있으며, 남성에 비해 여성이 '더욱 윤리적'이다"(Mason and Mudrack, 1996 : 599). 연구자들은 취업상태에 있는 학생들을 대상으로 하였다는 점을 설명하고 있으며, 이러한 점으로 인해 자신들의 연구결과가 보다 일반적인 모집단에 비해 좀 더 동질적일 수 있음을 강조하였다.

맥도날드와 팩(McDonald and Pak, 1996)은 캐나다, 말레이시아, 뉴질랜드 그리고 홍콩의 기업경영자와 MBA 학생들을 대상으로 (우편으로 그리고 직접 배포된 설문을 통해) 윤리적 의사결정에 있어서 성별 차이점뿐만 아니라 문화적인, 그리고 조직상의 차이점을 연구하였다. 이들은 의사결정 과정에 초점을 맞추고 있으며, 이와 관련되는 인지과정에 관한 연구가 거의 없었음을 강조하였다. 윤리적 분석틀에 관한 문헌들을 토대로 이들은 자기 이익, 공리주의, 의무, 정의, 종교적 신념 등과 같은 자신들이 생각해낸 일련의 윤리적 요소들을 담고 있는 분석틀을 창안해냈다. 이러한 요소들을 조사하기 위한 일련의 윤리적인 설문들이 만들어졌으며, 피조사자들로 하여금 주어진 설문에 대해 동의 혹은 동의하지 않음을 5단계 리커트 척도에 따라 표시하게 하였다. 그 결과는 통계적으로 분석되었으며, 윤리적인 사업상의 결정과 관련하여 남녀 기업경영자 사이에는 어떠한 중요한 차이점도 나타나지 않음을 확인했다는 점에서 메이슨과 머드랙(1996)의 연구결과와는 정반대의 결과를 보여주었다. 그러나 국가별 분석에서는 각 문화적 상황에 따라 사용된 윤리적 분석틀에 있어 보다 분명한 차이들이 나타났다.

레이스와 미트라(Reiss and Mitra, 1998)는 리커트 척도로 만들어진 설문지를 한번 더 사용하여 대학생들의 윤리적 신념에 대해 조사하였다. 이들은 학생들로 하여금 다양한 행동들에 대해 매우 수용 가능한 것에서부터 매우 수용 불가능한 것에 이르기까지 5단계로 평가하게 하였다. 레이스와 미트라(1998, 1983)는 과거의 연구들이 여성이 보다 윤리적이라는 연구결과와 성별 차이가 없다는 연구결과로 명확히 구분되고 있다고 주장하였다. 분명한 사실은 어떠한 연구도 경영윤리에 있어 남성이 여성에 비해 보다 윤리적이라는 결과를 보여주지 않는다는 점이다. 레이스와 미트라는 자신들의 조사결과를 통계적으로 분석하여 여성에 비해 남성이 윤리적으로 모호한 행위들을 더욱 잘 수용하는 경향이 있다는 가설을 부분적으로 검증하였다.

카잔키(Khazanchi, 1996), 크레이에와 크로난(Kreie and Cronan, 1998)의 연구를 분석해 봄으로써 보다 구체적으로 컴퓨터윤리에 초점을 맞추어 보자. 카잔키의 목적은 성별 차이가 정보기술의 사용과 발전에 있어 개인이 비윤리적 행위를 인식하는 수준에 있어 영향을 미치는지를 알아보는 데 있었다. 이러한 목적을 위해서 경영학을 전공하는 학부생과 대학원생을 대상으로 7개의 윤리적 항목에 대한 표본조사가 이루어졌으며, 이들 항목에 대해 비윤리성의 정도를 표기하도록 하였다. 이러한 항목들은 폭로, 사회적 의무, 청렴, 이해관계의 갈등, 책임, 프라이버시의 보호, 그리고 사적인 행위와 관련해서 정보 시스템 전문가들의 윤리적 책임의 범주를 반영한 것으로 파커(Parker, 1980)의 이

전 연구에서 추출해낸 것들이다. 피조사자들로 하여금 각 항목에 있어 1 = "결코 비윤리적이지 않은"에서 7 = "완전히 비윤리적인"에 이르는 7단계 리커트 척도에 따라 비윤리적인 행동을 표기하도록 하였다. 그리고 나서 카잔키는 비윤리성의 합산점수를 추출하여 이를 성별과 연결시켰다. 학생을 조사대상으로 하는 데서 오는 외적 타당성에 대한 우려에도 불구하고 그는 이 조사를 통해 모든 항목에 걸쳐 비윤리적인 것을 식별하는 데 있어 여성이 시종일관 남성보다 뛰어나다는 것을 발견하였다. "이 연구는 정보 시스템 딜레마를 포함한 비윤리적인 행위들을 인식하는 (그리고 궁극적으로 이에 대항하는) 능력은 부분적으로 윤리적 딜레마의 성격과 판단을 내리는 사람의 성별 차이에 근거하고 있음을 보여주고 있다. 이러한 결과를 통해 경영정보 시스템 분야의 미래 지도자나 경영자의 윤리적 판단에 있어 성별 차이에 대해 알 수 있다"(Khazanchi, 1996 : 744).

비셋과 쉽톤(Bisset and Shipton, 1999)이 파트타임으로 공부하고 있는 정보기술 전문가들을 대상으로 실시한 설문조사는 일련의 항목들을 사용하여 응답자들로 하여금 유사한 행위를 수행할 것인지를 "항상 수행"에서 "절대 수행하지 않음"에 이르는 척도에 따라 표기하게 하였다. 그들은 이 조사를 통해 타인의 감정을 배려하는 경향과 여성 사이에는 작은 상관관계가 있음을 발견하였다. 이와는 대조적으로 에스크리바노, 페나, 그리고 엑스트리메라(Escribano, Pena, and Extremera, 1999)가 대학생들을 대상으로 실시한 조사는 일련의 질문에 대해 예/아니오의 응답을 하게 하였다. 그들은 이 조사를 통해 남성 응답자에 비해 여성 응답자들이 정보기술을 덜 사용한다는 사실에도 불구하고 여성들이 그러한 기술의 윤리적인 측면에 대해 남성보다 더욱 많은 관심을 지니고 있음을 발견하였다.

아마도 성별과 컴퓨터윤리에 관한 가장 두드러진 최근의 연구는 크레이에와 크로난(Kreie and Cronan, 1998)의 연구일 것이다. 이들은 일련의 컴퓨터윤리 사례들과 관련하여 남성과 여성의 도덕적 의사결정을 조사하였다. 그 사례들은 대체로 노골적으로 범죄적인 것은 아니었지만, 민감한 자료를 보거나 전자복사를 하는 것처럼 대규모 컴퓨터 시스템과 네트워크가 지배하는 작업현장에서 우리가 흔히 맞이하는 상황을 반영하고 있었다. 이 조사에 있어 주요 연구방법은 응답자로 하여금 사회적·개인적·전문적·법적 신념체계와 같은 일련의 중요한 환경적 요소들에 대해 자신의 생각을 표기하도록 하는 것이었다. 이에 덧붙여 소위 '개인적 가치들'이라고 불리는 것들도 있다. 연구자들은 이러한 요소들을 윤리적 의사결정에 영향을 미치는 것으로 간주하였다. 다시 한 번 학생 모집단을 대상으로 주어진 항목에 묘사된 행위가 수용될 수 있는지 아니면 수용될 수 없는지를 평가하도록 하는 조사가 이루어졌다.

조사가 끝난 후 학생들과의 토론 중의 일부는 다양한 항목에 대한 판단을 설명하는 데 도움이 되었다. 또한 응답자들에게 올바른 행위를 수행해야 할 자신들의 도덕적 의무에 관하여, 그리고 벌금이나 비난과 같은 부정적인 결과에 대한 지식이 무엇을 해야만 하는지 혹은 해서는 안 되는지에 대해 영향을 주는가의 여부에 관하여 질문을 하였다. 각 항목에 있어서 응답자들에게 어떤 가치들이(예를 들어, 개인적·사회적·환경적 가치 등등) 자신들의 의사결정에 가장 영향을 미치고 있는지에 관해 질문을 하였다. 연구자들의 결론은 대부분의 사람들이 자신들의 개인적 가치에 많은 영향을 받고 있다는 것이다. 크레이에와 크로난(1998 : 76)은 다음과 같이 결론을 내리고 있다 : "윤리적 행위와 비윤리적 행위를 평가함에 있어 남성과 여성은 확연히 다르다. 모든 항목에 있어 남성은 어떤 행위를 비윤리적인 것으로 간주하는 경향이 적었다. 더군다나 남성들의 판단은 대부분 자신들이 지닌 개인적 가치와 그 행위가 합법적인가 하는 단 하나의 환경적 기준에 따라 이루어졌다. 여성들은 판단을 내림에 있어 보다 보수적이었으며, 개인적 가치뿐만 아니라 환경적인 기준을 보다 많이 참고하였다." 이러한 결과가 갖는 정책적 함의와 관련하여 크레이에와 크로난(*ibid.*)은 다음과 같이 제안하고 있다 : "경영자의 관점에서 볼 때 남성들에게는 합법적(혹은 불법적)인 것에 대한 진술을 통해 보다 효과적으로 영향을 미칠 수 있다. 여성들에게는 수동적 억제(용납할 수 없는 윤리적 행위에 대한 정책설명과 인식훈련)를 통해 효과적으로 영향을 미칠 수 있다."

Ⅳ. 성별과 컴퓨터윤리 연구에 대한 비판

지금까지 성별과 경영윤리, 그리고 성별과 컴퓨터윤리에 관한 많은 경험적 연구들을 기술하였다. 이제 이러한 연구들이 지닌 여러 측면들에 대한 검토를 통해 일부 문제가 있음을 살펴보기로 하자. 다음과 같은 소제목을 통해 기술된다 : 학생 모집단, 양적 대 질적 연구방법론, 윤리적 결정 대 윤리적 과정, 그리고 적절한 이론의 부재.

1. 학생 모집단

앞서 자세히 설명한 모든 연구에 있어서 조사 모집단은 학생이었
다. 대학 교수로서 가장 다루기 쉬운 대상인 학생들을 활용하고자 하
는 유혹을 뿌리치기란 매우 어려웠을 것이다(Adam and Ofori-Amanfo,
2000). 일부 연구들에 있어서 학생들 또한 직장에 다니거나 혹은 직장
에 다닌 경험을 갖고 있었음이 분명하고, 이 점은 여전히 문제가 되고
있다. 이는 메이슨과 머드랙(1996)이 주장하듯이 수집된 결과에 있어
어떤 동질성을 갖게 해주기 때문에 문제가 되는 것은 아니다. 보다 중
요한 것은, 학생과 교수 간에 드러나지 않는 권력관계 변수가 존재하
고 있으며, 이러한 연구들 중 그 어느 것도 이를 분명히 하지 않고 있
다는 점이다. 학생과 교수는, 예를 들어 연구자와 국민의 한 사람과
같은 관계가 될 수 없다. 이러한 점 때문에 이제까지 거의 관심을 받지
못했던 컴퓨터윤리에 있어서 권력관계에 보다 많은 주의를 기울일
필요가 있다(Adam and Ofori-Amanfo, 2000).

2. 양적 대 질적 연구방법론

통계적으로 중요한 의미를 찾아내기 위해 양적인 분석이 가능한
이분법적 혹은 5단계 내지 7단계의 리커트 척도에 근거한 설문조사
방법을 사용하고 있다는 점에서 앞서 설명한 모든 연구들은 그 접근
방식에 있어 유사하다고 할 수 있다. 논의된 수많은 연구들은 단일 학

술지(*Journal of Business Ethics*)에 게재된 것이며, 학술지들은 대개 드러나지는 않지만 선호하는 양식을 갖고 있다. 그것과는 별개로 흥미로운 점은 연구자들이 통계에 기초한 설문지법을 지나치게 무비판적으로 사용하고 있다는 사실이다. 그와 같은 접근법은 수많은 문제점을 지닌다. 오직 비셋과 쉽톤(Bisset and Shipton, 1999)의 논문만이 유일하게 사람들이 자신들이 행하고 있다고 말하는 것과 실제 생활에서 그들이 행하고 있는 것이 과연 같은지에 대한 문제를 지적하고 있다. 응답자에게 잠재적으로 비도덕적인, 혹은 심지어 불법적인 방식으로 행동할 것인지를 분명하게 물어보고 있기 때문에 이는 현재의 연구들에 있어 더욱 문제가 될 수 있다. 다시 말해 응답자들은 결코 중립적이지 않은 범주들 중에서 선택하는 것이 아니다. 자기 자신의 실제 생활에서의 모습에 비해 설문지에서는 더욱 도덕적으로 스스로를 평가하고자 하는 것은 자연스런 현상이다.

이는 모든 사회연구에 있어 나타나는 현상이다. 그럼에도 불구하고 이는 간과되어서는 안 되며, 다른 적절한 연구방법에 대해 고려할 필요가 있음을 보여주고 있다.

또한 숫자로 표현된 척도에 대한 응답이 실제로 무엇을 의미하는지, 그리고 7단계 척도에 있어 각 단계의 간격에 대해 항목들은 신뢰성 있는 의미를 부여하고 있는지에 관하여 의문이 존재한다. 1 = "절대 비윤리적이지 않은"과 "절대적으로 윤리적인"은 동일한 것인가 아닌가, 또는 이것이 2 = "그렇게 절대적으로 비윤리적이지 않은"과는 다른 것인가?

흥미로운 점은 이러한 연구에 있어 그 어떤 연구자도 면접법이나 또는 참여관찰과 같은 민속학적 방법을 제안하지 않았다는 사실이다

(Forsythe 1993a, 1993b 참조). 참여관찰은 종종 연구 중인 문화 속에서 오랜 기간의 참여관찰을 필요로 한다. 관찰자는 그 문화의 일부가 되어 그 문화에 참여한다. 그러나 이와 동시에 관찰자는 연구 중인 문화에 대해 일정 거리를 유지해야만 하며, 그렇지 못할 경우 관찰자는 분석되고 명확해질 필요가 있는 문화의 일부 측면들을 당연한 것으로 생각하게 될 것이다. 컴퓨터윤리에 있어 참여관찰의 가능성은 공교롭게도 윤리적 추론의 입증능력에 달려 있다. 설문지가 요구하는 즉각적인 예/아니오 결정과 비교해 볼 때 이는 훨씬 더 복잡하고 불명료한 구조를 지닌 과정이며, 심한 경우 단 하나의 결정조차도 내리지 못할 수 있다.

인터뷰와 참여관찰은 많은 시간이 소요되는 기법일 뿐만 아니라, 그 결과를 숫자의 형태로 표현하기가 어렵다는 주장이 제기될 수 있다. 설문지는 숫자로 표현되도록 만들어질 수 있기 때문에 최초에 제기된 질적인 가정들이 갖는 타당성이 어떠하든 간에 통계적으로 처리될 수 있다. 적은 수(일부 연구들의 응답자는 200명 미만이다)를 가지고 일반화시키는 것 또한 문제가 될 수 있다.

질적인 요소들을 양적으로 분석하는 데 있어 앞서 기술한 연구들은 여러 면에서 비판을 받고 있는 보편적인 가정, 즉 객관적 수량화가 가능하며, 이러한 수량화는 수학적 표현에서 사용되는 수와 마찬가지로 어떻게든 계산되어 사용될 수 있다는 가정에 희생되고 있다 (Adam, 1998). 실제로 크레이에와 크로난(1998)의 연구에는 다음과 같은 추가적인 가정이 전제되어 있다. 즉, 사회적·심리학적·종교적 신념과 같은 것으로부터 우리의 신념들을 분리해내서 평가할 수 있다는 가정이 그것이다. 과연 우리는 한 개인의 응답에서 각각의 신념

체계들을 확인하고 이들을 개별적으로 다룰 수 있는가? 그러한 분해
과정이 지닌 타당성의 문제는 별개로 하더라도 연구자들은 통계학이
갖는 확실한 권위 뒤에 숨어서 보다 철저한 개념적 · 이론적 분석을
발전시킬 의지 자체를 사전에 제거해 버리고 있다. 다시 말해 숫자가
이론적 · 개념적 설명을 대체할 수는 없다.

성별과 컴퓨터윤리 분야의 경험적 연구들이 간과하고 있다고 주장
되는 질적/양적 논제는 질적 연구방법론과 양적 연구방법론을 둘러
싸고 벌어지는 보다 큰 논쟁의 한 부분이다. 이 논쟁은 오로지 성별과
컴퓨터윤리 연구에만 적용되는 것이 아니라 보다 일반적으로 정보 시
스템과 경영 연구의 일부가 되고 있다. 오클리(Oakley, 2000)에 따르면,
이는 사회과학에 있어 오랫동안 지속되어 온 논제이다. 그녀는 완전
히 질적인 것은 불가능하기 때문에, 다시 말해 '일부', '좀 더', '덜' 과
같은 표현을 사용하고 있기 때문에 이는 보기와는 달리 그리 명확하
지 않다고 주장한다. 마찬가지로 양이란 것은 어떤 질을 지닌 양이기
때문에 완전히 양적인 것도 불가능하다. 이러한 점에도 불구하고 이
논쟁은 달갑지 않은 양 극단, 즉 일종의 '패러다임 전쟁'을 전제해 오
고 있다(Oakley, 2000 ; 31). 필연적으로 어느 한쪽이 지배하는 경향을 보
이며, 사회과학의 많은 분야에 있어서 훌륭한 연구는 양적 연구의 측
면에서 평가된다.

질적/양적 논쟁은 다소 뒤늦게 경영과 기업관리 분야에 도입되었
고, 또한 두 진영이 각각 '하드'(hard)와 '소프트'(soft)로 간주되고 있
는 정보 시스템 연구에도 도입되어 현재 '하드' 혹은 양적인 것이 지
배적이다(Fitzgerald and Howcroft, 1998). 또한 지리적 차이도 나타나고 있
는데, 질적 접근은 스칸디나비아와 유럽에서 보다 지배적인 반면 양

적 기법은 북미에서 선호되고 있다. 세계적인 출판을 해야 한다는 학자들의 중압감에 비추어 볼 때, 다른 분야와 마찬가지로 컴퓨터윤리 연구에 있어서도 손쉽게 얻어지는 통계조사들이 지배적이라는 점은 다소 놀라운 일이다.

앞서 살펴본 모든 연구들은 통계분석을 사용하고 있다. 설문지를 통해 수집된 윤리적 자료들이 지니는 신뢰성에 비추어 볼 때, 그와 같은 방법을 통해 얻은 결과에 기초하여 내린 결론들을 신중하게 대할 필요가 있다. 이러한 점들을 고려해 볼 때, 경험적인 윤리 연구들은 확신을 갖고 통계적 방법을 사용할 만큼 충분히 성숙된 연구단계에 있지 않다고 생각할 만한 충분한 이유가 있다. 이에 대한 대안들이 존재한다. 도덕적 추론에 관한 길리간(Gilligan, 1982)의 연구는 개념적 분석에 초점을 맞추고 있다. 여기에는 가상적인 윤리적 항목들에 대한 응답자와의 인터뷰가 포함되어 있다. 소년과 소녀의 응답 모두를 분석함으로써 그녀는 이를 윤리적 성숙성에 관한 콜버그(Kohlberg)의 탁월한 설명과 그 대안으로 제시되는 보살핌 윤리의 이론적 입장 모두와 대비시킬 수 있었다. 현재 컴퓨터윤리가 받아들이고 있는 경험적 연구의 단계에서는 보다 개념적인 접근이 단기적으로는 발전할 수 있는 가장 좋은 방법이라고 생각된다.

3. 윤리적 결정 대 윤리적 과정

이 모든 점들이 의미하는 바는 이러한 분야의 경험적 연구가 아직 윤리적 결정이 형성되는 과정을 제대로 이해하지 못하고 있다는 것이다. 결정보다는 과정에 초점을 맞춘다면 전혀 다른 접근방식이라도 상이한 경로를 통해 동일한 결정에 도달할 수 있기 때문에 결정 그 자체는 그리 중요하지 않게 된다. 행위공리주의를 윤리적 상대주의와 유사한 것으로 기술한 존슨(Johnson, 1994)의 경우처럼 컴퓨터윤리 연구자들은 이러한 점을 잘 알고 있다. 또한 결정보다는 과정을 중시한다는 것은 이론화에 대해 좀 더 많은 노력을 기울여야 하며 성별을 단일적이고 비분석적인 변수로 취급하지 말아야 한다는 것을 의미한다. 다른 모든 이유들과는 별개로 바로 이러한 점은 본질주의, 다시 말해 남성과 여성은 본질적이고 확고한 특성을 지니고 있다는 가정을 받아들이고 있다.

설문지법은 앞서 설명한 수량적 분해과정을 통해 결정에 대해 설명하는 경우를 제외하고는 결정이 이루어지는 과정보다는 이미 이루어진 결정에 너무 과도하게 초점을 맞추고 있다. 윤리적 의사결정 과정을 이해하는 방법을 찾아내기란 결코 쉬운 일이 아니다. 이런 점에서 볼 때 앞서 언급된 연구들 중에서 그 어느 것도 그 자료수집 방법의 타당성을 실질적으로 반영하지 못하고 있다. 그러므로 장기적인 측면에서 볼 때, 이 분야에서 실제적인 윤리적 의사결정에 관한 자료를 수집하고자 한다면 보다 인류학적인 방법을, 특히 관찰자가 직접 참여하여 그 문화의 일부가 되는 민속학과 참여관찰의 방식을 사용해야만 할 것이다. 그와 같은 접근방법은 윤리적 결정과정에 대해 설문지 형태의 조사를 통해 얻을 수 있는 것보다 더욱 풍부한 설명을 이끌어낼 가능성이 높다.

4. 이론의 부재

앞의 논의들을 모두 모아보면 결국 컴퓨터윤리에 관한 기존의 경
험적 연구들이 이론화가 되어 있지 않다는 것이다. 이 분야가 너무나
도 단편화되어 있다는 점도 이에 대한 부분적인 이유가 되고 있다. 대
체적으로 여기서 논의된 연구들은 서로에 대해 '알지' 못하고 있는
것 같다. 하나의 연구는 다른 연구의 기초가 되고 있다는 것을 제대로
인식하지 못하고 있다. 이러한 연구가 취약한 이론적 기초를 지니게
된 두 번째 이유는, 검토된 논문들 중 일부는 연구자들이 단지 결론을
내리기 위해 종종 자신들의 연구로부터 이끌어낸 것으로 볼 수 없는
부당한 일반화로 연구를 마무리짓고 있기 때문이다. 예를 들어, 크레
이에와 크로난(1998)은 자신들의 연구를 통해 윤리적 판단에 있어 남
성보다 여성이 더욱 보수적이며, 따라서 여성에게는 비윤리적 행위
에 대한 수동적 억제가 최선이 되는 반면에 남성에게는 보다 본질적
인 윤리적 억제가 필요하다는 결론을 내리고 있다. 왜 보다 윤리적인
행위를 추구하는 여성들의 태도가 그들을 보다 보수적으로 만드는지
그 이유를 알아내기가 쉽지 않다. 이는 연구주제로부터 도출된 것이
아니라 행실이 단정한 여성이라는 고정관념과 '대담한' 행위를 하는
남성이라는 고정관념에 입각한 판단처럼 보인다. 여성해방의 윤리가
강하게 비판하고 있는 것이 바로 이와 같은 고정관념에 입각해 판단
하는 것이다. 이와 유사하게 카잔키(1996)도 여성들이 비윤리적인 행
위를 인식하고 '또한 궁극적으로 저항'하는 데 더 뛰어나다는 결론
을 내리고 있다. 그러나 비윤리적인 행위에 저항하는 능력이 왜 그러

한 행위를 인식하는 능력과 함께 하는지 그 이유는 분명하지 않다. 종종 과자상자에 표기되고 있는 "유혹을 제외하고는 모든 것에 저항할 수 있다"는 문구를 떠올리게 된다. 다시 말하지만 이러한 결론은 "훌륭한" 행위를 하는 여성이라는 성별 고정관념을 반영하고 있다.

그러나 이론화가 취약한 가장 중요한 이유는 이러한 연구들이 여성해방의 윤리 연구에 있어 매우 본질적인 부분과 관련될 뿐만 아니라, 연구결과를 설명하는 데 도움이 될 수 있는 참고문헌을 거의 사용하지 않고 있기 때문이다. 여성해방의 윤리에 있어 최소한의 참고문헌으로서 길리간(Gilligan, 1982)의 『다른 목소리로』(*In A Different Voice*)를 들 수 있다. 위에서 검토해 본 연구 중에서 오직 맥도날드와 팩(1996), 메이슨과 머드랙(1996), 그리고 비셋과 쉽톤(1999)만이 이를 참고하고 있으며, 사실상 이 책은 다른 연구들이 참고하고 있는 유일한 여성해방의 윤리 연구이다.

놀랍게도 크레이에와 크로난(1998)은 길리간은 물론이고 자신들의 연구결과를 설명하는 데 도움이 될 수 있는 여성해방 윤리분야의 많은 저술들 중에서 그 어떤 것도 전혀 참조하지 않았다. 실제로 이들은 자신들의 연구가 남성과 여성의 차이를 확연히 보여주는 이유를 설명하기 위한 어떠한 노력도 시도하지 않았다. 더욱 놀라운 점은 다른 많은 여성해방의 윤리 연구들과는 달리 길리간의 연구는 많은 분야에서 상당히 널리 알려져 있다는 사실이다. 중요한 점은, 만일 크레이에와 크로난(1998)이 길리간의 연구를 둘러싸고 벌어진 경험적 연구에 관한 논쟁을 이해했더라면, 그녀의 주장들뿐만 아니라 그러한 주장에 대한 비판들까지도 자신들의 연구에 적용하여 좋은 결과를 얻을 수 있었을 것이라는 점이다. 라라비(Larrabee, 1993)의 주장에 따르면, 길리간의 연구에 대한 비판들 중 하나는 그녀가 응답자들이 실제로 윤리적 결정을 내리는 것을 관찰하기보다는 많은 인위적인 사례들을 통해 응답자들을 유도했다는 것이다. 앞서 주장했듯이 이는 수행하기 어려운 연구이며, 또한 단순한 조사가 아니라 많은 시간을 요하는 관찰법을 필요로 한다.

크레이에와 크로난(1998)에 대해서도 이와 유사한 비판이 제기된다. 응답자들에게 불법으로 복제된 소프트웨어와 같은 항목에 대해 찬성이나 반대를 묻는 것은 대개 그 문제에 대한 반대입장을 유도할 가능성이 높다. 우리 모두는 훌륭한 시민으로 비춰지길 바란다. 그러나 제한속도를 약간 초과해서 달리는 것처럼 소규모로 이루어지는 소프트웨어 복제는 일상적인 것이며, 이러한 연구는 자신들이 원하고 있으며 쉽게 구할 수 있는 소프트웨어를 복제할 것인지의 여부를 결정하게 되는 실제 생활에서 이루어지는 피조사자들의 도덕적 의사결정을 결코 파악할 수 없다. 이는 「이웃집의 소프트웨어를 복제해야 하는가?」(Should I Copy My Neighbor's Software?)라는 논문에서 니센바움(Nissenbaum, 1995)이 제기했던 주장과 매우 흡사하다. 얼핏 보기에는 규범윤리적 입장을 취하고 있기 때문에 그 대답은 '아니오'인 것처럼 보인다. 그러나 니센바움의 세부적인 주장들을 찬찬히 살펴보면 그 이유들을 좀 더 면밀히 검토할 경우에 이에 대한 대답은 그리 분명하지 않음을 보여주고 있다. 크레이에와 크로난(1998)의 이분법적인 '찬성/반대'나 리커트 척도에 입각한 '찬성/반대' 척도는 너무나도 극단적인 '예/아니오' 응답을 이끌어내고 있다. 실제로 크레이에와 크로난(1998)의 연구에 있어 응답이 너무나도 분명했기 때문에 연구자들은 뒤로 돌아가서 일단의 학생들을 상대로 어떻게 그러한 결정을 내리게 되었는지에 관해 인터뷰하였다. 다시 말해 연구자들은 그러한 결정이 이루어지게 된 과정을 면밀히 조사하기 위해 어쩔 수 없이 되돌아 가야만 했다.

Ⅴ. 여성해방의 윤리를 위한 청원

위의 마지막 절은 성별과 컴퓨터윤리에 관한 연구들이 현재 이론화가 취약하다는 것을 단적으로 보여주고 있다. 여성해방의 윤리는 성별과 컴퓨터윤리 문제들에 대한 풍부한 자료를 제공하는 데 이용될 수 있는 충분한 이유가 있음을 강조하고 싶다.

먼저 여성해방의 윤리가 컴퓨터윤리에 제공할 수 있는 대안적 윤리에 대한 탐구과정에서 출발할 필요가 있다. 여성해방의 윤리는 해킹, 프라이버시, 그리고 온라인상의 괴롭힘과 같은 전통적인 컴퓨터윤리 문제들에 관한 새로운 대안적 시각을 제공할 수 있다. 예를 들어, 프라이버시에 대해 여성해방론적 관점에서 쓰여진 저서는 프라이버시 논제들에 있어 남성과 여성은 동일하지 않다는 점을 매우 강조하고 있다(DeCew, 1997). 더군다나 우리는 쿠키나 데이터 검색과 같은 프라이버시를 위협할 가능성을 지닌 새로운 기술들에 내포된 성적인 함의를 이해할 필요가 있다. 이러한 모든 것들이 아직 여성해방의 윤리적 관점에서 기술되지 않고 있다. 일반적으로 여성과 남성은 프라이버시에 관해 서로 다른 견해를 지니고 있다는 드슈(DeCew, 1997)의 주장처럼 컴퓨터 프라이버시와 관련하여 여성들이 남성과는 다른 반응을 보이고 있음은 사실이다.

두 번째로, 여성해방의 윤리는 전통적인 윤리이론에서는 거의 다루어지지 않았던 권력의 문제를 정면으로 다룬다. 공리주의는 최대다수의 최대선을 강조한다. 그러나 누가 어떤 선이 다른 선보다 좋다는 것을 결정하는가? 우리 모두는 똑같은 의견을 지니고 있지 않다. 통(Tong, 1993)이 강조하듯이 현재 비용편익(cost—benefit)분석에 있어 정책결정자들은 대개 전문직의 백인 남성들로 이루어진 권력집단이다. 권력의 문제는 종종 감추어져 있지만 윤리적 의사결정 과정에 있어 매우 중요하다. 예를 들어, 앞서 검토한 경험적 연구들에 있어서 조사를 실시한 대학교수와 조사에 참여한 학생 간에는 드러나지 않은 권력관계가 존재한다는 점이 가장 강조되고 있다. 이것이 의미하는 바는 성윤리의 측면에서 인터넷 포르노그라피와 사이버 스토킹에 관련되는 문제들을 연구하는 것이 매우 유용할 수 있다는 것이다. 권력에 관한 논제들은 그러한 분야들을 이해할 수 있게끔 명확해져야만 한다.

마지막으로, 여성해방의 윤리이론들이 여성들의 도덕적 의사결정이 남성들과는 매우 다르다는 가설에 기초하고 있기 때문에 우리는 컴퓨터윤리에 있어 이것이 지니는 의미를 이해할 필요가 있다. 특히 컴퓨터윤리의 문제들과 관련되는 한, 여성들 간의 또 다른 윤리적 관점에 대한 경험적 증거들을 검토할 필요가 있다. 현재의 성별과 컴퓨터윤리 연구들에 있어서 이러한 것들이 아직까지는 시도되지 않고 있다(Adam and Ofori—Amanfo, 2000 참조).

성별에 따른 컴퓨터 사용과 관련된 도덕적 추론에 있어 구체적인 차이가 확실히 존재한다거나 혹은 존재하지 않는다는 단정적인 주장은 핵심을 놓치고 있다. 보다 중요한 문제는 윤리에 대한 여성해방론적 접근방식에 있어 강조되고 있는 보다 집단주의적인 '보살핌 윤리'적 접근방식이 컴퓨터윤리 문제들을 다룰 수 있는 대안이나 보다 나은 방법을 제시해 줄 수 있는지의 여부이다.

여성해방의 윤리는 두 개의 주요한 역할을 지니고 있다. 첫 번째는 전통적인 윤리규범에 도전하는 것이고, 두 번째는 주류 윤리에 대한 도전에서 얻어낸 이론적 개념들을 발전시켜 다양한 분야에서 제기되는 윤리적 문제들에 대한 규범적 판단의 기초가 되는 새로운 윤리를 개발하는 것이다.

재거(Jaggar, 1991)는 특히 북미의 학문적 여성해방 운동의 범주 안에서 여성해방의 윤리가 출현하여 가능한 모델을 탐색해 온 과정을 설명하고 있다. 1960년대와 1970년대 여성해방의 윤리 논의는 남녀구별과 가사노동 같은 일반 민중의 주제들에 초점을 맞추었다. 다시 말해 보다 실용적인 평등한 기회와 관련되는 주제들을 주로 다루었다. 대략 1970년대부터 이러한 연구경향은 전통적 윤리이론의 이론적 비판을 받게 되었다. 그 이후의 연구는 여성만의 독특한 도덕적 경험이 존재하는가의 문제에 초점을 맞추고 있다. 많이 인용되고 있는 길리간의 저서인 『다른 목소리로』는 여성의 도덕적 발달은 남성에 비해 다소 뒤떨어진다는 콜버그(Kohlberg)의 견해를 반박하는 경험적 논거들을 밝혀내는 데 상당한 영향을 미쳤다. 흥미로운 점은 위에서 기술한 성별과 컴퓨터윤리 연구에 있어서 어떤 연구도 남성의 윤리적 의사결정이 여성에 비해 보다 도덕적임을 밝혀내지 못한 데 비해, 일부 연구들은 여성의 윤리적 의사결정이 남성에 비해 보다 도덕적임을 밝혀냈다는 것이다. 콜버그의 모델로는 이러한 경험적 연구결과를 설명하기가 매우 어렵다.

　반면에 길리간은 여성들이 종종 권리가 아닌 책임을 둘러싼 갈등으로서의 도덕적 딜레마 상황을 만들어내며, 또한 그러한 갈등을 해결함에 있어 관계 네트워크의 교정과 강화를 모색한다고 주장하였다. 이는 여성해방의 윤리가 권리보다는 책임을, 개인보다는 집합적인 사회집단을, 그리고 아마도 칸트가 말하는 도덕적 행위자의 공명정대한 개별적 이성보다는 보살핌에 기초한 윤리를 강조하고 있음을 보여주는 것이다. 실제로 '보살핌 윤리'라는 개념은 가장 설득력 있는 테마는 아닐지라도 하나의 설득력 있는 테마로 등장하고 있다. 재거(1991)는 이를 '하나의 작은 학문분야'라고 명명하고 있다. 보살핌 윤리의 개념을 좀 더 발전시킨 저자로는 『어머니다운 생각』(*Maternal Thinking*)이라는 저서를 쓴 루딕(Ruddick, 1989)이 있으며, 보다 최근에 바우든(Bowden, 1997), 트론토(Tronto, 1993), 그리고 워커(Walker, 1998)의 광범위한 분석도 이에 해당된다.

　길리간의 저서를 둘러싸고 상당한 논쟁이 계속되고 있다. 비록 그녀가 비판을 받고 나서 자신의 견해를 수정했다 할지라도 그녀의 연구는 윤리와 심리학 분야를 넘어 학계 전반에 엄청난 영향을 미치고 있다. 성별과 컴퓨터윤리 연구들 중에서 그녀의 저서를 언급하고 있는 연구가 거의 없는 것을 보고 놀라는 이유가 바로 이 때문이다. 이 저서가 처음 출판되었을 때 그 생각은 매우 급진적이었다. 한편으로 그녀는 여성들의 도덕발달은 남성과는 다르다고 주장했지만, 다른 한편으로 그녀는 윤리적 발달에 관한 전통 학문은 중립적이지 않으며, 여성적이고 공동체주의적인 보살핌에 기초한 접근방식보다는 남성적이고 개인주의적이며 합리주의적인 정의와 권리에 기초한 접근

방식을 선호하도록 구성되어 있다고 주장하였다. 필자는 앞에서 성별과 컴퓨터윤리 연구들이 여성들의 '착함'에 대해 연구결과와는 다른 통속적인 판단을 내리고 있는 몇몇 증거들이 있음을 강조하였다. 길리간의 주장에 동의하든 하지 않든 그녀는 여성들이 다른 목소리로 말하고 있을 가능성을 의제에 확고히 올려놓았다.

Ⅵ. 결론

본 논문에서 필자는 성별과 컴퓨터윤리 연구의 두 분야를 특징적으로 설명하였다. 첫 번째 분야는 컴퓨터 산업으로부터의 여성의 배제를 하나의 윤리적 문제로 제시하고 있다. 비록 이러한 유형의 연구가 자유주의 경향 때문에 가끔 비판을 받고는 있지만, 내가 주장하는 바는 컴퓨터를 사용하는 여성의 수가 적다는 문제가 아직 해소되지 않았음을 잊지 말아야 한다는 것이다. 보다 적절한 것은 기업윤리, 컴퓨터윤리와 관련되는 남성과 여성의 윤리적 의사결정에 대한 경험적 조사연구에 초점을 맞추었다는 점이다. 기존의 연구들은 몇 가지 이유에서 문제가 있어 보인다. 이 연구들은 학생들을 모집단으로 조사하고 있으며, 이에 따라 연구자와 학생 간의 권력 차이를 간과하고 있다. 또한 이 연구들은 개념적인 질문에 대해 양적인 조사·분석이 의미가 있다고 무비판적으로 수용하고 있으며, 결정이 이루어지는 과정보다는 이미 이루어진 결정에 초점을 맞추고 있다. 그리고 이론화가 취약하다.

　　문제의 일부는 성별과 컴퓨터윤리 연구에 있어 아직까지는 과거의
경험적인 그리고 이론적인 연구들을 토대로 구축된 진정한 전통이
없다는 데 있다. 그와 같은 전통을 구축하려면 서로 관련되는 두 가지
가 필요하다. 무엇보다도 먼저 현재 많은 경험적 연구에서 사용되고
있는 조사기법을 대체할 대안을 탐구할 필요가 있다. 특히 관찰과 면
접기법을 활용하면 보다 효과적으로 윤리적 추론과정을 밝혀낼 수
있을 것이다. 두 번째로, 이제 막 생겨나고 있는 여성해방의 윤리문헌
들에 기초하여 보다 철저한 경험적 연구들을 이론화시켜 권력이나 프
라이버시와 같은 논제들에 관한 대안적인 자료들을 제공할 필요가 있
다.

참고문헌

Adam, A. (1998) *Artificial knowing : Gender and the thinking machine.* Routledge, London and New York.

Adam, A. and Ofori—Amanfo, J. (2000) Does gender matter in computer ethics? *Ethics and Information Technology*, 2 (1), 37—47.

Bissett, A. and Shipton, G. (1999) An investigation into gender differences in the ethical attitudes of IT professionals, ETHICOMP99, Rome, October, 1999.

Bowden, P. (1997) *Caring : Gender—sensitive ethics.* Routledge, London and New York.

Brosnan, M. J. (1998) *Technophobia : The psychological impact of information technology.* Routledge, London and New York.

Camp, T. (1997) The incredible shrinking pipeline, *Communications of the ACM*, 40 (10), 103—10.

DeCew, J .W. (1997) *In pursuit of privacy : Law, ethics and the rise of technology.* Cornell University Press, Ithaca and London.

Escribano, J. J., Pena, R., and Extremera, J. (1999) Differences between men and women in terms of usage and assessment of information technologies, ETHICOMP 99, Rome, October, 1999.

Fitzgerald, B. and Howcroft, D. (1998) Towards dissolution of the IS research debate : From polarisation to polarity, *Journal of Information Technology*, 13, 313—26.

Forsythe, D. (1993a) Engineering knowledge : The construction of knowledge in artificial intelligence, *Social Studies of Science*, 23, 445—77.

Forsythe, D. (1993b) The construction of work in artificial intelligence, *Science Technology and Human Values*, 18 (4), 460—79.

Froelich, K. S. and Kotte, J. L. (1991) Measuring individual beliefs about organizational ethics. *Educational and Psychological Measurement*, 51, 377—83.

Gilligan, C. (1982) *In a different voice : Psychological theory and women's development*. Harvard University Press, Cambridge, MA.

Grundy, F. (1996) *Women and omputers*. Intellect Books, Exeter, UK.

Henwood, F. (1993) Establishing gender perspectives on information technology : Problems, issues and opportunities, in *Gendered by design? Information technology and office systems* (eds. E. Green, J. Owen and D. Pain), Taylor and Francis, London, 31—49.

Jaggar, A. (1991) Feminist ethics : Projects, problems, prospects, in *Feminist ethics* (ed. C. Card), University Press of Kansas, Lawrence, Kansas, 78—104.

Johnson, D. G. (1994) *Computer ethics*. Prentice Hall, Englewood Cliffs, NJ, 2nd edition.

Jordan, B. (1978) Birth in four cultures.

Khazanchi, D. (1996) Unethical behavior in information system : The gender factor, *Journal of Business Ethics*, 14, 741—9.

Kreie, J. and Cronan, T. P. (1998) How men and women view ethics, *Communications of the ACM*, 41 (9), 70—6.

Lander, R. and Adam, A., eds. (1997) *Women in computing*. Intellect Books, Exeter, UK.

Larrabee, M. J. (1993) ed. *An ethic of care*. Routledge, London and New York.

Lovegrove, G. and Segal, B., eds. (1991) *Women into computing : selected papers*, 1988—1990. Springer—Verlag, London and Berlin.

McDonald, G. and Pak, P. C. (1996) It's all fair in love, war and business : Cognitive philosophies in ethical decision making, *Journal of Business Ethics*, 15, 973—96.

Mason, E. S. and Mudrack, P. E. (1996) Gender and ethical orientation : A test of gender and occupational socialization theories, *Journal of Business Ethics*, 15, 599—604.

Nissenbaum, H. (1995) Should I copy my neighbor's software? in *Computer ethics and social values* (eds. D. G. Johnson and H. Nissenbaum), Prentice Hall, Upper Saddle River, NJ, 200−13.

Oakley, A. (2000) *Experiments in knowing : Gender and method in the social sciences*, Polity Press, Cambridge, UK.

Panteli, A., Stack, J., Ramsay, H. (1999) Gender and professional ethics in the IT industry, *Journal of Business Ethics*, 22 (1), 51−61.

Panteli, N. and Stack, J. (1998) Women and computing : The Ethical responsibility of the IT industry, ETHICOMP98, Rotterdam, March, 1998.

Parker, D. B. (1980) *Ethical conflicts in computer science and technology*. AFIPS Press, Arlington, VA.

Reiss, M. C. and Mitra, K. (1998) The effects of individual difference factors on the acceptability of ethical and unethical workplace behaviors. *Journal of Business Ethics*, 17, 1581−93.

Rogerson, S. and Stack, J. (1997) Women in IT, The IMIS's column on computer ethics. Available at http://www.ccsr.cms.dmu.ac.uk/resources/general/ethical/Ecv7no6.html as of 28th Feb., 2000.

Ruddick, S. (1989) *Maternal thinking : Toward a politics of peace*. Beacon, Boston, MA.

Tong, R. (1993) *Feminine and Feminist ethics*. Wadsworth, Belmont, Cal.

Tronto, J. (1993) *Moral boundaries : A political argument for an ethic of care*, Routledge, London and New York.

Turner, E. (1998) The case for responsibility of the computing industry to promote equal presentation of women and men in advertising campaigns, ETHICOMP 98, Rotterdam, March, 1998.

Turner, E. (1999) Gender and ethnicity of computing, perceptions of the future generation, ETHICOMP99, Rome, October, 1999.

Walker, M. U. (1998) *Moral understandings : A feminist study in ethics*. Routledge, London and New York.

6장_ 전 세계적 정보 인프라 구조가 과연 민주적인 기술인가?[1)]

데보라 존슨Deborah G. Johnson

Ⅰ. 서론

전 세계적 정보 인프라 구조(Global Information Infrastructure)는 종종 민주적인 기술이라고 강조된다. 민주적 과정을 촉진시키거나 강화하기 위해 전자민주주의가 필요하다고 말한다.[2)] 본 논문의 목적은 이러

---

* 본 논문은 *Computers and Society*, Vol. 27, No. 3 (September) 1977 : 20-26에 게재된 논문이다. Copyright ⓒ 2000 by Deborah G. Johnson. 저작권자의 허락 하에 수록한다.

1) 본 논문의 초안은 1997년 6월 9일 스웨덴 Linkoping 대학에서 개최된 '컴퓨터윤리에 관한 학술대회'에서 발표되었다.
2) 예를 들면, Howard Rheingold, "The Great Equalizer," *Whole Earth Review*, Summer 1991, pp. 5-11; Rick Henderson, "Cyberdemocracy," *Reason*, 1995, April, pp. 43-46; Mark Poster, "CyberDemocracy : Internet and the Public Sphere"; A. Calabrese and M. Borchert, "Prospects for electronic democracy in the United States : rethinking communication and social policy," *Media, Culture & Society*, 1996, Vol. 18 : 249-268 참조.

한 주장들이 의미하는 바를 살펴보고, 그러한 주장들을 평가하는 데 도움이 되는 전 세계적 정보 인프라 구조에 대한 접근방식을 제시하는 데 있다. 주요 과제는 전 세계적 정보 인프라 구조가 갖는 사회적 함의와 가치를 탐구하는 것이 될 것이다. 이를 위해서는 세 가지 근본적인 물음이 제기된다 : 전 세계적 정보 인프라 구조란 무엇인가? 민주주의란 무엇인가? 기술이 가치를 전달한다는 것은 무엇을 의미하는가?

전 세계적 정보 인프라 구조가 민주적이라는 말은 이러한 기술이 민주주의를 담고 있거나 이를 옹호 또는 촉진시키는 가치를 지니고 있음을 의미한다. 개인들이 인터넷이나 전 세계적 정보 인프라 구조에 대해 민주적이라고 주장할 경우, 이는 민주주의와 관련되고 바람직한 것으로 간주되는 행위유형과 기술 간에는 밀접한 연관성이 있음을 의미하는 것이기 때문에 이런 점에서 민주주의는 하나의 가치가 된다. 그러므로 전 세계적 정보 인프라 구조가 과연 민주적인지를 이해하기 위해서는 기술에 가치가 내재되어 있다는 말이 의미하는 바가 무엇인지를 먼저 이해해야만 한다. 바로 이것이 본 논문의 전반부에서 다루고 있는 주제이다. 그후에 민주주의와 전 세계적 정보 인프라 구조에 대해 다룰 것이다.

본 논문에서는 전 세계적 정보 인프라 구조에 대해 정의하거나 설명할 생각은 없다. 지속적으로 변화하고 있다는 점에서 이 기술의 특징을 설명하기는 쉽지 않다. 본 논문에서는 전 세계적 정보 인프라 구조를 컴퓨터/정보기술이 전자통신과 함께 도래하는 것으로 광범위하게 이해하고 있다. 전 세계적 정보 인프라 구조는 원래 인터넷과 더불어 시작되었지만 기술이 발전하고 있기 때문에(예를 들면, 현재 World

Wide Web을 포함하고 있기 때문에), 그리고 사용, 소유 및 유지조건들이 급격하게 변화하고 있기 때문에 이제 그 명칭은 부적절해 보인다. 이제 이 시스템은 너무 다양해서 간략히 서술하기 힘든 매우 다양한 활동에 이용되고 있다.

우리 생활의 많은 측면에서—일, 쇼핑, 은행업무, 그리고 오락—생겨났던 인프라 구조들은 전 세계적 정보 인프라 구조 내에서 다시 만들어지고 변화되고 있다. 이 새로운 매체는 우리 몸이 살아가고 있는 물리적·지리적 세계와는 다른 특성들을 지니고 있으며, 이러한 특성들은 사회적 가치에 영향을 미치고 있다. 예를 들면, 이 새로운 매체에서는 익명성과 복제가 가능하다는 점 때문에 재산권, 프라이버시, 그리고 책임성에 대해 다시 생각하게 되었다.[3] 따라서 본 논문이 제기하는 질문은—전 세계적 정보 인프라 구조가 과연 민주적인 기술인가?—전통적으로 민주주의를 이해해 온 것처럼 과연 물리적·지리적 공간에 기초하지 않은 세계에서 민주주의가 실현될 수 있는가 하는 매우 상이한, 그러나 관련되는 질문에 초점을 맞추고 있다.

---

[3] 이전 논문인 "Ethics On Line" (*Communications of the ACM*, 1997)에서 나는 중요한 윤리적 함의를 갖는 전 세계적 정보 인프라 구조가 지닌 특성으로 범위, 익명성 그리고 재생가능성을 제시하였다.

Ⅱ. 기술과 가치

지난 20여 년 전까지 과학과 기술에 관한 문헌들은 가치중립성에 관한 논의로 채워졌다. 많은 학자들이 기술은 가치를 실현할 수 없다고 믿었으며, 설사 그것이 가능하다 할지라도 가치는 단지 기술이 사용되는 경우에만 실현될 수 있음을 강조하였다. 이에 관한 가장 훌륭한 혹은 가장 친숙한 사례는 아마도 "총기는 인간을 죽이지 않는다. 인간을 죽이는 것은 바로 인간이다"라며 총기를 가치중립적인 도구로 간주하는 총기에 관한 주장일 것이다. 컴퓨터 또한 특정 목적을 위해 사용되는 경우에만 가치를 지니는 중립적인 도구로 간주되었다.

기술이 가치중립적이라는 주장은 과학이 기술에 관한 생각들을 형성한다는 주장과 함께 과학과 기술 간의 관계 속에 뿌리박혀 있다. 과학은 객관적이며 또한 자연의 과정이나 진화 속에 발전한다는 것이 과학에 대한 기본 가정이다. 사회가 아니라 자연이 우리의 지식을 이끌고 있다고 생각되었다. 새로운 발견들은 자연의 질서에 따라 진행되고 발전된다고 생각되었다. 기술에 대해서도 동일하게 주장되었다. 사회적 영향력으로부터 어느 정도 독립적인 것으로 여겨지는 자연적인 발전 질서를 지니고 있는 것으로 이해되었다.

이러한 가정들은 이제 과학·기술 연구분야의 대부분의 학자들에 의해 폐기되거나 혹은 최소한 근본적으로 수정되고 있다. 이제 과학·기술을 연구하는 학자들은 과학과 기술이 가치를 내재하고 있다는 점을 널리 수용하고 있다. 즉, 과학의 방향과 내용은 사회적으로 영향을 받으며, 기술은 그 개발을 옹호, 반대, 그리고 구체화하는 사회적 맥락 안에서 개발된다. 심지어 이러한 주장에 반대하는 사람들조차도 그들이 과학적 방법을 적용하고 있는 한, 연구주제의 선택이나 재원 마련과 관련하여 과학이 사회적 영향을 받고 있다는 점을 인정하고 있다.

과학·기술 연구의 토대에는 두 가지 관점이 깔려 있다. 즉, 기술이 사회유형을 형성한다는 것과 기술은 사회적 맥락에 의해 형성된다는 것이 그것이다. 비이커(Bijker, 1995)는 과학·기술 연구에 있어 이러한 경향을 적절하고도 간결하게 기술하고 있다. 그는 지난 50년간의 학문의 특징을 이 두 관점 간을 오가며 시간이 흐를수록 점점 진폭이 작아지면서 결국 둘이 서로 밀접해지는 시계추와 같은 움직임으로 묘사하고 있다.

> 1940년대 이전까지 사회과학은 기술가공물과 사회의 구체적인 발전에 대한 연구에 많은 관심을 기울이지 않았다 … .[4] 시계추가 움직이기 시작하였고, 특히 역사학자들과 일부 경제학자들, 그리고 나중에 철학자와 사회학자들이 기술에 대해 인식하였다. 그러나 진폭은 너무 컸으며, 기술은 사회가 따를 수밖에 없는 일종의 자율적인 인자로 간주되었다. 기술은 가장 중요한 것이 되었다. 사회형성 모델의 등장과 더불어 시계추는 다시 이러한 기술결정론적 개념으로 되돌아 왔다. 그러나 또 다시 진폭은 너무 컸다. 영향력에 관한 주제들은 관심에서 멀어졌으며, 그저 기술은 완고하고 쉽게 변화하지 않는 사회적 형

---

4) 비이커는 2명의 예외로 멈포드(Mumford)와 오그번(Ogburn)을 들었다.

태로 나타나지 않는 하나의 사회적 구조물로 간주되었다. 최근에 이 시계추는 다시 움직이기 시작하여 이러한 불균형을 시정하고 있다. 기술은 사회적으로 형성된 특성들을 완전히 상실하지 않고 일부 완고한 특성을 되찾았다. 이제 그 진폭은 매우 작아졌다. 아마도 이 시계추는 평면에서는 더 이상 움직이지 않으며 다만 푸코(Foucault)주의적 원형 속에서 움직이고 있다고 해야 할 것이다(p. 254).

본 논문의 목적에 비추어 볼 때 **사회적인 것**은 **가치**를 포함하고 있다는 사실을 지적하는 것이 중요하다(물론 이 둘은 동의어도 아니고 동일한 것도 아니다). 가치는 사회적인 것의 한 측면이다. 따라서 과학·기술 연구가 지닌 두 관점에 대한 비이커의 명확한 표현에는 다음과 같은 주장들을 포함되어 있다 : (1) 가치는 기술을 형성하며, (2) 기술은 가치를 형성한다.

그렇다면 암시적으로 전 세계적 정보 인프라 구조를 통한 가치의 전파, 즉 다시 말해 전 세계적 정보 인프라 구조를 통해 가치를 형성하고, 가치를 강화시키거나 손상시키고, 가치를 부여하거나 제약을 가할 수 있다고 기대할 수 있을 것이다. 또한 전 세계적 정보 인프라 구조가 사회적 가치들에 의해 형성되어진다고 할 수 있을 것이다. 여전히 이런 주장들은 너무 추상적이어서 전 세계적 정보 인프라 구조의 어디를 어떻게 보아야 할지 알지 못한다. 기술이 가치를 함유하고 있다는 말이나 가치가 기술에 내재되어 있다는 말이 무엇을 의미하는지에 대해서 보다 구체적으로 이해할 필요가 있다.

본 논문은 기본적으로 이와 같은 두 개의 관점 중 기술이 가치를 형성한다는 관점에 초점을 맞추고 있다. 따라서 전 세계적 정보 인프라 구조에는 어떠한 가치들이 내재되어 있는지를 묻고 있다. 전 세계적 정보 인프라 구조의 발전을 가능하게 한 가치들에 대해 아주 간략히 다루고 있다.

Ⅲ. 기술에 내재된 가치들

그러면 가치가 기술에 내재되어 있다는 말은 무엇을 의미하는가? 위너(Winner, 1986)는 그의 유명한 논문인 「기술이 정치와 관계 있는가?(Do Artifacts Have Politics?)의 첫머리에서 이 문제에 대해 언급하였다. 그는 두 가지 관점을 구분하고 있다. 첫 번째 관점은 기술은 본래적으로 가치를 지닌다는 견해이다. 위너는 다음과 같이 기술하고 있다.

> 이 관점에 따르면, 어떤 기술 시스템의 채택은 불가피하게 그와 함께 독특한 정치적 성향을 지닌 인간관계의 조건들을 가져오게 된다. 예를 들면 중앙집중화된 혹은 분권화된, 평등주의적인 혹은 비평등주의적인, 억압적인 혹은 자유주의적인 … 어떤 종류의 기술은 그와 같은 유연성을 허락하지 않는다 …. 그러한 것들을 선택하는 것은 곧 특정한 형태의 정치생활을 영구불변하게 선택하는 것이다"(p. 29).

이와는 대조적으로 위너는 두 번째 관점을 "어떤 종류의 기술은 특정한 유형의 사회적 · 정치적 관계와 매우 잘 조화를 이루고 있지만 전적으로 이를 필요로 하지는 않는" 것으로 파악하고 있다(p. 32).

위너는 기술의 사례로서 석유에 기초한 에너지 시스템이나 핵 발전에 비해 민주적이고 평등한 사회에 보다 부합된다고 주장되는 태양 에너지에 대해 언급하고 있지만 태양 에너지와 관련된 그 어느 것도 민주주의를 필요로 하지는 않는다.

위너의 구분들에 대해서는 명확히 할 필요가 있지만 그럼에도 불구하고 위너의 방향은 올바른 것 같다. 첫 번째 구분은 완고한 속성들과 유연한 속성들 간의 구분이다. 이는 **기술이 지닌 속성들**이다. 두 번째 구분은 **기술이 지닌 속성들과 그러한 속성들로 인해 초래되는 사회관계 간의 관계**에 관한 것이다. 어떤 기술들은 특정한 형태나 유형의 사회관계와 사회조직을 필요로 하고, 다른 기술들은 다른 형태의 사회관계와 사회조직과 부합된다. 위너는 특히 이러한 사회관계에서 나타나는 권력과 권위의 유형에 관심을 갖는다.

그의 견해를 요약하면 (1) 사회관계, 특히 권력과 권위를 포함하는 관계와 연계된 속성들을 지니고 있는 기술은 가치를 구현하며, (2) 기술은 다음 두 가지 방식, 즉 (a) 특정한 형태의 사회관계와 권위를 필요로 하는 완고한 속성들을 지니거나, 혹은 (b) 다양한 유형의 사회조직과 권위에 부합되는 유연한 속성을 지니는 것 중 하나의 방식을 통해 기술은 가치를 구현한다. 후자의 경우, 기술을 둘러싼 사회관계의 유형은 기술이 아닌 다른 것(예를 들면, 기술이 도입되던 당시의 지배적인 사회유형)에 의해 결정된다.

그렇다면 민주주의의 측면에서 볼 때 기술은 (a) 민주적 권위유형을 필요로 하는 완고한 속성을 지니거나, (b) 비민주적 (혹은 반민주적) 권위유형을 필요로 하는 완고한 속성을 지니거나, 또는 (c) 이 두 개의 권위유형과 양립되는 유연한 속성을 지닐 수 있다.

　이러한 구분을 통해 전 세계적 정보 인프라 구조에 대해 의문을 제기할 경우, 특히 전 세계적 정보 인프라 구조를 둘러싼 사회관계의 유형이 강조된다. 전 세계적 정보 인프라 구조가 민주적이라고 주장하는 많은 사람들은 이것이 개인들 간의 '제약이 없는' 커뮤니케이션을 촉진시킨다는 생각을 마음에 새겨두고 있는 것 같다. 설사 지금 당장 그러한 커뮤니케이션이 '제약이 없는' 것이라는 주장을 받아들인다고 하더라도, 여전히 이러한 속성이—제약이 없는 커뮤니케이션—과연 완고한 것인지 혹은 유연한 것인지에 대한 의문이 제기된다. 전 세계적 정보 인프라 구조를 통한 커뮤니케이션이 본래적으로 제약이 없는 것인가, 아니면 전 세계적 정보 인프라 구조가 제약이 있는 혹은 제약이 없는 커뮤니케이션 모두와 양립 가능한 것인가? (전 세계적 정보 인프라 구조가 지닌 유연한 속성이 아니라 완고한 속성인) 원격통신 회선들은 모든 개인들을 세계의 다른 개인들과 연결시키고 있기 때문에 전 세계적 정보 인프라 구조는 '완고하게' 민주적이라고 주장될 수도 있다. 물론 수백만의 개인들이, 컴퓨터는 말할 것도 없고 원격통신 회선에 대한 접근권조차 지니지 못하고 있기 때문에 아직 세계의 모든 개인들이 다른 개인들과 연결되어 있지는 않다. 여전히 원칙적으로 기술이 그와 같은 연결을 가능하게 하며, 그에 따라 기술은 모든 개인들을 서로 연결시키는 어떤 유형의 사회관계를 구현한다는 주장이 제기될 수 있다. 이러한 설명은 전 세계적 정보 인프라 구조가 민주적이라는 주장을 어느 정도 뒷받침하고 있다.

　그러나 이러한 결론은 몇 가지 점에서 너무나도 성급하게 내려진 것이다. 그 중 한 가지 중요한 점은 원격통신 회선들이 아직 모든 개인에게 다가가 있지 않다는 사실이다. 일부 개인들이 연결되어 있지 않다는 사실은 전 세계적 정보 인프라 구조가 하드(물리적) 구조에 있어 비민주적일 수 있음을 보여준다. 즉, 이 기술은 포함이나 **배제** 모두와 양립 가능하다는 것이다. 서로 연결되어 있는 모든 개인들, 그리고 자신들의 이익증진을 용이하게 하고 다른 사람들을 접근이나 사용에서 배제시킬 수 있는 하위집단(엘리트)에 의한 사용 모두와 양립 가능해 보인다. 하드웨어(회선) 혹은 소프트웨어를 통해 특정 하위집단에 대한 접근을 제한할 수 있다. 즉, 설사 물리적 회선이 모든 개인들을 서로 연결시키고 있다 하더라도 (정보이용료가 분명히 보여주듯이) 이 기술은 정보가 선택적이고 배타적인 방식으로 발송되도록 하고 있다.

이 기술을 '제약이 없는' 커뮤니케이션을 촉진시키는 것으로 특징 짓는 것은 잘못된 것이다. 커뮤니케이션 학자들은 커뮤니케이션이 새로운 매체를 통해 매개되고 있음을 분명히 인식하고 있으며, 이 기술을 통한 의사교환을 '컴퓨터가 매개하는' 커뮤니케이션으로 간주하고 있다. 그렇다면 이제 '컴퓨터 매개'가 커뮤니케이션에 영향을 미치는 방식을 이해하는 것이 논쟁의 주제가 된다. 우리의 관심은 과연 컴퓨터 매개가 민주주의를 증진시키는지 혹은 감소시키는지의 여부이다. 전자민주주의에 관한 문헌들이 보여주고 있는 바는, 이 기술이 정치적 논제들에 대해 개인들이 논의할 수 있는 토론의 장을 제공해 주고 있다는 단순한 사실이 이 기술을 민주적인 것으로 만든다는 것이다. 그러나 이러한 결론은 너무 성급하게 내려진 것이다. 전 세계적 정보 인프라 구조에 대한 논의가 민주적이라거나 또는 이것이 민주적인 과정을 강화시키고 있다고 결론을 내리기 위해서는 누가 누구와 논의를 하는지, 무슨 논의를 하는지, 그리고 어떤 절차상의 규칙들이 적용되는지에 대해 보다 많이 참조해야 할 것이다.

여하튼 모든 개인들을 서로 연결시켜 주며 또한 정치적 논쟁에 참여할 수 있게 해주고 있기 때문에 전 세계적 정보 인프라 구조가 민주적이라는 생각은 이 기술을 사용하는 사람들을 강조하고 있다. 이 기술이 무엇을 촉진시키고 있는가에 대해 관심을 집중시키고 있다. 그러나 위너의 분석은 특정 기술의 생산과 유지를 필요로 하는 사회관계에 비해 기술 사용자들은 그리 중시하지 않고 있다. 위너의 분석이 강조하는 바는, 그러한 시스템의 관리와 유지에 필요한 사회관계의 형태에 대해 의문이 제기되고 있다는 것이다. 물론 이러한 관계들은, 특히 기술이 전 세계적인 규모로 확대되고 있기 때문에 복잡할 뿐만 아니라 계속 변화하고 있다. 또한 미국의 경우, 소유와 관리도 공적인 자금과 분권화된 협력 시스템으로부터 사적이고 보다 집중화된 상업적 시스템으로 변화하고 있다. 모든 복잡한 시스템, 특히 전 세계적 규모의 시스템이 협력을 필요로 한다는 점에서 볼 때, 그러한 시스템을 관리하고 유지하는 데 있어 위계적 관계와 중앙집권적 통제, 즉 비민주적 관계는 필요치 않다는 가정은 매우 순진한 생각인 것이다.

위너의 설명은 완고한 속성과 유연한 속성을 구분하고 특정 기술의 관리와 유지에 필요한 사회관계를 강조하는 데 도움이 된다. 그럼에도 불구하고 기술이 가치를 내재하고 있다는 주장에는 또 다른 의미들이 담겨져 있으며, 논의를 진행하기 전에 이러한 것들 중 몇 가지를 더 구분해 볼 필요가 있다. 기술의 가치내재성에 대한 논의들은 종종 혼란스럽고 암시적이다. 그러므로 기술이 가치를 내재하고 있다는 주장이 갖는 또 다른 의미들을 추려내 볼 필요가 있다.

1. 내재된 가치의 도덕적/형이상학적 의미

이러한 유형의 설명에 있어서는 가치들은 특정 기술의 발명과 생산에 관련되어 있으며, 또한 이러한 가치들은 기술과 분리될 수 없다. 그러므로 특정 기술의 발명과 생산은 그 기술의 개발과 관련되는 관행, 제도 그리고 사람들의 영향을 받게 된다. 예를 들면, 노예가 건설한 구조물, 나치 과학자들이 창출한 지식, 군에 의해 수행된 프로젝트 등은 모두 그것을 만든 행위의 성격에 영향을 받고 있다.

이러한 설명에 있어서 특정 기술과 그것을 만들어낸 제도, 관행 그리고 행위자 간에는 분리불가능성, 즉 불변의 관계가 존재한다. 여기서 이 불변의 관계는, 설사 그것이 물리적인 형태로 존재하지 않는다 할지라도, 진행 자체가 그 사물의 존재 속에서 이루어진다는 점에서 형이상학적이다. 특정 기술의 발전사에서 진행되는 것이 하나의 도덕적인 성격을 지니고 있다는 점에서 이 관계는 도덕적이다. 특정 기술의 생산 연혁은 도덕적 가치들을 포함하고 있으며, 이러한 가치들은 그 기술의 본질 속에 존재한다. 가장 중요한 것은, 특정 기술의 역사는 그 기술 속에 이어져 온 도덕적 가치들을 포함하고 있기 때문에 그 기술을 사용하고 있는 사람들은 그러한 역사와 관련되게 된다는 것이다.

2. 내재된 가치의 옹호적 의미

이 설명 또한 특정 기술과 그 기술의 발명과 생산 간에 분리불가능성을 강조하고 있다는 점에서 앞의 설명과 유사하지만 제도, 행위자, 그리고 관행들이 현재 행해지고 (진행되고) 있으며 또한 분리불가능성이 옹호되어야만 한다. 실제로 특정 기술을 이용하거나 구매하는 사람들은 그 기술을 가능하게 한 가치들을 옹호 혹은 지지하거나 촉진시킨다. 특정 기술을 사용하는 것은 결국 그 기술을 만들어낸 가치들을 옹호하는 것이라는 점에서 이 기술은 가치를 내재하고 있다고 볼 수 있다. 예를 들어, 플라스틱 물병의 사용은 석유에 대한 의존을 옹호하는 것이며, 따라서 이는 결국 제국주의적 정부를 옹호하는 것이다. 특정 기술을 구매하고 사용하는 행위는 은연중에 가치를 구현하는 제도, 행위자 그리고 관행들에 대한 옹호를 내포하고 있다는 점에서 기술에는 가치가 내재되어 있다.

3. 내재된 가치의 구체적 의미

세 번째 유형의 설명은 특정 기술에 내재된 가치들은 더 이상 그 기술을 만들어낸 제도와 관행들 속에 존재하지 않는다는 것이다. 즉, 어떤 면에서 볼 때 기술은 그 근원과는 분리된다는 것이다. 이와 같은 설명은 구체적인 목표가 설계를 통해 가치를 전달한다고 본다(Gorenstein, 1996). 기술의 설계는 가치를 부여하는 행위의 결과일 수 있지만,

기술에 담긴 가치들을 파악하기 위해 그러한 행위들에 대해 생각하거나 알아야 할 필요는 없다. 가치들은 특정 사물의 물리적 혹은 구체적 실재 속에 존재한다. 가치들은 그 사물 속에 본래적으로 존재하는 것으로 그 사물 속에서 파악될 수 있다. 이러한 설명과 관련하여 최소한 두 개의 다른 견해들이 존재한다.

1. 첫 번째 견해에 따르면, 구체적인 목표들은 그 설계과정을 통해 가치(관념)들을 전달한다는 점에서 가치를 구현하고 있으며, 우리는 목표를 살펴보거나 상호작용을 통해 가치들을 파악하고 경험할 수 있으며 영향을 받을 수도 있다. 예를 들면, 한 손으로 편안하게 들 수 있도록 플라스틱 물병을 설계할 수 있다. 겉옷 주머니에 들어갈 수 있을 정도로 작게 만들거나 또는 허리띠에 차고 다닐 수 있을 정도로 조그맣게 만들 수도 있다. 단지 물병 하나를 보고서도 사람들은 그 물병은 차고 다니기 위한 것, 주머니에 넣고 다니기 위한 것, 또는 이동(걷거나 뛰는) 중에 사용하기 위한 것이라고 말할 수 있다. 이와 마찬가지로 손잡이와 주둥이가 달린 주전자는 액체를 담아 한 손으로 들어 따른다는 관념을 내포하고 있다. 권총은 한 손으로 들고 조준하여 탄환을 빠른 속도로 발사한다는 관념을 내포하고 있다. 아마 권총 그 자체가 살인을 내포하고 있지는 않겠지만, 권총에는 어떤 목표를 향해 혹은 특정한 방향으로 빠르게 움직이는 단단한 발사체라는 관념이 내포되어 있다. 이러한 견해에 따르면, 특정 기술의 설계에는 그 기술과 인간 혹은 업무와의 관계에 관한 관념들이 담겨져 있으며, 이러한 점에서 기술은 가치를 포함하고 있다. 이 가치들은 바로 특정 사물에 의해 촉진되는 행위, 과제 혹은 기능들이다.

2. 위너(Winner)의 설명은 구체적인 설명과는 다소 달라 보인다. 설계는 특정한 유형의 사회관계, 특히 권력과 권위의 관계를 필요로 하거나 또는 이와 부합되어야 한다는 것이 그의 생각인 것 같다. 특정 기술의 사용은 특정한 유형의 사회생활과 사회적 행위를 필요로 하거나 경우에 따라(즉, 다른 사회적 조건들이 모두 갖추어졌을 경우) 이를 이끌어내기도 한다. 이는 설계 속에 관념이 포함되어 있거나 특정한 과제나 행위들이 용이하기 때문에 그런 것이 아니라, 특정 기술은 단지 특정한 사회유형을 수용할 경우에만 사용될 수 있기 때문에 그런 것이다. 그러한 사회적 유형들은 기술에 의해 형성되며, 이를 통해 가치들이 구현된다.

구체적인 설명에 있어 이 두 가지 견해들은 확연하게 구분되지 않고 서로 혼합되어 있다. 특정 기술의 구체적 실재나 설계 속에서 기술과 사회관계가 연계되어 있다는 점에서 위너의 설명은 구체적이다. 대중버스가 밑으로 통과할 수 없도록 (따라서 가난한 사람들이나 하위계급이 부자들이 수영하러 가는 해변에 갈 수 없도록) 건설된 롱아일랜드 대교에 관한 위너의 설명을 보면 다리의 높이에는 계급적 차이—하나의 가치—가 담겨져 있다. 따라서 어떤 기술을 구체적으로 설계한다는 것은 과제, 행위, 목표들을 용이하게 한다는 점에서 가치를 내포하고 있으며(견해 1), 또한 이러한 행위들 중 일부는 특정한 사회관계, 즉 권력과 권위의 관계를 만들어낸다(견해 2).

4. 내재된 가치의 표현적 의미

네 번째 유형의 설명은 기술이 사회적 의미를 지니고 있으며, 이에 따라 가치를 지니고 있다는 것이다. 기술이 지닌 가치들은 오직 기술이 지닌 사회적 맥락에 대한 이해를 통해서만 이해될 수 있다. 이러한 사회적 맥락은 기술의 사용과 관련되지만 분명한 목적이나 사용과는 크게 관계없을 수도 있다. 이와 관련하여 기술은 다양한 영향력을 지니고 있다는 스크로브(Sclove, 1995)의 견해를 살펴볼 필요가 있다.

다시 말해서 기술은 그 기능과 결과, 그리고 의미에 있어서 과도한 효력혹은 '다양한 영향력'을 보여주고 있다 …. 예를 들면, 어떤 남자가 평범한 망치를 사용하여 못을 박을 때, 그는 망치를 들고 사용하면서 동시에 물질의 조직과 구조적 속성에 대해 알게 되고, 근육을 사용하고 발달시키며, 눈과 손을 조정하는 법을 향상시키고, 또한 소음을 유발하게 된다. 자신의 망치질이 능숙해질수록 그는 스스로 자부심을 느끼게 된다. 다른 차원에서 볼 때 그의 행위는 불카누스(Vulcan, 불과 대장일의 신—역자 주)와 토르(Thor, 비·농업의 신—역자 주)라는 원시 신화와 관련된 불완전한 의식을 반영하고 있는 것이다. 또한 그는 미국의 서부개척 신화와 대장장이를 떠올리게 한다. 그는 정의의 상징인 판사의 판결망치, 그리고 민속가요의 트리오인 피터와 폴 그리고 메리로 유명한 노래를 떠올린다. … 따라서 과연 판자에 박혀 들어가는 못이 소위 '망치질'이라고 불리는 행위에 있어 가장 중요한 특성이 되는가? 모든 기술들과 마찬가지로 망치도 사회적 기능, 결과, 그리고 의미에 있어서 다양한 영향력을 지닌다(pp. 20-21).

　기술의 가치내재성에 대한 이러한 설명에 있어서 우리가 물건을 구매하고 사용하는 이유는 우리 문화 속에서 그것이 지닌 상징적 의미 때문이지 단지 그것이 지닌 핵심적 기능 때문만은 아니다. 시속 120마일로 달릴 수 있는 자동차를 구매하지 않는 이유는 그러한 속도로 운전할 필요도 없고 또한 거의 그럴 기회가 없기 때문이 아니다. 한편, 시속 120마일로 달릴 수 있는 자동차를 구매하는 것은 그러한 자동차가 우리 문화 속에서 갖는 의미—남자다움, 섹시함, 성공—때문이다. 발표를 할 때 통계학과 컴퓨터로 처리된 데이터는 (설사 별다른 중요한 정보가 없다 할지라도) 권위를 더해주며 마치 최신 자료인 것 같은 인상을 준다.

　기술에 내재되어 있는 가치에 대해 이런 방식으로 설명하는 것은 기술을 통해 가치들을 판독할 수 있는 것으로 간주하고 있다는 점에서 구체적인 설명과 유사하다. 그러나 표현적인 의미 설명에 있어서 가치들은 사회적 맥락에 기초하고 있기 때문에 어떤 기술에서 나타나는 가치들을 이해하려면 그것이 지닌 사회적 맥락을 이해해야만 한다.

　그러고 보면 이러한 네 가지 방식의 설명들은 상호 배타적이지 않다. 이 설명들 모두는 동일한 기술에 동시에 적용될 수 있다. 이 설명들은 기술이 가치를 지니게 되는 매우 상이한 방식들을 강조하고 있기 때문에 기본적으로 별개의 것으로 취급되어야만 하며, 이에 따라 이 설명들은 기술을 분석함에 있어 매우 상이한 방향을 제시하고 있다.

Ⅳ. 전 세계적 정보 인프라 구조에 내재된 가치들

전 세계적 정보 인프라 구조가 지니고 있는 가치들을 이해하는 데 이러한 설명들이 어떠한 도움을 줄 것인가? 이 중 어떤 설명이 전 세계적 정보 인프라 구조가 민주적임을 지적하는가?

1. 내재된 가치의 도덕적/형이상학적 의미

도덕적/형이상학적 설명은 대개 어떤 기술의 발전에 있어 무엇인가 주목할 만한 것이 나타났을 때 제기된다. 그것은 인간을 달에 보내려는 나사(NASA)의 계획에서 탱(Tang)이 유래된 경우처럼 좋은 것일 수도 있으며, 또는 나치 독일에서 만들어진 폴크스바겐 바이러스의 경우처럼 끔찍한 것일 수도 있다. 어떤 경우이건 기술은 그 두드러진 역사를 통해 가치들을 전달하는 것으로 생각된다. 그렇다면 전 세계적 정보 인프라 구조에 관해서는 그것이 전파하는 도덕적 가치들이 무엇인지를 알려면 먼저 그 기원에 대해, 즉 그것의 개발에 관련된 제도, 관행, 그리고 사람들에 대해 검토해 보아야만 한다.

여기서 충분히 검토할 수는 없다 하더라도 전 세계적 정보 인프라 구조의 역사적 기원에 있어 모순적인 가치들이 나타나고 있음은 매우 흥미롭다. 전 세계적 정보 인프라 구조는 인터넷이 진화한 것이며, 인터넷의 기원은 미군이었다. 따라서 군사적 의도가 비도덕적이라고 생각하는 사람들은 전 세계적 정보 인프라 구조의 기원 자체가 불순한 것으로 간주할지 모른다. 그러나 전 세계적 정보 인프라 구조에 대한 사회적 이해에 있어서 뿐만 아니라 이 기술이 지닌 민주적 속성의 맥락에 있어서도 이러한 연관성이 드러나고 있지는 않다.

다른 한편으로, 전 세계적 정보 인프라 구조의 보다 최근의 기원은 일반적으로 학계와 해커문화에서 유래한 것으로 이해된다. 컴퓨터의 초기 역사에 있어서 해커는 범죄자가 아니라 컴퓨터에 열광한 사람들이었다. 해커문화는 공유와 개방의 문화로 묘사되었다. 즉, 누가 무엇을 소유하고 있는지, 혹은 누가 누구를 신뢰하는지에 관계없이 개개인이 서로 도와 컴퓨터를 사용하여 일을 처리하는 방법을 알아내기 위해 오랜 시간을 투자하여 서로 프로그램을 개선시키는 환경으로 간주되었다. 전 세계적 정보 인프라 구조의 역사에 있어서 이와 같은 시기에 대해 검토해 보면 공유, 개방성, 개인들 간의 유대감, 그리고 분산된 행위와 같은 민주주의와 관련된 가치들을 밝혀낼 수 있을지도 모른다(Levy, 1984).

전 세계적 정보 인프라 구조를 해커문화와 연계시키는 것은 전 세계적 정보 인프라 구조가 민주적이라고 주장하는 사람들의 생각에는 타당할 수도 있다. 그러나 이러한 연계가 도덕적이라거나 혹은 형이상학적이라고 간주하기엔 무리가 있다. 다시 말해서 어떤 연관성이 존재할 수는 있지만 그것이 전 세계적 정보 인프라 구조가 민주적이라는 대표적인 사례가 될 수는 없다.

2. 내재된 가치의 옹호적 의미

옹호적인 설명과 관련하여 전 세계적 정보 인프라 구조의 역사를 살펴볼 필요는 없지만 현재 그것을 만들어내 유지하고 있는 사람들, 제도, 관행은 살펴보아야만 한다. 거기에 어떤 가치들이 담겨져 있는지, 그리고 그러한 가치들이 옹호되고 승인될 수 있는지를 살펴보아야만 한다. 우리의 관심은 민주주의에 있기 때문에 그와 같은 분석에 있어 초점은 이러한 제도와 관행들이 과연 민주적인지에 모아져야 할 것이다. 현재 전 세계적 정보 인프라 구조가 하나의 전 세계적 시스템이라는 점에서 이는 매우 복잡한 과제이다. 이 시스템을 만들어 유지하고 있는 사람들과 관행, 그리고 제도들은 많은 국가들에서 다양한 조건 하에서 작동하고 있다. 더군다나 이 시스템은 지금도 계속 발전하고 있다. 예를 들어, 이 시스템의 상당 부분이 공공의 자본이 투자되어 한정된 사용자들만이 이용할 수 있는 것으로부터 사적으로 소유되고 광범위하게 매매되는 상업적 시스템으로 전환되고 있는 미국은 현재 급격한 변화의 와중에 놓여 있다.

기술에 내재된 가치에 대한 이러한 설명에 있어서 중요한 점은 사람들이 어떤 기술을 구매하거나 사용할 때 어떤 가치들을 옹호하고 있는지를 파악하는 것이다. 전 세계적 정보 인프라 구조를 사용할 때 사용자들이 민주적 혹은 비민주적 제도를 옹호한다는 생각은 전 세계적 정보 인프라 구조나 그것이 지닌 사회적 영향력에 관한 논의에서 언급된 적이 없었다. 실제로 이 시스템을 만들어내고 유지하는 사람들과 제도, 그리고 관행에 초점을 맞춘다면 이 기술이 지닌 매우 비민주적인 특성들이 드러날 뿐만 아니라 추후에 그 점은 더욱 명확해질 것이다.

3. 내재된 가치의 구체적 의미

　내재된 가치의 구체적인 의미는 전 세계적 정보 인프라 구조의 구체적인 설계에 내재된 가치들의 경향을 강조한다. 이러한 형태의 분석은 앞서 간략하게 기술되었다. 즉, 모든 개인들을 서로 연결시키는 전산망과 정보가 송출되는 분산된 방식이 바로 민주주의를 구현하는 이 기술의 대표적인 특성이라는 주장이다. 이 두 가지 특성 모두는 이 기술의 민주적 성격에 관한 주장에 있어 핵심이 된다. (이와는 정반대의 경우가 시스템을 통해 움직이는 모든 정보가 먼저 하나의 중앙 사이트를 경유한 후 여기서부터 목적지로 송출되는 중앙집중화된 시스템이다.)

　그러나 앞서의 논의를 통해 이러한 생각들이 아직은 미흡하다는 것이 이미 밝혀졌다. 전 세계적 정보 인프라 구조는 모든 사람들을 연결하는 전산망, 그리고 분산화된 정보송출과 양립 가능하지만 동시에 제한적인 접근, 그리고 중앙집중화된 정보송출과도 양립 가능하다. 설사 개인의 자율성, 그리고 전 세계적 정보 인프라 구조가 개인들로 하여금 누구와 연결되고 어떤 정보에 접근할 것인지를 통제할 수 있게 한다는 생각으로 논쟁의 초점을 바꾼다 할지라도, 이는 이 기술이 지닌 유연한 속성이지 완고한 속성이 아니라는 것을 기억하는 것이 중요하다. 이 기술은 또한 개인의 자율적 통제를 은연중에 만들어낼 수도 있다. 또한 이 기술은 중앙집중적 통제, 감시, 그리고 검열이 가능하다. 보이지 않게 통제되고 있는 개인의 자율적 통제의 한 사례로 검색 엔진을 생각해 보라. 검색 엔진은 그 엔진을 개발한 사람에게 얼마나 많이 지불했는가에 따라 순위가 매겨진 정보들을 보여주고 있다.

4. 내재된 가치의 표현적 의미

마지막으로, 내재된 가치에 관한 네 번째 설명은 전 세계적 정보 인프라 구조가 갖는 문화적 의미의 분석경향을 강조하고 있다. 다양한 영향력이라는 스클로브(Sclove)의 개념을 사용하면 전 세계적 정보 인프라 구조가 갖는 문화적 의미 속에 담긴 일련의 다양한 가치들을 살펴볼 수 있다. 아마도 이것이 지닌 가장 강력한 의미는 '미래'일 것이다. 전 세계적 정보 인프라 구조는 세계가 나아가는 방향을 상징적으로 보여주고 있다. 이것은 개인들이 전 세계적인 차원에서 일하고 사업하고 즐기는 미래를 상징적으로 보여주고 있다. 이 기술이 주는 메시지는 (혹은 최소한 이 기술에 대한 선전과 보도는) 미래로 달려가는 일종의 초고속 열차이며, 이에 동참하지 않는 사람들은 영원히 뒤에 남겨지게 된다는 것이다.

또한 전 세계적 정보 인프라 구조는 다른 사회적 의미들을 나타내고 있으며, 본 논문의 주제 그 자체가 그것이 지닌 문화적 의미가 민주주의와 연계되어 있다는 사실을 뒷받침하는 증거가 된다.

V. 출발지점으로서의 민주주의 : 권력과 편협성

앞서의 논의들은 전 세계적 정보 인프라 구조에 내재된 가치들에 관한 향후 연구에, 그리고 그것이 지닌 민주적이고 비민주적인 경향들에 대해서 좀 더 깊게 이해할 수 있는 연구에 도움이 되는 여러 유익한 방향들을 제시해 주고 있다. 앞에서의 예비적 분석은 민주적 속성과 비민주적 속성을 모두 지닌 기술의 경향을 강조하고 있다.

그러나 이 문제에 대한 또 다른 접근방식은 민주주의 개념을 해체하여 그 구성요소와 의미들을 면밀하게 분석한 다음 이를 분석의 기초로 사용하는 것이다. '민주주의'는 매우 다양한 방식으로 사용되어 민주적인 사회의 다양한 특성들을 설명하고 있다. 알브래스터(Arblaster, 1987)는 이러한 다양성을 인식하고 민주주의에 대한 정의가 지닌 의미의 핵심을 찾아내려 한다. 그는 다음과 같이 기술하고 있다.

> 얼마나 세련되고 복잡한가와는 별개로 민주주의에 대한 모든 정의의 토대에는 국민의 권력이라는 사상, 즉 권력, 그리고 권위 또한 국민에게 있다는 사상이 자리 잡고 있다. 그러한 권력이나 권위는 대개 정치적인 것으로 간주되며, 따라서 국민주권이라는 사상의 형태를 취하게 된다 — 궁극적인 정치적 권위로서의 국민(p. 8).

국민주권은 민주주의와 관련된 많은 사상들의 근저에 자리잡고 있는 포괄적인 사상으로 다음과 같은 것들을 포함하고 있다 : 선거와 대의제 정부, (정부와 기타 단체에의) 참여, 소수가 아닌 다수의 권력, 공동 심의, 적극적인 자세의 양성, 평등, 개인의 자유, 그리고 개인의 권리.

이러한 요소들 중에서 일부는 전 세계적 정보 인프라 구조의 민주적 성격에 대한 앞서의 논의에서 이미 언급되었다. 그러나 민주주의의 의미에서 출발하는 접근방식은 또 하나의 유용한 분석을 가능하게 한다. 특히 전 세계적 정보 인프라 구조가 갖는 반민주적 경향과 관련하여 두 가지 요소들이 강조된다 : 다수의 권력으로서의 민주주의라는 사상과 공동심의로서의 민주주의라는 사상이 그것이다.

1. 다수의 권력

국민주권에 대한 알브래스터의 생각은 개개의 시민들이 상당한 권력을 지니는 정부 혹은 사회라는 생각이다. 다시 말해서 (독재나 귀족정치 혹은 과두정치와는 반대되는) 민주주의에 있어서 개인들은 자신들의 삶과 관련되는 규칙, 법률, 그리고 정책(또는 대표자)에 대해 발언권을 지닌다. 이러한 생각은 전 세계적 정보 인프라 구조가 민주적이라고 주장하는 사람들의 생각과 부합되는 것 같다. 그 추론과정은 다음과 같다 : 민주주의는 다수의 권력을 의미한다 ; 정보는 권력이다 ; 전 세계적 정보 인프라 구조는 정보를 다수의 수중에 놓이게 한다 ; 그러므로 전 세계적 정보 인프라 구조는 민주적이다.

이러한 일련의 주장들에 있어서 널리 검증되지 않은 핵심 항목은 바로 '정보는 권력이다' 라는 주장이다. 이 구절은 전 세계적 정보 인프라 구조에 대한 공개적인 토론과 홍보에서 반복적으로 사용되고 있다. 그러나 정보가 권력이라는 말은 무엇을 의미하는가? 두 개의 근본적으로 상이한 의미가 존재한다. 첫 번째 해석은, '정보는 권력이다' 라는 말은 정보가 개인들에게 **전달되는** 것을 의미하며, 이에 따라 이러한 개인들(정보를 받은 사람들)은 힘을 갖게 된다는 것을 의미한다. 예를 들면, 우리 지역 상원의원이 뇌물을 받았다는 것을 알게 되면 나는 보다 올바르게 투표할 힘을 갖게 된다. 혹은 인터넷에서 내가 앓고 있는 희귀 질환에 관한 유익한 정보를 찾게 되면 나는 그 질환에 대해 이해하고 개인적으로 치료할 수 있는 힘을 갖게 되는 것이다.

'정보는 권력이다' 라는 말의 두 번째 의미는 정보가 어떤 개인에 의해 **전달되어지며**, 이에 따라 이 개인(정보를 보내는 사람)은 힘을 갖게 된다는 것이다. 예를 들면, 뉴욕 타임즈에 기고하는 사람들이나 광고를 하는 사람들은 힘을 갖는다. 이들은 정보를 받는 사람들에게 영향력을 행사하고, 이들을 특정 방향으로 유도하고, 또한 어떤 점에서는 이들을 통제할 수 있는 힘을 갖는다.

전 세계적 정보 인프라 구조를 민주적이라고 생각하는 사람들은 '정보는 권력이다' 라는 말의 첫 번째 의미를 수용하고 있는 것 같다. 개인들의 수중에 정보를 놓이게 하는 것은 개인들에게 힘을 제공하는 것이기 때문에 민주적인 것으로 인식된다. 그리고 세계적 정보 인프라 구조의 결과로 나타나는 이러한 형태의 권한부여와 관련된 많은 사례들이 있다. 전 세계적 정보 인프라 구조는 정보에 접근할 수 있는 엄청난 기회들을 만들어내고 있다. 그럼에도 불구하고 '정보는 권력이다' 라는 말의 두 번째 의미 또한 전 세계적 정보 인프라 구조에 있어 통용되고 있으며, 이러한 점은 그리 널리 인식되지 않고 있다. 보다 많은 정보는 보다 좋은 것으로 정보가 많으면 많을수록 더 좋다는 가정이 (첫 번째 의미에 기초하여) 만들어졌다. 그러나 (기업과 정부는 물론이고) 개인들은 단순히 정보를 필요로 하는 것이 아니라 **정확하고 믿을 수 있는, 그리고 적절한** 정보를 필요로 한다는 사실이 간과되고 있다. 전 세계적 정보 인프라 구조는 대부분의 개인들이 감당할 수 있는 능력을 훨씬 뛰어넘는 엄청난 양의 정보를 이용 가능하게 만들었다. 이러한 상황은 정보의 선별과 보증을 필요하게 만들었다. 아직까지는 전 세계적 정보 인프라 구조에 있어서 이것을 어떻게 이룰 것인지에 대해 거의 관심을 기울이지 않고 있다. 정보의 확증은 암호기술을 통해 강조되지만 이것이 내용의 완전성을 결코 확인해 주지는 않는다. 정보를 보내는 사람들과 정보를 선별하는 사람들은 (TV 방송국이 현재 행사하고 있는 것처럼) 엄청난 힘을 갖게 될 것이다. 이들은 전 세계적인 차원에서 영향력을 행사하고, 의도적으로 형성하고, 또한 궁극적으로 통제할 수 있는 힘을 지니게 될 것이다.

이러한 설명이 전 세계적 정보 인프라 구조가 개인들에게 권한을 제공할 수 있으며 제공할 것이라는 점을 부인하는 것은 아니다. 그보다는 이와는 상반되는 추세를 지적하고 있는 것이다. 전 세계적 정보 인프라 구조에 있어서 정보선별 시스템은 아직도 발전하고 있는 중이며, 그렇기 때문에 어떤 성향이 지배적일지, 그리고 선호되는 것과 그 방법은 아직 불확실하다. 그러나 하락할 가능성을 인식하는 것이 중요하다. 우리를 대신해서 정보를 선별하는 사람들은 우리보다 압도적인 힘을 갖게 될 것이다. 의문의 여지없이 우리가 현재 받고 있는 정보는 선별된 것이며, 따라서 그 위협은 그리 새로운 것이 아니다. 그럼에도 불구하고 전 세계적 정보 인프라 구조는 이러한 힘을 지닐 수 있는 역량을 보다 고도로 집중시키고 있다. 전 세계적 정보 인프라 구조에서 우리를 대신해서 정보를 선별하고 포장하는 사람들은 우리를 지배할 수 있는 압도적인 힘을 갖게 될 것이다.

2. 공동 심의

국민주권과 밀접하게 관련되는 민주주의의 중요한 특성은 공동심의라는 사상이다. 민주주의라는 사상은 단순히 (시장에서 하듯이) 개인들이 투표권을 행사하고 이를 통해 자신들의 요구를 표현한다는 사상이 아니다. 국민주권은 많은 사람들이 회합하여 자신들이 직면한 문제에 대해 함께 토론하고 논쟁하는 것을 의미해 왔다. 공동심의에 있어서 개인들은 자신들의 생각을 제시하고 다른 사람들의 의견을 경청한다. 생각들은 비판을 받게 된다. 이러한 과정을 통해 심사숙고가 이루어진다. 여러 생각들이 다투다 보면 더 좋은 생각이 출현하게 된다. 논의과정에서 생각들이 구체화된다 ; 개인들은 성숙해지고 학습한다 ; 그들의 능동적인 역량들이 더욱 증진된다. 그리고 함께 어려운 문제에 직면하게 되면 사람들 간의 유대감은 증대된다.

전 세계적 정보 인프라 구조가 민주적이라고 주장하는 사람들은 전 세계적 정보 인프라 구조가 집에서 편안하게 온라인을 통해 토론할 수 있는 기회를 제공하기 때문에 이러한 공동심의를 촉진시킨다고 생각하는 데 비해 흔히 간과되고 있는 정반대의 경향 또한 존재한다. 정반대의 경향이란 일종의 편협함으로 나아가는 경향을 말한다. 개인들은 어떤 토론방에 참여할 것인지, 어떤 뉴스들을 읽을 것인지, 누구에게 메시지를 보내고 누구로부터 메시지를 받을 것인지 등등을 선택한다. 자신들이 참여할 토론방을 선택한다. 개인들이 채팅 상대로 비슷한 생각을 하는 사람들을 선택하고 자신들이 이미 갖고 있는 선입관에 부합되는 뉴스들을 선택할 가능성이 있다. 즉, 사람들은 자신들이 이미 갖고 있는 이해관계에 따라 정보를 선택할 것이다. 이것은 자유이며, 이를 반박할 이유는 없다. 그럼에도 불구하고 개인들이 다양한 관점과 사람들로부터 지금보다 더욱 고립될 가능성이 있다. 왜 당신과 의견이 같지 않은 사람들을 상대하고 있는가? 왜 대하기 어렵고 '여러 모로 다른' 이웃들을 그냥 회피할 수 있음에도 불구하고 상대하고 있는가? 왜 당신의 견해에 대해 무엇인가 잘못되었다고 말하는 뉴스의 시각에 자기 자신을 노출시키는가? 과거에는 공유된 지리적 공간으로 인해 접촉과 공동심의가 불가피했다. 이로 인해 다양한 사람들이 함께 살아가는 법을 찾아야만 했다. 수많은 행위들이 이루어지는 기본구조가 전세계적인 것으로 되어감에 따라 그러한 필요성은 점차 미약해지고 있다.

전 세계적 정보 인프라 구조는 하나의 명백한 편견을 지니고 있다. 즉, 이것은 하나의 전 세계적 시스템이라는 것이다. 이것이 모든 사람들로 하여금 전 세계적으로 상호작용하도록 강요하지는 않지만 전 세계적 상호작용(커뮤니케이션)을 용이하게 한다. 개인들이 온라인을 통해 사람들과 커뮤니케이션 하는 데 보다 많은 시간을 할애하면 할수록 오프라인에서의 커뮤니케이션에 할애하는 시간은 그만큼 줄어든다. 좀 더 정확히 말하자면, 개인들이 지리적으로 멀리 떨어진 사람들과의 상호작용을 많이 하면 할수록 지리적으로 가까운 사람들과 보내는 시간은 더욱 줄어들게 된다. 이는 개인들이 다양성(다른 국가의 사람들)을 접할 수 있기 때문에 일반적으로 좋은 것으로 간주된다. 사실상 다양성의 정도는 매우 제한되어 있다 —컴퓨터를 소유할 수 있는 사람들, 영어를 알고 있는 사람들 등등. 그러나 다른 한편으로 이는 또한 개인들이 옆집과 이웃 사무실에 있는 사람들, 즉 지리적으로 가까이 있는 사람들을 상대할 필요가 없음을 의미한다.

시장전략 거래자료의 분석에 근거한 판매전략으로 인해 편협함의 추세가 더욱 조장되고 있다. 전 세계적 정보 인프라 구조에서의 어떤 사람의 행위로부터 그의 개인적인 성향과 취미, 습관, 필요, 그리고 욕구들을 추론해낼 수 있다. 소비자들이 원하기 전에 먼저 그들이 원하는 것을 제공하기 위한 노력의 일환으로 이미 이러한 것들이 연구되고 있다. 개인들은 더욱 더 그러한 존재가 되어가고 있다.

전 세계적 정보 인프라 구조는 민주주의에 있어 지리적 공간의 역할과 관련되는 오래된 흥미로운 주제에 대하여 새로운 관점을 불러일으키고 있다. 새로운 관점에서는 과연 민주주의가 공유되는 공간이 아닌 다른 무엇인가에 기초할 수 있는지를 묻고 있다. 실제로 전 세계적 정보 인프라 구조가 정보 시스템으로서 갖는 강력한 역할과 더불어 그것이 지닌 전 세계적 영향력으로 인해 과연 국가 간의 경계와 각 국가의 정체성이 지속될 수 있을까 하는 의문이 제기된다. 시민들이 전 세계적인 커뮤니케이션 시스템을 사용하게 되면 국가의 경계는 미약해진다. 개인들이 지리적으로 멀리 떨어진 사람들과 상호작용하는 데 보다 많은 시간을 소비할수록 국가의 경계들은 더욱 더 미약해질 것이다. 실제로, 개인들이 자신의 민족국가보다는 정보제공자들에게 좀 더 일체감을 느끼게 될지도 모른다.

민주주의 이론가들이 시시각각으로 변하고 있는 민족국가라는 기준을 논의해 온 데 비해, 현재 지리적 위치가 아닌 어떤 것에 기초한 사람들 간에 강한 동맹이 맺어질 가능성이 나타나고 있다. 과연 이와 같은 환경 속에서 민주주의가 존속될 수 있는가? 사람들이 지니는 공동의 공간은 역사적으로 공통점이 있었으며, 이것이 사람들을 정치 공동체로 끌어당겨 온 것이다. 만일 우리가 물리적 · 지리적 공간에 덜 의존하게 된다면 과연 무엇이 우리들을 서로 결합시켜 줄 것인가?

참고문헌

Arblaster, A. (1987) *Democracy*. Minneapolis, University of Minnesota Press.

Bijker, W. (1995) "Sociohistorical Technology Studies" in *Handbook of Science and Technology Studies* edited by S. Jasanoff, G .E. Markle, J. C. Petersen and T. Pinch, Sage Publications.

Gorenstein, S. (1996) Introduction : Material Culture, *Knowledge and Society*, Volume 10, pp. 1−18.

Johnson, D. (1997) Ethics On Line, *Communications of the ACM*, January, 1997, pp. 60−66.

Levy, S. (1984) *Hackers : Heroes of the Computer Revolution*. New York, Anchor/ Doubleday.

Sclove, R. E. (1995) *Democracy and Technology*. New York. The Guilford Press.

Winner, L. (1986) "Do Artifacts have Politics?" in *The Whale and the Reactor*. Chicago, The University of Chicago Press.

7장_ 정보기술에 대한 윤리적·도덕적 개념과 이론의 적용 : 몇몇 핵심 문제들과 과제들

프란스 비어러Frans A. J. Birrer

Ⅰ. 서론

윤리적 그리고 도덕적 개념과 이론들을 정보기술(IT)에 적용하고자 할 경우 다음과 같은 세 가지 조건들이 충족되어야 한다 : (1) 그러한 개념과 이론들이 어떤 성격의 문제들에 적용될 수 있으며 또한 어떤 문제들에 적용될 수 없는지를 알아야만 하며, (2) 구체적인 개념과 이론들이 지니고 있는 한계점들을 알고 있어야만 하고 (또한 이러한 한계점들을 극복할 수 있는 방법을 알아야만 하며), (3) 이러한 개념과 이론들

---

* 본 논문은 *Proceedings of the Conference on Computer Ethics-Philosophical Enquiry* (*CEPE 97*). Erasmus University Press, Rotterdam, Netherlands, 1998, pp. 59~63에 게재된 논문이다. Copyright ⓒ 1998 by Frans A. J. Birrer. 저작권자의 허락 하에 수록한다.

을 적용시키고자 하는 분야에 대한 구체적인 지식을 충분히 지니고 있어야만 한다. 이 논문은 이러한 세 가지 범주들 각각에 있어 핵심적인 장애요소라고 생각되는 것들을 아주 간략히 검토하고 있다.

첫째, 컴퓨터윤리 개념의 경계설정에 관해 논의하고 있다. '컴퓨터와 관련된 사회적 논제들'이라고 불리는 거의 모든 것들에 대해 '컴퓨터윤리'라는 용어를 사용하는 것이 하나의 추세가 되고 있다. 이러한 사회적 논제들은 성격상 결코 모두 윤리적인 것이 될 수 없기 때문에 이러한 용어사용은 혼란을 초래하고 있다.

둘째, 사회적 맥락의 역할에 관해 설명하고 있다. 보다 분석적인 윤리 접근법들은 이러한 사회적 맥락을 다루는 데 어려움을 지니고 있는 반면, 서술적 접근법은 맥락에 보다 예민하기는 하나 새로운 기술들이 관련될 경우 지침을 제공하는 데 어려움을 지닌다. 우리에게 필요한 것은 이러한 딜레마의 뿔을 넘어서는 일종의 윤리의 '사회화'이다.

세 번째 중요한 과제로서 숙련된 조언가의 역할에 의해 제기되는 매우 특수한 문제들에 관심을 기울이고 있다. 이러한 역할은 일반적으로 추정되는 것보다 매우 복잡하다. 숙련된 조언가는 어떻게 윤리적으로 행동해야만 하는지를 정의하기 위해서 전문가와 고객이 함께 문제를 해결하는 과정에 관한 일종의 의정서에 대하여 보다 구체적으로 연구해야만 한다.

Ⅱ. 용어상 혼란의 해결 : '컴퓨터윤리'의 경계설정

'컴퓨터윤리'라는 용어를 수십 년간 '컴퓨터와 관련된 사회적 논제들'과 같은 용어로 지칭되어 왔던 거의 모든 것으로 확대시키는 것이 하나의 추세가 되고 있다.[1] 이처럼 새롭고도 확대된 '컴퓨터윤리'라는 개념은 프라이버시, 작업현장의 문제들, 그리고 소프트웨어 재산권과 같은 분야를 포함하고 있다. 비록 이러한 논제들이 규범적인 것이라는 데에는 의문의 여지가 없지만, 그렇다고 해서 이러한 논제들이 모두 윤리적·도덕적인 성격을 지닌 것은 결코 아니다.

일반적으로 윤리라는 용어를 사용함에 있어 이미 어떤 이중성이 존재하고 있다. 가끔 이 용어는 개인적인 선택에만 해당된다 : 집단적인 혹은 제도적으로 조정된 선택들은 대개 배제될 뿐만 아니라 '도덕철학'과 같은 용어를 사용하는 보다 넓은 분야로 간주된다. 분명히 많은 작업현장의 문제들, 소프트웨어 권리와 관련된 문제들, 혹은 프라이버시 등은 단순히 개인의 선택이라는 측면에서 다루어질 수 없는 것들이다.

좁은 의미의(개인적인 선택에만 적용하는) 윤리와 보다 넓은 범주의 윤리를 구분해야 하는 타당한 이유가 있으며,[2] 많은 고전적인 윤리교과서들이 개인들의 선택만을 다루고 있는 것은 우연이 아니다. 즉,

---

[1] 대표적인 것으로 [Forester, Morrison, 1990]의 내용을 참조할 것.
[2] 미시윤리와 거시윤리에 대한 존 래드(John Ladd)의 구분을 참조할 것 [Ladd, 1997].

후자의 경우에 있어서 행위와 의사결정의 정당성과 관련된 많은 추가적인 물음들이 제기되고 있다. 다음 장에서 다른 중요한 차이점들이 논의될 것이다.

그러나 컴퓨터윤리의 경계설정과 관련하여 보다 난해한 또 따른 혼란이 존재한다. 앞서 언급한 논제들 중에서 상당수가 넓은 의미에서 볼 때 윤리적 혹은 도덕적인 성격의 것이 아니라 단순히 정치적인 것들이다 : 관련된 혹은 영향을 받는 당사자들끼리 타협해야 할 것들이다. 다양한 입장에서 수용 가능한 것은 여러 가지 측면에서 볼 때 그들 자신의 결정인 것이다 : 이는 도덕적인 주장으로 환원될 수 없는 것이다.

소프트웨어 재산권을 예로 들어보자. 소프트웨어 재산권에 대한 평가가 도덕적 논쟁에 토대를 둘 수 있다는 것은 전혀 근거가 없다. 물질적 재산권과는 달리 다른 누군가가 사용한다고 해도 원래 생산자가 이를 사용하는 데 있어 아무런 장애가 되지는 않는다. 초기에는 교과서나 혹은 음악작품과 같은 것들에 대한 저작권은 존재하지 않았다. 이것이 비도덕적이었다고 주장하기가 어려웠던 것이다. 소프트웨어에 대한 재산권은 정치적 논제의 대표적인 사례로, 이에 대해 도덕적 혹은 윤리적으로 숙고한다 해도 어떠한 훌륭한 해결책도 제시할 수가 없다. 나는 소프트웨어에 대한 권리가 도덕적 근거를 토대로 결정될 수 없다고 주장할 필요성조차 느끼지 않는다 : 여기서 내가 기본적으로 주장하는 바는, 그렇게 할 수 있다는 것이 선험적으로 명백하지 않다는 것이며, 또한 그러한 기치 하에 이와 같은 논제를 마치 자명해 보이는 방식으로 처리함으로써 결과적으로 어떠한 확증도 없이 강력한 가정을 강요하고 있다는 것이다.

작업현장과 관련된 많은 논제들도 이와 유사하다. 고용주에 의한 행위방식을 생각할 수 있다. 확연히 '부도덕한' 혹은 '비윤리적인' 것으로 간주될 수 있는 고용주의 행위방식을 상정해 볼 수 있을 것이다. 그러나 여기서도 많은 논제들은 단지 정치적인 것들이다. 즉, 대부분의 논제들은 다양한 이해관계의 세심한 균형을 필요로 하고 있으며, 이러한 균형은 당사자들 간의 공개적인 협상을 통해서만 이루어질 수 있는 것이다. 그와 같은 경우에 있어서 도덕적 개념들은 기껏해야 의사결정에 참여해야 한다는 주장이나 혹은 어떻게 기존 법규를 '비윤리적'으로 위반하고 있는지에 대한 논의와 관련될 뿐, 그러한 결정이나 법률이 정확하게 어떤 내용이어야 하는지에 관해서는 어떠한 결정적인 단서도 제공하지 못한다.

언뜻 보기에 프라이버시는 윤리적이고 도덕적인 논제들에 보다 직접적으로 관련된 것처럼 보인다. 그러나 실제로 어떠한 상황 하에서도 신성불가침한 것으로 간주될 수 있는 논쟁의 여지가 없는 '핵심 공간'은 거의 존재하지 않는다. 관련되는 다양한 이해관계들이 항상 적절하게 조정되며, 또한 모든 관련 당사자들 간의 공개적인 협상과정에는 이러한 것이 포함된다.

위와 같은 논제들을 단순히 '윤리'의 특정 분야에서 다룰 수 있다는 주장은 이러한 문제들의 본질, 이러한 문제를 해결하는 데 필요한 분석틀의 성격, 그리고 이러한 문제들에 관한 조언을 구해야만 하는 전문가의 유형에 대해 잘못 이해하고 있는 것이다. 또한 이러한 문제들을 마치 협상이 아니라 어떤 (윤리적) 전문가집단에 의해 제시된 '합리적인' 분석을 통해 해답을 찾을 수 있는 것인 양 주장하는 것은 그와 같은 논제들에 대해 부적절한 탈정치화를 야기하기도 한다.

Ⅲ. 윤리와 사회적 맥락의 연결

계몽주의의 결과로서 윤리이론은 오랫동안 제도와 규칙을 강조해오고 있다. 거의 변함 없이 이러한 규칙들은 어떤 가상적인 '윤리적으로 완벽한 세계'로부터 추출되었다. 그러나 이상적인 규칙들은 (이상적이지 않은) 현실에 있어서는 매우 다르게 작동할 수 있다. 다시 말해서 그와 같은 규칙이 움직이는 저울을 초래하는 경우가 생길 수 있다. 예를 들어 '윤리적인', 그리고 '비윤리적인' 사례들을 경험적 기준에 따라 구분하기가 너무 힘들기 때문에, 규칙이 점차 모두 무의미해지지 않도록 하기 위해 정말 비윤리적인 것으로 생각되는 일부 사례들을 금지하는 것이 더 나을 수 있다. 이와 같은 우려를 고려할 때 윤리적 담화에는 사회학적 고려가 포함되어야 한다. 많은 윤리자들은 이를 매우 싫어하고 있다. 그들은 이를 윤리적 담화의 순수성을 침해하는 것으로 인식하는 경향이 있다. 지금까지도 현실적 의미를 지닌 윤리를 원한다면 다른 방법은 없어 보인다. 그리고 규칙을 강조하는 윤리분야에서 완벽하게 실행 가능한 규칙 결과주의적[3] 해석을 하는 데 있어 사회학적 고려가 포함될 수 없는 뚜렷한 이유를 찾아낼 수가 없다.

요즈음 덕윤리에 다시 관심이 모아지고 있다. 덕윤리에서는 분석

---

[3] 즉, 실제행위와 토론을 규제하는 데 어떻게 기능하는지에 대해, 그리고 실제행위에 있어 그러한 규칙들을 채택했을 경우 어떠한 좋은 점들이 생겨나는지에 대해 평가된 규칙들.

적 규칙의 탐색을 무의미한 것으로 보고 있으며, 윤리가 자리 잡아야 할 장소로 담화와 덕목을 강조하고 있다.[4] 바로 여기에서 윤리는 철저하게 맥락화된다. 사실상 윤리는 그것이 지닌 맥락으로부터 분리될 수 없는 것으로 간주된다. 비록 윤리는 어떠해야 하는가를 설명하고자 할 때 담화가 없어서는 안 될 방식이기는 하지만, 그렇다고 해서 그것이 정보기술과 관련된 물음들에 답하는 근본적인 원천이 될 수 없는 타당한 이유들이 존재한다. 첫째, 담화들의 성공은 오랜 기간 동안의 전통에서 비롯된 가치에 근거하고 있다. 새로운 기술의 경우에 있어서는 우리는 그러한 가치를 갖고 있지 않다.[5] 둘째, 덕과 같은 개념들은 최소한의 윤리라기보다는 일종의 '자신을 위한'(Überich) 윤리를 추구하는 경향을 지닌다. 만일 우리의 최우선 과제가 최악을 방지하는 것이라면 이러한 윤리는 그리 효과적이지 못하다. 셋째, 보다 분석적인 도구를 사용하지 않을 경우, 복잡하게 서로 얽혀 있는 현대 생활에 우리도 모르게 고착되어 우리에게 부과된 것처럼 보이는 책무의 마법으로부터 벗어날 수 없게 될지도 모른다. 바로 이러한 점 때문에 개인 행동의 윤리가 갖는 한계를 다시 인식하게 되는 것이다.

현대 사회에 있어서 제도적 조정의 중재뿐만 아니라 행위와 결과 간의 연계성 또한 너무나도 복잡해지고 있기 때문에 의사결정에 관한 하나의 직접적이고 단순한 관점이 통용될 수 없다. 잘못된 것과 옳은 것을 구별하기가 어려워졌을 뿐만 아니라, 어떤 결정이 정확히 누구에 의해 이루어졌는지를 알아내기는 더욱 어렵다. 제도 내부의 책

---

[4] [MacIntyre, 1981].
[5] [Birrer, 2000] 참조.

임성은 종종 불투명하게 정의된다. 이러한 불투명성으로 인해 모든 종류의 잠재적 유혹이 생겨나게 된다 : 윤리적으로 부적절한 동기들은 혼란 속에 쉽게 감춰지거나 혹은 개인적인 그리고 집단적인 자기기만을 통해 보다 급격하게 상실되기도 한다.[6] 이 모든 것들이 컴퓨터시스템의 설계와 사용 모두에 적용된다. 그것들이 만들어지고 유지되는 복잡한 과정을 고려하지 않고 윤리적으로 바람직하지 못한 결과를 지니는 컴퓨터의 설계와 사용이 중단될 수 있다고 믿는 것은 너무 순진한 생각이다.[7] 이러한 논제들은 탁상공론적 윤리에 의해서가 아니라 폭넓고 정교한 민주적인 협의를 통해 해결될 수 있다.

이러한 점으로 인해서 최근 또 하나의 경향이 나타나고 있다 : 담화윤리.[8] 담화윤리에서는 윤리적 주장들이 교환되는 담화가 강조되고 있다. 앞서 논의되어 온 것에 비추어 보면 이러한 접근법이 갖는 이점들이 분명하게 드러날 것이다 : 단순한 아르키메데스적인 관점에서 윤리를 정의하고 또한 공정한 정치과정의 결과가 되어야 하는 것들을 오히려 철학적 원리들 속에 포함시키려고 노력하는 대신에 윤리는 무엇보다도 먼저 과정 그 자체의 질(quality)과 관련되게 된다. 이러한 생각이 타당하기는 하지만 담화윤리는 대개의 경우 상당히 이론적이며, 또한 일부 학자들은 받아들이기 어려운 기본적인 가정으로부터 출발한다. 보다 현실적인 접근법은 웰머(Wellmer)가 최초로 제안한 '부정적 보편화'를 사용하는 것이다.[9] 이러한 생각의 지평을 확대시

---

[6] [Birrer, 2000].
[7] [Birrer, 1999a].
[8] [Habermas, 1981 ; 1983 ; 1991].

키면 윤리적 담화를 절대로 수용할 수 없는 불평등한 형태로 추정되는 것들(즉, 긍정적 보편화가 아닌 부정적 보편화)에 기초하여 (윤리적으로 절대적 선이라기보다는) 윤리적으로 절대적 악을 확인하는 담화로 간주할 수 있게 될 것이다.[10]

윤리에 있어 전통적인 이론적 이분법의 상당수가 실제 현실과 관련해서는 절대성을 상실하고 있다. 또한 제시된 특정 원리들이 구체적인 사회적 현실 속에서 사용될 때 어떻게 작용할 것인지를 스스로 자문하게 된다. 독단적인 양자택일의 논의에 집착하기보다는 다양한 접근법들이 서로를 보완해 주는 방식이나 혹은 특정 맥락에서 결합될 수 있는 방식에 대해 탐구하는 것이 더 나을 것이다. 하나의 예를 들자면, 앞서 설명한 어떤 종류의 규칙 결과주의는 부정적 보편화와 효과적으로 결합될 수 있다. 그렇게 되면 특정한 불평등을 수용불가능한 것으로 생각하는 것과 동일한 논쟁과 해석의 방식을 사용해서, 부정적 보편화를 통해 보편적인 윤리적 주장들이 구성되는 방식에 관한 하나의 단서를 얻을 수 있다.

Ⅳ. 컴퓨터윤리와 전문가의 역할

정보기술이 과연 특정한 윤리적 문제를 야기하는지에 관해 일부

---

9) [Wellmwe, 1986].
10) [Birrer, 1990].

논쟁이 벌어지고 있다. 가장 중요한 문제는 전문가의 역할에 있다는 것이 나의 주장이다. 불행히도 전문가의 역할은 종종 당연한 것으로 간주되고 있으며, 또한 전문가의 역할이 지니는 복합성은 대개 간과되고 있다. 어떤 전문가의 행위에 대해 적절한 윤리적 평가를 하려면 무엇보다도 그 전문가가 정확히 수행해야 할 임무에 대해 구체적으로 충분히 인식하고 있어야만 한다. 여기서는 자동화 전문가의 사례를 살펴볼 것이다. 앞으로 제기되는 많은 고려사항들은 전문가들에게 보편적으로 적용될 수 있는 것들이다.[11]

어떤 자동화 전문가가 대개의 경우 실제로 작업을 하지 않는 조직의 관행을 변화시킬 것을 권고하고 있다. 그 전문가는 조직구성원들에게 몇 가지 질문을 통해 이러한 관행을 알아냈지만, 알아야 할 필요가 있는 모든 것을 알고 있는 사람을 확신시키기란 쉬운 일이 아니다. 다른 한편으로, 조직구성원들은 전문가들에게 필요한 모든 정보를 제공하고 정확한 질문을 하는 데 어려움을 지닌다. 이들은 전문가가 아니기 때문에 모든 기술적인 선택사항들을 알지 못하며, 그에 따라 정확히 무엇이 전문가의 업무와 관련되는지를 알 수가 없다. 어렵고도 다소 역설적인 이러한 상황 속에서 어떤 아이디어를 얻으려면 두 당사자의 인식 근거는 각기 다른 데이터베이스에 있음을 잠시 생각할 필요가 있다. 그러면 전문가의 "데이터베이스"와 조직구성원들의 데이터베이스는, 하나로 통합이 된다면, 이용 가능한 모든 지식을 사용해 최선의 해결책을 찾는 데 도움이 될 것이다. 그러나 데이터베이스

---

11) [Birrer, 1999b] 참조.

가 전문가의 것과 조직구성원들의 것으로 나뉘어져 있기 때문에 그
내용물이 쉽게 결합되지는 않는다. 실제로, 만일 이 전문가가 조직의
맥락에 대해 전혀 모른다면, 그리고 조직구성원들이 자동화의 기술
적인 측면들에 대해 전적으로 무지하다면, 다시 말해 두 개의 '데이터
베이스'가 완전히 분리되어 있다면 결합으로 인한 그 어떤 유용한 결
과도 생겨나지 않을 것이다.

　물론 상황이 그렇게 극단적으로 나아가는 경우는 드물다. 그러나
이러한 비유를 통해 전문가가 조언을 제공하는 데 어려움이 있음을
분명히 알 수 있다. 정보기술에 대한 비유를 다시 사용해서 우리가 전
문가로부터 기대하는 것은 전문가 고유의 지식을 사용해 고객의 요
구와 바람에 대한 모의실험이라고 할 수 있다.[12] 그러나 고객의 바람
과 요구들이 분명한 형태로 항상 이용할 수 있는 것은 아니기 때문에
전문적인 세부항목을 가지고 고객들을 너무 괴롭히지 않으면서도 이
에 대해 철저하게 탐구할 필요가 있다. 심지어 어떤 면에 있어서는 전
문가는 고객들이 실제로 갖고 있지는 않지만 전문가가 알고 있는 모
든 것을 고객들이 알 경우에 갖게 될 수 있는 가치들을 미리 예상해야
만 한다. 고객의 이름으로 전문가가 행하는 모든 행동들은 특정 단계
에서 어떤 방식으로든 고객의 입장과 대조해 보아야만 한다.

　전문가와 고객에 의한 합동 문제해결 과정에 대한 합의 결정이 매
우 복잡하다는 것과 또한 전문가와 고객의 책임문제가 복잡하게 얽
혀져 있다는 것을 살펴보기 위해 좀 더 구체적으로 탐구해 들어갈 필

---

[12] 도덕적(민주적) 관점에서 볼 때 '고객'은 채택된 결정에 의해 영향을 받는 모든 사람들
　　이라고 할 수 있다.

요는 없다. 그러나 여기서 중요한 점은 단지 이와 같은 어려움 그 자체뿐만 아니라, 그로 인해 발생되는 불투명성과 그로 인한 잠재적인 유혹에 있다. 기술적인 선택사항들과 그것이 지니는 의미를 알지 못하는 사람들은 자신들의 바람과 합치되는 결과를 알 수가 없다. 혁신을 가속화시키는 경제적 필요와 결합된 이러한 기술지식의 우월성으로 인해서 어떤 사람들은 기술은 자율성을 지니고 있다고 믿게 된다. 그러나 지나치게 액면 그대로 받아들일 경우, 20년 전에 이미 위너 (Winner)가 밝혀낸 바와 같이 이러한 비유는 심각한 오해를 낳게 된다.[13] 위에서 설명한 분석틀이 지니는 결점들은 다음과 같이 요약될 수 있다.[14] 첫째, 우리가 일상 생활에서 접하는 것이 단지 물리적 기술만은 아니다 : 기술은 설계와 사용에 있어 패러다임과 복잡하게 얽혀 있으며, 패러다임은 우리의 견해와 태도를 이끌고 있는 사회적 기대를 구성하고 있다. 둘째, 혁신을 이끄는 경제적 필요가 보편적인 것은 아니다 : 이는 정부와 기타 기관에 의해 선택된 이러한 필요들의 구체적인 전달과 관련된다. 사실상 대부분의 필요들은 잠재적 유혹과 개인적 그리고 집단적 자기 기만의 산물인 것이다. 심지어 기술설계자들은 통제 하에 있지도 않다. 왜냐하면 그는 자신의 원칙과 유혹에 따라 움직이기 때문이다. 또한 사용자의 피해가 항상 설계에 의해 야기되는 것은 아니다. 왜냐하면 종종 정보통신기술의 잘못된 사용은 상당부분 사용자의 잘못으로 생겨나기 때문이다.

순진한 기술결정론은 전체적인 상황을 단순화시키고 있기 때문에

---

13) [Winner, 1977].
14) [Birer, 199a ; 2000] 참조.

설득력을 지닌다. 그러나 동시에 이는 자기 충족적이고 자기 파괴적 예언의 원천이 되기 때문에 매우 바람직하지 못하다. 후자의 사례를 들자면, 전자고속도로에 관한 많은 출판물들은 이것이 더 많은 민주주의를 가져다 줄 것이라고 주장하고 있다. 이는 매우 바람직한 결과로 보여지기 때문에 사회과정이 취해야 할 방향은 바로 이것이라고 단순하게 생각한다. 그러나 이러한 수사는 정확히 이와는 반대방향으로 나아가고 있는 기존의 사회−정치적 경향과 크게 다르지 않다고 믿을 만한 충분한 이유가 있다.[15] 만일 우리가 전문가 자문의 윤리와 도덕에 대해 논증할 수 있는 진술을 하고자 한다면 먼저 전문가와 고객이 함께 합동으로 문제를 해결하는 과정과 민주주의의 불투명성과 자기 기만의 결과부터 해명해야만 할 것이다.

---

[15] [Birrer, 1999c].

참고문헌

Birrer, Frans A. J., Computer technology, subliminal enticement, and the collectivisation of ethics, in Deborah G. Johnson, James H. Moor, Herman T. Tavani (eds.) : *Proceedings Computer Ethics : Philosophical Enquiry CEPE 2000*, Dartmouth College, pp. 29–42.

Birrer, Frans A. J. (1999a) Understanding values and biases in IT, *Computers and Society* 29, No. 1, pp. 16–21.

Birrer, Frans A. J. (1999b) Client–oriented anticipation in expert–advised problem solving, in Dorien J. DeTombe, Elmar A. Stuhler (eds.) : *Complexity problem solving. Methodological support for societal policy making*, Rainer Hampp Verlag, München, pp. 90–100.

Birrer, Frans A. J. (1999c) Cyber society and democratic control, in John Armitage, Joan Roberts (eds.) : *Exploring Cyber Society.* Conference Proceedings, Volume 1, Newcastle, pp. 1–10.

Birrer, Frans A. J. (1997) The global information society and the implications of self–organization, in Jacques Berleur, Diana Whitehouse (eds.) : *An ethical global information society. Culture and democracy revisited*, Chapman & Hall, pp. 238–248.

Birrer, Frans A. J. (1990) A two–sided approach to morality, in Aant Elzinga et al. (eds.) : *In sciencewe trust? Moral and political issues of science in society*, Chartwell–Bratt/Lund University Press.

Forester, Tom and Morrison, Perry (eds.) (1990) *Computer ethics*, Blackwell.

Habermas, Jürgen. (1981) *Theorie des kommunikativen Handelns*, Suhrkamp.

Habermas, Jürgen. (1983) *MoralbewuBtsein und kommunikative Handeln*, Suhrkamp.

Habermas, Jürgen. (1991) *Erläuterungen zur Diskursethik*, Suhrkamp.

Ladd, John. (1997) Ethics and the computer world : a new challenge for philosophers, *Computers and Society* 27 nr. 3, 8−13.

MacIntyre, Alasdair. (1981) corrected edition with postscript 1985), *After virtue*, Duckworth.

Wellmer, Albrecht. (1986) *Ethik und Dialog*, Suhrkamp.

Winner, Langdon. (1997) *Autonomous technology*, MIT Press.

8장_ 정의로운 결과주의 이론과 컴퓨터

제임스 무어 James H. Moor

다른 응용윤리 분야와 마찬가지로 컴퓨터윤리와 정보윤리는 윤리적 분석의 의무론적 측면과 결과주의적 측면을 논리적으로 통합시키는 윤리이론을 필요로 한다. 본 논문이 제안하는 정의로운 결과주의 이론은 정의를 제약하는 정책의 결과를 강조하고 있다. 이러한 특성으로 인해 정의로운 결과주의 이론은 컴퓨터와 정보윤리가 다루는 윤리적 문제들에 대한 실용적이면서도 이론적으로 안정된 접근법이라고 할 수 있다.

* 본 논문은 *Ethics and Information Technology*, 1 : 65–69, 1999에 게재된 논문이다. Copyright ⓒ 1999 by Kluwer Academic Publishers. 저작권자의 허락 하에 수록한다.

I. 서론

컴퓨터는 유연성을 지니고 있기 때문에 새롭고도 전혀 생각지 못한 방식으로 이용되고 있으며, 우리는 대개 그러한 이용을 통제하는 정책들을 만들어내지 못하고 있다.[1] 컴퓨터 기술의 발전은 정책 공백 상태를 낳고 있다. 그리고 설사 관련 정책이 존재할 때조차도 이러한 정책들은 컴퓨터보다 덜 유연한 기술이 존재했던 시기에 만들어졌기 때문에 대개 모호하거나 부적절하다. 컴퓨터윤리의 기본 업무는 이러한 정책적 필요성을 확인하고, 관련되는 개념적 혼란을 명료화하며, 적절한 새 정책을 만들어 윤리적으로 이를 정당화하는 일이다.

정책이란 공식적인 법에서부터 비공식적이고 함축적인 행동지침에 이르는 행위규칙이다. 정책은 대개 상이한 상황에 적절한 일련의 행동들을 권고하고 있다. "작업이 끝나면 컴퓨터를 끄시오"는 설사 별다른 윤리적 중요성을 지니고 있지는 않다 하더라도 하나의 정책인 것이다. "컴퓨터 칩을 훔치지 마시오"는 보다 분명한 윤리적 내용을 담고 있는 또 다른 정책이다. 설사 정책이 다른 사람이 만든 것이라 할지라도 우리의 삶을 규제하는 데 도움이된다. 우리는 무엇을 기대해야 하는지 알고 있으며, 그에 따라 행동한다. 만일 어떤 식당이 걸려오는 전화의 번호를 확인하기 위해 발신자 ID를 사용하는 정책

---

[1] James H. Moor, What Is Computer Ethics? *Metaphilosophy*, 16(4), pp. 266-275, 1985.

을 시행하고 있는 반면에, 우리는 식당이 자신의 전화번호를 아는 것을 원치 않는다면 발신자 ID 시스템을 폐쇄하거나 다른 식당을 이용하면 된다. 이러한 논의에 있어서 우리의 관심은 윤리적 차이점을 야기하는 컴퓨터 정책들과 이러한 정책들을 어떻게 적절하게 평가할 것인가에 모아진다.

컴퓨터윤리의 논제들을 정책이라는 측면에서 바라보는 것은 중요하다. 정책들은 합당한 수준의 보편성을 기반으로 행위의 도덕성을 평가한다. 모든 행위는 특정 정책의 특정한 사례로 간주될 수 있다. 이러한 상황 하에서는 이러이러한 행위가 허용되거나 요구되거나 혹은 금지된다. 행위를 보다 보편적인 규범적 명령으로 이해하면 행위에 대한 책임성과 보다 신중한 사고가 높아진다. '정책'이라는 용어는 정당한 예외(정책이 절대적인 규칙은 아니다)와 의무의 수준(정책은 단순한 제안이 아니다)이 존재할 수 있다는 의미를 담고 있다.

우리는 컴퓨터 관련 정책들이 윤리적이기를 바란다. 그러나 윤리적인 컴퓨터 정책을 만들기 위해 우리는 무엇을 먼저 기대해야만 하는가? 전통적 윤리이론에 도움을 요청할 때, 대표적인 두 이론이—행위의 결과를 강조하는 결과주의 이론과 권리와 의무를 강조하는 의무론적 이론—서로 경쟁을 벌이고 있음을 발견하게 된다. 사실, 결과주의 이론과 의무론적 이론은 종종 양립불가능한 것으로 비춰진다. 철학자들은 아마도 계속 귀찮게 하고 무엇인가를 선동하고 때로는 윤리이론들 간의 갈등을 밝혀내면서 나름대로의 즐거움을 만끽하는 것 같다. 그러나 윤리이론들 간에 해결책이 없다는 사실은 윤리이론이 지니는 가치에 대해 다소 잘못된 평가를 하게 만든다. 실용적인 지침을 추구하는 응용윤리학자들은 스스로 당면 윤리적 문제를 분석하고 모순되는 도덕원리들로부터 해결책을 모색하는 데 몰두한다.

윤리는 보다 전통적인 윤리적 접근법의 다양한 힘에 호소하는 통합적인 이론을 필요로 한다. 각각의 관찰자들이 단지 코끼리의 일부분에 근거하여 그 형상에 대해 다른 사람과는 전혀 다르게 서술하고 있는 코끼리 이야기가 가장 대표적인 사례일 것이다. 물론, 각각의 서로 모순되는 코끼리에 대한 종합적인 서술이 존재한다. 이와 유사하게 윤리이론이라는 코끼리는 서로 대립되는 서술에 의해 기술되어 왔다. 우리의 과제는, 가능하다면, 이러한 모순되는 서술을 이해시킬 수 있는 코끼리에 관한 전반적인 서술을 찾아내고자 노력하는 것이다. 본 논문의 목적은 바로 여기에 있다.

Ⅱ. 정의에 충실한 결과주의

어떤 정책에 대한 윤리적 평가는 종종 다른 가능한 정책들의 결과와 비교한 그 정책의 결과에 대한 윤리적 평가를 의미한다. 만일 컴퓨터와 관련된 우리의 행동이 어떠한 해로운 결과도 지니고 있지 않다면 정책은 필요하지 않을 것이다. 그러나 전통적인 결과주의는 잘 알려진 단점들을 지니고 있다. 그 중에서도 결과주의는 특히 정의(justice)에 대해 무감각하다. 나는 정책의 결과를 고려할 수 있게 하고 동시에 이러한 정책들이 정의의 원칙에 충실하도록 할 수 있는 통합적 윤리이론이 가능하다고 생각한다.

결과를 고려할 때 우리는 유익한 것과 해로운 것을 평가한다. 인간은 보편적인 본성을 지닌다. 기본적으로 인간은 유사한 성격의 가치들을 지니고 있다. 예를 들면, 어떤 것이 선(유익한 것)이고 어떤 것이 악(해로운 것)인지의 구별이 그것이다. 일반적으로 핵심적인 선(善)에는 삶, 행복 그리고 자율성이 포함되며, 핵심적인 악(惡)으로는 죽음, 불행 그리고 자율성의 결여가 포함된다. 내가 의미하는 '행복'이란 단순히 '즐거움과 고통의 부재'이다. 여기서의 자율성 개념은 약간의 설명이 필요하다. 왜냐하면, 이 용어는 다른 사람들에 의해 다양한 방식으로 사용되고 있기 때문이다. 확실히 인간들은 자신들의 모든 목표를 공동으로 공유할 수는 없다. 그러나 어떤 목표를 추구하건 간에 그러한 목표를 성취하기 위해서는 능력과 안전, 지식, 자유, 기회 그리고 자원들이 필요하다. 이러한 것들은 우리로 하여금 우리가 원하는 것들을 할 수 있게 해주는 선이다. 나는 이러한 종류의 선을 '자율성의 선' 혹은 간단하게 '자율성'이라고 부른다. 자율성의 선은 우리의 목표를 완성하기 위해 우리가 요구하는 바로 그 선이다.[2] 특정 개인에 있어서 자율성의 선이 반드시 행복이나 삶보다 가치가 떨어질 필요는 없다. 어떤 사람들은 지식을 위해 행복을 포기할 것이며, 어떤 사람들은 자유를 위해 삶을 포기할 것이다. 개인들은 핵심적 가치들을 서로 다르게 평가하며, 심지어 동일한 사람이라도 삶을 살아가면서 핵심적 가치들을 다르게 평가할 수 있다. 그러나 합리적인 모든 인간들은 최소한 그들 자신을 위해, 그리고 그들이 소중히 돌보는 사람들을 위해 삶과 행복, 그리고 자율성에 최고의 긍정적 가치를 부여하

---

2) '요구한다'(ASK FOR)는 자율성의 선을 기억하는 좋은 방법이다 : [A]bility, [S]ecurity, [K]nowledge, [F]reedom, [O]pportunity, [R]esources.

고 있다. 만일 그렇지 않다면 그들은 오랫동안 생존할 수 없을 것이다.

물론, 인간들이 반드시 다른 사람들의 삶과 행복 그리고 자율성에 관심을 기울일 필요는 없지만 자기 자신의 삶과 행복 그리고 자율성에는 관심을 기울이고 있다. 윤리적이기 위해서는 다른 사람들에게 부당한 해악(죽음, 고통, 혹은 자율성의 침해)을 가해서는 안 된다. 윤리적 관점을 취한다는 것은 최소한 다른 사람들에게 해악을 끼치지 않도록 노력한다는 차원에서 그들에게 관심을 갖는다는 것을 의미한다. 인간들이 동일한 성격의 것에 대하여 가치를 부여하고 가치를 철회한다는 사실이 시사하는 바는, 일부 상대주의의 주장과는 달리, 상이한 문화를 지닌 사람들 사이에 행동과 정책을 평가할 수 있는 공통의 기준이 존재할 수 있다는 것이다.[3]

인간의 삶, 행복, 그리고 자율성이 결합된 개념은 '인간의 번영'이라는 말로 아리스토텔레스가 의미하고자 했던 것과 크게 다르지 않다. 그러므로 윤리적 관점에서 보면 우리는 인간의 번영을 증진시키지는 못하더라도 최소한 보호하는 컴퓨터 정책을 추구해야 한다. 다시 말해서 핵심적 선들을 대표적인 인간의 근본적 권리들로 간주하는 것이다―최소한 소극적인 인간의 권리로 간주하는 것이다. 인간은 자신의 삶과 행복 그리고 자율성을 보호받아야만 한다. 그리고 이러한 정의의 원칙에―인간의 근본적인 권리들을 보호하는 것에―입각하여 컴퓨터 기술의 사용에 관한 윤리정책을 형성하여야만 한다. 사람들이 컴퓨터기술을 사용하여 다른 사람에게 해를 끼칠 경우, 그

---

[3] James H. Moor. Reason, Relativity, and Responsibility in Computer Ethics, *Computer & Society*, 28910, pp. 14–21, 1998.

러한 행동을 정당화하는 데 부담을 갖게 된다.

우리는 이제 통합적 윤리이론을 출발시키고 있다. 컴퓨터 관련 정책을 평가할 때 제시된 정책의 결과를 평가할 필요가 있다. 우리는 무엇이 핵심적 선이고 무엇이 핵심적 악인지를 알고 있다. 그리고 우리는 인간의 권리를 보호하길 원한다. 어느 누구도 손해를 입어서는 안된다. 이제까지의 이론은 정의에 대한 고려라는 족쇄를 통해 결과주의를 제한하고 있다. 현실적으로 유해한 결과들을 항상 피할 수는 없으며, 이따금 자기 자신을 보호하기 위해 혹은 처벌하기 위해 다른 사람들에게 해를 미치는 것은 정당하게 보이기도 한다. 해악이 불가피하거나 혹은 합리적인 것으로 여겨질 때 행위나 정책으로 인한 갈등을 해결할 수 있는 정의가 존재하는가?

거트(B. Gert)는 이러한 갈등을 해결하는 데 유용한 정의에 대해 훌륭한 통찰력을 제공해 주는 도덕적 공평성(impartiality)의 개념을 제시하고 있다.[4] 비록 나 자신은 정의에 대한 그의 설명에 동의하지는 않지만 그의 도덕이론은 다음과 같은 분석에 영감을 주고 있다.

정의는 우리가 허용하는 정책들에 대하여 공평성을 요구한다. 그러므로 누군가가 다른 사람들이 사용할 수 없는 그런 종류의 정책을 사용하는 것은 부당하다. 자신의 제품에 알면서도 비밀리에 결함이 있는 컴퓨터칩을 설치한 회사의 정책을 한번 살펴보자. 제품에 불량칩을 설치하는 정책은 사람들에게 심각한 해를 끼칠 수 있는 제품의 생산과 기만적 판매를 허용하는 보다 일반적인 정책의 사례이다. 다

---

4) Gert, Bernard. *Morality : Its Nature and Justification*. Oxford, Oxford University Press, 1998.

른 사람들도 자신을 엄청난 위험에 빠뜨릴 수 있기 때문에 합리적인 사람이라면 누구도 이런 종류의 공공정책을 받아들이지 않을 것이다.

이제 정책의 또 다른 사례를 살펴보도록 하자. 초대하지 않았는데 나의 집에 침입한 사람은 전자장비에 의해 감지되어 경찰에 통보될 것이다. 그러한 정책은 침입자에게는 해를 끼치는 결과를 낳는다. 이 것이 정당한 것인가? 나의 안전을 침해하는 것은 나에게 해를 끼치는 것이다. 그것은 나의 프라이버시를 침해하고 있으며, 나를 위험에 빠 뜨리고 있다. 만일 우리가 공평한 관점을 취한다면 다소 추상적으로 언급된 이 정책은 결국 부당하게 자신들에게 해를 끼치고 있는 사람 들에게 (제한적인 범위 내에서) 해를 끼칠 수 있다는 것이 된다. 다른 사 람 역시 그것을 따를 수 있다는 점에서 합리적이고 공평한 사람은 그 러한 정책을 받아들일 수 있다. 그러한 정책을 따르는 다른 사람들은 당신이 먼저 그들에게 해를 끼치지 않는 한 당신에게 해를 끼치지는 않을 것이다.

이와 같은 공평성 테스트는 기존의 정책에 있어 예외가 정당한지 의 여부를 평가하는 데 이용될 수 있다. 어떤 항공사가 비행기를 정시 에 출발시키는, 그리고 컴퓨터 시스템에 의한 비행을 허용하는 정책 을 택하고 있다고 가정해 보자. 이 정책은 고객들이 신뢰할 수 있는 효 율적이고 신속한 서비스를 가능하게 한다. 이제 이 항공사가 갑자기 자신의 소프트웨어에서 비행기와 승객의 안전을 위협할 수 있는 버 그를 발견하게 되었다고 가정해 보자. 당연히 이 항공사는 소프트웨 어 프로그램을 확인하여 제거할 때까지 이미 비행 중인 비행기는 조 종사가 운전하게 하고 나머지 비행기는 그대로 지상에 머물도록 조치 를 취해야만 한다. 승객들은 지체되고 탑승하지 못해 손해를 입게 되겠지만, 심각한 생명의 위협을 피하는 것이기 때문에 합리적이고 공평한 사람이라면 누구나 이러한 정책에 있어 이와 같은 예외를 수용할 것이다. 그와 같은 예외는 그 정책의 일부가 될 수 있으며, 또한 공개적으로 옹호될 수 있다.

거트는 공평성에 대한 자신의 설명을 도덕규칙의 잠재적 위반에 적용하고 있다. 이는 먼저 도덕적으로 관련되는 특성을 사용하여 주어진 상황의 본질적 특성을 추려낸 다음 그렇게 수정된 최종 규칙이 공개적으로 허용될 수 있는지의 여부를, 즉 모든 사람이 이러한 종류의 위반에 대해 알게 되고 그렇게 할 수 있을 경우에 어떤 결과가 초래될 것인지를 검토하는 두 단계 과정으로 진행된다. 나는 위의 사례들에 대하여 정책을 추출한 다음 그러한 정책이 공개적으로 허용되었을 경우에 어떤 결과가 초래될 것인지를 검토하는 유사한 작업을 수행했다.

거트는 공평성에 대한 자신의 관점을 '눈을 가린 정의'로 설명하고 있다. 눈을 가리면 누군가의 선택으로 인해 누가 이익을 보거나 혹은 누가 손해를 볼 것인가에 대한 모든 지식이 제거된다. 거트가 눈을 가린 사람들이 이익과 손해에 대하여 무게를 달리할 수 있도록 허용한 것을 제외하면 이는 롤즈(Rawls)가 말하는 무지의 베일[5]과 유사하다. 그 결과 롤즈의 견해로는 받아들일 수 없는 이견의 여지가 존재한다. 합리적이고 공평한 모든 사람들이 모든 판단에 동의하지는 않을 것이다. 그러나 어떤 판단들은 합리적이고 공평한 모든 사람들이 수

---

5) John Rawls. *A Theory of Justice*, Cambridge, Massachusetts, Harvard University Press, 1971.

용할 것이다.

만일 눈을 가린 정의가 컴퓨터 정책에 적용된다면 일부 정책들은 합리적이고 공평한 모든 사람들에 의해 부당한 것으로 간주될 것이며, 일부는 논란의 대상이 될 것이다. 이러한 접근법은 결과주의에 대해 정의의 제약을 가하기에 충분하다. 우리는 먼저 모든 컴퓨터 정책들이 공평성 테스트를 통과하길 요구한다. 확실히 우리의 컴퓨터정책들이 모든 합리적이고 공평한 사람들이 부당하다고 간주하는 그러한 정책에 해당되어서는 안 된다. 그렇다면 그러한 정책들이 가져올 좋은 결과에 주목하면서 정책들을 좀 더 찾아봐야 할 것이다. 가능한 최선의 결과를 가져다 주는 정책을 선택하도록 윤리적으로 강요받고 있지는 않지만, 결과주의적 고찰을 통해 다양한 정책들이 지니는 장점들을 평가할 수는 있으며, 또한 정의로운 것들 중에서 가장 좋은 것을 선택할 수는 있다.

Ⅲ. 정의의 적으로서의 선

우리는 무엇보다도 정의로운 방식으로 컴퓨터 정책을 개발하여야 한다. 그리고 나서 정책들을 가능한 한 훌륭하게 만들어야 한다. 다른 사람들의 권리를 보호함으로써 그들에 대한 부당한 손해를 방지하고 좋은 결과를 증진시키는 것에 가장 주안점을 두어야만 한다.

어떤 상황에서는 부당함은 외면하고 그 정책이 가져올 매우 좋은 결과에만 초점을 맞추고자 할 수도 있다. 어떤 상황에서는 잠재적 선이 부당함을 정당화할 수 있을 만큼 너무나 좋을 수도 있다. 국민들에 관한 광대한 개인 정보를 담고 있는 CD세트를 시장에 판매하려는 회사를 한번 생각해 보자.[6] 판매의 관점에서 볼 때 선은 엄청난 것이었다. 모든 상인들은 엄청나게 많은 구체적인 개인 정보를 파악하고 원하는 사람에게 관련된 상품정보 책자를 보낼 수 있었다. 단기적으로는 매우 좋은 것처럼 보이는 선이 장기적으로는 엄청난 해가 될 수 있다. 전통적인 결과주의자들은 CD 배포가 주로 사람들의 자율성에 해를 미치기 때문에 간과되어서는 안 된다고 주장한다. 사람들의 프라이버시가 침해되기 때문에 그들의 안전 또한 감소된다. CD가 배포되면 사람들은 직장이나 보험상의 손실과 같은 정보의 오용에 취약해질 것이다. 정의로운 결과주의는 좀 더 깊은 우려를 표명한다. 설사 이러한 정보의 유포로 인해 그와 같은 장기적인 해악이 발생하지 않는다고 확신한다 하더라도 여전히 이로 인한 손해가 발생할 수 있다. 만일 개인 정보를 담고 있는 이러한 CD의 배포가 허용된다면 유사한 상황에 있어서의 이와 유사한 행위들 또한 허용될 것이다. 다시 말해서 공평성 원리에 따라, 그렇게 함으로써 얻는 선이 상당할 경우 그 누구도 유사한 손해를 가할 수 있으며, 사람들을 유사한 위험에 처하게 할 수 있는 것이다. 인간의 오류가능성을 전제할 경우, 합리적이고 공평한 사람이라면 그 누구도 이러한 위험을 기꺼이 받아들이지는 않을 것이다.

---

[6] 1990년에 로터스(Lotus)사는 1억 2천만 미국인의 이름과 주소, 소득, 구매습관, 그리고 기타 개인정보를 담은 데이터베이스를 판매하려는 계획을 수립하였다. 로터스는 광범위한 반대에 부딪혀 그 계획을 포기했다.

또 다른 사례를 살펴보기로 하자. 현 저작권법은 소프트웨어를 보호하고 있다. 누군가 자신의 워드 프로세서 소프트웨어를 불법적으로 복사하여 다른 사람에게, 예를 들어 대학원 후배에게 주려고 결심했다고 가정해 보자.[7] 소프트웨어 제작자에게는 잠재적인 수입손실이 있겠지만, 소프트웨어를 받는 대학원생은 형편이 어려워서 그 소프트웨어를 구입할 능력이 없다고 가정해 보자. 이 학생은 그 소프트웨어를 갖게 되면 이를 통해 큰 혜택을 보게 될 사람이다. 이런 경우에 불법복제는 왜 안 되는 것인가? 예견되는 선은 매력적이다. 전통적인 결과주의자들은 예측하지 못한 손해를 가져올 수 있기 때문에 그 대학원생이나 불법복제 배포자가 밝혀져야 한다는 점에 동의하거나 보다 신중하게 대응할 것이다. 예를 들면, 법적인 소송으로부터 자신을 보호하려는 대학 당국은 불법복제된 소프트웨어로 쓰여진 학위논문은 수용하지 않는다는 규칙을 제정할 수 있다. 또한 정의로운 결과주의자들은 그밖의 손해도 발생할 수 있음을 강조할 것이다. 만일 이러한 상황에서 누군가 친구에게 편의를 제공하기 위해 이 규칙을 위반할 수 있다면, 이럴 경우 공평성의 원리에 따라 다른 사람들도 그렇게 할 수 있는 것이다. 다른 소프트웨어도 친구를 도와주기 위해 불법적으로 복제될 수 있어야 할 뿐만 아니라, 다른 규칙들 또한 누군가가 도움을 받는다는 전제 하에 이와 동등하게 위반될 수 있어야 한다. 인간의 오류가능성을 전제로 할 때, 합리적이고 공평한 사람이라면 그 누구도 이러한 위험을 수용하려 하지 않을 것이다.

---

[7] Nissenbaum(1995)과 Gert(1999)를 비교해 볼 것.

이러한 분석은 저작권법 그 자체가 정의롭다는 가정에 근거하고 있다. 이 법은 올바르게 시행되고 있으며, 그 누구의 근본적인 권리들을 부당하게 침해하지 않고 있다. 저작권법은 이런 점에서 정당한 것으로 보여진다. 그러나 이는 저작권법이 더 좋아질 수는 있는지에 대한 의문을 제기한다. 사실 우리는 소프트웨어 복제에 있어 좀 더 공정한 사용을 허용하고 더 나은 법을 시행하기를 원하고 있는지도 모른다.

이따금 "목적이 수단을 정당화하지는 않는다"라고 말한다. 어떤 점에서 이 진술은 분명히 잘못된 것이다. 만일 목적이 수단을 정당화하지 않는다면 무엇이 정당화하는가? 만일 목적을 핵심 선으로 간주한다면 이는 정당화를 위한 훌륭한 목적이 될 수 있다. 다른 측면에서 볼 때 이러한 주장은 "목적이 사람들에게 해를 입히는 어떠한 수단도 정당화시키지는 못한다"는 것을 의미할 수도 있다. 이는 그러한 주장이 참이라는 해석이다. 바로 이것이 선이 정의의 적이 되는 경우에 일어나는 현상이다. 좋은 목적은 수단이라는 정의에 대해 어느 정도 우리의 눈을 멀게 만든다.

우리는 인간의 번영을 증진시키는 훌륭한 컴퓨터 정책들을 원하고 있다. 결과들이 중요하지만 이는 정책들이 정의로울 경우에만 해당된다. 장기적으로 볼 때 부당한 정책들은 간접적으로 혹은 직접적으로 그러한 정책들이 아무리 훌륭하다 할지라도 그것들이 갖는 이점들을 퇴색시키게 될 것이다.

Ⅳ. 미지의 바다에서의 컴퓨터

컴퓨터와 관련된 윤리적인 정책을 수립하는 것은 항해일정을 수립하는 것과 비교될 수 있다. 항해사는 추정항법을 통해 목적지까지의 항해일정을 정한다. 그리고 해상지도 위에 일직선으로 항해일정을 신중하게 수립한다. 그러나 가끔 해상지도도 없는 경우가 있으며, 심지어 그런 지도가 있다 하더라도 숙련된 항해사는 올바른 방향을 잡는 것이 얼마나 어려운지를 잘 알고 있다. 풍향, 해류 그리고 조류는 계속해서 변한다. 항해사는 지속적으로 올바른 한 가지 방향으로 배를 조정하고 정확하게 항해를 유지해 나가지 않는다. 중간 중간에 조정하는 것이 필요하고, 또한 그렇게 해야 하는 것이다. 마찬가지로 윤리적인 컴퓨터 정책을 수립하는 것 또한 이와 유사하다. 어느 누구도 컴퓨터와 관련된 상황에 있어서의 수많은 가변적인 요소들을 정확하게 예측할 수는 없다. 컴퓨터는 논리적인 유연성을 지니고 있기 때문에 많은 새로운 기회와 예기치 않았던 발전들이 생겨날 수 있다. 이러한 새로운 가능성에 대한 인간의 대응을 예측하기란 매우 어렵다. 컴퓨터 정책에 있어서 중간 조정은 필요하고 적절하며, 또한 그렇게 해야만 한다.

항해사는 위험한 물체를 피하기 위해 암초의 위치를 확인한다. 어떤 코스는 택해서는 안 된다. 다른 많은 코스들이 좋은 대안으로 열려 있으며, 합리적인 항해사들도 어떤 것이 최선인지에 대해 합의할 수 없을 것이다. 일부 항해사들은 가장 짧은 시간에 목적지에 닿을 수 있는 코스를 선호할 것이고, 다른 항해사들은 경치 좋은 섬들을 볼 수 있는 코스를 원할 것이며, 또 다른 항해사들은 선탠을 할 수 있는 코스를 택할 것이다. 마찬가지로 컴퓨터 정책을 수립함에 있어서 피해야 할 정책들이 있다. 우리는 인간의 근본적인 권리들을 부당하게 침해하는 정책을 원하지는 않는다. 그러나 정책들이 정당하다면 설사 어느 것이 최선의 정책인지에 대해 합의하지 못한다 할지라도 많은 훌륭한 정책 옵션들이 가능하다.

참고문헌

Bernard Gert. *Morality : Its Nature and Justification.* Oxford, Oxford University Press, 1998.

Bernard Gert. Common Morality and Computing. *Ethics and Information Technology* 1 (1) : 57–64, 1999.

James H. Moor. What Is Computer Ethics? *Metaphilosophy* 16 (4) : 266–275, 1985.

James H. Moor. Reason, Relativity, and Responsibility in Computer Ethics. *Computers & Society* 28 (1) : 14–21, 1998.

Helen Nissenbaum. Should I Copy My Neighbor's Software? Deborah G. Johnson and Helen Nissenbaum, editors, *Computers, Ethics, and Social Values,* Englewood, New Jersey, Prentice–Hall, pp. 201–213, 1995.

John Rawls. *A Theory of Justice.* Cambridge, Massachusetts, Harvard University Press, 1971.

제 2 부

서론
자유 언론과 콘텐츠 통제

```
                                          1010101010100
           1010100010011101011010100010011101011010101010100
           011010101010101000111010101010100001011101010101
                     1110101010101000100111010101010
           001001010010101111101010101010100010101000
1010100010011101010010010100101011101011111010101000100111010101000
1010101010100101010101010100011010111010101011110101000010101000
           101010101010010101010101010100111010100
```

인터넷은 평범한 시민이 언론의 자유 권리를 향유할 기회를 크게 증대시켰다. 인터넷을 통하여 누구나 뉴스를 전파하거나 상업적 제품을 광고하거나 흥미거리를 퍼뜨리는 '도시의 외침자'가 될 수 있다. 웹에는 또한 풍부한 자원이 있으며, 그것은 교육자, 학생, 교수를 위한 풍부한 자료의 원천인 가상의 공공 도서관으로서 기능한다. 넷을 사용하거나 웹사이트를 가끔 방문하는 사람도 인터넷 여론의 커다란 매력은 그 내용의 광범위함과 다양함에 있음을 발견하게 된다.

그러나 사이버공간에서 모든 종류의 발언이 환영을 받는 것은 아니다. 음란물, 거친 언사, 명예훼손 그리고 다른 '위험한' 형태의 표현에 대한 우려도 제기된다. 미국에서는 음란물이 특별히 우려할 만한 문제로 취급되는 반면에, 독일이나 프랑스와 같은 유럽에서는 거친 언사에 대해 더욱 많은 우려가 제기되었다. 많은 사람들이 웹상에서 어린이들이 너무 많은 유해한 자료에 노출되어 있다고 걱정하지만 이 문제를 어떻게 다루어야 할지에 대한 합의는 없다. 연소자를 확인하고 그들의 접속을 제한하기 어려운 현재의 인터넷 구조는 문제를 더욱 복잡하게 한다. 레시그(L. Lessig, 1999)가 지적한 것처럼 현재의 인터넷 구조는 문제가 있는 인터넷 콘텐츠를 다루는 데 있어서 법이 왜 중요한가를 이해하는 핵심이 된다 : "상대적 익명성, 분권화된 정보유통, 다양한 접근통로, 지리적 유대의 무필요성, 콘텐츠 확인을 위한 단순한 시스템의 부재, 암호화 도구─인터넷 프로토콜의 이러한 특성과 결과들이 사이버공간에서 여론을 통제하는 것을 더욱 어렵게 만든다."

그럼에도 불구하고 미국 정부는 1996년에 통신품위법(Communication Decency Act : CDA)이라 불리는 법률을 통하여 광범위한 인터넷 음란물 문제를 다루려고 노력했다. 불행한 운명의 이 법은 외설적이거나 품위를 저해하는 자료를 18세 이하의 사람에게 전송하거나 보여주는 것을 금지했다. 통신품위법(CDA)이 법률로 통과된 직후에 미국시민자유연맹(ACLU)과 다른 몇몇의 집단은 이 법이 헌법의 첫 번째 수정조항을 위반했다고 주장하며 즉각 소송을 제기했다. 법안이 통과된 지 1년이 지난 후에 대법원은 이 법률이 성인이 음란물 사이트에 접근할 수 있는 첫 번째 수정조항의 권리를 방해하고 있다며 이 법률에 제동을 걸었다. 리노 대 미국시민자유연맹(Reno v. ACLU, 1997) 사건에서 다수 견해에 의하면, 이 법률은 "성인이 서로 간에 언론을 주고받을 수 있는 헌법적 권리를 상당히 억압한다는 것이다." 미국시민자유연맹의 입장을 지지하는 진술에서 대법원은 "그 목적이 아무리 선한 것일지라도 콘텐츠를 기반으로 한 인터넷 규제는 돼지고기를 굽기 위해 지구촌을 태울 수 있다"고 주장한다.

　　이러한 사법적 판단이 결정되자 인터넷 음란물을 염려하는 사람들은 여과기술처럼 '암호적 해법'의 사용과 같은 다른 콘텐츠 통제수단을 찾았다. 여과는 인터넷 콘텐츠를 스크린하여 수용하기 어려운 웹사이트를 차단하는 프로그램이다. 예를 들어, 가정에서는 여과 프로그램의 작성자에 의해 품위 없는 혹은 외설적인 성적 자료의 전달자로 간주된 사이트에 대해서 어린이의 접근을 거부하는 여과장치를 구입할 수 있다.

　　여과는 콘텐츠 유통 흐름의 어떤 단계에서도 가능하다. 자녀들을 음란자료로부터 보호하기를 원하는 부모는 가정에서 사적인 정보 수용시의 하향적(downstream) 여과를 통해 합리적인 해법을 찾을 수 있다. 그러나 많은 사람들은 제도적으로 인터넷 서비스 제공자 혹은 국가 수준에서 정보 제공시의 상향적(upstream) 여과는 효과가 없으며 억압적인 해법이라고 논의한다. 왜냐하면, 그 과정에서 정당한 목소리가 종종 차단되어질 수 있기 때문이다. 넷상에서의 여과는 자유로운 정보의 흐름을 방해하고 그리하여 민주화를 촉진하는 매체로서 넷의 힘을 약화시킨다. 샤피로(Shapiro, 1998)에 의하면 너무 많은 여과와 개인화는 "사이버공간에서 특정한 개인의 견해를 사라지도록 할 수 있다."

　　또한 도서관이나 학교와 같은 공공기관에서 여과 프로그램을 사용하는 것은 법정에서 수용되지 않고 있다. 메인스트림 라우돈 대 이사회(Mainstream Loudoun v. Board of Trustees, 1998) 사건에서 버지니아 지역 법원은 도서관에서 공중이 이용하는 컴퓨터에 여과 소프트웨어를 설치하는 것은 첫 번째 수정조항에 위배된다고 판결했다. 도서관은 인터넷 접속을 전혀 제공하지 않음으로써 이러한 딜레마를 극복할 수 있으나 그것은 바람직한 해결책으로 보이지 않는다.

　그리하여 사람들은 인터넷상의 발언에 대해 특별한 문제를 제기한다. 일부 자유지상주의자들은 인터넷 매체를 전혀 구속하지 말 것을 주장하지만 다른 사람들은 좀 더 많은 의미의 도전을 제기한다 : 인터넷의 민주적 비전을 유지하기 위해서는 진정으로 위험하거나 파괴적인 언론의 형태들을 다루기 위해 적절한 제한이 있어야 한다. 이것은 자유 언론에 대한 첫 번째 수정조항의 광범위한 보호에도 불구하고 인터넷을 포함한 포럼에서 사람들이 말하거나 발행할 수 있는 것에는 여전히 제한이 있어야 한다는 것을 상기하게 한다. 물론 그 제한의 정확한 범위를 결정하는 것은 커다란 도덕적·법적 도전이다. 그러나 그러한 노력이 포기되어야 한다는 의미는 아니다.

　이 장의 읽을거리들은 이러한 문제들을 다루고 있으며, 논쟁적인 자유 언론 문제에 대한 서로 갈등하는 여러 관점들을 제시하고 있다. 인터넷 발언이 진정으로 위험해지는 순간은 언제인가? 넷상에서의 발언이 전통적인 법적 수단이나 일반 법 원리의 적용을 통하여 규제될 수 있는가? '암호' (예를 들면 여과체계)와 법과의 관계는 무엇인가? 여과나 다른 콘텐츠 통제수단에 지나치게 의존할 때 발생할 수 있는 문제점은 무엇인가? 우리는 스팸이나 명예훼손과 같은 문제가 있는 표현들을 어떻게 다루어야 하는가? 또한 위의 문제들에서 인터넷 서비스 제공자(ISPs)와 같은 제3자의 역할은 무엇인가? 인터넷에 외설이나 비방적인 언급이 게시되어 피해가 발생했다면 인터넷 서비스 제공자는 책임을 져야 하는가?

　이 장의 초반부에는 인터넷상의 자유 발언에 대한 규제문제를 검토하는 몇 개의 논문들이 제시되어 있다. 처음의 논문인 쟌 캠프(J.

Camp)와 치엔(Y. T. Chien)의 「공적 공간으로서의 인터넷 : 개념, 쟁점 그리고 공공 정책에의 함의」는 넷을 새로운 형태의 미디어라기보다는 공공 장소로 기술하고 있다. 그들의 평가에 의하면 인터넷을 미디어로 분류하는 것은 '유혹적이기는 하나 부정확하다.' 네 가지 미디어 유형(출판, 방송, 유통 그리고 운송)은 인터넷을 개념화하기 위한 모델로서 잘못 자리매김한 것이다. 그들은 공간적 모델, 즉 인터넷을 특정한 디지털 특징을 가진 공공 장소로서 이해하는 것이 얼마나 더 적합한 것인지를 논의한다. 저자들은 이러한 공간적 모델이 넷에서의 공공 정책 문제에 대한 우리의 이해를 변화시킨다고 주장한다. 예를 들어, 만약 인터넷이 공공 장소로 구성되어 있다면 접근을 보장하기 위한 법적 · 도덕적 필요성이 있지 않을까? 우리가 어떻게 인터넷을 개념화하느냐 하는 것은 명백히 인터넷 발언과 콘텐츠 통제의 문제에 대해 함축성을 지닌다. 캠프와 치엔은 공간적 개념은 "모든 관점의 견해가 보호될 수 있도록 하기 위하여 경쟁적이고 비배제적인 콘텐츠 통제 시장"을 지지한다고 결론내린다.

레시그(L. Lessig) 교수에 의해 쓰여진 두 번째 논문 「사이버공간의 법칙들」은 인터넷에서의 품위 없는(indecency) 콘텐츠에 대한 규제에 관심을 기울이고 있으며, 이와 더불어 사이버공간에서의 행태가 어떻게 규제되는가에 대한 일반적 주제들을 다루고 있다. 캠프와 치엔과 마찬가지로 레시그도 인터넷의 독특한 특성과 인터넷 거버넌스에의 함축성을 논의한다. 레시그는 이 논문과 그의 저서 『사이버공간에서의 암호와 법률』에서 가상공간뿐만 아니라 현실공간에도 적용되는 행태를 제한하는 네 가지 제한요소를 논의한다 : 그 제한요소들은 법률, 시장, 규범 그리고 암호이다. 이것들 중에서 가장 중요한 것은

암호이다. 왜냐하면, 암호나 인터넷의 구조는 인터넷이 덜 규제적이
되도록 하는 경향, 즉 정부가 행할 수 있는 것이 적어지도록 하는 경
향이 있기 때문이다. 그러나 레시그는 정부는 품위 없는 발언을 구속
하고 일탈행위로 추정되는 행태를 없애려는 의도에서 사이버공간의
암호를 자유의 구조로부터 통제의 구조로 변화시키려고 노력할 것이
라는 점을 염려한다.

좀 더 염려되는 것은 기업과 사적 조직들이 이러한 '통제의 구조'
를 이용하는 것이다. 아메리칸 온라인(AOL)이 익명의 메시지를 추적
할 수 있는 능력과 단지 23명으로 한정된 채팅 룸과 같은 '공적 공간'
에 대한 제한을 통하여 자신의 영역 내에서 여론과 보안을 어떻게 엄
격하게 통제하는가를 생각해 보라(Lessig, 1999). 이러한 통제의 구조는
인터넷에 의해 촉진된 자유의 확대와 언론의 자유의 권리에 심각한
위험을 야기할 수 있다. 레시그는 이러한 문제들을 치유하기 위하여
광범위한 정부의 규제를 요구하지는 않지만, 그는 사이버공간에서 헌
법적 가치를 보장하기 위하여 암호제작(code-making)에 대해 더 많은
정치적 감독이 필요하다고 주장한다.

세 번째 논문인 「사이버공간에서의 블랙홀과 분권화된 법률제정
에 대하여」는 스팸 혹은 원하지 않은 상업적 이메일에 대한 적절한 치
유책에 초점을 맞추고 있다. 스팸은 이메일 체계의 남용으로, 그리고
비윤리적 관행으로 간주된다. 그 이유는 "스팸은 광고자로부터 광고
수용자, 인터넷 서비스 제공자, 스팸으로 인해 간접적으로 불편을 겪
게 되는 인터넷 이용자들을 포함한 일부의 다른 사람에게 그 비용을
전가하기"(Spinello, 1999) 때문이다. 데이비드 포스트(D. Post)는 메일
남용 방지체계(the Mail Abuse Prevention System : MAPS)로 알려진 비영리

조직에 의해 관리되는 실시간 블랙홀 목록(Realtime Blackhole List : RBL)
이라는 스팸을 차단하는 방식을 기술했다. 실시간 블랙홀 목록은 스
팸발송자로 분류된 인터넷 프로토콜 주소의 목록이다. 스팸발송자에
대한 불만이 신고되고 메일남용 방지체계에 의해 검증된 다음에 이
목록에 오르게 된다. 블랙리스트에 오른 사람들은 이 목록을 구독하
는 인터넷 서비스 제공자와 다른 조직에 의해 자신의 이메일이 되돌
아 온다.

　포스트는 실시간 블랙홀 목록이 이 문제를 다루는 데 있어서 사회
적 및 정치적으로 활용될 만한가를 조심스럽게 검토한다. 이러한 사
적인 여론 제한이 첫 번째 수정조항의 권리에 부정적 영향을 주기 시
작하는 것은 언제인가? 이것이 인터넷 정책을 수립하는 가장 신중한
방법인가, 혹은 스팸을 다루기 위해 이를 규제할 연방법률이 있어야
하는가? 레시그는 실시간 블랙홀 목록의 제작과 적용에서 암시적으
로 보여지는 정책결정에 대한 비공식적 접근에 동의하지 않는다. 그
러나 포스트는 레시그나 다른 사람들이 사이버공간에서 정책을 수립
하기 위해 분권화되고 '반―혼돈적인' 방법을 너무 빨리 거부하지 말
아야 한다고 믿는다. 그는 사이버공간과 같은 독특한 영역에서 스팸
을 다루는 데 있어서 왜 집중화된 통제가 효과적이지 못한가에 대한
이유로서 사이버공간에 대한 '사법적 수수께끼'(jurisdictional conund-
rum)를 인용한다.

　다음 논문인 「화씨 451.2도 : 사이버공간은 불타고 있는가?」는 스팸
의 문제에서 사이버 음란물의 문제로 주제를 옮긴다. 미국시민자유
연맹(ACLU)에 의해 준비된 이 특별 보고서는 자유 언론에 대한 자유
지상주의자들의 관점을 제시한다. 미국시민자유연맹은 정부 규제보

다 훨씬 더 미묘하게 작용하는 사이버공간에서의 임박한 검열, 즉 '사적' 여과와 차단 메커니즘 설치의 위험에 대해 독자들에게 경고한다. 이 논문에서 저자들은 자유 발언을 위축시키는 진부한 여과 및 차단기술의 사용에 대해 반대한다. 그들은 여과 및 차단기술의 사용이 연소자들을 목적으로 할지라도 반대한다. 이러한 체계는 레시그가 염두에 둔 통제구조의 일부를 나타낸다. 그리고 미국시민자유연맹은 온라인 콘텐츠를 이데올로기적 이유로 통제하려는 사람들에 대해 깊은 우려를 나타낸다. 그들은 자기 등급 부여와 제3자 등급 부여 방식이 왜 잘못된 것인가를 설명하고 있으며, 도서관은 차단 소프트웨어를 사용하지 말아야 한다고 주장한다.

로젠버그(R. S. Rosenberg) 교수는 「미국에서의 인터넷 여과 : 거부된 자유 언론?」이라는 논문에서 비슷한 논조를 전개한다. 이 논문은 「화씨 451.2도」에서 도출된 몇 가지 핵심적 결론을 지지한다. 이 논문은 학교나 도서관에서 여과 및 콘텐츠 기반 차단 프로그램의 설치가 지닌, 예를 들어 투명성의 부족과 같은 주요한 문제점들을 논의한다. 로젠버그에 따르면, "인쇄된 형태든 전자적 형태든 간에 관계없이 정보에 대한 자유롭고 공개된 접근이라는 기본적 원칙에 대한 도서관 사서들의 헌신은 많은 사람들에 의해 지지되어야 한다."

검열과 콘텐츠 통제라는 일반적 주제는 약간 초점을 달리하여 쟈크 카투달(J. Catudal)의 논문 「검열, 인터넷, 그리고 1996년의 아동 음란물법 : 비판」에서 지속된다. 카투달은 이 법은 금지의 범위가 너무 넓고, 그리하여 첫 번째 수정조항을 위반하기 때문에 보완되어야 한다고 주장한다. 그는 성인의 권리를 침해하지 않으면서도 법이 유해한 관행으로부터 일정 정도의 보호를 여전히 제공하는 수정된 법안을 제시한다.

다음 부분에서 레스닉(P. Resnick)과 밀러(J. Miller) 교수는 다른 관점을 제시하며, 인터넷 콘텐츠 선별 플랫폼(Platform for Internet Content Selection : PICS)과 같은 등급표식 부여방식이 '검열이 없어도' 사이버공간에서의 음란물 문제를 해결할 수 있다고 논의한다. 그들은 적절하게 이용된다면 콘텐츠 기반 등급 표식은 자료의 유통을 통제하려고 노력하는 것보다 훨씬 효과적으로 자료의 수용에 대한 통제를 가능하게 한다고 주장한다. 이 논문은 주로 인터넷 콘텐츠 선별 플랫폼에 대한 기술적 설명을 하고 있지만, 이 논문은 이러한 방식의 해법이 이 장의 다른 일부 논문에서 제시된 관점보다 더 양호하다고 주장한다. 그리하여 이 논문은 인터넷 콘텐츠 선별 플랫폼이나 여과방식의 문제에 대해 로젠버그의 논문이나 미국시민자유연맹의 「화씨 451.2도」와는 다른 관점을 제시해 준다.

마지막 논문인 「인터넷 서비스 제공자와 명예훼손 : 새로운 기준의 책임」은 자유 발언 문제를 약간 다른 각도에서 조망한다. 즉 비교적 새로운 형태의 문제가 있는 발언인 온라인 명예훼손으로 초점을 이동하여 논의한다. 인터넷 서비스 제공자(ISP)는 개인 사용자에 의해 행해진 명예훼손의 피해를 방지하거나 제한하는 데에 책임이 있다면 어느 정도의 책임이 있는가? 인터넷 서비스 제공자의 책임을 의무화한다면 사이버공간에서 자유로운 표현을 위축시키는 원하지 않는 효과를 가져올 수 있다. 또 다른 한편으로 인터넷 서비스 제공자가 비방을 줄이기 위한 적절한 조치를 취하지 않는다면 그것은 시민적 담화나 사적 명예의 보호에 도움이 되지 않는다. 우리가 인터넷 서비스 제공자의 역할을 어떻게 생각하느냐에 따라 인터넷 서비스 제공자의 책임의 범위를 정한다면, 그것은 뉴욕 타임즈와 같은 발행자의 책임인가 서점과 같은 유통자의 책임인가, 혹은 전적으로 다른 새로운 책임인가? 이 장의 첫 번째 논문에서 캠프와 치엔이 제시한 것처럼 사이버공간을 미디어에 유추하여 논의하는 것은 오도되고 혼란스러운 것일 수 있다.

그럼에도 불구하고 인터넷 서비스 제공자의 책임 문제는 1996년의 통신품위법의 덕택으로 법적인 관점에서는 명확하게 해결되었다. 대법원에 의해 거부되지 않은 통신품위법의 일부 부분에 의하면, 인터넷 서비스 제공자는 자신의 회원이 저지른 비방적 언급에 대해 어떤 종류의 책임도 지지 않아도 된다. 그러나 여기서 도덕적 관점에서 볼 때 인터넷 서비스 제공자는 명예훼손에 대해 제한된 책임을 져야 한다는 주장이 전개된다. 대부분의 상황에서 인터넷 서비스 제공자는 부지런히 **사후 스크린**, 즉 일단 게시된 명예훼손 언급을 제거하고 반박문을 게시하고, 차후의 게시를 방지하기 위해 명예훼손 언급의 최초 발화자를 추적하려는 진지한 노력을 해야 할 책임이 있다.

 참고문헌

Lessig, Larry (1999). *Code and Other Laws of Cyberspace*(New York : Basic Books), chapter 12.

Mainstream Loudon v. Board of Trustees(1998), 2 F. Supp. 2d 783, 195−96(E. D. Va).

Reno v. ACLU (1997). 521 U. S. 844, 874.

Shapiro, Andrew(1999). *The Control Revolution*(New York : Century Foundation Books), p. 124.

Spinello, Richard(1999). "Ethical Reflections on the Problem of Spam," *Ethics and Information Technology*, vol 1, no. 3, pp. 185−191.

 더 읽을거리

Electronic Privacy Information Center. *Filters and Freedom*. Washington, D.C. : Electronic Privacy Information Center, 1999.

Godwin, Michael. *CyberRights*. New York : Random House, 1998.

Lessig, Larry. *Code and Other Laws of Cyberspace*. New York : Basic Books, 1999. (특히 1−5장과 12장 자유 여론을 보라).

Shapiro, Andrew. *The Control Revolution*. New York : Century Foundation Books, 1999. (7장과 11장을 보라).

Sunstein, Cass. "The First Amendment in Cyberspace." *Yale Law Journal*, 104(1995).

Turner, William Bennet. "What Part of 'No Law' Don't You Understand? A Primer on the First Amendment and the Internet," *Wired*, March, 1996, pp. 104−112.

토의문제

1. 사이버공간은 음란물에 대한 언급을 더 많이 보호하거나 혹은 더 적게 보호하는 것을 정당화해 주는 독특한 특성을 가지고 있는가?
2. 여러분들은 화씨 451.2도 논문에 제시된 첫 번째 수정헌법 제1조와 관련된 자유지상주의자의 철학에 동의하는가? 당신의 대답을 설명하라.
3. 사이버공간에서 비방이나 명예훼손의 문제점을 생각해 보라. 인터넷을 통하여 '도시의 외침자'가 되고 많은 청중에게 도달할 수 있는 기회는 사적 개인에 대한 강력한 법률적 보호를 더 이상 정당화시키지 않는가?
4. 여러분들은 인터넷 콘텐츠 선별 플랫폼(PICS)을 어떻게 평가하는가? 인터넷 콘텐츠 선별 플랫폼은 레시그가 한때 제시한 것처럼 '악마'인가? 인터넷 콘텐츠 선별 플랫폼은 검열을 하지 않고도 콘텐츠 통제의 객관적 목적을 달성하는가 혹은 그것은 종국적으로 검열로 이끌 인프라스트럭쳐를 창출하는가?
5. 블랙홀에 대한 포스트 교수의 주요 주제를 요약하라. 여러분들은 그의 결론에 동의하는가? 여러분들은 레시그의 주장에 동의하는가 혹은 포스트의 주장에 동의하는가?

1장_ 공적 공간으로서의 인터넷 : 개념, 쟁점 그리고 공공 정책에의 함의

1010101010100
101010001001110101101010001001110101010101010101
011010101010101010001110101010101000100111010101010101
11101010101010001001110101010101
001000101001010111101010101010101010101000
101010100010011101010010010010101010100110110101010001110101010101000
1010101010100100101010101001100110101110101011110101010001010100
101010101010001010101011110101010011101010100

쟌 캠프 Jean Camp, 치엔 Y.T. Chien

인터넷은 오랫동안 하나의 정보광장으로 인식되어 왔다(Branscomb, 1994). 모든 시민을 위한(예를 들면, 전문가만을 위한 것이 아닌) 공적 공간으로서의 인터넷의 역할은 일견 두 가지 모순되는 특성에 의해 형성되고 있다 : 인터넷은 보편적이면서도 개인적이다. 전통적인 미디어 형태(방송, 운송, 출판, 유통)와 물리세계에서의 전통적인 공적 공간(보스턴 공용지, 로건 공항, 시립도서관, 철도역 등)과는 달리 사이버공간은 사람들이 경제적 · 정치적 · 사회적으로 새로운 방식으로 상호작용하는 것을 가능하게 하였다. 인터넷의 이와 같은 보편적 접속성은 모든 장소에 있는 모든 사람들에게 잠재력을 지니고 있음을 의미한다. 그

---

* 이 논문은 *Computers and Society*, Vol. 30, No. 3(September, 2000) : 13−19에서 처음 발표되었다. Copyright ⓒ 2000 by L. Jean Camp and Y. T. Chien. 저작권자의 허락 하에 수록한다.

러나 바로 이러한 보편성은 또한 다양한 개인적 혹은 집단적 권리를 침해할 수 있어서 인터넷이 가진 유용성의 일부를 제약하고 있다.

우리의 목표는 이중적이다. 첫째는 과거와 현재의 개념들을 분명히 하고 관련된 주요 쟁점들을 부각시키는 것이다. 둘째는 인터넷을 공적 공간으로 이해하고 규제하는 것이 미래의 인터넷 관리(governance)를 위한 공공 정책의 형성에 얼마나 긍정적인 영향을 미칠지를 생각해 보는 것이다. 특히 전자공간을 규제할 때에는 세 가지 사항들이 고려되어야 한다 : 동시성, 침투성, 그리고 배타성. 동시성은 어떤 사람이 동시에 두 개의 위치에 있을 수 있는 능력을 말한다. 예를 들어 기차역과 직장에 동시에 있는 것을 말한다. 침투성은 정보기술의 활용으로 말미암아 공간적·조직적 또는 전통적인 장벽이 약화되고 장벽의 효과가 떨어지는 것을 말한다. 직장과 가정 사이의 장벽에 대한 침투성은 원거리 통신에서 가장 분명하게 나타난다. 배타성은 한 장소나 인식에, 또는 행위에 다른 것이 끼어드는 것을 방지하는 특성이다. 인트라넷은 다양한 접근 통제 메커니즘을 통해 배타적인 접근을 가능하게 한다. 물리세계에서 외부와 차단된 도시는 이러한 배타성의 좋은 사례이다.

목표를 달성하기 위해 우리는 우선 인터넷을 미디어 형태로 파악하는 패러다임으로부터 논의를 시작한다. 인터넷을 미디어 형태로 접근하는 방식은 그리 성공적이지 못하다. 미디어 규제방식 비유의 실패는 공간적 비유를 초래했는데, 그것은 가상현실의 미묘함과 복잡성을 더 잘 나타내 준다. 그러나 공간적인 모델이 직접적으로 인터넷에 적용되는 것을 가로막는 것은 인터넷상 경계들의 침투성과 동시성의 문제이다.

우리는 인터넷을 공적 공간으로 취급하는 방식에서 야기되는 기본적인 정책적 문제들에 대해 논의한다. 우리가 인터넷상에서 발견할 수 있는 공적 공간의 형태들은 다음과 같다 : 도서관, 진료소 또는 병원, 대학, 시장, 국제 시장 또는 문화교환 센터, 학교, 그리고 정치적 연설이나 토의를 위한 포럼('디지털 연단'). 과거에 토론된 일련의 정책적 문제들은 각각의 공적 장소에 독특한 방식으로 적용된다.

마지막으로 인터넷이 생동감 있고 가치 있는 공적 공간으로 발전하는 데에 결정적인 공공 정책과 관련된 함의를 알아보고 논의를 마치려 한다. 우리는 결론적으로 인터넷을 공적 공간으로 비유하려는 인식이 쉽지 않으며, 그러한 인식에 기초한 정책형성이 어려움이 없지는 않지만 공적 공간 비유는 방대한 인터넷을 포괄할 정도로 융통성이 있으며, 공공 정책 쟁점들에 대한 안내를 제공하기에 충분하다고 주장한다.

I. 인터넷은 멀티미디어 이상이다

인터넷이 순수한 학문적 관심으로부터 대중적 영역으로 급속히 확산됨에 따라 인터넷이 무엇인지—사회에서 인터넷의 역할이 무엇인지—에 관해 최근 많은 토론이 있어 왔다. 우리가 특별히 관심을 가지는 것은 사이버공간을 인터넷에 의해 창출되는 공적 서비스로 파악하는 것이다. 인터넷은 국가적 · 전 세계적 통신 인프라 구조의 일부분이기 때문에 많은 사람들이 인터넷 서비스를 전통적인 미디어 형태로 분류하려는 자연스런 경향이 있다. 그러나 이러한 논쟁의 초기에 일부 사람들(Camp and Riley, 1996)은 그러한 분류는 잘못된 것이라고 주장하였다. 사실 몇몇 대학에서의 사례 연구는 인터넷 서비스에 미디어 형태를 적용하려는 시도는 잘 보호되는 공간을 만들지도 못하고 열린 대화를 고무하지도 않는 결과를 초래했다는 것을 보여주었다. 가상공간을 물리적 대상으로 취급하는 방식에 근거한 새로운 다른 모델이 조직과 개인 모두를 위해 더 잘 기능할지도 모른다(Camp and Riley, 1996). 우리는 인터넷을 공적 공간으로, 그리고 물리적 공간 모델을 가상의 공간에 적용할 때 나타날 수 있는 위험과 장점에 대해 초점을 맞추어 논의함으로써 위의 연구를 확장할 것이다.

미디어 형태는 개념적으로 하나의 유추를 이끌어내는 장점이 있다—그러한 분류는 기술 결정론에 근거를 두고 있다. 전통적인 미디어 형태에는 네 가지가 있다. 그것은 출판자, 유통자, 방송, 그리고 운송자 등이다. 인터넷을 제외하고 일상 생활에서 이러한 미디어 형태들을 구별하는 것은 쉽다. 일단 인터넷상에서는 모든 사람이 위의 네 가지 모두나 그 이상이 될 수 있다. 인터넷상에서는 모든 사람이 고객, 상인, 팜플렛 저자, 방송자, 출판업자, 그리고 유통자 등이 될 수 있다. 그러나 인터넷을 미디어 형태로 비유하는 것은 실패한다. 왜냐하면, 미디어 형태의 비유는 인터넷이 배타적이고 기술적으로 결정되어 있을 것과 위에 규정된 범주들 중의 하나에 적합할 것을 요구하기 때문이다. 물리적 공간은 비록 그것이 배타적일지라도 기술적으로 한정적이지 않으며, 일련의 규정된 범주들에 제한되지 않는다.

인터넷과 네 가지 미디어 형태들을 대조하여 생각해 보자. 방송인들은 콘텐츠를 전달하기 위해 공유된 스펙트럼을 사용한다. 그들은 개인적인 스펙트럼을 소유하지 않는 대신 허가된 스펙트럼에 대해 하나의 제한된 권리를 지닌다. 그들은 그들에게 허가된 공중파로 보내지는 것들을 주도한다. 그들이 방송하는 정보는 대부분 엄격한 통제를 받으며, 또한 엄중한 책임이 수반된다.

운송업자들로는 전화와 우편회사들을 들 수 있다. 운송업자에게는 콘텐츠를 구분하지 않고 모든 정보를 전달하도록 요구된다. 운송업자는 단지 자신이 전송하는 것 중에서 사소한 양에 대해서만 주도하고 (예를 들면, AT&T에서 거는 전화는 얼마나 되겠는가?), 따라서 자신의 전선을 통해 전달되는 콘텐츠에 대해서는 책임이 없다.

출판업자는 인쇄물, 오디오, 비디오, 소프트웨어, 또는 멀티미디어 자료를 만들고, 그것을 유통자를 통해 구매자에게 전달한다. 출판업자는 콘텐츠에 대해 책임이 있고, 유통자는 그 책임이 덜하다. 방송은 공중을 통해 모든 사람들이 이용 가능하고, 인쇄물에 대한 1차 유통은 통제가 용이하다(2차적 유통은 또한 출판과 관련된 쟁점이라는 것에 주목하라).

한편, 인터넷은 위의 모든 미디어 형태나 그 이상이 될 수 있으며, 위의 어느 하나에만 배타적으로 해당되는 것은 아니다. 인터넷은 본질적으로 사용자가 만든 데이터를 전송하고 분배하는 유통을 위한 메커니즘이다—인터넷은 상호작용하는 프로토콜을 통해 네트워크들을 연결시키며, 전송 통제 프로토콜과 사용자 데이터그램 프로토콜을 통하여 신뢰할 만한 전송을 제공한다. 이러한 기술적인 용어들은 인터넷의 기본적 기능을 묘사한다는 점에서 의미가 있다. 이러한 방식으로 인터넷은 하나의 운송자이다. 그러나 아무도 인터넷을 소유하지는 않았으며, 연결되는 모든 사람들이 콘텐츠를 만들어낼 수 있다. 만일 인터넷상에서 유통되는 자료가 적다면 유통자로서의 미디어 특성에 법적인 의미를 적용하는 것이 가능하다. 그러나 적은 양의 정보를 가진 인터넷은 이미 오래 전에 사라지고 없다.

모든 사람은 인터넷상에서 출판업자가 될 수 있다. 동시에 인터넷 출판방식은 출판업자를 방송인으로 만들 수 있다. 하나의 웹페이지는 일종의 출판이다.

인터넷상에서의 정보는 디지털이기 때문에 인터넷 서비스는 운송자가 아니다. 디지털 정보는 아날로그 정보보다도 훨씬 더 쉽게 분석된다. 방화벽은 인터넷이 운송자가 아니라는 것을 입증한다. 그러나 방화벽이 다루어야만 하는 정보량 그리고 방화벽의 불완전성은 유통의 개념에 문제가 있다는 것을 나타낸다.

인터넷이 하나의 새로운 실체로 등장하기 이전에 나타났던 전통적인 미디어 형태들은 많은 진보적 변화를 보여주었다. 휴대 전화와 케이블 TV는 공중파 전송형태의 미디어와 유선방송 미디어 간의 전통적인 미디어 형태를 붕괴시키기 시작했다. 이는 전화/방송 모델이 제한된 법률적 조정으로만으로도 그 적용이 지속될 수도 있었던 작은 변화였다. 그러나 인터넷상에 대한 미디어 형태의 적용은 완전한 실패를 가져왔다.

하나의 대안 모델로서 물리적 공간은 기술적으로는 결정론적이지 않다. 건축물에 있어서 기능이 형식과 무관하다고 말하는 것은 사소한 것처럼 보일지 모르지만 그것은 미디어 형태의 모델과 공간 모델 사이의 중요한 구분이다. 인터넷은 동일한 포괄적 기술이 서로 다른 사물들, 서로 다른 공간, 지역, 미디어 혹은 포럼을 규정한다는 점에서 물리적 공간에 보다 가깝다. 물리적 공간은 유의미한 거리에 의해 분리된다는 점에 유의하는 것 또한 사소하게 보일지 모른다. 물리적 공간은 배타적이다—당신은 동시에 두 장소에 있을 수 없다. 물리적 공간은 또한 동시적이다. 이처럼 한 공간으로부터 다른 한 공간으로 이동하는 데는 노력이 필요하며, 시간은 직선으로 나아간다. 시간이 지나면 그 특성이 달라지는 장소들이 있다. 하나의 장소는 반라의 여인들의 콘서트가 진행되는 시간과 졸업식 등이 진행되는 시간에는 전혀 다른 규범을 가질 수도 있다. 시간의 경과라는 또 다른 본질적인 분리가 있다. 이와 유사하게 미디어 형태는 사용자에게 독특하게 나타난다. 사용자들은 휴대 전화를 구입하는 것과 알링턴 국립묘지에서 통화 금지가 되는 것을 혼동하지 않는다. 또한 사람들은 여행에 대한 일상적인 욕구 때문에 장소의 변화가 있다는 것을 안다. 미디어 형태와는 달리 물리적 공간은 인터넷상에 존재하는 미묘함과 회색지대를 지니고 있다. 물리적 공간은 시간, 공간, 그리고 태도에 따라 구별된다.

배타성과 결정론적 속성은 인터넷을 미디어로 분류하도록 한다. 이는 매혹적이지만 잘못된 분류이다. 인터넷은 배타적으로 하나의 매체도 아니고, 기술적으로 결정적이지도 않다. 공간으로서의 인터넷 개념은 이러한 특성을 희석시키지만 제거하지는 않는다. 사적·공적·개인적 공간에 대한 새로운 개념은 새로운 규범들의 일부분이 되어야 한다. 또한 인터넷은 그것이 작업장으로 변모될 수 있다는 점에서 공적 공간과 관련되어 독특하다. 공적 공간, 사적 측면의 공간, 그리고 개인적 공간들은 한 묶음이라고 할 수 있다. 다음 부분은 이러한 쟁점들에 초점을 맞추고 있다.

Ⅱ. 공적 공간의 디지털 특성

공적인 물리적 공간은 각각 독특한 방식으로 우리에게 공원을 배회하거나 어느 기차역에서 사람들을 밀치고 나가거나, 또는 어느 시립도서관에서 조용한 오후를 보내는 활동들을 제공해 준다. 우리는 거기에서 그 공간과 관련된 권리를 주장하고 향유한다. 우리는 대신 그 공간에서 요구되는 규칙과 책임을 준수해야만 한다. 하나의 공적 영역으로서의 인터넷을 항해하는 것은 상대적으로 새로운 현상이지만, 그것은 또한 정보에 기초한 광범위한 활동들을 관리하는 직관적이거나 형식적인 시민적 규칙들을 분명히 필요로 한다. 우리가 공적 공간의 디지털 특성을 파악한다면 공적 공간으로서의 인터넷에 관한 일부 개념들을 쉽게 이해할 수 있게 된다.

각각의 물리적 공적 공간들은 침투성이나 배타성에 대한 함축적이고 물리적인 정의를 가지고 있다. 공간적 모델을 적용할 때 우리가 고려해야 하는 핵심은 한 공간과 다른 공간들과의 관계이다. 물리적 공간들, 그리고 몇몇 전자공간들은 배타성을 제공한다. 인터넷상에도 유사하게 도메인 이름에 관한 분쟁이 있다—인터넷상에는 단지 하나의 'sun.com'만이 있을 수 있다. 배타적인 전자공간의 구성요소들은 니센바움(Nissenbaum, 1999)의 논문에서 기술된 것처럼 공적으로 훌륭한 매개변수를 지닐 수 있다. 이와는 대조적으로 샤피로(Shapiro, 1998)의 글에 설명되어 있듯이 공간들은 보다 더 침투적이 되고 있다. 집과 일은 상호작용하며, 그들 사이에는 흐름이 있다. 종국적으로 전자공간에서의 경험은 회사의 인트라넷에서, 그리고 공적 공간에서처럼 동시적이 될 수 있다. 공간들이 어떻게 규제되어야 하는지를 논의할 때 우리는 모든 공간이 서로 다른 차원과 상황 속에서 배타성, 침투성 및 동시성의 요소들을 가진 연속선상에 존재한다는 것을 고려해야 한다. 모든 물리적 공간은 다른 배타적 공간의 한쪽 끝에 놓여 있다는 점에서 전자공간과 같지 않다. 이처럼 공간적 비유는 기대할 만하지만 배타성과 관련된 가정들이 완전하게 배척될 수도 없고, 그렇다고 해서 유일한 가능 조건으로서 포용될 수도 없다.

공과 사. 사람, 기계 및 정보자원들을 연결하는 인터넷은 대부분의 경우에 물리적 공간과는 달리 공적이면서 동시에 사적이다. 이는 아마 인터넷의 가장 현저한 특징일 것이다. 모든 사람이 동일한 공간에서 일하며 살아가고 공동체의 다른 구성원들과 동일한 자원을 공유하지만, 각각의 개인은 그 공간의 일부를 잘라내서 그것을 자신의 것으로 주장할 수 있다. 우리는 인터넷망을 통해 공유된 자원들을 찾아내서 개인적 목적에 맞게 가공한다. 거꾸로, 우리는 공적 사용을 위해 인터넷상에 독점적 정보(예를 들면, 개인적이거나 사업상의 웹사이트)를 게재한다.

전 세계적인 것 대(對) 지역적인 것. 인터넷 공간은 정의상 전 세계적으로 상호 연관되어 있지만 지역성은 풍성한 정보를 제공하여 인터넷의 유용성을 증대시킨다. 파리에 있는 박물관 웹사이트에 접근하는 것은 이론적으로는 워싱턴의 스미소니언 박물관이나 보스턴에 있는 박물관처럼 접근하기 쉽다. 그러나 콘텐츠를 초월하여 인터넷은 민족국가와 세계간의 힘의 균형구조를 복잡하게 하면서 세계정치에 간여한다.

언어초월적이고 문화교차적. 아직 영어가 디지털 시대의 보편적인 언어이지만 인터넷은 많은 인종이 모여 있는 뉴욕 시와 유사하다. 인터넷 서핑은 뉴욕의 거리를 걷는 것과 같다. 만일 당신이 당신의 눈과 귀를 닫지만 않는다면 당신이 보고 듣는 것들이 단지 영어로만 표현되어 있지는 않다는 것을 알게 될 것이다.

공적이지 않은 것과의 연관. 하나의 인터넷 공간은 비록 공적 영역일지라도 무심코, 아니면 의도적으로 어떤 독점적 성격의 공간들(예를 들면 작업공간, 시장공간)에 연관될 수도 있다. 예를 들어 독점공간인 특정 회사의 웹사이트(예를 들면 FedEx)는 기능적으로 공적이 되도록 만들어 사업의 효율을 높일 수 있다(물건 배달상태를 점검하기 위해 웹사이트를 이용하는 모든 고객은 FedEx를 위한 무보수 사원이 된다).

통제와 자유/통제 대(對) 자유. 이는 거버넌스(governance)에 관한 외부적 쟁점이다. 그러나 위에서 언급한 인터넷 공간의 특징들은 오늘날의 사회에서 공적인 합의에 도달하는 것을 더 어렵게 만든다. 대중은 정보에 대한 무제한의 접근과 안심하고 사용할 수 있는 전자환경을 원한다. 콘텐츠 통제와 관련된 쟁점들에 대한 최근의 사례는 제105차 의회에서 통과된 법안 '디지털 밀레니엄 저작권'(Digital Millennium Copyright)에 잘 명시되어 있다. 이는 공적인 것과 사적인 재산과의 균형을 변경시켜 놓았다. 즉 통제되는 것을 바꾸어 놓았다. 왜냐하면 재산 소유자의 기본적인 권리는 그 재산이 지적인 것이건 물리적인 것이건 관계없이 다른 사람들이 그 재산을 사용하지 못하도록 배제하는 것이기 때문이다.

Ⅲ. 공적 공간으로서의 인터넷 활용 : 기회와 장벽

공적 영역으로서의 인터넷은 계산과 의사소통의 차원을 뛰어넘어 그 기능과 능력에 있어서 일반인들의 상상을 초월한다. 위에서 언급한 디지털 특성들의 한 가지 혹은 여러 가지 특성을 끌어내어 인터넷을 다양하게 공적으로 사용하는 것은 이미 실현되고 있다. 인터넷을 공적으로 사용하는 다양한 각각의 방법은 일련의 새로운 기회와 장벽, 그리고 정책 쟁점들을 전면에 부각시키고 있다.

1. 디지털 도서관

넓게 말하면 디지털 도서관은 어느 곳에서나 디지털 소장품과 지식에 접근할 수 있는 공적 접근을 허용한다. 디지털 도서관은 24시간 개방되어 있으며, 네트워크가 있는 곳은 어디에서나 접근할 수 있다. 월드 와이드 웹(World Wide Web)은 전통적인 정의에 의한 도서관이 아니라 디지털 도서관의 가장 시각적인 사례이다. 매일 새로운 것들이 온라인으로 등장한다. 21세기 초에는 모든 학교와 가정이 어디에 있든 간에 관계없이 의회 도서관의 일부를 소유할 수 있을 것이다. 그러나 이러한 장대한 비전의 한편에는 디지털 자료에 대한 공적 접근과 관련하여 심각한 쟁점들이 놓여 있다. 거의 모든 공공 도서관은 웹 접근수단을 어떻게 제공할 것인가라는 문제와 더불어 동시에 어린이

독자들을 잘못된 디지털 콘텐츠로부터 어떻게 보호할 것인가라는 문제에 직면해 있다.

디지털 도서관으로서의 인터넷은 정보의 사적 소유와 통제의 연관성 문제를 전면에 드러낸다.

콘텐츠 통제는 공적 이익과 가치라는 관점에서 현재 논의되고 있는 쟁점이다. 제105차 그리고 제106차 의회에서 맥케인(McCain) 상원의원은 연방기금을 지원받는 모든 도서관에 차단장치 설치를 요구하는 법안을 제안했다. '아동 인터넷 보호법'(Children's Internet Protection Act)은 2조에서 "인터넷 접근수단을 갖고 있는 컴퓨터에 대해 여과기술이나 차단기술을 설치하지 않은 학교나 도서관은 보편적 서비스를 금지한다"고 되어 있다.

의무적인 여과장치 요구가 헌법 위반이라 하더라도 미국에서는 그와 유사한 행위가 있어왔다. 한 연방 판사는 의무적 여과장치는 "콘텐츠에 근거하여 여론의 자유를 과도하게 침해하고 사전 제한을 금지한 헌법을 위반하고 있다"는 근거에서 라우돈 카운티(Loudon County)의 의무적인 여과정책, 즉 VA 도서관 시스템을 거부했다.

정보의 소유에 대한 쟁점은 공적 이익을 염두에 두고 토론되어 온 주제가 아니었다. 정보의 소유문제에서 초점은 디지털 시대에도 정보의 공정한 사용이 지속되어야 한다는 관점에서 디지털 도서관의 개념문제와 교차되었다. 디지털 시대로까지 저작권을 확대하거나 저작권을 적용하려는(반대자와 지지자 각각에 따르면) 법안들은 세계지식재산기구(WIPO) 조약을 위한 입법안, 디지털 밀레니엄 법안(Digital Millennium Bill), 그리고 보통 데이터베이스 법안이라고 일컬어지는 사실 편집물 보호 법안 등이다. 미국의 도서관과 과학단체들은 세계지식재산기구 입법안, 지금까지 제출된 모든 데이터베이스 법안, 디지털 밀레니엄 제안의 일부 등에 대하여 강력하게 반대하였다. 역공학 (reverse engineering)과 암호 분석을 허용하려는 시도와 과학자 집단에 의해 지지된 과학적 연구 및 목적의 변화에 의해 디지털 밀레니엄 법안이 만들어졌으며, 그것은 현재 디지털 밀레니엄 법률(Digital Millennium Act)이 되었다. 세계지식재산기구를 가능하게 하려는 입법안과 데이터베이스 법안들은 법률로 성립되지 못했다. 이와 같이 비록 지적 재산권 소유자들은 그러한 생각에 반대할지라도 물리적 도서관들은 인터넷상에서의 지속적인 공정한 사용에 대해 성공적으로 논의하고 있다.

공적인 것과 사적인 것의 연관성은 인터넷상에서의 프라이버시 문제를 제기하였다. 41개 주와 컬럼비아 지방은 도서관 대출기록의 비밀에 관한 법령을 가지고 있다. 도서관의 대출기록은 독서 양식에 대한 기록이다. 인터넷 사용양식 또한 독서양식에 대한 기록이다. 그러나 Lexis/Nexis와 같은 기업적 도서관 역시 웹상에 있다. 이러한 도서관과 이와 유사한 정보 수집기관들은 도서관으로서가 아니라 데이터베이스로서 취급되어 왔다. 그러나 법률은 이러한 모든 정보의 집합체들을 동등한 것으로 취급해야만 한다.

2. 대학

인터넷은 교육환경을 변화시키고 있다 : 웨스턴 거버너 가상대학 (Western Governors Virtual University)은 인터넷 사용자들과 지역 전문대학들(community colleges)이 접근할 수 있는 500개의 과정을 만들고, 지역공동체를 초월하여 교육하기를 열망한다(Healy, 1998). 하버드의 평생대학(Extension School)은 웹 접근수단을 갖고 있는 모든 사람을 위해 인터넷에 의한 원거리 교육 프로그램을 확대하고 있다. 한편, 많은 교육자들은 인터넷과 같은 테크놀로지에 대한 지나친 신뢰는 교육의 본질을 위협한다고 주장한다(Banks, 1998). 그러나 자기 주도 학습을 위한 공적 도구로서, 그리고 최소의 비용으로 각종 자료에 쉽게 접근할 수 있는 공적 수단으로서 인터넷의 긍정적인 측면을 부인하는 사람은 거의 없다.

하나의 대학으로서의 인터넷과 관련하여 제기되는 주요 쟁점은 접근과 검증의 문제이다. 대학 수준에서 콘텐츠 통제 대(對) 접근의 자유라는 쟁점은 그다지 중요하지 않다. 대학은 콘텐츠를 평가하고 자신의 위험을 감수할 수 있는 성인들의 학습공간이다.

대학 수준에서는 다문화적 쟁점이 전면에 등장한다. 만일 번역자들이 교재를 작성하는 데에 자신의 기술적 능력을 발휘한다면 영어를 말하지 못하는 사람들의 정보 이용 가능성 제한 문제는 발생하지 않을 것이다. 그러한 일이 있을 때까지, 그리고 만일 그러한 일이 발생하지 않는다면 여러 가지 언어로 이용 가능한 콘텐츠를 만드는 것은 매우 중요하다. 인터넷이 문화를 초월하여 '상호작동하도록' 만드는 것은 상당히 기술적인 다문화 교차 학교 문제를 감소시킨다.

전 세계적/지역적 문제 또한 고려해 보아야 한다. 대학은 주로 시민이 이용할 수 있도록 발전해 왔으며, 국가적·지역적 자산이다. 일부 대학들은 자기 영역 밖의 모든 것으로부터 콘텐츠의 상당 부분을 차단하였다. 하나의 극단적인 예는 하버드 비즈니스 스쿨(Harvard's

Business School)이다. 이 학교는 학생들이 자신이 등록한 수업만을 들을 수 있도록 하는 인트라넷을 발전시켜 왔다. 다른 대학들은 모든 과정의 콘텐츠(저작권법의 한계 내에서)가 보편적으로 이용 가능하도록 개발하고 있다. 대학들이 접근정책이라는 추상적인 문제에 매달리고 있지만, 공간 모델은 '우리의 접근정책은 무엇인가?' 에서 '우리의 공동체는 무엇인가?' 로 질문을 전환하여 새로운 해법을 제시할 수 있다.

인터넷은 물론 가짜 대학과 돈벌이에만 몰두하는 학교의 확산을 부추길 것이다. 그러므로 검증의 문제는 중요해진다. 이는 벽돌과 회반죽을 속이기 어려운 것처럼 공간적 비유의 관점에서 주요 쟁점이 아니다.

3. 병원

인터넷이 초래한 혁명적인 변화의 주요한 사례는 국립 의료도서관에 의한 새로운 온라인 디지털 의약체계(Medline)이다. 원거리 의료분야에 있어서도 새로운 기술적 진전이 이루어지고 있다. 인터넷이 감기를 치료하지는 못할 것이지만, 온라인상에서 이용 가능한 방대한 의학적 데이터는 의사와 환자 사이의 관계를 변화시키고 있다.

다음의 시나리오를 생각해 보자. 데자 뉴스(Deja News)의 알트.인퍼틸러티(alt.infertility)에는 이용자가 일하는 도중에 게시물을 올렸다는 것을 알려주는 토론기록이 있다. 작업 중 의사에게 전화를 걸거나 자신의 의학적 문제들에 대해 생각하는 것은 피고용인의 시간 손실로서 취할 만한 행동이 아니다. 물론 점심시간에 도서관에서 정보를 찾고 있는 피고용인은 고용주에 의해 영향받을 필요가 없다. 심지어 고용주는 피고용인이 찾고자 하는 주제가 무엇인지 알지 못한다. 고용주들은 물론 업무수행 정도를 평가할 권리를 지녀야 한다. 고용주들은 피고용인들의 행동에 관심이 있으며, 그것은 고용주가 도메인 이름을 통해 확인 가능하다. 그러나 프라이버시에 대한 피고용인들의 관심은 무엇인가? 언제 피고용인이 의사의 사무실에 있는 환자가 되고 언제 직장에서의 피고용인이 되는가?

여기에서 다문화적 쟁점들 또한 중요하다. 정보는 상이한 접근 수준에 따라 공동체에 맞게 재단되어 적용될 수 있다. 정보의 부족이 전 세계에서 예방할 수 있는 어린이 사망의 주요 원인이라는 것을 고려해 보자 : 보모들은 유아와 어린이들에게 치명적 위험을 가져오는 과다 출혈(fluid losses)을 다루는 방법을 알지 못한다. 그러한 정보가 어떻게 적절하게 공동체에 전달될 수 있을까? 물리적 공간에 있어서의 모든 문제들을 가상공간으로 옮기고, 정보가 읽혀질 수 있는 많은 공간보다 오히려 매체에 정보를 맞추려고 시도하여 이러한 질문들을 무시하는 것은 부정적인 결과를 초래할 것이다.

4. 국제 시장

인터넷 통상은 미국의 소비자 및 소규모 사업자를 전 세계의 소규모 상인들과 연결시킬 것이다. 비즈니스 관련 법률뿐만 아니라 비즈니스 관행에 대한 쟁점들도 갈등을 일으킬 것이다. 가장 초기의 비즈니스 갈등에 대한 해결은 비자(VISA), 마스터카드(MasterCard), 그리고 아메리칸 익스프레스(American Express) 등에 의해 이루어졌다. 그러나 사적 부문은 정리와 청산을 할 때 문화적 쟁점들을 고려하지 않을지도 모른다. 이것은 적대감, 상당한 알력, 그리고 오랫동안 거래에 대한 신뢰를 저하시킬 수 있다.

'상거래가 어디에서 일어나는가'라는 질문에 대한 대답이 '인터넷상'이라는 것은 필연적이 아니다. 또는 만약 그것이 대답이라면 그 대답은 점차 의미를 상실할 것이다. 공간적 정보는 신뢰에 대한 정보를 제공할 수 있으며, 소비자들과 상인들에게 선적 비용과 같은 현실적인 문제뿐만 아니라 가능한 오해를 사전에 경고해 준다.

5. 학교

전통적인 읽기와 쓰기능력을 뛰어넘어 디지털 문해(文解)기술은 사이버공간에서 발견되는 자료들을 비판적으로 평가할 수 있는 능력과 같은 일련의 새로운 핵심 능력들을 포괄한다(Gilster, 1997). 디지털 문해는 오늘날의 16세 청소년에게 있어서의 운전면허증처럼 21세기 다음 세대의 시민들에게 중요하게 여겨지고 있다.

학교 수준에서도 상당한 쟁점들이 발생한다. 글로벌 정보화는 아이들이 다양한 이념에 접하는 것을 가능하게 하여 그들의 마음을 넓게 할 수 있다. 거꾸로 아이들은 또한 그들의 마음을 좁게 하는 편견에 노출될 수 있다. 인터넷은 전 세계적이기 때문에 한 장소에서는 합리적으로 생각될지도 모르는 것이 다른 한 장소에서는 증오에 찬 편견이 되는 것을 막을 수 있는 방법이 없다.

학교에서는 동시성의 문제도 발생한다. 인터넷은 공적 공간과 사적 공간이 매우 밀접하게 연관되어 있다. 학교에서 배너 광고를 허용하지 않고서 인터넷에 접속할 수 있는 방법은 없다. 학교에서 상업주의는 적절하지 못한 것으로 생각되어 왔다. 학교에 인터넷을 도입하는 데 있어서 아이들이 광고에 대해 비판적이 되도록 가르치는 것은 필요한 부분이다. 교실은 전통적으로 신뢰의 장소였지만 시장에서는 비판적 혹은 거의 냉소적인 사고가 적당하다. 공간과 규범의 이러한 충돌이 발생한다는 것에 대한 이해는 공간적 접근을 할 때 가능하며, 만약 인터넷을 단순히 스테로이드상의 변화라고 파악한다면 그것을 이해할 수 없다.

6. 디지털 연단

디지털 문해처럼 웹 민주주의는 단순히 인터넷을 통해 어떤 정치적 문서를 읽는 것 이상을 의미한다(Norris, 1999). 대중(그리고 지도자들)이 여과되지 않은 온라인 정보를 소화하고 미디어에 의해 제한되지 않은 정치적 심의를 할 수 있도록 교육하는 것이 현대 민주주의 사회에서 시민성 육성의 도구로서 인터넷을 이용할 수 있는가에 대한 주요한 테스트가 된다. [독립위원회 의회(Congress of the Independent Counsel)의 인터넷을 통한 최근의 발표와 그에 따른 대중의 반응은 인터넷의 기술적 능력과 현대 정치과정에서 인터넷이 지닌 잠재적인 역할에 대한 최초의 테스트인 듯하다.]

인터넷이 21세기의 민주주의를 위해 기여할 수 있는 가능성은 무엇인가? 인터넷은 평범한 시민들이 보다 적극적으로 공적인 일에 참여하도록 적당한 공간을 제공하고 있는가? 혹은 인터넷은 단지 증오와 불관용에 이르는 통로인가? 인터넷을 미디어로 분류하는 것은 새로운 커뮤니케이션 기술이 출현하는 것을 막는 반면(Krattenmaker and Powe, 1998), 공적인 전자 포럼에서 시민권에 관한 쟁점들을 탐구하는 것은 새로운 커뮤니케이션 기술을 보존하기 위해 중요하다(Pool, 1983). 여기에서 공간적 개념들은 중요한 역할을 할 수 있다. 공적 공간과 공적 역할에 대한 정의는 시민적 자유와 다른 형태의 자유를 재정의하는 데 있어서 중요한 단계이다.

7. 시장

인터넷상에서의 경제활동은 농산물 시장과 월스트리트가 함께 있는 일종의 보편적인 쇼핑몰이 될 것이다. 그것은 개방적이고 자유로우며, 전통적인 것과 현대적인 것을 혼합하고 있다(Camp, 2000). 모든 사람들이 새로운 경제활동과 구경제활동 모두를 포함한 크고 작은 상거래에 쉽게 접근할 수 있을 것이다. 생산자들은 웹상의 데이터를 통해 수요를 조사한다. 한편, 영리한 소비자들은 구매하기 전에 재화나 용역에 관한 정보를 얻기 위해 인터넷을 이용한다. 그러나 그들은 사이버공간에서 비즈니스를 가능하게 하는 인터넷을 신뢰할 수 있을까? 사이버공간 안에 상거래가 있다고 말하는 것은 거의 의미가 없다 : 그것은 하나의 벼룩시장인가(예를 들면 eBay), 하나의 주요한 통신

판매 회사인가(예를 들면 L. L. Bean), 하나의 신진사업인가(eToys.com), 또는 하나의 기성 벽돌과 회반죽 가게인가(예를 들면, Walden Hobbies)?

경제적인 참여를 가로막는 요인은 무엇인가? 다시금 공간적 비유를 보다 철저하게 토론할 필요가 있다. 예를 들면, 소더비(Sotheby)의 모든 경매는 대중에게 개방되어 있다. 그러나 대부분의 대중은 참여하지 않는다. 문화적·경제적 장벽의 범위는 무엇인가? 이러한 질문에 대답하는 것은 케이블 TV와 아날로그 전화 신장률보다 경제활동에 대한 더 많은 이해를 요구한다.

Ⅳ. 공공 정책에의 함의

여기에서는 공간적 모델이 미디어 형태의 조망과 비교하여 공공 정책 문제에 대한 인식을 어떻게 변화시킬 수 있는지를 논의하고자 한다. 우리는 가상공간과 현실공간 사이의 동시성, 침투성, 그리고 배타성에 있어서의 차이점들이 어떻게 거버넌스(governance)에 영향을 미치는지 기술하고자 한다.

1. 인터넷 이용에 대한 거버넌스

인터넷 거버넌스에 있어서의 쟁점들은 보안, 데이터와 지적 재산권의 보호, 책임성, 신뢰성, 표준, 그리고 전 세계적 권력의 상호 의존성 등을 포함한다(Hurley, Kahin & Varian, 2000 ; Spar & Bussgang, 1996). 이러한 점들에 대한 거버넌스의 해답을 추구하기 위해서는 다양하며 근본적으로 새롭고 창조적인 틀이 필요하다는 인식에 의해 그 해법이 늦춰져 왔다. 이미 정립된 공간적 틀을 사용하면 해답은 보다 쉽게 찾아질 수 있다.

보안문제에 있어서 위험과 위협에 대해 분석하는 위험평가는 보다 광범위하게 수행될 것이다. 불명료함(obscurity)에 의해 나타나는 보안오류는 공간적 모델을 사용할 때 불합리한 것으로 나타난다. 사람들은 단순히 가치 있는 자산을 숨기지 않으며, 그것을 안전하게 하고자 한다.

프라이버시 보호와 관련된 쟁점들은 미디어 모델보다는 공간적 모델을 가지고 보다 쉽게 서술될 수 있다. 의학정보가 제공되는 인터넷 공간들은 정보가 전달되는 매체에 의해서가 아니라 정보와 상거래 유형에 의해 정의되어야 한다. 인터넷을 공간적 개념의 연속으로 이해하는 것은 미디어 스펙트럼에 의한 네 가지 비유들보다 프라이버시 문제에 관해 더 많은 유연성을 제공할 수 있다. 인터넷 공적 공간의 개념은 프라이버시에 대해 어떤 함축성을 갖는가? 인터넷 공간의 비유를 사용함으로써 고용인들은 하나의 (공적) 데스크탑뿐만 아니라 하나의 (사적) 책상서랍을 가지게 된다. 더 나아가 공적 영역에서의 쟁점들은 공적 전자공간들에 적용될 수 있다(Nissenbaum, 1999).

만일 지방 정부들이 자신들을 인터넷에 접촉하고 있다기보다는 오히려 인터넷상의 한 점으로 본다면 협동적인 거버넌스가 보다 수월하게 될 것이다.

미디어의 역사가 공유되며 연관된 공간이라기보다는 오히려 국가적 자산의 역사이듯이 인터넷을 하나의 연결된 공간이라고 이해하는 것은 보다 결실 있는 대화를 산출할 것이다. 공동의 경계와 공유된 자원에 대한 교섭의 역사는 미디어 규제의 국제적 역사보다 더 풍부하고 다양화된 모델을 산출한다.

2. 사회적 자본과 사회 지도력에 대한 효과

인터넷은 네트워크, 규범, 그리고 신뢰와 같은 '사회적 자본'의 형성을 가능하게 한다. 사회적 자본은 상호 이익을 위해 증대된 조정과 상호작용을 촉진하여 기술혁명(Fountain, 1998)을 촉진한다. 다른 한편으로, 일부 사람들은(Chapman, 1998) 새로운 세대의 정치적 · 시민적 지도자들이 경제성장에 의해 창출된 부를 추종함에 따라 사회가 가난하거나 불이익을 당하고 있는 사람들에 대해 점점 둔감해지고 있다고 걱정한다. 공간적 분리에 대한 과거의 걱정을 이해하는 것은 물리적 공간에서 평등을 강화하려는 시도들로부터의 학습을 가능하게 한다. 인터넷을 미디어로 이해하는 것은 그러한 토론들에 아무 소용이 없다.

다른 하나의 중요한 쟁점은 사회학적인 효과이다. 카네기 멜론(Carnegie Mellon) 대학의 최근 연구에 의하면, 집에서 인터넷을 과도하게 사용하는 사람들은 사회적 고립, 고독감, 그리고 우울증에 빠질 가능성이 많다(Kraut, et al, 1998). 한편, 다른 조사들은 웹 사용자들이 인터넷을 긍정적으로 여기며, 그들은 사회적 네트워크를 구성하고 현존하는 인간관계를 증진시키기 위해 인터넷을 사용한다고 주장한다.

우리는 사회가 인터넷과 관련하여 어떻게 더 긍정적인 방향으로 나아가게 할 수 있는가? 공간적 개념은 전통적인 미디어 연구의 범위를 넘어서는 정책토론을 이끌기 위해 필요한 부차적 연구의 시작을 가능하게 한다.

3. 사회복지에 대한 효과

많은 사람들은 테오도르 베일(Theodore Vail) 시대의 시작처럼 보편적 접근(Universal Access)이라는 전통적 개념은 새로운 정의를 필요로 한다고 주장한다(Brewer, 1997). '디지털 발신음'(digital dialtone)이 무엇인가, 혹은 인터넷 광대역의 정의는 무엇인가에 대한 논쟁은 정책결정자들로 하여금 핵심 쟁점에서 멀어지게 한다. 가진 자와 가지지 못한 자, 그리고 도시와 농촌을 막론하고 우리는 인터넷 접근에 대한 다양한 욕구를 갖고 있는 대략 4,000만 명의 미접속 시민들을 어떻게 온라인으로 유도할 수 있는가? 만약 인터넷이 공적 공간들을 포함한 다양한 공간들로 구성되어 있다면 헌법적으로 그들에게 접근을 보장해야 한다. 보편적 접근이라는 개념은 너무 많이 곡해되어 의미가 없을 정도가 되어버렸기 때문에 그 한계를 보여주고 있다. 공간적 비유는 그러한 혼란이 없이도 실행될 수 있는 모든 가능한 선택을 허용할 것이다. 예를 들면 시장에 대한 접근, 신용에 대한 접근, 공적 토론에 대한 접근 등등이 그것이다.

V. 결론

만약 하나의 비유가 인터넷을 묘사하기 위해 사용될 수 있다면 그 것은 인터넷 그 자체만큼 풍부한 비유여야 한다. 그러나 어떠한 비유도 인터넷과 똑같은 종류의 경계를 가지지 않을 것이다 : 어떤 규제방식이 수많은 전자 공적 공간들에 접근할 수 있는 많은 미국인들의 이익을 보호할 수 있는가? 어떤 행동들이 시민으로서의 접근이라는 필요와 통제를 위한 고용주들의 필요를 적절히 조화시킬 수 있는가? 이러한 질문들에 대한 대답은 디지털 공간의 특징과 그에 기인하는 함축성에 대해 보다 많은 이해를 요구한다. 그러나 이러한 질문들에 대한 대답은 하나의 공간에서 다른 하나의 공간으로 이동하는 사람들에 대한 이해로부터 도움을 받을 수 있다.

정부의 다양한 수준에서의 전통적 역할들이 아직도 적용될 수 있다. 그러나 각각의 역할은 인터넷이 중심적인 위치를 차지함으로써 특수한 왜곡현상을 보여준다. 이러한 역할들을 공간적인 관점에서 정의하는 것은 그 문제에 대한 더 나은 개념을 산출한다. 예를 들면, 미디어 규정은 음란물을 유선 밖으로 밀어내는 것이 필요하다고 제시한다. 그러나 공간적 개념은 데스크탑에 모든 관점의 견해가 보호되거나 표출될 수 있도록 보장하는 경쟁적이고 비독점적이며 내용통제를 하는 시장에 대해 논의할 수 있도록 한다.

사회에 대한 인터넷의 부정적 효과를 막는 것은 기술과 휴머니티의 접점에 관한 사회-행태적 쟁점들에 대한 이해를 필요로 한다. 이러한 이해를 도모하기 위해 연구를 지원하는 것은 가능한 한 가장 풍부한 언어로 질문을 제기하는 능력을 필요로 한다. 인간 또는 공공중심적인(public centered) 기술에 초점이 맞춰진 보다 많은 연구에 투자하는 것은 어떻게 기술이 공적 중심이 될 수 있고 또한 경제성장에도 기여할 수 있는가를 이해할 것을 요구한다—마치 도회지 광장이 토론을 가능하게 하고 상업을 지원하듯이.

마지막으로, 거버넌스의 의미에서 공간적 비유는 표준, 관리의 규칙, 그리고 인터넷 사용 윤리에 있어서 각종 작업들을 촉진하고 조정하는 것을 도울 것이다. 가령 위협적인 언사는 시간, 공간, 그리고 내용에 의해서 오프라인으로 판단된다. 위협적 의미를 지닌 언사를 구사한 제이크 베이커드(J. Bakerd)에 대한 판례에 있어서 최종 판단은 그 언사들이 어디에 게시되었느냐에 달려 있었다. 이처럼 법정은 언론의 자유와 해악으로부터의 자유 사이에 균형을 잡는 어려운 상황에서 공간적 모델을 사용함으로써 지침을 발견하였다.

너무 극단적인 규제체제는 인터넷상의 사적인 영역에서 피고용인들이 고용주들을 제한하는 결과를 초래할 수도 있다. 이는 공적 공간의 합법적 사용을 감소시킬 수도 있다. 인터넷에 대한 법인의 투자는 정보와 서비스 이용 가능성을 통해 유용성을 높임으로써 인터넷의 가치를 크게 증가시켰다. 마찬가지로, 공적 광장은 만약 그것이 시장을 수용하지 않았거나 광장 주변에 정부 건물이나 상점이 들어서지 않았다면 아무런 관심도 끌지 못했을 것이다. 공간적 모델은 미디어 모델이 결여하고 있는 미묘함과 복합성을 제공한다.

 참고문헌

Aspen Institute, 1996, *Creating a Learning Society : Initiatives for Education and Techology,* a report of the Aspen Forum on Communications and Society.

I. Banks, 1998, "Reliance on Technology Threatens the Essence of Teaching", *The Chronicle of Higher Education,* October 16.

A. Branscomb, 1994, *Who Owns Information?,* Harper Collins Publishers Inc., New York, NY.

L.Branscomb, 1990, "Public Uses of Information Systems : Principles for Design & Application", *International Journal on Human−Computer Interaction,* Vol. 2, No. 2, pp. 173−182.

J. Brewer, 1998, "World Wide Web Consortium's Accessibility Initiative : Report of Progress for 1997−1998". http://www.w3.org/WAI.

J. Camp, 1999, "Trust and Risk in Internet Commerce," *The MIT Press,* January.

J. Camp and D. Riley, 1996, "Bedrooms, Barrooms and Boardrooms on the Internet", *Selected Paper from the 1996 Telecommunications Policy Research Conference,* Lawrence Earlbam Associates, NY, NY.

G. Champman, 1998, "Digital Nation : Microsoft Trial Obscures Larger Inequality Issues", *Los Angeles Times,* October 12.

Y, T. Chien, 1997, "Digital Libraries, Knowledge Networks, and Human−Centered Information Systems", *Proceedings of the International Symposium on Digital Libraries,* Tsukuba, Japan, March, pp. 60−67.

Computer Science and Telecommunications Board(CSTB), 1997, "Advancing the Public Interest through knowledge and Distributed Intelligence", National Research Council, Washington, DC.

J. Fountain, 1998, "Social Capital : A Key Enabler of Innovation", *Investing in Inno-*

vation : Creating a Research and Innovation Policy that Works (Eds. Lewis Branscomb and James Keller), The MIT Press, Cambridge, MA.

P. Gilster, 1997, *Digital Literacy*, Wiley and Sons, New York, NY.

J. M. Healy, 1998, *Failure to Connect : How Computers Affect our Children's Minds for Better and Worse*, Simon and Schuster.

D. Hurley, B. Kahin, and H. Varian(Eds.), Internet Publishing and Beyond : *The Economics of Digital Information and Intellectual Property*, The MIT Press, Cambridge, MA ; 2000.

D. Hurley and J. H. Kelly (Eds.), *The First 100 Feet : Options for Internet and Broadband Access*, The MIT Press, Cambridge, MA ; 1999.

B. Kahin and J. Keller(Eds.), *Public Access to the Internet*, The MIT Press, Cambridge, MA ; 1995.

B. Kahin and C. Nesson(Eds.) *Borders in Cyberspace*, The MIT Press, Cambridge, MA ; 1997.

R. Kraut, et al, 1998, "Internet paradox : A Social Technology that Reduces Social Involvement and Psychological Well−Being?" *American Psychologist*, Vol. 53, No. 9. Also Available at http://homenet.hcil.cs.cmu.edu/progess/HN.impact.10.htm.

R. O. Keohane and Joseph S. Nye, Jr., 1998, "Power and Interdependence in the Information Age", *Foreign Affairs*, Vol. 77, No. 5, September/October, pp. 81−94.

Krattenmaker and Powe, 1995, "Converging First Amendment Principles for Converging Communications Media", *Yale Law Journal*, Vol. 104, 1719−1744.

G. McClure, 1997, "Narrowing the Knowledge Gap : Today's Technology Can Either Unite or Divide Humanity", *International Journal of the W.K. Kellogg Foundation*, Vol. 8, No. 2.

W.J. Mitchell, 1995, *City of Bits : Space, Place, and the Infobahn*, The MIT Press, Cambridge, MA.

H. Nissenbaum, 1999, "The Politics of Search Engines−and Why It Matters, : *IEEE*

Computer.

P. Norris, 1999, "Who Surfs? New Technology, Old voters, and Virtual Democracy in America", *democracy.com*, Hollis Publishing, Hollis, NH.

I. S. Poole, 1983, *Technologies of Freedom*, Harvard University Press, Cambridge, MA.

S. Shapiro, 1998, "Places and Space : The Historical Interaction of Technology, Home, and Privacy", *The Information Society*, No. 14, Vol. 4, pp. 275−284.

D. Spar and Jeffrey J. Bussgang, 1996, "Ruling the Net", *Harvard Business Review*, May−June, pp. 125, No. 133.

래리 레시그Larry Lessig

　혁명 전 러시아의 짜르(Tsar) 정권은 국내 여권체제를 가지고 있었
다. 사람들은 이러한 체제를 증오하였다. 여권은 당신의 출신지를 표
시했으며, 이러한 표시는 당신이 갈 수 있는 장소와 당신이 교제할 수
있는 사람들, 그리고 당신의 신분을 결정했다. 여권은 접근을 허락하
거나 접근을 막는 상징이었으며, 러시아인들이 러시아에서 서로 알
게 되는 것을 통제했다.

　볼셰비키들은 이러한 모든 것을 변화시키겠다고 약속했다. 그들은
국내 여권을 폐지하겠다고 약속했다. 그리고 그들은 권력에 오르자
마자 그렇게 했다. 러시아인들은 다시 그들이 원하는 장소를 자유롭
게 여행할 수 있게 되었다. 그들이 갈 수 있는 장소는 그들에게 지니

---

* 이 논문은 최초에 *Taiwan Net' 98 Conference*에서 발표되었다. Copyright © 1998 by
Larry Lessig. 저작권자의 허락 하에 수록한다.

도록 요구되는 서류에 의해 결정되지 않았다. 국내 여권의 폐지는 러시아 국민들을 위한 자유, 다시 말해 러시아에 있어서 시민의 민주화를 상징했다.

그러나 이러한 자유는 지속될 수 없었다. 15년 후 식량을 찾는 굶주린 농부들이 도시에 넘쳐나는 상황에 직면하자 스탈린은 국내 여권체제를 복원시켰다. 농부들은 다시 그들의 시골 땅에 속박되었다(1970년대까지 존속되었던 제한). 러시아인들은 다시 한 번 그들의 여권에 의해 속박당했으며, 러시아에 대한 접근을 얻기 위해 그들의 신분에 관한 무엇인가를 보여주어야만 했다.

실제 세상—내가 지금 그 안에서 말하고 있는 이 세상—에서의 행위는 네 가지 종류의 제한에 의해 규제된다. 법은 단지 그러한 네 가지 제한들 가운데 하나이다. 법은 과거부터 부과되어 온 제재를 통해 규제한다 : 네가 세금을 낼 수 없다면 너는 감옥에 갈 것이고, 나의 차를 훔친다면 너는 또한 감옥에 갈 것이다. 법은 현저한 규제수단이다. 그러나 법은 단지 그러한 넷 가운데 하나이다.

사회규범은 두 번째의 규제이다. 사회규범—어떤 중심적인 규범 강요자에 의해서라기보다는 오히려 특정 공동체 내의 모든 사람들의 기대와 이해를 통해 강요되는 내가 어떻게 행위해야 하는가에 대한 이해 또는 기대—은 법보다 훨씬 더 넓은 맥락에서 나의 행위를 지시하고 제한한다. 규범은 내가 무슨 의복을 입을 것인가를 말해준다. 예를 들어 간편한 복장이 아니라 정장을 입을 것을 말한다. 규범은 적어도 내가 이야기하는 40분 동안 당신이 조용하고 공손하게 앉아 있을 것을 말해주고, 규범은 이러한 애기가 끝난 후 우리가 어떻게 상호작용할지를 정한다. 규범은 행위를 지도한다. 이러한 의미에서 규범은 두 번째 제한수단으로 기능한다.

시장은 세 번째 제한인데, 그것은 가격에 의해 규제한다. 시장은 내가 의복에 소비할 수 있는 양, 또는 내가 대중연설로부터 얻을 수 있는 양을 제한한다. 시장은 내가 작곡에 있어 마돈나(Madonna)보다, 또는 노래에 있어 파바로티(Pavarotti)보다 못하다고 말한다. 시장은 가격기구를 통해 나의 기회를 조절하며, 이러한 기회의 범주를 통해 규제한다.

그리고 마지막으로, 몇몇 사람들이 자연(nature)이라고 부르지만 나는 '구축물'(architecture)이라 부르고 싶은 제한이 있다. 이는 내가 보는 이 세계가 다른 사람들이 만들어 왔던 세계일지라도 내가 보는 세계에 대한 제한이다. 내가 벽을 통해서 볼 수 없는 것은 방의 다른 편에서 일어나고 있는 것을 알 수 있는 나의 능력를 제한하는 것이다. 도서관에 접근할 수 있는 경사로가 없다는 것은 휠체어 이용자의 접근을 제한하는 것이다. 내가 여기에서 의미하는 바와 같이 이러한 제한들은 규제하는 것이다.

그렇다면 우리는 **규제**를 이해하기 위해서 함께 작동하는 이러한 네 가지 제한들의 총합을 이해해야만 한다. 어느 하나로 네 가지 제한들이 함께하는 효과를 대신할 수는 없다.

지금은 사이버-자유주의의 시대이다. 사이버공간에 관한 과장(hype)이 유행하는 시대이다. 그 과장은 다음과 같다 : 사이버공간은 피할 수 없으나 또한 사이버공간은 규제될 수도 없다. 어떤 국가도 사이버공간 없이 생존할 수 없으나 어떤 국가도 그 안에서의 행위를 통제할 수 없을 것이다. 사이버공간은 개인들이 본질적으로 현실공간 주권자들의 통제로부터 벗어나는 곳이다. 제임스 보일(J. Boyle)의 말을 빌

리면 그것은 위대한 테크노–당혹(techno– 'gotcha')이다. 즉 당신은 그 것 없이는 살 수 없으나 당신이 그것을 얻었을 때 당신은 그것과 더불 어 잘 살지 못할 것이다.

현재 나의 목적은 사이버공간에 관해 다른 견해를 제시하는 것이 다. 나의 목적은 이러한 과장을 공격하는 것이다. 내가 생각하기에 우 리가 진입하려고 하는 세계는 영원한 자유의 세계가 아니다. 또는 보 다 정확하게 말하면 우리가 진입하려고 하는 세계는 자유가 보장된 세계가 아니다. 사이버공간은 우리가 지금까지 알고 있는 역사에서 가장 완전하고 광범위하게 규제되는 공간이 될 가능성이 있다. 사이 버공간은 자유의 공간이라는 명제에 대한 반명제가 될 가능성을 지 니고 있다. 그리고 만일 우리가 이러한 가능성을 이해하지 못한다면, 그리고 만일 우리가 그러한 일이 어떻게 일어나는지를 예견하지 못 한다면 우리는 자유로부터 통제로의 전환에 속수무책이 될 것이다. 내 생각으로 이제 우리는 그러한 전환을 이제 막 경험하기 시작했다.

이제 나는 오늘 서두에 언급한 두 가지 소개, 즉 볼셰비키 러시아 에 관한 이야기와 규제에 관한 아이디어를 활용하여 논의를 진행하 려 한다. 두 가지 소개는 모두 사이버공간이 어디로 가고 있으며, 더 중요하게는 사이버공간이 어떻게 거기에 도달하는가를 우리로 하여 금 생각할 수 있도록 암시해 줄 것이다.

우선 규제에 대한 아이디어의 경우를 보자. 실제공간에 있어서와 마찬가지로 사이버공간에서의 행위는 네 가지 종류의 제한에 의해서 규제된다. 법은 단지 그러한 제한들 가운데 하나이다. 과장되었기는 하지만 사이버공간에는 법, 예를 들어 저작권법 혹은 비방에 관한 법, 또는 성희롱에 관한 법들이 있다. 이들 모두는 실제공간에서 행위를

제한하는 것과 똑같은 방법으로 사이버공간 안에서의 행위를 제한한
다.

또한 사이버공간에는 놀랍게도 개인의 행위를 규제하고 개인을 다
른 사람들의 제재에 드러나게 하는 규범이 있다. 그러한 규범들은 과
거부터 공동체에 의한 처벌을 통해 사람들을 위협하면서 현실공간에
서 작동한 것처럼 사이버공간에서도 작동한다.

그리고 시장도 역시 마찬가지이다. 시장은 현실공간에서처럼 사이
버공간에서도 제한을 가한다. 접근하는 데 드는 가격이 변하면 접근
에 대한 제한이 달라진다. 접근에 대한 가격구조를 변화시키면 한계
접근에 대한 규제 역시 극적으로 변화한다.

그러나 우리의 목적을 위해 사이버공간 내에서의 행위에 대한 이
러한 네 가지 제한들 가운데 가장 의미 있는 것은 내가 현실공간에서
구축물(architecture)이라고 불렀던 것에 대한 유추이다. 나는 이것을 **코
드**(code)라고 부를 것이다. 나는 코드라는 말로서 사이버공간에서 사
람들이 어떻게 상호작용하고 존재하는가를 결정하는 사이버공간 자
체의 소프트웨어에서 실행되거나 코드화된 일련의 프로토콜이나 규
칙들과 같이 사이버공간 그 자체를 구성하는 소프트웨어와 하드웨어
를 의미하고자 한다. 이러한 코드는 현실공간에서의 구축물처럼 내가
사이버공간에 진입하거나 존재하는 조건을 정한다. 그것은 구축물과
마찬가지로 선택적인 것은 아니다. 내가 설정된 구조를 따라야 할지
혹은 따르지 않을지를 선택하는 것은 아니다―해커들은 선택할지도
모르지만 해커들은 특별하다. 사이버공간에서의 생활은 마치 현실공
간에서의 생활이 현실공간의 구축물에 종속되듯이 코드에 종속된다.

사이버공간에서 코드에 의한 제한은 다양하다. 그러나 우리가 그

것들을 경험하는 것은 다양하지 않다. 어떤 장소에 접근하기 위해서 사람들은 패스워드를 기입해야만 한다. 또 다른 장소는 패스워드 확인 여부에 상관없이 입장할 수 있다. 어떤 장소는 거래에 참여한 개인이 다시 거래할 수 있도록 연계되는 기록을 생산하고, 다른 장소에서는 이러한 연계가 단지 개인이 선택할 때만 이루어진다. 어떤 장소에서는 단지 수신자만이 들을 수 있는 (암호를 통해) 언어를 선택할 수 있다. 다른 장소에서 암호는 선택사항이 아니다.

그 차이는 이러한 다른 장소들의 코드에 의해 나타난다. 공간들의 코드나 소프트웨어 혹은 구축물이나 프로토콜에 의해 그 특성들이 정해진다. 그것들은 코드 작성자들에 의해 선택된 특성들이다. 그것들은 다른 행위를 가능하게 만듦으로서 다른 일부 행위를 제한한다. 그리고 이러한 의미에서 코드는 실제공간에서의 구축물처럼 사이버공간 안에서의 행위를 규제한다.

현실공간에서 구축물, 시장, 규범, 법 등이 규제하듯이 사이버공간에서 코드, 시장, 규범, 그리고 법 등은 모두 사이버공간에서 **규제한다**. 현실공간에서의 규제처럼 우리는 이러한 네 가지 제한들이 어떻게 함께 작동하는지를 고려해야 한다는 것이 나의 주장이다.

실제공간에서의 규제와 사이버공간에서의 똑같은 규제 사이의 대비를 보여주는 예를 하나 들어보면 보다 명확해질 것이다. 인터넷상의 음란물 규제에 대한 미국의 우려(혹자는 그것을 강박관념이라고 부를지도 모른다)를 생각해 보자.

음란물에 대한 우려는 1995년에 미국에서 시작되었다. 그러한 우려는 인터넷 사용자들의 폭발적 증가, 그리고 그에 따른 어린이 사용자의 증가, 그리고 인터넷상의 '포르노'라고 불리는 자료의 이용가능성이 급격히 증가함에 따라 발생하였다. 조지타운 대학 법률평론(Georgetown University Law Review)이 출판한 상당히 논란의 여지를 가진 (그리고 근본적으로 결함이 있는) 연구는 인터넷에 포르노가 넘친다고 보고하였다. 타임(Time)과 뉴스위크(Newsweek)는 모두 포르노의 이용가능성에 관한 기사를 커버스토리로 다루었다. 그리고 상원의원들과 하원의원들은 '사이버 음담'(cybersmut)을 규제하기 위해 대책을 세우라는 거센 요구를 받았다.

의심할 여지없이 그 당시 분노는 대단했다. 그러나 **사이버공간**의 포르노에 대해 그렇게 큰 분노가 있었는지에 대해 의문을 제기할 수 있다. 사이버공간보다 현실공간에 더 많은 포르노가 존재한다. 대부분의 어린이가 접근할 수 없는 장소에 있는 포르노에 관해 왜 그렇게 분노했었는가?

그 이유를 이해하기 위해 현실공간에 존재하는 똑같은 문제에 관해 잠시 생각해 보자. 현실공간에서 포르노의 유포를 규제하는 것은 무엇인가?

첫째, 미국의 현실공간에서의 법은 어린이들에게 포르노를 유통하는 것을 규제한다. 법은 포르노 판매자에게 구매자의 나이를 체크하도록 요구하고 있으며, 심지어 판매자가 어린이의 발길이 미치지 않는 지역에 머물도록 요구하고 있다. 그러나 법은 어린이들을 상대로 한 포르노의 유포에 대한 가장 의미 있는 제한이 아니다.

법보다는 규범이 더 중요하다. 규범은 성인들이 어린이들에게 포르노를 팔지 못하도록 제한한다. 포르노 유포자들 사이에서조차도 이러한 제한은 상대적으로 효과적이다.

그리고 단지 사회규범만이 아니다. 어린이들은 돈을 가지고 있지 않고, 포르노는 돈이 들기 때문에 시장 역시 제한한다.

그러나 가장 중요한 실제공간에서의 제한은 내가 **구축물**(architecture) 이라고 불러왔던 것이다. 왜냐하면, 실제공간에서 이러한 모든 다른 규제들은 구축물의 제한에 달려 있기 때문이다. 법과 규범, 그리고 시장은 현실공간에서 어린이들을 구별할 수 있다. 왜냐하면, 현실공간에서는 당신이 어린이라는 것을 숨기기 어렵기 때문이다. 물론 어린이는 포르노를 사기 위해 변장을 하고 호기를 부리며 포르노 가게에 들어가려고 시도할 수 있다. 그러나 대부분의 경우 변장은 실패할 것이며, 그가 어린이라는 사실을 숨기는 것은 거의 불가능할 것이다. 이처럼 대부분의 경우에 있어서 어린이라는 것에 기초한 제한들은 효과적일 수 있다.

사이버공간은 다르다. 똑같은 법이 현실공간처럼 사이버공간에도 적용된다는 것을 가정할지라도, 그리고 규범과 시장의 제한들이 마찬가지로 작동된다고 가정할지라도 두 공간 사이에는 엄연한 차이가 존재한다. 왜냐하면, 현실공간에서는 당신이 어린이라는 것을 숨기는 것이 거의 불가능한 반면, 사이버공간에서는 당신이 누구인지 숨기는 것, 보다 자세하게 말해 당신에 관한 특성들을 숨기는 것은 아주 쉽기 때문이다. 사이버공간에서는 익명이 보통이다. 그리고 자기가 누구인지 숨기는 것이 매우 쉽기 때문에 법과 규범을 사이버공간에 적용하는 것은 실제 불가능하다. 법이 적용되기 위해서는 우리가 거래하려고 하는 사람이 어린이라는 사실을 알아야만 한다. 그러나 사이버공간의 구조는 그러한 정보를 제공하지 않는다.

이제 중요한 점은 그 차이를 알고 그것의 원천을 확인하는 것이다. 그 차이점은 사이버공간이 가진 **규제가능성**(regulability)―행위를 규제할 수 있는 정부의 능력—의 차이이다. 사이버공간은 현실공간보다 **규제하기가 어려운** 공간이다. 사이버공간에서 정부가 할 수 있는 일은 훨씬 적다. 규제가능성에 있어서의 이러한 차이의 원천은 공간의 구축물에서의 차이, 즉 사이버공간 그 자체를 구성하는 코드에서의 차이이다. 나는 공간의 구축물이 본질적으로 규제할 수 없도록 한다고 주장한다.

대략 1995년과 1996년에 미국 의회가 이러한 문제를 다루기 위해 통신품위법(the Communications Decency Act)을 통과시키려 시도했다. 나는 이 법률에 무슨 일이 일어났는가를 조금 언급하려 한다. 나는 먼저 그 시기를 살펴보고 현재 우리가 어디에 와 있는가를 논의하려 한다. 사이버공간을 본질적으로 규제할 수 없게 만들었던 것은 1995년과 1996년의 사이버공간의 구축물이었다.

그 당시의 구축물을 넷 95(Net95)라고 부르자. 그리고 그것의 특성은 다음과 같다 : 넷 95(Net95)에 접근할 수 있는 사람들은 그들이 누구인지 확인하지 않고 사이버공간을 배회할 수 있었다. 넷 95(Net95)는 볼셰비키 러시아였다. 그 당시에는 정체성이나 특징들이 인터넷에 보이지 않았으므로 사람들은 증명서 없이도—국내 여권이 없는 것과 마찬가지로—사이버공간에 들어가고 탐색할 수 있었다. 접근은 증명서와 관계없이 개방적이고 보편적이었다. 그것은 좁은 의미에서 일상적이지 않은 하나의 민주적 순간이었다. 사용자들은 근본적으로 평등했다. 본질적으로 자유로웠다.

그 당시 대법원이 통신품위법(the Communications Decency Act)에 대해 고려했던 것은 이러한 배경—넷 95(Net95) 인터넷의 배경—이었다. 두 하급 법원들은 법률이 언론의 자유를 침해했다고 공격했다. 그리고 법원이 사건에 대한 논쟁들을 고려할 때 수백만 명이 지켜보았다—사이버공간에서 논쟁들이 보고되고 토론되고 비판되는 것을 지켜보았다.

그리고 1997년 6월에 대법원은 그 법안이 위헌이라고 주장하는 하급 법원들의 결정을 받아들였다. 그 법률이 왜 위헌인가 하는 것은 여기에서 우리의 목적을 위해 그리 중요하지 않다. 중요한 것은 법원으로 하여금 그러한 결정에 이르도록 한 수사(rhetoric)이다.

왜냐하면, 그 결정은 당시의 인터넷 구축물, 즉 넷 95(Net95)의 구축물에 관한 주장에 결정적으로 의존했었기 때문이다. 그러한 구축물을 고려할 때 법원은 포르노로부터 어린이를 보호하려고 시도했던 그 규제는 인터넷 화자와 청자에게 매우 고통스런 규제가 될 수 있다고 결론지었다. 인터넷이 그랬던 것처럼 규제는 너무 고통스러운 것이 되었다.

그러나 중요한 것은 인터넷—넷 95(Net95)—의 이러한 구축물이 인터넷이 가질 수 있는 유일한 구축물인 것처럼 법원이 말했다는 점이었다. 법원은 마치 인터넷의 속성을 발견한 것처럼 말했고, 그리하여 인터넷에 대한 어떤 가능한 규제의 속성을 결정하였다.

그럼에도 불구하고 문제는 인터넷이 아무런 속성도 가지고 있지 않다는 점이다. 인터넷의 디자인에 어떤 본질적인 단일한 구축물은 없다. 넷 95(Net95)는 한 시기에 인터넷을 구성했던 일련의 특성들 또는 프로토콜이다. 그러나 아무도 그러한 특성들 또는 프로토콜이 항상 인터넷을 구성할 것을 요구하지는 않는다. 그리고 우리가 실제로 지난 2년 동안 보아왔던 어떤 것도 우리로 하여금 그렇게 생각하도록 유인하지 않는다.

하나의 예는 그 점을 보다 분명히 할 것이다. 나는 하버드의 교수가 되기 전에 시카고 대학에서 가르쳤다. 만일 사람들이 시카고 대학의 넷에 접근하려 한다면 그들은 단순히 그 대학 도처에 있는 잭에 자신의 기계를 연결하면 되었다. 어떤 기계도 그러한 잭에 연결될 수 있었으며, 일단 연결되면 어떤 기계도 인터넷에 충분히 접근할 수 있었다. 접근은 익명이었고, 완전했으며, 자유로웠다.

이러한 자유의 원인은 대학 행정부에 의한 결정이었다. 왜냐하면, 시카고 대학의 교무처장은 시카고 대학 로스쿨(Law School)의 전 학장이자 유명한 자유 언론 학자인 조프 스톤(Geof Stone)이기 때문이다. 그 대학이 자체의 인터넷을 계획했을 때 기술자들은 교무처장에게 익명의 커뮤니케이션이 허용되어야 하는지를 물었다. 학장은 대학에서 언론을 규제하는 규칙은 첫 번째 수정조항처럼 자유 언론을 보호하는 것이라는 원칙을 인용하면서 익명의 커뮤니케이션을 허용해야 한다고 말했다 : 사람들은 대학에서 익명으로 의견을 교환할 권리를 갖는다. 왜냐하면, 헌법의 첫 번째 수정조항이 정부를 상대로 그같은 권리를 보장하기 때문이다. 시카고 대학의 인터넷 구조에 대한 디자인은 그러한 정책결정으로부터 시작되었다.

하버드에서는 그 규칙이 다르다. 하버드에서는 자신의 기계가 등록되지 않았다면, 다시 말해 자격이 주어지고 인가되고 입증되지 않았다면 사람들은 자신의 기계를 인터넷에 연결할 수 없다. 오직 대학 구성원들만이 그들의 기계를 등록할 수 있다. 일단 등록이 되면 네트워크를 통한 모든 상호작용은 잠재적으로 하나의 특정한 기계에 의해 모니터되고 확인된다. 실로 이러한 넷망에서 규칙에 반하는 익명의 언론은 허락되지 않는다. 그가 누구인가에 따라 접근이 통제될 수

있다 : 상호작용은 그가 무엇을 했는가에 따라 추적될 수 있다.

이러한 디자인의 원인 또한 행정가의 결정에 기인한다. 이때 행정가는 첫 번째 수정조항의 보호에 초점을 덜 맞추었다. 접근을 통제하는 것이 하버드의 이상(ideal)이었고, 접근을 촉진하는 것은 시카고의 이상이었다. 그리하여 하버드는 통제를 가능하게 하는 기술을 선택하였고, 시카고는 접근을 촉진하는 기술을 선택하였다.

이제 위의 두 네트워크 사이의 차이는 오늘날 아주 일반적이다. 시카고 대학의 네트워크는 1995년 인터넷의 구축물이다. 다시 말하면, 그것은 넷 95(Net95)이다. 그러나 하버드의 구조는 인터넷 구축물이 아니다. 그것은 오히려 인트라넷(intranet)의 구축물이다. 그 차이는 단순히 이렇다—하나의 인트라넷에서 정체성은 충분히 정립되기 때문에 접근은 통제될 수 있고 인트라넷의 사용은 모니터될 수 있다. 바탕이 되는 프로토콜은 인터넷의 근본적인 혹은 기본적인 프로토콜을 의미하는 TCP/IP이다. 그러나 통제를 조장하는 일련의 프로토콜이 이러한 근본적인 프로토콜 위에 놓여진다. 하버드의 네트워크는 인터넷 이상인데, 그것은 통제할 수 있는 능력이 첨가되었음을 의미한다.

이러한 두 가지 구축물은 접근에 관한 두 가지 철학을 반영한다. 그것들은 어떻게 언론이 통제되어야 하는가에 대한 두 가지 원칙 또는 가치를 반영한다. 나는 그것이 자유정치 체제와 통제정치 체제 사이의 차이와 유사하다고 생각한다. 그것은 서독과 동독 사이의 이데올로기의 차이와 유사하다. 혹은 미국과 구소련의 차이나 대만과 중국 사이의 차이와 유사하다. 그것은 통제와 자유 간의 차이를 나타낸다. 그리고 그것은 구축물이나 코드의 디자인을 통해 그 차이를 명백히 한다. 이러한 구축물이 정치적 가치들을 가능하게 한다. 이러한 의미에서 그것은 정치적이다.

나는 지금 하버드를 비판하기 위해 이러한 예를 제시한 것이 아니다. 하버드는 하나의 사적 기관이다. 자유사회에서 자신이 원하는 방식대로 자신의 자원을 할당하는 것이 자유이다. 대신 나는 단지 얼마나 많은 구축물들이 있을 수 있고 그 중 하나를 선택하는 것이 얼마나 정치적인지를 당신에게 보여주도록 하는 데 중점을 두고 있다. 그리고 국가 수준에서 구축물이 본질적으로 얼마나 정치적인가를 보여주려 한 것이다. 사이버공간의 세계에서 구축물의 선택은 헌법의 선택만큼이나 중요하다. 왜냐하면, 근본적인 의미에서 사이버공간의 코드는 사이버공간의 헌법이기 때문이다. 그것은 사람들이 접근하는 방식을 지정하고, 규칙들을 정비하고 사람들의 행위를 통제한다. 이러한 의미에서 그것은 그 자신의 주권이다. 또한 그것은 현실공간의 시민들의 행위를 규제하는 데에 있어서 현실공간의 주권자와 경쟁하고 있는 하나의 대안적인 주권이다.

그러나 미국 대법원은 구축물의 문제를 마치 이러한 공간의 구축물이 주어져 있는 것처럼 취급했다. 미국 대법원은 마치 사이버공간에 단지 하나의 디자인, 즉 당시의 인터넷이 가졌던 디자인 하나만이 있는 것처럼 말했다.

이러한 관점은 대법원 혼자만 가졌던 것이 아니다. 왜냐하면, 사이버공간 이론가들 혹은 대가들, 특히 사이버공간에 대한 규제를 숙고하고 있던 법률가들의 커다란 오류가 대법원의 오류를 가져왔기 때문이다. 그것은 사이버공간에 적용된 자연주의의 오류이다. 그것은 우리가 현재 갖고 있는 구축물이 미래에도 항상 갖게 될 구축물이라고 생각하는 잘못이며, 사이버공간은 우리에게 해방과 자유를 보장할 것이라는 잘못이다. 또한 사이버공간이 통제를 원하는 정부를 필연적으로 무력하게 할 것이라는 잘못이다.

이러한 견해는 대단히 잘못되었다. 왜냐하면, 우리가 인터넷의 '내재적'인 자유를 찬양하는 동안 인터넷의 구축물은 변하고 있기 때문이다. 구축물은 자유의 구축물로부터 통제의 구축물로 변화한다. 인터넷은 정부의 개입이 없어도 이미 변화하고 있으며, 정부가 변화의 속도를 높이기 위해 어떻게 개입할지를 재빨리 알아차리고 있다. 그리고 정부가 지금 개입하고 있는 곳에서는 정부가 그것을 통제의 구축물로 변화시키기 위해 바로 내가 말한 좀 더 **규제적**이 되도록 하기 위한 구축물을 디자인하도록 개입하고 있다. 소위 말하는 대가들이 바로 그 인터넷 자체의 구축물 속에 내재된 영원한 자유를 약속하는 동안 기술자들과 정치인들은 그러한 구축물을 변화시키기 위해, 즉 이러한 자유의 구축물로부터 그것을 제거하기 위해 함께 노력하고 있다.

사이버공간에 대한 이론가로서 우리는 그러한 변화를 이해해야만 하며, 또한 그러한 변화의 정치적 결과를 인식해야만 한다. 그리고 이러한 결과에 대해 책임져야만 한다. 왜냐하면, 그 변화의 궤도는 명백하고 그러한 궤도의 결과는 유해하기 때문이다.

따라서 우리는 헌법주의자로서 근본적인 헌법적 문제에 직면해야 한다 : 만약 통제의 구축물과 자유의 구축물 사이에 선택을 해야 한다면 우리는 이러한 헌법적 문제들에 대해 어떻게 결정할 것인가? 만약 구축물들이 여러 개라면 헌법 그 자체는 우리들로 하여금 여러 구축물들 중에서 어떤 선택을 하도록 이끌 것인가?

내 생각으로는 헌법적 가치가 사이버공간의 구축물에 영향을 주어

야 하고, 헌법적 가치가 사이버공간에 대한 우리의 디자인을 인도해
야만 한다. 그리고 내 생각으로는 헌법적 가치는 구축물이 허용하는
규제가능성의 형태를 제한해야만 한다.

그러나 나의 견해는 사이버공간에서 정부의 역할에 대해 충분히
고려하지 않았다. 자유가 드물었던 세계에서 여러 해 동안 자유의 상
징이었던 내 조국은 인터넷의 구축물을 자유의 구축물로부터 통제의
구축물로 강요하는 데 있어 리더가 되어왔다. 다시 말하면, 과거로부
터 헌법에 표현되었던 자유의 전통을 받아들였던 구축물로부터 그러
한 전통에 근본적으로 반대하는 구축물로의 전환을 이끌어 왔다.

그러나 어떻게? 정부가 어떻게 이러한 변화를 만들 수 있을까? 정
부는 어떻게 이러한 통제를 달성하고 있는가? 많은 사람들은 정부가
어떻게 이러한 통제를 달성할 수 있는지 알 수 없다. 그래서 나는 오
늘 남아 있는 잠깐 동안 당신에게 그 방법을 보여주고 싶다. 나는 당
신에게 현재 우리가 있는 곳으로부터 우리가 가고 있는 두려운 곳에
이르는 진로를 그려 보이고 싶다. 나는 어떻게 이러한 변화들이 가능
하며 어떻게 정부가 그러한 변화를 영속시킬 수 있는지 당신이 알기
를 바란다.

이 논문을 시작했던 아이디어, 즉 다양한 제한의 양식들로 되돌아
가 보면 우리가 지금까지 주목하지 않았던 아이디어 중에서 중요한
것을 알게 된다. 나는 서두에서 법을 네 가지 제한양식 중의 하나로 생
각해야 한다고 말했다. 즉 우리는 법을 규제하는 제한구조 중의 단지
한 부분으로 생각해야 한다고 말했다.

이것을 법의 무의미성에 관한 논증으로 여길 수도 있다. 만일 법 이
외의 다른 많은 힘들이 규제한다면 법 그 자체는 상대적으로 중요성

이 떨어진다고도 말할 수 있다.

그러나 명백한 것이 있다. 내가 기술했던 모델에서 법은 처벌의 위협을 통해 개인을 규제하는 직접적인 규제이다. 그러나 법은 또한 다른 방식으로도 규제한다. 법은 직접적으로 뿐만 아니라 간접적으로도 규제한다. 법은 다른 제한양식들을 규제하여 다른 제한 양식들이 다르게 규제하도록 함으로써 간접적으로 규제하기도 한다. 즉, 법은 규범들을 규제할 수 있으며, 그리하여 규범들은 다르게 규제한다. 또한 법은 시장이 달리 규제하도록 시장을 규제할 수 있으며, 구축물이 달리 규제하도록 구축물을 규제할 수 있다. 각각의 경우에서 정부는 구조가 정부의 목적에 구속되도록 다른 구조를 새롭게 선택할 수 있다.

똑같은 간접적 방식이 사이버공간에서도 가능하다. 나는 사이버공간에서 간접적인 방법이 훨씬 더 의미가 있을 것으로 본다. 왜냐하면, 사이버공간에서 정부는 정부의 어떤 특별한 실제적인 목적을 진전시키기 위해 간접적으로 규제할 수 있을 뿐만 아니라, 그것보다 더 의미가 있는 것은 그 공간의 **규제가능성**을 변화시키도록 규제할 수 있기 때문이다. 다시 말하면, 정부는 사이버공간에서의 행위가 보다 규제하기 쉽도록 사이버공간의 구축물들을 규제할 수 있다. 실로, 현대 정부의 역사에서 우리가 알고 있는 어떤 것보다 잠재적으로 더 규제하기 쉬운 하나의 구축물로 규제할 수 있다.

두 가지 예가 그 점을 보여줄 것이다. 첫 번째는 어떤 특정한 실질적 목적을 달성하기 위해 규제하는 정부가 그 예이고, 첫 번째에 기인하는 두 번째는 규제가능성을 증가시키기 위해 규제하는 정부가 그 예이다.

첫 번째 예는 암호화에 대한 규제이다. 정부가 암호화에 관심을 가진 것은 프라이버시를 보호하기 위해, 즉 정부이건 참견하기 좋아하는 이웃이건 간에 관계없이 엿들으려고 하는 제3자의 눈으로부터 의사소통 내용을 숨길 수 있는 능력을 향상시키는 데 그 기술을 이용하는 것이었다. 암호화 기술의 역사를 보면, 미국 정부는 그 기술을 엄격히 규제하여 왔다. 정부는 잠시 동안 그 기술의 사용을 금지했다. 정부는 시종일관 암호화 기술의 수출을 금지해 왔으며(마치 미국인들만이 고차적인 수학을 이해할 수 있다는 듯이), 또한 일정 기간 동안에는 정부가 들어갈 수 있는 백도어가 개방된 암호화 표준기술이 시장에 확산되기를 희망했다.

가장 최근의 제안들이 가장 의미가 있다. 지난 11월 FBI는 정부기관들이 필요하다면 의사소통 내용에 접근할 수 있도록 암호화 체계 제조업자는 암호화 체계 안에 복호 키나 그와 동등한 백도어를 만들도록 하는 법안을 제안했다.

이는 행위를 간접적으로 규제하기 위한 정부의 코드에 대한 규제이다. 그것은 내가 앞에서 언급한 의미에서, 그리고 헌법적 조망에 있어서 간접적인 규제이다—그것은 훌륭하다. 목적이 좋아서 훌륭한 것은 아니다. 적어도 미국 헌법이 정부의 이러한 규제에 대해 거의 아무런 통제도 하지 않기 때문에 훌륭하다. 미국 헌법은 정부의 비즈니스 규제에 대하여 거의 보호하지 않으며, 비즈니스의 이해관계를 고려할 때 그러한 규제들은 효과적일 것으로 보인다.

나의 두 번째 예는 첫 번째 예에 기인한다. 왜냐하면, 암호화 기술의 두 번째 이용방식은 확인이기 때문이다. 암호화는 어떤 사람이 말하는 것을 숨기는 것뿐만 아니라, 디지털 인증을 통해 누가 그것을 보냈는지 확인하기 위해 사용될 수 있다. 정부는 어떤 사람이 누구인지 인증할 수 있는 능력과 더불어 그가 어디 출신이고 몇 살인지 말할 수 있다. 그리고 이러한 능력과 더불어 정부는 정보고속도로상의 여권이라 할 수 있는 ID 확인을 통해 더 쉽게 정보고속도로상의 행위를 규제할 수 있다. 정부는 행위를 통제할 능력, 즉 규제할 능력을 재창출할 것이다.

양 규제방안들이 성취하고 있는 것에 주목하자. 미국은 인터넷 생산물의 최대 시장이기 때문에 만일 미국에서 성공적이지 못하다면 어떤 인터넷 생산물도 성공을 기대할 수 없을 것이다. 이처럼 미국에서 성공적으로 부과된 표준은 세계적 표준이 된다. 특히 이러한 표준들은 먼저 규제를 촉진하고, 다음으로 법안에 명시된 절차를 따르는 정부에 의해 인터넷상에서의 의사전달을 변화시킬 것이 확실하다. 여러 정부들이 채택할 표준은 미국 헌법의 기준이 아니다. 그것은 그 정부가 중국 정부이건 스위스 정부이건 관계없이 지역 정부가 가지게 되는 표준이다.

그 결과는 미국 정부가 통제를 촉진하는 구축물을 수출할 것이고, 민주정부에 의해서가 아니라 또 다른 억압적일 수 있는 정부에 의한 통제가 이루어질 수도 있다. 이로 인해 미국은 스스로 자유의 상징에서 통제의 행상으로 전락할 것이다. 미국은 냉전에서는 이겼지만 냉전 시기의 적의 기술로 밀어붙일 수 있다.

우리는 어떻게 대응해야 하는가? 외국 정부의 영향으로부터 독립된 주권자인 당신은 어떻게 대응해야 하고 자유헌법주의자인 우리는 어떻게 대응해야 하는가? 코드에 의해 규제에 대한 지배적 구축물에, 즉 인터넷에 영향을 미치려고 하는 지배적인 정치적·경제적 권력의 움직임에 대해 우리는 어떻게 반응해야 하는가?

　주권자들은 다음과 같은 점을 알아야 한다 : 사이버공간의 코드는 그 자체가 일종의 주권자이다. 그것은 하나의 경쟁적인 주권자이다. 코드 그 자체는 사이버공간에 있는 사람들에게 자신의 규칙을 부과하는 힘이지만 사이버공간에 있는 사람들은 또한 현실공간에 있는, 예를 들자면 중국 시민, 프랑스 시민과 같은 세계 모든 국가의 시민들이다. 코드는 그들을 규제하지만 그들은 지역 주권자들의 규제를 받는다. 이처럼 코드는 지역 주권자들의 규제적 힘과 경쟁한다. 그것은 지역 주권자들에 의해 만들어진 정치적 선택과 경쟁한다. 그리고 이러한 경쟁에서 인터넷이 비즈니스와 사회생활의 지배적인 장소가 된다면 코드는 지역 주권자들의 규제를 대치할 것이다. 이제 새로운 국가가 당신의 전화에 연결되고 있으며, 당신의 시민들에 대한 그것의 영향력은 점점 증가하고 있다.

　당신은 주권자로서 이러한 경쟁을 인식하게 될 것이다. 그리고 당신은 이러한 경쟁에서 미국의 특별한 역할을 인식하고 의문을 가져야 한다. 인터넷의 구축물을 통제하는 자원의 배분에 의해 미국은 그러한 구축물의 발전에 영향력을 행사하는 유일한 권력을 갖고 있다. 그것은 마치 미국이 저자의 입장에서 자연의 법칙을 쓰고 있는 것과 같다. 이러한 권력은 미국에 중요한 책임을 지운다. 그리고 당신은 미국이 그 권력을 책임 있게 행사하도록 보장해야 한다.

　이러한 문제는 새로운 공간에서 사회적·정치적 자유를 지키는 데 관심이 있는 헌법주의자에게는 더욱 어렵다.

　논의를 시작했던 서두의 이야기, 즉 국내 여권의 세계로 되돌아가 보자. 오늘 내가 사이버공간에 관해 언급했던 이야기는 짜르의 러시아에 관한 이러한 이야기와 일맥상통한다. 인터넷의 출현은 혁명 그 자체이다. 넷 95(Net95) 하의 삶은 볼셰비키 러시아에서의 삶이었다 (적어도 국내 여권이 제거되었던 좋은 부분들). 인터넷은 이제 국내 여권이 다시 요구되었던 스탈린의 러시아가 되고 있다.

그 이야기에는 하나의 속임수가 있다―현실공간의 삶에 관한 중요한 사실을 불분명하게 만드는 하나의 수사학적 속임수가 있다. 미국을 비롯한 많은 곳에서 사람들은 차가 없이는 살 수 없으며, 면허가 없이는 차를 운전할 수 없다. 면허는 하나의 국내 여권이다 : 그것은 당신이 누구이고, 어디 출신이며, 나이가 얼마인지, 최근 범죄와 관련된 유죄판결을 받았는지 등을 말해준다. 또한 면허는 당신이 체포된 적이 있었는지(유죄판결을 받았든 그렇지 않든), 또는 체포영장이 발부되었는지를 드러낼 데이터베이스에 당신의 신원을 연결시킨다. 면허는 현대 미국의 국내 여권이다. 그리고 통제나 신원 확인을 하기 위한 미국의 능력이 짜르의 러시아보다 훨씬 더 낫다는 것은 의심의 여지가 없다.

그러나 미국에서 이러한 여권의 부담은 적어도 이민온 사람처럼 보이지 않거나 차별대우를 받는 소수민족으로 보이지 않는 사람들에게는 매우 적다. 미국에서 규제하거나 모니터하며 추적하려는 의지는 행위 통제를 위해 여권을 사용하려는 체계적인 노력을 지지하기에는 충분히 강하지 않다. 그리고 그 의지는 그러한 통제의 비용이 매우 크기 때문에 충분히 강하지 않다. 각 모퉁이에 검문소가 있는 것은 아니며, 사람들이 도시를 다닐 때 등록하도록 요구받는 것은 아니다. 사람들은 대부분의 시간을 상대적인 익명 속에서 배회할 수 있다. 통제의 기술은 가능하지만 너무 비용이 많이 든다. 그리고 이러한 고비용은 대체적으로 많은 자유의 원천이다. 그것은 현실공간의 자유를 감소시키는 통제기술은 현실공간에서는 비효율적이다.

그러나 만약 통제의 비용이 극적으로 준다면 어떻게 될까? 만약 지속적인 감시를 허용하는 구축물, 즉 행위와 동작에 대한 지속적 추적을 촉진하는 구축물이 나타난다면 어떻게 될까? 만약 개인과 그의 행위, 그리고 그가 어떤 사람이 되기를 원했었던가에 대해 비용을 들이지 않고서도 데이터를 수집할 수 있는 구축물이 나타난다면 어떻게 될까? 그리고 만약 구축물이 한 개인의 일상생활을 전혀 방해하지 않고 보이지 않게 그러한 것을 할 수 있다면 어떻게 될까?

이러한 구축물이 인터넷이 변화되어 가고 있는 세계이다. 이는 점증하는 통제의 모습이다. 우리는 현실공간에서처럼 사이버공간에서도 여권을 가질 것이다. 현실공간에서처럼 이러한 여권은 우리의 행위를 추적하기 위해 사용될 수 있다. 그러나 현실공간과는 달리 사이버공간에서 행위에 대한 감시, 추적, 통제는 모두 훨씬 비용이 덜 들 것이다. 이러한 통제는 보이지 않게, 그리고 효과적으로 뒷마당에서 일어날 것이다.

지금 이러한 변화를 기술하는 것은 그것이 선인지 악인지를 말하는 것이 아니다. 나는 헌법주의자로서 우리가 자유와 통제에 관한 현재의 정치적 판단에 깔려 있는 근본적인 모호함을 인식해야 한다고 주장한다. 나는 완전하면서도 보이지 않는 이러한 통제체계 상황에 대한 우리 국민들의 반응은 나뉘어져 있다고 생각한다. 많은 사람들은 이러한 체계가 훌륭하다고 말할지도 모른다. 죄 있는 사람에게는 매우 훌륭한 올가미이고, 죄 없는 사람에게는 아무런 부담도 아니다. 그러나 또한 많은 사람들은 이러한 체계가 매우 두렵다고 말할지도

모른다. 정부로부터의 자유와 해방이라는 우리의 이상을 공언하는
동안 우리는 또한 역사상 전례 없던 가장 효과적인 통제체계를 확립
해 왔다.

이러한 모든 것에 대한 대답은 필연적으로 통제의 기술을 포기하
는 것이 아니다. 그 대답은 넷 95(Net95)가 인터넷의 영속적인 구축물
이다라고 주장하는 것도 아니다. 대신 그 대답은 오늘날의 자유와 헌
법민주주의에 관한 현저하고 중요한 것을 인터넷의 구축물로 **전환하**
기 위한 방법을 찾는 것이다. 그 핵심은 우리가 현실공간의 주권의 힘
에 대해 적절히 비판적이듯이 새롭게 등장하고 있는 주권의 힘에 대
해 비판적이 되는 것이다.

이러한 한계는 무엇인가 : 정부가 인터넷 코드의 구축물에 영향력
을 행사하거나 통제를 가할 때 우리는 최소한 정부가 통제의 기술을
독점하지 못하도록 해야 한다. 우리는 헌법민주주의에 설정하는 견
제장치들이 사이버공간의 헌법, 즉 코드에 의한 규제에도 설정되도록
해야 한다. 우리는 권리장전(Bills of Rights)에 의해 마련된 효과성 추구
의 한계나 견제와 균형 같은 헌법민주주의의 제한들이 코드에 의한
규제에도 설정되도록 해야 한다. 이러한 한계는 헌법민주주의 코드에
있어서의 '버그'(bugs)이다. 그리고 존 페리 발로우(John Perry Barlow)
가 말한 것처럼 우리는 사이버공간의 코드에도 이러한 버그들을 설
정해야 한다. 우리는 버그들이 그 비효율성에 의해 우리가 오랫동안
알아왔던 보호책들의 일부를 재창출하도록 사이버공간의 코드에 버
그들을 설정해야 한다.

사이버공간은 법에 의해 규제되지만 단지 법에 의해서만 규제되는
것은 아니다. 사이버공간의 코드는 이러한 법들 가운데 하나이다. 우

리는 이러한 코드가 어떻게 주권—어디든지 있고, 무엇이든지 할 수 있으며, 부드럽고 효과적이며 점차 증대되는—으로 등장하고 있는지 알아야 한다. 그리고 우리는 현실공간의 주권에 대해 발전시켜 온 한계들을 이러한 주권에 대해서도 발전시켜야 한다. 사이버공간뿐만 아니라 현실공간에서 주권은 항상 한계와 비효율성—버그—은 필요하지 않다고 주장해 왔다. 그러나 사태는 그러한 확신에 대하여 너무 빨리 움직인다. 나의 두려움은 단지 이러한 주권에 대한 것이 아니라 우리가 아직 자유의 언어를 발전시키지 못했다는 점이다. 우리가 그러한 언어를 발전시킬 수 있는 시간을 가지지 못했던 것은 아니다. 그러나 나의 두려움은 우리가 자유를 보호하는 헌법을 구축하려는 의지, 즉 과거 두 세기 동안의 자유사회의 의지와 더불어 효율성에 대한 의지를 유지하고 있다는 점이다.

3장_ 사이버공간에서의 블랙홀과 분권화된 법률제정에 대하여

데이비드 G. 포스트David G. Post[1]

사이버공간에 관한 법률과 정책들에 대해 논의하는 사람들의 (급격하게 성장하고 있는) 공동체에서 꽤 흥미있는 논쟁이 발생하고 있다. 그것은 항상 그러한 용어로 특징화되는 것은 아니지만, 사회체계에서 '질서'와 '무질서'라는 경쟁하는 비전들 간의 갈등을 반영하고 있다. 이것은 '새로운' 논쟁은 아니나 사이버공간이라는, 혹은 적어도 내가 앞으로 제시하려고 하는 꽤 특별한 조건에서 새로운 양상을 띠며 전개되고 있다.

---

* 이 논문은 1999년에 열린 사적 검열/완전한 선택이라는 주제의 예일 정보사회 프로젝트(Yale Information Society Project)의 학술회의에서 처음 발표되었다. Copy-right ⓒ 1999 by David G. Post. 저작권자의 허락 하에 수록한다.

1) 템플(Temple) 법과대학 조교수; Postd@erols.com. 이 논문의 초안은 1999년 4월 9일에 열린 "사적 검열/완전한 선택"이라는 주제의 예일 정보사회 프로젝트의 학술회의에서 처음 발표되었다. 연구 조수인 빌 샤인러(Bill Scheinler)와 이 논문을 완성하는 데 지원을 해준 템플 법과대학 하기 연구 펀드에 감사드린다.

Ⅰ. 사건

프랭클린 피어스 법률센터(Franklin Pierce Law Center : FPLC)의 탐 필드(Tom Field) 교수는 지난 1월에 사이버 교수(Cyberprof) 게시판(listserve)2)에 다음과 같은 메시지를 게재했다.

모든 사람에게

이 메시지가 [사이버 교수(Cyberprof) 토론 그룹이 호스트를 두고 있는 텍사스 대학(University of Texas) 서버에 의해] 검열되지 않는다고 가정한다면 여러분들은 프랭클린 피어스 법률센터(FPLC)가 직면하고 있는 '작은' 문제에 흥미가 있을 것이다. 누군가가 1주일 전에 우리의 서버에 약간의 스팸을 '보냈다.' 그것은 우리의 이메일 체계를 교란했고, 나는 다음과 같은 메시지를 받았다.

당신이 보낸 메시지는 다음의 ipww@ljx.com로 배달될 수 없습니다.

전송내용은 다음과 같다.

---

2) 사이버 교수(Cyberprof)는 버클리 소재 캘리포니아 주립대학(University of California-Berkeley)의 마크 렘리(Mark Lemley) 교수가 주재하는 리스트서브(listserve) 토론 그룹이다.

MAIL FROM : tfield@fplc.edu 거절 ; http://maps.vix.com/rbl/ 참조.

나는 이러한 일이 여러분들에게 일어나지 않기를 바란다. 어쨌든 이 일을 어떻게 다루어야 할까?[3]

II. 설명

이것을 어떻게 다루어야 할지에 대해 나의 생각보다 훌륭한 아이디어가 많이 있을 수 있다. 첫 번째로 누구나 이해할 수 있도록 몇 가지 사실들에 대해 생각해 보자. 필드(Field) 교수("tfield@fple.edu")는 ljx.com에 있는 주소로 이메일 메시지를 보냈다. 그러나 ljx.com 이메일 서버는 의도된 수신자에게 메시지를 배달하기를 거절했다(MAIL FROM : tfield@fplc.edu 거절). 그리고 그것을 필드 교수에게 "배달되지 않은 것으로" 되돌려 보냈다. 무슨 일이 일어난 것인가? 왜 그런 일이 벌어졌는가?

필드 교수가 받은 메시지에서 하이퍼링크 참조에 의해―확실하게 축약된―설명이 제공되었다("http://maps.vix.com/rbl/ 참조"). 만약 당

---

[3] 사이버 교수 토론 그룹의 탐 필드(Tom Field) 교수 이메일, 1999년 1월 28일(필드 교수가 자신의 메시지를 인용할 수 있도록 허락해 준 데 대해 감사한다).

신이 "http://mas.vix.com/rbl/ 참조"를 본다면 메일남용 방지체계
(Mail Abuse Prevention System : MAPS)라 불리는 것의 페이지에 접속될 것
이다. 이 논의의 주요 초점인 메일남용 방지체계(MAPS)는 캘리포니
아의 비영리 유한책임회사이다.[4] 이 회사는 일반적으로 '스팸'이라
불리는 것—원하지 않는 대량 이메일—의 흐름을 제한하기 위한 목
적으로 인터넷 서비스 제공자(ISP)에 의한 일종의 집단 보이콧을 조
정한다. 그것은 개략적으로 다음과 같이 작동한다.[5] MAPS의 관리자
들은 많은 인터넷 주소로 구성된 '실시간 블랙홀 목록'(Realtime Black-
hole List : RBL)이라 불리는 것을 작성하고 유지한다.[6] 관리자들은 스
팸을 보내는 것으로 판단되는 인터넷 주소를 RBL에 올린다.[7] 그들은
또한 '개방된 메일 전송'[8]을 허용하거나 '스팸 지원 서비스'[9]를 지원

---

[4] Robert McMillan, "What Will Stop Spam?" (최종 수정일 Nov. 20, 1999) <http:// www.
sunworld.com/sunworldnoline/swol-12-1997/swol-12-vixie.html> 을 참조하라. Mail
Abuse Prevention System (Nov. 19, 1999 방문) <http://mail-abuse.org> ; Maps Realtime
Black-hole List (Nov. 19, 1999 방문) <http://maps.vix.com/rbl> 을 보라.

[5] 주 4)를 참조하라.

[6] 현재 RBL은 약 1,400개가 기입되어 있다. 메일남용 방지체계(Mail Abuse Prevention Sys-
tem)의 집행 이사인 닉 니콜라스(Nick Nicholas)의 이 메일(Oct. 6, 1999). 이 목록의 대
부분은 하나의 인터넷 주소로 구성되어 있다. 그러나 일부는 일반적으로 '등급 C'라 불리
는 네트워크의 주소로 구성되어 있으며, 각 네트워크는 255개의 주소를 포함하고 있다.
Paul Vixie, MAPS RBL Candidacy (Nov. 19, 1999 방문) <http://maps.vix.com/rbl/candidacy.
html> 참조.

[7] 블랙홀화된 주소나 적절한 네트워크 관리자가 스팸을 보내는 자가 더 이상 문제시 되는
주소에 있지 않다는 것을 입증할 때 혹은 스팸을 보내는 자가 위치했던 네트워크가 엄격
한 '사용 계약'에 동의했을 때 RBL에서 삭제된다.

[8] '개방된 메일 전송'(Open-mail relay)은 인터넷 메일 서버가 발송자나 수용자가 승인된
로컬 사용자가 아닌 상황에서도 이메일 메시지를 처리하고 전송하는 관행을 의미한다.
즉, '낯선 자'가 메일 처리 시설에 접근하는 것을 허용하는 것이다. 스팸을 보내는 자들은
자신들의 이메일을 보내기 위해 개방된 메일 전송을 이용한다. 개방 전송을 이용함으로
써 그들의 이메일은 정당한 원천으로부터 발생한 것으로 보이며, 그리하여 메시지를 추

하는 네트워크의 주소를 RBL에 올린다.

MAPS는 RBL을 인터넷 서비스 제공자(ISP)들과 다른 네트워크 관리자들에게 정기적으로 제공해 준다.[10] RBL을 정기구독하는 ISP는 만약 원한다면 자신의 메일 관리자에게 리스트에 들어 있는 주소로부터 발송되거나 혹은 그 주소로 들어가는 모든 이 메일을 삭제할 수 있다. 즉, RBL을 구독하는 ISP가 고객으로부터 메일을 발송하거나 접수하라는 요청을 받으면 발송자의 숫자 인터넷 주소를 블랙홀화된 인터넷 주소의 목록과 비교한다. 만약 일치한다면 ISP는 그 메시지를 삭제한다. 그러므로 블랙홀화된 주소는 어떤 의미에서는 RBL을 구독하는 ISP(그리고 그 고객)가 관련되는 한 인터넷으로부터 사라진다.

필드 교수의 네트워크—fplc.edu—는 RBL에 들어 있으며—'블랙홀화되었으며'—그리고 필드 교수 이메일의 수용자인 ljx.com의

적하거나 여과하는 것이 어렵게 된다. Better Network Security Through Peer Pressure : Stopping Smurf and Spam(5월 31일, 1999년 접근) <http://securityportal.com/coverstory 19990531. html> ; Paul Hoffman, Allowing Relaying in SMTP : A Series of Surveys (Nov. 19. 1999 방문) <http://www.imc.org/uberelay.html> ; Chip Rosenthal, MAPS TSI : Anti-relay : What is Third-Party Mail Relay(July 31, 1999 방문) <http://maps.vix.com/ tsi/ar-what.html> : Vixie, 주 6)을 보라.

9) MAPS는 대량 이메일의 목적지 주소로 등록되어 있는 웹페이지나 대량 이메일 발송자에 의해 이용될 수 있는 이메일 재전송 혹은 자동응답을 제공하는 웹페이지를 호스팅하는 것과 같은 행위를 이 범주에 포함하고 있다. 주 6)의 Vixie를 보라.

10) 현재 RBL을 정기구독하는 데는 비용이 들지 않는다. Nick Nicholas & Chip Rosenthal, MAPS RBL Participants(Nov. 19, 1999 방문) <http://maps.vix.com/rbl/participants. html>. 현재 약 180개 이상의 등록된 정기구독자가 자신의 서버와 라우터에 완전한, 그리고 주기적으로 업데이트되는 RBL을 저장하고 이용하고 있다. 이러한 구독자들은 MAPS와 라이센스 계약을 체결해야 하며, 계약조건은 공개되지 않고 있다. 이와 더불어 인터넷에서 라우터에 의해 사용되는 프로토콜인 'EBGP4 Multi-Hop'을 통하여 RBL을 받거나 MAPS의 RBL 서버에 특정한 숫자 인터넷 주소를 직접 요청하여 RBL을 받는 또 다른 '수천'의 사용자가 있다.

홈서버는 RBL 정기구독자이다. ljx.com 메일 서버는 필드 교수의 메시지를 받고서, 그것을 블랙홀화된 주소로부터 발송된 메일로 인식하고 삭제한 후 필드 교수에게 무엇이 발생하고 있는가를 알려주기 위해 위에 언급된 메시지를 보낸 것이다.

Ⅲ. 질문

RBL과 같은 것으로 우리는 무엇을 만들려고 하는가? 여기에 심각한 혹은 적어도 사소하지 않은 문제, 즉 원하지 않는 대량 이메일의 확산이라는 문제가 있다. 부지불식간에 이메일은 상업적으로나 비상업적으로 매우 중요하게 되었고 세계 공동체에서 불가분의 커뮤니케이션 형태가 되었으나, 이메일의 가치는 원하거나 요청하지도 않은 커뮤니케이션 장벽(즉 스팸 메일)에 의해 잠식되고 있다.[11] 그러나 RBL은 이 문제를 다루는 합리적인 수단인가? 그 문제에 대한 '해법'을 고안하기 위하여 우리는 어느 정도로 RBL과 같은 것에 의존할 수 있으며, 의존해야 하는가?

---

11) 일부 사람들은 대량 이메일의 확산은 인터넷 초기의, 그리고 가장 뚜렷한 혁신인 많은 개방 토론 포럼의 생기와 더 나아가 심지어 생존을 잠식한다고 주장한다. Paul. K. Ohm, Comment, On Regulating the Internet : Usenet, A Case Study, 46 *UCLA L. Rev.*1941, 1951 (1999) (스팸은 뉴스넷에서의 '신호 대 잡음' 비를 급격하게 감소시키고, 그리하여 계속된 뉴스넷의 인기에 '주요한 위협'으로 간주될 수 있다.

Ⅳ. 논의

내가 생각하기에 위 질문은 흥미로우면서도 중요한 것이다. 최근에 법학자들은 인간의 사회적 행태를 형성하는 데 있어서 분권화된, 합의에 기반을 둔 비공식적인 사회 통제체계의 중요성을 발견—혹은 재발견—했다.[12] 국가 '권위'와 공식적인 국가의 관리과정— '규범들'—에 의존하지 않은 채로 생성되고 집행되는 규칙과 제재체계는 많은 맥락에서 행태에 대한 주요한 결정자임이 점점 더 명백해지고 있다. RBL이 비공식적이고 분권화된 규범–창출의 과정에 대한 교과서적인 예가 아니라면 무엇이겠는가? MAPS는 규범, 즉 어떤 이유로도 수용될 수 없는 행태들—예를 들어 개방 메일 전송체계를 허용하거나 '스팸 지원 서비스'를 제공하는—을 제안한다.[13] MAPS는 이러한 규범을 위반하는 사람들을 확인하는 데 있어서 당신의 대리인으로서의—혹은 좀 더 정확하게는 당신의 네트워크 관리자 혹은 ISP 대리인으로서의—역할을 제공한다. MAPS는 (RBL을 통하여) 당신이 규범을 위반한 것으로 확인된 사람들을 알고 있도록 해준다. 그들은 규범

---

[12] 법률학계에서 규범에 대한 연구의 활성화를 가져온 로버트 엘릭슨(R. Ellickson)의 Order Without Law : How Neighbors Settle Disputes를 언급하는 것이 공정하다. The Symposium on Law, Economics, and Norms, 144 *U. Pa. L. Rev.* 1643 (1996)는 최근의 논의를 자세하게 다루고 있다.

[13] MAPS는 자신이 제안한 규범에 대해 광범위한 정당성을 제공하고 있다. Our Rational for the MAPS RBL(July 12. 1999 최종 수정) <http://maps.vix.com/rbl/ rationale.html>을 보라.

위반자에 대해 제재를 가하도록 제안한다. 그들이 생각하는 제재는
비공식적 사회통제 과정의 초기-제재(Ur-Sanction), 즉 차단이다. 제
재 적용을 선택한 사람들은 위반자에 대해 자신의 등을 돌리는 것, 즉
그들에게 모든 (전자적) 커뮤니케이션을 중지시키는 것이다. MAPS는
당신의 시스템이 블랙홀화된 주소로부터 나오는 메일이나 그 주소로
들어가는 메일을 삭제할 수 있도록 당신의 시스템을 형성하도록 하
는 소프트웨어를 제공하여 당신이 이러한 제재를 수행할 수 있는 수
단을 제공해 준다.[14]

　이것은 당신 부모 세대의 규범 창출과정이 아니다. 이것은 현실공
간의 규범 창출과정에서 찾아볼 수 없는 독특한 특징을 가지고 있다.[15]
그러나 그것은 규범 창출이다. '상향식'[16]으로 묘사될 수 있든 없든

---

14) 대부분의 대중적인 메일 서버 형성 소프트웨어는 RBL 수행을 지원하도록 되어 있을 만
　큼 RBL은 분명히 대중화되었다. Paul Vixie, MAPS RBL Usage(Jan. 5, 2000 방
　문) <http:// maps.vix.com/rbl/usage.html> 을 참조하라.

15) 이러한 특정한 규범을 담고 있는 소프트웨어의 시행은 현실공간의 규범 창출방식에서
　는 비슷한 사례가 없는 독특한 것이다. 레시그(Lessig) 교수가 보여준 것처럼 코드에 의
　한 규범의 강제는 가장 커다란 기본적인 변화이다. Lawrence Lessig의 *Code and Other
　Laws of Cyberspace*(1999)를 보라. 레시그의 논의에서 사이버공간은 "… 어떻게 규제가
　작용하는가, 그리고 무엇이 삶을 규제하는가에 대한 새로운 이해를 필요로 한다. 그것은
　전통적인 변호사의 범위―법률, 규제, 규범들을 넘어서서 생각하도록 한다. … 우리는
　사이버공간에서 코드가 어떻게 규제하는가를―사이버공간을 만드는 소프트웨어와 하
　드웨어가 어떻게 있는 그대로의 사이버공간을 규제하는 가를 이해해야 한다. 윌리엄 미
　첼(William Mitchell)이 언급한 것처럼 이러한 코드는 사이버공간의 '법'이다. 코드는
　법률이다."

16) 마가렛 래딘(M. Radin)과 포그 와그너(R. Polk Wagner)는 '상향식'과 '하향식' 질서 만
　들기의 특징에 대한 구분을 '허위 이분법'이라 비판하고 있다. Margaret Radin & R. Polk
　Wagner, "The Myth of Private Ordering : Rediscovering Legal Realism in Cyberspace," *73
　Chi.-Kent L. Rev.* 1127(1998)을 보라. 그들은 어떤 규칙제정 체제도 "당신이 그것을 어
　떻게 보느냐에 따라 [상향식 혹은 하향식으로] 특징화될 수 있다"고 주장한다. 이 점은
　중요하다. 규칙 제정과정은 항상 사회제도 위계의 특정한 수준에서 볼 때 하향식이나

간에 그것은 확실히 '비공식적'이고 '분권화된' 것이다. 집단 차단 운용에 참여하느냐의 결정(즉 첫 번째로 RBL을 구독하느냐 않느냐), 규범의 위반자에게 차단의 제재를 가하느냐 하는 결정은 모두 (공식적인) 국가가 지원하는 강제의 기구나 국가가 부과하는 법적 제재에 의존해 있지 않다.[17] 그리고 그러한 제재의 운용에 참여하느냐 하지 않느냐는 결정은 (비교적 많은 수의) 독립적인 행위자의 손에 달려 있다.[18]

엘킨-코렌(Elkin-Koren) 교수의 말에 따르면, 사이버공간의 조건

다른 수준에서 볼 때는 상향식이다. MAPS의 의사결정 과정은 예를 들어 아침마다 '높은 곳으로부터' 게시할 혹은 삭제할 사이트의 목록, 즉 RBL을 받는 MAPS 웹마스터의 관점에서는 하향식이다. 이러한 하향식 과정은 동시에 많은 상업적 이메일에 대한 인터넷 공동체의 반응을 바라보는 또 다른 누군가의 관점에서는 상향식 과정의 구성요소이다. 이것은 내재된 위계를 가지고 있는 (사회적 네트워크를 포함하여) 모든 네트워크의 특징이다. 네트워크의 구성요소는 일부 위계의 상위에 있는 동시에 다른 것의 하위에 있다. David G. Post & Michael B. Eisen, "How Long is the Coastline of the Law? Thoughts on the Fractal Nature of Legal Systems," *29 J. L. S.* 545(2000)을 보라(이러한 내재된 위계의 '현기증나는' 특징을 프랙탈 구조의 결과로서 기술하고 있다).

17) 달리 말하여, 만약 당신이 MAPS 운용에 참여하거나 참여하지 않기를 선택한다면 당신은 공식적인 국가가 창출한 과정을 통하여 강제되는 제재에 복종하는 것이 아니다. 만약 당신이 MAPS가 수용할 수 없는 것으로 정한 행태, MAPS가 선택한 제재, 제재 이행을 위해 MAPS가 선택한 수단, 혹은 제재를 가하기 위해 위반자들을 추적하는 방법 등에 대해 승인하지 않는다면 당신은 그것들을 무시할 수 있다(혹은 만약 당신이 원한다면 당신 자신의 방법을 제안할 수 있다). MAPS는 수천의 ISP에게 RBL 구독자가 되도록 설득하고 유혹하고 요청할 수 있다. 그러나 MAPS는 그렇게 하도록 하기 위해 국가 제재의 강제력을 사용할 수는 없다.

18) 엘킨-코렌(Elkin-Koren) 교수는 '분권화된' 규범 창출과정을 "규칙을 … 창출하고 형성하는 힘이 특정 개인 집단이나 제도의 손에 집중되어 있지 않고 [그것이] 다양한 사회 행위자들에게 분산되어 있는 것"이라고 정의한다. Niva Elkin-Koren, "Copyrights in Cyberspace-Rights Without Laws?" 73 *Chi-Kent L. Rev.* 1155, 1161(1998). 1999년 6월에 미국에만 인터넷 접속을 제공하는 약 6,000개 이상의 ISP가 있다. Jason Oxman, The FCC and the Unregulation of the Internet, FCC Office of Plans and Policy Working Paper No. 31(July 1999 최종 수정) <http://www.fcc.gov/Bureaus/OPP/working_papers/oppwp31.pdf>을 보라. 그리고 수없이 많은 다른 네트워크 관리자들이 RBL을 구독하고(혹은 구독하지 않고) 있다.

은 이러한 종류의 '자발적인 규범체제를 위한 새로운 기회'를 창출하고 있는 것처럼 보인다.[19] 공식적과 비공식적, 집중화와 분권화된 규칙제정 간의 갈등이 사이버공간과 관련된 많은 주요하고 도전적인 정책 논쟁의 중심에 있다는 것은 놀라운 일이 아니다. 도메인 이름 할당체계와 관련된 현재의 혼란이 그 한 가지 사례이다. 그 논의는 여러 곳에서 자세히 논의되었다.[20] 간략히 요약하자면, 초기에—인터넷이 거대해지기 이전에—인터넷 운용과 인터넷 메시지를 올바르게 전송하는 인터넷상의 데이터베이스를 운영하는 책임은 인터넷 번호 할당 당국(the Internet Assigned Number Authority : IANA)에 있었다. 인터넷 번호 할당 당국(IANA)은 실제적으로 남부 캘리포니아의 소수의 헌신적인 자원자들로 구성된 훌륭한 조사조직(an imposing-sounding entity)이었다. 인터넷이 폭발적으로 성장함에 따라 체계를 유지하는 IANA의 능력에 지나치게 큰 과부하가 발생하였다. 1993년 초에 이러한 데이

---

19) 엘킨-코렌(Elkin-Koren), 주 18) 1161-1162 (사이버공간은 "확실히 개인의 선호와 관련된 정보를 의사소통하고 수집하는 비용을 감소시켰다. 그것은 또한 공적인 선호와 선택과 관련된 실시간 피드백을 가능하게 하고 신속하고 비용-효과적인 정보 처리를 용이하게 한다. 그리하여 사이버공간은 규칙을 제정하는 데에 개인의 효과적인 참여의 기회를 열어놓았다.")

20) A. Michael Froomkin, "Of Governments and Governance," 14 Berkeley Tech. L. J. 617 (1999); Milton L. Mueller, Internet Domain Names : Privatization, Competition, and Freedom of Expression, Cato Briefing Paper No. 33 (Oct. 16, 1999 최종수정) <http://www.cato.org/pubs/briefs/bp-033.html> ; John Weinberg, "Testimony of John Weinberg, Profes-sor of Law, Wayne State University before the U. S. House of Representatives Commerce Committee, Subcommittee on Oversight and Investigations, 'Domain Name System Priva-tization : Is ICANN Out of Control?" (July 22 1999 최종수정) <http://www.law.wayne. edu/weinberg/testimony.pdf> . 상무부 "백서," Management of Internet Names and Addre-sses(Jan. 24, 2000 방문) <http://www.ntia.doc.gov/ntiahome/domainname/6_5_98dns. htm> 는 인터넷에서 도메인 이름과 번호 관리에 대한 역사를 광범위하게 요약하고 있다.

터베이스를 유지하는 책임이—*.com, *.net, *.org와 같은 적어도 가장 대중적인 '일반 상위 수준' 도메인 중의 세 개에 대한 책임이—미국 정부에 의해 재정적 뒷받침이 되는 '협력적 합의' 형태의 계약 하에 사적 회사인 네트워크 솔루션 회사(Network Solutions, Inc.)로 넘어갔다. 이것은 처음에는 국립과학재단(National Science Foundation)을 통하여, 나중에는 상무성(Commerce De-partment)의 국립 텔레커뮤니케이션 및 정보행정위원회(National Tele-communications and Information Administration)를 통하여 재정적 뒷받침이 되었다.

1998년에 협력적 합의의 기간이 만료된 때에 상무성은 결정을 내려야 했다. 상무성은 언급된 협력적 합의(혹은 다른 정부 계약)가 만료일이 되었을 때 통상적으로 하는 것처럼 단순히 계약으로부터 벗어날 수 있었다. 그러나 상무성은 "인터넷의 안정성을 확실히 할 조치를 취하지 않고 [도메인 이름체계에서] 현재의 관리역할로부터 벗어나는 것은 무책임하다"는 입장을 취하며 통상적인 선택을 거부했다.[21] 상무성은 인터넷 이름체계는 '좀 더 공식적이고 강건한 관리구조'가 필요하다는 결론을 짓고 '이해관계 당사자들' 자신들에 의해 구성된 도메인 이름체계를 관리할 새로운 비영리 회사의 창출을 요청했다.[22] 그 이후 이 체계의 통제는 현재 ICANN(the Internet Corporation for Assigned Names and Numbers)로 알려져 있는 단일한 기구의 손에 놓여졌으며, 이 기구는 도메인 이름체계가 작동하는 규칙을 제정하는 모든 책임을 지게 되었다. 이러한 결정을 어떻게 생각해야 하느냐에 대한 문

---

[21] 상무부 주 20)을 보라.
[22] Id.

제는(혹은 ICANN가 책임을 이행하는 방식에 대한 문제[23]는) 별도로 하고, 정부 권위 하의 단일한 조직에 권위를 집중화한 이 결정은 인터넷에 필연적으로 심대한 함축성을 지닌다. 이러한 비공식적 과정에 대한 규범적 함의에 대한 논쟁은 매우 생생한 것이다. 나를 포함한 이 논쟁의 한쪽 끝에 있는 논평자들은 이러한 체계가 '정당성'과 '효율성' 모두의 관점에서 규범적으로 매우 매력적이라고 평가한다.[24] 그 정당성에 대한 정당화는 RBL과 같은 비공식적인 사적 질서 창출방식은 "자율성과 자유에 가장 일치한다는 점에서 집중화된 정부 모델의 대

---

23) 이 문제에 대한 나 자신의 견해는 여러 곳에서 피력하였다. David G. Post, Governing Cyberspace : Where is James Madison when we need him?(June 6, 1999 최종수정) <http:// www.icannwatch.org/archives/essays/930604982.shtml> ; David G. Post, Elusive Consensus (July 21, 1999 최 종 수 정) <http://www.icannwatch.org/archives/essays/932565188.shtml> ; David G. Post, ICANN and Indenpendent Review(Aug. 1999 최 종 수 정) <http://www. icannwatch.org/reviewpanel/index.shtml> ; David G. Post, Cyberspace's Constitutional Moment, The American Lawyer, Nov. 1998, at 117.

24) 예를 들어 다음의 문헌을 보라. Tom W. Bell, "Fair Use v. Fared Use : The Impact of Automated Right Management on Copyright's Fair Use Doctrine," *76 N.C. L. Rev.* 557 (1998); Llewellyn Joseph Gibbons, "No Regulation, Government Regulation, or Self-Regulation : Social Enforcement or Social Contracting for Governance in Cy-berspace," *6 Cornell J. L. & Pub. Pol'y* 475(1997); I. Trotter Hardy, "The Proper Legal Regime for 'Cyberspace'," *55 U. Pitt. L. Rev.* 993, 995-96(1994); Maureen A. O'Rourke, "Copyright Preemption After the ProCD Case : A Market Based Ap-proach," 12 *Berkeley Tech. L. J.* 53, 80(1997); David Post & David R. Johnson, "And How Shall the Net Be Governed? A Meditation on the Relative Virtues of Decent-ralized, Emergent Law," in *Coordinating the Internet* (Brian Kahin & James Keller eds., 1997); David G. Post & David R. Johnson, "Chaos Prevailing on Every Continent : Towards a New Theory of Decentralized Decision-Making in Complex Sy-stems," 73 *Chi. Kent. L. Rev.* 1055 (1998); David R. Johnson & David G. Post, "The New Civic Virtue of the Internet : Lessons from a Model of Complex Systems for the Governance of Cyberspace," in *The Emerging Internet*(1998 Annual Review of the Institute for Information Studies) (C. Firestone ed., 1998). 분권화된 인터넷 규칙 제정의 '정당성'과 '효율성'의 정당화에 대한 구별은 Elkin-Koren 주 18)의 1166-79로부

안보다 우월하다"는 견해에 근거한다.[25] 이러한 관점에서 MAPS는 개인들의 행태를 포함하고 있는 만큼 정확하게는 비행의 정의, 적절한 제재의 선택, 비행자의 확인 등과 같은 정의에서 다른 사람들이 MAPS의 견해를 공유하는 정도만큼 규범적으로 매력적이다. MAPS 운영자는 RBL을 구독하도록 수천의 ISP를 설득하고 유혹하고 요청할 수 있지만 그렇게 하도록 강요할 수는 없다. 효율성 정당화는 다른 방식으로는 발견할 수 없는 분권화된 체계의 반복된 시행착오와 경쟁하는 규칙과 이에 대한 반-규칙 간의 밀고 당기기에 의한 복합적인 문제에 대한 해법을 창출하는 특별한 힘에 근거하고 있다.[26]

다른 사람들은 RBL과 같은 기구들에 대해 특정한 준거[27]와 일반적

터 나왔다.

25) Elkin-Koren 주 18) 1172.

26) 복잡성 이론의 관점에서 분권화된 의사결정 과정은 '가장 적절한 지점' (즉 복합적이고 상호 의존적 공간에서 정의된 문제에 대한 해법)을 발견하는 강력한 알고리즘이다. Post, Chaos Prevailing on Every Continent, 주 24) 1081-86을 보라. 컴퓨터 수학에서의 병렬적 정보 처리 알고리즘이나 생물체 디자인에서의 자연 선택과 같은 다양한 현상들의 바탕에 놓여져 있는 수학, 물리, 그리고 생물 체계에서 분권화된 체계의 문제 해결 능력은 잘 논증되어 있고 논쟁적이지 않다. id. 1083-1093을 보라.

27) 레시그(Lessig) 교수는 '스팸 전쟁'에 대해 논의하면서 다음과 같이 쓴다. "이러한 전쟁 [스팸을 보내는 자와 이를 방지하려는 사람 간의]은 사라지지 않을 것이다. 스팸에 대한 경계자들이 스팸 없는 세상에 대한 설득력 있는 약속을 제공하면 그들의 힘은 의심할 바 없이 증대할 것이다. 그러나 이러한 경계자들과의 갈등도 또한 증대할 것이다. 반스팸(antispam) 활동가들이 스팸과 투쟁할 지라도, 네트워크 서비스 제공자들은 반스팸 활동가들과 투쟁할 것이다."
"이러한 구도에는 잘못된 점이 있다. 네트워크 정책은 이 메일의 골격에 기본적으로 영향을 줄 것이다. 이상적인 해법은 스팸에 대한 규칙과 그러한 규칙을 이행할 코드를 혼합하는 것이다. … 스팸은 확실히 문제다. 그러나 진짜 문제는 스팸 경계자들과 네트워크 서비스 제공자들이 각자 자신의 관점에서 어떻게 인터넷이 작동하는 가에 대한 기본적인 정책을 결정하는 것이다. 이것은 '보이지 않는 손'에 의한 정책 결정이다. 이것은 정책이 만들어지지 않는 것이 아니라, 정책을 만드는 것에 대한 책임이 부족한 것이다.

인 준거[28] 모두를 가지고서 반대한다. 그들은 이러한 사이버공간의 규범 창출과정이 가지는 효율성 혜택은 과장된 것이며, 게다가 그러한 과정은 규범 속에 내포되어 있어야 할 '공적 가치들'을 체계적으로 배제한다고 논의한다.

이러한 논의들은 사이버공간의 법률에 대한 연구 전통 중의 하나가 되는 중요한 논쟁이다. 나는 이 논문의 목적을 위하여 위 논쟁에서 제기된 많은 어렵고 심오하고 실질적인 질문들 대신에 그 논쟁들을

··· 이것이 네트워크 정책이 만들어져야 하는 방식인가? 네트워크 정책에 대한 해법은 명백하지 않지만 그 질문에 대한 답은 명백하다." Lawrence Lessig, The Spam Wars (Dec. 31 1998 최종수정) <http://www.thestandard.com/articles/display/0,1449,3006,00. html> 이러한 견해, 즉 '네트워크 정책'을 수립하기 위해서는 스팸발송자와 스팸에 반대하는 사람들 간의 상호작용에 의존하지 말아야 한다는 것과 더불어 우리가 '명백'히 그렇게 하지 말아야 한다는 견해는 널리 퍼져 있는 것처럼 보인다. 사이버 교수(Cyberprof) 게시판(listserve) (주 2) 참조)에 올라와 있는 이러한 질문들에 대한 훌륭한 논의 중에는 일반적인 상향식 과정 및 RBL에 관한 회의주의가 퍼져 있다. 사이버 교수 게시판(Cyberprof Listserve) (Jan. 29-30, 1999 게시물)의 예를 보자.

"나의 견해로는 이러한 사적 블랙리스트는—그 운영자가 아무리 덕성스러울지라도—상향식이 작동하지 않는다는 완벽한 예이다. 이러한 보이콧에 의한 외부적 효과는 심대하다. 그러나 그러한 외부적 효과를 책임질 사람이 없다. [나의 회사가] 지난 여름에 [RBL]에 의해 희생되었다. 우리의 재무구조의 특성 때문에, [RBL이] 원하는 픽시(fixes)를 만들 수 없었다. RBL이 종국적으로 이 점을 인정하게 되었지만 우리가 왜 순응할 수 없는가를 RBL에게 이해시키려고 노력하는 동안 우리는 블랙홀화되었다. 우리 고객의 대다수가 빅시(Vixie) 리스트를 구독하는 ISP 사용자들에게 메일을 보낼 수 없었기 때문에 그 기간 동안에 상당한 문제를 경험했다."

"RBL에 올라 있는 일반적인 개방 메일 전송 사이트는 공공 대중이 자신의 뜰에 접근하는 것을 허용하는 이웃과 같다. 공공대중은 온갖 종류의 쓰레기를 *나의* 뜰에 버린다. ··· 나는 일부의 공공 대중이 나와 내 이웃의 뜰에 쓰레기를 버릴 것을 두려워하지 않고, 그들이 나의 뜰에 접근하는 것을 허용할 수는 없는가? 게다가 우리는 얼마나 오랜 세대 동안 문을 걸어 잠그고 사는 것을 참아왔던가. 모든 것이 공개된 그림에서 무언가가 빠져 있다."

넘어선 질문, 즉 질문 그 자체가 탐구되고 평가되는 방식에 대한 질문에 논의의 초점을 맞춘다. 우리는, 적어도 개념적인 수준에서, 분권화된 규칙제정 과정(RBL과 같이)을 논의의 장에 올려놓고 그것의 특징을 분석하고, 그것을 대안적 과정과 비교하여 어떤 규범적 혹은 기술적 기준을 선택하는 가에 대해 논의해야 한다. 그러나 이렇게 논의하는 우리의 능력에는 분권화된 과정의 장점(혹은 결함)에 대한 탐구를 왜곡할 수 있는 심각한 장애물들이 놓여져 있다. 내가 염두에 두고 있는 장애물들에 대해 설명하겠다.

첫 번째로, 우리는 우리가 필요로 하는 것보다 자기 질서지움(self-ordering)과 비공식적 조정의 과정에 대해 충분히 이해하고 있지 못하다. 인터넷 그 자체의 등장은 분권화되고, 시행착오를 겪는 합의적 과정이 상상할 수 없을 정도의 복합성과 힘을 지닌 안정적 구조를 형성해 나가는 방식에 대해 우리가 얼마나 모르고 있는가를 여실히 보여

필드(Field) 교수 자신도 이러한 회의주의를 공유하고 있다는 점을 밝히고 있다.

"나는 이메일을 경력(career)이 아니라 도구(tool)로 간주한다. 나는 일부 사람들이 달리 생각할 수 있다는 점을 인정한다. 그러나 나와 많은 사람들은 이메일의 역사와 난해함에 대해 관심이 없다. 단순한 메시지를 보내기 위하여, 그리고 일정 정도의 야만 행위를 피하고 그에 대한 자위 조치를 취하기 위하여 깊이 탐구해야 할 필요가 있는 정책을 채택하지 말아야 한다는 것이 예나 지금이나 나의 주장이다."

또한 John Swartz, Anti-Spam Service or McCarthyism? Internet Group Puts Some ISPs on a Blacklist(May 10, 1999 최종수정) <http://www.sfgate.com/cgi-bin/article.cgi?file=/chronicle/archive/1999/05/10/BU76824.DTL> (MAPS의 행동을 일종의 '사이버 맥카시즘'으로 기술)을 참조하라.

28) "인터넷과 법률이론"(The Internet and Legal Theory)이란 최근의 심포지움에서 3편의 발표내용이 비공식적 인터넷 규칙제정 체계의 결함에 대해 초점을 맞추고 있다. Elkin-Koren 주) 18; Mark. A. Lemley, "The Law and Economics of Internet Norms," *73 Chi.-Kent L. Rev.* 1257(1998); Margaret Radin & R. Poli Wagner, 주) 16을 보라. 또한 *Law-*

주었다. 만약 사이버공간이 존재하지 않았다면 우리는 그러한 것은 아마 존재할 수 없을 것이라는 점에 동의할 것이다. 우리가 하나의 단일한 상호 연결된 전 세계적 커뮤니케이션 네트워크만큼 엄청나게 복합적인 것을 어떻게 형성할 수 있겠는가? 그러한 프로젝트를 누가 책임지고 수행하겠는가? 전 세계적 네트워크를 건설하려 할 때 직면하게 될 불가능한 것처럼 보이는 조정의 문제들, 즉 단일한 전 세계적 언어[29]를 어떻게 구축하고 수없이 많은 사람들로 하여금 어떻게 채택하도록 할 수 있을 것인가와 같은 문제들을 우리가 어떻게 해결할 것인가?

우리는 모든 사람들을 놀라게 하며[30] 상당히 단기간에 그것의 구현을 책임지는 '권위'에 의존하지 않고서도 그 과제를 일정 정도 해결할 수 있다. 점점 더 확대되는 많은 수의 지리적으로 분산된 개인들 간의 합의를 발전시키는 분권화된 과정은 우리를 여기로 이끌고 왔다. ("우리는 왕, 대통령, 그리고 투표를 거부한다 : 우리는 대략적 합의와 작동하는 코드를 추구한다"를 구호로 표방하는, 그리고 분권화된 정황을 적절히 파악한) 인터넷 공학 태스크 포스(the Internet Engineering Task Force),[31] 월드 와이

---

29) 기본적으로 인터넷은 언어, 즉 기계가 서로 정보를 교환할 수 있도록 하는 문법적 규칙들의 집합('인터넷 프로토콜'과 전송 및 커뮤니케이션 표준)이다. Lawrence Lessig, Open Code and Open Societies : Values of Internet Governance (May 11, 1999 최종수정) <http://cyber.law.harvard.edu/works/lessig/kent.pdf> , at 11; David G. Post, What Larry Doesn't Ger : A Libertarian Response to Lessig's "Code and Other Laws of Cyberspace," *Stan. L. Rev.*(근간)

30) The Economist, Sept. 30, 1995 at 35의 "The Death of Distance"를 보라. 정치인들, 사회 이론가들, 그리고 컴퓨터 산업 분야의 대가들조차도 무기력하게 이 매체의 등장과 성장을 사전에 예측하지 못했다.

31) Internet Engineering Task Force (Nov. 18, 1999 방문) <http://www.ietf.org> .

드 웹 컨소시엄(the World Wide Web Consortium),[32] 인터넷 번호할당 당국(the Internet Assigned Numbering Authority)[33] 등과 같은 자생적인 기구들—다른 사람을 대신하는 권위도 없는, 고정된 주소나 구성원도 없는, 공식적인 법적 존재가 아닌 기구들—은 지구 전체에 퍼져 있는 수십 억 개인들을 공동의 구문(syntax)으로 합의를 이끌어냈다. 전 세계적 네트워크 프로토콜은 서로 유사한 자연적 언어처럼 그 핵심이 계획되지 않고 지시되지 않은 과정을 통해 발생했다. 우리는 인터넷의 발생에 있어서 특별히 중요한 역할을 한 많은 개인들과 기구들을 사후에 지적할 수 있지만, 영어구문에 대한 일련의 규칙을 창출하는 책임을 진 한 개인이나 기관에 대해 지적할 수 없는 것처럼 현재 우리가 인터넷으로 알고 있는 일련의 규칙을 '창출하는' 책임을 진 개인이나 기관을 사전에 지적할 수 있는 사람은 없다.

다른 방식으로 인터넷이 구축될 수 있었을까? 나의 통찰에 따르면 그렇지 못했을 것이다. 이러한 종류의 '권위에 자유로운' 과정만이 이 체계를 구축할 수 있었을 것이다. 인터넷을 구축하려 했던 권위를 가진 누구도 그렇게 하지 못했을 것이다.[34] 만약 내가 옳다면 이것은 규

---

32) World Wide Web Consortium (Nov. 18, 1999 방문) <http://www.w3.org> .

33) Internet Assigned Numbering Authority(Nov. 18, 1999 방문) <http://www.iana.org> .

34) OSI 인터넷 작동 프로토콜을 수용하도록 하려는 '공식적인' 표준 제정기구—국제 표준화 기구(the International Organization for Standardization(ISO)와 [현재 국제텔레커뮤니케이션 조합(the International Telecommunication Union, ITU)으로 이름을 바꾼] 국제 전신 및 전화 자문위원회(the International Tele-graph and Telephone Consultative Committee, CCITT)—의 실패는 이 점에 있어서 좋은 사례가 된다. Katie Hafner & Michael Lyon, Where Wizards Stay Up Late : The Origins of the Internet, 246-251 (1996) (OSI 프로토콜과 내가 명명한 상향식 TCP/IP 프로토콜 간의 전투를 묘사, 궁극적으로 후자가 승리); Peter Salus, Protocol Wars : Is OSI Finally Dead?, 6 Connexations 16 (1995);

범적 논쟁에서 상당한 중요성을 띤다. 왜냐하면, 논쟁의 규범적 그리고 기술적 측면 간의 구분을 제거하기 때문이다. 만약 우리가 1965년에 인터넷을 위한 프로토콜을 구축하는 '최선'의 길을 찾으려 한다면, 우리는 집중화된 의사결정 모델과 분권화된 대안적 의사결정 모델을 비교하기 위해 양자를 나란히 둘 수는 없다. 왜냐하면, 그 과제를 수행할 수 있는 검토대상인 집중화 모델이 없기 때문이다. 그러나 이것은 나의 단순한 통찰임을 인정한다. 나는 그 논의를 진행할 수 있는 분석적 용어나 논의의 틀을 모른다. 만약 나의 통찰이 옳다면, 1965년에 우리는 어떻게 알았을까? 현재 우리는 그것을 어떻게 알 수 있을까?

위와 연관하여 두 번째로 나는 사이버공간이라는 조건에서는 정책적 계산을 하기 위해 분권화된 과정과 비교할 수 있는 대안적 과정을 구체화하는 것이 어렵다고 믿는다. 물론, RBL과 같이 분권화된 과정이 규칙을 제정하는 최고의 방식이라고는 누구도 주장하지 않는다. 관련된 규범적 질문은 이러한 종류의 과정이 다른 가능한 대안보다 더 나은가이다.[35]

달리 말하여, RBL을 그 부분으로 하는 과정이 다른 대안 그 무엇보다 더 나은가에 대한 논의가 필요하다. 그것은 다른 대안 그 무엇보다 더 나은가? 이 논쟁에 대한 저작들을 검토하면서 나는 다른 대안 그

또한 John Lamouth, Understanding OSI (Nov. 11, 1997 최종수정) <http://www.salford. ac.uk/iti/books/osi.html> ; OSI (May 16, 1998 최 종 수 정) <http://webopedia.internet.com/ Standards/Networking_Standards/OSI.html> 을 보라. 그러나 하나의 자료가 이론을 만드는 것은 아니다.

[35] Elkin-Koren, 주 18) at 1188("사적 질서지움은 추상적으로 검토되어서는 안 되고 대안들과의 비교를 통해 검토되어야 한다.") ; Lemley, 주 28), at 1261(함축적으로 '기구 통치 비교' 질문을 분석하는 어려움 언급)을 보라.

무엇을 채울 수 있음을 확신할 수 없었다. 다른 대안 그 무엇에 관한 일부 논의는 단순히 수사적이었다. 반대되는 현실의 상황과 완벽함 그 자체 간의 실질적인 차이를 보여주어서 수사적인 기반을 마련하는 것에 항상 유혹되어 왔다.[36] 그러나 더 큰 문제가 있다. 사이버공간은 특별히 그리고 진정으로 이 점에 대해 미묘하다. RBL과 나란히 분석 테이블에 올려져야 될 대안적인 규칙제정 과정이나 기구는 무엇인가? 전통적인 규칙제정 기구들에 대해 새로운 매체가 가진 무경계의 특성에 의해 야기되는 문제, 즉 영토에 기반한 법적 체제가 물리적 위치가 거의 중요성을 갖지 않는 매체와 관련하여 직면하는 문제는 이미 오래 전부터 논의되어 진부할 정도이다. 그러나 그것이 진정한 문제가 아니라는 의미는 아니다. 스팸과 관련하여 누구의 규칙을 MAPS와 비교해야 하는가? 버지니아 입법부의 안인가?[37] 미국 의회의 안인가?[38] 국제 텔레커뮤니케이션 조합(International Telecommunications Union)

---

[36] 이것은 '열반 오류'(Nirvana Fallacy)라는 그 자체의 이름을 가질 정도로 충분히 공통적인 기법이다. 예를 들어, Harold Demsetz, "Information and Efficiency : Another Viewpoint," 12 *J. L. & Econ.* 1(1969)을 보라.

[37] 존 마샬 법대(The John Marshall Law School)는 원하지 않는 대량 이 메일을 줄이려는 국가의 노력과 관련하여 유용한 데이터베이스를 가지고 있다. (Mar. 5 1999 최종수정) <http://www.jmls.edu/cyber/statutes/email/state.html> 을 보라. 예를 들어 버지니아 주는 1998년에 "전자 메일 서비스 제공자 및 그 고객의 컴퓨터 네트워크를 통해 원하지 않는 대량 전자 메일을 전송하는 것과 관련된 전자메일 전송 정보나 다른 루팅(routing) 정보를 위조하거나 왜곡하는 것"을 불법화하는 컴퓨터 범죄 법규를 수정했다. VA. Code Ann.18.2-152.4(Michie 1999)

[38] 제106회 의회에서만도 특정한 유형의 이 메일을 규제하거나 방지하기 위해 수없이 많은 법안들이 도입되었다 : 1999년의 the Unsolicited Mail Act, H. R. 3113, 106th Cong. (1999) ; the Can Spam Act, H. R. 2162, 106th Cong.(1999) ; the E-Mail User Protection Act, H. R. 1910, 106th Cong.(1999) ; 1999년의 the Inbox Privacy Act, S. 759, 106th Cong. (1999) ; the Telemarketing Fraud and Seniors Protection Act, S. 699, 106th Cong.(1999)

의 안인가? 유네스코(UNESCO)의 안인가? ICANN의 안인가?

규범적 비교를 위해 대안적인 규칙-제정자를 확인하는 과제는 더욱 어렵게 된다. 왜냐하면 분권화된 무질서로부터, 즉 인터넷 공학 태스크 포스(Internet Engineering Task Force)의 초기 파생물로부터 등장한 사이버공간은 강력한 중앙집중화 세력이 성장하는 조건들을 잘 창출할 수도 있기 때문이다.[39] 버지니아 주는 반-스팸 법안이 시민들이 받게 되는 스팸의 양에 큰 영향을 미치지 못함을 곧 알게 될 것이다. 왜냐하면, 네트워크의 모든 곳에서 발생하는 스팸은 쉽게 버지니아로 향할 것인 반면에 다른 곳에서, 즉 버지니아의 경계 밖에서 발생하는 스팸은 대부분이 버지니아의 통제 밖에 있기 때문이다.[40] 연방 반-

---

와 이에 대한 1999년의 하원 법안인 the Protection Against Scams on Seniors Act, H. R. 612, 106th Cong. (1999).

[39] Lawrence Lessig, *Code and Other Laws of Cyberspace* 206(1999)을 보라.

"단순한 네트워크 프로토콜의 집합으로 수렴하려는 추동이 있었던 것처럼 네트워크 거래를 규제하기 위해 단일한 규칙의 집합에로 수렴하려는 추동이 있을 것이다. 이러한 규칙의 집합은 많은 국가들이 가지고 있는 상표법이 아니라, 단일 위원회에 의해 강제된 단일한 상표체계를 포함할 것이다; 프라이버시를 관리하는 다양한 정책이 아니라, 인터넷 프로토콜의 구축에서 함축적이었던 것처럼 단일한 규칙의 집합을 포함할 것이다; 다양한 여러 국가의 가치에 따라 다양한 방식으로 이행되는 계약법 정책이 아니라 단일한 합의에 의해 결정된 바에 따라 강제되는 단일한 함축적 규칙의 집합을 포함할 것이다."

또한 David G. Post, "Governing Cyberspace," 43 Wayne L. Rev. 155, 163-64(1997)을 보라.

[40] 이것은 다소 논쟁적인 주장이다. A Michael Froomkin, "The Internet as a Source of Regulatory Arbitrage," in *Borders in Cyberspace : Information Policy and the Global Information Infrastructure*(Brian Kahin & Charles Nesson eds., 1997) (<http://www. law.maiami.edu/~froomkin/articles/arbitr.htm> 에서 이용 가능); Jack L. Goldsmith, "Against Cyberanarchy," 65 U. Chi. L. Rev. 1199(1998)을 보라. 버지니아 주의 영토 경계를 벗어

스팸 법규(만약 법률이 발효된다면)도 규모에 있어서 좀 더 클 뿐이지 마찬가지이다. 우리는 이미 헤드라인을 쓸 수 있다 : "국외 이메일 서버의 사용이 연방 반−스팸 법안의 집행을 방해한다 ; 정부는 '심각한 문제'를 해결하기 위해 국제적 협력을 요청한다." 우리는 필연적으로 스팸 규제를 위한 '국제적 조화'의 요구를 들을 수 있을 것이다. 이것은 현재 사이버공간에 대한 법적 스펙트럼에 널리 퍼져 있는 패턴을 반복하는 것이다. 이것을 어떻게 우리가 행하려 하는 규범적 비교로 끌어들일 수 있는가?

마지막인 세 번째로, 만약 분권화된 과정이 아주 혼란스럽지 않다면 분권화된 과정은 기본적으로 그리고 불가역적으로 예측 불가능하다. 아무도 사전에 RBL 과정으로부터 어떤 종류의 반−스팸 규칙이 나올지 알 수 없다. 혹은 상무성이 1998년에 옆으로 제쳐두기로 선택한 도메인 이름 할당체계가 오늘날 어떻게 작동할지 알 수 없다. 왜냐하면, 그러한 과정 자체가 정보를 발생시키지 않는다면 그 정보가 존재하지 않기 때문이다. MAPS가 주도하는 것이 개방 메일 전송체계를 사라지게 할지 그렇지 않을지 아무도 알 수 없다. 왜냐하면, 그것은 수천 명의 개별적 시스템 관리자의 반응에 달려 있기 때문이다. 스

난 스팸발송자를 사법적으로 처리하는 데에 있어서의 법리상 장애는 상업조항 (Commerce Clause) (Ame-ican Library Ass'n v. Pataki, 969 F. Supp. 160 (S.D.N.Y. 1997) 참조)과 다른 주에 거주하는 개인과 조직에 대해 '사법적 조치'를 하거나 그들에 대해 사법적 판결을 내릴 수 있는 버지니아 주 법원 능력의 한계를 포함한다 ; 그러한 장애가 있다는 주장에 대해 가장 강력히 비판하는 골드스미스(Goldsmith) 교수조차도 "사법 집행에서 출석이나 변제가 가능한 개인 사용자나 시스템 운영자에로 국한하여" 국내나 국제영역에서 사법적 법률이 "강제될 수 있는 범위"가 "비교적 좁다"는 점에 동의한다. Jack L. Goldsmith, "Against Cyberan-archy," 65 *U. Chi. L. Rev.* 1199. 1120 (1998).

팸발송자를 제한하기 위해 지금까지 시도되지 않았거나 혹은 생각되지 않았던 새로운 수단의 대안이 MAPS보다 더 인기가 있을지 아무도 모른다. 개방 메일 전송이 사라진다면 (혹은 다른 대안들에 대해서) 스팸발송자들이 어떻게 반응할지 아무도 알 수 없으며, 그들의 대응에 스팸에 반대하는 사람들이 어떻게 대응할지 아무도 알 수 없다.

우리는 RBL이 우리를 어디로 이끌지 상상할 수 없기 때문에 RBL이나 그 변형된 형태가 산출할 수 있는 스팸에 대한 규칙들을 분석과 심사숙고의 논의를 위해 집중화된 대안과 나란히 놓을 수 없다. 우리의 분석 테이블은 분권화된 과정의 본질적인 무질서와 악화된 혼란, 의도된 목적지에 도달하지 않는 메일, 서비스의 파괴 등등과 같은 있는 그대로의 나쁜 소식들만을 포함한다.

이러한 모든 것들은 명백히 정책 선택을 질서 대 혼돈으로 단순하게 만든다. 도메인 이름체계를 관리하는 ICANN의 권위를 승인하도록 하는 결정을 내린 논의가 진행되는 동안에, 나는 정부가 단지 모든 과정으로부터 벗어나 버린다면 합리적으로 행위과정을 논의하는 것이 불가능하다고 생각했다. 상무성은 그 결정을 가이드하기 위한 많은 원칙들을 준비했다. 도메인 이름체계는 '경쟁과 소비자 선택'을 보장해야 하고, "오늘날의 인터넷 발전을 특징짓는 상향식 관리를 가능한 한 반영해야" 하며, "의사결정 과정에서 국제적 투입을 보장함"으로써 "다양한 [인터넷] 사용자와 그들의 다양한 욕구를 반영해야 한다."[41] 그러나 한 가지 원칙이 가장 중요하다 : "미국 정부는 인터넷 번

---

41) Department of Commerce, 주 20).

호와 주소체계에서 책임 있는 방식으로 자신의 역할을 끝내야 한다. 이것이 의미하는 바는 무엇보다 인터넷의 안정성을 보장해야 한다는 것이다. 오늘날 인터넷은 잘 기능하나 현재의 기술적 관리 수준으로 는 아마 장기간을 버티지는 못할 것이다. 우리는 인터넷이 붕괴하기 를 기다려 행동해서는 안 된다. 그러나 우리는 너무 빨리 움직이거나 현재의 구조로부터 너무 급격하게 이탈하여 인터넷의 기능을 마비해 서도 안 된다. 새로운 체계의 도입은 현재의 작동을 파괴하거나 경쟁 하는 루트 시스템을 창출해서도 안 된다."[42]

인터넷 프로토콜과 도메인 이름체계를 구축한 분권화된 과정은 사 전에 '인터넷의 안정성을 보장할' 수 없다. 인터넷의 안정을 보장하는 것이 진정한 목적이라면, 그러한 선택은 테이블을 벗어난 것이다. "오 늘날 우리가 어떤 종류의 도메인 이름체계—상무성이 1998년에 옆으 로 제쳐둔—를 가질 것인가?"라는 질문에 답을 할 수 있는 길이 없기 때문에 행위의 과정은 신중하게 취해질 수밖에 없다.

나는 인터넷의 안정을 보장하는 것이 상당한 정도의 정책결정 재 앙으로 나타날 수 있다는 점을 우려한다. '안정한' 인터넷은 인터넷 그 자체가 존재할 수 있도록 해준 혁신적 반응을 할 수 없도록 한다. 인터넷의 존재 그 자체는 우리에게 혼란스럽고, 무질서하고, 반(semi) 혼돈이고, 비계획적이고, 분권화된 체계에 의해 일부 문제들이 가장 잘 해결될 수 있다는 점과 더불어 그러한 비계획적인 무질서에 필연 적으로 수반될 비용은 가치가 있다는 관념을 너무 빨리 버리지 말라

---

[42] Id.

고 주의를 주고 있다.[43] 그러나 그러한 문제가 무엇인가? 우리가 그것
을 어떻게 알 수 있는가?

---

43) Virginia Postrel은 '역동주의자' (dynamists)와 '안정주의자' (stasists) 간의 차이에 대한 논
    의에서 이러한 문제와 관련된 서로 다른 신념 간의 차이와 그 논쟁에 대해 잘 기술하고
    있다. Virginia I. Postrel, *The Future and Its Enemies : The Growing Conflict over Creativity,
    Enterprise, and Progress*(1998)을 보라.

4장_ 화씨451.2도 :
사이버공간은 불타고 있는가?

```
1010101010100
1010100010011101011010100010011101011010100
0110101010101010001110101010101000100111010101010
11101010101010100010011101010101
0010010100010101111101010101010101010001010101000
1010100010011101010100010101011111010101010011101010101000
10101010101000101010101010100010101011101010101110101010001010100
10101010101010101010101010100101010101001110101010
```

리차드 S. 로젠버그 Richard S. Rosenberg

등급 평가와 차단 제안이 어떻게 인터넷의 언론의 자유에
불을 붙이고 있는가

▶▷▶▷요약

대법원은 이정표적인 리노 대 ACLU(Reno v. ACLU) 소송에서 인터넷도
책과 다른 인쇄매체가 누리는 정도의 언론의 자유를 누릴 가치가 있다고 선
언하면서 통신품위법(Communication Decency Act)을 뒤집었다.

그러나 자유를 반대하는 일부 사람들에 의해 시도된 검열의 강렬한 불꽃

---

* 이 논문은 최초에 미국시민자유연맹(American Civil Liberties Union : ACLU)에 의해 준비
된 특별 보고서이다. Copyright ⓒ 1997, American Civil Liberties Union. 미국시민자유연
맹의 허락 하에 수록한다[http://www.aclu.org].

속에서, 그리고 등급제와 차단의 짙은 연기 속에서 우리가 오늘날 이룩한 것들을 이제는 잃을 수도 있다.

사이버-자유 공동체인 ACLU와 다른 단체들은 산업계 지도자들이 논쟁적인 온라인 여론을 규제 및 차단하기 위해 다양한 방법을 강구하기로 결정한 인터넷 검열에 대한 최근의 백악관 회동의 분위기에 대해 진정으로 경각심을 갖게 되었다.

그러나 우리에게 경각심을 불러일으킨 것은 하나의 제안이나 선언이 아니다. 그것은 인터넷 등급제와 차단방식이 가져올 장기적인 관점에서의 함축적 의미가 검토되지 않았다는 점이다.

백악관 회동은 전자적 언어의 보호는 인쇄된 언어의 보호와 유사하다는 원칙으로부터 벗어나는 첫걸음이다. 대법원이 인터넷이 방송에 비유되는 것을 강력히 거부했음에도 불구하고 정부와 산업계 지도자들은 인터넷은 텔레비전과 유사하며, 따라서 등급제와 검열이 적용되어야 한다는 위험하고 부정확한 입장을 향해 나아가고 있다.

사이버공간은 불타고 있는가? 아마 아직은 아닐 것이다. 그러나 연기가 있는 곳에 불이 있다.

"내용에 기반한 인터넷 규제는 그것이 아무리 선한
목적을 가졌다고 하더라도 돼지고기를 굽기 위해
지구촌을 태우는 것이 될 수 있다."
미국 대법원 다수 견해, Reno v. ACLU (1997, 6, 26,)

I. 서론

레이 브래드버리(Ray Bradbury)는 검열에 관한 전율스런(그리고 선견
지명이 있는) 소설인 「화씨 451도」(Fahrenheit 451)에서 책이 불법화되는
미래 사회를 묘사하고 있다. 물론 '화씨 451도'는 책이 불타는 온도이
다.

브래드버리의 소설에서—그리고 물리적 세계에서—사람들은 책
을 불태움으로써 인쇄된 언어를 검열한다. 그러나 가상세계에서는
논쟁적인 여론(speech)에 등급을 매기고 이를 차단하여 사이버공간의
한쪽 끝으로 추방해 버림으로써 아주 쉽게 검열할 수 있다. 이제 화씨
451.2도—새로운 종류의 가상세계 검열—가 사이버공간이 연기에 휩
싸이게 되는 온도가 될 것인가?

인터넷 검열에 대한 첫 번째 화염은 2년 전에 '품위가 없는' 온라
인 여론을 불법화하는 연방의 통신품위법(CDA) 도입과 더불어 나타
났다. 그러나 이정표적인 리노 대 ACLU(Reno v. ACLU) 사건에서 대
법원은 CDA를 뒤집으며 인터넷에 최고 수준의 언론의 자유가 보장

되어 있음을 선언했다. 달리 말하여 법원은 온라인 여론은 책과 같은 인쇄물과 동등한 정도의 보호를 받을 가치가 있음을 선언했다.

오늘날 자유를 반대하는 일부 사람들에 의해 시도되고 있는 검열의 강렬한 불꽃 속에서, 그리고 등급제와 차단의 짙은 연기 속에서 우리가 이룩한 것들을 이제는 잃을 수도 있다. 그리고 종국적으로 검열에 의해 "돼지고기를 굽기 위해 집을 태우고" 있음을 발견할 수도 있다.

Ⅱ. 사이버공간은 불타고 있는가?

인터넷 사용자가 자신의 발언에 스스로 등급을 매기는 것과 산업계 지도자가 '부적절한' 여론을 막기 위한 도구를 발전시키고 배치하는 것을 장려하기 위해 백악관이 모임을 소집했을 때, CDA의 잔재는 거의 타버리고 없었다. 물론 회동은 '자발적'이었다 : 백악관은 강제적인 것이 아니라고 주장했다.

사이버-자유 공동체인 미국시민자유연맹(ACLU)과 일부 단체들은 보이지 않는 논쟁적 여론의 차단을 용이하게 하는 기술적 성과에 대한 뻔뻔한 열광과 백악관의 기조에 대해 경각심을 갖게 되었다(다양한 기술적 성과에 대한 자세한 설명은 부록을 참조하라).

산업계 지도자들은 일련의 선언으로 백악관의 요청에 부응했다.

- 넷스케이프사는 온라인 콘텐츠에 등급을 부여하고 차단을 할 수 있는 일관된 방식을 수립하려는 등급기준인 PICS[인터넷 콘

텐츠 선별 플랫폼(Platform for Internet Content Selection)]를 마이크로소프트사와—두 회사를 합치면 웹 브라우저 시장의 90% 이상을 차지—함께 채택하기로 선언했다.

- IBM은 RSACi 등급체계의 사용을 장려하기 위해 RSAC[오락 소프트웨어 자문위원회(Recreational Software Advisory Council)]에 십만 달러를 제공하기로 선언했다. 마이크로소프트사 익스플로러는 RSACi 등급체계를 이미 채용했으며, 컴퓨서브(CompuServe)는 그 사용을 권장하고 있다. RSACi 등급체계는 빠른 속도로 사실상의 산업표준이 되어가고 있다.

- 주요한 네 개의 검색 엔진—사용자가 관련된 사이트를 찾기 위해 인터넷 검색을 할 수 있도록 해주는 서비스—이 인터넷의 '자기-규제' 촉진에 협력하기로 선언했다. 그 중의 하나인 라이코스(Lycos) 사장은 검색결과에서 등급 평가가 되지 않은 사이트를 배제할 것에 동의할 것을 촉구하며, 뉴스 기사에서 다른 세 개 사에게 '긴 쇠장갑을 벗어던질 것'을 권유했다.

- 패티 머레이(Patty Murray, 민주당, 워싱턴)에 의해 제안된 법안, 즉 사이트를 잘못 평가한 사람에게 시민적 제재, 그리고 궁극적으로 범죄의 형벌을 부과하자는 법안의 뒤를 이어 차단 프로그램 제작사인 세이프 서프사(Safe Surf)는 비슷한 입법인 '온라인 협력 출판법'(Online Cooperative Publishing Act)을 제안했다.

그러나 우리의 경각심을 불러일으키는 것은 하나의 제안이나 선언이 아니다. 그것은 오히려 인터넷 등급제와 차단이 가져올 장기적 관점에서의 함축성이 검토되지 않았다는 점이다.

그 결과는 어떠할 것인가? 인터넷은 온화하고 동질화될 것이다. 주요한 상업 사이트들은 쉽게 이용될 수 있을 것이다. 그들은 자기-등급을 부여할 수 있는 자원과 의사가 있으며, 제3자 등급 서비스는 그들에게 받아들일 만한 등급을 주려는 경향이 있을 것이다. 변덕스럽고 특이한 여론을 확산시키는 사람들, 개별적 홈페이지를 만드는 사람들, 혹은 논쟁적인 뉴스 그룹에 게시물을 올리는 사람들이 인터넷 여과에 의해 차단되는 첫 번째 인터넷 사용자가 될 것이며, 검색 엔진에 의해 사람들에게 보이지 않게 될 것이다. 논쟁적 여론이 아직도 존재할 것이나 산업계의 '자기-규제'의 자욱한 연기장막을 통과할 수 있는 도구나 노하우를 지닌 사람에게만 보일 것이다.

이것만으로도 상황은 충분히 나쁘나 더욱 악화될 수도 있다. 비록 접근이 어렵긴 하지만 인터넷상에서 여전히 성, 혐오스런 여론, 그리고 다른 논쟁적인 자료들이 있다는 사실에 직면해서 정부는 머지않아 대규모 검열을 수용할 수 있도록 고안된 인터넷을 만들려고 할 것이다. 만약 큰 맥락에서 여러 가지 제안들을 검토해 본다면 매우 그럴 듯한 시나리오가 예상된다. 어떤 의미에서는 그 시나리오가 이미 작동하기 시작했다.

- 첫 번째로 PICS의 사용이 보편화된다. 콘텐츠 등급 평가를 위한 단일한 수단을 제공함.
- 다음으로 하나 혹은 둘의 등급 평가 체계가 시장을 지배하고 사실상의 인터넷 표준이 된다.
- PICS와 지배적인 등급 평가 체계는 자동설정(default)으로써 인터넷 소프트웨어에 삽입된다.

- 인터넷에서 등급 평가가 되지 않은 여론은 이러한 설정(default)에 의해 효과적으로 차단된다.
- 검색 엔진은 평가되지 않았거나 '수용할 수 없는 것'으로 평가된 사이트의 존재를 보고하지 않는다.
- 인터넷상에 아직 '품위 없는 자료'가 존재함에 실망한 정부는 자기-규제를 의무적인 것으로, 그리고 잘못된 콘텐츠 평가를 범죄로 규정한다.

이 시나리오는 현재까지는 이론적이나 필연적으로 예정된 수순이다. 평가되지 않은 여론에 접근을 허용하는 것은 '가족친화적' 인터넷을 추구하는 정부의 강압적 노력에 저촉된다. 우리는 단순히 평가되지 않았다는 이유로 여론을 차단하고 잘못 평가했다는 이유로 범죄자가 되는 체계로 움직이고 있다.

백악관 회동은 그러한 방향으로 움직이는 첫걸음이고, 전자적 언어의 보호 정도는 인쇄된 언어의 보호 정도와 유사해야 한다는 원칙을 벗어나는 첫걸음이다. 대법원이 인터넷이 방송에 비유되는 것을 강력히 거부했음에도 불구하고 정부와 산업계 지도자들은 인터넷은 텔레비전과 유사하며, 따라서 등급제와 검열이 적용되어야 한다는 위험하고 부정확한 입장을 향해 나아가고 있다.

사이버공간은 불타고 있는가? 아마 아직은 아닐 것이다. 그러나 연기가 있는 곳에 불이 있다.

Ⅲ. 온라인 자유 여론 : 포위공격 속에서의 승리

대법원은 1997년 6월 26일 리노 대 ACLU (Reno v. ACLU) 사건에서 인터넷을 통해 '품위 없는' 자료들을 커뮤니케이션하는 것은 범죄라고 규정한 통신품위법(CDA)은 헌법의 첫 번째 수정조항을 위배했다고 판결했다. 인터넷 그 자체와 인터넷 여론의 특성으로 말미암아 법원은 인터넷에게도 책, 잡지, 가벼운 대화에서와 같은 광범위한 언론의 자유가 부여되어 있다고 선언했다.

ACLU는 CDA가 비록 연소자를 보호하기 위한 의도였지만 성인들의 여론을 효과적으로 금지하기 때문에 헌법과 불일치한다고 주장했고, 대법원도 여기에 동의했다. 이와 유사하게 많은 등급제와 차단의 제안들이 비록 연소자의 접근 제한을 목적으로 하지만, 그것은 필연적으로 인터넷에서 커뮤니케이션하는 성인의 능력을 제한시킬 것이다. 게다가 그러한 제한들은 청소년들에게 명백히 가치 있는 자료에 대한 접근 권리를 제한할 것이다.

Ⅳ. 등급제 촉구 재생각하기

이 논문은 인터넷 차단과 등급제에 대한 다양한 제안들이 언론의 자유에 대해 가지는 함축적 의미를 검토한다. 각각의 제안들은 인터넷의 개방적이고 건강한 여론을 일정 정도 위협하고 있고, 일부 제안은 다른 제안보다 더 큰 위협을 가하고 있다.

더욱 불길한 것은 등급제와 차단을 시행하는 다양한 도식들은 CDA가 대법원이 "지금까지 발전된 것 가운데 대중여론의 가장 참여적인 형태"라 부른 바 있는 것(즉 인터넷)을 위협하는 사적 및 '자발적인' 검열의 검은 구름을 창출할 수 있다는 점이다.

우리는 산업계 지도자, 인터넷 사용자, 정책 입안가, 그리고 부모들에게 제안되고 있는 등급제와 차단 도식이 언론의 자유에 대해 가지는 함의에 대해 진정으로 토론해 볼 것을 요청한다.

의미 있는 토론의 장을 열기 위하여 우리는 다음의 추천사항과 원칙들을 제시한다.

Ⅴ. 추천사항과 원칙들

- 인터넷 사용자가 가장 잘 안다. 어떤 여론에 접근할 것인가를 결정하는 주요 책임은 개별적인 인터넷 사용자에게 주어져야 하며, 부모는 자신의 자녀가 무엇에 접근해야 하는가를 결정하는 주요한 책임을 져야 한다.
- 자유 언론에 대한 디폴트 설정. 산업계는 발화자가 자신의 여론에 대해 평가할 것을 요구하는 혹은 디폴트에 의해 차단되는 제품을 발전시키지 말아야 한다.
- 구매자 결정. 사용자 기반 소트트웨어 프로그램 생산자는 차단

된 여론의 목록을 소비자들에게 제공해야 한다. 산업계는 사용자에 의한 통제를 최대한 허용하는 제품을 개발해야 한다.

• 정부의 강제나 검열 불가. 헌법의 첫 번째 수정조항은 정부가 혹은 산업계에 대한 강요를 통하여 의무적인 인터넷 등급 도식을 부과하는 것을 막고 있다.

• 도서관은 자유 여론 지대. 헌법의 첫 번째 수정조항은 도서관을 포함한 정부가 사용자 기반 차단 소프트웨어의 사용을 의무화하는 것을 막고 있다.

VI. 인터넷에 대한 자기 등급 부여 도식이 올바르지 못한 여섯 가지 이유

우선 시민이 자신의 여론에 대해 '자기-등급을 부여하는 것'은 미국 언론의 자유의 역사에 반하는 것이다. 온라인 여론에 대해 등급을 매기자는 제안은 책과 잡지의 발행자가 모든 기사나 이야기에 등급을 매기자는 제안이나 거리에서 대화하는 모든 사람이 자신의 논평에 대해 등급을 매기자는 제안만큼 공격적이다. 자기 등급 부여의 도식 하에서는 온라인에서 보이는 책, 잡지, 그리고 모든 종류의 여론에 등급을 매기게 될 것이다.

이러한 도식의 실질적인 결과를 예시하기 위하여 ACLU가 자기-등급 부여에 왜 반대하는가를 제시하고 있는 다음의 여섯 가지 근거와 그와 관련된 사례들을 고려해 보라.

❖ **근거 #1 : 자기 등급 부여 도식은 논쟁적 여론이 검열되도록 할 것이다.**

AIDS에 대한 비판적 지침 프로젝트(Critical Path AIDS Project)의 설립자이자 유일한 운영자인 기요시 구로미야(Kiyoshi Kuromiya)는 가능한 한 많은 청중에게 다가가기 위해 명확한 그림과 직설적 언어로 쓰여진 안전한 성 정보를 담고 있는 웹사이트를 운영하고 있다. 구로미야는 그의 여론에 '노골적' 혹은 '명백한'이란 등급을 부여하기를 원하지 않는다. 그러나 만약 그가 그렇게 하지 않는다면 그의 사이트는 평가되지 않은 사이트로 차단될 것이다. 만약 그가 그렇게 한다면 그의 여론은 '음란물'과 한 무더기가 되어 시청으로부터 차단될 것이다. 어떤 선택을 하든 구로미야는 성인뿐만 아니라 자신이 의도하는 대다수의 청중—십대 인터넷 사용자들—으로부터 효과적으로 차단될 것이다.

이러한 예가 보여주는 것처럼 등급제의 결과는 중립적이지 않다. 등급 부여 그 자체는 그 정의상 경멸적이며 특정 여론이 차단되는 결과를 가져온다.

백악관은 인터넷 등급제를 '식품 라벨'에 비유했으나 그런 비유는 올바르지 못하다. 식품 라벨은 예를 들어 우유와 같은 식제품에 포함된 지방 함량 비율처럼 소비자가 무엇을 구매할 것인가에 대한 선택에 도움을 주기 위해 객관적이고 과학적이며 검증 가능한 정보를 제공한다. 인터넷 등급은 특정 여론이 많은 시청자로부터 차단당하게 되는 주관적인 가치판단이다. 게다가 식품 라벨은 소비자들이 쉽게 접할 수 있도록 제품 위에 위치되는 반면에, 인터넷 라벨은 인터넷 사용자가 쉽게 접할 수 없는 곳에 위치된다.

이 문제와 관련하여 가장 결정적인 것은 구로미야와 같은 여론은 가장 높은 수준의 헌법적 보호를 받는다는 점이다. 이것은 왜 인쇄매체를 통해 견해를 발표하는 사람들에게 등급제가 부과되지 않았느냐에 대한 이유이다. 구로야마는 등급 부여를 하지 않고서 똑같은 자료를 인쇄형태로 거리에서 혹은 서점에서 유통할 수 있다. 실제로 대법원의 많은 사례에 의하면, 첫 번째 수정조항은 사람들이 말하고 싶지 않은 것—경멸적인 등급 부여를 포함해서—을 말하도록 정부가 강요할 수 없다는 의미를 내포하고 있다. 인터넷을 다르게 취급하는 것은 아무런 정당성이 없다.

❖ **근거 #2 : 자기 등급 부여는 부담스럽고, 비실제적이며, 비용이 많이 든다.**

넷상의 예술(Art On the Net)은 수백 명의 예술가들이 자신의 작품을 전시하도록 온라인 '스튜디오'를 호스트하는 커다란 비영리 웹사이트이다. 때때로 루벤스풍의 그림이 있긴 하지만 대부분의 예술작품들은 성적 내용을 담고 있지 않다. 등급체계가 예술에 적용되는 때는 의미가 없다. 넷상의 예술은 사이트에 있는 26,000페이지 이상을 검토하여 등급을 부여해야 한다. 그것은 넷상의 예술이 가지고 있는 능력을 넘어서는 시간과 인원을 필요로 한다. 혹은 예술가들이 거부할 만한 선택이지만 예술가 자신이 자기−평가하도록 해야 한다. 만약 등급 평가를 거부한다면, 대부분의 인터넷 사용자가 성인은 물론 연소자에게 접근을 허용할 수 있다고 할지라도 넷상의 예술은 평가되지 않은 사이트이기 때문에 차단될 것이다.

대법원은 리노 대 ACLU 사건에서 인터넷의 주요 장점 중의 하나는 "상대적으로 무제한적인, 그리고 적은 비용으로 모든 종류의 커뮤니케이션"을 제공하는 것이라고 했다. 법원은 CDA를 무력화시키면서 "인터넷 화자(spekers)에게 연령을 증명하도록 하는 것은—상업적 화자뿐만 아니라—비상업적 화자에게 과중한 비용이 들도록 할 것"이라고 주장했다. 이와 유사하게 수천 페이지의 정보에 부담스러운 자기 등급 평가를 요구하는 것은 대부분의 비상업적 화자를 인터넷 시장으로부터 효과적으로 차단할 것이다.

등급을 내재화하는 기술도 또한 사소한 것이 아니다. 뉴욕 주 온라인 검열 법령에 도전하여 ACLU가 승리한 ALA 대 파타키(Pataki) 사건에서 오랜 경력의 인터넷 전문가는 자신의 온라인 뉴스레터 사이트에 RSACi 라벨을 내재하려 노력했으나 몇 시간 후에 결국 포기했다고 증언했다.

게다가 등급체계는 현재 인터넷에서 이용할 수 있는 다양한 콘텐츠를 다루기에는 준비가 부족하다. 예술에 대한 관람자의 반응만큼 주관적인 것은 없다. 역사가 반복적으로 보여주고 있는 것처럼 한 여자의 대작은 또 다른 여자에게는 음란물이다. '명백한' 혹은 '노골적'과 같은 등급이 예술을 범주화하는 데 어떻게 사용될 수 있는가? 등급체계가 예술적 가치를 고려한다 해도 그것은 본질적으로 주관적이다. 특히 예술가 자신이 평가를 할 때 그는 자연적으로 자신의 작품이 장점을 가졌다고 생각하기 때문에 더욱 주관적이 된다.

웹상에서 뉴스와 관련된 다양한 사이트들도 등급 평가를 하기에 어렵기는 마찬가지이다. 명백한 전쟁사진은 '폭력적'이라 평가되어 십대들의 관람으로부터 차단되어져야 하는가? 만약 긴 뉴스 기사가

욕 하나를 사용하고 있다면 그 욕은 개별적으로 평가되어야 하는가 혹은 전체 기사가 평가되어 차단되어야 하는가?

'정당한' 뉴스 조직은 자신의 사이트를 평가해서는 안 된다고 제 안하는 사람조차도 정당한 뉴스가 무엇인가를 누가 결정하는가라는 난처한 질문에 봉착하게 될 것이다.

❖ 근거 #3 : 대화는 등급 평가할 수 없다.

당신은 넷의 수천 개의 대화영역 가운데 하나인 채팅 룸 혹은 토론 그룹에 있다. 성적 남용의 희생자 한 명이 도움을 요청하는 탄원을 게 시했고, 당신은 거기에 답하기를 원한다. 당신은 다양한 등급체계에 관해 들었으나 이것을 사용해 본 적은 없다. 당신은 RSACi 웹페이지 를 읽었으나 성과 폭력에 대한 당신의 댓글과 토론에 어떤 등급을 매 겨야 할지 알 수 없다. 당신은 평가를 잘못 했을 때의 처벌을 알고 있 기 때문에 결국 당신은 메시지를 발송하지 않기로 결정했다. 자기 등 급 평가의 부담은 인터넷에서 곧바로 반응해야 하는 대화의 영역에 적용될 때 상당히 많은 문제를 야기한다. 많은 인터넷 사용자들은 웹 페이지를 운영하지는 않으나 전 세계의 수백만의 사람이 채팅 룸, 뉴 스 그룹, 메일링 리스트를 통하여 매일 길고 짧은 메시지를 전송한다. 이러한 인터넷 영역에 등급 부여를 요구하는 것은 우리들 모두에게 전화나 길거리, 혹은 저녁 만찬시나 음수대 옆에서의 대화에 대해 등 급 부여를 요구하는 것과 유사하다.

이러한 사이버공간의 영역에 대해 등급 부여를 하기 위한 유일한 방법은 개별적인 메시지보다 채팅 룸 전체나 뉴스 그룹 전체를 평가 하는 것이다. 그러나 대부분의 토론 그룹은 특정인에 의해 통제되는 것이 아니므로 토론 그룹을 평가하는 책임을 누가 져야 하는가? 게다가 일부의 거부할 만한 자료를 담고 있는 토론 그룹은 연소자들에게 적합하거나 가치 있는 다양한 여론을 포함할 수 있음에도 불구하고 토론 그룹 전체가 모든 사람의 열람으로부터 차단되어질 수 있다.

❖ **근거 #4 : 자기 등급 부여는 인터넷에서 "미국 요새"를 창출할 것이다.**

당신은 파푸아 뉴기니의 파푸아 주민이면서 인류학자로서 토속문화에 대해 몇 편의 논문들을 발표했다. 당신은 당신의 논문들을 동료들과 전 세계의 관심 있는 사람들과 공유하기 위해 웹사이트를 구축하고 당신의 논문들을 전자적 형태로 게재해 놓았다. 그러나 당신은 인터넷 콘텐츠를 평가해야 한다는 미국의 움직임에 대해 알지 못했다. 당신은 몰랐지만 당신의 사이트는 평가되지 않았기 때문에 미국에 있는 당신의 동료들은 당신의 사이트에 접속할 수 없다.

이제 지구 구석구석 도처의 사람들이 인터넷을 통하여—그렇지 않았더라면 방대한 지리적 거리 때문에 서로 연결되지 못했을 사람들이—쉽게 그리고 저렴하게 커뮤니케이션할 수 있다. 등급 평가 체계의 가장 위험한 측면 중의 하나는 미국인과 외국인에 의해 창출된 여론 사이에 경계가 형성될 가능성이 있다는 점이다. 오늘날 인터넷 여론의 거의 절반 이상이 미국 밖에서 기원했다는 사실을 기억하는 것이 중요하다.

강력한 미국의 산업계 지도자들이 다른 나라에게 미국의 등급 평가 체계를 채용하라고 강제한다 하더라도 그러한 평가체계가 파푸아 뉴기니 사람에게 무슨 의미가 있겠는가? 성인이 되기 위한 통과의례의 일부로 자해를 하는 십대 소년을 묘사하고 있는 인류학 논문 중의 하나를 생각해 보라. 그것을 미국인의 눈으로 보아 '가학적'이라고 평가할 것인가, 혹은 파푸아 뉴기니 청중을 위해 '연소자에게 적절' 이라고 평가할 것인가?

❖ **근거 #5 : 자기 등급 부여는 정부규제를 방지하는 것이 아니라 장려할 것이다.**

명백히 성적인 사진을 판매하는 베티의 음담방(Betty's Smut Shack)의 웹마스터는 만약 자신의 사이트를 '성적으로 명백한'으로 평가하거나 혹은 등급 부여를 하지 않는다면 많은 사람들이 자신의 사이트에 접속하지 않는다는 것을 알게 되었다. 그는 자신의 전체 사이트를 '연소자 가'라고 평가했다. 미드웨스트의 영향력 있는 의원이 그 사이트가 연소자에게 이용 가능하다는 것을 알게 되었다. 그는 격노하여 잘못 등급 부여된 사이트에 범죄적 형벌을 부과하는 법안을 신속히 도입했다.

잘못된 등급 부여에 대한 형벌체계가 없다면 자기 등급 부여의 전체 개념이 붕괴할 것이다. 리노 대 ACLU 사건을 판결한 대법원은 아마 위에서 언급한 법규가 첫 번째 수정조항을 위배했다고 결정내릴 것이지만, CDA에서 본 것처럼 입법가들이 그 법규를 통과시키는 것을 필연적으로 방지하지는 못한다.

사실상 앞서 언급한 것처럼 워싱턴 주―거대한 마이크로소프트사를 비롯한 여러 관련 회사들의 본거지―상원의원은 잘못된 등급 부여에 범죄적 형벌을 가하는 법안을 이미 제안했다. 여과 소프트웨어 회사인 세이프 서프(Safe Surf)사는 학부모들이 '부주의하게' 잘못 등급 부여를 한 발화자들에게 소송을 제기할 수 있도록 하는 내용과 실질적으로 동일한 연방법안의 도입을 제안했다.

좋은 의도에도 불구하고 위의 예들은 등급 부여 체계의 적용이 정부의 강력한 검열을 야기할 우려가 있다는 점을 보여준다. 게다가 그러한 검열의 대상은 리노 대 ACLU 사건에서 우리가 대표한 비교적 힘 없고 논쟁적인 발화자들, 예를 들어 AIDS에 대한 비판적 지침 프로젝트(Critical Path AIDS Project), 재소자 강간 중지(Stop Prisoner Rape) 단체, 계획된 학부모(Planned Parenthood) 단체 , 인권감시(Human Rights Watch) 단체, 그리고 다양한 동성애 조직들이 될 것이다.

❖ **근거 #6** : 자기 등급 부여 도식은 인터넷을 상업적 발화자들이 지배하는 동질화된 매체로 변질시킬 것이다.

디즈니사(Disney Corporation)나 타임 워너(Time Warner)사와 같은 거대한 오락기업들은 자신의 웹사이트가 가능한 최대 범위의 청중들에게 도달할 수 있도록 평가받기 위해 일군의 변호사들과 상의할 것이다. 그 회사들은 자신들의 웹페이지 전체를 평가하기 위해 직원들을 고용하고 훈련할 것이다. 세계의 모든 사람들이 그들의 여론에 접근할 수 있을 것이다.

평가체계가 별로 부담이 되지 않는 인터넷상의 발화자들이 있음은 의문의 여지가 없다. 필요한 평가를 적용하기 위해 법률 고문단과 직원을 고용할 수 있는 자금을 가진 거대한 회사 발화자들이 그들이다. 넷상의 상업적 측면은 성장을 지속할 것이다. 그러나 지금까지 인터넷의 민주적 특성은 상업적 발화자들과 비상업적이고 개인적인 발화자들 모두에게 동등한 발판을 제공해 주었다.

오늘날 AIDS에 대한 비판적 지침 프로젝트(Critical Path AIDS Project) 웹사이트를 방문하는 것은 디즈니사의 웹사이트를 찾는 것과 마찬가지로 쉬운 일이다. 양자는 모두 전 세계의 청중에게 도달할 수 있다. 그러나 의무적인 인터넷 자기 등급 부여는 지금까지 가장 참여적이었던 커뮤니케이션 미디어를 강력한 미국 기업 발화자들이 지배하는 밋밋한, 균질화된 미디어로 바꿀 것이다.

Ⅶ. 제3자 등급 부여가 답이 될 것인가?

자기 등급 부여 도식에 의해 야기되는 언론의 자유 문제를 해결하기 위해 일부 사람들은 PICS 라벨 부착과 연계하여 작동하도록 고안된 제3자 등급 부여 체계를 주장한다. 일부 사람들은 독립적인 제3자에 의한 등급 부여가 발화자들에게 자기 등급 부여의 부담을 최소화하고 자기 등급 부여의 비정확성과 잘못된 등급 부여 문제를 줄여준다는 긍정적인 측면을 주장한다. 사실상 원래의 PICS 제안이 가지고 있는 장점 중의 하나는 다양한 제3자 등급 부여 체계가 발전할 것이고 사용자들은 자신의 가치에 적합한 체계를 선택할 수 있다는 점이었다. 그러나 제3자 등급 부여 체계는 심각하게 언론의 자유를 위협한다.

첫 번째로, 한 회사나 조직이 매일 수백 개의 새로운 사이트—토론 그룹과 채팅 룸은 말할 것도 없이—가 생겨나고 있는 수백만 개의 웹사이트에 대해 평가해야 하는 어려움 때문에 다양한 평가체계는 시장에서 아직 나타나고 있지 않다.

두 번째로, 제3자 등급 부여 체계 하에서도 평가되지 않은 사이트가 차단되는 것은 마찬가지이다.

제3의 평가자는 어느 사이트를 먼저 평가할 것인가를 결정하면서 아마 개인적이고 비상업적인 사이트는 뒤로 미루며 가장 인기 있는 웹사이트를 먼저 평가할 것이다. 그리고 자기 등급 부여 체계와 마찬가지로 제3자 등급 부여는 가치 있는 자료가 성인과 청소년에게 차단되는 결과를 가져올 수 있는 주관적 가치가 개입된 평가를 할 것이다. 게다가 제3자 등급 부여 체계는 통보절차가 없기 때문에 발화자들은 자신의 여론이 부정적인 평가를 받았는지에 대해 알 길이 없다.

이용할 수 있는 제3자 등급 부여의 결과가 적을수록 자의적인 검열의 가능성은 더욱 커진다. 강력한 산업세력이 한 가지의 등급 부여 결과가 시장을 지배하도록 이끌 수도 있다. 예를 들어, 만약 모든 가정이 마이크로소프트사의 인터넷 익스플로러와 넷스케이프를 이용하고 브라우저들은 RSACi 체계를 사용한다면 RSACi는 인터넷에서의 자동설정된 검열체계가 될 수도 있다. 게다가 연방이나 주 정부는 학교나 도서관에서 특정한 평가체계의 사용을 의무화하는 법안을 통과시킬 수도 있다. 이러한 시나리오는 인터넷 시장의 다양성을 황폐화시킬 것이다.

검열에 찬성하는 집단은 인터넷에 대한 제3자 등급 부여 체계는 수년 동안 시행되어 온 영화에 대한 미국영화협회(Motion Picture Association of America : MPAA)의 자발적인 평가와 다르지 않다고 주장한다. 그러나 여기에는 중요한 차이점이 있다 : 1년에 단지 제한된 숫자의 영화만이 제작된다. 영화는 적은 수의 제작자에 의해 산출되는 정적이고 한정된 생산물이다. 인터넷의 여론은 이음새가 없으며, 상호적 및 대화적이다. MPAA 평가는 또한 자동적인 차단 메커니즘과 결합되지 않는다.

Ⅷ. 가정에서의 사용자 기반 차단 소프트웨어의 문제점들

인터넷의 폭발적 성장과 더불어 최근의 검열과 관련된 논쟁에 뒤따라 다양한 사용자 기반 차단 프로그램이 시장에 등장했다. 각 회사는 자기 회사의 제품이 연소자들에게 적절하지 않을 것으로 결정된 여론을 신속하고 효율적으로 차단한다고 자랑한다. 그 프로그램들은 또한 핵심어에 기초하여 여론을 차단하기도 한다. (이것은 'sex' 나 'XXX' 와 같은 핵심어를 포함하고 있다는 이유로 www.middlesex.gov나 www.SuperBowl XXX.com과 같은 사이트를 차단하는 결과를 가져오기도 한다.)

리노 대 ACLU 사건에서 ACLU는 CDA가 부적절한 자료로부터 어린이를 보호하려는 정부의 의도를 집행하는 데 있어서 최소한의 제한된 수단이 아니기 때문에 헌법의 첫 번째 수정조항을 위배했다는 점을 성공적으로 논증했다. 이러한 논증을 보완하기 위해 우리는 덜 제한적인 대안으로서 예를 들어, 만약 부모들이 자녀의 인터넷 접근을 제한하기를 원한다면 그들이 가정에서 사용할 수 있는 넷 나니 (Net Nanny)와 같은 사용자 기반 차단 프로그램의 사용을 제시했다.

사용자 기반 차단 프로그램은 언론의 자유와 관련된 문제를 야기하지만, 우리는 오늘날 여전히 사용자 기반 차단 프로그램이 온라인 여론에 범죄적 형벌을 부과하려는 어떠한 법규보다도 훨씬 선호할 만하다고 믿는다. 이와는 대조적으로 많은 새로운 평가 도식은 사용자 기반 차단 프로그램보다 훨씬 강력하게 언론의 자유를 위협한다.

각각의 사용자는 자기 가정의 컴퓨터에 프로그램을 설치하고 차단 메커니즘을 자기 의사에 따라 작동할 수도 있고 그렇지 않을 수도 있다. 프로그램은 일반적으로 평가되지 않은 사이트를 차단하지 않는다. 즉 100% 효과적으로 차단하지 않는다.

제3자 평가나 자기 등급 부여도식과는 달리 이러한 제품은 일반적으로 브라우저나 검색 엔진과 함께 작동하지 않는다. 그래서 회사보다 가정 사용자가 디폴트로 설정한다. (그러나 형사처벌의 위협 하에 생산품의 사용을 법률로 의무화하기가 상대적으로 쉽기 때문에 이러한 '독립형' 특징도 또한 이론적으로는 언론의 자유 원칙에 반할 수 있다는 사실을 명기할 필요가 있다.)

이러한 사용자 기반 차단 프로그램의 사용은 평가체계가 지니고 있는 지나친 통제와 관련된 일부 문제는 피할 수 있지만 이 프로그램이 전혀 문제가 없는 것은 아니다. 많은 프로그램들이 연소자들에게 적절한 다양한 정보에 대한 접근을 차단하고 있음을 보여준다. 예를 들어, 비록 대법원이 십대들이 부모의 동의 없이 안전한 성 정보에 대해 접근할 권리가 있다고 주장했지만, 일부 생산품은 건전한 성 정보에 대한 접근을 차단한다. 다른 생산품은 게이나 레즈비언 공동체가 관심이 있는 일부 정보를 차단한다. 일부 제품들은 자신의 제품을 비판했다는 단순한 이유로 여론을 차단하기도 한다.

일부 제품은 차단되는 사이트의 목록을 추가할 수도 있고 뺄 수도 있다. 예를 들어, 부모는 차단된 사이트 목록으로부터 'playboy.com'을 제거함으로써 그 사이트에 대한 접근을 허용하거나 차단 사이트 목록에 추가함으로써 'powerrangers.com'에 대한 접근을 차단할 수도 있다. 그러나 대부분의 제품은 자신이 차단한 여론의 목록을 밝히지 않으면서 적절하게 차단했다고 주장한다.

이러한 문제점들에도 불구하고 정부나 산업계 지도자들은 똑같이 차단 프로그램의 사용을 열광적으로, 그리고 무비판적으로 환영했다. 최근의 백악관 회담에서 고어 부통령은 산업계와 비영리 집단과 더불어 다양한 차단 프로그램을 직접적으로 연결시켜 주는 사이트인 www.netparents.org 사이트의 창설을 선언했다.

ACLU는 모든 이러한 제품들의 생산자들에게 사용자의 손에 실질적인 힘을 줄 것과 차단기준 및 차단된 여론의 목록을 완전히 공개할 것을 촉구한다.

게다가 ACLU는 최대한의 사용자 통제가 가능한 제품을 발전시킬 것을 산업계에 촉구한다. 예를 들어, 모든 사용자들이 다양한 성숙 정도의 연소자들에게 적용할 수 있도록, 그리고 자신들의 가치를 반영하여 차단된 사이트의 목록을 조정할 수 있도록 제품을 발전시켜야 한다.

개인 사용자이든 혹은 인터넷 서비스 제공자이든 간에 관계없이 어떤 상황에서라도 인터넷에 접속하거나 인터넷 접속을 제공하려 할 때 정부가 사용자 기반 차단 프로그램을 사용하라고 입헌적으로 요구할 수 없다는 것은 말할 필요도 없다.

Ⅸ. 공공 도서관에서 왜 차단 프로그램이 사용되어서는 안 되는가?

어느 하급 법원 판사가 말한 것처럼 인터넷의 '끝없는 전 세계적 대화'는 도서관에서든 가정에서든 관계없이 인터넷에 접속하는 모든 시민에게 참여할 권리가 부여되어야 하는 대화이다. 정부가 가정의 사용자나 인터넷 서비스 제공자(ISPs)에게 차단 프로그램이나 자기 등급 프로그램의 사용을 요구할 수 없듯이, 도서관도 이용자가 도서관에서 인터넷에 접속할 때 차단 소프트웨어의 사용을 요구해서는 안 된다. 미국도서관협회(the American Library Association : ALA)와 마찬가지로 ACLU도 공공 도서관에서의 차단 소프트웨어 사용을 반대한다.

도서관은 연령이나 수입에 상관없이 사람들에게 책과 정보자원을 무료로 제공함으로써 전통적으로 언론의 자유의 가치를 증진시켜 왔다. 오늘날 미국에서 20%가 넘는 도서관이 무료로 인터넷 접속을 제공하고 있으며, 그 수는 매일 증가하고 있다. 만약 도서관이 인터넷 검열을 하도록 강요된다면 도서관은 인터넷에의 보편적 접근이라는 꿈의 실현에 비판적인 것으로 급격하게 변화될 것이다.

ALA는 자신의 정책을 언급하는 최근의 성명에서 다음과 같이 말했다.

도서관은 배제의 장소라기보다는 포괄의 장소이다. 현재의 차단/여과 프로그램은 일부 사람들이 '거부할 만한' 자료라고 간주하는 것뿐만 아니라, 첫 번째 수정조항에 의해 보호되는 정보에 대한 접근도 막고 있다. 그 결과 법적이고 유용한 자료도 필연적으로 차단되고 있다.

도서관 사서들은 도서관 이용자들이 무엇을 읽거나 보아야만 한다는 것을 결정하는 일에 매달린 적이 없다. 이제 인터넷에서 발견되는 자료도 다르지 않다는 것은 틀림없다. 도서관의 인터넷 단말기에 부정확하고 신뢰성이 떨어지는 차단 프로그램을 설치함으로써 공공 도서관―그것은 거의 정부조직이다―은 이용자들에게 헌법으로 부여된 자유롭게 접근할 수 있는 여론을 필연적으로 검열할 것이다.

도서관이 차단 소프트웨어 설치를 결정하는 것은 도서관이 그들의 장서에 어떤 특정한 책을 추가할 것인가에 대해 일상적으로 내리는 정당한 결정과 유사한 것으로 주장되어 왔다. 그러나 실제로 차단 프로그램은 선택 결정권을 도서관 사서의 손을 전적으로 떠나 도서관학에 대해 전혀 경험이 없는 회사의 손에 맡기는 것이다. ALA가 언급한 것처럼 "여과는 생산자의 관점을 공동체에 강요할 수 있다."

앞서 언급한 것처럼 대부분의 여과 프로그램은 차단된 사이트의 목록을 제공하지 않기 때문에 도서관은 어떤 자원이 차단되었는가를 알기조차 어렵다. 게다가 인터넷 발화자는 자신의 여론이 어떤 도서관에서 차단되었는지를 알지 못하여 항의조차 할 수 없게 된다.

차단 소프트웨어를 도서관에 설치하여 연소자뿐만 아니라 성인들까지 법적으로 보호된 자료에 대한 접근을 막는 것은 헌법의 첫 번째 수정조항에 심각한 의문을 야기한다. 실제로 다음의 원칙, 즉 정부가 어린이를 보호한다는 명분으로 성인들이 여론에 접근하는 것을 차단할 수 없다는 원칙은 리노 대 ACLU 사건에서 대법원 결정의 주요한 이유 중의 하나였다.

성인들에게는 완전한 접근을 허용하고 연소자들에게 차단 프로그램의 사용을 강제하더라도 헌법적 문제는 남아 있다. 연소자들, 그 중에서도 나이가 조금 든 연소자들은 사용자 기반 차단 프로그램에 의해 차단된 것으로 보이는 많은 자료들에 접근할 헌법적 권리가 있다.

인터넷의 주요 장점 가운데 하나는 데스 모이네스(Des Moines, 아이오와 주 소재)에 있는 고립된 십대 동성애자가 성적 취향과 관련된 문제와 싸우고 있는 지구상의 많은 다른 십대들과 대화할 수 있도록 하는 것이다. 그것은 십대들이 개인적으로 성인에게 질문하거나 심지어 책을 찾아 읽기에는 당혹스러울 수 있는 주제인 AIDS나 다른 성적 전염 질병들을 어떻게 피할 수 있는지 등을 알게 해준다.

ACLU가 리노 대 ACLU 사건에서 논의를 개진할 때 우리들 내부에서조차 이 점은 논쟁적이었다. 그러나 대법원은 연소자들 또한 권리가 있다는 점에 대해 동의했다. 부모가 동의할 경우에만 연소자들에게 완전한 인터넷 접근을 허용한다는 도서관 차단 제안은 수용될 수 없다.

도서관은 온라인 여론의 자유원칙을 보호하기 위해 조치를 취할 수 있어야 하고 또 취해야 한다. 첫 번째로 도서관은 어린이들에게 추천된 특정한 사이트에 연결을 제공할 수 있고 이를 공포할 수 있다. 두 번째로, 행인에게 우연히 노출되는 것을 피하기 위해(그리고 사용자의 비밀을 보호하기 위해) 도서관은 공중의 시청을 최소화하는 인터넷 접근 단말기를 설치할 수 있다. 세 번째로, 도서관은 인터넷 사용에 있어서 '내용과는 무관한' 시간 제한을 부과할 수 있어야 한다.

X. 결론

ACLU는 인터넷 사용자, 특히 부모들에게 항상 좀 더 많은 정보제
공을 선호했다. 예를 들어 우리는 부모와 자녀를 위한 사이버공간에
대한 사서들의 지침, 즉 '인터넷 용어, 안전조치들, 사이트 선택방법
조언, 그리고 인터넷에서 어린이들에게 이용될 수 있는 교육적이면
서도 흥미로운 사이트 50여 개 이상을 나열한 책자와 웹사이트'를 백
악관 회담에서 선언한 미국도서관협회의 성명을 환영한다.

리노 대 ACLU 사건에서 우리는 연방과 주정부는 인터넷상에서 음
란물, 어린이 음란물, 그리고 어린이 교사(solicitation) 법들을 이미 강하
게 강제하고 있다는 점을 지적했다. 게다가 인터넷 사용자들은 인터
넷에서 여론을 긍정적으로 추구해 왔다. 이것은 놀라운 일이 아니다.

실제로 넷상에서의 많은 발화자들은 자신의 여론의 성격에 대해
예비적인 정보를 제공한다. 예를 들어 아메리칸 온라인(American On-
line)의 ACLU 사이트는 홈페이지에 이 사이트는 '자유 여론 지역'임
을 선언하고 있다. 넷상에서 상업적 거래를 제공하는 많은 사이트들
은 넷 정보의 보안성과 관련된 경고를 포함하고 있다. 명백한 성적 자
료를 포함하고 있는 사이트들은 종종 자료가 성인용임을 묘사하는
진술로 시작된다. 채팅 룸과 뉴스 그룹은 논의되는 주제를 의미하는
이름을 가지고 있다. 심지어 개인적인 이메일 메시지도 제목을 포함
하고 있다.

인터넷에서 이용 가능한 예비적인 정보는 위에서 언급된 모든 등

급체계와는 구별되는 몇 가지 주요한 요소들로 구성된다 : (1) 예비정보는 발화자에 의해 생산되었고 제공된다. (2) 이 정보는 사용자가 더 이상 볼 것인지 말 것인지를 결정하는 데 도움을 준다. (3) 그러한 정보를 제공하기를 선택하지 않은 발화자들이 처벌받는 것은 아니다. (4) 이 예비정보는 사용자가 여론을 보기도 전에 사용자가 아닌 다른 조직에 의해 자동적으로 여론이 차단되는 결과를 가져오지 않는다. 그리하여 인터넷의 바로 이러한 속성들이 일부 사람들이 거부감을 가지는 여론을 다루는 데에 있어서 더 많은 여론이 검열보다 항상 더 나은 해법이 되는지를 보여준다.

인터넷 공동체가 서서히 그리고 조심스럽게 이러한 제안들을 검토하고 진정한 사상의 시장에서 텔레비전보다 흥미 없고 다양한 내용을 지니지 못한 또 다른 하나의 주류의 생기 없는 매체로 인터넷을 변형시키려는 시도들을 거부하는 것은 늦은 것이 아니다.

시민적 자유주의자들, 인권기구들, 도서관 사서들과 사용자들, 그리고 발화자들과 인터넷 서비스 제공자들 모두는 CDA를 물리치기 위해 함께 했었다. 우리는 인터넷에 최고의 헌법적 보호를 제공하는 법적 틀을 수립하면서 놀라운 승리를 달성했다. 우리는 거의 가시적인 화마와 그 위협을 신속히 진화해야 한다. 다음 번의 불은 발견하기도 그리고 진화하기도 더욱 어려울 수 있다.

XI. 부록 : 인터넷 등급체계, 어떻게 작동하는가?

1. 기술 : PICS, 브라우저, 검색 엔진 그리고 등급 부여

아래에 논의된 등급 및 차단 제안들은 현재 인터넷 기술의 핵심적인 몇 가지 구성요소에 의존하고 있다. 이러한 기술의 어느 것도 본질적으로 여론을 검열하는 것은 아니나 그것들의 일부는 검열을 가능하게 할 수도 있다.

■ **PICS** : 인터넷 콘텐츠 선별 플랫폼(The Platform for Internet Content Selection)은 온라인 콘텐츠에 등급을 부여하고 이를 차단하는 일관된 방식을 수립하려는 등급 부여 기준이다. PICS는 인터넷 산업 지도자들의 거대한 컨소시엄에 의해 창출되었고, 작년부터 가동되고 있다. 이론적으로 PICS는 어떤 특정한 등급체계를 병합하지는 않는다. 이 기술은 어떤 등급체계도 담을 수 있는 빈 배이다. 실제로 단지 3개의 제3자 등급체계가 PICS로 발전되었다. 그것은 세이프서프(SafeSurf), 넷 세퍼드(Net Shepherd), 그리고 사실상의 산업계 표준인 **RSACi**이다.[1]

---

[1] PICS는 자유 언론을 위한 적절한 안전조치로 정당하게 사용될 수도 있으나 정부, 특히 권위주의적 정부가 콘텐츠 통제를 엄격히 부과하기 위해 이 기술을 사용할 수 있다는 우려가 있다.

- **브라우저** : 브라우저는 인터넷 사용자가 월드 와이드 웹(the World Wide Web)에서 정보에 접근하기 위해 필요로 하는 소프트웨어 도구이다. 현재 두 가지 제품, 즉 마이크로소프트사의 익스플로러(Explorer)와 넷스케이프(Netscape)가 브라우저 시장의 90%를 통제하고 있다. 마이크로소프트사의 인터넷 익스플로러는 현재 PICS와 양립 가능하다. 즉 인터넷 익스플로러는 PICS에 의해 등급이 매겨진 여론을 차단하도록 설치하는 것이 가능하다. 넷스케이프도 조만간 똑같은 기능을 제공할 것이라고 선언했다. 브라우저에 차단기능이 활성화된다면 부정적 등급을 받은 여론은 차단될 것이다. 게다가 거의 대부분의 사이트들이 평가를 받지 않았기 때문에 차단기능은 모든 평가되지 않은 사이트를 차단하도록 설치될 것이다.

- **검색 엔진** : 검색 엔진은 인터넷 사용자가 일련의 단어나 구절들을 사용하여 특정한 주제에 대한 콘텐츠를 검색하도록 하는 소프트웨어 프로그램이다. 검색결과는 전형적으로 관련된 주제에 대한 사이트에 연결될 수 있는 목록을 제공한다. 주요 검색 엔진 중 4개는 인터넷 등급제로의 움직임에 협력할 계획임을 선언했다. 예를 들어, 부정적인 등급이나 평가되지 않은 사이트에 대해서는 제시되는 목록에 포함되지 않도록 할 수 있다.

- **등급 부여 체계** : 이미 일부의 PICS와 양립 가능한 등급 부여 체계가 사용 중에 있다. 2개의 자기 등급 부여 체계는 RSACi와 세이프 서프(Safe Surf)이다. 비디오 게임을 평가하는 집단에 의해 발달된 RSACi는 콘텐츠를 기술하는 객관적인 기준에 따라서 예를 들어 성이나 폭력과 같은 특정한 종류의 여론을 평가하려고 시도한다. 예를 들어 그것은 '무해한 갈등 : 등장물에 대한 일부 손상'으로부터 '인명에

대한 부상이나 살상'에 이르는 것과 같이 폭력의 수준을 평가한다. 성적 콘텐츠는 '열정적 키스'로부터 '옷입은 채의 성적 터치'나 '명백한 성적 행위 : 성 범죄'에 이르기까지로 수준이 평가된다. RSACi 체계에서 자료가 제시되는 맥락은 고려되지 않는다. 예를 들어 교육적 자료와 다른 자료를 구분하지 않는다.

- 세이프 서프(Safe Surf)는 불경으로부터 도박에 이르기까지 여론의 다양한 유형에 따라 복잡한 평가체계를 적용한다. 등급 부여는 좀 더 맥락적이나 주관적이고 가치─부과적이다. 예를 들어, 세이프 서프(Safe Surf)는 성적 콘텐츠를 '예술적'에서부터 '에로틱'이나 '명백하고 노골적인 포르노그래피'까지로 평가한다.

- 300,000여 사이트를 평가한 제3자 평가 체계인 넷 세퍼드(Net She ph-erd)는 단지 '성숙'(maturity)과 '양질'(quality)로 평가한다.

감사의 말씀

이 백서의 주요 저자들은 ACLU 법률분과(Legal Department)의 앤 비슨(Ann Beeson)과 크리스 한젠(Chris Hansen) 그리고 ACLU 부국장인 배리 스타인하트(Barry Steinhardt)이다. 법률분과의 마조리 하인즈(Marjorie Heins)와 공공 교육분과(Public Education Department)의 에밀리 휘트필드(Emily Whitfield)가 부가적인 편집에 기여를 했다. 이 보고서는 ACLU 공공 교육분과에 의해 준비되었다 : 국장 로렌 시글(Loren Siegel), 편집 부장 로젤라 플로란츠 케네디(Rozella Fliranz Kennedy), 디자이너 로날드 샨패글론(Ronald Cianfaglione).

5장_ 미국에서의 인터넷 여과 :
거부된 자유 언론?

1010101010100
1010100010011101011010100010011101011010101010100
0110101010101010001110101010101010100111010101011
1110101010101000100111101010101
0010010010010101111101010101010100010101000
1010100010011101010010011101011101011111010101010000100111010101000
1010101010100101010101010010011101011101010101111101010001010100
1010101010010010101010101010100111010101011

리차드 S. 로젠버그 Richard S. Rosenberg

Ⅰ. 서론

여과 및 차단 프로그램의 주요 동기는 인터넷 서비스 제공자들(ISPs)
의 부담을 줄이고 지역적 수준(local level)에서 접근을 통제하는 프로그
램들이 있거나 혹은 조만간 그러한 프로그램이 존재할 것임을 보여주
어 1996년의 통신품위법(CDA)을 저지하려는 미국에서의 노력에서 야
기되었다. 어떤 의미에서 이것은 악마와의 협상이다. 왜냐하면, CDA
에 반대하는 사람들은 여과 프로그램이 도서관, 학교, 그리고 공동체

---

* 이 논문은 *Proceedings of the 4th ETHICOMP Conference*, Luiss Guido Carli University,
Rome. Italy, 1999에서 최초로 발표되었다. Copyright ⓒ 1999 by Richard S. Rosenberg.
저작권자의 허락 하에 수록한다.

센터와 같은 공공 기관에서가 아니라 주로 개인의 가정에서 사적으로 이용될 것이라고 기대하기 때문이다. 공공 기관에서 여과 프로그램을 사용하는 것은 가정에서 여과 프로그램을 사용하는 것과는 달리 일반 공중(도서관 고객)에 대한 제한을 부과한다. 이것은 접근 통제기준이 베일 속에 가려져 있으며 자신의 독특한 지침을 가진 많은 압력집단에 굴복하기 쉬운 소프트웨어를 채택하기 때문에 개인적 선택권을 침해한다. 만약 여과 프로그램을 사용하려 한다면, 그리고 현재 미국 의회가 논의하고 있는 여과 프로그램의 강제적 사용을 강력히 제안하려 한다면 여과의 기준, 즉 핵심어, 지역적(local) 또는 원격(remote) 목록(lists)이 도서관 고객에게 접근 가능해야 한다. 그렇지 않다면 그것은 단순한 검열의 형태가 된다. 도서관이 많은 사람들에게는 유일한 인터넷 접근의 원천인 한, 자의적 수단을 통해 접근에 한계를 지워서는 안 된다. 앞으로 우리는 미국과 캐나다에서 여과 프로그램의 사용과 관련하여 논의되는 일부 문제점의 사례를 기술할 것이다. 또한 이 문제와 관련된 현재의 논란을 기술하고 그것을 비판할 것이다. 마지막으로 앞서 말한 관점에서 몇 가지 결론을 제시할 것이다.

Ⅱ. 배경

1. 정의

여과 혹은 차단 소프트웨어는 다음과 같은 메커니즘에 의해 인터넷 콘텐츠에의 접근을 제한하는 것이다.

- 프로그램 내부의 데이터베이스에 기초하여 인터넷 콘텐츠에의 접근을 제한하는 것
- 프로그램 외부의 데이터베이스를 통하여 인터넷 콘텐츠에의 접근을 제한하는 것
- 호스트 사이트나 제3자에 의해 부여된 등급에 의해 인터넷 콘텐츠에의 접근을 제한하는 것
- 주제어, 문구, 텍스트 열에 기초한 내용을 통해 인터넷 콘텐츠에의 접근을 제한하는 것
- 정보의 원천에 기초하여 인터넷 콘텐츠에의 접근을 제한하는 것

[Statement on Library of Filtering Software, 1997]

접근기준은 제품 생산자에 의해 사전에 정해져 있으며, 일부 프로그램은 사용자의 업데이트를 위한 규칙적인 다운로드에 의해 접근기준이 변경될 수 있다. 대부분의 사용자, 특히 바쁜 부모들은 구매시 제공되는 기준(디폴트 기준)을 사용하기 쉬우며, 그러므로 어떤 사이트와 뉴스 그룹이 접근 불가능한지에 대해 최소한만을 알고 있다는 것은 놀라운 일이 아니다. 차단 및 여과 프로그램들이 일반적으로 이용 가능하기 때문에 이 논문의 초점은 그것의 사용에 맞추어질 것이다. 그러나 또한 잠재적으로 좀 더 위험한 것은 영화나 텔레비전 시스템과 유사한 등급 프로그램이라는 점도 중요하다. 두 가지 시스템, 즉 RSACi [인터넷 오락 소프트웨어 자문위원회(Recreational Software Advisory Council on the Internet)와 PICS(인터넷 콘텐츠 선별 플랫폼(Platform for Internet Content

Selection)]는 웹사이트와 뉴스 그룹들이 많은 영역에 따라, 예를 들어 RSACi는 폭력, 노출 정도, 성 그리고 언어와 같은 영역에서 자신의 등급을 매기도록 장려하려는, 그리고 나중에는 요구하려는 의도로 만들어졌다. 브라우저와 검색 엔진들은 사전에 정해진 조건을 만족시키는 사이트나 뉴스 그룹에의 접근을 허용하거나 거부하도록 프로그램될 수 있다. 자기 등급 부여 도식과 관련된 위험은 이 논문의 나중에 논의될 것이다.

2. 차단 및 여과 프로그램이 가지는 문제점의 예

"우리는 더 적게보다는 더 많이 차단하는 것이 낫다."

브라이언 멜버른[Brian Melbourn, 솔리트 오크 소프트웨어

제품 개발국장, 사이버시터(CyberSitter) 제작자].

[Berlin and Kantor, 1996]

접근 차단이나 제한의 기본적 문제점은 사용자에게는 이용 불가능한 기준에 근거하여 차단이 결정된다는 점이다. 그리하여 웹 검색을 수행할 때 응답이 없는 것은 검색 질문, 검색 엔진 스타일 및 여과 소프트웨어의 부절적성 때문이다. 검열은 끊임없는 동반자이다. 검열 반대 전국연합(The National Coalition Against Censorship) (Censorship's Tools Du Jour, 1998)은 그러한 프로그램과 관련된 문제점의 특징을 다음과 같이 제시한다.

- **지나친 단순화.** 어떻게 '좋은' 섹스(혹은 폭력)와 '나쁜' 섹스를 구분할 것인가?
- **지나친 범위.** 등급과 여과는 종종 맥락을 무시한다. 그리하여 필연적으로 사용자들이 원하지 않는 자료뿐만 아니라 접근하기를 원하는 자료까지도 배제한다.
- **실행가능성.** 인터넷은 [텔레비전보다] 몇 배나 광대하다. 그리고 인터넷의 콘텐츠를 묘사하는 일은 실질적으로 상상하기 힘들다.
- **주관성.** 콘텐츠를 분류하거나 기술하는 모든 등급체계는 등급 부여자의 주관성에 의존하고 있다. 거의 있을 수 없는 일이지만, 만약 모든 참여자들이 자발적으로 자기 등급 부여에 동의하더라도 서로 다른 등급 부여자는 동일한 콘텐츠에 서로 다른 등급을 부여하거나 서로 다르게 기술할 수 있다.
- **완전한 발표.** 인터넷 여과는 그것을 시행함으로써 놓치게 되는 자료를 거의 제시해 주지 않는다. 그러한 제품의 생산자는 정보는 독점적이며 놓친 자료를 제공하는 것은 거부할 만한 자료에 대해 접근할 수 있는 길을 제공할 수 있다고 주장한다.
- **보안.** 여과와 등급 부여는 모든 부모들이 자녀들을 보호하기 위하여 필요한 것은 불온한 아이디어와 이미지를 막는 것이다라고 제시하여 거짓된 보안의식을 야기한다.

현재 미국의 정치적·사회적 풍토는 무원칙하게 야기된 문제들을 과격하게 해결하려는 혼란의 상태를 보여주고 있다. 종교적·정치적으로 보수적인 일부 집단들은 정부가 인터넷의 위험으로부터 어린이들을 보호하기 위한 조치를 취할 것을 촉구하고 있는 반면에, 일부 집단들은 연방이 인터넷에 대해 거의 간섭하지 말 것을 요구하고 있다. 이러한 사회적 분열은 성적인 그리고 논쟁가능성이 있는 인터넷 콘텐츠에 대한 통제를 여과와 차단의 방식으로 다루도록 하는 결과를 가져오고 있다.

Ⅲ. 주류 라우돈 및 기타 대 라우돈군 도서관 이사회

일부 학부모들은 자녀들이 공공 도서관에서 성적 내용의 웹사이트에 접속할 수 있기 때문에 도서관이 안전하지 않다고 생각한다. 미국에 있는 상당수의 도서관은 이러한 학부모들의 걱정에 반응해 왔었다. 버지니아 주의 라우돈(Loudoun County) 카운티에 있는 그러한 도서관 가운데 하나는 1997년 말에 인터넷에 연결되는 모든 9개의 컴퓨터에 여과 프로그램인 엑스 스탑(X-stop)을 설치했다. 얼마 지나지 않아 일부 시민들은 엑스 스탑이 제한되어야 할 법적 근거가 없는 많은 사이트에 대한 접근을 제한하기 때문에 수정헌법 제1조를 위배했다고 비판하면서 도서관 이사회를 대상으로 소송을 제기했다. 1998년 11월에 레오니 브링크마(Leonie Brinkema) 판사는 버지니아 주 동부 지역(Eastern District) 지방법원에서 자신의 견해를 표명했다. 이 견해의 결론은 다음과 같다(Mainstream Loudoun, et. al. v. Board of Trustees of the Loudoun County Library, 1998).

피고는 고객들에게 인터넷 접근을 제공해야 할 의무가 있는 것은 아니지만 피고는 그렇게 하기로 선택했다. 그러므로 피고는 고객에게 인터넷 접근의 한계를 지우는 데 있어서 수정헌법 제1조를 준수해야 한다. 피고는 수혜자의 표현활동과 정보의 흐름을 검열할 수 있는 권리를 다음과 같은 정책사항으로 제시했다. (1) 정부 이익을 촉진하는 데 필요하지 않은 정책, (2) 좁게 규정되지 않은 정책, (3) 청소년에게 적합하지 않다는 이유로 제한되는 자료에 대해 성인 고객의 접근을 제한하는 정책, (4) 접근 제한에 대한 부적절한 기준을 제공하는 정책, (5) 즉각적인 사법적 검토를 보장하지 못하는 부적절한 절차적 보호를 제공하는 정책. 이러한 정책들은 미국 수정헌법 제1조에 있는 언론 자유의 보장을 위반했고, 그러므로 헌법에 어긋난다.

그러므로 도서관들은 헌법의 관점에서 보호되는 언론에의 접근을 제한하지 말아야 한다. 다른 도서관들은 어린이들이 한정된 컴퓨터만을 인터넷 활동에 배타적으로 사용하도록 함으로써 비슷한 운명을 피할 가능성이 있다. 비록 일부의 도서관 사서들이 그것은 개방되고 자유로운 탐구라는 약속을 위반하는 타협이라고 거부할 수도 있지만, 그러한 컴퓨터들에는 어린이들을 보호하기 위해 여과 및 차단 프로그램을 사용할 수 있다고 논의될 수 있다. 이러한 관점에서 다음 절에서는 북미에서 직업적 사서들의 견해와 성명을 간략히 검토한다.

Ⅳ. 도서관 사서와 여과 프로그램

1. 캐나다 도서관협회(Canadian Library Association : CLA)

1997년 11월 8일 CLA는 지적 자유(intellectual freedom)에 대한 기존 입장을 지지하면서 인터넷 접근에 대한 성명을 발표하였다. 비록 여과 및 차단 프로그램의 사용에 대해 명백히 언급하지는 않았지만 CLA가 도서관들에게 장려하는 내용 중에 다음의 두 가지 사항이 그와 관련된다.

- 인터넷 사용의 시간, 장소 및 제한방식을 포함한 도서관 자원에 대한 접근정책 및 사용자 행동에 대한 포괄적 정책과 인터넷 사용원칙을 부합하도록 하는 것, (그리고)
- 인터넷을 포함한 다양한 형태의 미디어를 통하여 자원에 대한 접근을 촉진하려는 도서관의 역할과 지적 자유의 원칙에 관해 공중을 교육하는 것.

  인터넷 접근에 관한 CLS 선언(CLA Statement on Internet Access, 1997).

2. 미국 도서관협회(American Library Association : ALA)와 다른 도서관협회들

미국 대법원이 통신품위법(Communication Decency Act)의 조문들이 헌법에 위배된다고 확인한 직후에 ALA의 지적 자유 위원회는 도서관에서 차단 소프트웨어의 사용에 대한 성명을 발표했다. 판사들이 부모가 가정에서 통제하는 차단기술의 발전에 고무되었다는 점을 회상할 필요가 있다. 비록 식견 있는 공중은 여과 프로그램의 사용을 주저하겠지만 가정 내에서 사적으로 인터넷을 여과하는 행위에 대한 논란은 거의 없다. 도서관, 학교, 그리고 공동체 센터와 같은 공적 장소에서 여과 프로그램의 사용 여부에 대한 논쟁이 발생한다. 미국 수정헌법 제1조 준수와 지역적 대 연방적 통제에 대한 논쟁이 발생한다. ALA의 성명(Statement on Library Use of Filtering Software, 1997)이 다음과 같은 권고사항을 포함하고 있다는 것은 놀라운 것이 아니다.

> 도서관 자료의 접근에 대한 도서관 정책과 부합되게 도서관에서의 인터넷 사용에 대한 문서화된 가이드 라인과 정책을 수립하고 시행함으로써 미국 수정헌법 제1조를 준수하라.

이러한 정서는 다른 국내의 혹은 국제적 도서관협회의 권고사항에서도 반복된다. 예를 들어, 도서관협회 및 도서관 기구국제연맹(the International Federation of Library Associations and Institutions)은 "도서관과 도서관 직원이 지적 자유, 정보에 대한 금지되지 않은 접근, 그리고 표현의 자유에 대한 원칙들을 고수하고, 도서관 이용자의 프라이버시를 인정할 것을 요구한다"(Statement on Libraries and Intellectual freedom, 1999). 미국 도서관 및 정보과학국가위원회(The U.S. National Commission on Libraries and Information Science : NCLIS)는 1998년 12월에 다음과 같은 결의안을 채택했다 : "미국 도서관 및 정보과학국가위원회는 모든 학교 및 공공 도서관 운영자는 수탁자로서의 책임을 다하기 위하여 인터넷 접근에 대한 정책을 표명하는 문서화된 성명을 수립하여 공식적으로 승인받고 주기적으로 검토해야 함을 강력히 느낀다"(Kids and the Internet : The Promise and the Perils, 1999). NCLIS는 또한 다음과 같은 많은 인지된 '위험들'과 '정책 이슈들'에 대한 잠재적 해결책을 권고하고 있다.

- 성인과 어린이를 위해 분리된 단말기를 제공할 수 있다. 혹은 어린이들에게 어른과 똑같은 접근을 허용하지 않기 위해 단말기에 다중 프로파일을 설치할 수 있다.
- 도서관은 인터넷의 장점과 위험을 동시에 알려주는, 그리고 어린이들에게 안전하고 유익한 온라인 경험을 할 수 있도록 부모와 선생님들이 어떻게 도움을 줄 수 있는가를 가르쳐 주는 인터넷 훈련, 교육 및 여타의 학습 프로그램을 부모와 선생님들에게 제공할 수 있다.
- 인터넷 접근 단말기는 지정한 웹사이트의 접근이나 특정한 인터넷 기능의 이용을 제한하거나 단말기를 켜지거나 꺼지게 할 수 있는 소프트웨어를 장착할 수 있다.

그리하여 차단 및 여과 소프트웨어의 사용은 접근 제한의 의미에서가 아니라, 어린이들을 위해 고안된 컴퓨터의 제공 및 교육이라는 맥락에서 가능하다.

V. 논의와 분석

지면 제약으로 말미암아 자세한 분석은 하지 않겠으나 몇 가지 사항은 밝혀두어야 한다. 인쇄의 형태든 전자적 형태든 간에 관계없이 자유롭고 개방적인 정보 접근의 기본 원칙에 대한 도서관 사서들의 발표는 대다수 국민으로부터 지지를 받아야 한다. 미국에서 학교나 도서관과 같은 공적 기관이 여과 혹은 차단 프로그램이라는 수단을 통해 인터넷에 대한 접근을 제한하는 것은 수정헌법 제1조를 심각하게 손상시키는 위험한 행위이다. 그러나 우리는 어린이들이 인터넷에서 자신의 선택에 의해서든 혹은 우연에 의해서든 간에 '위험한' 자료에 접하고 있다는 많은 사람들의 깊은 우려도 염두에 두어야 한다. 논쟁점 중의 하나는 어린이들이 어느 정도로 수정헌법 제1조의 권리를 가지고 있느냐이다. 불행하게도 여기서 더 이상 논의할 수 없다. 또 다른 논쟁점은 영화, 텔레비전 그리고 웹사이트나 뉴스 그룹에 적용되는 자기 등급 부여 체계의 위험이다. 왜 위험한가? 가능한 한 단호하게 말하자면, 자기 등급 부여 체계는 예술성(art), 특색(quality) 및 자기-존중을 파괴할 수 있다. 공격적이라거나 사회규범을 저해한다고 제한하는 것은 표현을 너무 제한해서 평범한 것이 시대적 양식이 되어버리도록 한다. 약 30년 전에 과도한 폭력, 음란성 및 비도덕성에 대한 우려 때문에 만화 산업계에 강요했던 만화 규약(Comics Code)이 좋은 증거이다. 몇 가지 규약을 선택해서 적어보았다.

- 경찰, 판사, 정부 관리, 그리고 존경받는 기구들과 같은 확립된 권위가 불경스러운 방식으로 나타나서는 안 된다.
- 모든 경우에 있어서 선이 악을 이기고 범죄자는 자신의 범죄행위에 대해 처벌받는다.
- 종교적 집단이나 인종적 집단에 대한 조롱이나 공격은 절대로 허용될 수 없다.
- 열정이나 낭만적인 재미는 말초 감정이나 기본 감정을 자극하는 방식으로 다루어져서는 안 된다.

[만화규약 기구의 기준, Standards of the Comics Code Authority, 1971]

Ⅵ. 결론

전자 프론티어 캐나다(Electronic Frontier Canada)의 회장인 데이비드 존스(David Jones)는 여과 소프트웨어의 사용에 대한 지속적인 반대에도 불구하고, 만약 여과 소프트웨어가 사용되려 한다면 다음의 조건을 포함해야 한다고 강력히 주장한다(Jones, 1998).

- 웹사이트에 대한 특정한 검열기준은 반드시 도서관 이사회

에 의해 승인되어야 하고, 그것은 대중이 요청한다면 공개되어야 한다.

- 검열의 시행은 도서관 직원의 통제 하에 있어야 하며, 지역공동체나 이사회에 대해 책임을 지지않는 외부 회사의 통제 하에 있어서는 안 된다.

- 검열된 웹사이트의 블랙리스트와 각 사이트의 접근을 차단하는 이유가 비밀이 되어서는 안 된다. 대중들의 요청에 의해 그것들은 공개될 수 있어야 한다.

- 대중이 도서관 직원에게 웹사이트 분류에 대해 다시 고려해 줄 것을, 즉 특정한 웹사이트를 블랙리스트에서 제외하거나 혹은 새로 블랙리스트에 추가할 것을 요청할 수 있어야 한다.

학교와 도서관에서 여과 및 차단 소프트웨어를 설치하도록 하는 입법 노력이 몇 번 실패한 후 미국 의회는 "학교와 도서관에게 연방 인터넷 접근 보조금 지급을 조건으로 e-등급으로 알려진, 미성년자에게 '유해한'(harmful) 자료를 걸러내는 기술을 채택할 것을 요구하는 수정사항을 포함한 '청소년 범법자 처리법'(the Consequences for Juvenile Offenders Act)을 통과시켰다"(Macavinta, 1999). 이러한 입법의 동기는 콜로라도 주의 리틀톤(Littleton)에서 금년 초에 발생한 학생에 의한 끔찍한 학생 살인이었다. 많은 사람들이 인터넷상의 폭력과 성을 그 사건의 주요 원인으로 지목하였으며, 그리하여 그 법안은 의회에서 287대 139로 비교적 쉽게 통과되었다. 어떻게 '유해하다는 것'(harmful)을 규정할 수 있는가? 이전의 입법 실패는 '품위 없음'(indecent)이란 단어에 걸려 실패하였다. 입법가들은 자유 언론보다 리틀톤의 비극을 가져오는 데 더 큰 요인이라 할 수 있는 총기류에 대한 접근을 제한하는 것이 불가능하다는 것을 발견했다. 만약 여과가 해법이라면 질문은 정확히 무엇인가?

감사의 말씀

캐나다 전자 프론티어(Electronic Frontier Canada)의 회장인 데이비드 존스 (David Jones)를 비롯하여 세릴 아담(Sheryl Adam), 그리고 다른 많은 헌신적인 도서관 사서들에게 깊은 감사를 드린다. 그리고 또한 이번 연구 프로젝트를 지원해 준 국가 과학 및 공학 연구위원회(the National Sciences and Engineering Research Council)에도 깊은 감사를 드린다.

참고문헌

Berlin, E. and Kantor, A.(1996), The Surfboard : Who Will Watch the Watchman? Internet World Online. URL : 〈http://www.internetworld.com/current/watchman. html〉 1996. 10. 5. 검색

Censorship in a Box : Why Blocking Software is Wrong for Public Libraries(1998), American Civil Liberties Union, June 17. URL : 〈http//www.aclu.org/issues/cyber/ box.html〉.

Jones, David(1998), Speaking Notes for a presentation to the Board of Directors for the Burlington Public Library [Burlington, Ontario]. URL : 〈http//www.insight.　　　　　　　　　　　mcmaster.ca/ org/efc/pages/pr/bpl.djonws.21may98.html〉.

Kids and the Internet : The Promise and the Perils(1998), U.S. National Commission on Libraries and Information Science. URL : 〈http//www.nclics.gov/info/kid inter.pdf).

Main Stream Loudoun, et. al. v. Board of trustees of the Loudoun Couty Library (1998), U.S. District Court, Eastern District of Virginia, Case No. 97−2049−

A, November 23. URL : <http//www.techlawjournal.com/courts/loudon/ 81123op.htm> .

Macavinta, C.(1999), House passes Net filtering bill. CNET News.com, June 18. URL : <http//www.news.com/News/Item/0,4,38018,00.html> .

Sites Censored by Censorship Software, (1997), Peacefire. URL : < http//www.peacefire. org/censorware/censored sites.shtml> 1999. 6. 14.

Statement on Libraries and Intellectual Freedom, (1999), The International Federation of Library Associations and Institution, March 24. URL : < http//ifla.org/V/press/ pr990326.htm> .

Statement on Library Use of Filtering Software, (1997), American Library Association/ Freedom of Information Committee, July 1. URL : < http//www.ala.org/alaorg/oif/ filt stm.html> .

U. S. Supreme Court, ACLU v. Reno. (1997). *Ethics and Inforamation Technology 1* : 105—116, 1999.

6장_ 검열, 인터넷, 그리고 *1996*년의 아동 음란물법 :

비판[1)]

자크 N. 카투달 Jacques N. Catudal

법률은 보편적이지만 보편적 진술에 의해 커버되지 않는 사례가 발생할 때 입법가는 실패했고, 그는 단순화의 실수로 인해 빠뜨린 부분을 수정하고, 빠진 부분이 존재했다는 것을 알았더라면 법률체계 속으로 집어넣었을 것이다라고 말하는 것이 옳다.

Aristotle, N. Eth. V, 10, 1137b19−24.

---

* 이 논문은 *Ethics and Information Technology*, 1 : 105-116, 1999에 처음 발표되었다. Copyrights ⓒ 1999 by Kluwer Academic Publishers. 저작권자의 허락 하에 수록한다.

1) 이 논문은 *the Eighth Annual Meeting of the Association for Practical and Professional Ehtics*, Washington National Airport Hilton Hotel, Washington, D.C.(25-27 February 1999)에서 발표된 것이다. 초기 판은 *The Tangled Web : Ethical Dilemmas of the Internet*, Dartmouth College, Hanover, N.H.(8 August 1998)이라는 제목의 회의에서 발표되었다.

Ⅰ. 서론

오늘날 아동 음란물 자료는 인터넷을 통하여 광범위하면서도 신속하게 전파된다. 아동 음란물 자료를 생산하여 아동들을 착취하려는 사람들로부터 어린이들을 보호해야 한다는 전제에 대한 합의는 아동에 대한 보호를 제공하는 수단으로서 1996년의 아동 음란물 방지법(Children Pornography Prevention Act : CPPA)에 대한 합의를 정당화하기에 충분하지 않다. 나는 CPPA에 대해 기술한 다음, 그것이 도움이 되기보다는 해로운 것이고 따라서 그것이 상당히 **수정되어야** 함을 논의할 것이다. 그러나 어떤 사람들은 실질적으로 (혹은 심지어 추정적으로) 어린이를 보호하려는 조치에 대한 공격이 신성을 더럽히거나 반역하는, 혹은 사악한 무지의 단순한 아이디어라고 간주할 수도 있다. 그래서 나는 특정인의 종교적 · 정치적 혹은 도덕적 감수성을 공격하려는 의도가 아니라는 점을 명백히 밝히고 논의를 진행하려 한다. 결국, 나는 가능하다면 어린이들에 대한 보호가 성인들의 헌법적 권리를 침해하지 않도록 하면서도 일부 사람들이 고려하는 정도만큼 어린이들을 보호할 수 있는 방안에 대해 논의하겠다.

CPPA에 대한 반대 이유로는 세 가지가 제시되고 있다. 먼저, CPPA는 너무 광범위한 금지조치를 담고 있어서 성인이 가지는 미국 수정헌법 제1조의 권리(the First Amendment rights)를 침해한다. 성인이 가지는 미국 수정헌법 제1조의 권리를 침해하지 않도록 법률을 수정하여 CPPA에 의해 제공되는 똑같은 정도의 보호를 아동들에게 제공할 수 있다. 두 번째로, CPPA는 소수자와 그들의 법적 보호자들이 특정한 종류의 인터넷 외설 자료와 관련된 해악들로부터 벗어나는 데에 필요한 사생활의 보호를 제공하지 못한다. CPPA는 성인들의 권리를 침해하면서 아동들에게 보호를 제공하려 하나 그 법률안이 제공하는 보호는 적절하지 못하다. 세 번째로, 의회가 가정용 컴퓨터의 기술적 발전[2]과 외설스런 자료가 인터넷을 통해 어떻게 접근되는가를 제대로 이해하고 있지 못하기 때문에 CPPA는 수많은 사람들이 기소를 당하고 개인적 파멸을 가져오는 결과를 낳을 수 있다.

CPPA에 대해서 위반자들을 지나치게 엄격히 처벌한다는 것을 포함한 몇 가지 다른 반대 이유들이 제시되고 있다. 그러나 궁극적으로 나의 비판은 성인의 권리를 침해하지 않고 아동들과 성인들에게 현재의 법률안이 뿌리뽑지 못하는 위험스런 관행에 대해 현재의 법률안과 동등하면서도 더욱 효과적인 보호를 제공하고, 인터넷이 좀 더 민주적이고 인간적이 되도록 하는 데 필요한 관용적 처벌을 제시하는 수정된 법률안의 윤곽을 제공하는 것이다.

---

[2] CPPA가 제정된 이후 내가 염두에 두고 있는 주요한 기술적 진전은 급속히 빨라진 프로세서의 속도, 대용량의 RAM과 ROM의 크기 및 데이터 접근 속도, 그리고 급속한 비율로 빨라지는 인터넷 자료 전송 속도이다.

Ⅱ. 정의와 범위

　　방대하면서도 추상적이고 난해한 인터넷 검열에 대한 토론을 진행함에 있어서 몇 가지 핵심 용어를 정의하고 구분하는 것이 토론의 명확성과 통제력을 높이기 위해서, 그리고 도덕적 · 정치적 배경을 이해하기 위해서 유용하다. 따라서 나는 '억압에 의한 검열'(censorship by suppression)과 '억지에 의한 검열'(censorship by deterrence)을 구분하는 것으로 논의를 시작하겠다. 양자의 검열형태는 모두 다음의 몇 가지 사항을 전제하고 있다. 일부의 자격을 갖춘 사람 혹은 집단이 (1) 도덕적 · 정치적 그리고 다른 배경에 의해 거부할 만한 일부 텍스트(혹은 텍스트 유형)를 판단한다. (2) 그러한 텍스트(혹은 텍스트 유형)[3]를 금한다. 즉, 법률이나 명령에 의해 그러한 텍스트에 접근하는 것을 금지한다. 검열의 형태에 대한 차이는 금지를 달성하는 방식에 있다. **억압에 의한 검열**은 거부할 만한 자료가 나타나고, 발행 혹은 유통되는 것 자체를 방지하여 금지의 효과를 달성한다. 그것은 자료를 **막음**으로써(예를 들어 자료의 발송과 수신을 방해함으로써), 접근할 수 없는 저장소로 자료를 **이동함**으로써, 혹은 자료를 **파괴함**으로써 달성될 수 있다. **억지에 의한 검열**은 자료가 발행되는 것을 막는 것은 아니다. 실제로 자료는 모든 사람들에게 이용 가능할 수 있다. 이것은 거부할 만한 자료를 이

---

3) '텍스트'란 단어는 인쇄 및 전자적 형태의 표현 모두를 포함하는 광범위한 의미이다.

용 가능하도록 만드는 사람과 그 자료를 획득하는 사람들에게 체포, 기소, 유죄평결 그리고 처벌(일반적으로 엄한 처벌)한다고 위협함으로써 금지의 효과를 달성하는 것이다. 과중한 벌금과 장기 구금의 형량은 전형적인 법적 처벌이다. 또한 다양한 형태의 사회적 권리 박탈과 개인적 명예 실추(예를 들어 제명, 직업적 및/혹은 공적 비난, 명성의 상실, 사회적 지위의 상실, 공적 모욕 등)의 위협에 의해서 억지가 달성될 수도 있다. 사실상 검열 명령 위반은 **실제적으로** 체포, 기소, 혹은 일정 정도의 개인적 파멸을 가져올 수도 있고 혹은 그렇지 않을 수도 있다. 핵심적인 것은 그러한 행위들이 취해질 수 있다는 **위협**이 진지하게 받아들여져서 거부할 만한 자료의 획득이 억제되어지는 것이다. 정부는 '강고한 태도'의 견지를 통해,[4] 혹은 언론에 정보나 역정보를 흘림으로써 이것을 달성할 수 있다. 예를 들어, 법무부(Justice Department)가 수천 명의 아메리칸 온라인(AOL) 가입자의 아동 음란물 법안들에 대한 위반을 검토하고 있으며 수주 내에 400명 이상의 체포영장이 발부될 것이라는 단순한 소문은 많은 개인들로 하여금 금지된 자료들에 대한 접근을 억지하도록 하기에 충분하다. 내가 이 논의에서 특별히 관심이 있는 것은 억지에 의한 검열이지만, 억압에 의한 검열과 억지에 의한 검열은 사이버공간에서 모두 실행된다.

　인터넷 검열이라는 주제, 좀 더 정확하게는 전자메일, 웹사이트, ftp 사이트, 뉴즈넷 그룹, 채팅방 등에서 특정한 단어나 그림을 보거나 사용하는 것, 혹은 도덕적 및 정치적, 그리고 다른 이유로 거부될 만한

---

4) 폴 프레이저(P. Fraser)와 데이비드 힐튼(D. Hilton)의 개별적인 법적 사례에 대한 논의를 참조하라(pp. 109-110).

생각들을 표현하는 것에 대한 금지라는 주제는 다루기 힘든 독특한 주제이다. 인터넷 검열은 외설적이거나 아동 음란물 자료와 같은 특정한 종류의 자료 게시를 위법으로 규정하는 법률, 법령, 명령을 통해 정부에 의해 시행될 수 있다. 혹은 예를 들어, 이용조건을 위반하는 사용자에게 인터넷 서비스를 거절하거나 유예하는 인터넷 서비스 제공자(ISPs)와 같은 사적 부문에 의해서도 이것은 가능하다.[5] 사립대학이 교수, 학생 그리고 교직원이 전자우편에서 특정 단어의 사용을 금할 때처럼 영리 혹은 비영리 법인도 또한 검열을 할 수 있다. 무엇보다도 코미디언인 조지 칼린(George Carlin)에 의해 미국법 연대기에서 우연히 유명해진 것이다.[6] 인터넷에서의 검열사례는 너무나 다양하기 때문에 사례별로 평가하는 것이 가장 좋다. 이 글에서의 핵심은 인터넷상의 음란물을 목적으로 한 최근의 연방 입법안이다.

나는 '음란한 자료'(prurient material)라는 표현을 '성적으로 자극하는', 즉 '성에 대해 비정상적인 흥미를 유발하는'이라는 의미로 사용한다. 이것은 현행 미국법에 의해 보호를 받든 그렇지 않든 간에 관계

---

[5] 주목되는 사례는 1999년 2월에 '누렘버그 파일'(Nuremburg Files) 웹사이트를 차단한 ISP 마인드스프링(the ISP Mindspring)의 경우이다. 2월 2일에 포틀랜드 연방법원은 반-낙태주의자 웹사이트 '누렘버그 파일'로부터 기인하는 손해로 1억 7백만 달러를 플랜드 페어런트후드(Planned Parenthood)에게 인정했다. 흥미로운 점은 연방법원이 웹사이트를 차단해 달라는 플랜드 페어런트후드의 요청을 기각했다는 점이다. 마인드스프링은 누렘버그 웹사이트가 자신의 정책을 위반하는 행위를 했다고 간주했기 때문에 웹사이트 차단은 독립적으로 마인드스프링에 의해 취해졌다.

[6] 나의 언급은 조지 칼린이 '텔레비전에서 당신이 말하지 말아야 할 7가지 추한 단어들'이라는 제목의 희화된 독백을 말한다. 대낮 라디오 방송에서 행한 칼린의 독백은 FCC 대 퍼시피카 재단(Pacifica Foundation, 1978)으로 알려진 대법원 판례의 주제였다. 그 판례에서 법원은 FCC가 방송 내용을 규제할, 좀 더 구체적으로는 '품위가 없는' 자료를 방송하는 라디오 방송국을 제재할 권한이 있다고 판결하였다.

없이 음란물, 아동 음란물, 외설스런 자료, 달리 말하여 성적 자극을 유발하는 모든 자료를 포함한다.[7]

두 번째로 내가 사이버공간에서 이용 가능한 음란자료라는 언급은 시각자료를 의미한다. 그러므로 음란한 소리 자료(예를 들어 WAV 파일들)에 대한 논의는 하지 않는다. 나는 동영상 이미지(예를 들어 AVI 나 MPG 파일)가 아니라 유스넷에서 발견되는 정지(스틸) 이미지에 관심을 두고 있다. 유스넷은 인터넷을 구성하는 수개의 데이터 커뮤니케이션 서비스 중의 하나이다. 또 다른 데이터 커뮤니케이션 서비스는 월드 와이드 웹, 이메일, 파일전송 등이 있다.[8] 유스넷은 35,000개 이상의 토론 그룹 혹은 '뉴스 그룹'의 집합이다. 그것은 100개 나라 이상에서 매일 1,500만명 이상의 사람들이 접근하는 것으로 추정된다.[9]

그러므로 나는 근본적으로 일부의 뉴스 그룹, 바꿔 말해 바이너리 파일에서 발견되는 특정한 종류의 파일을 겨냥한 최근의 연방 입법안에 대해 배타적으로 관심이 있다. 바이너리 파일은 JPEG나 GIF처럼 그림형식으로 전환이 가능한(그러므로 볼 수 있는) 컴퓨터가 읽을 수 있는 형식으로 지시들(instructions)을 포함하고 있는 파일이다. 나의 초

---

[7] 나의 음란물이라는 표현은 Miller v. California(1973)에 의해 설정된 외설과 비외설적이나 성적인 자료 간의 법적인 구분, 그리고 United States v. X-citement 비디오 사(1994)에 의해 설정된 보호받는 비외설 '음란물'과 금지된 '아동·음란물' 간의 법적인 구분을 하는 것은 아니다. 헌법에 의해 보호되는 음란물 이미지, 즉 세 가지 기준의 Miller 테스트를 통과한 포르노그래피 이미지는 아동들이 명백한 성적 행위와 연관된 것으로 묘사될 때마다 아동의 성적 착취를 막기 위한 모든 보호를 느슨하게 한다.

[8] 유스넷에 초점을 맞춤으로써 상업적 포르노그래피 벤처에 의해 월드 와이드 웹에 소개되는 것들에 대해서는 관심을 두지 않게 된다.

[9] 이 글에서 나는 기술적 용어의 정의를 위하여 브라이언 파펜버거(B. Pfaffenberger)가 편집한 웹스터 컴퓨터 용어사전(New York : Simon & Schuster, 1997, 6판)을 사용했다.

[그림 1] 선택된 'alt' 뉴스 그룹들

alt.binaries.erotica	alt.binaries.nospam.sappho	alt.binaries.pictures.erotica.lolita
alt.binaries.erotica.blondes	alt.binaries.nospam.teenfem	alt.binaries.pictures.erotica.supermodels
alt.binaries.erotica.bondag	alt.binaries.pictures.brunette	alt.binaries.pictures.erotica.tasteless
alt.binaries.erotica.catoon	alt.binaries.pictures.celcbrities	alt.binaries.pictures.erotica.teen.female
alt.binaries.erotica.male	alt.binaries.pictures.erotica.amateur	alt.binaries.pictures.erotica.voyerism
alt.binaries.erotica.femal	alt.binaries.pictures.erotica.exhitionism	alt.binaries.pictures.erotica.young

점은 바이너리 파일처럼 부분적으로 유즈넷을 구성하고 있는 뉴스 그룹의 'alt' 위계에 맞추어져 있다. 몇 개의 최상위 수준의 유즈넷 위계 중의 하나인 'alt'는 '대안'(alternative)의 줄임말이며, 그것은 〈comp〉, 〈rec〉, 〈soc〉 등등과 같은 표준적인 뉴스 그룹 범주 바깥에 존재하는 뉴스그룹을 의미한다. [그림 1]에 제시된 뉴스 그룹 중 일부는 이 논문의 주제인 바이너리 파일들을 포함하고 있을 수도 있다.[10] 그러므로 나의 논의는 그래픽 형식으로 전환될 때, 일종의 음란 이미지를 구성하는 'alt' 바이너리 파일들에 대한 접근을 금지하려는 목적을 가진 연방법에 대해 언급하는 것이다. 마찬가지로, 여기서 나

---

[10] 인터넷 서비스 제공업체는 'alt' 유즈넷 그룹을 운송하도록 의무지워져 있지 않다. 나쁜지 좋은지는 당신의 관점에 달려 있지만 인터넷에서 이용 가능한 것에 대한 당신의 접근은 이미 한계가 지워져 있다. (나는 당신이 당신의 ISP업체에 검열을 하는지 하지 않는지에 대해 물어보기를 제안한다.) 더 나아가서 모든 'alt' 뉴스 그룹이 음란자료를 포함하고 있는 것은 아니다. (alt. binary.picture.aviation)을 예로 들 수 있다). 실제로 음란한 성격을 가지지 않은 'alt' 뉴스 그룹도 상당히 많다. 한편, [그림 1]은 음란물 자료를 담고 있는 모든 'alt' 그룹의 리스트가 아니며, 뉴스 그룹의 'alt' 그룹에 속해 있지 않더라도 많은 유즈넷 그룹이 음란물 자료의 교환에 기여하고 있다는 것도 사실이다.

는 단지 일부의 법에 대해서만 관심을 가진다.

사이버공간의 음란자료에 대한 접근을 규제하려는 최근의 미국(연방) 법률에 대해 세밀히 조사하면 세 가지의 법률이 발견된다. 비록 나는 '1996년의 아동 음란물 방지법'(CPPA)에 초점을 맞추고 있지만, '1996년의 통신품위법'(CDA)과 '1998년의 아동 온라인 보호법'(COPA)에 대해 언급하지 않을 수 없다. 잘 알려진 것처럼 CDA는 1997년 6월에 미국 대법원으로부터 위헌판결을 받았다. COPA는 비록 1999년 2월 1일 미국 지방판사 로웰 A. 리드 2세(Lowell A. Reed, Jr)가 시행을 막았지만 위헌이 되지 않도록 CDA를 건전하게 보완한 계승자였다. 법무부는 3월 말에 로웰의 판결에 항소했다. 이 항소는 COPA가 정말로 건전한 것인지를 최종적으로 결정할 것이다.

이미 언급한 법률과 더불어 최근의 두 가지 입법안을 언급하는 것이 중요하다. 하나는 하원의 프랭크(Frank) 의원(R. New Jersey)이 입안한 H. R. 368 '안전한 학교 인터넷 법'(the Safe Schools Internet Act)이고, 또 다른 하나는 상원의 존 맥케인(John McCaine) 의원(R. Arizona)이 입안한 S. 97 '어린이 인터넷 보호법'(the Children Internet Protection Act)이다. 만약 이 입법안들이 통과되어 법률화된다면 공립 초등학교와 중등학교는 인터넷에 연결되어 있는 컴퓨터에 차단 소프트웨어를 설치해야 한다. 프랭크 의원의 입법안은 또한 공공 도서관에게 인터넷에 접속되는 컴퓨터에 차단 소프트웨어를 설치할 것을 강제하고 있다.

Ⅲ. 1996년의 아동 음란물 방지법

CDA를 위헌이라고 결정한 1997년 6월의 대법원 판결과 COPA를 저지한 최근의 지역법원 결정은 많은 네티즌에게 잘못된 승리의 분위기를 가져다 주었을 수 있다. 왜냐하면, CPPA는 효력이 있기 때문이다. CPPA는 1997년 8월에 연방 지역법원(Northern California)에서 합헌으로 결정되었다.[11] 또한 1999년 1월 27일 보스톤에서의 첫 번째 항소심에서 전년에 결정된 또다른 지역법원의 결정을 뒤집고 순회법원은 CPPA를 지지하였다.[12] CPPA는 아동 음란물의 생산과 유통을 위해 컴퓨터의 사용을 규제하려는 목적을 가지고 있으며, 세밀하게 검토해 보면 이 법은 매우 제한적이다.[13] 이 법은 컴퓨터를 포함한 다른 수단에 의해 아동 음란물을 의도적으로 보내고, 받고, 분배하고, 재생산하고, 판매하고, 판매할 의사를 가진 것을 범죄로 규정하고 있으며, 세 개 이상의 아동 음란물 이미지의 소유를 범죄로 규정하고 있다. 이 법은 '아동 음란물'의 정의를 넓게 규정하여 많은 사람이 **아동 음란물로**

---

11) 자유언론연합(Free Speech Coalition)의 항소에 의해 9번째 항소심이 순회법원에서 진행 중이다.

12) 1998년 3월 30일에 메인 주 포틀랜드 연방 지역법원의 진 카터(G. Carter) 판사는 아동 음란물 방지법(CPPA)의 상당 부분이 위헌이라는 견해를 제기하였다.

13) 아동 음란물 방지법(CPPA)은 1995년 9월 13일 제104차 의회의 첫 번째 회기 동안에 오린 해치(Orin Hatch, 유타 주) 의원에 의해 S. 1237로서 상원에 발의되었다. 그리고 하원에서는 1년 뒤인 1996년 9월 30일에 조셉 케네디(Joseph Kennedy, 매사추세츠 주)에 의해 발의되었다. 이 법안은 아동 포르로그라피를 다루고 있는 미국 법전 표제 18의 여러 부분을 수정하고 있다.

판단하지 않을 범주와 일부는 전혀 **음란물로 판단되지 않을** 이미지를 규제하고 있다. 그래서 CDA의 위헌과 COPA의 최근의 저지에 따라 자신이 법적 위배가 되지 않는 활동을 한다고 믿는 많은 사람들은 CPPA를 위반할 수도 있다. 현재 CPPA는 인터넷의 음란물을 규제하는 가장 강건하고 엄격한 연방법이다.

CPPA와 관련된 논쟁 중의 하나는 어린이가 관련되지 않은 명백한 성적 행위에 대한 시각적 묘사를 아동 음란물에 대한 정의로 확대하고 있다는 점이다. CPPA에서 '아동 음란물'에 대한 정의는 다음과 같다.

'아동 음란물'은 사진, 필름, 비디오, 컴퓨터 또는 컴퓨터에 의해 생산된 이미지 혹은 그림을 포함하여 전자적이든 기계적이든 혹은 다른 수단에 의하든 간에 관계없이 다음과 같은 명백한 성적 행위에 대한 시각적 묘사를 의미한다.

(A) 어린이가 명백한 성적 행위에 이용되고 있는 시각적 묘사의 생산

(B) 어린이 혹은 어린이로 보이는 사람의 명백한 성적 행위에 대한 시각적 묘사

(C) 확인 가능한 어린이가 명백한 성적 행위를 하고 있는 것처럼 보이도록 만들어지거나, 수정되거나, 변형된 시각적 묘사

(D) 명백한 성적 행위와 관련된 어린이에 대한 시각적 묘사자료 혹은 그것이 포함되어 있다는 인상을 줄 수 있는 방식으로 시각적 자료가 광고되고, 판촉되고, 진술되고 분배되는 것

(A)구절은 전통적으로 아동 포르노그래피로 간주되는 대상에 대한 금지를 재확인하고 있다.[14] 지금까지 위법이었던 것은 음탕한 혹은

외설적인 방식으로 **실제의** 아동이 자세를 취하고 있는 이미지 혹은 명백한 성적 행위와 관련된 **실제** 아동의 이미지였다.[15] 나는 이것을 '범주 A' 이미지라고 부른다 : 이것들은 많은 뉴스 그룹들에서 발견된다─그리고 그것들을 세 개 이상 보유하는 것은 불법이다. 그러나 CPPA에서 논쟁적이 될 수 있는 것은 '범주 B' 이미지라 부르는 것에 대한 다음의 묘사와 관련된다.

곰인형과 다른 인형, 그리고 장난감들로 둘러싸여 있는 여자의 침실로 보이는 바닥에 단지 흰 양말만 신고 마리화나를 피우며 앉아 있는 머리를 땋아내린 매우 어리게 보이는 19세 소녀의 사진이 있다. 그녀는 눈이 크고 웃고 있으며, 땋아내린 머리는 큰 붉은 리본으로 묶여져 있다.

이러한 '작은 소녀' 류의 음란물 사례는 뉴스 그룹에서 발견될 수 있다. '작은 소녀' 유형은 정의에 의해 특정 연령의 어린 소녀나 아동과 관련되지 않는다 ; 그 유형은 어리게 보이는 성인 혹은 컴퓨터에 의해 생성된 어린이의 모사(시뮬레이션)에 의해 특징화된다. '작은 소녀' 유형의 범주 B 이미지에서 중요한 것은, 그리고 종종 CPPA에 대한 비

---

14) 그리하여 1999년 2월 17일 보수적인 감시집단, 매체에서의 도덕(Morality in Media)에 의해 주도된 아동의 속옷을 보여주는 캘빈클라인 광고 게시판과 관련된 소동이 있었다. 여기서의 이슈는 사진 (단지 클라인의 브랜드 속옷만을 입고 있는 매우 어린 두 명의 어린이에 대한 묘사)이 성적으로 도발적이거나 음탕한 것으로 **그럴 듯하게 해석될 수 있는가**에 대한 점이었다. 그 필름은 광고 다음날 철회되었다는 것을 유의하라. 캘빈 클라인 광고 게시판의 또 다른 시리즈는 2년 전에 비슷한 항의를 받았다. 그때는 캘빈 클라인 진을 입고 '도발적인 자세를 취하고 있는' 사춘기 청소년들에 대한 묘사였다.

15) '성적 행위' (sexual conduct)는 CPPA에 정의되어 있지 않지만 '성적 행동' (sexual act)과 '성적 접촉' (sexual contact)이라는 용어는 미국 법전(United States Code) 표제 18의 2246항에 규정되어 있다.

판자들이 간과하고 있는 것은 CPPA가 그 이미지가 아동 음란물로 이용되는 경우에만 위법으로 간주하고 있다는 점이다. 달리 말하여 CPPA는 피고가 위법시되고 있는 자료가 '명백히 성적 행위와 관련된 아동에 대한 시각적 묘사나 그러한 것을 포함하고 있다는 인상을 주는 방식으로' 분배되고 있지 않다는 것을 보여줄 수 있다면 피고에게 확실한 방어를 제공한다. 이러한 관점에서 CPPA는 New York v. Ferber (1982)에서 내린 대법원의 결정, 즉 '… 그들 나이보다 어리게 보이는 혹은 시뮬레이션 사진을 포함하고 있는 아동 음란물을 금하고 있는 타당한 대안'(Ferber, 458 U.S. at 763)과 일치한다. 이것은 미국시민자유연맹(the Amercan Civil Liberty Union)을 포함한 많은 비판자들이 믿고 있는 바가 아니다.[16] 앞으로 우리가 볼 것처럼 CPPA의 이러한 확실한 방어조항은 잠재적으로 압도적인 비판을 비껴나갈 뿐만 아니라, 더 중요하게 CPPA의 한계를 정하는 문제를 더 잘 이해하게 한다.

어쨌든 특정한 방식으로 이용되었을 때 아동 음란물이 되는 '어린 소녀' 장르의 음란물은 우리에게 많은 것을 남겼다.[17] 그러한 장르는 어떤 이에게는 심술궂고 혼란스러운 것으로, 혹은 단순히 우스운 것으로 보일 수 있지만, 그것의 존재를 허용하는 추정적인 이유는 성적 착취(그리고 더 큰 해악으)로부터 어린이를 보호하는 것이다.[18] 일부 사

---

[16] American Civil Liberty Union, "Free Speech Advocates Appeal Decision Upholding So-Called 'Porn Prevention Law'," 1997년 10월 3일(http://www.aclu.org/news/nlO0397b.htm).

[17] '어리게 보이는 성인'을 이용하는 장르는 다른 것도 있다. 그것들 중에는 '학교 소녀', '치어리더' 그리고 '인형' 등이 있다. 주 26 참조.

[18] 나는 이러한 정당화를 대법원에 귀착시키는 것은 아니다. 의심할 바 없이 법원은 수정헌

람에게는 나체의 어린이 혹은 성적 행위에 연관된 어린이 묘사에 대해 관심이나 욕구가 있다는 것이 그럴 듯한 것으로 가정되었다. 그러한 관심이나 욕구는 거의 항상 문제가 있는 것으로 간주되었다는 것을 가정하라 : 질문은 그러한 문제를 어떻게 가장 잘 다룰 것인가이다.

어리게 보이는 성인과 '시뮬레이션' 에 대한 페버(Ferber) 사건에서의 대법원 판결과 일관되는 한 가지 방식은 카테고리 B 이미지의 사용은 허용하는 반면에, 카테고리 A 이미지의 사용에 대해 엄격한 제재를 가하는 것이다. 카테고리 B 이미지의 합법성을 고려할 때, 음란물 제작자가 카테고리 A 이미지를 생산해서 긴 구금과 무거운 벌금의 위험을 감수하리라는 것은 별로 의미가 없기 때문에 어린이들이 더 잘 보호될 수 있다는 예상이다. 이러한 방식의 접근에는 어려움이 있다.

첫 번째로, 효과적이 되기 위해서—즉 실제로 어린이를 더 잘 보호하기 위해서—특정한 카테고리 B 이미지는 모사된 **아동** 음란물의 경우로 간주되어야 더 정확하게는 각성되어야 할 필요가 있다. 배경이 어떻든 혹은 소도구가 무엇이든 간에 28살 모델을 28세로 보이게 활용하지는 않는다. 음란물 제작자는 **어리게 보이는** 18세를 훨씬 많이 필요로 한다. 매우 어린 어린이를 묘사하려는 의도라고 하더라도 모델들이 충분히 어리게 보이지 않을 수는 있다. 빅터 클라인 박사(Dr. Victor Cline)가 1996년 6월 4일 상원위원회에서 진술한 것처럼 "대부분의

법 제1조(the First Amendment) 문제에 더 관심이 많다.

소아성애자와 치한은 묘사된 아동들의 나이, 신체적 외모, 그리고 성적 행위 혹은 자세의 관점에서 아동 음란물과 관련된 특별한 선호가 있다."[19] 실제로 이러한 접근법에서는 사춘기 전의 젊은이는 전적으로 보호되지 않은 채로 남겨져 있다.

핵심 사항을 제시하는 또 다른 방법은 카테고리 A와 카테고리 B 이미지는 서로 다른 종류의 음란한 이미지를 나타낸다고 말하는 것이다. 그 차이는 성적 감정이 야기되는 청중의 유형에 있다. 그리하여 카테고리 A 이미지(예를 들어 벌거벗은 실제 7세 소년)에 자극을 받는 청중은 카테고리 B 이미지(앞서 언급한 '작은 소녀')에 자극되지 않을 수 있으며, 그 역도 물론 가능하다. 그리고 나는 그 전략은 어린이들을 상당히 보호받지 못한 채로 남겨둘 수 있다고 믿는다.

두 번째로, 카테고리 B 이미지를 허용하는 것은 성적 만족의 대상으로서 '모사(시뮬레이션)된 어린이'에 대한 태도를 인정하거나 묵과하여 실제의 어린이로 성적 만족 대상이 전이될 수 있다고 논의할 수 있다. 이런 이유만으로 어떤 이들은 카테고리 B 이미지를 허용해서는 안 된다고 주장한다. 나는 그러한 주장을 지지하지는 않으나 경험적 질문(들)이 실제로 연구되어야 한다고 생각한다. 그러나 그러한 연구는 불법적 이미지의 사용을 필요로 한다는 점에서 CPPA 그 자체에 의해 불가능하다.

---

19) "아동 음란물은 육체적·정신적 건강과 어린이의 복지를 위협한다," 1995년의 아동 음란물 방지법, http://thomas.loc.gov/cgi-bin/cpquery/l?cpl04:./temp/, 1998년 8월 5일, p. 4. 'the treatment of sexual addictions'에서 클라인 박사의 저술은 보수적 그룹인 '매체에서의 도덕' 단체에 의해 특징지워진다는 점을 밝히는 것이 중요하다. 예를 들어 <http://www.mim.org>를 보라.

예를 들어, 1999년 1월 29일 뉴욕 주 로마 출신의 심리치료사인 폴 V. 프레이저(Paul V. Fraser)는 컴퓨터에서 수집한 다수의 아동 음란물 이미지들을 소지한 혐의로 유죄판결되었다. 프레이저는 "그 자료들은 음란물 금지작업 집단이라 불리는 자발적인 카운티(county) 위원회와 함께 연구를 위한 것이었고, 지역 검사 사무실도 그가 연구하고 있는 것을 알고 있었다"고 변명했다.[20] 프레이저의 변명이 진실이라고 가정하더라도 그러한 방어는 법적으로 부적절하다는 것을 주목해야 한다. 그 사건에서 검사가 진술한 것처럼 "프레이저는 그러한 자료를 수집하도록 허가된 적이 없다."[21] 자신이 작성하고 있는 기사를 쓰기 위하여 아동 음란물 자료를 수집한 기자의 경우, 그리고 자신이 인터넷에서 얻게 된 아동 음란물 자료를 지속적으로 법 집행기관에 넘겨주며 아동 음란물 사이트의 위치를 당국에 알려주어 지속적으로 협조를 한 메인 주 노르웨이 출신의 컴퓨터 수리공인 데이비드 힐튼 (David Hilton)의 경우를 포함하여 프레이저와 유사한 사례는 많다. 법은 법을 집행하기 위하여 공식적으로 허가된 사람을 제외하고 모든 사람이 세 개 이상의 아동 음란물 파일을 소유하고 있는 것을 금지하고 있다. 프레이저가 자신의 유죄판결은 "인터넷상의 아동 음란물 영역에 대한 정당한 연구를 완전히 중지시키지는 않겠지만 급속히 냉각시키는 효과가 있을 것"이라는 주장은 아마 옳을 것이다.[22]

---

20) Associated Press, 'Therapist Convicted of Child Porn,' < http://wire.ap.org> 1999년 2월 10일 23 : 05 EST.
21) *Ibid.*
22) *Ibid.*

나중에 다시 논의하겠지만, 카테고리 B 이미지를 합법화하는 것은 법률을 일정 정도 수정한다면 CPPA가 현재 제공하고 있는 보호만큼 연소자를 보호할 수 있다. CPPA에 심각한 어려움을 발생시키는 것은 카테고리 C 이미지를 금지하고 있는 것이다. 카테고리 C 이미지는 성적으로 명백한 행위에 연류되어 있는 확인 가능한 연소자를 묘사하고 있는 것처럼 보이는 것이다. 카테고리 C 이미지는 어린이가 성행위에 관여되는 인상 혹은 모습을 창출하도록 변형된 확인 가능한 어린이의 순진무구한 그림을 포함한다. 그리고 현재 이용 가능한 소프트웨어를 고려한다면 변형의 완벽함은 최소화될 필요가 없다. 이 경우의 법적 사례는 앞서 언급한 데이비드 힐튼의 경우와 정확히 일치한다. 힐튼은 1997년 가을에 체포되었고, '인터넷으로부터 다운로드받은 63개의 불법적 그림을 소지한 혐의로 기소되었다.' 그 그림들 중의 적어도 하나는 카테고리 C 이미지에 해당되는, 즉 "성행위를 하고 있는 성인의 신체에 밀착된 어린 나체 소녀의 상체와 머리를 보여주는 '변형된' 사진"이었다.[23]

1998년 3월 30일에 메인(Maine) 주 포틀랜드(Portland)에 있는 연방 지방 법원의 진 카터(Gene Carter) 판사는 유나이티드 스테이트 대 힐튼(United States v. Hilton) 사건을 다루면서 아동 음란물 방지법의 상당한 부분이 위헌이라고 진술하는 11페이지에 달하는 의견서를 제출했다. "카터는 이미지에 묘사된 인물의 나이에 대한 결정은 일반인들에

---

23) Carl S. Kaplan, "Differing Ruling on Child Porn Law Set up Potential Supreme Court Case," *Cyber Law Journal of The New York Times*, http://www.nytimes.com/(1998년 4월 10일), p. 2.

게 극히 주관적이므로 연소자로 '보이는'이라는 핵심 용어는 허용할 수 없을 정도로 애매하다는 것을 주장했다."[24] 그는 "음란물에 대한 법률적 정의가 성인을 묘사한 성적 자료의 관람자들에게 '실질적 불확실성을 야기한다'"고 진술한다. 아마 더 중요한 것은 아동 음란물에 대한 정의가 "헌법이 보호하고 있는, 즉 비외설적 음란물 자료들을 '부적절하게 그 조항을 통해서' 제거할 수 있다는 것을 법원이 주장했다는 점이다.[25]

카터의 결정은 1999년 1월 30일 보스턴의 첫 번째 순회재판소로 항고되었으며, 미 항고법원에서는 CPPA를 지지했다. "항고법원은 소비자가 어떤 유형의 음란물이 불법인가를 이해하도록 하는 데 애매하지 않다"고 진술했다.[26] 그러나 카터 판사의 반대는 CPPA 그 자체의 애매성, 즉 법률을 표현하는 데 사용된 용어를 겨냥하고 있는 것도 아니고, 불법이 되는 음란물의 '유형'에 대한 애매성을 겨냥하고 있는 것도 아니라는 점을 주목하라. 특정한 사진이 CPPA가 불법으로 규정한 유형인가 아닌가를 결정하는 관람자의 능력이라는 맥락에서 애매성의 문제가 발생한다. 이 점이 카터가 반대한 핵심적 이유이며, 항고법원은 단순히 교묘하게 회피하기를 선택했다.

이 부분의 법률에 대한 주요 어려움은 논의 2에서 논의했다. 여기서는 주로 카테고리 C 유형의 음란물 이미지의 생산과 유통에 의해

---

24) Carl. S. Kaplan, *ibid.*

25) Carl. S. Kaplan, *ibid.*

26) David Sharp, "Court Upholds Child Porn Law," Associated Press, < http://wire.ap.org> , 1999년 1월 30일, 03 : 36 EST.

야기되는 해악에 대해 분석하고 있다. 차후에 발전시킬 나의 관점은 이러한 해악들을 피하기 위한 가장 좋은 방법은 어린이와 성인들에게 더 강력한 프라이버시 보호를 제공하자는 것이다. 이것은 인터넷에서 발견되는 어린이나 성인에 대한 사진은 음란한 이미지로 변형 창출될 수 있다는 사실을 충분히 반영할 수 있다.[27] 이것은 여러분 자녀의 사진을 웹사이트에 올리기 전에 생각해야 하는 것이다.

CPPA의 D부분은 주로 음란물의 제공자들(필연적으로 생산자들만이 아니라)을 언급하고 있다. 인터넷의 특성으로 볼 때, 이것은 독특한 유형의 이미지를 제시하고 있는 것으로 해석될 수 있다. 나는 카테고리 'D' 이미지로 부른다. 전형적인 카테고리 D 이미지는 명백한 성적 행위에 관련되지도 않고 외설적이거나 성적으로 공격적인 태도를 취하고 있지도 않은 충분히 옷을 입고 있는 연소자이다. 카테고리 D 이미지의 가장 현저한 특징은 명백하게 연소자를 묘사하고 있다는 점이다. 그리고 이러한 특징의 중요성은 아마 웹사이트의 '관심끌기'(teasers)에 의해 수행되는 기능과의 비교를 통해 가장 잘 이해된다. '관심끌기'는 음란물 사이트의 홈페이지(혹은 '입장'하는 지점)에서 처음으로 만나게 되는 이미지이다. 홈페이지는 접속자들을 동일한 음란물이나 좀 더 명백한 성격의 음란물을 포함하고 있는 다음 페이지로 클릭하도록 유혹하거나 흥분시키도록 디자인된다. 전형적으로 '관심끌기'의 단계에서 접속자는 더 진행하기 위한 조건으로서 신용카드 번호를 제공하도록 요청받는다.

---

27) 이것은 일부 행정가들이 대학 웹사이트의 교수진을 그들의 이해와 동의에 따라 교수진 사진을 게재할 것을 주장하는 것을 포함한다.

　내가 언급한 것처럼 나는 이 논문에서 비록 음란물 홈페이지가 매우 심각한 문제이기는 하지만, 음란물 자료의 상업적 유통이나 월드 와이드 웹(WWW)과 관련된 문제들을 다루려는 것이 아니다. 최상위 도메인 이름을 실수로 잘못 입력한 어린이, 예를 들어 백악관 웹사이트에 접속하려 했으나 '.gov'를 '.com'으로 잘못 친 어린이는 접속목적을 달성하지 못할 것이다. 이러한 문제는 COPA에 대한 논의에서 더 잘 다루어질 수 있다.

　그럼에도 불구하고 카테고리 D 이미지는 예를 들어, 행위의 시간적 순서나 연속성을 보여주기 위해 책이나 잡지로부터 스캔된 사진을 연속적으로 보여주거나 혹은 비디오에서의 행위의 시간적 연속성을 보여주기 위해 개별적 '스냅사진'의 개별 프레임을 연속적으로 게재할 때의 뉴스 그룹에서 발견된다. 종종 그러한 시리즈의 첫 번째의 일부 이미지는 외설스럽지 않은 자세나 성적 행위에 연관되지 않은 충분히 옷을 입고 있는 청소년을 포함하고 있다. 예를 들어, 완전히 옷을 입고 있는 14살의 어린이 두 명이 소파에 앉아 이야기하고 있다. 그 뒤로 아동 음란물의 성격을 지닌 사진들이 뒤따르고 있다. 여기서의 질문은 초기의 완전히 품위 있고 순진무구한 이미지의 사진들은 아동 음란물인가 아닌가이다. 그러한 사진들이 음란물 이미지의 교환을 주선하는 뉴스 그룹에서 발견된다면 그러한 이미지들을 아동 음란물이다라고 논의할 수 있는가?

　나는 아동 음란물 방지법의 지지자들은 근본적으로 중요한 혹은 관련된 질문들을 생각해 보지 않았다고 믿는다. 그들의 주장은 아동 음란물에 의해 발생하는 해악으로부터 어린들을 보호하는 가장 좋은 방법은 소아성애자들의 '욕구를 자극할' 수 있는 효과를 가진 모든 자료를 금하자는 것이다. 이러한 주장에서 우리는 연소자 뿐 만 아니라, 연소자처럼 '보이는' 시뮬레이션, 변형된 이미지 그리고 바로 위에서 언급한 '순진무구한' 이미지까지 금지하려는 그 동기를 다소 이해할 수 있다.

❖ **논의 #1 : CPPA는 미국 수정헌법 제1조에 위배된다.**

여기서 우리는 아동이 아동 음란물의 희생자가 되지 않도록 하기 위해 아동 음란물을 금지하는 것으로부터 아동 음란물을 통해 욕구를 충족시키려는 사람들로부터 어린이를 보호하는 것으로 관점을 명백히 전환해야 한다. 전자의 경우에 그 목적은 묘사된 연소자가 음란물 이미지의 생산에 의해 위해를 받고 있다는 가정 하에 아동 음란물 이미지(실제 연소자의 사진이나 그림)를 검열하는 것이다. 최악의 경우에 몇 년 전에 벨기에를 떠들썩하게 한 아동 음란물 반지(ring)처럼 희생자들에게 끼치는 해악은 육체적 고통과 죽음을 포함한다. 신체적인 파괴나 폭력을 수반하지 않더라도 희생자들에게 미치는 심리적 해악은 막대하다. 자신의 신체를 노출하도록 기만된 희생자들은 나중에 커다란 두려움을 느꼈다고 보고하기도 하는 등 그들은 극도의 공포를 느낀다. 그리고 결국 그들은 자아 존중감을 손상받게 되고, 심각한 정신적 고통을 지속하게 된다. 그 해악은 희생자의 사회적 명성에까지 영향을 미치게 되기도 한다.

아동 음란물 이미지에 묘사된 어린이들에 대한 생리적·심리적·사회적 해악이 항상 혹은 반드시 발생하는 것은 아니고, 그런 것들이 '일어날 수 있다.' 나는 여기서 에로틱한 아동 이미지의 생산이 거기에 묘사된 아동들에게 해를 끼치지 않는 것도 있고 시각적으로(미학적으로) 상당한 것도 있다는 논쟁적인 주제에 대해 논의하려는 것은 아니나 어린이가 **실제적으로** 묘사되지 않은 명백한 성적 행위 이미지(카테고리 B 이미지), 혹은 실제적으로 묘사되었더라도 음란함, 외설스러움 혹은 특정 종류의 성적 행위가 없는 것으로 묘사된 이미지(카테고리 D 이미지)가 연소자에게 어떤 해를 끼쳤지는지에 대해 의문을 제기한다.

물론, 아동 음란물 방지법의 지지자들은 여기에 대해 대답을 가지고 있다. 그들은 단지 묘사된 연소자가 **음란물의 생산에 의해** 해를 입는다는 이유뿐만 아니라, 음란물의 이용가능성이 향후 **아동 성 남용자의 충동을 자극하여** 연소자들에게 해를 입히도록 한다는 이유로 아동 음란물(광범위한 의미에서)을 검열하려는 것이다. 그리하여 CPPA의 궁극적인 목적은 아동 음란물의 '이차적 효과', 특히 어린이에 대한 성적 남용을 없애는 것이다. 물론, 그 법안의 지지자들이 아동 음란물이 어린이에 대한 성적 남용의 유일한 원인이라고 단언하는 것은 아니나 그 원인 중의 하나라는 것이다.

1997년 8월에 아동 음란물 방지법을 지지하면서 미국 지역판사 사무엘 콘티(Samuel Conti)는 다음과 같이 기술했다.

> 법원은 CPPA가 아이디어 자체를 규제하거나 불법화하기 위한 의도에서가 아니라 음란물이 관람자, 어린이 그리고 사회 전체에 미치는 효과를 상쇄하기 위해 디자인된 것이라는 점을 인정한다. 만약 아동 음란물이 규제의 대상이 된다면, 그것은 무고한 어린이에게 미치는 음란물의 효과 때문이지 음란물, 특히 그 음란물이 컴퓨터에 의해 생성된 어린이 이미지라면 음란물 그 자체의 본질에 의한 것은 아니다.[28]

그러나 콘티 판사가 헌법으로 보호되는 이미지(즉 세 방면의 밀러 테스트를 통과한 이미지)가 어린이가 성적으로 남용되는 효과가 있을 때, 그 이미지에 대한 헌법적 보호를 약화시켜야 한다는 것을 믿을 리가 없다. 곤혹스럽게도 11세 소년의 학교 사진이 소아성도착자의 성욕을 자극하는 일이 있을 수 있다 : 그러나 우리는 확실히 그러한 사진을 금지하기를 원하지 않는다.[29] 부모가 이러한 사진을 웹사이트에 게시하는 일은 장려할 만한 일은 아니나 범죄는 아니다. 그 법안의 지지자들에게 십분 양보하여 그들이 소아성도착자에게 어린이에 대한 성적 남용을 일으킬 수 있는 어떤 이미지도 금하는 것은 아니고 단지 아동 음란물만 금한다고 생각해 보자. 그러나 무엇이 아동 음란물인가? 그들은 아동 음란물을 소아성도착자들에게 악순환의 고통 속에서 어린이에게 성적 남용을 일으키는 것으로 정의할 수 없다.

더 나아가 콘티 판사의 논의를 수용하기 어려운 것은 근본적 질문이 제기되기 때문이다. 즉, 개인이 아동 음란물을 소비하는 것과 어린이 대상의 성적 약탈행위 간의 인과관계에 대한 적절한 증거가 있는가?[30] 한 개인이 소아성도착자인가를 어떻게 가정할 수 있으며, 아동

---

28) 미국시민자유연맹, *ibid.*
29) 카테고리 A(즉 실제의 어린이)나 B(어리게 보이는 성인) 유형 중의 하나가 되는 '학교 소녀'라 불리는 장르의 어린이 음란물이 있다. 이러한 사진들의 대다수는 성적 행위나 음란한 자세를 취하지 않은 충분히 옷을 입은(즉 학교 교복을 입은 소녀의) 사진이다. 이러한 사진들은 단순히 학교로 걸어가는 모습의 사진일 수도 있고 학교 운동장에서 놀고 있는 모습의 사진일 수도 있다.
30) '성과 음란물 중독증 치료'에서 아동 음란물에 관해 검토하는 청문회의 정부 전문가 증인 중의 한 명인 빅터 B. 클라인(Victor B. Cline, 유타 주 솔트 레이크 시에서 온 면허를 가진 심리치료사)은 "음란물은 아무런 영향이 없다고 공공연히 주장하는 일부 '전문가'는 해악을 보여주는 일부 리서치와 연구결과를 모르고 있다. 다른 사람들은 그들이 단언

음란물 이미지에 의해 소아성도착자의 욕구가 자극 혹은 촉발되었다는 점을 어떻게 인정할 수 있으며, 소아성도착자의 욕구가 실제 어린이들의 가공스런 희생에 의해 충족된다고 주장할 수 있는 증거는 무엇인가?

아동 음란물에 대한 상원 보고서에 인용된 쉴리 오브라이언 박사(Dr. Shirey O'Brien)의 견해, 즉 "음란물 문학과 어린 아동에 대한 성적 괴롭힘은 직접적 관계가 있다. 법률집행 공무원은 어린이에 대한 성범죄를 조사할 때, 일상적으로 음란물 자료를 발견한다고 말한다"는 견해를 인정할 수도 있다는 점에 유의하자.[31] 실제로, 아동 음란물의 '순환'이라는 생각을 진전시키고 이에 신뢰를 준 사람은 오브라이언이다. 즉 성적 행위와 연관된 어린이 그림을 공유함으로써 어린이에 대한 보호가 약화될 수 있다. 역으로 어린이가 나중에 성적 행위에 관련될 때, 그 그림은 사건을 야기하게 되어 다른 어린이에 대한 보호를

하고 있는 것을 실제로 믿지 않는다. 일부 사람들은 단지 '폭력적 음란물'의 해악 가능성을 마지못해 인정하고 있다"고 증언했다. 첫 번째로 나는 클라인의 논평은 '우물에 독약 넣기' 효과를 가졌을 수 있다고 생각한다. 두 번째로, 일부 연구자들(1986년 음란물에 관한 검찰총장 위원회에 의해 발행된 보고서에 비판적으로 반응하는 일단의 연구자들)은 음란물(심지어 아동 음란물)은 사회적으로 은혜로운 효과를 가질 수도 있음을 주장한다. 다른 연구자들은 유해한 효과를 주장한다. 나는 개인에 의한 아동 음란물의 사용이 그 개인으로 하여금 아동을 성적으로 남용하도록 야기할 수 있다는 문제와 관련하여 합의를 발견할 수 없었다. 이러한 상황에서 한쪽으로의 합의가 있다고 주장하는 것은 오도된 것이다. 그런데 여기서 보수주의자들에게는 한 가지 난점이 있다. 그것은 그들이 더 많은 인과관계를 주장할수록 소아성도착자의 도덕적 동인에 대해 더 적게 논의하게 된다는 점이다. 그것은 자신의 성적 정향을 자신이 선택한다는 주장에 의해서 동성애자의 도덕적 동인을 강조하는 주장과 배치된다. 보수주의자들은 양쪽 방향을 모두 가질 수 없다.

31) "아동 음란물은 신체적 및 정신적 건강을 위협한다…," *ibid.*, p. 2. 이러한 '직접적 관계'의 본질은 무엇이냐라는 질문은 여전히 남는다.

약화시킬 수 있다는 등등이다.

그러나 이러한 주장 모두는 아동 음란물이 소아성도착자가 어린이들을 성적으로 남용하도록 야기하는 것이 아니라, 소아성도착자가 어린이들을 성적으로 남용하기 위해 어린이 음란물을 **이용할 수 있다**는 것이다. 단순히 카테고리 A 이미지의 생산을 범죄화하는 대신에, 그리고 어린이를 성적으로 남용하는 것으로 CPPA에 규정된 모든 카테고리의 이미지의 사용을 범죄화하는 대신에 의회는 모든 카테고리 이미지의 생산을 금지하는 것을 선택했다. 그래서 **나의 주장은 카테고리 B와 D 이미지의 생산을 금지하는 것은 어린이를 성적으로 남용하는 이미지의 사용을 금지하는 것보다 어린이들을 더 잘 보호하지 못한다는 것이다.** 이러한 카테고리의 이미지들의 생산을 금지하는 것은 성인이 가지는 수정헌법 제1조의 권리를 침해하는 것이며, 반면에 어린이들을 성적으로 남용하기 위해 그 이미지들의 사용을 금지하는 것은 그러하지 않다. 어린이들을 보호하는 한편으로 동시에 우리들에게 성인이 가지는 수정헌법 제1조의 권리를 보호해 주는 타협이 있다. 그러나 이것은 의회가 선택한 것이 아니다.

사실상 의회에서 B와 D 이미지의 생산을 금지하는 것은 일부의 사람에게는 중요한 이유가 있으며, 그것은 어린이들을 보호하는 것과는 별로 관련이 없다. 컴퓨터 하드웨어와 소프트웨어의 급속한 발전이 아동 음란물의 경우를 설명하기에 더욱 어렵게 만든다. 컴퓨터에 의한 아동 음란물의 수입에 대한 고발과 관련된 첫 번째의 연방재판인 미국 대 킨브러프(United States v. Kinbbough, 1995)의 경우에서 법무성은 새로운 방어전략에 직면해야 했다. '정부는 추정된 아동 음란물이 실제로 어리게 보이도록 만들어진 성인이 아니라 실제의 어린이라는 것을 증명해야할 책임이 있다.' 더 나아가 '정부가 그러한 책임을 다하지 못한다면 피고는 무죄가 되어야 한다.'[32] 미국 대 킨브러프의 경우에 정부는 입증 책임을 다할 수 있었지만, 상원 위원회에서 부검찰총장인 케빈 드 그레고리(Kevin De Gregory)는 "만약 정부가 우편 발송된 사진, 밀수 잡지 혹은 비디오, 무역된 사진 그리고 인터넷을 통해 전송된 성 이미지들에 실제 연소자가 묘사되었는지를 적절한 의심을 넘어서서 입증을 계속해야 한다면 모든 어린이 착취/음란물 기소에 적절한 의심 논증(doubt argument)이 수립되어야 할 것이다"라고 말했다. 그리고 그것이 CPPA의 입안과 통과 뒤에 있는 동기를 가장 잘 설명한다.

❖ **논의 #2 : CPPA의 보호가 부적절하다.**

아동 음란물에 의해 야기되는 일정한 착취로부터 아동들을 보호해야 하는 것은 물론 필요하다. 그러나 인터넷의 음란물에 대해 잘 알고 있다면 어린이들을 특별한 보호를 필요로 하는 개별적 종류로 분류하는 것에는 반대할 것이다. 실제로 수천 명의 성인이 의식하지 못한 채로 사진에 찍혀 전 세계에 보여지고 있다. 은폐와 확대의 기술(나는 여기서 예를 들어, 소형 정지 및 동영상 카메라, 고배율 렌즈, 야간투시 렌즈 그리고 다른 하이테크 감시기구들을 의미한다)은 기술적 측면뿐만 아니라, 더욱 중요하게는 소비자들의 입수 및 이용가능성이라는 점에서도 계속

---

32) "B. 컴퓨터에 의해 생성된 아동 음란물은 사진같은 아동 음란물과 똑같은 위협을 어린이의 복지에 부과한다," *1995년 아동 음란물 방지법*, http://thomas.loc.gov/cgi-bin/cpquery/1?cp104:./temp/cp104o4야 : e43450 : (1998년 8월 5일), p. 4.

진보해 왔다.[33] 샤워나 목욕을 하고 있거나, 집에서 옷을 갈아입거나 백화점에서 옷을 입어보고 있는, 혹은 뉴저지나 크레타의 해변에서 일광욕을 하고 있는, 혹은 자동차 운전을 하고 있거나 시장거리를 걸어가고 있는 이 모든 유형의, 그리고 그 이상의 이미지들이 자신도 알지 못한 채 유즈넷에서 발견된다.

한편, 개인적 사진들은 어제든 20년 전이든 간에 상관없이 전 남자친구나 전 남편에 의해 숨길 필요도 없는 카메라에 의해 만들어진다. 그러한 사진들은 단지 상호의 신뢰에 따라 만들어지고, 시간이나 환경이 변화하면 너무 쉽게 대중에게 보여진다. 잠자고 있거나 술에 취해 있는 사람의 음란한 이미지는 또한 카메라를 숨길 필요가 없다. 요지는 성인도 연소자처럼 당황스럽고 유해한 개인적 프라이버시의 침해로부터 보호될 권리가 있다는 점이다.

더 나아가 성인들도 어린이처럼 자신의 신체를 노출하도록, 즉 자신의 행위의 의미를 충분히 이해하지 못하도록 유혹당하거나 기만당할 수 있다. 말하자면 새롭고, 아슬아슬하고, 금지된 것으로부터의 유혹, 애정, 호기심, 성적 흥분, 술, 그리고 위험한 쾌락 혹은 이것들이 여러 가지 복합적으로 작용하여 자신의 방어벽을 낮출 수 있다. 지나가버린 쾌락이 즉시 오래 지속되는 공포가 될 수 있다.

---

33) 은폐와 확대 기술의 진보는 또한 전통적으로 가져왔던 '프라이버시에 대한 낙관적인 합리적 예상'을 점진적으로 약화시키고 있다. 고화상 카메라를 장착한 정부와 상업 위성이 회전하고 있는 세상에서 프라이버시에 대한 낙관적인 예상이 얼마나 합리적이겠는가? 예를 들어, 캐나다의 RADARSTAT-2가 '3미터만큼 작은 물체를 식별할 수 있는 능력'을 지녔다는 것과 미국의 군사 및 정보 위성은 그 이상의 능력을 가졌다는 것은 주지의 사실이다("Canada, U. S. in Standoff Over Too-Smart Satellite," *San Jose Mercury News*(1999년 2월 18일, 4 : 00 p.m. PST) <http://mercury center.com/breaking/docs/074537.htm>).

당신이 앨리사 밀라노(Alyssa Milano), 브래드 피트(Brad Pitt), 혹은 힐러리 클린턴(Hilary Clinton)과 같은 유명인사가 아니더라도 음란하거나 곤혹스러운 형태로 변조되지 않도록 보호될 필요가 있다. 실제로 유명인사들은 유명인사를 변조하는 웹사이트를 찾아나서는, 최근에 형성된 조직인 사이버 추적자(Cyber-Trackers)를 고용하고 있다.[34] 그리고 일부 주에서 유명인사들은 공적 인물들의 프라이버시 필요에 따라 고안된 새로운 보호로부터 혜택을 볼 수도 있다. 그러나 어떤 사람의 어떤 사진도 묘사된 사람이 성적으로 추한 모습으로 가공스럽게 변조될 수 있다는 점을 고려하라. 그래서 CPPA에서 카테고리 C 이미지의 금지에 의해 언급된 문제는 어린이들에 대한 문제만은 아니다. 어린이나 성인 모두 보호가 필요하다. 왜냐하면, 인터넷을 자유자재로 이용하는 사람이 가지고 있는 힘은 공포스럽기 때문이다. 이러한 맥락에서 필요한 것은 나이나 성 혹은 인종과 관계없이 모든 인류에게 해로운 것을 금하는 법률이지 '어린이에게만 해로운' 것을 금하는 법률이 아니다.

---

34) 앨리사(Alyssa)의 어머니인 린 밀라노(Lynn Milano)는 앨리사의 오빠가 인터넷상에 여동생의 음란한 합성사진이 있다는 말을 듣고 사이버 추적자(Cyber-Trackers)에게 도움을 요청했다. 사이버 추적자는 합성사진을 담고 있는 ISPs에 대해 법적 행위를 하겠다고 위협함으로써 음란한 합성사진의 판매를 저지시키려 했다. 앨리사 밀라노의 변호사인 미첼 카마크(M. Karmarck)는 "만약 당신이 누군가의 이름이나 이미지로부터 이득을 본다면, 그리고 그것을 중지하지 않는다면 당신은 기소될 것이다"고 성명을 발표했다 (WTXF, FOX, Philadelphia Evening News, 1999년 2월 21일, 10 : 00 p.m.). 여기서 카마크는 고객의 이름과 초상에 걸려 있는 **독점적 이익**(proprietary interest)을 보호하려 했다는 점에 유의하라. 많은 유명인사에게 있어서 관심사는 금전이다. 사적 시민은, 독점적 이익이 또한 관련될 수 있겠지만, 아마 정신의 안정과 명성과 같은 다른 이익을 보호하는 프라이버시 권리에 의존할 것이다.

'어린이에게 해로운' 것에 호소하는 의회의 조치는 불명확하고, 어떤 경우에 있어서는 너무 협소하다. 특히 점점 많은 정치인들이 어린이들을 어른처럼 벌금형으로 심리하려는 경향이 강한 오늘날의 역사적 시기에 그것은 또한 너무 투명하다. 우리에게 필요하면서도 진정 어려운 도전은 한편으로는 개인의 프라이버시 권리를 보호하면서도 다른 한편으로는 개인의 언론의 자유가 균형을 이루는 광범위한 법률이다. 그것이 도전이다.

그러나 프라이버시를 더 많이 보호해야 한다는 주장은 일부의 장점도 있지만 아동 음란물, 특히 카테고리 C 이미지에 의해 야기되는 위험으로부터 더 많은 보호를 제공하지 못할 수 있다고 논의될 수 있다. 이러한 해악들 중에 가장 큰 것은 어린이에 대한 성적 남용과 관련되며, 프라이버시 보호는 이러한 문제를 해결하는 데에 부적절하다.

나는 위의 주장에 동의하지 않는다. 첫째, 아동 음란물이 어린이에 대한 성적 남용에 기여한다고 생각되는 것과 관련하여 유혹의 목적으로 음란물이 사용되는 것을 불법화함으로써 연소자들에게 충분한 법적 보호가 제공될 수 있다. 둘째, 카테고리 C 이미지에 묘사된 연소자에게 가해진 해악의 일부는 그 혹은 그녀의 프라이버시가 침해되었다는 사실에서 발생한다. 이러한 인식은 중요하다. 왜냐하면, 이러한 종류의 프라이버시 침해는 음란물 이미지가 남용의 가능성을 가져온다는 의미에서 논리적으로나 개념적으로 음란물 이미지의 사용에서 기인하는 성적 남용의 해악보다 우선하기 때문이다. 달리 말하여, 오브라이언의 '아동 음란물의 순환'에 의해 제시된 것처럼, 만약 카테고리 C 이미지의 생산과 유통이 불법화된다면 그러한 이미지의 사용에 의한 어린이에 대한 유혹은 사라지게 된다. 나는 그러한 이미지들이 그것에 묘사된 확인 가능한 어린이들의 프라이버시를 침해했기 때문에 음란물 이미지가 어린이들을 유혹하든 그렇지 않든 간에 관계없이 음란물 이미지의 생산과 유통이 불법화되어야 한다고 주장한다. 그래서 프라이버시 침해 문제를 언급함으로써 우리는 또한 성적 남용의 문제를 언급한다. 그러나 카테고리 C 이미지의 맥락에서 발생하는 프라이버시 문제는 단지 어린이들만이 아니라 모든 사람에게 보호를 제공함으로써 가장 효과적으로 언급된다. 이러한 방식으로 우리는 카터 판사의 CPPA에 대한 정당한 거부에서 언급된, 즉 성인의 이미지인지 연소자의 이미지인지를 결정해야 하는 관람자의 능력이라는 가장 주요한 어려움을 회피할 수 있다.

❖ **논의 #3 : CPPA는 우리의 어린이들에게 해악을 끼칠 수 있다.**

다소 아이러니하지만 우리가 논의한 법률안에는 또 다른 심오하게 진지한 문제가 있다. 이 법에 의하여 해를 입게 되는 사람들은 우리가 보호하려는 사람, 그리고/혹은 그들의 부모들이다. 이것은 부분적으로 그 법안을 만든 사람들이 (1) 미국에서 자라난 사춘기 어린이의 현실을 모르고 있으며, 그리고 (2) 인터넷이 어떻게 작용하는지에 대해 이해가 부족하기 때문이다.

전형적인 중산층의 컴퓨터를 사용할 수 있는 사춘기 어린이들은 TV, 영화, 버스 승강장 광고, 그리고 인터넷 등에서 성적 이미지의 홍수 속에 노출되어 있을 뿐만 아니라, 그들의 세계를 성적 관점에서 해석한다. 전형적인 12세는 성적 욕구를 가지고 있다. 그러한 욕구와 인터넷이 충돌할 때, 특히 의회가 얼마나 쉽게 어린이들이 악한이 되도록 만들었는가를 이해할 때 걱정스러운 점이 있다.

음란한 자료의 교환을 위한 컴퓨터 사용의 규제를 목적으로 하는 조항들 가운데에서 CPPA는 3개 이상의 어린이 음란물 이미지 소유를 불법화한 것을 기억하라. 이러한 조항들과 관련하여 두 가지 점에 대해 생각해 보아야 한다 : 첫 번째로, 예를 들어 12세 소년에게는 16세 소녀의 이미지가 상당히 나이든 여인의 이미지이며, 18세 혹은 21세의 이미지보다 '선호할 만한' 이미지이다. 그래서 컴퓨터를 사용할 수 있는 사춘기의 연소자가 정부가 아동 음란물을 어떻게 규정하고 있는가에 대해 뉴스 그룹에서 정보를 찾아보는 것은 놀라운 일이 아니다. 둘째로, 컴퓨터를 사용할 수 있는 사춘기 어린이가 3개의 음란물 파일을 다운받는 것은 극히 쉬운 일이다. 실제로, 어린이들은 30 혹은 300, 심지어 3,000개의 파일도 순식간에 다운받을 수 있다. 그리고 각각의 파일은 완전한 색상과 고해상도 이미지로 전환될 수 있다. 실제로, (점점 많은 가정들이 가입하고 있는) 가정 케이블 모뎀을 통하여 인터넷에 연결된 1년 이상 되지 않은 컴퓨터를 가진 누구나도 3,000바이너리 파일을 다운받아 동시에 바이너리에서 볼 수 있는 JPEG 혹은 GIF로 변환하는 것은 1시간 안에 가능하다.[35]

물론, 우리의 12세는 파일을 다운로드하는 것보다는 파일을 관람하는 시간이 훨씬 더 많을 것이다. 우리의 12세는 파일을 보기 전에 무엇이 다운로드되었는지를 모른다. 뉴스 그룹의 이름은 단지 그 내용

---

[35] 예를 들어, 가정 케이블 네트워크가 자료를 전송하는 최대 속도는 10메가비트이다. 실제 자료 전송속도는 프로세서 속도, RAM의 크기, 가용 저장 공간의 크기, 시간대 등에 따라 달라진다.

물을 대략적으로 표현하고 있을 뿐이다. 비록 아동 음란물을 포함할 만한 뉴스 그룹을 피한다고 할지라도, 전 세계의 다양한 사람들이 뉴스 그룹에 다양한 종류의 음란한 파일을 게시한다는 점을 고려한다면 3,000개의 다운로드된 그림들 가운데에서 3개 이상은 아동 음란물임이 확실하다. 그리고 3개 이상의 아동 음란물 파일을 소유하고 있는 것은 법률 위반임을 회상하라—당신이 그것들을 보았느냐 아니냐 하는 것은 문제가 아니다. (범죄행위는 그것을 보는 것이 아니라 소유나 전송 등에 있다). 그러므로 우리의 12세는 자신이 의식하지 못한 채로 범법행위를 할 가능성이 높다. 혹은 당신과 부모 및 컴퓨터의 정당한 소유자는 법률을 위반할 가능성이 높으며, 법에 대해 몰랐다고 하는 것은 변명이 되지 않는다는 것을 우리는 잘 알고 있다.

여기서 우리가 말하고 있는 것은 경범죄의 범행이 아니다. 그것은 중대한 범죄이며, 10년형에 처해질 수 있는 중범죄이다. 물론 인터넷이 어떻게 작동하는지를 이해하고 있거나 혹은 이해하지 못하는, 그리고/혹은 적용 법률에 대한 지식을 가지고 있거나 혹은 그렇지 못한 부모는 변호사를 통하여 자신의 무죄를 주장할 것이다. 어떤 경우에라도 그 부모는 유죄가 된다. 호소할 만한 정상 참작의 여지는 없다.

지역(그리고 심지어 중앙) 미디어들은 의심할 바 없이 당신의 컴퓨터가 수천 개의 음란한 그림들을 가지고 있었다는 것을 보도할 것이고, 이러한 사실이 상대적으로 의미가 없다는 것을 이해하는 사람은 별로 없을 것이다. 체포는 공식적으로 기록되고 혹은 지역 검사는 자신이 하고 있는 일을 다른 사람에게 알릴 필요가 있기 때문에 미디어는 당신의 사례에 대해 알게 될 것이다. 어떤 경우라도 소식이 전해졌다면, 특히 만약 당신이 그 상황에 대해 당신 자식을 비난하려 한다면 당신은 이웃과 친구들에게 지구상의 쓰레기처럼 인식될 것이다. 일부 사람들은 당신을 아예 소아성도착자나 어린이 치한으로 부를 수도 있다. 많은 사람들이 그렇게 생각할 것이다. 어떤 사람들은 당신과 같은 사람은 어린이를 가질 자격이 없으며, 어린이로부터 신뢰를 받아서도 안 된다고 말할 것이고, 당신은 부모가 되기에 적합하지 않다는 이유로 어린이를 키우지 못하도록 조치를 취하려고 할 수도 있다.

의회는 컴퓨터 기술이 얼마나 빨리 발전하는지를 고려하지 못했다. 의회는 이러한 기술을 매일 사용하는 어린이와 청소년들을 고려하지 못했다. 이 법률안은 매우 선량한 사람들의 삶을 황폐화시키고 있다 ; 이 법률안은 그것이 어린이들에게 다가오는 위험을 효과적으로 방지할 수 있을지라도(그리고 그것조차 의심스럽지만) 도덕적 및 타산적인 관점에서 수용될 수 없다.

Ⅱ. 결론

수정된 법률안은 카테고리 A 사진들의 생산을 금지할 것이고, 모든 범주의 아동 음란물을 연소자의 성적 행위 연루를 조장하려는 목적으로 사용하는 것을 금할 것이다. 부가적으로, 수정된 법률안은 나체 이미지가 뉴스 그룹에 게시되기 전에 묘사된 개인의 동의를 획득하도록 하여 식별 가능한 모든 개인, 성인 및 연소자의 프라이버시를 보호할 것이다. 식별 가능한 개인을 묘사한 이미지가 음란한 속성을 가지고 있느냐 그렇지 않느냐에 대한 판단은 궁극적으로 묘사된 개인에게 달려 있다. 다시 말하면, 한 사람 이상의 식별 가능한 개인이 묘사된 상황에서 한 개인이 그 이미지는 음란하다고 판단한다면 그 이미지의 공포는 금지되기에 충분하다. 여기서 연소자들의 동의, 좀 더 적절하게는 그들의 보호자의 동의를 요구하는 것은 문제가 되지 않는다. 왜냐하면 연소자들의 음란한 이미지는 불법적이기 때문이다. 그러나 나체와 관련된 연소자들의 모든 사진이 음란물이 아니기 때문에 승인을 요구하는 조항은 승인되지 않은 음란물 이미지의 공포와 관련된 종류의 프라이버시 침해를 방지한다.

수정된 법률안의 위와 같은 특징은 아동 음란물, 좀 더 일반적으로는 음란물에 의해 야기되는 문제들을 다루는 좀 더 광범위하고 공정한 접근법의 일부이다. 이러한 특징들은 당연히 문제가 전혀 없는 것이 아니며, 아직 보완해야 할 점들이 많이 남아 있다. 그러나 시각 미디어에서 발생하는 여타의 문제들처럼 인터넷 시대의 아동 음란물 문제는 프라이버시 침해와 연관된 문제로 생각해야 한다는 점은 명백하다. 실제로 프라이버시 침해는 우리가 방지해야 할 가장 기본적인 해악으로 간주되어야 한다. 그러므로 ('연소자들에게 해로운'이라는 관념에 의존하여) 음란성을 제거하려는 강력한 노력에서 프라이버시 침해가 적절히 고려되지 못한 것은 놀라운 일이다.

참고문헌

American Civil Liberties Union. Free Speech Advocates Appeal Decision Upholding So—Called 'Porn Prevention Law'. < http://ww.aclu.org/news/nlO039b.htm> , 1997년 10월 3일.

Associated Press. Therapist Convicted of Child Porn. < http://wire.ap.org> , 1999년 2월 10일.

V. Cline. Child Pornography Threatens the Physical and Mental Health and the Well—Being of Children. *Child Pornography Prevention Act of 1995*. < http://thomas. loc.gov/cgibin/cpquery/l?cp104:./temp/> , 1998년 8월 5일.

C.S. Kaplan. Differing Rulings on Child Porn Law Set Up Potential Supreme Court Case. *Cyber Law Journal of The New York Times*, < http://www.nytimes.com/> , 1998년 4월 10일.

B. Pfaffenberger, editor. *Webster's New World Dictionary of Computer Terms*, 6th edition. New York, Simon & Schuster, 1997.

San Jose Mercury News. Canade, U.S. in Standoff Over Too—Smart Satellite. < http://www.mercurycenter.com/breaking/docs/074537.htm> , 1999년 2월 18일.

D. Sharp. Court Upholds Child Porn Law. *Associated Press*, < http://wire.ap.org> , 1999년 1월 30일.

United States Code. Title 18, Section 2246, < http://Mcweb2.Ioc.gov/GLIvl/GLIN. htm> .

B. Computer—Generated Child Pornography Poses the Same Threat to the Well—Being of Children as Photographic Child Pornography. *Child Pornography Prevention Act of 1995*, < http://thomas.loc.gov/cgibin/cpquery/l?cp104:./temp/—cp104o4dl:e43450:> , 1998년 8월 5일.

WTXF, FOX Philadelphia Evening News, 1999년 2월 21일 오후 10 : 00시.

7장_ *PICS* : 검열이 없는 인터넷 접근 통제

폴 레스닉Paul Resnick, 제임스 밀러James Miller

인터넷은 폭발적인 성장과 더불어 다양한 사람들을 대상으로 하고 있는 모든 미디어들이 안고 있는 내재적 문제, 즉 모든 자료들이 모든 청중들에게 적합한 것은 아니라는 문제에 직면하고 있다. 사회들은 미디어의 특성에 따라 반응을 달리하고 있다(note1, 3) : 대부분의 국가는 인쇄자료의 유통보다 방송에 더욱 많은 제한을 가하고 있다. 일부 사람들의 관점에서 보면 유통과 관련된 규제들이 너무 많고, 또 다른 일부 사람들의 관점에서 보면 규제가 충분하지 않다. 유통보다는 정보수용 쪽에 대한 통제를 통하여 다양한 요구들을 더욱 많이 충족시킬 수 있다. TV산업에서는 방송전파에 내재해 있는 등급표식에 근

* 이 논문은 *Communications of the ACM*, 40 : 1 (October) 1996 : 87−93에서 최초로 발표되었다. Copyright ⓒ 1996 by the Association for Computing Machinery. 저작권자의 허락 하에 수록한다.

거하여 수용을 차단하는 체계인 V-칩을 발전시켜 이러한 방식을 실현하고 있다.

우리는 다양한 관점을 반영하는 풍부한 등급표식(label)과 유연한 선택기준을 활용하여 인터넷을 더 훌륭하게 통제할 수 있다. PICS[2], 즉 인터넷 콘텐츠 선별 플랫폼(Platform for Internet Content Selection)은 등급표식에 사용될 용어와 누가 등급표식에 대해 관심을 기울여야 하는가에 대해서는 지시를 하고 있지 못하지만, 등급표식 형식과 유통방법에 대해서는 인터넷 약정을 확립했다. 그것은 등급표식에 무엇을 적어놓아야 하는가를 지정하는 것이 아니라, 포장의 어디에 등급표식을 붙여야 하는가와 어떤 크기로 인쇄되어야 하는가를 지정하는 것에 비유할 만한다.

PICS 약정은 신속하게 수용되었다. 1996년 초반에 마이크로소프트, 넷스케이프, 서프와치(SurfWatch), 사이버패트롤(CyberPatrol), 그리고 다른 소프트웨어 판매인들은 PICS가 적용 가능한 제품생산을 선언했다. 아메리칸 온라인(AOL), 에이티앤드티 월드넷(AT&T World-Net), 컴퓨서브(CompuServe)와 프로디지(Prodigy)사는 1996년 말까지 PICS를 적용한 무료 차단 소프트웨어를 공급했다. RSACi와 세이프서프(SafeSurf)는 PICS 형식의 등급표식을 생산하는 온라인 서버를 통하여 등급표식에 사용될 특정한 용어들을 제공하고 있다. 1996년 5월에 컴퓨서브는 PICS 형식의 RSACi 등급표식을 사용하여 자신이 생산하는 모든 웹 콘텐츠에 등급표식을 붙이겠다고 선언했다.

Ⅰ. 유연한 차단

모든 사람들이 정보수용 차단의 필요성을 똑같이 느끼는 것은 아니다. 부모들은 자녀가 성적 혹은 폭력적 이미지에 노출되는 것을 원하지 않을 수 있다. 기업체들은 네트워크 사용이 정점에 이르는 시간에 직원들의 오락 사이트 접속을 방지하는 것을 원할 수도 있다. 정부는 다른 나라에서는 합법적일 수 있으나 자국에서는 불법인 자료들의 수용을 제한하기를 원할 수 있다. '폐쇄'(혹은 전체 넷에 대한 연결 차단)조치는 너무 조악하다 : 부적절한 자료들만을 차단할 수 있는 방식이 있어야 한다. 그러나 적절성을 판단하는 기준은 객관적이지도 않고 보편적이지도 않다. 그것은 적어도 세 가지 요소에 의존해 있다.

1. **감독** : 관리나 통치에 대한 철학이 다르듯이 감독 스타일도 다르다.
2. **수용자** : 15세에 적절한 것도 8세에게는 적절하지 않을 수 있으며, 심지어 모든 15세에게 적절한 것도 아니다.
3. **맥락성** : 가정에서 접속하기에 적절한 게임이나 채팅방이라 하더라도 직장이나 학교에서는 부적절할 수 있다.

컴퓨터 소프트웨어가 위의 모든 요소들을 고려한 접근 통제를 제공할 수 있다. [그림 1]에서 예시된 것처럼 기본적인 아이디어는 수용자와 온라인 자료들 사이에 선별 소프트웨어를 삽입하는 것이다. 소

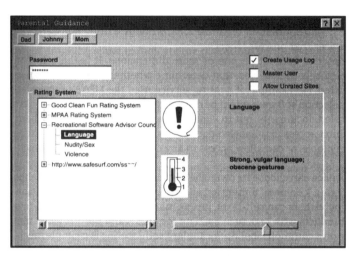

[그림 1] 선별 소프트웨어는 일부 자료에 대해 자동적으로 접근을 차단하나 일부 자료에 대해서는 차단하지 않는다[3].

프트웨어는 특정한 자료들에 대한 접근을 허용할 것인지를 결정하기 위하여 등급표식을 확인한다. 일부 사용자에게는 접근을 허용할 수 있으나 다른 이에게는 허용하지 않을 수 있고, 어떤 때는 허용하나 다른 때는 허용하지 않을 수 있다.

　PICS 이전에는 등급표식에 대한 기준 형식이 없었다. 그래서 접근 통제의 제공을 원하는 회사들은 소프트웨어의 발전과 등급표식의 제공을 모두 해야 했다. PICS는 등급표식에 대한 공동의 형식을 제공했다. 그래서 PICS 적용 선별 소프트웨어는 모든 PICS 적용 등급표식을 처리할 수 있다. 하나의 사이트나 자료가 서로 다른 기관들에 의해 제공된 많은 등급표식을 가질 수도 있다. 소비자들은 [그림 2]에서 예시된 것처럼, 선별 소프트웨어와 등급표식 소스(소위 등급 사정)를 독립적으로 선택할 수 있다. 이러한 분리에 의해 양자의 시장이 번성하게

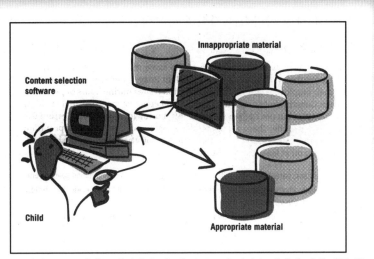

[그림 2] 선별 소프트웨어는 발행자와 제3의 등급표식 서비스 기관에 의해 제공되는 등급표식, 그리고 부모에 의해 선택된 기준에 근거하여 차단한다.

되었다 : 가치중립적으로 남아 있기를 선호하는 회사들은 등급표식을 제공하지 않고 선별 소프트웨어를 제공할 수 있다. 가치지향적인 기관들은 등급표식을 제공하는 등급 서비스를 창출할 수 있다.

PICS 등급표식은 하나 혹은 그 이상의 영역에서 콘텐츠를 기술한다. 접속이 허용되느냐 혹은 금지되느냐를 결정하는 것은 등급표식그 자체가 아니라 선별 소프트웨어이다. 예를 들어, 만약 등급 서비스를 MPAA의 영화등급 용어를 사용한다면, 선별 소프트웨어는 8세 어린이의 PG-등급표식 자료의 접근을 차단하도록 되어 있으나 15세가그 자료에 접근하는 것은 허용하고 있다. 부모들은 수용할 만하다고알려진 자료를 어린이들에게 제공하기 위해 등급표식이 없는 자료에대해서는 접근을 금지하거나 명백히 금지되지 않은 모든 자료에 대해접근을 허용할 수 있다.

각 등급 사정 서비스는 자신의 독자적인 등급표식 용어를 선택할 수 있다. 예를 들어, 야후 등급표식은 '근사함'(coolness) 영역과 주제별 분류영역을 포함하고 있다.

어린이 장난감 제조사가 자신의 생산품에 "5세 이상을 위한 놀이 기구"라고 문장을 써붙이는 것처럼 정보 발행자는 스스로 등급표식을 붙일 수도 있다. 발행자가 공동의 등급표식 용어에 동의하여 스스로 등급표식을 붙이는 것은 인터넷에서의 막대한 양의 정보 산출과 분배의 속성에 부합하는 메커니즘이다.

만약 발행자가 자발적으로 참여하기를 꺼리고 정직하게 참여한다는 것을 신뢰할 수 없다면 독립적인 기구가 제3자적 입장에서 등급표식을 제공할 수 있다. 예를 들어, 나치의 선전과 다른 혐오적 연설에 대해 관심이 있는 사이몬 비젠탈 센터(the Simon Wiesenthal Center)는 역사적으로 부정확하고 혐오를 조장하는 자료에 등급표식을 붙일 수 있다. 제3자 등급표식 체계는 또한 제한된 청중에게 관심이 있다는 특성을 보여준다. 예를 들어 선생님은 과학시간 동안에 천문학 사진에 등급표식을 붙일 수 있으며, 그 밖의 다른 것들에 대해서는 접근을 차단할 수도 있다.

PICS 특성에 대해서는 2가지의 자료가 있다[6, 8]. PICS의 가장 중요한 구성요소는 다음과 같다.

1. 컴퓨터 프로그램이 사용자에게 서비스와 등급표식을 보여줄 수 있도록 등급 서비스를 묘사하는 문장.
2. 컴퓨터 프로그램이 처리할 수 있도록 하기 위한 등급표식 문장. 등급표식은 단일한 자료나 일련의 자료들(예를 들어 하나의 사이

트)을 기술한다. 등급표식은 전자서명이 되어 있거나 관련된 자
료에 대한 암호가 포함되어 있을 수도 있다.

3. RFC-822 전송 포맷[2]과 HTML 자료 포맷에 내재된 등급표식
들(실제적으로는 등급표식 목록).

4. 고객들에게 등급표식이 자료로 전송될 수 있도록 하기 위한 확
대된 HTTP 프로토콜.

5. 등급표식 온라인 데이터베이스(등급표식 저장소)에 대한 의문을
해소하기 위한 문장.

"PICS의 특성에 대한 간략한 설명"([그림 4-7])은 이러한 포맷과
프로토콜을 예시해 주고 있는데, 여기에서는 네 가지 기술적 특성이
강조될 필요가 있다.

첫 번째로, 기계-판독 서비스 기술은 컴퓨터 프로그램이 사용자에
게 등급표식 서비스를 제공하는 인터페이스를 자동적으로 발생시키
기 위한 자원이다. 선별 소프트웨어를 설정하기 위해 [그림 3]에서 보
이는 프로토타입을 생각하라. 여기서 부모는 언어, 노출 정도/성, 그
리고 폭력성의 분리된 영역을 갖추고 있는 등급 서비스에 근거하여
쟈니(Johnny)가 방문할 수 있는 곳에 대한 규칙을 설정하고 있다. 부
모는 척도에서 각 수준과 관련된 내용 기술(예를 들어 '강한, 비속어')과
막대의 높이에 유의하면서 폭력 척도에서 최대한의 가능치를 허용하
기 위하여 막대를 움직일 수 있다. 소프트웨어는 서비스 묘사에서 직
접적으로 막대의 아이콘과 내용 기술을 포함하고 있다.

두 번째로, 등급 서비스는 언어와 문화에 따라 달리 서비스를 묘사
하는 변수들을 제공할 수 있다. 핵심 요소는 동일하게 남아 있으나 내

용과 아이콘은 다를 수 있다. 그 결과 서비스는 등급표식의 여러 가지 버전을 제공할 필요가 없다. 등급표식은 일반적인 핵심 요소에 의존하고 있으나 다양한 서비스 묘사를 활용함으로써 하나의 등급표식은 다른 사용자에게 다른 언어로 제공될 수 있다.

세 번째로, 우리는 보편적으로 구분되는 확인자(identifier)를 필요로 하는 URL을 사용하고 있다. 예를 들어 등급 서비스에 대한 확인자는 URL이다. 이것에는 두 가지 장점이 있다. 첫 번째로 URL은 기술적 자료를 보존할 수 있기 때문에 자기−묘사 확인자이다. 두 번째로 URL은 다른 사람에 의해 선택된 확인자로부터의 구분을 보장하면서도 확인자의 분산된 선택을 허용하는 인터넷 도메인 이름 등록체계의 수단이다.

네 번째로, 우리는 다중적 등급표식에 대한 요청의 반응은 요청 순서를 유지해야 한다고 지정한다. 만약 서버가 하나의 자료를 담고 있는 여러 개의 대안적 URL을 알고 있고, 그리고 고객이 그러한 URL들 중의 하나에 대한 등급표식을 요구하고 있다면 서버는 대안들 중의 하나에 대한 등급표식을 보내줄 수 있다. 고객은 자료 URL이 일치하지 않더라도, 등급표식과 최초의 요구를 부합시킬 수 있다.

Ⅱ. PICS가 지정할 수 없는 것

일반적으로 PICS는 상호 운용에 영향을 주는 기술적 문제에 대해서만 지정한다. PICS는 선별 소프트웨어 혹은 등급 서비스가 어떻게

[그림 3] 프로토타입 소프트웨어[4]는 선택규칙들을 구성하기 위한 사용자 인터페이스를 자동적으로 생성하기 위해 서비스를 묘사하는 텍스트와 아이콘을 기술한다.

작동하는지, 그리고 그것들이 어떻게 함께 작동하는지에 대해서는 지정하지 않는다.

PICS 적용 가능 소프트웨어는 다양한 방식으로 선택적 차단을 시행할 수 있다. 하나의 가능한 방식은 마이크로소프트나 넷스케이프가 선언한 것처럼 각 컴퓨터의 브라우저에 PICS를 내장하는 것이다. 두 번째 방식은 사이버패트롤(CyberPatrol)과 서프와치(SurfWatch)와 같은 제품에서 사용되는 것처럼 각 컴퓨터 네트워크의 프로토콜 저장소의 부분에서 이 기능을 수행하는 것이다. 세 번째 가능한 방식은 예를 들어, 방화벽(firewall)과 결합하여 사용되는 프락시 서버(proxy server)처럼 네트워크의 일부에서 이 기능을 수행하는 것이다. 각 대안들은 효율성, 사용자 편이성, 그리고 보안에 영향을 미친다. 예를 들어, 브라우저는 차단된 연결을 일시적으로 중지하는 것과 같은 근사한 인터페이스 특징을 보여주고 있으나 어린이가 다른 브라우저를 장착하여 선택적인 차단을 우회하기가 상당히 쉽다는 약점이 있다. 네트워크 장착은 가장 안전하나 주의하여 장착되지 않는다면 기능수행에 있어서 병목현상을 가져오기 쉽다.

PICS는 부모나 다른 감독자가 구성(configuration)규칙을 어떻게 만드는가를 지정하지 않는다. 하나의 가능성은 [그림 3]에서 보여주는 것과 같은 구성(configuration)도구를 제공하는 것이다. 그러나 구성하는 것이 너무 복잡할 수 있다. 또 다른 가능성은 기관이나 온라인 서비스를 통하여 사전에 구성된 선택규칙의 세트를 제공하는 것이다. 예를 들어, 온라인 서비스는 유니세프(UNICEF)와 협력하여 사전에 구성된 선택규칙뿐만 아니라, 유니세프에 의해 제공되는 디폴트 홈 페이지를 포함하는 '어린이를 위한 인터넷', 그리고 '십대를 위한 인터넷' 패키지를 제공할 수도 있다.

등급표식은 다양한 방식으로 검색될 수 있다. 일부 고객들은 사용자가 자료에 접근하는 각 시기마다 등급표식을 요청하도록 선택할 수 있다. 다른 고객들은 등급표식이 검색되는 동안의 지연을 최소화하기 위해 자주 요청하는 등급표식들을 저장해 두거나 등급표식 사무국으로부터 커다란 세트를 다운로드해 로컬 데이터베이스를 유지할 수도 있다.

PICS는 서비스 묘사의 형식과 등급표식을 넘어서서 등급표식 서비스가 어떻게 운영되는지에 관해 거의 지정해 주지 못한다. 등급 서비스는 다음의 선택지들을 가지고 있어야 한다.

1. 등급표식 용어. 공동의 영역 세트는 발행자 스스로의 등급표식이

소비자에게 더욱 유용하도록 만들어 주나 문화적 다양성은 단일한 영역의 세트를 만드는 것을 어렵게 한다. 정부도 또한 지역-특정적인 용어들을 의무화하고 있다. 제3자 등급표식 부여자는 광범위한 영역을 이용한다.

2. **입도**(粒度). 서비스는 전체 사이트 혹은 개별 자료와 이미지들에 대해 등급표식을 붙일 수 있다.

3. **등급표식 생성자.** 서비스는 등급표식을 붙이기 위해 전문가, 자원자 혹은 등급표식 부여 컴퓨터를 이용할 수 있다. 서비스는 또한 콘텐츠 생성자나 다른 등급 서비스에 등급표식 생성 임무의 일부 혹은 전체를 위임할 수 있다.

4. **범위.** 일부 서비스는 전체 인터넷의 광범위한 범위를 대상으로 할 수 있고, 또 다른 서비스는 음란물이나 교육 사이트와 같이 좁은 범위를 대상으로 할 수도 있다. 흥미로운 중계 서비스 중의 하나는 구독자가 요청하는 자료들에 대해 등급표식을 붙이는 것이다 : 인터넷에는 수천 개의 사이트와 수백만 개의 자료가 있지만, 어떤 특정한 사용자 집단은 상당히 적은 수의 세트에 대해 접근을 요청하는 경향이 있다.

5. **수익 발생.** 등급표식을 제공하는 일부 기구들은 회원들의 기부나 회비에 의존하면서 아무에게도 요금을 청구하지 않을 수 있다. 다른 서비스들은 온라인 서비스와 같은 중간자에게 등급표식을 재분배하는 권리에 대한 요금을 부과하거나 혹은 등급표식 요금을 사이트들에 부과하는 것과 같이 구독자들에게 요금을 부과할 수 있다. 유니세프에 의해 마련된 기준에 따라 등급표식을 부여하고 유니세프 로고가 있는 등급표식 자료를 이용

하는 것에 대한 대가로서 유니세프와 같은 가치지향적인 기구들에게 로열티를 지불하는 등급표식 부여 중계자들도 있다.

Ⅲ. 등급표식의 다른 용도

새로운 인프라스트럭쳐는 종종 잠재된 요구를 충족하기 위해 계획되지 않은 방식으로 사용되곤 한다. 접근 통제와는 무관한 많은 등급표식 용어가 있을 것이다. PICS 특성도 새로운 기능을 추가한 확장된 메커니즘을 가지게 됨에 따라 애초에 계획되지 않은 용도로 사용될 수 있다. PICS는 비록 그 자료가 다른 사람이 통제하는 자료라 하더라도 인터넷에서 데이터와 자료를 연관시키기를 원하는 사람에게 이용 가능한 새로운 자원 원천이다. 기대되는 적용방안의 일부는 다음을 포함한다.

1. 협동적 등급표식 서비스는 많은 사람이 등급표식을 하고 다른 사람이 관심 있는 자료를 위해 그러한 등급표식을 이용할 수 있도록 할 수 있다[4, 7]. 비슷한 취향을 가진 사람과 최종 사용자 모두가 검토하여 자료 등급을 함으로써 그들 모두를 결합하여 개인화된 가이드를 제공할 수 있다[5, 10, 12].

2. 좋은 기사에 대한 안내로 활용할 수 있는 독자의 검토 견해를 첨부한 온라인 저널을 모든 독자에게 발행할 수 있다[9]. PICS-적용 가능한 등급표식 부여 서비스는 '생산적 기사'와 같이 종

종 사용되는 주석을 암호화할 수 있도록 하기 위해 텍스트 문구나 아이콘에 숫자 척도값을 부여할 수 있으나 PICS 등급표식은 자의적인 텍스트를 포함할 수는 없다. 그러나 PICS 등급표식은 PICS와 컴멘토(ComMentor)와 같은 일반적인 주석 플랫폼을 통합하는 수단을 제공하는 텍스트 주석을 포함하고 있는 다른 자료의 URL을 포함할 수 있다[11].

3. 등급표식 부여 정보는 등급표식에 근거한 검색 엔진 및 브라우저와 결합하여 차단보다는 분류의 목적으로 이용될 수 있다.

4. 지적 재산 정보는 누가 자료를 소장하고 있으며 어떻게 복사되고 이용될 수 있는가에 대하여 사람들에게 알려줄 수 있다. 물론, 이것은 단지 하나의 지적 재산 보호 방식일 뿐이다. 왜냐하면 그것은 강요가 아니라 통보이기 때문이다.

5. 프라이버시 관련 정보들이 발전할 수 있다. 최종 사용자는 프라이버시에 대한 선호를 표현할 수 있고, 등급표식은 사용자에게 웹 사이트와의 상호작용에서 어떤 정보가 수집되었는지, 그리고 그러한 정보가 어떻게 이용될지에 관해 알려줄 수 있다.

6. 명성 관련 정보가 발전할 수 있다. 사업개선국(The Better Business Bureau)은 좋은 혹은 나쁜 사업 관행을 가진 상업 사이트에 등급표식을 할 수 있다. 사적 집단은 자신들의 정보에 따라 사이트에 등급표식을 할 수 있다. 게시된 메시지의 질에 따라서 유즈넷 저자들에 대해 등급표식을 하는 것도 가능하다. 나쁜 명성을 가진 저자들로부터 나온 게시물은 차단될 수도 있다.

Ⅳ. 결론

PICS는 인터넷을 위한 등급표식 부여 인프라스트럭쳐를 제공한다. 그것은 가치중립적이며, 그것은 어떤 등급표식 영역의 집합도, 그리고 등급표식을 부여하는 어떤 기준도 수용할 수 있다. 모든 PICS 적용가능 소프트웨어는 모든 소스로부터의 등급표식도 해석 가능하다. 왜냐하면 각 소스는 등급표식 부여 영역에 대한 기계 판독기술을 제공하기 때문이다.

세계 도처에서 정부들은 온라인 콘텐츠에 대해 제한을 가할 것을 고려하고 있다. 그러나 어린이들이 다르고, 사용의 맥락이 다르고, 가치가 다르기 때문에 맹목적으로 유통을 제한하는 것은 모든 사람의 욕구를 충족시킬 수 없다. 선별 소프트웨어는 수용을 차단하여 다양한 욕구를 충족시킬 수 있으며, 등급표식은 맥락에 따른 선택기준을 적용하는 원자료이다. 등급표식을 대규모로 사용할 가능성이 높아짐에 따라 인터넷을 효과적으로 이용할 수 있도록 하는 새로운 분류, 검색, 여과 그리고 조직도구들이 발전되고 있다.

 참고문헌

[1] J. Berman and D. Weitzer, "User Control : Renewing the Democratic Heart of the First Amendment in the Age of Interactive Media," *Yale Law Journal*. vol. 104, pp. 1619—1995.

[2] D. Crocker, "RFC—822 : Standard for the Format of ARPA Internet Text Message," http://ds.internic.net/rfc/rfc822.txt.1982년 8월.

[3] I. de. Sola Poole, *Technologies of Freedom*. Cambridge : MIT Press, 1983.

[4] D. Goldberg, D. Nichols, B. M. Oki, and D. Terry, "Using Collaborative Filtering to Weave an Information Tapestry," *Communications of the ACM*, vol. 35, pp. 61—70, 1992.

[5] W. Hill, L. Stead, and M. Rosenstein, "Recommending and Evaluating Choices in a Virtual Communities of Use," *Proceedings of CHI 95 Conference on Human Factors in Computing Systems*, Denver : ACM. 194—201.

[6] T. Krauskopf, J. Miller, P. Resnick, and G.W.Treese, "Label Syntax and Communication Protocols," World Wide Consortium, http://w3.org/PICS/labels.html, 1996년 5월 5일.

[7] D. Maltz and K. Ehrlich, "Pointing the Way : Active Collaborative Filtering," *Proceedings of CHI 95 Conference on Human Factors in Computing Systems*, Denver : ACM. 202—209.

[8] J. Miller, P. Resnick, and D. Singer, "Rating Services and Rating Systems (and Their Machine Readable Descriptions)," World Wide Consortium, http://w3. org/PICS/services.html, 1996년 5월 5일.

[9] A. M. Odlyzko, "Tragic Loss or Good Riddance? The Impending Demise of Traditional Scholarly Journal," *International Journal of Human—Computer Studies*, vol. 42, pp. 71—122, 1995.

[10] P. Resnick, N. Iacovou, M. Suchak, P. Bergstrom, and J. Rie이, "GroupLens : An Open Architecture for Collaborative Filtering of Netnews," *Proceedings of CSCW 94 Conference on Computer Supported Cooperative Work*, New York : ACM. 175 – 186.

[11] M. Roscheisen, C. Mogensen, and T. Winograd, "A Platform for Third-Party Value-Added Information Providers : Architecture, Protocols, and Usage Examples," Stanford University CSDTR/DLTR (http://www-diglib.stanford.edu/ diglib/pub/reports/commentor.html), November 1994, updated April 1995.

[12] U. Shardanand and P. Maes, "Social Information Filtering : Algorithms for Automating 'World of Mouth'," *Proceedings of CHI 95 Conference on Human Factors in Computing Systems*, Denver : ACM. 210 – 217.

PICS 특성에 대한 소개

[그림 4]는 MPAA의 영화등급 도식에 기초한 등급 서비스의 샘플을 보여준다. 처음 부분은 서비스에 대한 일반적 정보이다. 두 번째 부분은 각 영역 혹은 범주와 사용된 척도를 보여준다. [그림 4]의 경우는 G로부터 NC-17에 이르는 다섯 개의 가능한 값을 가진 단일한 범주만이 있다. 실제의 등급표식에서 이러한 값들은 정수 0-4로 나타난다 : 서비스 기술에 의하면 소프트웨어 프로그램은 가치값 1이 PG등급에 상응하도록, 그리고 사용자에게 PG.gif 아이콘을 나타내 주도록 되어 있다.

```
((PICS-version 1.1)
(rating-system "http : //MPAAscale.org/Ratings/Description/")
(rating-service "http : //MPAAscale.org/v.1.0")
(icon "icons/MPAAscale.gif")
(name "The MPAA's Movie-rating Service")
```

(description "A rating service based on the MPAA's movie—rating scale")

(caterory

(transmit—as "r")

(name "Rating")

(label (name "G") (value 0) (icon "icons/G.gif"))

(label (name "PG") (value 1) (icon "icons/PG.gif"))

(label (name "PG—13") (value 2) (icon "icons/PG—13.gif"))

(label (name "R") (value 3) (icon "icons/R.gif"))

(label (name "NC—17") (value 4) (icon "icons/NC—17.gif"))))

[그림 4] MPAA 영화등급 도식에 기초한 PICS-적용 가능 서비스에 대한 묘사

[그림 5]는 샘플 PICS 등급표식(실제로는 하나의 등급표식을 포함하고 있는 등급표식 목록)을 보여준다. 등급표식 부여 서비스를 확인해 주는 첫 번째 줄의 URL은 등급표식의 재분배를 가능하게 해주며, 원래의 소스를 확인시켜 준다. 등급표식은 또한 특정한 자료(이 경우에는 "http://www.gcf.org/stuff. html")에 대한 등급표식이 생성된 날짜와 만기 날짜, 그리고 등급표식의 저자와 같은 등급표식 자체에 대한 정보를 포함하고 있다. 마지막 줄은 자료가 기술하고 있는 속성을 보여준다 : "언어"값은 3 ; "성"은 2 ; 그리고 "폭력"은 0으로 묘사되고 있다.

(PICS—1.1 "http://old.rsac.org/v1.0/" labels

on "1994.11.05T08 : 15—0500"

until "1995.12.31T23 : 59—0000"

for "http://www.gcf.org/stuff.html"

by "John Doe" ratings (1 3 s 2 v 0))

[그림 5] [그림 4]에 기술된 서비스의 샘플 등급표식 목록

HTTP뿐만 아니라 FTP, 고퍼 혹은 네트뉴스를 통하여 접근되는 자료들을

포함하여 URL에 의해 이름지워지는 모든 것들에 대해 등급표식이 붙여질 수 있다. PICS는 안정적인 주제를 다루는 채팅방에 등급표식을 붙이기 위해 IRC에 URL 네이밍 체계를 제안했다.

등급표식은 두 가지의 선택적인 보안특성을 가지고 있다(예에서는 보여지지 않는다). 첫 번째는 등급표식이 붙은 자료를 MD5 메시지 다이제스트 형태로 암호화하는 것이다. 이것은 소프트웨어가 등급표식이 생성된 이후에 자료가 변화되었는지 아닌지를 추적하는 것을 가능하도록 한다. 두 번째는 등급표식 그 자체의 콘텐츠에 전자 서명을 하는 것이다. 이것은 등급표식이 언급하고 있는 자료에 의해 등급표식이 생성되었고, 그 등급표식이 변경되지 않았다는 것을 소프트웨어가 입증하는 것이다.

PICS는 등급표식을 분배하는 세 가지 방식을 지정한다. 첫 번째는 자료의 헤더에 메타(META) 요소를 사용하여 HTML 자료 속에 등급표식을 넣어두는 것이다. 일반적인 포맷은 < META http−equiv="PICS−Label" content='labellist' > 이다. 다른 자료형식도 비슷하게 활용될 수 있다.

두 번째의 분배방법은 고객이 HTTP서버에게 자료와 함께 등급표식을 보내 달라고 요청하는 것이다. [그림 6]은 상호작용의 샘플을 보여준다 : HTTP GET 요청은 등급표식에 대한 요청과 어떤 서비스의 등급표식이 전송되어야 하는가를 말해주는 엑스트라 헤더 라인을 포함한다. 서버는 그에 대한 반응으로 두 개의 엑스트라 헤더 라인을 포함하고 있는데, 그 중의 하나는 등급표식을 포함하고 있다.

Client sends to HTTP Server www.greatdocs.com :

GET foo.html HTTP/1.1

Accept−Protocol : {PICS−1.0{params full{services "http://www.gcf.org/1.0/"}}}

Server responds to client :

HTTP/1.1 200 OKDate : Thursday,30−Jun−95 17 : 51 : 47 GMT

MIME — version : 1.0

Last—modified : Thursday,29—Jun—95 17 : 51 : 47 GMT

Protocol : [PICS—1.0{headers PICS—Label}}

PICS—Label : Elabel hereE

Content—type : text/html

Econtents of foo.htmlE

[그림 6] 방법 2—http 서버에 자료와 관련 라벨을 요청하는 것

등급표식을 분배하는 세 번째 방법은 단지 등급표식만을 분배하는 등급표식 사무국(label bureau)을 통하는 것이다. 사무국은 하나 혹은 그 이상의 서비스에 의해 창출되는 등급표식을 분배한다. 등급표식과 콘텐츠를 분리하는 것은 발행자가 등급 표식분배를 원하지 않더라도 제3자에 의한 등급표식 부여를 가능하게 한다 : 예를 들어, 사이먼 비젠탈 센터(Simon Wiesenthal Center)는 신—나치 그룹의 협력이 없더라도 혐오스런 연설에 대해 등급표식을 붙일 수 있다.

등급 표식 사무국은 특별한 포맷으로 URL 조회 열(URL query strings)을 수용하는 HTTP 서버로 수행된다. 등급 표식 사무국이 http://www.labels.org/Ratings에서 이용 가능하다고 가정하자. http://questionable.org/image 자료에 대한 등급표식에 관심이 있는 고객이 www.labels.org에 있는 서버에게 [그림 7]에 나타난 것과 같은 요청을 보낼 수 있다.

GET/Ratings?opt=generic&

u=“http%3A%2F%2Fwww.questionable.org%2Fimange”&

s=“http%3A%2F%2Fwww.gcf.org%2Fv2.5”

HTTP/1.0

[그림 7] 방법 3—자료와는 분리하여 등급표식 사무국에 등급표식 요청하기.
URL 조회 열(URL query string) 내에서 %3A와 %2F처럼 암호화하는
것이 필요함을 유의하라.

참고사항

1) Copyright 1996 by the Assciation for Computing Machinery, Inc.
2) PICS는 광범위한 산업 간 연구자원을 활용해 온 MIT 컴퓨터 과학연구소(MIT's Laboratory for Computer Science)에 있는 월드 와이드 웹(World Wide Web) 컨소시엄의 노력의 결과이다. 프로젝트의 역사, 지원기관의 이름, 그리고 자세한 특성 등은 http://w3.org/PICS에서 찾아볼 수 있다.
3) [그림 1]과 [그림 2]를 제공해 준 넷스케이프(Netscape)에 감사드린다.
4) [그림 3]은 MIT 학생인 제이슨 토마스(J. Thomas)에 의해 씌여진 프로토 타입 소프트웨어를 사용하여 1995년 11월에 만들어졌다. 이 프로토 타입에 대한 원천 코드와 다른 참고 소프트웨어는 PICS 홈페이지에서 이용 가능하다. 그때 이후부터 RSAC는 노출과 성을 다른 영역으로 분리시킨 인터넷을 위한 새로운 등급체계(RSACi)를 만들었다. 일부 회사들은 이러한 프로토 타입처럼 어떤 PICS 서비스 기술도 읽을 수 있는, 그리고 [그림 3]에 보여진 것처럼 비슷한 특성을 가진 사용자 인터페이스를 생성할 수 있는 제품을 선언했다.

8장_ 인터넷 서비스 제공자와 명예훼손 :
새로운 기준의 책임

리차드 A. 스피넬로 Richard A. Spinello

최근 몇 년 사이에 인터넷상에서의 명예훼손이 인터넷 관련 법률에 있어서 논쟁적인 주제로 등장하고 있다. 이 다면적 주제의 복잡성 때문에 이 논문에서 인터넷 명예훼손에 대한 광범위한 조치들을 다루는 것은 어렵다. 대신에 우리는 사이버공간에서 발생하는 명예훼손과 관련된 인터넷 서비스 제공자(ISP)의 책임이라는 주제를 철저하게 다룰 것이다. 우리는 비록 이 주제에 대해 법률적 판결이 내려지고 있는 상황에 살고 있지만 우리는 이 문제에 대해 주로 도덕적 관점에서 접근할 것이다. 그리하여 '책임이 있는'(liable)이라는 말을 일정 정도는 도덕적으로 책임 있는(responsible) 혹은 책임질 만한(accountable) 것

* 이 논문은 2000년 7월 시카고의 로욜라(Loyola) 대학에서 열린 *Fifth Annual Ethics and Technology Conference*에서 처음 발표된 것이다. Copyright ⓒ 2000 by Richard A. Spinello. 저작권자의 허락 하에 수록한다.

으로 해석한다. 이 논문에서의 중심 질문을 좀 더 정확하게 말하면 다음과 같다 : 개인 사용자에 의해 이루어진 명예훼손 진술에 의해 발생하는 피해를 방지하거나 제한하는 데에 인터넷 서비스 제공자가 만약 책임이 있다면 어느 정도 책임을 져야 하는가? 한편으로 ISP의 책임을 의무화하는 것은 사이버공간에서 자유로운 표현에 제한을 가하는 원하지 않았던 결과를 가져올 것이고, 또 다른 한편으로 ISP가 중상비방을 줄이기 위한 적절한 조치를 취하지 않도록 하는 것은 시민 담화나 사적 명성의 보호에 도움이 되지 않는다. 게다가 ISP의 책임을 면제시키는 것은 명예훼손의 희생자를 어떤 의지할 곳도 없는 채로 방치하는 것이다. ISP의 책임문제에 대해 직접 논의하기보다는 이 주제에 관해 논쟁을 야기해 왔던 적절한 법적 사례들을 일부 검토해 보자. 제란 대 아메리칸 온라인(Zeran v. AOL) 그리고 스트래튼 오크몬 회사 대 프로디지 서비스(Stratton Oakmont Inc. v. Prodigy Service) 등과 같은 초기의 사례들이 있다. 우리는 ISP의 경제적 능력에 기초한 책임성의 기준에 근거하여 ISP는 명예훼손에 대하여 제한적 책임이 있다는 결론을 내렸다. 책임성의 일정 정도는 ISP가 수행한 역할에 달려 있다 : ISP가 정보 통로보다는 발행자로서의 기능이 클수록 책임성의 기준이 높다. ISP의 역할이 무엇이었든 간에 ISP는 사후 스크린을 성실하게 해야 할 도덕적 의무, 즉 일단 게시된 명예훼손 논평을 삭제하고, 계약을 철회하고, 차후의 게시를 막기 위해 명예훼손 논평의 게시자를 추적하는 데에 합리적 노력을 기울여야 하는 도덕적 의무가 있다. (일상적이지 않은 혹은 책임이 경감될 만한 특별한 상황이 아닌 경우에) ISP가 적절한 방식으로 이러한 조치들을 취하지 않는다면 ISP가 책임을 다했다고 볼 수 없으며, 발생되는 부정적인 결과에 대해 엄격하게 책임을 져야 한다.

I. 법적 정의와 기준

　헌법의 첫 번째 수정조항은 언론과 출판의 자유를 보장하고 있다. 그러나 이러한 소망스러운 권리는 절대적인 것이 아니다. 인터넷은 금지되지 않은 언론을 장려하고 있지만 사이버공간에서도 언론에 대한 제한은 있어야 한다. 그러한 제한은 첫 번째 수정조항에 의해 보호받지 못하는 명예훼손적인 진술이다. 명예훼손은 다른 사람의 명예에 해를 가하거나 품위를 낮추는 커뮤니케이션으로 정의된다. 이것은 두 가지 형태를 취할 수 있다 : 문서 비방(libel)은 서술이나 프린트로 명예훼손을 하는 것이고, 구두 명예훼손(slander)은 말로서 명예훼손을 하는 경우이다.

　희생자가 명예훼손을 주장하려면 그 또는 그녀는 명예훼손적인 진술의 공포가 희생자를 언급하고 있어야 하며, 그것이 "희생자의 불명예를 야기하는 거짓된 진술"이어야 한다는 점을 입증해야 한다(Cavazos, 1997). 최초의 명예훼손자가 명예훼손의 직접적 원인이기 때문에 문서비방의 주요한 책임이 최초의 명예훼손자에게 있다는 점은 명확하다. 그러므로 최초의 명예훼손자가 직접적으로 책임이 있으며, 비난받아 마땅하다. 그러나 다른 사람 혹은 명예훼손자에게 포럼을 제공한 중간 매개체는 또한 명예훼손에 대해 대리적인 책임을 져야 한다. 이것은 예를 들어 칼럼니스트 중의 한 명에 의해 작성된 문서비방적인 논평을 부주의하게 게재한 신문을 포함할 수 있다.

명예훼손 정보의 유통에 대한 책임은 그 과정에서 행한 역할에 근거하여 책임을 묻는 다른 기준이 있다. 출판자의 책임에 대한 기준에 의하면 "명예훼손적 자료를 반복하거나 재공포한 사람은 처음으로 그것을 최초로 공포한 사람과 같은 책임이 있다"(Restatement of Torts, 1976). 그리하여 신문과 잡지의 발행인은 그들이 발간물 편집을 통제하기 때문에 발간물에 나타나는 명예훼손에 대해 책임이 있다. 유통자의 책임에 대한 기준에 따르면, (예를 들어 서점과 같은) 유통자는 명예훼손 내용을 알았거나 알 만한 이유가 있지 않는 한 책임이 없다. 유통자는 그들이 판매하는 자료에 대한 편집 통제를 명백히 하지 않으므로 발행자와 같은 기준을 적용할 수 없다. 운송자의 책임에 대한 기준에 의하면 전화회사와 같은 운송자는 '조건부 면제'가 된다 : 명예훼손이 일어나고 있다는 것을 알거나 알 만한 이유가 있지 않는 한 운송자는 고객에 의해 이루어진 명예훼손 진술에 대해 책임이 없다. 전화선을 통해 이루어지는 커뮤니케이션의 양을 생각해 보건대, 운송자에게 비방적 언어의 대부분에 대해 책임을 묻는 것은 우스꽝스러운 일이다.

최근 수십 년 사이에 발행인에게 부과하는 책임은 상당히 변화하고 있다. 뉴욕타임즈 대 슐리반(New York Times v. Sullivan, 1964) 사건에서 결정된 대법원 평결 이전에 문서비방의 경우에 피고인은 명예훼손의 의도가 있었건 혹은 없었건 간에 관계없이 명예훼손적 진술의 발간에 대해 '엄격하게 책임'을 졌다. 카버조스(Cavazos, 1992)에 의하면, 뉴욕타임즈(New York Times) 사건에서 법원은 발행자의 엄격한 책임이라는 관념을 원고가 발행자 측에게 '실제적 악의'가 있었음을

증명할 수 있는 능력에 의존하는 제한된 책임성으로 대치했다. 악의
는 발행자가 문제가 되는 진술의 진위 여부에 대해 무관심한 것으로
정의된다.

뉴욕타임즈 사례의 판결은 공적 사건에도 적용될 수 있다. 또 다른
중요한 거츠 대 웰치(Gertz v. Welch, 1974) 사건의 경우에 법원은 위의
진술은 잘못의 증거가 있는 한, 공적 관심사 문제를 비방한 사적 집단
의 책임에 대한 적절한 기준으로 규정할 수 있다고 주장했다. 발행자
가 비방의 진술을 발행하는 데 있어서 부주의하게(negligently) 행위했
다면 본질적으로 그 혹은 그녀에게 책임이 있다 : 부주의는 사건의 전
말에 대해 발행자가 불편부당하고 사실적인 조사를 하지 않은 것이
다. 부주의한 잘못에 대한 이렇게 낮춰진 기준은 정당화된다. 왜냐하
면, 개인은 그에게 행해진 악의적 주장에 반박할 효과적인 커뮤니케
이션 채널이 없기 때문에 지속적인 권리침해에 취약하기 때문이다.

명백히 타임즈(Times)와 거츠(Gertz) 평결은 사적 시민이 연관된 때
라고 하더라도 엄격한 무오류의 책임성으로부터 발행자를 보호한다.
그러나 던 앤드 브래드스트리트사와 그린모스 빌더즈사(Dun & Brad-
street, Inc. v. Greenmoss Builders, Inc.)의 경우에 법원은 비방사건의 경우에
사적 원고는 사적 관심사와 관련된 비방적 진술은 실제적 악의를 입
증하지 않더라고 그 피해를 복구해야 한다고 판결했다. 위의 경우에
서 던 앤드 브래드스트리트사(Dun & Bradstreet)는 의도된 악의가 없었
다고 하더라도 자신의 컴퓨터 정보 시스템을 통하여 그리모스 빌더즈
사(Greenmoss Builders)에 대한 허위 신용정보를 유통시킨 데 대해 책임
이 있다고 판결했다. 이 사건의 판결은 매우 제한적이지만, 순수한 사
적 관심사의 문제에 대해 사적 개인이 제기한 명예훼손 소송에 대해

엄격한 책임을 부과한 것으로 보여진다.

　이러한 일련의 소송으로부터 다음과 같은 결론이 명백하게 내려질 수 있다 : 법원은 사적 시민의 명예가 훼손되고 명예훼손적 진술이 본질적으로 사적일 때 책임성에 대한 높은 기준을 부과한다. 물론, 사적 사건과 공적 사건 간의 혹은 사적 언론과 공적 언론 간의 구분은 불확실하지만, 이 문제는 이 논문의 범위를 넘어선다.

Ⅱ. 인터넷 서비스 제공자와 인터넷 명예훼손

　이 논문에서 우리의 주요 관심사는 개인에게 인터넷 접근을 제공하는 인터넷 서비스 제공자(ISP)의 대리적 책임과 관련된다. 만약 한 개인이 인터넷 게시판이나 다른 온라인 커뮤니케이션을 통하여 다른 사람의 명예를 훼손했다면 인터넷 서비스 제공자(ISP)는 이 경우에 어떤 책임이 있는가? ISP의 책임성 문제는 적절한 책임의 할당에 대해 인터넷이 제기하는 많은 새로운 도전 중의 하나이다. 유감스럽게도 사이버공간에서의 명예훼손은 ISP의 책임에 대해 많은 갈등을 일으키는 판결에 의해 보여지듯이 미국 법률체계에 많은 혼란을 야기하고 있다.

　인터넷 서비스 제공자는 프로디지(Prodigy), 아메리칸 온라인(American Online), 컴퓨서브(Compuserve)와 같은 회사와 고객들에게 한달 요금 혹은 시간당 요금을 받고 인터넷 접속을 제공하는 회사를 말한다. 공식적인 ISP로 분류되는 것은 아니지만, 인터넷 링크를 제공하는

(대학이나 기업과 같은) 많은 상업적 혹은 비상업적 호스트들도 있다. 그 것들은 무료로 학생, 교수진 그리고 고용인에게 인터넷 접속을 제공 한다. 이러한 호스트들은 상업적 ISP와 같은 책임의 문제에 직면하고 있다.

사이버공간의 명예훼손을 둘러싼 혼란의 일부는 법률체계가 인터 넷 서비스 제공자를 앞서 언급한 목록 중의 하나로 적절하게 규정하 지 못하는 무능력 때문이다. ISP를 발행인 혹은 유통자, 또는 운송자 중 무엇으로 간주해야 할 것인가? 만약 ISP가 발행인으로 간주될 수 있다면 신문이나 다른 미디어가 그것들이 공포하는 내용에 대해 책 임을 지는 것과 같이 명예훼손적 내용에 대해 책임이 있다고 할 수 있 다. 만약 ISP를 유통자로 분류한다면, ISP는 단지 명예훼손적 자료를 알고 있었거나 적절한 방식으로 그것을 제때 제거하지 못했을 때에 만 일부 책임을 진다. 그리고 마지막으로 ISP에게 운송자의 기준을 적 용한다면, ISP는 명예훼손적 메시지를 전송되기 전에 알았고 그것의 전송을 막기 위해 아무런 조치를 취하지 않았을 때를 제외하고는 책 임이 없다.

인터넷 그 자체가 '명예훼손 친화적 공간'(Edwards, 1998)이 되는 잠 재력을 지니고 있기 때문에 문제는 더욱 복잡해진다. 인터넷에서의 명예훼손은 여러 가지 방식으로 발생한다. 첫 번째로, 한 명의 사용자 에게 보내는 전자메일이 있다. 그러한 메시지들은 보내기 쉽고 또한 다른 사람들에게 재전송하기도 용이하다. 문서비방법에 의하면 명예 훼손 메시지를 재발송한 개인은 책임이 있다. 명예훼손 메시지를 전 자 메일 리스트를 통하여 전송한 경우는 더욱 피해가 크다. 명예훼손 은 또한 유즈넷(USENET) 뉴스 그룹에 게재한 게시물을 통해 발생할 수 있다. 수천 개의 뉴스 그룹이 있으며, 각 뉴스 그룹은 또한 수백 개의 메시지를 담고 있다. 마지막으로 비방적 언급은 전 세계의 사람들이 접근하고 읽을 수 있는 웹사이트를 통해 확산될 수 있다. 에드워즈 (Edwards, 1998)가 지적한 것처럼 "웹은 … 개인이 매우 저렴한 비용으로 전통적인 출판을 흉내낼 수 있도록 해주었다. 웹사이트를 구축하는 많은 사람들은 명예훼손이나 비방과 관련된 법률에 대해 알지 못하고 있으며, 자신들의 잠재적인 책임을 충분히 인식하지 못한 채 명예훼손 진술들을 발간하고 있다." 비방과 관련된 법률의 의미를 알지 못하고 아마추어 발행인처럼 행동하는 많은 개인에 의해 상황은 점점 심각해져 가고 있다.

Ⅲ. 인터넷 서비스 제공자의 책임에 대한 법적 선례들

판사들은 ISP가 수행한 편집 통제 수준에 의존하여 ISP의 책임에 대해 상이한 판결을 내리고 있다. 첫 번째의 사례인 커비사와 컴퓨서브(Cubby, Inc. v. CompuServe, 1991)의 사건에서 법원은 컴퓨서브는 비방적 내용을 담고 있는 전자 뉴스레터의 확산에 책임이 없다고 판결했다. 미국 뉴욕 지역법원에 따르면, 컴퓨서브사(CompuServe)는 자신의 게시판이나 다른 온라인 내용들에 대해 편집 통제를 하지 않았기 때문에 유통자로서(발행인으로서가 아니라) 행위하였다. 컴퓨서브사는 서점이나 도서관처럼 여과되지 않은 정보의 통로로 간주되었다. 이 판례는, 만약 ISP가 내용을 모니터하기 위해 노력을 기울이지 않았다면

ISP는 그 내용에 대해 책임이 없다는 것을 확인해 주고 있는 것처럼 보인다.

그러나 1995년 프로디지와 스트래튼 오크몽사(Prodigy v. Stratton Oakmont, Inc.)의 사건에서 뉴욕의 한 판사는 프로디지(Prodigy)는 게시판 내용을 스크린하여 발행인처럼 행위했기 때문에 게시판에 게재된 비방적 메시지에 대해 책임이 있다고 판결했다. 프로디지 회사는 어린 이들에게 더욱 적합한 네트워크를 만들기 위해 거부할 만한 메시지는 삭제하고 예의가 있으며 가족지향적인 전자 네트워크로 자신을 자리매김하였다. 앤스(Anthes, 1995)에 의하면, 프로디지(Prodigy)는 "편집자의 자세와 '어떤 내용이라도 실어주는' 자세 간에 중간적인 입장"을 취하기 위해 노력해 왔다. 회원들은 '명예훼손적인, 부정확한, 성적 남용의, 불경한, 명백히 성적인, 협박하는, 인종적 편견을 나타내는 또는 불법적인 자료'는 게시하지 않기로 동의하고 계약했다(Spinello, 1997). 프로디지 회사는 외설이나 구걸에 대한 요구, 혹은 노골적으로 혐오스런 언어들을 삭제하기 위하여 키워드 시스템을 활용하여 게시물들을 사전 스크린했다. 프로디지 회사의 관점에서 볼 때, 이것은 중산층과 가족 고객을 위해 독특한 서비스를 제공하는 것이었다.

그러나 그러한 원시적인 여과체계로는 대부분의 비방적 진술들을 가려내기가 어렵다. 비방적 진술들은 종종 일상적 언어로 작성되기 때문이다. 1994년 10월에 프로디지의 '금융 대화'(Money Talk) 게시판에 살로몬 페이지사(Salomon Page, Ltd.)에게 주식을 공적으로 제공하는 일과 관련하여 스트래톤(Stratton) 중개사의 사장과 일부 직원들이 범죄와 사기행위에 연루되었다는 익명의 게시물이 게재되었다. 이 메시지는 그러한 주식제공은 '주요한 사기범죄'이며, 스트래톤(Stratton)

은 "삶을 위해 거짓말을 하거나 혹은 해고되어야 하는 브로커들의 숭배자"라고 주장했다(Spinello, 1997). 모든 메시지를 스크린하는 것은 기술적으로 가능하지 않다는 프로디지(Prodigy)의 항변에도 불구하고 뉴욕 법원은 내용에 대해 어떤 형태라도 통제를 하는 ISP는 실제적으로 유통자가 아니라 발행자이며, 발행자로서의 법적 책임을 져야 한다고 판결했다. 프로디지는 항소했으나 이 사건은 종국적으로 법원 밖에서 해결되었다.

컴퓨서브(CompuServe)와 프로디지(Prodigy) 판례는 ISP가 행하는 상이한 역할과 그 역할에 따른 상이한 책임의 정도에 대해 통찰력을 제공해 준다. 이러한 판례들의 논리에 따르면, ISP가 더 많은 편집 통제를 할수록 사용자의 명예훼손적 논평에 대해 더 많은 책임이 있다. 다른 한편으로, 만약 ISP가 편집에 대해 더욱 간여하지 않는다면 더욱 책임이 면제된다. 그러나 이러한 행태는 불쾌한 언사의 형태들을 다루는 능력에 제한을 가하게 된다.

의회는 논쟁적인 프로디지(Prodigy)의 판결에 대한 반응으로써 1996년에 ISP의 책임에 대한 논쟁을 벌이게 되었고, 새로운 정책을 공포하였다. 비운의 통신품위법(CDA) 230(c)조는 회원이 작성하는 내용을 운송하는 ISP의 책임을 광범위하게 면제시켜 주는 내용을 포함하고 있다. CDA의 대부분이 위헌으로 판명되었지만, '선한 사마리안' 명제로 알려진 230조는 첫 번째 수정조항과 어떤 방식으로도 갈등을 일으키지 않았다. 프로디지 사건의 판례는 검열을 하는 것이 상당한 불이익이 된다는 것을 의미하기 때문에 의회는 법원의 결정을 무력화시키려고 노력했다. 프로디지 판결은 음란한 자료에 대한 검열을 장려하려는 CDA의 목표와 모순된다. CDA(1996)에 따르면, "상호적인 컴퓨터 서비스의 제공자나 사용자는 또 다른 정보내용 제공자에 의해 발행되는 정보의 발행인이나 대변인으로 취급되어서는 안 된다.”

230조의 광범위한 내용은 제란 대 아메리칸 온라인(Zeran v. America Online) 사건에서 확인되었다. 이 소송은 자신이 오클라호마 시 폭탄 사건을 미화한 T셔츠를 팔았다는 게시물을 삭제하는 데에 AOL이 소홀히 했다고 주장하는 케네스 제란(Kenneth Zeran)에 의해 제기되었다. 제란은 많은 협박 전화를 받았으며, 그는 즉시 AOL에 전화를 걸어 비방 게시물을 삭제하고 취소문을 게시하라고 요구했다. AOL 대표부는 그 게시물은 삭제될 것이나 AOL의 정책에 의해 두 번째 게시물을 제거하기는 어렵다는 것을 제란에게 통보했다. 제란은 항의했으나 게시물은 삭제될 것이나 그러한 게시물들이 수주일 동안 등장할 것이라고 들었다.

제4순회 법원은 제란(Zeran, 1997) 소송에서 ISP의 면책에 대한 도전을 거부하며 AOL의 손을 들어주었다. 법원은 ISP의 면책을 승인하는 의회의 근거를 인용했다 : 그것은 “인터넷 커뮤니케이션의 강건한 특성을 유지하기 위하여”, 그리고 ISP가 끊임없는 책임의 두려움으로부터 벗어나기 위하여 “게시되는 메시지의 숫자와 유형을 엄격하게 제한하는 것”을 막기 위하여서이다. 법원은 230조는 ISP에게 (발행자의 책임뿐만 아니라) 유통자의 책임까지 면제시켜 준다고, 즉 ISP에게는 통보되었을 때에도 수정적 조치를 취할 의무가 있지 않다고 판결하였다. 비록 의회는 유통자의 책임에 대해 아무 말도 하지 않았으나, 제4순회 법원은 ‘유통자’는 ‘발행자’라는 단어의 부분집합으로 추론했고, 그 결과 ISP는 유통자와 발행자 책임 모두 면제된다고 판결했다. 라킬레(Raquillet, 1999)에 따르면, “ISP에 유통자의 책임을 부과한다면 그들이 잠재적인 명예훼손 진술에 대해 통보받을 때마다 유통자의 책임에 직면하게 된다는 점이 주요 논점이다. 조사는 부담스러운 것이며, 인터넷의 발전을 도모하려는 의회의 의도와 모순된다.”

이 판결에 대해 ISP는 환영했지만, 또한 법원이 이 사건의 경우에 범위를 너무 넘어섰다고 주장하는 많은 반대자를 낳았다. 쉐리단(Sheridan, 1998)에 의하면, “의회가 ‘발행자’라고 말했을 때는 ‘유통자’가 아니라 ‘발행자’를 의미한다.” 그의 관점에 의하면, ISP는 발행자의 의무로부터 면제되는 것이지 유통자 책임의 일부 형태로부터 면제되는 것이 아니다. 쉐리단은 이러한 해석이 CDA의 실제적 맥락에 더욱 일관된다고 주장한다. 유통자의 책임이라는 관점 하에서 AOL이 만약 통보된 메시지를 삭제하는 데 비합리적으로 지체했거나 가해자를 추적하는 데에 소홀했다면 책임이 있을 수 있다. 제란 씨는 AOL의 도움이 없다면 그에게 가해진 상처를 치료할 수 없기 때문에 그는 방어할 수 없는 위치에 놓여지게 된다 : 그는 철회문을 게재하고, 범인을 추적하거나 명예훼손 진술을 제거할 능력이 없다. 광범위한 판결로 말미암아 그는 법률적 도움을 받을 수 없으며, AOL의 선의에만 의존하게 되었다.

CDA 230조의 범위와 취지를 확인해 준 두 번째 사례는 블루멘살 대 드러지(Blumenthal v. Drudge) 사건의 경우이다. 이 잘 알려진 사례에서 백악관 보좌관 블루멘살(Blumenthal)은 드러지(Drudge) 씨에 의해 작성된 명예훼손 자료에 대해 AOL을 상대로 소송을 제기했다. 드러지 씨는 AOL로부터 위임을 받아 AOL 네트워크에 자신의 드러지(Drudge) 보고서를 발간하고 AOL로부터 보수를 받는다. AOL은 이 보고서의 내용에 대해 편집 통제를 할 수 있는 특권을 가지고 있으며,

드러지(Drudge)와의 관계를 깊이 증진시켰다. 그러므로 AOL은 '또 다른 정보내용 제공자'에 대한 수동적 통로만을 제공하는 기능을 했다고는 할 수 없다. 그럼에도 불구하고 법원은 AOL은 드러지 씨의 논평에 대해 어떤 형태로든 책임이 없다고 판결했다. 여기서 법원의 추론은 가능한 가장 넓게 관련된 CDA조항을 해석한 제란 대 AOL(Zeran v. AOL)에서의 결정과 일관된다 : ISP가 정보의 원천을 지원했고 그 내용을 통제할 권리가 있다고 하더라도 ISP에게는 발행자의 책임과 유통자의 책임 모두가 면제된다.

그리하여 프로디지(Prodigy) 사건의 경우에는 법원이 ISP에게 발행인으로서의 많은 책임을 부과한 것처럼 보였으나, 나중의 두 가지 사건의 경우에는 법원이 1996년의 통신품위법(CDA) 230조에 대한 논쟁적인 해석에 기초하여 ISP의 명예훼손에 대한 책임을 절대적으로 면제시켜 주는 선언을 하여 앞의 결정을 부인하였다. 이러한 결정에 대해 CDA 비판자들은 제란 씨와 같은 사람들에게 그들의 명성에 가해진 피해를 회복할 수 있는 법적 구제의 길을 없애버리게 되었다고 지적한다.

Ⅳ. 사이버공간은 비방법에 대한 필요를 변화시키는가?

일부 논평자들과 법률학자들은 사이버공간에 명예훼손 법률을 적용하고 책임을 할당하는 데 따르는 일반적인 어려움 때문에 CDA 입법과 그 뒤를 이은 법적 판결에 동의한다. 예를 들어, 미카엘 고드윈 (Michael Godwin, 1996)은 사용자의 비방적 논평에 대해 ISP의 책임을 주장하는 것은 단순히 그럴 듯하지도 않고 편리한 것도 아니라고 주장한다. 그는 또한 사이버공간은 우리들에게 일반적인 명예훼손 법률을 재평가하게 하고, 그것의 소멸 가능성을 고려하게 한다고 주장한다. 이것은 사이버공간이 정보의 민주화에 영향을 주고 있으며, 우리들 모두를 자신의 웹사이트를 가지고 있거나 발간물을 간행하는 유사-공적 인물로 만들고 있기 때문이다. 혹은 대법원이 리노 대 ACLU(Reno v. ACLU, 1997) 판결에서 뚜렷이 쓴 것처럼 인터넷은 평범한 시민이 "팜플렛 발행자나 … 가두연설대에서 얻을 수 있는 공명보다 더 많은 공명을 얻을 수 있는 목소리를 가진 도시의 외침자"가 되는 것을 가능하게 했다. 이러한 경향은 사이버공간에서는 문서비방법이 적합하지 않도록 만들었다. 사이버공간에서는 공적 인물이 되는 것이 용이하고 많은 시간이 소모되고 성가스러운 법적 과정에 의존하지 않고 명예훼손 문제를 해결하기가 더 쉽다. 고드윈(Godwin, 1996)에 의하면, "넷의 상대적 개방성에 의해 자신의 명성이 손상되었다고 느끼는 많은 사람들이 자조할 수 있는 통로를 가지게 되었다. 만약 어떤 이상한 사람이 당신의 성생활이나 개인적 습관에 대해 100줄의 거짓된 진술과 풍자를 했다면 당신은 그것에 대해 500줄의 반박을 할 수 있다." 이러한 추론에 따르면, 희생자가 인터넷상에서 대응할 수 있는 권리가 있는 한, 명예훼손 소송의 필요성과 책임의 할당문제는 크게 완화된다.

그러나 고드윈의 논의에는 심각한 약점이 있다. 사이버공간에서 사적 개인이 명예훼손 진술에 대해 반응할 수 있는 능력을 지나치게 과장하고 있다는 점에서 그의 입장은 의문의 여지가 있다. 명예훼손의 원천이 된 바로 그 포럼에 대한 접근이 허용되지 않는다면 희생자가 악의적인 논평에 대해 효과적으로 대응해 싸우기가 불가능하다. 예를 들어, 만약 인터넷에서 광범위하게 도달되는 온라인 드러지(Drudge) 보고서에서 나의 명예가 훼손되었다면, 내가 드러지 보고서보다 제한된 도달범위를 가진 나 자신의 개인적 웹사이트를 통하여 반응하는 것은 별로 도움이 되지 않는다. 보통의 사적 시민들은 그들에게 행해지는 악의적 비난에 대항하기 위한 가장 효과적인 커뮤니케이션 통로가 아직도 부족하다. 게다가 그러한 채널을 이용할 수 있다 하더라도 사이버공간을 통해 이러한 원색적인 종류의 언쟁을 벌이는 것이 과연 가치가 있는 일인지에 대해 의문을 품을 수 있다.

브룩스(Brooks, 1995)는 사이버공간이 비방에 대한 우리의 관념을 어떻게 변화시키고 있는가에 대해 좀 더 완화되고 온건한 입장을 제공한다. 그는 사이버공간의 일부 비방의 경우에 책임문제를 완화하는 것이 일정한 환경 아래에서는 적절하다고 논의한다 : 예를 들자면, 사적 인물이 명예훼손 언사에 대해 반박할 수 있는 공적 인물의 능력과 똑같은 능력을 가지고 있는 경우이다. 개인이 미디어에 접근할 수 있거나 자신을 공적 논쟁에로 던져넣을 수 있는 경우가 될 것이다. 그러나 브룩스는 명예를 손상당한 측이 이러한 능력을 가지고 있지 않으며, 공적 인물로 분류될 수 없고, 그리하여 올바르게 기록을 하거나 가혹한 손상을 회복하기 위하여 법률에 의존해야 하는 경우가 많다는 점을 인정한다.

그리하여 인터넷 매체에 접근할 수 있는 권리가 있는 일부 개인에 대해서는 책임의 기준을 변화시키는 것이 신중한 판단일 수 있겠지만, 비방법 전체를 제거하거나 피해를 주는 거짓을 수정하는 것을 희생자 자신에게 항상 맡기는 것은 현명한 방법은 아닌 것처럼 보인다. 사이버공간의 세계도 비상업적 발행자가 되기를 선택했거나 그들에게 가해진 유해한 명예훼손 주장을 반박하기 위해 어쩔 수 없이 인터넷을 사용하게 된 사람들에게는 물리세계와 마찬가지로 평평한 운동장이 아니다.

V. 도덕적 관점

우리는 이제 이 논문의 중심인 규범적 질문에 대해 논의하게 되었다. 사이버공간에서 비방법의 지속적인 적절성과 책임의 할당에 대한 필요성을 고려해 보건대, 제란 대 AOL(Zeran v. AOL)의 판결에서 확인된 것처럼 ISP가 광범위한 책임 면제를 받아야 할까? 이것이 이러한 복잡한 문제에 대한 공정하고 균형잡힌 해결책일까? 이러한 정책이 사회복지를 극대화할까? 혹은 다른 발행자나 심지어 유통자처럼 ISP는 비방적인 언사에 대해 일정 정도는 도덕적으로 책임이 있을까, 그리고 책임이 있다면 어떤 상황 하에서 그럴까? 우리가 이미 검토한 것처럼 ISP의 책임 면제에 대한 추론은 기본적으로 고객의 불법적 행위에 대해 ISP로 하여금 책임을 지게 하는 것은 공정하지 않고 부담이 된다는 가정에 기초하고 있다. 또한 ISP의 광범위한 책임 면제는 ISP가 인터넷 커뮤니케이션을 제한하고 그리하여 책임의 유령이 모든 온라인 대화에 숨어들 수 있다는 두려움 때문에 정당한 언론의 자유를 억누를 수 있다는 염려를 불식시키기 위해 필요하다는 점에 기초하고 있다.

이러한 추론은 상당히 의미가 있지만, CDA에 대한 해석에 기초한 제란(Zeran)과 블루멘샬(Blumenthal) 사건에서의 판결은 극단적이고 실망스럽다. 더 많은 사용자가 사이버공간을 이용함에 따라 시민적 담화의 유지에 대한 도전이 더욱 확대되었다. 이런 가공할 만한 도전은 명예훼손의 경우에 ISP에 대한 맹목적인 책임 면제 규칙에 의해 다루기가 더 쉬워지지 않을 것이다. 일정하게 제한된 형태로나마 ISP에 대한 책임 부과를 하기 어렵게 됨에 따라 인터넷에서 비방의 경우는 증대될 것이며, 일부의 경우는 희생자들이 호소할 곳도 없게 될 것이다. 이것은 잠재적 명예훼손자가 익명적으로 행동할 기회가 더 많고 자신의 정체를 숨긴 채로 유지하기 쉬운 사이버공간에서는 특별히 문제가 된다.

한편, 스트래톤(Stratton)의 경우도 또한 오도된 것이다. ISP가 불유쾌한 자료에 대한 검열을 시도했기 때문에 ISP를 발행자로 취급하는 것은 공정하지 않아 보인다. 이러한 논쟁에서 우리가 어떤 중간적인 입장을 취할 수 있는가? 엄격한 책임과 절대적 면제의 극단적 입장이 공동의 도덕감에 위배된다면, ISP에 부담을 주지 않으면서 명예훼손 희생자를 보호하는 ISP의 책임에 대한 합리적인 매개변수를 규정하는 것이 가능할까?

여기서 더 논의를 진행하기 전에 도덕적 책임(responsibility) 혹은 책임성(accountability)이 무엇을 의미하는지를 명확히 할 필요가 있다. 책임성을 결정하는 한 가지 조건은 인과성이다. 우리는 누군가가 사건의 원인이 되었다면 그가 사건에 대해 책임이 있다고 주장한다. '원인'(cause)의 원래 의미는 발생한 혹은 발생하려는 것에 대해 책임이 있다는 것이다. 그러나 이것이 책임이라는 말에 의해 우리가 의미하려는 바는 아니다. 왜냐하면 인터넷 서비스 제공자는 명예훼손 진술의 원인이 되거나 그것을 발생시킨 것은 아니기 때문이다. 그러나 책임은 또한 광범위한 의미를 가지고 있다. 니센바움(Nissenbaum, 1994)에 의하면 책임은 "책임성(accountability)이라는 확고하고 직관적인 관념을 적용할 때 드러나는 것의 일부이다. 어떤 사람에게 책임이 있다라고 말할 때 그것은 또한 그 또는 그녀가 처벌을 감수해야 한다는 것을 의미한다."

이러한 맥락에서 ISP가 명예훼손 진술의 포럼을 제공했기 때문에 ISP는 책임이 있다는 주장을 고려할 수 있다. ISP는 직접적으로 혹은 의도적으로 명예훼손 진술의 확산을 야기하지는 않았으나 인터넷 접근을 용이하게 해줌으로써 ISP는 명예훼손 진술에 대한 **기회**(occasion)를 제공했다. 즉 ISP는 명예훼손의 발생이 쉽도록 혹은 편리하도록 하였다.

그러나 ISP가 단지 명예훼손의 기회를 제공했다는 것이 필연적으로 책임을 의미하는 것은 아니다. 왜냐하면 '책임성'(accountability)은 ISP가 그 명예훼손에 무엇인가를 행할 능력이 있으나 아무런 행동도 취하지 않았다는 것을 수반하기 때문이다. 책임은 ISP가 명예훼손을 막기 위해서나 적어도 피해를 제한하기 위해 합리적으로 할 수 있는 것을 고려한 기준에 근거하여야 한다. 어떤 유해한 행위를 회피할 수 있는(혹은 다른 사람의 유해한 행위를 막을 수 있는) 능력과 그렇게 해야 할 상응하는 의무 간에는 비례성이 있다. 적절한 철학적 원리는 '당위는 능력을 함축한다'이다. 대부분의 경우에 우리는 어떤 사람이 일정한 정도의 **규제적 통제**를 행할 수 있는 행위에 대해 그 사람에게 책임이 있다고 말한다. 이 개념을 발전시킨 피셔(Fischer, 1985)에 의하면, "어떤 사람이 실제적으로 사건에 대해 인과적인 통제를 하지 않았다고 하더라도 그에게 사건의 발생을 막을 수 있는 힘이 있었다면 그는 그 사건에 대해 일정정도의 통제력을 가진 것이다." 그리하여 만약 도덕적 행위자가 X를 행하지 않은 데 대해 책임이 있다면 그 행위자는 X를 행할 수 있어야 한다. 그래야만 그 행위자는 X에 대해 일정한 유형의 규제적 통제를 가졌다고 말할 수 있다.

이러한 맥락에서 경제적 가능성 또한 이번 분석에서 하나의 요소가 되어야 한다. 무한대의 비용을 들인 통제를 주장하는 것은 공정하지 않고 비생산적이다. 그러므로 우리가 '사건의 발생을 막기 위한 힘'을 말할 때, 경제적 가능성의 문제가 또한 도덕적 계산의 한 부분이 되어야 한다. 만약 우리가 경제적 관점을 무시한다면 막대한 비용이 드는 통제수준을 요구할 위험이 있고, 이것은 일부 ISP가 사업을 그만두도록 할 수 있다. 이것은 사회복지의 관점에서 사려깊은 정책이 명백히 아니다.

이것의 결론은 단순하다 : 우리는 실질적으로 불가능하거나 심각하게 어려운 것을 행하지 않은 데 대해서 ISP의 책임을 주장하거나 비난해서는 안 된다. 그리하여 우리는 네트워크상에서의 명예훼손을 다루는 데 있어서 ISP의 능력을 현실적으로 고려해야 한다. 예를 들어, ISP가 사전에 내용을 효과적으로 여과할 수 있는 능력이 있는가? ISP가 모든 전송들을 모니터하고 명예훼손 진술을 확인하기 위해 편집 통제를 행사할 수 있는가?

이러한 유형의 통제를 행하는 것은 기술적으로나 경제적으로 가능하지 않기 때문에 문제가 있다. 제란(Zeran)의 사례에서 제시된 AOL 이 하루에 천만 통의 전자메일과 25만 개의 게시물 메시지를 모니터 하는 것은 불가능할 것이라는 주장은 일리가 있다. 게다가, 그러한 모 니터링이 사회적으로 수용될 수 없다는 데에는 또 다른 이유도 있다 : 캐롬(Carome, 1997)과 AOL의 변호사들이 지적한 것처럼 그것은 인터 넷에 대한 '검열의 장막'을 펼치는 것이 된다. 그러므로 대부분의 경 우에 ISP가 다루어야 하는 막대한 양의 커뮤니케이션과 비방적인 진 술이 전자 여과에 의해 선택적으로 쉽게 식별될 수 있는 '핵심'단어 들을 포함하고 있지 않다는 점을 고려한다면, ISP가 명예훼손의 발생 을 막기 위한 능력을 가지고 있다고 생각하는 것은 비현실적이다. ISP 는 광대한 사이버공간에서 명예훼손 진술의 게시를 막을 수 있는 예 방적 조치를 취할 수 있는 규제적 통제를 하지 못한다. 그리고 만약 ISP가 그렇게 할 수 있다고 하더라도 우리는 ISP가 그러한 주제넘은 통제를 원하지 않을 많은 이유들이 있다.

그러나 이것이 ISP가 명예훼손의 문제에 무기력하다는 것을 필연 적으로 의미하는 것은 아니다. ISP는 비방적 진술에 대해 어떤 유형 의 규제적 통제를 합리적으로 수행할 수 있는가? 일단 ISP가 명예훼 손적 진술이 게재된 사실을 알았다면 빨리 그 게시물을 삭제하여 더 이상의 피해를 막기 위한 통제력을 행사할 수 있다. 또한 희생자가 반 박문을 게재하는 것을 도울 수도 있다. 게다가 특별한 조치를 취하지 않고서 명예훼손자를 추적할 수 있다는 가정 하에 명예훼손자에게 특정한 조치를 취하여 재발을 방지할 수도 있다. ISP는 희생자의 고 발을 확인하기 위하여 조사할 필요가 있지만, 이러한 사후 스크린 조 치를 취하는 경제적 비용이 너무 커서는 안 된다. 실제로 ISP는 사전

스크린이 매우 부담스러운 일이라고 주장하지만, ISP는 사후 스크린이 비슷한 경제적 혹은 행정적 부담이 된다고는 주장하지 않는다.

ISP의 기본적 능력과 관련한 적절한 도덕원칙들을 명확히 했기 때문에 우리는 이제 명예훼손 진술에 대한 ISP의 도덕적 책임의 범위에 관해 평가할 수 있게 되었다. ISP의 책임을 결정하는 데 있어서 ISP의 정보 확산자로서의 역할이 첫 번째로 고려되어야 한다. 왜냐하면, 책임은 ISP에 의해 취해진 역할에 수반되기 때문이다. ISP는 때때로 자신이 편집 통제를 행사하는 뉴스레터나 다른 온라인 발간물을 지원하거나 관리하여 발행자처럼 행위한다. 다른 한편, ISP가 단순히 정보를 전달하는 통로로 기능한 때에는 그들의 역할은 유통자와 유사하다. 확실히 ISP가 발행자와 같은 역할을 취한 때에는 더 높은 책임의 기준을 적용해야 한다. 그러나, 블루멘살 대 드러지(Blumenthal v. Drudge)의 경우에 아메리칸 온라인(American Online)은 드러지(Drudge) 보고서라는 온라인 가십 컬럼을 운영했고 그 컬럼을 고객들에게 공격적으로 분배했음에도 불구하고, 그리고 그 내용에 대해 통제를 행사할 권리가 명백히 있었다는 사실에도 불구하고 드러지 보고서에 나타난 명예훼손적 진술에 대해 책임을 면제받았다. 만약 ISP가 발행자로서 기능했다면 더 높은 책임의 기준을 적용받아야 한다. 즉 뉴욕 타임즈지나 다른 매체가 책임져야 하는 것과 유사한 방식으로 명예훼손 진술에 대해 책임을 져야 한다. 공적 인물에 대한 실제적 해악과 사적 인물에 대한 부주의와 관련된 현재의 법적 기준은 법적 관점뿐만 아니라 도덕적 관점에서도 타당한 것처럼 보인다.

그러나 대부분의 상황에서 ISP는 발행자가 아니라 유통자로서, 즉 다수의 구독자에 의해 정보의 교환을 위한 수동적 통로로 기능한다.

ISP가 유통자로서의 역할을 취하더라도 ISP는 단지 조건을 만족시키는 경우에만 책임이 면제된다. 이미 우리가 논의한 것처럼 ISP는 사전 스크린보다 사후 스크린을 할 수 있다. 그리하여 발행자처럼 행위하는 것은 아니나 명예훼손을 줄이거나 적어도 유해한 효과를 제한할 수 있다. 일단 ISP에 명예훼손적 진술이 통보되었다면 조사를 하여 적절한 조치를 취하는 것은 ISP의 의무이다. 이러한 조치는 명예훼손 진술의 제거, 철회문의 게재, 그리고 차후의 게시를 막기 위해 명예훼손 진술의 작성자를 추적하려는 합리적이고도 진지한 노력의 시도 등을 포함한다. 또한 이러한 경우에 피해를 입게 된 측에게는 시간도 매우 중요하다. ISP에 비방의 통보가 제공되었을 때, ISP가 신속하게 조치를 취하는 것은 의무이다. 특별한 이유가 없는 상황에서 ISP가 이러한 조치들을 취하지 않는다면 ISP는 태만에 대한 책임을 져야 한다.

　일부의 경우에 ISP는 명예훼손자가 익명으로 메시지를 게시했고 자신의 경로를 감추었기 때문에 그의 정체를 알 수 없을 수도 있다. 물렌(Mullen, 1997)에 따르면, "범죄자가 가명과 허위의 신용카드 번호를 사용했으므로 AOL이 범죄자의 기사를 취소할 수 없었다"는 제란 (Zeran)의 경우가 이러한 것 중의 일부이다. 위에서 언급한 규제적 통제의 원리에 비추어 볼 때, 모든 경우에 ISP가 명예훼손자를 추적하는 데 실패한 것에 대해서 엄격한 책임을 물을 수는 없다. ISP가 항상 명예훼손자를 체포할 수 있는 능력을 지닌 것은 아니며, 그리하여 규제적 통제를 결여하고 있을 수 있다. 앞서 말한 것처럼, 만약 행위자가 X를 행하지 않은 데 대해 도덕적 책임이 있으려면 행위자는 X를 행할 수 있어야 한다. 그러나 만약 명예훼손자를 추적하여 차후의 게시를 막으려는 합리적이며 진지한 노력이 없었다면 ISP는 무관심과 무능에 대해 도덕적으로 과실이 있다. 명예훼손자의 신원을 확인하려는 합리적인 노력을 하지 않았다면 ISP는 도덕적으로 실패한 것이다. 그러나 만약 상황이 여의치 않아 성공할 수 없었다면 ISP가 그러한 실패에 대해 책임을 져야 하는 것은 아니다.

물론, 명예훼손의 주장을 확인하기 위한 분석이 진행된 다음에 명예훼손 진술을 제거하고 철회문을 게시하는 것이 똑같은 문제를 야기하는 것은 아니다. 명백히 명예훼손 자료를 알고 있으나 악의나 부주의로 그것을 삭제하거나 조사하는 데 실패한 ISP는 도덕적으로 책임있는 행위를 한 것이 아니다. 만약 누군가가 또 다른 누군가에게 해악이 발생한다는 것을 알고 있거나 알 만하다고 인정할 만한 충분한 이유가 있고, 그가 그 해악을 없애거나 줄일 수 있는 능력이 있을 때, 그는 그렇게 해야 할 분명한 도덕적 의무가 있다. 이것은 법과 도덕의 기본적인 원리이다. 해리스(Harris, 1980)에 따르면, "다른 사람에게 해악을 끼치는 한 가지 방식은 다른 사람에게 해악을 끼칠 어떤 것을 행하는 것이며, 또 다른 것은 해악을 가져오는 결과를 막기 위해 어떤 것을 하지 않는 것, 즉 해악을 막는 데 실패하는 것이다." 직접적으로 해악을 끼치는 것처럼 해악을 막거나 제한하는 데 실패한 것도 책임이 있다.

책임에 대한 우리의 분석에서 고려해야 할 한 가지 애매한 요소는 다른 사람을 돕기 위해 혹은 해악을 방지하는 데 관련되는 어려움과 비용이다. 이러한 경우에 책임의 한계는 어디까지인가? ISP가 명예훼손으로 추정되는 주장을 조사하는 데 얼마만큼의 시간과 비용을 부담해야 하는가? 이것은 쉽게 답해질 수 없는 적절한 질문이다. 그러나 나는 ISP가 다소 비용이 들더라도 즉각적으로, 그리고 효과적으로 조치들을 취해야 한다고 주장한다. 사이버공간에서 명예훼손의 경우가 매우 광범위하게 발생하지 않는다면 경제적 가능성은 주요 문제가 아닌 것 같다. 사적 명성을 보호하는 것은 명예훼손에 대한 적절한 사후 스크린 비용보다 더 중요하다. 만약 비용이 진정으로 부담스러운 것이 아니라면 이 논문에서 제시된 것을 재평가할 필요가 있다.

우리의 평가에서 ISP는 법에서 달리 행동하는 것을 허용하더라도 사후 스크린의 책임을 다해야 한다. 그렇게 하는 것이 명백히 옳은 행위 과정이기 때문이다. ISP는 오도된 정책과 결점이 있는 법적 과정에서 피난처를 찾아서는 안 된다. 그러나 자신의 도덕적 의무를 다하는 데 실패한 비타협적인 ISP에 의해 희생되는 사람이 없도록 정책도 또한 변화되어야 한다. ISP의 맹목적인 책임 면제를 금지하고 이 논문에서 제시된 타협을 수용하지 않는다면, ISP는 부지불식간에 익명성 속에 숨어 있는 많은 인터넷 명예훼손자의 공범자가 될 것이다. 이것은 불행하게도 사이버공간에서의 언론의 자유와 명성의 보호라는 경쟁 속에서 적절한 균형을 취하는 데 별로 도움이 되지 않을 것이며, 중요한 시민적 담화의 종식을 촉진시킬 것이다.

VI. 요약과 결론

우리는 여기서 인터넷에서의 명예훼손적 비방을 처리하기 위한 정책과 법률들이 실질적으로 개정될 필요가 있다는 사실을 논의했다. ISP에 절대적인 책임 면제를 제시한 CDA에 대한 지배적인 해석은 잘못된 것이고 위험스럽다는 점을 지적하였다. 또한 사이버공간에서 비방 법에 대한 폐지를 주장하는 것은 모든 발행자 혹은 화자가 똑같은 경기장에서 게임하고 있는 것이 아니라는 점을 고려하고 있지 못하다. 그러므로 비방법이 지속적으로 적절성을 지니고 또한 책임을 할당해야 할 필요성을 고려해 볼 때, ISP의 도덕적 책임에 대한 좀 더 타당한 기준을 정교화해야 한다. ISP가 명예훼손을 야기한 것은 아니지만 ISP는 명예훼손의 기회나 포럼을 제공했다. 그러므로 대리적 책임에 대한 잠재력은 지니고 있다. 그러나 책임성은 능력에 기반해야 한다 : 행위자는 X를 행할 수 있는 능력이 있을 때 X를 행하지 않은 데 대해 책임을 져야 한다. 기술적이고 경제적인 요인들은 ISP가 명예훼손 진술을 추적하고 여과하는 예방적 조치들을 실질적으로 불가능하게 한다. 그리하여 ISP가 발행자나 편집 통제를 실질적으로 행하는 경우가 아니라면 명예훼손을 방지하는 데에 책임이 있다고 주장할 수는 없다. 그러나 ISP에게 희생자의 명예가 훼손되었다고 통보된 후에 ISP가 일정한 조치를 취하지 않았다면 책임이 있다고 주장할 수 있다. 이러한 조치들은 명예훼손 진술의 즉각적 제거, 희생자를 대신하여 철회문의 발행, 그리고 명예훼손이 재발하지 않도록 하기 위해 최초 게시자를 추적하는 진지한 노력의 시작 등이다. 이러한 행위들은 특별히 성가시거나 경제적으로 불가능하거나 ISP의 능력과 불일치하는 것은 아니다. 이러한 책임성의 기준이 엄격한 책임성(프로디지 경우)과 모든 책임으로부터의 면제(제란의 경우)라는 양 극단 사이의 합리적인 중용이다. 이것은 ISP의 책임 문제에 대해 좀 더 분별 있는 규제적 접근을 하기 위한 기초가 될 수 있다.

참고문헌

Anthens, G. 1995 "On−line Boundaries Unclear," *Computerworld,* June 5 : 16.

Brooks, T. 1995 "Catching Jellyfish in the Internet : the Public−Figure Doctrine and Defamation on Computer Bulletin Boards," *Rutgers Computer & Technology Law Journal,* 21 : 461−490.

Carome, P. et al. 1997 "Intellectual Property : Don't Shoot the Messenger," http://www.jpmag.com/carome.html

Cavazos, E. 1992 "Computer Bulletin Board Systems and the Right of Reply : Redefinding Defamation Liability for a New Technology," *The Review of Litigation* (12) : 231.

Cavazos, E. 1997 "The Legal Risks of Setting Up Shop in Cyberspace," http://www.cism.bus.utexas.edu/ravi/ed_paper.html

Communications Decency Act 1996 Pub L No 104, 47 USC Statute 230 (c).

Edwards, L. 1998 "Defamation and the Internet : Name Calling in Cyberspace," http://www.law.ed.ac.uk/c10_main.htm

Fisher, M. 1991, "Responsibility and Failure," in P.French (ed.), *The Spectrum of Responsibility* (New York : St. Martin's Press) : 170−186.

Godwin, M. 1996 "Libel Law : Let it Die," *Wired,* 4.03 : 116−118.

Harris, J. 1980 *An Introduction to Medical Ethics* (London : Routledge).

Mullen, L. 1997 "The Fourth Circuit has Ruled in Zeran v. America Online : Absolute Immunity for the Internet Service Provider?" http://www.law.stetson.edu/courses/computerlaw/papers/mullen97.htm

Nissenbaum, H. 1994 "Computing and Accountability," *Communications of the ACM,* January : 73−80.

Raquillet, R. 1999 "The Good Samaritan : The Exclusion of Liability of ISP's for

Third Parties Defamatory Conducts," http://www.lclark.edu/~loren/cyberlaw 99fall/projects99.

Reno v. ACLU 1997, 521 U.S. 870.

Restatement (Second) of Torts 1976 #580B.

Sheridan, D. 1998 "Zeran v. AOL and the Effects of Section 230 of the Communications Decency Act Upon Liability for Defamation on the Internet," *Albany Law Riview,* (61) : 147—160.

Spinello, R. 1997 "Prodigy Services Co. and Bulletin Board Liability," in *Case Studies in Information and Computer Ethics,* (Upper Saddle River, NJ : Prentice—Hall, Inc.).

Zeran v. America Online, Inc. 1997 No. 97—15623, WL 701309.

제 3 부

서론
사이버공간에서의 지적 재산

```
1010101010100
1010100010011101011010100010011101011010101010100
0110101010101010001101010101101010001001110101010101
1110101010101010100010011101010101
0010010010010101111010101010101010100010101000
1010100010011101010010010101010101011101011111010101010100010011101010101000
1010101010100101010101010101001101011101010101011110101000101010100
1010101010100101010101010101001110101000100
```

　정보화 시대에서 지적 재산권의 범위에 대한 문제보다도 더 분분한 논쟁은 없을 것이다. 지적 재산의 유형은 창작 음악, 시, 소설, 발명, 생산공식 등등과 같은 "지적인 대상들"이다. 물리적인 대상과는 달리 지적 재산은 많은 사람들이 동시에 사용할 수 있다는 점, 그리고 몇몇 사람들이 사용한다고 다른 사람들이 이용하는 데 방해되지 않는다는 점에서 서로 배타적이지 않을 뿐더러 서로 대립되지도 않는다. 더 나아가 비록 지적 재산을 개발하는 데 시간이 걸리고 비용이 들지라도 지적인 재산에 부가적 접근을 하는 데 드는 비용은 최저 수준이다. 지적인 재산은 특허, 판권, 상표권과 같은 미묘하고 복잡한 권리의 형태들로 보호된다. 이러한 법률체제의 목적은 작가나 발명자에게 자신들의 창작물에 대한 제한된 독점권을 부여함으로써 창작의 의지를 북돋우려는 데 있다.

　이 장에서 논의될 핵심인 저작권법은 소설이나 음악, 또한 소프트웨어 프로그램과 같은 창의적이고 문학적인 저작물을 보호하기 위해 생겨난 것이다. 이 법률은 저작자들에게 자신의 작품에 대해 생전 및 사후 70년의 기간 동안 소유권을 부여한다. 그 이후에 작품은 공적인 것이 된다. 저작권은 전통적으로 "공정한 사용"에 대한 규정이다. 이 법은 자신의 창작물에 대한 권리와 또한 창작물이 저자의 허락 없이 연구나 비평, 교육적인 목적에 정당하게 사용될 수 있는 규정 사이에 균형을 맞추어 주고 있다. 저작권은 또한 특정인에 의해 '소유'될 수 없는 아이디어와 그 아이디어의 표현을 구분한다. 단지 표현이라는 실체적인 매체로 고정되어진 것만이 저작권에 의해 보호된다.

인터넷은 분명히 지적 재산과 저작권 보호의 미래에 대해 우리가 사고하는 방식을 변화시키기 시작하고 있다. 바로우(J. P. Barlow, 1994)는 언젠가는 네트워크와 디지털 공학이 자유로운 정보의 공유를 의미하게 될 것이며, 현재 우리가 알고 있는 지적 재산권이 사라지게 될 것이라고 말한다. 바로우에 따르면 단지 근시안적인 사람들만이 새로운 현실과 디지털 자료 및 네트워크 공학의 가능성에 대해 모르고 있다.

바로우의 예언은 언젠가는 받아들여지게 될 것이다. 그러나 당분간은 대단히 복잡한 지적 재산권 문제가 여전히 사이버 공간의 헤드라인을 장식할 것이다. 콘텐츠 공급자와 소프트웨어 개발자들은 그들의 권리를 보호해 줄 것을 주장하고 있으며, 웹상의 무임승차자와 해적행위에 반대하는 투쟁을 전개하고 있다.

골드스타인(P. Goldstein, 1994)은 그리 멀지 않은 미래에 개개인들이 CD나 책, 잡지, 텔레비전 쇼, 그리고 많은 다양한 형태의 정보와 오락물과 같은 많은 디지털 결과물들에 쉽게 접근하게 되는 웹을 표현하기 위해 "천상의 쥬크 박스"(자동전축 : 돈 넣으면 음악 나오는 상자)라는 은유어를 생각해냈다. 이런 자료 중 어떤 것들은 무료로 제공될 것이며, 어떤 것들은 최소한의 금액을 받고 제공될 것이다.

그러나 이런 유토피아적 시각이 완전히 실현화될 수 있기 전까지는 저작권 논쟁, 상표 소유권 논쟁, 하이퍼링크에 대한 제한 등과 같은 극복해야 할 장애물들이 많다. 예를 들어 영화사들은 자신들의 작품을 온라인에 배포하면 엄청난 이득을 얻지만 또한 암호화와 다른 정교한 기술을 통해서도 적절히 보호될 수 없다는 것에 걱정을 한다.

암호화는 분명히 해결의 한 방법이지만 그것이 결코 완벽한 방법은 아니다. 최근 암호화의 한계가 분명해졌는데, 그것이 바로 악명높은 DeCSS의 경우이다. DVD영화는 콘텐츠 혼합화 시스템(Content Scrambling System : CSS)[1]으로 알려진 형식으로 암호화된다. 그런데 노르웨이에서 몇 명의 십대들이 이 CSS를 해독해내는 DeCSS를 개발해냈다. 이 젊은 해커들은 영화를 무단복제하려고 만들어낸 것이 아니라 단지 리눅스 운영체제로 DVD를 실행해 보려고 했던 것뿐이라고 주장하는데, 리눅스 운영체제는 매킨토시나 윈도우 운영체제와는 달리 CSS가 설치되어 있지 않다. 영화사들은 연합해서 이 DeCSS 개발자들에 대해 소송을 제기하였다.

---

[1] 역자 주 : 콘텐츠 혼합화 시스템(contents scrambling system : CSS)은 디지털 비디오 디스크(DVD)로 부호화할 때 키 값을 주어 하드 디스크에서 재생되도록 한 복제방지 시스템이다. DVD-ROM에는 키 값을 푸는 회로가 내장되어 있어서 뒤엉켜진 콘텐츠 파일을 완전하게 재생한다. 개인용 컴퓨터(PC)로 VOD 파일을 복사하더라도 암호 값을 복사할 수 없기 때문에 복제 후에도 재생할 수 없게 된다. 마찬가지로 다른 매체로 파일을 옮겨도 재생되지 않는다. 그러나 CSS를 푸는 DeCSS가 인터넷에 공개되었는데 기술을 보완해 지금은 DeCSS를 사용해도 타이틀이 복사되지 않는다.

이 이례적인 소송은 몇몇 까다로운 의문들을 제기했는데, 이것은 "DeCSS 사건에 대한 판례문"(A Note on the DeCSS Case)에 잘 나타나 있다. DeCSS 사건보다 앞서 1998년 9월 미 국회는 "디지털 밀레니엄 저작권법(Digital Millenium Copyright Act : DMCA)을 제정했다. 이 법안 중 논쟁이 많은 부분은 바로 DeCSS 사건에 직접적으로 적용되는 우회 방지 조항이다. 이 조항은 기술적인 보호나 암호화 체제를 교묘하게 회피하기 위한 기술의 사용을 범죄로 보고 있다. 그러나 몇몇 사람들은 이 조항이 너무 지나쳐 현재의 저작권법 하에서 "공정한 사용"으로 여겨질 수 있는 것까지도 금지해 버릴 수 있다고 주장한다.

이 DeCSS 사건은 DMCA의 관련된 부분과 함께 읽어야 한다. 이것은 DMCA에 있는 우회 금지 조항의 범위와 합법성에 관한 주요한 판례이다. 이 법률이 저작권의 소유자들에게 그들의 작품을 공정하게 사용하는 것을 임의대로 막거나 간섭할 수 있는 너무 지나친 권한을 부여하고 있는 것은 아닌가?

DMCA 법률에 나타난 또 다른 문제는 매개자의 책임, 즉 다른 사람의 저작권 위반에 대한 제3자의 책임에 대한 것이다. 온라인 서비스 제공자들(OSP's)에 대한 위반 책임의 분담과 관련하여 약간의 조정이 있었다. 사뮤엘슨(Samuelson, 1999)에 의하면 이 법 아래에서는 온라인 서비스 제공자들이 만일 상습적인 위반자의 온라인 서비스를 중단시키거나, 저작권업체가 작품을 보호하기 위해 채택한 표준 기술조치들을 수용하거나, 그리고 어떤 다른 조건들을 준수한다면 책임으로부터 면제("안전한 항구")될 수 있는 자격을 갖게 된다. 온라인 서비스 제공자들은 또한 일단 그들의 자료가 저작권법을 위반하고 있다는 통지를 받으면 그 사이트에서 그 자료를 삭제해야만 한다.

다음 장 「지적 재산권의 정치학 : 인터넷을 위한 환경운동인가?」와 함께 우리는 저작권법의 복잡성에서 지적 재산권의 정치학에 관한 철학적 성찰로 넘어가게 된다. 『마술사, 소프트웨어, 우울』(Shamans, Software, Spleens)의 저자인 보일(J. Boyle)은 우리에겐 지적 재산권에 대한 '정치경제학'이 필요하다고 주장한다. 그의 책의 주요한 주제는 강력한 지적 재산권 보호에 대한 정당화는 '저작권'이라는 낭만적 개념에 뿌리를 두고 있다는 것이다. 사회는 저자를 새로운 어떤 것을 만들어내는 진정한 창조자로 본다. 이런 새로운 작품에 어떤 보호를 해줌으로써 우리는 그 저자에서 정당한 보상을 부여하고 그 작품을 공공의 영역에서 분리시켜 놓을 수 있다. 보일(1996)에 의하면 "저작권법을 정당화시키는 것은 바로 저자의 독창성, 즉 문화와 모든 사람들이 공유하고 있는 원 재료에 첨가시켜 놓은 새로움인 것이다…."

「지적 재산권의 정치학 : 인터넷을 위한 환경운동인가?」에서 그는 이 '독창적 저자' 모델이 우리에게 지적 재산권을 과잉보호하게 유도하고 있다는 관점을 피력하고 있다. 결과적으로 처음에는 개념적으로, 그리고 점차 현실적으로 공공의 영역이 사라지고 있다는 것이다. 그러므로 우리는 1960년대와 1970년대의 미국 환경운동을 통해 자연환경이 더욱 파괴되는 것을 막은 것과 마찬가지로 점점 줄어드는 공공의 영역 혹은 지적 공유재산을 보호하기 위한 정치적 운동을 필요로 한다는 것이다.

지적 재산권의 철학적 기반과 적절한 수준의 보호에 관한 이런 의문들은 다음 두 읽기 자료에서 계속적으로 제기될 것이다. 보일과 같이 맥퍼랜드(M. McFarland)도 우리의 지적인 공유물을 보존하는 것에 대해 관심을 표시한다. 「지적 재산, 지식, 그리고 공동선」에서 우리는 너무 좁게 개개인의 재산권에 초점을 두어 공동의 이익을 놓치는 우를 범해서는 안 된다고 주장한다. 그는 정보의 중요성과 목적을 고려하도록 이끌어 주는 자연법 윤리학에 의존하면서 정보의 분배문제를 관장하는 정책과 법률을 만들 때 정보의 사회적 특성이 고려되어야만 한다고 결론내린다. 그렇게 되면 정보 공유라는 공동의 이익을 무시하지 않으면서도 개인의 권리를 보호할 수 있는 더욱 조화로운 법률을 만들어낼 수 있게 된다.

워윅(S. Warwick)은 그녀의 논문 「저작권은 윤리적으로 정당한가?」에서 저작권법의 윤리적 적법성에 대해 의문을 제기한다. 이 논문은 이제껏 제기된 적이 없는 지적 재산권에 대한 개인 소유의 관념이 본질적으로 윤리적인가라는 의문을 제기하고 탐색해 가면서 지적 재산권과 윤리학 사이의 관계를 검토하고 있다. 그녀는 보일과 맥퍼랜드처럼 지적 창작주에게 이익이 되는 방향으로 더 많은 무게가 주어지고 있는 현실에 우려를 표명하면서 이런 권리의 확장은 윤리적인 근거보다 오히려 경제적인 근거에 바탕을 두어야 한다고 주장한다.

스네퍼(J. Snapper) 또한 자신의 논문인 「웹상에서 저작권 침해보다 더한 표절문제」에서 웹상에서의 저작권 정책의 취지에 대해 의문을 제기한다. 그는 표절과 저작권 위반에 의해 야기되는 손실에 대해 면밀한 분석과 비교를 한 후에 "웹은 표절의 위험이 극대화되고 지적 재산권 침해의 위험이 적은 환경이다"라고 결론을 내린다. 이것은 웹상엔 저작권과 특허권이 필요없다는 것을 암시하는 것은 아니다. 오히려 숨은 의미는 웹에 기반을 두고 있는 발행자를 무임승차자로부터 보호하기 위해 올바른 보호의 수준을 발견하는 것이다. 그는 또한 웹 표절에 대한 우려와 더불어 공정한 정보 사용 방안이 함께 제시되어야 한다고 주장한다.

다음 읽기 자료인 「웹사이트 접속에 대한 윤리적 평가」에서는 소유권 문제에 대한 더욱 전통적인 접근이 함축되어 있다. 이 논문은 많은 복잡한 지적 재산권 문제를 제기시키는 '딥링크'(deep link)의 문제를 탐색한다. 가장 중요한 질문은 웹사이트에 대한 적절한 재산권의 범위와 자유롭고 개방된 웹상에서의 커뮤니케이션이라는 공동선과 이 재산권을 어떻게 적절히 조화시킬 것인지에 관련된다. 저자는 특정 상황에서는 '딥링크'가 재산권을 침해하기 때문에 '딥링크'의 자유를 주장하기에는 추정의 근거가 부족하다고 주장한다. 소유권을 정당화하는 중요한 이론들로부터 지지를 끌어내면서 웹사이트는 지적 재산의 한 형태로 고려되어야만 한다고 주장한다. 그후 이 논문은 하이퍼링킹(데이터 화일을 서로 연결시키는 것)과 더불어 이런 형태의 소유권이 함축하고 있는 구체적인 권리들을 탐색한다.

마지막으로, 지적 소유권 보호에 대한 동기의 대부분이 소프트웨어 산업에서 나왔다는 것을 인식해야만 한다. 소프트웨어 산업은 여러 해 동안 '최고의 보석', 즉 귀중한 소스 코드를 주의 깊게 보호해 왔다. 소프트웨어 허가증은 불법복제, 결점의 수정, 혹은 역공학(reverse engineering) 조차도 금지한다. 그러나 공개 소스 코드의 출현은 이 모든 것을 변화시키고 있다. 공개 소스 소프트웨어 개발업자는 그 소프트웨어를 무상으로 배포할 뿐만 아니라 소스 코드를 공유해 다른 사람들이 이 부호를 수정하고, 결함을 고쳐 주고 또는 주요한 개선까지 해주기를 바라고 있다. 어느 누구도 개방 소스 코드 작동체제인 리눅스의 출현 때까지는 이 공개 소스 코드를 심각하게 받아들이지 않았다. 그러나 리눅스가 빠르게 대중화되어 가고 윈도우에까지 어떤 위협을 주기 시작하자 많은 사람들이 공개 소스 코드를 심각하게 바라보게 되었다.

레이몬드(E. Raymond)는 유명한 논문인 「대성당과 바자회」에서 전통적 발달방법(성당)을 더욱 공개적이고 자유로운 발달방법(바자회)과 대조시킨다. 이 논문은 소프트웨어 발달의 대안노선이 되고 있는 공개 소스 코드 혁명의 많은 이점을 분명하게 요약해 놓고 있다. 사용자들이 쉽게 자신의 취향에 맞도록 변형할 수 있는 공개 코드는 전통적인 소스 코드와 똑같은 수준의 법적인 규제를 받지 않는다는 점에서 중요한 사회적 의미를 지니고 있다.

 **참고문헌**

Barlow, John. "The Economy of Ideas : A Framework for Rethinking Copyrights and Patents," *Wired*, March, 1994, pp. 47–50.

Boyle, James. *Shamans, Software and Spleens*. Cambridge : Harvard University Press, 1996.

Goldstein, Paul. *Copyright's Highway*. New York : Hill and Wang, 1994.

Samuelson, Pamela. "Good News and Bad News on the Intellectual Property Front," *Communications of the ACM*, March, 1999, pp. 19–24.

더 읽을 거리

Barlow, John. "The Economy of Ideas : A Framework for Rethinking Copyrights and Patents," *Wired*, March, 1994, pp. 47–50.

Boyle, James. *Shamans, Software and Spleens*. Cambridge : Harvard University Press, 1996.

Goldstein, Paul. *Copyright's Highway*. New York : Hill and Wang, 1994.

Lessig, Larry. "The Limits of Copyright," *The Industry Standard*, June 26, 2000, pp. 51–52.

Moore, Adam (ed.). *Intellectual Property : Moral, Legal and Intellectual Dilemmas*. Lanham, Md. : Rowman & Littlefield, 1997.

Samuelson, Pamela. "Good News and Bad News on the Intellectual Property Front," *Communications of the ACM*, March, 1999, pp. 19–24.

Stallman, Richard. "GNU Manifesto," 1985. www.gnu.org/gnu/manifesto.html.

Stefik, Mark. *The Internet Edge*. Cambridge, MA : MIT Press, 1999.

 토의문제

1. 당신은 DeCSS 재판에서 제시된 다른 웹사이트로 연결하는 데 규제받지 않을 권리가 있다는 주장을 어떻게 평가하는가?(또한 「하이퍼링크에 대한 윤리적 평가」를 참조하시오.)

2. DeCSS 재판에서 나왔던 또 다른 주장인 소프트웨어는 헌법적으로 보호되어야 한다는 것에 대해서는 어떻게 생각하는가? 당신은 이 입장에 동의하는가?

3. DMCA의 512조인 '저작권 침해에 대한 책임의 한계'가 암시하는 것은 무엇인가? 당신은 이 조항들에 어떤 문제점이 있다고 보는가? 인터넷 서비스 제공자들은 고객에 의한 저작권 침해에 대해 책임을 져야 하는가?

4. 보일의 논문에 있는 공공 영역이 사라진다는 결론에 대해 평가하라. 이것이 사실이거나 혹은 거짓이라는 증거를 제시해 보라. 당신이 보기에는 보일이 제안하고 있는 것처럼 우리가 지나친 지적 재산권 보호의 덫에 빠져들고 있는가?

5. 당신은 웹상에서 표절이 저작권보다 더욱 중요하다는 스네퍼의 주장에 동의하는가?

6. 공개 소스(open source) 코드에 대한 레이몬드의 논문에 대해 비판적 견해를 적어보라. 공개 소스의 장점과 단점은 무엇인가?

1장_ *DeCCS* 재판에 대한 일고[1)]

```
                                          1010101010100
        10101000100111010101010100010011101010101001100
     0110101010101010001110101010101000100111010101010
                1110101010101000100111010101010101
         0010010100100101111101010101010100010101000
    10101000100111010100100100101010101110101111010101010100010011101010101010
    101010101010001010101010101110101011111010101010101111010101010001010100
         1010101010111010101010101110101010010011101010100
```

인터넷 관련 법(cyberlaw)이 빠르게 변화하는 세상에서 새천년의 첫 여름은 논쟁을 불러일으킬 만한 두 개의 사례 때문에 결코 잊혀지지 않을 것이다. 첫 번째 사례는 사용자들에게 MP3 음악파일의 교환을 허용하는 냅스터(Napster)의 그누텔라(Gnutella) 같은 웹사이트와 관련된 공개 논쟁이다. 음반산업은 냅스터 이용자들이 저작권이 있는 음악의 거래를 금지하는 명령을 따르도록 촉구하고 있다. 두 번째 사례는 DeCSS라고 알려진 암호 해독 프로그램(decryption program)에 관한 것이다. DeCSS는 일반 대중에게는 많이 알려져 있지 않기 때문에 별로 주목받지 못했다. 두 사례 모두 지적 재산법과 관련한 불확실한 전망을 가늠해 볼 수 있는 가능성을 지니고 있다. 그러나 DeCSS의 영향

---

1) 이 글은 편집자에 의해 준비된 것이며, 최초로 *Readings in CyberEthics*라는 저널에 게재되었다.

력은 냅스터의 사례보다 파급효과가 클 것이며, 결국에는 더 중요해질 수 있다.

2000년 8월중에 결론내린 DeCSS에 대한 재판에서 디지털 밀레니엄 저작권법(DMCA)의 1201절에 포함된 암호 해독 방지(anti-circumvetion) 조항의 범위와 합헌성을 판결했다. 이 재판에서 불거진 문제는 인터넷상에서 지적 재산 보호에 대한 논쟁이다. DeCSS는 DVD(Digital Versatile Discs) 파일의 광범위한 복제를 할 수 있는 사적인 도구에 지나지 않는가? 또는 DeCSS는 단지 리눅스(Linux)처럼 DVD 형태의 영화가 외부에서 지원받지 못하는 작동 시스템의 컴퓨터에서도 작동되어지도록 함으로써DVD미디어의 공정한 사용을 가능하게 만드는가?

Ⅰ. 기술적인 배경

DVD는 충분한 길이의 그림이나 동영상을 담을 수 있는 5인치 디스크이다. DVD는 VCR을 통해 재생되는 비디오 카세트보다 고화질을 제공한다. 이 디스크는 독립된 DVD 플레이어나 DVD 드라이버가 설치된 개인용 컴퓨터에서 재생된다. DVD를 통해 영화를 텔레비전 모니터나 컴퓨터를 통해 볼 수 있다.

모든 DVD는 디지털 정보로 구성되어 있다. 이 디지털 정보는 컴퓨터 본체의 하드 메모리에 얼마든지 복사될 수 있으며, 인터넷을 통해 유통될 수 있다. 더 나아가 디지털 정보는 아무리 복사해도 화질이 떨어지지 않는다.

DVD는 불법복제에 아주 취약하므로 내용을 암호화하는 접속통제 시스템을 통해 보호되어 왔다. 콘텐츠 혼합화 시스템(Content Scrimble System : CSS)은 매츄시타 전자회사(Matshusita Electric Industrial Co.)와 도시바사(Doshiba Co.)에서 개발되었다. DVD 플레이어 제조회사와 소프트웨어 공급자(예를 들어 영화사)를 포함한 DVD 산업은 이 표준 시스템을 채택해 왔다. 디지털 형태의 모든 영화는 CSS로 보호된 DVD로 보급된다.

DVD 플레이어나 DVD 드라이브가 장착된 개인용 컴퓨터를 통해서만 이 영화를 볼 수 있다. 어느 경우에도 DVD 플레이어는 암호 해독의 열쇠가 담긴 인가된 CSS를 내장한다. DVD 플레이어는 위계적 형태로 작동하는 일련의 키들을 요구하는 복잡한 체계이다. 첫 번째는 각 DVD 제조사의 독특한 마스터키이다. 이 키를 통해 DVD 디스크에 내장된 중요한 디스크 키를 읽어 암호를 해독한다. 일단 이것이 해독되면 디스크 키는 재생될 비디오의 부분과 상응하는 타이틀 키(title key)를 읽는 데 활용된다. 이 타이틀 키는 실제 내용을 재생하는 데 활용된다.

만약 컴퓨터 이용자가 전용의 DVD 플레이어 대신에 개인용 컴퓨터로 DVD 영화를 보려면 컴퓨터는 맥이나 윈도우즈 운영체계를 탑재하고 있어야 한다. CSS는 현재로서 다른 운영체계를 지원하지 못한다.

1990년 가을에 노르웨이 라비크의 요한샌(Jan Johansen)은 리눅스 작동체계로 운영되는 컴퓨터에서도 DVD 영화보기를 원했다. 그는 두 친구의 도움으로 리눅스 체제에서도 DVD를 재생할 소프트웨어 프로그램을 제작하기로 결심했다. 물론 이 작업은 CSS 암호 코드의 해독이 필수적임을 의미한다.

이 암호를 해독하는 것은 요한샌에게 어려운 문제가 아니었다. 곧 이어 DeCSS라고 불리어지는 암호 해독 프로그램이 출시되었다. 이 프로그램은 DVD 이용자들의 암호 해독을 가능하게 한다. 암호 프로그램이 해독되어야만 이 거대한 DVD를 CD나 하드 드라이브에 저장될 수 있는 운영파일로 압축할 수 있는 DivX[2]라고 불리는 압축 프로그램의 도움으로 다운받을 수 있다. 하티겐(Hartigan, 2000)에 따르면 초고속 접속방법으로 영화 전체를 한두 시간 내에 다운받는 것이 가능해졌다. DivX가 없었다면 몇 일 걸려야 겨우 다운받을 수 있었을 것이다. 다운받은 파일의 화질은 거의 원본과 같이 완벽하다.

요한샌은 광범위한 배포를 위하여 웹상에 DeCSS 소스 코드(source code)[3]를 게시했다. 곧 많은 웹사이트들이 DeCSS 소스 코드를 게시하기 시작하면서 많은 다른 사이트들이 이 코드를 연결시켜 놓았다. DeCSS 프로그램이 사이버공간을 통해 확산됨에 따라 냅스터와 같은 형태로 영화가 사이버공간에서 전파되는 것을 두려워한 영화산업은

---

[2] 역자 주 : digital video express(DivX)는 서킷시티(Circuit City)가 개발한 것으로 일반 디지털 비디오 디스크(DVD)와는 달리 48시간 동안만 영화,영상 등의 콘텐츠를 제공하는 타이틀이다. 디지털 비디오 익스프레스(DivX)와 DVD는 기존의 재생만 전용으로 하는 비디오 테이프 녹화기(VCR)를 대체할 유망 품목이면서도 DVD 플레이어는 무한 재생이 가능한 반면 DivX는 한번만 재생이 가능한 차이가 있다. DivX 플레이어 가격은 일반 DVD 플레이어의 절반 정도로 저렴하다. 또한 무단복제를 원천적으로 봉쇄할 수 있어 무단복제 문제를 상당 부분 해소시킬 수 있다. 즉, 48시간이라는 한정된 타이틀 사용시간 외에 추가로 사용한 시간은 종합 유선방송(CATV)이나 위성방송의 유료 채널처럼 기록이 남기 때문이다.

[3] 역자 주 : 소스 코드(原始符號, source code)는 인간이 판독 가능한 언어, 즉 고급 언어나 어셈블러로 작성된 프로그램의 명령문이다. 목적 부호와 대칭되는 용어이다.

특단의 조치를 취하기로 결정했다.

Ⅱ. 소송

2000년 1월 파라마운트 픽쳐(Paramount Pictures), MGM 스튜디오, 유니버셜 스튜디오(Universal Studio)를 포함한 여덟 개의 주요 할리우드 영화사들은 DeCSS를 배포하는 웹사이트를 운영하는 세 명의 뉴욕 사람들에 대해 소송을 제기했다. 이 소송을 지지한 영화협회(Motion Picture Association) 회장인 벨랜티(Jack Valenti)는 다음과 같이 말했다. "이것은 절도사건이다. 암호 해독(de-encryition) 프로그램을 게시하는 행위는 허가받지 않고 백화점의 열쇠를 만들어 배포하는 것과 진배없다."[4]

인터넷을 통해 유포하기 위해 DVD 영화의 암호 해독판을 제작하는 데 사용되는 DeCSS는 저작권 침해 도구라고 소송 의뢰인은 주장한다. 또 그는 DeCSS는 디지털 밀레니엄 저작권법(DMCA)의 제1201절을 위반한 것이라고 강력히 주장한다. DMCA는 문학작품이나 창작작품들을 보호하는 접속통제 시스템(예를 들어 암호화된 프로그램)을 무력화시키려는 기술을 공급하는 것 자체를 불법으로 규정했다. 원고 측 변호사가 주장하기를, DeCSS는 저작권 소유자의 허락 없이 저작권이 인정된 DVD의 암호를 해독함으로써 CSS의 목적을 수포로 만

---

[4] *Dow Jones News Service*, "Hollywood Studios John Legal Battle to Stop DVD Copying," January, 15, 2000.

들었다.

2000년 2월에 재판관인 카플란(Lewis Kaplan)은 재판이 진행되는 가운데서도 피고인들에게 각각의 웹사이트에 DeCSS의 게시를 금지하는 사전명령을 내렸다. 이 법원의 명령에 따라 피고인들 중 둘은 영화사와 화해했다. 그러나 세 번째 피고인인 콜레이(Eric Corley)는 화해하기를 거절했으며, 재판은 계속 진행 중이다. 콜레이는 자신의 웹사이트(www.2600.com)에서 DeCSS 코드를 제거했다. 그러나 그는 그의 사이트로부터 DeCSS 소프트웨어를 게시하고 있는 수많은 다른 목표 사이트(target site)[5]로 연결을 추가했다.

4월에 영화사의 변호사들은 법원의 이전명령을 수정하여 콜레이가 DeCSS 코드를 게시한 웹사이트들에 접속하는 것을 막도록 해줄 것을 요구했다. 이런 하이퍼링크의 출현은 부주의한 행위가 아니라 광범위하게 DeCSS를 확산시키려는 고의적인 노력의 산물이라고 소송 의뢰인들은 보고 있다(Gold, 2000). 그 의뢰인의 탄원에 따르면, 이 사이트는 DeCSS 코드의 실제적인 보급센터로서 기능하고 있다는 것이다.

초여름으로 이어지면서 실제 재판이 시작됐고, 피고 측이 재판에 출석했다. 미국 수정헌법 제1조(First Amendment)[6]에 정통한 변호사로 잘 알려진 가버스(Martin Garbus)를 선임한 피고 측은 DVD 디스크의 재생방법을 통제하려는 영화사 측의 절대적 권리에 도전하였다. 피고

---

[5] 역자 주 : 목표 사이트(target site)는 특정 하드웨어 또는 소프트웨어 제품을 특정 집단의 이용자를 대상으로 설계하였을 때 그 대상이 되는 사이트이다.

[6] 역자 주 : First Amendment은 미국 헌법수정 제1조로 언론, 신문, 종교의 자유를 보장한 조항이 들어 있다.

인 측은 주장하기를, DeCSS는 맥이나 윈도우즈 운영 시스템을 탑재하지 않은 컴퓨터 시스템에서 DVD의 작동을 가능하도록 함으로써 디지털 미디어의 공정한 사용을 유지시켜 준다는 것이다. 소비자들은 리눅스 체계에서도 DVD를 사용할 권리를 가져야 한다는 것이다. 이러한 상황이 DeCSS와 같은 프로그램의 개발을 요청했다는 것이다. DeCSS는 DVD의 재생이 지원되지 않는 시스템에서 영화 재생을 가능하도록 하는 역공학과정을 이용하는 의미를 지니고 있다고 피고인 측은 주장했다. DeCSS는 사이버공간에서 DVD 디스크를 복사하고 유포하기 위해 만들어진 것은 아니다. 그외에도 피고인 측은 원고 측에 의해 제기된 접속에 대한 금지는 미국 수정헌법 제1조를 위반하는 것과 다름없다고 주장했다. 접속의 역기능에도 불구하고 접속은 웹페이지의 핵심적인 요소이다. 그러므로 접속 금지는 미국 수정헌법 제1조를 위반한 것이라고 볼 수 있다는 것이다.

　피고인 측은 학계의 일부 사람들로부터 상당한 지원을 받았다. 일부 법학자들은 하이퍼링크 접속을 금지하는 명령이 초래할 부정적 결과에 대하여 염려했다. 하버드 대학 내의 '인터넷과 사회를 위한 버크만 연구소'(Berkman Center for Internet and Society)는 피고인 측을 지지하는 법정 조언의 개요서에서 원고들은 2,600개 웹사이트들의 메시지가 문제가 있다고 판단했기 때문에 법원의 도움을 얻어 웹사이트들 간의 커뮤니케이션을 단절시키고자 했다고 주장했다. 원고 측은 콘텐츠에 기초하여 표현의 자유를 제한시키고자 했으며, … 2,600개의 웹사이트들을 외부 사이트들과의 접속을 금지하려는 원고 측의 시도는 곧 접속을 통해 전달하려고 하는 메시지의 표현 자체를 금지하는 것이라고 버크만 연구소는 주장했다(M. Smith, 2000).

또한 이 개요서는 DeCSS는 암호 해독 방지(anti-circumvention) 법조항 항목에의 역공학 예외 항목에 적합하다는 피고 측의 주장을 지지한다고 발표했다. 이 개요서에 따르면, DeCSS는 컴퓨터 프로그램들 간의 호환성을 촉진시켜 주는 도구이다. 호환성은 두 프로그램들 사이의 정보교환이라고 제1201절 (f)에 진술되었다. 여기서 두 프로그램 중의 하나는 독립적으로 창조된 소프트웨어여야 한다. DeCSS는 독립적으로 만든 리눅스 DVD 플레이어와 DVD를 만드는 소프트웨어 도구(지시나 명령) 사이의 호환성을 촉진한다.

끝으로 피고 측은 컴퓨터 코드 자체가 미국 수정헌법 제1조의 보호를 받을 만한 표현의 자유의 한 유형이라고 주장했다. 이것은 소스 코드(source code)와 목적 코드(object code)[7] 모두를 포함한다. 컴퓨터 과학 전문가 증인은 코드 이용 금지 명령은 자신을 표현할 능력에 악영향을 미칠 것이라고 증언했다. 이 말이 함축하는 바는 미국 수정헌법 제1조를 위반하지 않기 위해 의회는 이 코드를 발송할 능력을 법적으로 제한시킬 수 없다는 것이다.

---

7) 역자 주 : 목적 부호(目的符號, object code)는 컴파일러 또는 어셈블러에 의해 생성되는 부호로, 어떤 프로그램의 소스 코드(source code)로부터 컴퓨터의 중앙처리 장치(CPU)가 직접 실행 가능한 기계어 부호(machine code)로 번역되어 있거나 실행 가능한 기계어 부호로 만드는 데 적합한 형태로 되어 있는 것을 의미한다.

Ⅲ. 결과

2000년 8월 17일에 카플란 판사는 DeCSS가 DMCA를 확실히 위반했다고 결론지면서 영화회사에 유리하게 판결했다. 판사는 콜레이(E. Corley)에게 웹사이트에서 DeCSS를 삭제할 것을 명령했다. 콜레이의 대리인은 상소할 것임을 밝혔다. 대부분의 법률전문가들은 이 사건이 대법원에 가야 종결될 것이라고 예상한다. 판결에서 카플란은 DeCSS와 같이 암호를 파괴하는 프로그램에 대한 제한이 소비자들의 '공정 사용'[8] 권리를 부당하게 축소한다는 입장을 거부했다. 법은 DVD 영화를 보려는 사용자의 권리와 해적행위로부터 영화를 보호하려는 영화사의 권리 사이의 적절한 균형을 추구해야 한다고 그는 결론지었다.[9] 소스 코드가 언어 표현의 형태라는 점에는 동의했다.

---

8) 역자 주 : 공정 사용(公正利用, fair use)은 저작권 침해가 되지 않는 기준과 범위 내의 이용을 의미한다. 저작권은 무제한 보호되는 것이 아니라 공익을 위하여 또는 저작물의 특성상 일정한 제한을 받게 된다. 각국의 저작권법이나 우리나라의 저작권법과 컴퓨터 프로그램 보호법에서는 저작권을 제한하여, 공표된 저작물을 저작권자의 허락 없이 복제하거나 사용해도 저작권 침해가 되지 않는 정당한 이용이 되는 기준과 범위를 규정하고 있다. 공정 사용의 기준과 범위는 나라에 따라서 또는 저작물의 종류와 성격에 따라서 다소의 차이는 있지만, 일반적으로 재판, 입법, 행정을 위한 연구, 교육, 학술 연구 등의 목적으로 저작권자의 이익을 부당하게 침해하지 않는 범위 내에서 저작물을 복제 사용하거나, 시사 보도나 방송, 논평 등의 목적으로 인용하는 것 등을 공정 사용으로 규정하고 있다. 우리나라의 컴퓨터 프로그램 보호법에서는 컴퓨터 프로그램 저작물에 관해 공정 사용의 범위를 다음과 같이 규정하고 있다. 재판을 위하여 필요한 경우, 교육기관에서 수업 과정에 제공하는 경우, 고등학교 및 그 이하 학교의 교육 목적을 위하여 교과서에 게재하는 경우, 학교의 입학 시험, 기타 비영리적인 시험이나 기능 검정의 목적으로 사용하는 경우, 가정과 같은 한정된 장소에서 개인 목적으로 사용하는 경우 등이다.

그러나 그는 DeCSS에 대한 제한은 그것이 전달하려는 아이디어에 근거한 것이 아니라 DeCSS의 기능에 근거한 것이기 때문에 미국 수정헌법 제1조와 반드시 갈등을 일으키지 않는다고 설명했다.

이 사건에 내포된 협소한 법률적 문제를 초월하여 미국 수정헌법 제1조와 관련해 야기되는 주요한 문제는 재산권과의 충돌이다. 미국 수정헌법 제1조는 표현의 한 형태인 컴퓨터 코드를 어느 정도로 보호해야 하나? DeCSS를 삭제하라는 법원의 명령은 CSS의 기능에 대한 공적 논의의 사전 억압인가? 미국 수정헌법 제1조는 다른 웹사이트에 접속할 권리인 접속의 자유(freedom to link)를 지지하는가?

이 사건은 DMCA법 자체에 대한 우려를 잘 보여준다. 만약 저작권물이 암호화된 형태로 있고 DeCSS 같은 프로그램이 법에 저촉된다면 공정 사용이 어떻게 이루어질 수 있는가? 하몬(A. Harmon, 2000)에 따르면 암호 해독 방지법에 대한 비판론자들은 대중들의 저작권 자료 이용 방법에 대해 광범위한 새로운 권한을 저작권자들에게 부여하는 것은 디지털 시대에 너무 지나친 것이라고 걱정한다. 예를 들어 이 법조항에 따르면, 교육기관에서 어떤 사람이 30초 정도의 동영상을 멀티미디어 프로젝트에서 사용하고자 그것의 복제에 필요한 DVD 해독 프로그램인 DeCSS를 이용하는 것은 명백히 불법행위이다. 그렇다면 저작물 보호도구에 의존하고 있는 저작권자의 권리와 공정 사용 개념 사이에 균형을 이룰 수 있는 더 좋은 방법은 없는가?

---

9) Lee Gomes, "Ruling in Copyright Case Favors Film Industry," *The Wall Street Journal*, August 18, 2000.

참고문헌

Gold, L., et al. (2000), Notice of Motion to Modify the January 20, 2000 Order of Preliminary Injunction and for Leave to Amend the Complaint.

Harmon, A. (2000), "Free Speech Rights for Computer Code," *The New York Times*, July 31, 2000, p. C1.

Hartigan, P. (2000), "Download War : The Sequel," *The Boston Globe* , August 19, 2000, p. 1.

Smith, M. et al. (2000), Brief of Open Law Participants as Amicus Curiae in Support of Defendants Eric Corley, a/k/a "Emmanuel Goldstein" and 2600 Enterprises.

2장_ 지적 재산의 정치학 :
인터넷을 위한 환경운동인가?

제임스 보일 James Boyle[1]

우리는 이 논문에서 지적 재산 정책이나 정치경제학을 필요로 한다고 주장한다. 인터넷상의 저작권에 대한 논쟁을 하나의 사례 연구로서 이용하고 환경보호 운동의 역사를 하나의 비교준거로서 이용하고자 할 경우 그러한 정책이 무엇과 유사한지, 즉 그러한 정책은 어떤 이론적 아이디어를 도출할 것인지, 그리고 어떤 사람의 관심을 끌 것인지에 대한 적절한 제안을 제공한다.

---

* 이 논문은 본래 다음의 저널에 게재되었던 것으로 저자의 허락을 받고 이 책에 실은 것이다. *Duke Law Journal*, Vol. 47, No. 87 (1997).

1) 이 논문은 다음의 저널에 처음으로 게재되었던 것이다. *Duke Law Journal*, Vol. 47, No. 87 (1997). 이 논문은 나의 책『무당, 소프트웨어 그리고 원한 : 정보화 사회의 법과 구조』(1996)에서 발전시킨 아이디어에서 비롯된 것이다. 지적 재산을 연구하는 사람들은 이 논문이 렌지(Gavid Lange)의 고전 논문에 큰 도움을 받고 있다는 것을 금세 알게 될 것이다. David Lange, "Recognizing the Public Domain," 44 *Law and Contempory Problems* 147 (181).

I. "코드는 코드이다" – 정보관계의 논리

우리가 정보화 시대로 나아가고 있다고 이구동성으로 말한다. 그리고 정보의 소유와 통제가 현대 사회에서 가장 중요한 권력의 한 형태라고 많은 사람들은 말한다. 이런 생각들은 누구나 받아들이는 것이어서 구태여 다른 설명이 필요 없다. 이런 아이디어들은 너무나 익숙하고 진부한 것이어서 각주 도움 없이도 법심사 논문(a law review article)에서 그 아이디어를 쉽게 언급할 수 있었다. (법적 검토에 특히 익숙하지 않은 사람들에게 이것은 가장 분명한 주장을 담고 있는 것이기도 하다. 예를 들어 진화론[2]과 태양 주변을 도는 지구궤도[3] 이론은 아마도 이에 해당되지도 않을 것이다.)

그러나 놀라울 정도로 정보화 사회가 도래한다는 주장을 넘어서는 정보화 사회에 대한 이론적 연구가 거의 없다. 학자들에게 서글프게도 정보화 시대의 가장 훌륭한 사회이론가들은 과학소설가들이며, 특히 사이버공간의 풋내기들이다. 그들은 사이버공간의 창작자들이며, 인터넷상의 최초의 환상가들이다. 만약 현대인들이 정보화 시대를 이해하고자 한다면 사이버공간이 최적의 장소이다.

---

[2] 다음을 참고하라. Charles Darwin, *On the Origin of Species by Means of Natural Selection* (1859). 아니면 *Genesis* 1 : 1–29 참조.

[3] 다음을 참고하라. Nicolaus Copernicus, *Concerning the Revolutions of the Celestial Spheres* (1543) 아니면 Claudius Ptolemaeus, *Almagest* (c. 170 A.D.) 참조.

사이버상의 풋내기 과학소설은 하나의 장르로서 성공했다. 왜냐하면, 과학소설은 특수한 구성의 미학과 특수한 개념적 통찰력을 결합시켰기 때문이다. 구성적 미학은 비교적 단순하다. 비현실적인 타락한 삶의 검은 세계를 다룬 나쁜 소년이나 영화가 주종을 이룬다. 일반적인 과학소설에서 융통성 없는 영웅의 모습과 비교해 볼 때 사이버 과학소설의 담배와 마약을 상습적으로 하는 무법자, 그리고 다재다능한 젊은이의 모습 등은 반항적이고, 냉소적이며, 멋있는 인상을 풍기고 있다. 캐릭터 타입이 친숙한 것이다. 예를 들어 제임스 딘(J. Dean)은 『뉴로맨서』(Neuromancer)[4]의 영웅 역을 쉽게 할 수 있다. 개념적 통찰은 그렇게 친숙하지 않다. 사이버 펑크(cyberpunk, 하이테크 공상과학 소설)[5]는 두 가지 중요한 기술인 컴퓨터와 웹, 그리고 유전공학의 외연 확장에 그 기반을 두고 있다. 사이버 펑크의 주제는 정보화 시대가 유전적이든 전자적이든, 아니면 인구 통계학적이든 모든 정보유형들의 동질화를 의미한다. 나는 유전자가 생물학, 세균배양 접시, 그리고 세포와 밀접한 관련을 맺고 있으며, 컴퓨터가 펀치 카드, 마그네틱 디스크와 밀접한 관련을 맺고 있다고 점점 믿게 되었다. 두 개 이상의 이질적인 분야를 상상하는 것은 어려운 것이다. 2진 숫자로 표현되든 혹은 유전자 지도에 C, G, A, T 등으로 표현되든 간에 사이버 펑크는 단지 하

---

[4] William Gibson, *Neuromancer*(1984) 참조.
[5] 역자 주 : 사이버 펑크(cyberpunk)는 컴퓨터 통신망상에 구축되는 가상적 세계를 뜻하는 사이버공간과 비행 청소년 또는 불량배 등을 뜻하는 펑크의 합성어로, 컴퓨터 시스템에 무단 침입하여 비행을 저지르는 온라인 불량배나 해커, 하이테크 지혜와 기지(機智)를 발휘하여 인터넷을 휘젓고 돌아다니는 사람들을 의미한다. 캐나다의 공상 과학 소설작가인 윌리엄 깁슨(W. Gibson)의 소설 『뉴로맨서』(*Neuromancer*)에서 유래하였다.

나의 주제 코드로만 본다.

Ⅱ. 지적 재산은 정보화 시대의 법률적 형태이다

사이버 펑크 작가들은 또한 우리들에게 법적 통찰력을 제공한다. 매체보다는 오히려 메시지가 개념적이고 경제적인 면에서 관심의 초점이 되는 세계로 변하면 변할수록 지적 재산이 더욱 중요한 문제가 된다. 지적 재산은 정보화 시대의 법률적 형태이다. 대부분의 재산제도처럼 우리의 지적 재산제도는 분배적·이념적·효율적 의미에서 이견이 있을 수 있다. 지적 재산은 시장력, 경제적 집중, 그리고 사회구조에 영향을 미칠 것이다. 그러나 현재로서 우리는 환경이나 조세개혁의 정책과 같은 정도로 지적 재산에 관한 정책을 갖고 있지 못하다. 우리는 지적 재산문제에 대한 개념적 지도도 결여되어 있으며, 지적 재산의 가격과 이익에 대한 대략적인 모델도 마련되지 않은 셈이며, 기능적 합동관계의 규명도 결여되어 있다. 즉 분명히 다양한 상황에서 인식된 공공 이익으로 통합할 만한 집단의 정책도 마련되어 있지 못하다.

왜 우리는 그러한 정책을 마련하지 못했는가? 몇몇 예외는 있지만 정보화 시대의 적용대상이 사이버 포르노와 그것의 검열에 확실히 초점을 맞추어 온 것도 하나의 원인이다. 산업혁명의 가장 중요한 특징은 포르노 잡지의 대량생산과 다음으로 그것의 규제로 이루어졌다고 볼 수 있다. 대규모의 변화가 발생했고 온라인상의 포르노와 그밖의 다른 유형의 포르노 사이의 작은 차이를 감안하더라도 좀 사소하지만 상징적 관심을 찾기 어려웠다. 정보화 사회에 부와 권력 그리고 접근성 등의 분배의 핵심적 요소는 사이버공간의 음란성이 아니라 지적 재산의 문제이다. 지적 재산제도는 인터넷상의 교육적·과학적·문화적 가능성을 살려나갈 수도 있지만 다른 한편으로 말살할 수도 있다. 정말로 우리의 유일한 관심이 검열이라 하더라도 정부가 내용의 직접적인 위법성에만 관심을 집중하는 것은 잘못된 것이다. 디지털은 사적인 검열에 대한 새로운 방식을 제시한다. 지적 재산 소유자는 정보의 분배와 정보에의 접근을 통제할 수 있다. 최근의 사이언톨로지[scientology, 미국의 후버드(L. Ronald Hubbard)에 의한 정신위생의 종합과학)[6]는 이런 속성의 가장 분명한 사례이다.[7]

매체가 실수를 범한 유일한 부분이 아니다. 변호사들과 법학자들도 마찬가지이다. 몇몇 예외를 감안하더라도 변호사들은 지적 재산이 난해하고 비밀스런 분야이며, 그 분야의 종사자들에게만 단지 흥미롭고 이해 가능한 것이라는 태도를 가졌다.[8] 이러한 태도가 변호될 수

---

6) 역자 주 : 후버드(L. Ron Hubbard)가 제창한 정신요법 및 능력개발 방법으로 현재는 신흥 종교화되어 있다. 일종의 자기 수양을 통하여 능력을 개발하려는 운동이다.

7) 비록 종교 기술센터(Religious Technology Center)가 저작권과 거래 비밀법의 전통적인 세속 개념에 불평을 표명할 지라도 훨씬 더 광범위한 동기, 즉 사이엔톨로지의 종교적 관행과 그 반대자의 타파에 대한 비판과 의견 차이를 억누르고자 하는 것이 확산되고 있는 것은 분명해 보인다. Declan Mucullagh, Scientology, critics collode in Internet copyright case FOCUS, Vol. 25, No. 1, Ootober 1995, p. 4.

8) 이러한 태도는 미국 수정헌법 제1조(The First Amendment)의 법률학 또는 장학금에 대한 교육부의 규정 등에 대한 변호사의 가정과는 판이하게 대조를 이룬다. 비록 이것들은 법이나 규정의 복잡한 영역일지라도 많은 변호사들과 문외한들은 그들에 대한 기본적인 이해가 정치 의식의 필수적인 조건이라고 느낀다. 많은 경우에서 사실 자유로운 법률 존

있는 것인지에 대한 문제가 여전히 남아 있다. 확실히 현재로선 아니다. 이데올로기와 수사학의 구조와 관련하여 지적 재산은 실질적인 경제적 영향력과 마찬가지로 정보화 시대의 법적 유형이다. 지적 재산은 디지털 환경에서 정치적 · 경제적 힘의 분배에 심대하게 영향을 미친다. 지적 재산은 교육에서부터 언론에 이르는 문제들에 영향을 미친다. 세계 경제에서 지적 재산에 의해 보호된[9] 가치는 수천억 달러에 이르며, 그동안 줄곧 증가되어 왔다.

이러한 경향이 계속되는 구조적인 이유가 있다. 현재의 정보경제학의 첫 번째 중요한 측면은 정보형태의 점증하는 동질화 현상이다. 전자 정보와 유전자 정보 간을 구별하는 것이 적색 책과 녹색 책 간의 구별 이상으로 의미가 없다는 여러 측면들을 생각해 봐라. 분명히 우리는 그것을 정보로 인식하기 때문에(우리는 그것들을 정보로서 다룰 능력을 지니고 있기 때문에) 양쪽 모두는 프라이버시, 접속, 공공의 이익문제 등의 규제를 받을 동일한 주제로 등장하게 된다. 결과적으로 유전자 정보와 전자 정보는 중첩되기 시작했다. 예를 들어 컴퓨터 디스크에 인간 게놈의 축적 또는 공적 출연 연구를 통해 개발된 정보에 가치를 추가한 사적인 유전자 데이터베이스의 구축이나 판매를 생각해 보라.[10] 바이오 정보과학과 관련된 수학적 · 생물학적 컴퓨터 과학의 원리에 대해 읽어봐라. 그 원리는 매체가 이중 나선형이든 광학 디스크이든 간에 정보는 정보라는 믿음을 전제하고 있는 원리이다.[11]

중주의의 주장은 공적 논의의 핵심을 이룬다.

9) 중요한 의미에서 창조된 것이다.

10) Karen Riley, "Rockville Biotech Firm takes Next Step in Genetics Journey," *Wash. Times*, June 9, 1995, B7 참조.

  우리는 마이크로소프트사가 컴퓨터 하드 드라이브에 설치된 코드에 대해 권리를 가지고 있다는 생각에 익숙해 있다. 우리는 그 이유를 설명할 공리주의적 정당성을 찾을 수는 있다. 전 세계의 여성들이 자신들의 몸 안에 미리어드 유전학(Myriad Genetics)이 특허권을 얻은 일련의 유전자 정보, 예를 들어 유방암 유전자를 지니고 있을지도 모른다고 생각하는 것은 이상한 일이다. 또는 통상부가 백혈병에 정상적인 면역성을 지닌 가이애미(Guyami) 인디언 여성 유전자의 전매 특허를 내려고 한다는 것도 이상한 일로 보일 것이다.[12] 정보경제학의 입장에서 보면 두 사례는 아주 유사하다. 각각의 경우에 일련의 코드들은 더 많은 혁신과 발견을 자극할 것이라는 믿음에서 지적 재산권을 허용한다. 이것은 정보관계의 논리가 보편화되고 있다는 것에 대한 증거이다. 그것이 선한 것인지 여부는 다른 문제이다.

  그 과정은 단순히 법률적인 것이 아니다. 그리고 중첩은 양 방향에서 진행한다. DNA 배열을 활용하여 아주 강력한 병렬처리 컴퓨터가 만들어질 가능성에 대한 논문들을 보라.[13] 전자 생태를 창조하고 다

---

11) 정보이론의 생물학적 적용에 대한 소개를 위하여 *Biological Information Theory and Chowder Society* FAQ 참조.

12) 파나마의 숲속에 백혈병을 일으키는 바이러스에 유독 면역성을 지닌 가이애미 인디언 여성이 살고 있다. 생명과 문화의 소멸에 따라 점점 위협받고 있는 원주민들을 찾는데 종사하는 과학적 '유전자 사냥꾼'(gene hunters)에 의해 그녀는 발견되었다. 비록 그들은 기본적 의학적 처치를 제공했을 지라도 그 사람을 보호하려고 하지 않았다. 단지 유전자들은 실험실에서 배양된 살아 있는 세포 상태로 보존될 수 있었다. 1993년 미국 통상부는 가이애미 여성의 유전자에 특허권을 내려 했다. 그런데 토착민의 대표부로부터 격렬한 저항에 직면해서 그 노력은 좌절되었다. Tom Wilke, "Whose gene is it anyway?" *Indep*, Nov. 19, 1995, 75.

13) Frank Guarnierienal, "Making DNA Add," *Science*, July 12, 1996, 220.

음으로 스스로 생존할 수 있는 일련의 컴퓨터 코드를 개발하려는 소프트웨어 디자이너를 생각해 봐라. 그 생존자는 다윈이 인식했지만 결코 상상할 수 없었던 자연도태의 형태를 이용한 것이다.[14] 이 모두를 정리해서 이러한 실체를 우리가 20년 전에 컴퓨터와 생물학에 대해서 생각했던 방식과 비교해 봐라. 국제적인 정보경제에서 매체는 메시지가 아니다. 매체와는 무관하다.

정보경제에서 두 번째 중대한 측면은 정보유형의 동질화에 대한 추론이다. 생산비 감소와 지적 관심은 메시지(소프트웨어, 암호가 풀려진 DNA 배열)보다 오히려 매체(디스켓, 세포열)에 기여했다. 현재의 생각으로는 이러한 점들은 모두 지적 재산권에 더욱 더 그 중요성을 부여해 줄 것이다. 상업, 연구 그리고 과학의 새 분야를 정보문제로서 재인식하는 것은 우리가 지적 재산권을 해결해야 할 공공재 문제로 은밀히 조사할 필요가 더 많은 분야임을 보여주고 있다. 그리고 메시지보다 오히려 매체 때문에 야기된 생산비의 감소 비율은 특정 여건 내에서는 공공재 문제가 훨씬 중대한 문제가 되고 있음을 의미한다. 즉 프로그램이 복사되어야 할 디스켓 값이 계속 떨어지는 데 비해 프로그램 값은 상대적으로 상승한다.

우리가 지적 재산 정책을 제대로 갖추고 있지 못하다고 내가 말했을 때 단지 정보정책 유형만을 의미하지는 않는다. 얼마 전의 일들을 되돌아 보자. 통신품위법(Communications Decency Act)에 반대하는 인터넷 중심의 캠페인으로부터 통신품위법이 뿌리를 두고 있는 전기통신

---

14) Jullian Dibbell, "The Race to Build Intelligent Machines," *Time*, Mar. 25, 1996, 56.

법안(Telecommunication Bill)에 로비하는 거대한 산업에 이르기까지 디지털 통상과 통신규제에 대한 많은 정치적 투쟁과 논란이 있었다.[15] 비영리집단에 의한 인터넷 사용에 대해 많은 협의가 있었으며, 정보기술에 대한 불평등한 접근에 의해 생겨날 수 있는 위험성에 대해 사려 깊은 우려가 제기되었다. 인터넷 접근의 불평등은 실제로 심각한 문제이기도 하다. 그러나 대부분의 경우에 친숙한 정치적 세계관이나 자기 위주의 이해관계 계산으로 새로운 기술을 고립되게 적용했다. 자유주의자들은 신문 검열을 원치 않는다. 비록 기술의 상호작용 속성, 그리고 새 기술을 처음으로 사용한다는 우월감 등은 많은 사람들에게 체제 보호의 이해관계를 가져다 줄지라도 인터넷에 대한 자유주의자들의 태도 또한 동일하다. 비영리집단은 세법이나 로비 규제 등의 변화에 적응하는 것처럼 통신기술의 변화에 적응해야 한다. 통신 관련 기업집단은 부동산에 대한 대부분의 경제적 주체들의 입장과 유사하게 보이는 주파수 대역폭에 대한 입장을 가지고 있다. 즉, 그들은 충분히 타당한 이유를 들어 더욱 많은 주파수 대역폭을 원하고 있으며, 그것도 무료로 사용할 수 있기를 원한다. 더 이상적으로는 보조금을 받기를 원한다. 그리고 그들은 부대조건 없이 주파수 대역폭을 이용할 수 있기를 원한다. 나머지 사람들은 그것을 정보기술에 대해 새로운 중요성을 지닌 자원으로 본다.[16] 나는 이러한 관심을 축

---

15) Communication Decency Act of 1996, Pub. L. No. 104-104, 110 Stat. 133. (47 U.S.C.와 18 U.S.C.의 여러 장으로 분류되었다.) 일반적으로 다음을 참조하라. *ALA-led Coalition Challenges CDA*, Am. Libr., 1996, at 13.

16) 오늘날 정치분야의 논의들을 종합해 보면 시장을 통한 재화(교육, 보건)의 분배는 지불능력이 없는 사람에게 많은 심각한 부정적 결과를 초래하게 될 것이다. 오히려 시장을

소시킬 생각도 없으며, 내가 여기서 언급하고자 하는 것보다 덜 중요하다고 주장할 의도는 없다. 그러나 그것들이 너무 친숙한 주제이기 때문에 정보화 시대의 정책에서 그 차이점을 간과할 수도 있다고 생각한다. 그 차이점을 우린 종종 심각하게 고려하지 않는 경향이 있다.

Ⅲ. 지적 횡령의 개념적 구조

나는 다른 논문에서 나는 보호를 받지 못하기보다는 오히려 지나치게 보호를 받고 있다고 일반적으로 생각하는 지적 재산에 대한 사고와 담론의 패턴에 대한 구조적 성향이 있음을 지나칠 정도로 주장했다.[17] 나는 여기서 이 주장들을 정당화시키려고 시도하기보다는 오히려 요약하려 한다. 그 요약된 내용은 [표 3–1]과 같다.

문제의 원천 가운데 하나는 개념적인 문제이다. 정보에 대한 경제적 분석은 내적 모순과 불확실성에 의해 논박된다. 정보는 완전한 시장의 구성요소이자 시장 내에서 생산되어져야 할 재화이기도 하다. 전자의 특성 하에서 정보는 완성을 향해 나아가게 되어 있다. 정보의

통한 분배는 실제로 계급 간, 인종 간, 성별 간 불평등을 심화시킬 것이다. 자원의 중요성 그리고 국민복지의 불평등과 같은 부정적 결과를 감안한다면 접근방법상의 문제를 약화시키거나 제거시켜야 한다. 이런 모든 것들은 정말로 사실이며, 결코 논쟁거리가 아니다.
17) 이러한 주장에 대한 더 많은 논의를 위해서는 다음을 참조 Shamans, *Software and Spleen : Law and the Construction of the Information Society*(1996). 모방한 데이터베이스와 같이 상황이 역전될 수 있는 영역이 있다. 그러나 이런 것은 규칙이라기보다는 오히려 예외적 상황이다.

완성은 값이 없는 상태이며, 즉시 이용 가능한 상태이다. 후자의 특성 하에서 정보는 정보 생산자에게 생산의욕을 불어넣어 주기 위하여 상업화된다. 그러나 정보의 생산을 담보하기 위하여 부여된 재산권은 시장 효율성의 관점에서 보았을 때 일종의 전환비용이다.[18]

문제의 가장 간결한 요약은 '미 대통령 경제고문위원회'의 현 위원장에 의해 공동 발표된 논문에서 나왔다. 그 위원장은 이전까지만 해도 정보경제학 분야의 가장 유명한 학자였다. 시장이 정보를 확산시키는 효율성과 정보를 생산하는 장려책 사이에는 근본적인 갈등이 존재한다.[19] 늘 그렇지는 않지만 이 문제는 그 갈등을 무시함으로써

---

[18] 이 책에서 나는 사람들이 불완전한 시장의 실체로 옮겼을 때 이 문제가 해결되지 않는 이유를 탐구한다. 동시에 충족시킬 수 없는 몇 가지 조건의 취사선택에 대해 고려한 추상적 아이디어는 대부분의 분석가들이 자신들의 저서에서 주장한 결과의 확정성을 일반화시키기에는 불충분하다는 것이 드러났다.

[19] Sanford J. Grossman & Joseph E. Stiglit, "On the Impossibility of Informationally Efficient Markets," 70 AM. *Econ*. Rev. 393, 405 (1980). 나는 이 논쟁에 깊이 빠져들고 싶지 않지만 지적 재산 교의의 상세화의 경제적 효율성에 대해 확신을 갖고 이야기하는 사람들은 정보 경제학자들 사이에 절대적으로 기본적인 논의들에 잘 주목하려 든다. 예를 들어 애로우(Kenneth Arrow)가 주장하기를 지적 재산권 없이는 아주 작은 정보만이 생산될 것이다. 왜냐하면 정보 생산자들이 정보의 진실한 가치를 획득할 수 없기 때문이다. 지적 재산권을 지니고 있는 경우조차도 어떤 종류의 정보 생산은 '협정 이익 가산 생산비 원리'에 입각하여 직접적인 정부 보조금을 지급할 필요성을 애로우는 제기한다.

Kenneth Arrow, "Economic Welfare and Allocation of Resources for Invention, in Rate and Direction of Inventive Activity : Economic and Social Factors," 609, 617 (*National Bureau of Economic Research* ed. 1962).

다른 한편으로 파머(Eugene F. Fama)와 레퍼(Arthur B. Laffer)의 주장에 따르면 지적 재산권 없이도 아주 많은 정보가 생산될 것이라는 것이다. 왜냐하면 일부 정보는 더 큰 배당의 효용성을 얻으려고 하는 것이 아니라 거래과정에서 일시적인 이익을 얻기 위해서 단지 생산될 것이기 때문이다.

Eugene F. Fama & Arthur B. Laffer, "Information and Capital Markets," 44 J. *Bus*. 289 (1971).

다시 말하면 정보 재산권을 인정받지 못할 경우 정보 수집활동, 즉 파이를 더 크게 만

종종 해결되기도 한다. 전(前) 이론적 분류는 어떤 문제를 관례적으로 하나 또는 다른 영역으로 돌림으로써 이루어지며, 그 다음에 논의는 그 토대 위에서 계속된다. 그리하여 예를 들어 우리는 생산부족을 초 래할 수 있는 공공재 문제를 통해 지적 재산 분야를 바라보려는 경향 이 있다. 반면에 우리가 인정하고 있는 지적 재산권에 의해 발생된 효 용비용과 다른 손실을 과소평가하거나 언급조차 하지 않을 수도 있다. 의례적인 설명은 시간이 경과하면서 분명히 바뀐다. 내부 거래를 합 법화하려는 오늘날의 사람들은 사회적 관례를 최소화하기 위해 효율 적인 시장경제의 아이디어를 활용한다. 분석의 제1세대는 내부 거래 를 기업가의 유인책으로 간주하며, 그리고 생산요소들의 파우스트적 (정신적 가치를 저버리는)[20] 재결합에 대한 보상으로서 간주한다. 정책

들기보다는 오히려 파이를 단지 다르게 써는 활동은 사회적 자원의 비효율적인 높은 투 자가 있을 수 있다. 허쉴레퍼(Jack Hirshleifer)는 특허권 법에 대해서 유사한 분석을 내리 고 있다. 그에 따르면 특허권법은 발명을 장려하는 필수적인 유인책일 수도 있지만 자 신의 발생품에 포함된 정보를 판매할 기회를 이미 가진 발명가를 과다 보상함으로써 정 보에 대한 불필요한 독점을 초래할 수도 있다는 결론을 내리고 있다.

Jack Hirshleifer, "The Private and Social Value of Information and Reward to Inventive Activity," 61 Am. *Econ.* Rev. 561 (1971).

한정된 결과를 초래할 어려움은 일부 전문 경제학자들이 법에 대해 피상적이고 비현 실적인 이해를 지닌 것처럼 보인다는 사실에 의해 더 혼란스러워진다. 그들은 종종 자 유시장을 자동적으로 수반하는 자연적 유형의 재산권이 있는 것처럼 종종 이야기한다. 그들은 어떤 형태의 활동들 예를 들면 더 우월한 정보의 위치를 이용하려 드는 것은 자 연적으로 허용될 것이고 타인에게도 해를 끼치지 않을 것이라는 강력한 주장을 편다. 그러나 다른 경우, 예를 든다면 강한 힘을 통해 강제로 이용하려는 것은 허용되지 않을 것임을 그들은 주장한다. 아마도 신고전적 분석에서 아직도 나타난 고전 경제학의 옛 방 식으로 이루어진 흥미로운 연구가 있다. 동일한 유형의 실수가 일부 변호사나 경제학자 들의 연구에서도 나타난다.

Saul Levmore, "Securities and Secrets : Inside Trading and the Law of Contracts," 68 Va. L. Rev. 117 (1982) 참조.

20) 역자 주 : 파우스트적(Faustian)이라 함은 '만족할 줄 모르는 영혼을 가진', 또는 권력,

분석에서 긴장완화를 위한 대안적인 방법은 분석가들이 효율성과 유인 요인들 사이의 긴장을 인정하는 것이며, 지적 재산권에 부과된 어떤 한계가 있음을 지적하는 것이다. 또한 지적 재산권법에 효율성을 촉진시키는 요소와 인센티브를 장려하는 요소 모두가 있음을 수용하는 것이며, 그 다음으로 희망적인 양자 간의 균형점에 도달될 수 있음을 암시하는 것이다.[21] (이것은 낚시꾼이 잡은 고기를 도로 강에 놓아주었기 때문에 지나치게 많은 고기를 잡지 않았다고 확신한다고 말하는 것과 마찬가지이다.)

지식, 부 등을 얻기 위해 '영혼을 팔아넘기는' 것을 의미한다.

21) 좀 더 미묘한 부분이 있다. 원리상 희망적으로 두 개의 경쟁적 요소들을 조화시키는 저작권 보호의 수준이 있다. 아이디어와 표현 그리고 공정한 사용의 교의 사이에 구별과 같이 저작권법에 대한 다양한 교의들은 경제적 효율성을 촉진시키는 시도로서 이해될 수 있음을 우리는 알아야 한다.

William M. Landers & Richard A. Posner, "An Economic Analysis of Copyright Law," 18 J. *Legal Stud.* 325, 333 (1981) 참조.

제한된 구절임에도 불구하고 저작권법이 효율성과 유인책 사이의 적절한 균형을 맞출 수 있을 것이라는 좋은 예감을 이 논문은 우리에게 전해준다. 현재의 체제에서 받을 수 있는 희망의 이 수준은 허쉴레퍼(J. Hirshleifer)와 같은 경제학자에 의해 표명된 공개적인 회의론과 비교된다.

Jack Hirshleifer, "The Private and Social Value of Information and the Reward to Inventive Activity," 61 AM. *Econ. Rev.* 561, 572 (1971) 참조(발명의 선행 지식에 대한 고찰의 가능성과 엉뚱한 위험성이 초래할 불확실성 때문에 특허권 보호는 적절한 발명 의욕을 북돋우기 위해 필요할 수도 있고 필요하지 않을 수도 있다).

최초의 회의론자들 중의 한 사람임을 입증하려면 향후 몇 년 동안 이 문제에 대한 미 대법원의 판결을 지켜보는 것이 흥미롭다.

Stephen Breyer, "The Uneasy Case for Copyright : A Study of Copyright in Books, Photocopies, and Computer Program," 84 *Harv. L&W Rev.* 281 c 1970) 참조.

[표 3-1] 지적 재산체제에서 긴장

주제	정보(information)	혁신(innovation)
경제적 입장	효율성	유인
문제들에 대한 패러다임 개념	교류비용 문제 정보의 자유로운 흐름에 대한 방해는 혁신의 지체와 부적절한 정보의 순환을 유발한다.	공공재 문제 미래의 생산에 대한 유인책의 결여는 정보의 지체와 부적절한 순환을 유발한다.
보상	노력/투자/위험	창조성/전환
공적 영역에 대한 견해	미래의 창조자를 위한 한정된 자원	미래의 창조자를 위한 무한 자원
생산절차에 대한 시각(비전)	정보의 개발이 현존하는 물질에 기초하고 있다. 시는 다른 시들로부터 단지 만들어질 수 있다. 소설은 다른 소설로부터 단지 만들어질 수 있다. 이 모든 것은 문학과 사기업 간의 동화가 이루어지기 전에 훨씬 명료했다.[22]	무에서의 창조인 개인들이 「애팔래치아의 봄」, 「태양은 뜬다」, 「시민 케인」 등으로부터 창조할 수 있는 창의력의 조건을 유지시켜 준다.[23]
규범적 출발점	언론자유/아이디어와 정보의 자유로운 순환	재산권-창조자의 자연권, 과거의 창작물에 대한 보상, 다시 창조할 수 있게 해주는 유인 요인

그런데 일반적으로 지적 재산이 우리 정보의 반(反)독점이론/정보의 자유로운 교류이론이라기보다 공공재 이론/인센티브 이론에 적용할 대상이라고 간주하는 경향이 있음을 나는 주장하곤 했다.[24] 지적

---

22) Northrop Frye, *Anatomy of Criticism : four Essays*, 96−97(1957).
23) Paul Goldstein, *Copyright*, 38 J. Copyright Soc'y of the U. S. A. 109, 110(1991).
24) 어떤 의미에서 연방관료들(Federal Trade Commission)과 사법부(Justice Department)는 경제적 유인의 필요성을 인정하면서도 광범위한 지적 재산권의 독점적 영향력에 대해서 회의적인 반응을 보이면서 효율성을 견지하는 입장으로 정보 문제를 바라보는 경향이 있다. 통상부, 다른 한편으로 정부는 대부분의 문제들에 강력한 유인책에 초점을 둔 접근을 취한다. 정보 경제를 규제하려는 투쟁은 조직의 대변자, 경제이론, 정치적 영향

재산권 자체만으로도 더욱 확대된 재산권의 방향으로 더 강력한 설명과 자세한 검토를 압박할 수 있다. 그러나 그 성향은 다른 두 이유에 의해 증가되고 있다.

첫째로, 법원은 전후 맥락이 공적이라기보다 사적인 것으로, 검열보다 재산으로 간주될 때 미국 수정헌법 제1조 언론자유, 그밖의 다른 정보의 자유로운 교류의 논의에 대해 전통적으로 훨씬 덜 민감하다. 그러므로 예를 들어 대법원은 주정부로 하여금 국기를 불태우는 것을 금지하도록 하는 것을 거부할 것이다. 그러나 대법원은 '올림픽'과 같이 일반적으로 통용되는 말에 재산권을 기꺼이 부여할 것이다. 그리고 그 명칭을 개인 당사자에게 기꺼이 귀속시키고 개인 당사자로 하여금 그 명칭의 공적인 사용을 흔쾌히 선택적으로 금하도록 허용해 줄 것이다. 그 명칭에 대해 국가에 의해 뒷받침된 공유지 불하법(homestead law)에 따라[25] 미국 올림픽위원회는 장애자들이 그들의 '특수 올림픽'을 개최해도 좋으나 게이 활동가들이 '게이 올림픽'(Gay Olympics)을 개최할 수 없음을 결정했다.[26] 이것은 국가 검열이 아니라 사적 재산인 것처럼 보인다. [대담한 용기를 지닌 랭퀴스트(Rehnguist) 판사는 깃발을 사유화하는 것을 지지했다.][27]

력 다툼 등의 흥미로운 결합이다.

　Christine A. Varney, Antitrust in the Information Age, Remarks before the Charles River Associates Conference on Economics, in *Legal & Reg. Proc.* May 4, 1995 참조.

[25] Flix Cohens Phrase, "Transcendental Nonsense and the Functional Approach," 25 Colum. L Rev. 809 (1935), The Legal Conscience : Selected Papers of Felix S. Cohen (Lucy K. Cohen ed. 1970), at 33, 42. 책으로 다시 출판되었다.

[26] San francisco Arts and Athletics Inc., et al. v. United States Olympic Committee, 483 U. S. 522.

[27] 샌프란시스코의 예술 체육회관에서 개최된 미국 올림픽위원회에서 법원은 의회가 미국

둘째로, 지적 재산권은 최초의 창조에 대해서만 부여된다. 그러나 최초의 저자나 발명가의 아이디어는 창작물의 소재를 암암리에 평가 절하하는 경향이 있다. 창조성에 대한 수사학상의 강조는 공적 영역을 평가절하하게 한다.

결국 골드스타인(Paul Goldstein)이 이야기했던 것처럼 환경에 구애받지 않고 소설을 정교하게 잘 쓰는 소설가는 풍부한 공적 영역을 필요로 하지 않는다. 위대한 창조자를 고무하기 위해 격려하고 노력하는 체제가 그 과정에서 실제로 미래의 창조가들이 미미하나마 혁신적인 것을 생산하기 위해 필요한 소재에 접근하지 못하도록 일조하는 아이러니한 결과가 생겨난다. 만약 빌 게이츠(Bill Gates)가 MS-DOS 프로그램 개발 당시 현재와 같이 소프트 프로그램에 대한 광범위한 저작권 보호가 이루어졌다면 그가 MS-DOS의 고도로 발전된 후속 프로그램을 개발할 수 있었을지 궁금하다. 나의 이 책은 이러한 경향에 대한 장기적 토론거리를 제공해 주고자 한다. 그러므로 나는 여기서 그 경향에 대해 장황하게 이야기하지 않을 것이다.

▶▷ 지적 재산 체계에서 긴장의 요인들

나는 두 개의 수직적 측면에서 이 긴장들을 조정해 왔다. 각각의 세

올림픽 위원회에 '올림픽'이라는 용어의 독점적 사용을 승인할 수 있음을 주장했다. 말이나 상징이 실체에 의해 조직의 결과로서 그리고 노동, 기술, 돈의 투입의 결과로서 가치를 획득할 때 법원이 판결한 것처럼 그 실체는 그 말이나 상징에 대해 제한된 재산권을 획득할 수 있다. 확실히 의회나 연방정부는 깃발에 대해서도 유사한 조치를 인정할 수 있다. Texas v. Johnson, 491 U.S. 397, 429-30(1989).

트는 추론들의 목록이 아니다. 정말로 그 추론들은 가끔 내적 모순관계에 있다. 지적 재산의 주제를 발명보다는 오히려 정보로 간주하는 것은 예술창작의 속성에 대한 프리에(Northrop Frye)의 입장과 다르다. 그것은 지적 재산이 투자와 노동을 보호해 줄 것이라는 입장을 따르지 않는다. 사실 효율성의 관점은 지적 재산권을 전적으로 부정하는 경향이 있다. 정보체제의 특수한 부분은 칼럼 B에서 넷을 뽑고 칼럼 A에서 하나를 뽑는 레스토랑 경영자처럼 칼럼들을 혼합시키고 결합시킬 가능성이 있음을 나는 인정한다. 그럼에도 불구하고 각 칼럼의 구성원들은 수직적인 이웃들과 연결될 때 대중적이고 학술적인 담론으로 탈바꿈할 가능성이 아주 높다. 이 문제의 해결을 가장하여 저자의 상상력의 효과는 중간 칼럼에 있는 아이템을 그 중요성에서 사라지도록 하든지 아니면 감소시키도록 할 수 있다.

그 배경은 여기까지 살펴보고 이제 간단한 사례 연구를 살펴보도록 하겠다. 어려운 점은 지적 재산 확대의 예를 찾는 데 있는 것이 아니라 어느 것을 고를 것인가를 아는 데 있다. 지난 몇 년 동안에 우리는 처음에는 저작권 다음에 소프트웨어의 특허권의 확장을 보았다. 그리고 생명유형과 인간 유전자에 대한 특허권 출원을 보아왔다. 저작권 보호의 수준이 아니라 지적 재산법의 현 개념에 대해서 이야기할 때 현재의 법률이 저작권청과 특허청이 정부의 편에 서지 않고 대신에 사용자에게 더 큰 관심을 갖고 있고 사용자 요금으로 형성된 조직들에 기초한 활동에 주목하고 있다는 사실을 아는 것은 흥미로운 일이다.[28] 권리 소유자는 진실한 이용자이거나 사무실의 고객이라는 생각이 아주 인상적이다. 국제적 차원에서 우리는 지적 재산의 침해를 무역거래의 위반행위로 몰아가려고 가트(GATT)[29]를 이용했던 사례를 보아왔다. 그렇게 함으로써 지적 재산의 특수한 입장을 입법화 하고, 지적 재산을 시장에서 하나의 상품으로 인정한다.[30] 그러나 내가 선택하게 될 사례는 인터넷상의 저작권에 대한 클린턴 행정부의 법안이다. 이 법안은 현재 잊혀진 채 어딘가에 계류 중이다.

Ⅳ. 간단한 사례 연구 : 인터넷상의 저작권

만약 정보화 사회가 일상화되었다면 그것은 곧 인터넷 때문이다.

---

28) Omnibus Patent Act of 1996, S. 1961, 104th Cong. Morehead–Schroeder Patent Reform Act, H. R. 3460, 104th Cong. (1996).

29) 역자 주 : GATT[관세무역에 관한 일반협정(General Agreement on Tariffs and Trade : GATT)]은 제네바 관세협정이라고도 한다. 한국은 1967년 4월 1일부터 정회원국이 되었다. GATT가 국제무역의 확대를 도모하기 위하여 가맹국 간에 체결한 협정내용은 다음과 같다. ① 회원국 상호 간의 다각적 교섭으로 관세율을 인하하고 회원국끼리는 최혜국 대우를 베풀어 관세의 차별대우를 제거한다. ② 기존 특혜관세제도(영연방 특혜)는 인정한다. ③ 수출입 제한은 원칙적으로 폐지한다. ④ 수출입 절차와 대금 지불의 차별대우를 하지 않는다. ⑤ 수출을 늘리기 위한 여하한 보조금의 지급도 이를 금지한다는 것 등이다.

30) 어린이를 고용하거나 환경 규제를 위반하는 것은 그 나라의 산업에 불공정한 경제적 이익을 제공할 수도 있겠지만 무역 제재를 촉발하지 않을 것이다. Robert Howse and Michael J. Trebilcock, "The Fair Trade–Free Trade Debate : Trade Labor, and the Environment," 16 Rev. *L. & Econ.* 61 참조.

　(다른 나라의 환경과 노동관행에 대한 규제법이 GATT/WTO 틀 내에 마련되지 않았다는 논의를 하고 있다.) 그러나 1993년 9월 13일 캐나다, 멕시코, 미국 간에 맺은 북미 노동협약을 보라. 그러나 지적 재산법의 우리 입장을 받아들이지 않고 실행하지 않을 경우에는 국제적 소송의 원인이 된다. 이와 관련하여 다음 논문을 참조.

　J. H. Reichman, "Compliance with the TRIPS Agreement : Introduction to a Scholarly Debate," 29 Vand. J. Trananat l L. 363 (1996).

인터넷은 디지털 정보의 상호 교환의 중요한 궤적을 제공하는 무정부주의적이고 탈중앙집권화된 컴퓨터 연결망이다. 고어 부통령, 통상부, 전기정보 통신부가 합동으로 정보고속도로(information superhighway)를 계획하는 동안 이미 인터넷은 정보고속도로를 구축하였다.

따라서 만약 정부가 이러한 극단적으로 중요한 자원에 대한 재산권 분배를 심오하게 수정했고 현재의 시장 지배자들의 영향력을 옥죄는 정보경제를 위한 기본 원칙을 제정하려는 제안을 한다면 변호사, 학자들 그리고 다양한 매체들은 그 제안에 큰 관심을 보일 것이다. 다 맞는 말일 수 있다. 미국이 정보 인프라에 대한 지적 재산 관련 클린턴 행정부의 백서[31] 발표는 언론의 반발을 크게 사지 않았다. 미 상원과 백악관 모두 서론에 대해서 찬성하지만 백서의 법률적 제안에 대해서는 궁극적으로 저지하려는 입장이었다.[32] 잠재적인 입법화 과정을 감안한다면 이것 자체만도 지적 정책 결정의 정밀한 조사가 요청된다는 제안의 강력한 근거가 될 것으로 보인다. 그러나 문제는 점점 심각해졌다.

다른 글에서 나와 많은 다른 사람들은 현행법에 대해 백서의 설명이 지닌 문제, 반대의 사례들, 정책, 입법상의 역사를 잘못 진술하고 최소화하거나 단순하게 무시하는 백서의 경망스런 성향이 지닌 문제, 그리고 사실 심각하게 논의 중의 문제를 마치 모두 해결된 것처럼 기

---

[31] Information Infrastructure Task Force, Intellectual Property and National Information Infrastructure : The Report of the Working on Intellectual Property Rights(1995). (다음부터 는 백서) James Boyle, " Sold Out," *N. Y. Times.* Mar. 31, 1996. 참조.

[32] 관련된 법조항은 HR 2441과 S. 1284이다.

술하는 백서의 습관이 지닌 문제 등에 관해 글을 써왔다.[33] 특히 컴퓨터 파일 정보의 집합체의 중요성, 소프트웨어 혁신의 중요성, 프라이버시의 중요성 등에 초점을 맞추고 있는 백서의 법집행과 백서의 잠재적인 부정적 결과에 대한 사려 깊은 분석이 있어왔다.[34] 백서의 옹호자들은 백서의 제안들이 인터넷상의 더 빠른 성장을 장려하는 데 필수적이라고 주장해 왔다.[35]

그러나 나의 입장에서 정말로 그 백서와 관련하여 나를 우울하게

---

[33] 이 성향은 백서의 아주 사려 깊은 변명과 불미스럽게도 대조를 이룬다. 즉 백서에서는 지적 재산의 보호가 정보화 고속도로에 차를 올려놓는데 필수적이라고 주장했다. 그러나 백서에서의 법 이론들의 일부가 모순적이라는 점을 인정하는 데 백서는 주저한다. 그리고 그 법안들이 너무나 분명하여 변명할 필요가 없다고 제안하기보다는 오히려 법 이론 자체의 용어로 법안을 방어하는데 백서는 조심스러워 한다. Jane C. Ginsbug, "Putting Cars on the 'Information Superhighway' Authors, Exploiters and Copyright in Cyberspace," 95 Colum. L. Rev. 1466, 1476(1995). 예를 들어 혹자는 RAM 복사이론에 대한 백서의 인정을 방어하지만 이 접근이 의문시되거나 강력하게 비판받을 수도 있음을 지적한다. 이런 입장에 대해서 다음을 참조. Jessia Litman, "The Exclusive Right to Read," 13 Cardozo Arts & Ent. L. J. 29 (1994).

[34] David Post, "New Wine, Old Bottles : The Case of the Evanescent Copy," Am. Lawyer, May 1995 ; Niva Elkin-Koren, "Copyright Law and Social Dialogue on the Information superhighway" : Pamela Samuelson, "Legally Speaking : The NII Intellectual Property Report," *Communications of the ACM*, December, 1994, at 21. "The Case Against Copyright Liability of Bulletin Board Operators," 13 Cardozo Arts & Ent. L. J. 345(1995). Evan St. Lifer and Michael Rogers, "NII White Paper Has Librarians Concerned About Copyright," Library Journal News, Oct. 1, 1995. Vic Sussman, "Copyright Wrong," U.S. News & World Report, Sept. 18, 1995 ; Andrea Lunsford & Susan West Schants, "Who Should Own Cyberspace," Columbus Dispatch, Mar. 26, 1996 ; Many of these points were also made in testimony. Intellectual Property and the National Information Infrastructure : Public Hearing Before the White House Information Infrastructure Task Force, Sept. 22, 1994(testimony of Jessica Litman, Professor of Law, Wayne State Univ.). Comments of Professor Mary Brandt Jensen, August 26th 1994. Comments of Professor Neil Netanel and Professor Mark Lemley, University of Texas school of Law, September 2, 1994 참조.

[35] Jane C. Ginsburg, "Putting Cars on the Information Superhighway : Author, Exploiters and Copyright in Cyberspace," 95 Colum. L. Rev. 1466(1995).

만든 것은 백서의 기술된 목표를 달성하지 못했다는 것이다. 즉 어떤 수준의 지적 재산권이 사이버공간에서 필요로 하게 될 것인지 검토하지 못했다는 것이다. 백서는 여러 가지 문제를 밝혀놓았지만 오히려 혼란스럽게 만들었다는 점에서 실패한 것이다. 문제는 단순히 현행법의 저작자 측면에서의 고려를 하고 있다는 성향만이 아니다. 비록 지적 재산법에 대한 백서의 개요가 정확할지라도 다른 차원의 보호가 디지털 환경에서 왜 적합한지에 대한 이유가 있을 수 있다. 예를 들어 인터넷이 확실히 제공하는 접근의 용이성과 전 세계적인 연결성은 불법적인 복제를 가능하게 한다. 그러나 접근의 용이성과 도달성은 놀랍게도 광고비와 분배비용을 줄여주며, 더 나아가 낮은 수준의 투자에 비해 고비율의 보상을 낳는다. 그러므로 지적 창작물의 생산자 입장에서 더 많은 지적 재산보호가 요구될 수 있는 반면에, 그밖에 다른 사람 입장에서 더 적은 수준의 보호는 미래의 생산을 장려할 수 있는 이점을 가져다 줄 것이다.

디지털 산출물은 시간과 노력의 많은 투자를 요구하며, 가치를 지속시키며, 계속해서 작동시키는 데 필요한 부차적인 서비스를 요구하지도 않으며, 돈벌이를 위해 대량 복사될 수도 있다. 그 밖의 다른 특징으로는 디지털 속성 때문에 투자를 거의 요구하지도 않으며, 광범위한 연구·개발도 요구하지 않으며, 데이터베이스나 검색 엔진 등에 접근하지 못하게 함으로써 보호될 수 있으며, 부분적으로 구호선(help lines, 저작권이 있는 소프트웨어로, 일정 기간 시험 사용 후 계속해서 사용하고 싶을 때 요금을 지불하는 것), 기술적 도움 등과 같은 견고한 배치에 의해 공유웨어 버전(shareware version)[36]을 이용할 수 없게 만들기도 한다. 문제는 디지털 환경이 아주 복잡하다는 것이다. 즉 복사를 훨씬 용이하게 만드는 동일한 기술적 요소들은 소프트웨어나 정보 생산자들이 자신의 투자비를 회수하거나 더 발전된 업그레이드를 장려하는 다른 방법을 찾게 만든다. 백서는 이런 복잡성을 취하기보다는 오히려 단순하게 인터넷상의 저작권 소유자는 새로운 것을 덧붙여 인터넷 밖에서 이용할 수 있는 모든 권리를 필요로 한다고 가정한다. 정보 생산자들이 시간과 창의력의 투자에 대한 보상을 확보하는 다양한 방법들이 있다고 말해도 좋을 만큼 모든 사람들이 백서가 그 생산자들에게 제공하기로 했던 권리를 충분히 강하게 주장하지 않을 것이라고 백서는 애매모호하게 보고 있다. 일부 투자가들이 여분의 돈을 자선사업에 기부하겠다는 답변과 더불어 자본소득에 대한 세금 감면이 투자를 장려하는 데 반드시 필요한 것이 아니라는 주장에 이 백서는 오히려 잘 호응하는 것처럼 보인다. 그렇게 생각할 수도 있지만 백서는 우선적으로 변화가 필요한지에 대한 문제의 본질로 나가지는 못했다.

그러나 선택된 개인의 입장보다 더 중요한 것은 백서가 안고 있는 논리적 오류와 기본적인 과오이다. 지적 재산권은 현재와 미래의 공공 이익을 산출하기 위해 부여된 제한된 독점권의 인정이다. 즉 그러한 목적을 성취하기 위하여 권리에 대한 제한은 권리 그 자체의 인정만큼이나 아주 중요하다. 좀 더 정확히 표현하자면, 자연적인 절대적 지적 재산권은 존재하지 않기 때문에 공정 사용과 같이 소비자들과 다른 이용자들이 선호하는 교의들은 어떤 종류의 복사도 막기 위해

---

36) 역자 주 : 공유웨어 버전(shareware version)은 잠재적 사용자들이 사용료를 지불하고 등록하여 사용하도록 유도하기 위해 일부 중요한 기능을 고의로 제거하여 불완전한 상태로 배포되는 콘텐츠를 말한다. 요금을 지불하고 등록하는 사용자에게는 그 공유웨어의 완전한 기능을 갖춘 판(working version)이 배포된다.

저자에게 부여된 권리만큼이나 사용자들의 기본 권리의 한 부분이기도 하다. 지적 재산 문제에서 의회의 권위의 원천인 제1조 제8항 제8절은 지적 재산권에 대한 두 가지 유형의 제한을 언급하고 있다. 하나는 기능적인 것으로 과학의 발전과 유용한 기술을 장려하기 위해서이다. 다른 하나는 시간적인 문제로 저자와 발명가에게 일정 시간 동안 권리를 확보해 주는 것이다. 마치 지적 재산권이 천부적인 것이며, 절대적인 것처럼 이야기하는 것은 부적절하다. 그러나 백서는 완고한 일관성과 불가항력의 열정으로 지적 재산권의 천부성과 절대성을 주장한다. 백서가 지적 재산에 대한 백서 자체의 부풀려진 아이디어를 어떻게 근간으로서 설정하고 있는지, 다음으로 권리 소유자가 실제로 그런 수준의 보호를 영속적으로 절대적 재산권을 지녀야 한다고 어떻게 백서는 암시하고 있는지를 다음의 인용문을 잘 살펴보아라. 놀랍게도 지적 재산권을 규정하고 제한하는 조치들은 권리 소유자에 대한 세금이 전부이다.

"일부 참석자들은 미국 정부가 정보 소유자와 정보 무소유자로 나누어지고 있으며, NII(National Information Infrastructure Initiative, 전국 정보 생산기반 구상)[37] 환경에서 공정 사용의 입장이 광범위하게 받아들여

---

[37] 역자 주 : 국가정보기반구조(國家情報基盤構造, National Information Infrastructure : NII)는 전 미국의 가정, 기업, 교육·연구 기관, 도서관, 의료 기관 등의 공공 기관을 고속·광대역의 정보 통신망으로 연결하여 모든 국민이 언제 어디서나 공공 정보에 접속하여 상호 통신할 수 있는 기반을 구축하려는 미 행정부의 구상을 말한다. 미국의 빌 클린턴 대통령은 1992년 선거에서 2015년까지 광섬유를 사용한 전 미국 규모의 초고속 정보 통신망(information super-highway)의 구축 추진 구상을 선거 공약으로 제시하였는데, 정권 출범 후에 클린턴 행정부는 초고속 정보 통신망뿐만 아니라 소프트웨어, 데이터베이스, 각종 정보기기, 전문인력의 육성 등을 포함하는 더 광범위한 정보화 사회 기반의 정비를 촉진하기 위한 국가 정보기반 구조(NII) 구상을 수립하여 1993년 9월에

짐으로써 정보 수혜의 불평등이 해소될 수 있다고 제안해 왔다. 작업 그룹(Working Group)[38]은 저작권 소유자들이 누구나 접속할 수 있는 합법적인 목표를 촉진하기 위해서 다른 사람과 다르게 세금이 부과되어야 한다는 관점을 거부한다."[39]

물론 저작권법의 목표를 감안한다면 그런 절대적 권리에 대한 주장은 역전된 것과 같은 느낌을 갖게 될 것이며, 사용자와 소비자의 공정 사용을 근간으로 삼게 될 것이다. 지적 재산권 확장이 정보고속도로의 구축비용 마련을 위해 가장 좋은 방법이라고 믿기 때문에(내 생각으론 그것이 잘못된 생각이다) 백서는 광범위한 지적 재산권을 허용하기를 원한다. 이에 대한 반응으로 더욱 회의적인 작업 그룹은 다음과 같이 말해왔다.

국가 정보 인프라를 개발하기 위해 개인 기업을 장려하는 데 있어서의 장애는 지적 재산권이 NII 환경에서 지나치게 관대하고 공정 사용의 권리를 축소하는 것이라고 할 때 개선될 수 있다고 일부 보고서는 제안해 왔다. 소비자, 미래의 창조자, 그밖의 다른 공정 사용권자 등이 정보고속도로에 투자를 활성화하는 합법적인 목적을 촉진하기

NII에 관한 행동계획을 발표하였다. NII의 소유와 관리는 민간기업이 담당하고 정부는 NII 정비를 위한 제도 개혁과 지원기능의 실시로 촉매역할을 수행한다. 정부는 기술개발과 장기투자를 촉진하는 세제(稅制)와 규제완화 및 경쟁 도입을 위한 정책과 제도를 정비하고, 고성능 정보 처리법(HPC Act)에 따라 대학이나 연구기관 등 비영리 단체가 수행하는 정보 처리·통신기술의 연구 개발과 전문인력 육성계획을 지원한다. NII의 구상을 전 세계적으로 확대한 것이 전 세계적 정보기반(GII)으로, 1994년 3월에 개최된 국제 전기 통신 연합(ITU)의 제1회 세계 전기통신 개발회의에서 미국의 앨버트 고어 부통령이 제창하였다.

38) 역자 주 : 작업 그룹은 국제 표준화 기구 등에서 표준화 활동을 수행하는 특정 작업항목에 대한 표준 초안을 개발하는 그룹을 의미한다.

39) 백서, 88 참조.

위해 과세되어야 한다는 관점을 그 분야 작업 그룹은 거부한다.

그러나 백서는 정보경제학에서 근본적인 잘못을 확산시키는 방향으로 기술하고 있을 뿐만 아니라, 백서는 최초 저자의 입장이 공정 사용의 중요성을 어떻게 평가절하하는지, 그리고 최초의 저자가 지적 재산의 기능적 아이디어보다 오히려 권리의 절대성을 어떻게 확장할 것인지를 보여주고 있다. 위의 인용문의 각주에서 작업 그룹은 그 이상의 설명을 한다. 경제학과 물리학의 법칙들은 저작권자보다 더 큰 정도로 설비와 필수품의 생산자나 제공자를 보호한다. 예를 들어 대학은 사진복사기, 컴퓨터용지, 디스켓 구입을 위해 돈을 지불하는 것 외에 할 일이 거의 없다. 그러나 대학은 공정 사용으로서 저작물에 대한 대학 당국의 복사와 보급활동은 보상이 이루어지지 말아야 한다고 주장하면서 저작권자에게 보조금을 지급하고 협조를 얻을 수 있다.[40]

이것이 위에서 기술된 진술의 완성판이기도 하다. 공정 사용권은 대학에 의해 추구되어지는 일종의 보조금 성격이다. 그러나 잠시만 기다려 보아라. 비록 지적 재산법의 유일한 목적은 미래의 혁신과 정보산출을 장려하는 것이라고 할지라도 이 주장은 잘못된 것이다. 미래의 창조자들은 결국에 무언가 작업할 소재를 필요로 한다. 공정 사용은 소재를 제공하는 하나의 중요한 방법이다. 공정 사용권도 지적 재산의 절대적인 대상물로 간주될 수 있다. 즉 우리는 지적 재산권자들에게 국가권력에 의해 뒷받침되고 법원에 의해 강화된 아주 가치 있는 법률적 독점권을 제공해 줄 것이다. 우리는 저작권자의 권리의

---

40) 백서, 266 참조.

개요를 새롭게 설계할 것이다. 백서는 그 동등한 교환이 세금이거나 강제된 보조금이라고 주장하면서도 저작권자에게 현금(파운드)를 제공하기를 원한다.

단지 지적 재산에 대한 생소함은 그 주장의 우스꽝스러움을 숨길 뿐이다. 그것은 마치 한 개발자가 워싱턴 D.C.에 새 체육관을 짓기 위한 대가로서 현금 보조금과 세금 삭감의 일괄 계약을 맺었었지만 계약대로 자신의 의무를 다하기 위해 워싱턴에 보조금을 요청하는 것이라고 주장하면서 그 협상의 이익을 얻으려는 것과 마찬가지이다.[41]

백서에 대한 언론의 반응은 약간의 미심쩍은 부분은 있지만 경의를 표하고 있다. 분명히 누구와 접촉할지를 모르는 기자들은 소프트웨어 업자 연맹, 레코드 산업, 출판인 로비스트들로부터 그 반응을 알아보는 경향이 있다. 아주 놀랍게도 이 집단들은 백서가 훌륭한 문건이며, 정확한 분석의 결과이며, 미래를 위한 훌륭한 토대가 될 것이라고 믿어 의심치 않는다. 그후에 기자들은 그 백서가 제안한 변화에 의해 부정적으로 영향을 받게 될 사람들이나 기관들, 예를 들어 도서관, 온라인 서비스 공급자, 교사 등을 접촉하기 시작한다. 매체에서 취재 범위는 지적 재산의 미래에 대한 두 가지 중요한 것들을 설명해 주었다.

---

[41] 일반적으로 그런 주장은 보조금이나 세금이 계산되어지는 현재의 법 기준에 동의하지 않은 것으로 나타난다. 백서에서 이와 같은 희귀한 귀절들 중 두드러진 특징은 어느 공정 사용권이 이용자들에게 보조금이 될 것이라고 제안하고 있다는 점이다. 그러나 백서의 논의의 모두가 이런 극단적인 제안에 동의하지 않는다. 논의의 일부는 공정 사용의 법률적 의미에 대한 의견의 차이로 돌린다. 다른 곳에서 나는 현재의 법에 대한 백서의 설명에서 그 차이점에 대한 설명을 했다. "백서에 대한 논의" 참조.

첫째로, 만약 다른 영역의 규제를 만들려고 한다면 웃음거리가 되고 말 것이라는 주장이 있을 수 있다. 언론의 반응을 균일한 세금에 대한 제안이나 재산 소유자가 환경 규제를 지키는 비용에 대해 보상받아야 한다는 주장과 비교해 보자. 둘째로, 언론과 대중은 그러한 결정에 포함된 가능한 요소들과 이해관계에 대한 견해를 가지고 있지 않다. 만약 노동법이 통과됐다면 워싱턴 포스트지는 단지 상공회의소에만 전화하지 않는다. 그러나 지적 재산권 문제의 경우 언론사 기자들은 가장 큰 재산권 소유자에게만 전화한다. 신진 소프트웨어 개발자들, 연구자들, 도서관 사서들, 시민 자유론자들이 지적 재산권 문제에 대한 독특한 입장을 가질 수 있다는 생각은 대중의 의식 속에 자리 잡지 못했다.

V. 환경보호론과의 유사성

지적 재산 정책의 필요성을 잠시 동안 생각해 보자. 한발 더 나아가 공공 영역의 보호정책을 위한 특별한 요구가 있을 수 있다는 생각을 가정해 보자. 그러나 지적 재산 정책은 무엇과 유사하다고 생각하는가? 지적 재산 정책은 여러 측면에서 환경운동이 1950년대에 처했던 단계에 우리가 와 있다고 보여진다. 공원체제의 지지자들, 사냥꾼들, 야생조류 관찰자 등을 환경 보호론자들의 예로 규정하는 문제에 대해 우려하는 사람들이 있다. (지적 재산의 분야에 신진 소프트웨어 엔지니어들, 도서관 사서들, 전문 예술가들, 패러디 작가, 전기작가, 생물공학 연구가들

등이 있다.) 특별한 위기, 예를 들어 강이 불타오른다든지 기름 유출 때
문에 분노하는 환경운동가들의 동요가 있다. (지적 재산의 세계에서 우
리는 전해듣게 된 마이크로소프트사의 반경제적 관행, 인간 유전자를 특허 내고
자 할 때 제기되는 도덕성의 문제, 사이언톨로지교[42]의 어떤 비판을 막기 위한
저작권 사용의 정당성 등에 관한 비일관적인 이야기를 듣게 된다.) 그러나 뭔
가 부족하다는 것은 문제들의 분석을 위한 일반적인 틀이자 분석도
구이며, 외관상 절망적인 상황에 대한 공통적인 관심에 대한 인식이
기도 하다. 여기서 절망적인 상황이라는 것은 전통적인 것과 반대되
는 상황을 말한다. 예를 들어 사냥꾼과 야생조류 관찰자를 다같이 환
경보호론자로 분류하는 것이다.[43] 우리는 어떤 종류의 분석도구에 대

---

42) 역자 주 : 사이언톨로지교(Scientology)는 1954년 허버드(Ron Hubbard)에 의해 창시되었
으며, 과학기술을 통한 정신치료와 윤회를 믿고 있는 것으로 알려져 있다. '사이언톨로
지'의 뜻은 '진리탐구'이다. 라틴어 'scio(스키오, 깨달음)'와 'logos(로고스, 'λσνος', 신
의 계시 혹은 그리스어로 '이성')를 모티브로 한 종교이다라고 서술돼 있다. 현존하는
우주는 메스트(Mest)로부터 왔으며, 그것은 물질, 에너지, 공간 그리고 시간으로 구성돼
있어 테탄(Thetan, 그리스어로 영혼, 상징)의 도움을 얻어 생명력을 유지한다고 한다. 테
탄은 사람에 붙어 살며, 죽지 않는 존재이고, 온갖 악으로부터 육신을 보호한다고 한다.
이렇듯 '사이언톨로지' 이론에 따르면 세 가지 객체가 사람 속에 존재하는데 그 하나는
테탄(불멸의 영혼), 또 하나는 마인드(Mind, 사고력), 그리고 마지막 하나가 육신(죽음
을 앞둔 유한적인 몸)이다. 허버드는 "육신이 죽음을 피하려면 그가 개발한 E-머신을
활용해 정신분석을 해야 한다"고 말한다.

43) 비록 이것은 지나친 단순화인 것일지라도 모순적인 단순화인 것처럼 보이지 않는다.
"첫째로 기본적인 분석적 접근과 환경법의 기초가 되는 정책의 가치들은 1961년에 카
슨(Rachel Carson)에게서 시작된 근본적인 패러다임 변동으로부터 나온 것이다. 뜻밖에
도 카슨을 지지한 코세(Ronald Coase)는 사회적 통치 결정이 어떻게 이루어져야할 것
인가에 대해 재규정했다. 우리가 카슨의 패러다임이라고 부를 수 있는 것은 비록 인간
이 천성적으로 그들 자신의 이익 축적을 최대화하고 그들 행위의 부정적 효과를 무시하
려고 노력할지라도 살아남고 번영하기를 희망하는 사회가 긍정적일 뿐만 아니라 부정
적인 개인 결정들의 실제적인 상호작용의 결과에 대한 종합적인 설명을 해야 한다는 선
언이었다. 어느 것만큼이나 그런 광의의 설명을 하려는 시도들은 우리가 환경 보호법이
라고 부르는 놀랄만한 범위의 문제를 연결시키는 공통적인 끈이었다. Zigmunt J. B. Plat-

해서 말하고 있는가?

대략적으로 말해 환경운동은 두 가지 기본적인 분석틀에 의해 영향을 받았다. 하나는 생태학의 아이디어였다. 생태학은 생명체계들 사이에 미약하고 복잡하고 예측 불가능한 상호 의존관계를 전제하고 있다. 둘째로는 복지경제학의 아이디어였다. 복지경제학은 시장이 자연보호 활동을 통해 완전한 값을 정할 수 없다는 사고에서 연유한 것이다. 두 아이디어의 조합은 강력하지만 다른 한편으로 혼란스런 결론을 낳았다. 시장은 일상적으로 자연보호 활동을 통해 그 자신의 값, 특히 그들 자신의 환경적 값을 정하지 못할 것이다. 이러한 시장의 실패는 예측 불가능하고, 험악하고, 위험하고, 치유 불가능한 결과를 초래하게 될 것이고, 더 나아가 취약한 생태계를 분열시키거나 파괴시킬 것이다. 이런 두 형태의 분석은 환경보호에 대한 일반적인 관심을 불러일으켰으며, 환경보호를 위한 정부의 노력을 지지했던 큰 발판을 마련하도록 도왔다. 오리 사냥꾼들의 오리 서식지인 습지 보호는 침식의 방지와 수질 유지에 광범위한 기능을 수행하고 있는 것으로 입증됐다. 동력산출을 위해 가스보다 석탄을 사용하기로 결정했다면 산림에서부터 어업에 이르기까지 모든 것에 영향을 줄 수 있다.

물론 환경정책이 직접적인 욕망보다는 오히려 아이디어에 의해서

---

er, "From the Biginning, A Fundamental Shift of Paradigms : A Theory and Short History of Environmental Law," 27 Loy. *L.A.L. Rev.* 981-2(1994) 참조. 또한 Richel Carson, *Silent Spring*(1961) 참조. 나는 카슨(Cason)뿐만 아니라 레오폴드(Leopold)에 대해 언급할 것이다. 그러나 그 밖의 주장에 대해서 나는 동의할 것이다. 레오폴드에 초점을 맞추는 것은 또 다른 유익한 효과를 가진다. 유익한 효과로는 환경 보호론이 그 밖에도 환경 자원의 경제적 가치와 상품성이 불완전할 뿐만 아니라 실제로 잘못되었다는 신념에 의해 추론되어진 정도를 강조한다. A Leopold, *A Sand Country Almanac* (1949) 참조.

만 잘 수립될 수 있다고 생각하는 것은 어리석은 것이다. 러켈셰우스
(William Ruckelshaus)가 이야기한 것처럼, 예를 들어 대기오염의 원인
으로 로키 산맥을 보고자 하는 덴버에 살고 있는 사람들의 욕망이 있
다. 비슷하게 로스엔젤레스에 살고 있는 사람들도 서로를 만나고 싶
어하는 욕망을 가지고 있다.[44] 아주 기묘하게도 지적 재산과 더불어
통신기술의 변화는 커다란 역할을 했다. 1960년대 중반에 우리의 거
실에는 흑백 텔레비전이 사라지고 컬러 텔레비전이 들어오기 시작했
다. 우리는 우리의 생활 속에서 텔레비전의 영향의 일부만 이해하기
시작했다. 그러나 확실히 환경운동을 위해서 텔레비전은 큰 기여를
했다. 푸른 강으로 흐르는 노란 하수구 물은 흑백 TV로는 거의 드러
나지 않으나 컬러 TV로는 잘 드러난다. 그러나 푸른 하늘과 갈색 스
모그의 구별은 컬러 TV나 흑백 TV로 불가능하다.[45]

그럼에도 불구하고 내가 언급했던 아이디어인 생태학과 복지경제
학은 환경운동을 위해서 아주 중요했다. 생태학과 복지경제학은 환
경운동의 여러 제휴 정책들 하에 공공의 이익에 대한 인식, 환경운동
의 필요성 등을 제공하는 데 도움을 줬다. 훨씬 더 흥미롭게도 나의
목적을 위하여 대중적인 담론과는 거리가 먼 아이디어들은 미국 정
책의 주요한 흐름으로 자리잡았다. 이것은 쉽게 또는 저절로 이루어
진 것이 아니었다. 복잡한 아이디어들을 대중화하는 일은 결코 쉬운
일이 아니었다. 레이첼 카슨(Rachel Carson)의 『침묵의 봄』(*Silent Spring*)

---

44) William D. Rukelshaus, "Envirommental Protection : A Brief History of the Environmental
    Movement in America and the Implications Abroad," 15 Envtl. L. J. 455, 456 (1985).
45) Ibid.

과 알도 레오폴드(Aldo Leopold)의 『모래땅의 사계』(*A Sand County Almanac*)[46]와 같은 명저들, TV토론회, 러브 운하와 캘리포니아 캘프 양식장에 관한 다큐멘터리, 신문의 특집기사, TV에 출연한 관계 전문가들이 대중화 작업에 기여했다. 저돌적이기도 하고 침착하기도 한 환경운동 집단들은 그린피스 저항의 극적 현장이나 오더본(Audubon)[47] 사회의 꾸밈 없는 존경 등을 통해 자신들의 역할을 수행했다. 일단 환경의 아이디어가 단순한 추상성, 즉 특수한 분야의 개발에 의해서 생겨난 구체적인 이익을 용납할 수 없는 것으로서 간주되어지는 곳에서 환경은 법의 힘과 환경의 이면에 있는 공공 이익의 힘을 함께 지닌 추상성이 될 것이다.

　나의 견해로 이러한 환경정책은 지적 재산 정책의 미래를 위한 전략을 암시한다. 양쪽 분야의 정책결정 과정 구조에서 우리는 실패를 위한 동일한 경로를 가고 있는 것처럼 보인다. 민주주의에서 정책결정이 소수의 권리 소유자들, 예를 들어 토지 소유자들이나 콘텐츠 공급자들에 의해서, 그리고 그들을 위해서 제정될 때 그 결정은 사악하게 이루어진다. 그 손실이 더 크고 불특정 집단에 미치는 미미한 영향이 있는데도 특수한 행위의 이득이 상대적으로 작은 특정한 집단에 의해 독점 될 때 민주주의가 잘못 작동한다고 말하는 것은 현재 형성 과정에 있는 정치과학 분석이나 공공선택 이론의 문제이다.[48] (변화를

---

46) 역자 주 : 근대 환경윤리학 발전에 있어서 가장 중요했던 작가인 레오폴드(Leopold)의 작품이다.

47) 역자 주 : 오더본(John James Audubon : 1785-1851)은 미국의 조류학자로서 방대한 북미의 조류지(鳥類誌)를 남겼다.

48) 거기에는 그 밖의 다른 맥락의 더 특수한 문제들이 있다. 환경적 논의와 지적 재산 문제

규명하고 변화에 저항하는 전환비용이 높아질 때 이 영향은 강화된다.) 동력 산출에 따라 생긴 산성비의 비용과 이익을 생각해 보자. 또는 덜 심각하지만 형식면에서 상당히 유사한 것으로 저작권이 만료된 작품들에 대해 과거에도 소급하여 저작권 인정 기간을 증가시킴으로써 공적 영역에서 다시 사적 재산권으로 끄집어내려는 행위의 비용과 이득을 생각해 보자. 의회가 지적인 공공 부분을 다시 개인의 지적 소유로 환원하고자 할 경우에 지적 재산권이 만료된 저자들의 상속자와 양수인들에게 분명한 이득이 있다.[49] 이러한 저서들의 다양하고 경쟁력 있는 저가판(低價版)을 갖지 않았을 경우, 분명히 교육과 공적 논의를 하는 데 있어서 일부의 비용을 지불해야 한다. 그러나 이 비용은 개인적으로 작고 그 비용을 주장하는 분명한 소수의 권리자가 갖는다.

정책결정 과정에서 실패를 넘어서 그 문제에 대해 우리가 갖고 있는 사고방식도 잘못되었음을 인정해야 한다. 환경운동은 우리가 잘못된 환경 결정을 내릴 구조적 이유가 있음을 지적함으로써 많은 설득력을 얻어왔다. 잘못된 결정을 내릴 수 있는 구조적 이유들로는 사

는 대중적인 참여를 막으려고 전통적인 방향으로 전개되어진다. 환경이나 지적 재산 분야 모두의 경우 소유자 권리의 확장에 반대하는 입장은 대단한 반감으로 사유재산에 반대하는 입장으로 묘사된다. 이러한 생각은 지적 재산 분야에서 더 빈번해지고 있다. 공공 영역의 지킴이는 정보 공산주의자로, 또는 자유시장의 적으로 묘사되곤 한다. 미 대법원 판결에서 비실증주의적인 법리학과 재산권 소유자의 소득을 보장해 주는 법리학의 부활은 환경분야에조차도 큰 영향력을 지니게 될 것이라는 점을 시사하고 있는 것처럼 보인다.

49) 비록 지적 재산권 현상이 얼마나 과거 회귀적이고 사후(死後)적인 것이냐 하는 문제에 대한 논쟁은 나의 범위를 초월한 것일지라도, 저작권 기간 연장은 지적 재산권이 새로운 저작물 생산을 장려할 때만이 부여되어야 한다는 아이디어와 잘 조화를 이룬다. 즉 진실을 말한 아이디어나 다른 세상과의 소통을 금할 경우에 새로운 창작물의 장려 효과는 줄어들 것으로 보인다.

유재산이 상속인을 한정하여 양도되도록 한 특수한 관점에 기초된 법체계, 그리고 세계를 단순한 선형적 인과관계로 간주했던 기술·과학체계 등을 꼽을 수 있다. 이 둘의 개념적 체계에서 환경은 실제로 사라지게 되었다. 즉, 그러한 개념적 분석에서는 환경을 고려할 여지가 없다. 그러므로 그동안 우리가 환경을 잘 보존하지 못했다는 사실은 그리 놀라운 일이 아니다. 나는 동일한 현상이 공적 영역에서도 실제로 나타날 수 있음을 주장했다. 정보문제의 경제적 분석에서 근본적으로 해결 불가능한 모순[aporia, 최초의 저자 중심 모델이나 재산권의 원천에 대한 무지, 대체로 공적 영역(나의 연못이 아니라 전체 환경)]의 중요성에 대한 정치적 무지 등은 공적 영역의 우선을 개념적인 면에서 경시하게 되고 그 다음 점증적으로 실체를 사라지게 만들 것이다.

디즈니에 의한 토지 횡령, 미국 음반 산업가들에 의한 선거 기부금 등과 같은 현실 정치 하에서 진행되고 있는 커다란 음모가 있음을 보여주려는 시도에서 나는 이 모든 것을 말해왔다. 이런 모든 것이 지적 재산에 대한 역기능적 담론에 지나지 않는다고 생각한다면 이는 동일하지만 정반대의 실수를 저지르고 말 것이다. 또한 분석의 이런 측면에서 환경운동은 유용하고 현실적인 각성을 촉구한다. 생태학과 환경복지 경제학의 아이디어들은 아주 중요하지만 사람들은 『침묵의 봄』과 『모래땅의 사계』를 단순히 쓸 수도 없고, 세계가 변할 것이라고 희망할 수도 없다. 환경주의자들은 현존하는 보호주의자들의 감성의 토대에 편승했다. 환경보호주의자들의 감성은 자연사랑, 국립공원 활성화 운동, 야영생활자, 야생조류 관찰자 등을 포괄한다. 환경주의자들은 환경의 변화에 영향을 받을 수 있는 사람들 사이에 연합체를 구성했다. 아주 느리기는 하지만 환경주의자들은 환경적 인종주의(environmental racism)의 실체를 발견하기조차 했다.

　　이러한 측면의 일부는 최소한도 지적 재산 정책에서 반복될 수 있다. 관련된 개인들과 단체들의 연합을 통해 백서와 투쟁을 전개했다. 그리고 그 연합의 실천운동을 입법화하려는 노력은 가능성과 함정의 좋은 예를 동시에 제공해 줄 수도 있으며, 또한 다른 전략을 이해하게 될 것이다. 환경문제를 위한 연구조사와 정책결정 행위의 전환비용 일부는 공적 · 사적으로 모두 전문가들을 통해 충당된다. 나는 미국 환경보호청(Environmental Protection Agency : EPA)을 지원하기 위해 세금을 납부하고 그린피스에 기부금을 내기도 한다. 그리고 나는 그들이 환경문제를 탐지하는 좋은 일을 하기를 희망한다. 현재 단순히 공적이거나 단순히 사적인 조직은 존재하지 않는다. 사적이건 공적이건 간에 조직의 주요한 과제는 공공 영역을 보존하고 보호하는 것이다. 모든 조직의 성격과 방향이 이렇게 변해야 한다.

Ⅵ. 결론

　　나는 정보화 시대의 아이디어가 정말로 유용하고 생산적인 개념이라고 주장해 왔다. 아울러 정보기술과 정보화의 아이디어가 호혜적인 관계로 발전함에 따라 정보의 문제가 상호 해결될 수 있다고 나는 주장해 왔다. 정보 이슈의 범위가 확장되고 메시지의 가치는 국가적인 매체비용의 점증하는 감소와 비교할 때 증가한다. 따라서 이러한 현상은 지적 재산의 중요성을 더욱 더 증대시킨다. 그러나 지적 재산의 놀라운 경제적 중요성과 공교육으로부터 유전적 정보의 소유에 이르기까지 모든 것에 미치는 지적 재산의 영향력에도 불구하고 지적 재산은 대중적 논의나 정치적 이해에서 합의된 입장에 도달하지 못했다. 이러한 믿음은 정보화 시대의 정치가 웹망에서 검열과도 치열한 싸움을 벌이고 있는 것을 의미하고 있는 것처럼 보인다. 전반적인 사유재산제도의 형태에서 잘 알고 있는 민주적 참여에 입각한 정상적인 가정을 차지하더라도, 이런 상당한 정책적 공백이 왜 불행을 초래하는지에 대한 특별한 이유가 있음을 나는 주장했다. 또한 선행연구를 참고해 볼 때, 우리의 지적 재산 담론이 지적 재산에 대한 과소 보호보다 오히려 과대 보호의 구조적 성향을 지니고 있다고 나는 주장했다. 대규모의 권리 소유자에 의하여, 그리고 그들을 위하여 고안된 일종의 법규칙의 제정을 저지할 뿐만 아니라, 그런 경향과 투쟁하기 위하여 우리는 새로운 지적 재산 정책을 필요로 한다고 나는 보았다. 환경운동을 하나의 비유로 들면서 성공적인 정치운동은 일종의 대중적인 분석도구와 이 도구를 통해 밝혀질 더 일반적인 관심으로 형성된 연합활동 모두를 필요로 했음을 나는 지적했다. 복지경제학과 생태학의 아이디어는 사유재산권 주장의 분석적 구조, 단순한 인과과학, 부정적인 외면성을 내면적으로 시정하려 들지 않은 시장 등에서 개념으로서 환경 자체의 의미가 사라졌다는 것을 보여주었다. 유사하게 공적 영역은 현재의 권리자의 이익과 최초의 저자의 관점에 기초한 지적 재산체계에서 개념적으로 그리고 실제적으로 약화되고 있다고 나는 주장했다. 아주 실제적인 의미로 환경운동가들은 환경의 소중함을 발견했고, 그 결과 농부들, 소비자들, 사냥꾼들, 그리고 야생조류 관찰가들은 환경보호론자임을 스스로 인식할 수 있게 되었다. 아마도 우리는 공적 영역을 보호할 수 있는 연합체를 탄생시키기 위하여 공적 영역을 찾아내는 것이 필요할 것이다.[50]

그렇다면 환경에의 비유가 단지 수사학적 가치가 있는가 아니면 전략적 가치가 있는가? 내 입장에서 비록 나는 비유의 불완전성을 감안하더라도 위에서 기술된 종류의 전략에 내제된 위험성의 일부를 우리에게 보여준다고 말할 것이다. 현재로서 순수히 도구적 경제분석 하에서조차도 지적 재산이 적절한 수준에서 결정될 것이라고 주장하기는 어렵다. 자신의 희생을 감수하자는 환경보호 활동에 대한 아이디어가 환경의 담론을 진작시키기 시작함에 따라 현재의 지적 재산의 경제적 부적절성은 회의주의자들에 의해서 더욱 강조되어 왔다.[51] 그러나 경제적 분석의 매력은 그 위험성을 숨기고 있다. 효율성의 문제들, 시장 독과점의 문제, 미래 혁신의 문제 등은 확실히 중요한 문제들이다. 그러나 그것들은 우리가 직면한 유일한 문제들이 아니다. 레오폴드(Aldo Leopold)가 「토양윤리를 위한 대체」(Substitutes for a Land Ethics)라는 논문의 한 구절에서 거의 50여년 전에 강력하게 그리고 혜안을 가지고 이 점을 표현했다.

---

50) David Lange, "Recognizing the Public Domain," 44 Law and Contemp. Probs. 147(1981). 나는 공적 영역에 대해 리트만(Jessica Litman)의 연구에 의해 영향을 받았다.

51) 경제적 회의주의자의 입장은 다음 두 논문을 비교해 보라.
   Stephen Breyer, "The Uneasy Case for Copyright : A Study of Copyright in Books, Photocopies, and Computer Programs," 84 Harv. L. Rev. 281(1970). Pamela Samuelson, "The Copyright Grab," WIRED 4. 01(1996).

전반적으로 경제적 동기에 기반을 둔 자연보호 체계에서 기본적인 약점은 토지공동체 대부분의 구성원들이 경제적 가치를 지니지 못하고 있다는 것이다. 비경제적 범주들 중의 하나인 토지가 위협받게 될 때, 그리고 만약 우리가 그 토지를 선호하게 되면 우리는 토지에 경제적 중요성을 부여할 핑계를 찾는다. 오늘날 그런 상황을 알게 되는 것은 참으로 고통스럽다.[52]

네가 인터넷상에서 건축술을 검색할 때 지불할 요금이 최소한도의 전환비용인 경우조차도 경제적으로 비효율적일 것이라는 이유에 대한 강력한 논쟁이 있을 수 있다고 나는 믿는다. 나는 유전정보 원천에 대한 현재의 처리방식이 지닌 경제적 문제를 지적하는 논쟁을 벌일 수 있다. 나는 나의 주장이 다른 쪽 주장보다 더 훌륭하다고 믿고 있음을 진실하게 말할 수 있다. 그러나 레오폴드의 점잖은 꾸짖음에서 나는 여러분들이 관심을 갖고 있는 것들 중의 일부만을 표현할 수 있는 아주 친숙한 언어를 수용할 위험성을 잘 인식하고 있다.

이 논문에서 나의 특별한 두 개의 연구대상을 언급하는 것으로 결론을 맺고자 한다. 첫째로, 나의 전반적인 전제가 잘못되었다. 즉 지적 재산은 대체로 균형을 잘 맞추고 있고, 공적 영역은 체계적으로 위협받지 않고 있으며, 경제적 분석은 현재의 체제를 지탱하는 데 명확하고 명료하며, 일반적인 경향은 국제적으로나 국내적으로 지적 횡령의 방향으로 나아가지 않고 있다는 전제이다. 다른 곳에서 나는 그런 주

---

52) Aldo Leopold, *A Sand County Almanac*, 210–211 (1949).

장들은 반박하려고 노력했으나 어느 정도로 그 관점은 논의의 여지를 남기고 있다. 비록 내가 틀렸다 하더라도 극단적으로 값비싼 권리를 저렴하게 이용할 수 있도록 하는 민주적 책임의 기본적인 아이디어는 정보화 시대에서 지적 재산의 더욱 세련된 정책을 광범위하게 요구하고 있는 것처럼 보인다. 만약 그런 책임이 현존하는 것이라면 공적 영역은 이전에 있었던 것보다 더 체계적으로 논의되고 보호되어야 한다.

두 번째의 연구대상은 더욱 근원적이다. 내가 환경정책과 지적 재산 정책을 어떻게 비교할 수 있는가? 일부의 경우 두 문제들 간의 심오성의 차이는 비교의 가능성을 약화시킬 수 있다. 결국 환경문제들은 실제로 생태권을 파괴할 수 있으며, 생태계는 지적 재산과 아주 흡사하다. 이에 대한 나의 입장은 생태계 문제와 지적 재산의 문제는 비교가 가능하다는 것이다. 나는 문제의 심오성보다 오히려 문제의 형태를 비교하고 있는 것이다. 지적 재산이 정보화 사회에서 가지고 있고 앞으로 갖게 될 그 중요성에 적응하는 데 실패하고 있다는 점에서 생태계 문제와 유사하다는 것이 나의 생각이다. 다시 말해 사람들은 지적 재산의 문제가 심각한 인간적·정치적·분배적 결과와 관계없는 기술적인 문제라는 믿음을 갖고 있다. 그러나 내가 이야기하고자 하는 나쁜 지적 재산 제도는 다음과 같은 것일 수 있다.

- 나쁜 지적 재산 제도는 저작권과 특허권이·독점금지정책(anti-trust policy)을 무력화시킴에 따라 소프트웨어 산업에서 특수한 독점과 집중을 강화할 수 있다. 지금으로서 그 결과는 반독점법의 실제적인 발의자에게 영향을 주는 것들이다. 반독점법의 발

의자는 부와 경제력의 집중이 최근의 소비자 복지 지향의 분석
가들보다 오히려 공공 사회에 미칠 영향에 대해 걱정했다. 그러
나 거기에는 시카고 학파의 반독점적 분석조차도 동의할 수 없
는 비용이 있을 수 있다고 믿을 만한 타당한 이유가 있다.

- 나쁜 지적 재산 정책은 인간 유전자, 유전자 변종 등을 포함한
  살아 있는 유기체들에 대해 지적 재산권을 더욱 더 확대하려는
  것일 수 있다. 이것은 확실히 윤리적·의료적·종교적 문제를
  야기할 수 있다. 다른 한편으로, 인간 유전자에 대한 세계적 지
  배의 망령은 심해(深海)가 인류 공공의 유산이라고 믿는 사람들
  에게 더욱 더 충격적일 것이다.

- 나쁜 지적 재산 제도는 오늘날 공적인 영역에 속해 있는 용어들,
  이미지, 텍스트 등을 사유화하는 것일 수 있다. 그 결과도 공적
  토론, 교육, 정보에의 동등한 접근 등에 손실을 초래할 수 있다.

- 나쁜 지적 재산 제도는 그 결정으로서 생겨날 수 있는 비용에
  대한 깊은 고려 없이 인터넷상에서 여러분들이 건축술을 검색
  하는 데 드는 비용을 부과하는 것일 수 있다.

나쁜 지적 재산 제도의 목록은 계속 확장될 수 있다. 넘어야 할 여
러 관문들이 기다리고 있다. 그러나 내가 이제까지 서술해 왔던 보호
주의적 성향을 억제하는 법원의 결정이 있다. 그리고 인터넷, 문화재
산, 규제 그리고 공정한 사용 등의 문제에 대한 최근의 조직적인 노력
들이 그와 관련한 담론을 현저하게 개선시켜 왔다. 그럼에도 불구하
고 현재의 상황이 초기 경고라고 일컬을 만한 충분히 정당한 이유가
있다고 나는 생각한다. 정보경제의 지적 재산 제도가 우리 밀실에서

수립되고 있다는 점은 유감스러운 일이다. 우리는 지적 재산의 정책 (정치경제학)을 공적 영역을 고려하여 개정할 필요가 있으며, 지금 당장 그것이 필요하다.

3장_ 지적 재산, 정보 그리고 공동선

미카엘 맥퍼랜드 Michael C. McFarland, SJ

Ⅰ. 서론

지적 재산은 색다른 개념이며, 거의 모순어법이다. 재산은 보통 어떤 사람이 통제력을 가지고 있거나 주장하는 유형의 자산을 말한다. 최초의 재산은 토지를 의미했다. 오늘날 자산으로는 자동차, 제분기, 재킷, 칫솔 등을 꼽을 수 있다. 이 모든 사례들의 경우에 재산권 주장은 물리적 실체에 대한 통제를 말한다. 만약 내가 토지의 도면을 나의 재산이라 주장한다면 누가 내 땅에 들어갈 수 있는지, 그들은 내 땅에

* 이 논문은 다음의 발표 논문집에 게재되었고, 저자의 허락을 받아 이 책에 실었다.

Michael C. McFarland, S.J., *Proceedings of the Fourth Annual Ethics and Technology Conference*, Boston College, Chestnut Hill, MA, 1999, pp. 88-95.

서 무엇을 할 수 있는지를 내가 정할 수 있음을 말하고 있는 것이다. 나는 내 땅 둘레에 울타리를 칠 수도 있고, 임대를 해줄 수고 있으며, 유정(油井)을 찾기 위해 구멍을 뚫을 수도 있다. 만약 자동차가 내 재산이라면 나는 그 자동차의 열쇠를 갖게 된다. 나는 내 차를 다른 사람이 사용하지 못하도록 할 수도 있고, 내가 타인의 재산이나 생명을 위협하지 않는 한 내가 원할 때는 언제든지 자동차를 사용할 수 있다. 비록 지적 재산이 보통 유형의 표현을 가지고 있을지라도 지적 재산은 그 대상이 무형의 것이기 때문에 다른 성격을 지닌다. 책의 경우 지적 재산은 종이나 잉크가 아니라 종이 위에 잉크 표시가 나타나고 있는 단어의 배열이다. 잉크 표식은 컴퓨터 디스크에서 자기 극성(magnetic polarization)의 형태로 변형될 수 있다. 지적 재산은 그 주장이 무엇이든 간에 동일한 형태를 띨 것이다. 어떤 노래의 소유권자는 그 노래가 녹음된 CD가 아니라 노래 그 자체, 즉 노래가 언제, 어디서, 어떻게 공연되고 녹음될 수 있는지에 대한 통제권 행사를 주장한다. 그러나 너는 어떻게 그 노래 주변에 방어막을 모두 쳐놓을 수 있단 말인가? 하나의 아이디어를 소유하고 있다는 것은 무엇을 의미하는가? 다른 사람들이 그 아이디어를 활용하는 것을 막을 수 있는 자물통은 어디 있는가?

지적 재산은 늘 기술과 밀접한 관련을 맺어왔다. 기술은 새로운 발명의 형태로 지적 재산으로부터 생겨난다. 그러나 기술은 저작물, 음반제작, 영화예술 등을 창작하고 보급하는 새롭고 더 강력한, 더 효율적인 방법을 제공함으로써 지적 재산을 지원한다. 사실 최초로 지적 재산을 법적·도덕적 문제로 주목받게 만든 것도 바로 인쇄 및 복사 기술이었다. 한 책자를 제작하는 데 걸리는 시간과 그것을 제작하는

데 거의 동일한 시간이 걸렸을 때, 책자를 복제하는 데 제한을 둘 필요
가 없었다. 저작권을 통해 자신들의 작품이 사용되는 방식에 대한 통
제력을 제공할 필요성이 제기된 것은 바로 값싼 복제가 가능해지기
시작한 때부터이다(Samuelson, 1991).

컴퓨터 기술은 지적 재산이 창출 · 축적 · 재생산되고 보급되는 방
법에서 새로운 혁명을 가져왔다. 그 혁명과 더불어 우리가 지적 재산
을 이해하고 지적 재산을 보호하는 데 있어서 새로운 도전을 맞이하
게 되었다. 물론 컴퓨터는 지적 재산의 완전한 새로운 범주인 소프트
웨어를 만들어냈다. 고액 연봉의 최고 전문가팀이 중요한 상업적 프
로그램을 만드는 데 수년이 걸릴 수도 있다. 그런 프로그램은 한 카피
당 수백 달러 또는 수십만 달러에 판매될 수 있다. 그러나 그러한 프
로그램을 이용하려는 어떤 사람의 경우, 한푼의 대금도 지불하지 않
고 순간적으로 그 프로그램을 복제하여 사용할 수 있다. 이용자들이
정품 프로그램을 쓰지 않고 몰래 복사하여 쓸 경우 분명히 큰 이득이
있다. 반면에, 프로그램 제작자는 프로그램을 제작하는 데 투자한 비
용과 그에 더한 적당한 이윤을 보상받기 위해 사용자들이 복사본을
정상적 가격으로 구매해야 한다고 주장한다. 그 밖에도 저작물, 음악,
영화 비디오, 사진 등과 같은 지적 재산의 전통적인 유형들이 컴퓨터
네트워크상에서 공개적으로 이용할 수 있게 됨에 따라 그런 것들은
이전보다 더 쉽게 복사될 수 있고, 조작될 수 있으며, 재창작될 수 있
고, 인용될 수 있고, 재조합될 수 있고, 유포될 수 있다. 어떤 유형의 법
적 · 도덕적 보호 없이 창작자나 그런 창작물의 소유자들은 그 창작
물들이 사용되는 방식에 대해 훨씬 더 적은 통제력을 갖게 되며, 그것
들로부터 이익을 얻을 가능성이 더 줄어들게 된다. 문제는 지적 재산

의 보호가 얼만큼 요구되며 그 보호가 언제, 어느 정도로 이루어져야 하는가이다(Samuelson, 1991).

이 논문은 이러한 문제의 답을 찾아보고자 한다. 첫째로, 이 논문에서는 가능한 지적 재산권의 범위를 명확히 하는 몇 가지 사례를 들고자 한다. 다음으로는 전통적인 재산권의 정당성을 검토하고, 그 다음으로 이 논문은 재산권을 반박하기 위해서가 아니라, 재산권의 한계를 보여주기 위해서 재산권의 정당성을 비판적으로 검토하고자 한다. 끝으로 이 논문은 전통적인 자연법(natural law) 윤리를 사용함으로써 연구문제를 다른 각도에서 살펴보고자 한다. 자연법 윤리는 이 사례를 분석하는 더욱 완전하고 균형 있는 방법을 제공할 것이다.

Ⅱ. 지적 재산에 대한 갈등들 : 다섯 가지 사례

지적 재산과 관련한 주장들의 유형은 참으로 많고 다양하다. 일부는 뛰어날 정도로 합리적이며, 다른 것은 외양적으로 아주 극단적이다. 다음의 사례는 그러한 주장들을 뒷받침하는 다양한 아이디어를 제공한다.

❖ 사례 #1 : 표절

교육자들, 특히 고등교육의 교육자들은 인터넷과 다른 전자 소스로부터 점점 늘어나는 표절의 사례들을 보게 된다. 학생들은 온라인상에 있는 논문이나 에세이의 일부 또는 전부를 인용한다. 그리고 그들은 그 무언가를 덧붙이지 않거나 수정을 전혀 하지 않은 채로 자신의 글인 양 제출한다.

물론 표절은 오랫동안의 문제였으나 광범위한 양의 전자정보에 대한 접근 용이성은 표절의 가능성과 표절의 유혹을 크게 증가시킨다. 거기에는 더욱 더 물질적인 유동성뿐만 아니라 정보를 검색하고 접근하기가 훨씬 용이해진다. 더 나아가 간단한 명령어나 클릭 한 번으로 자료를 내려받을 수 있고 자료를 쉽게 편집할 수 있다. 문건을 다시 워딩할 필요가 없다.

이것은 학자적인 정직성의 전통적인 축을 교란시킨다. 학생들은 자신들의 연구와 작문기법을 세련화하는 일이 용이해졌으며, 그 결과 학생들은 자료의 종합과 이해를 고양시키고 더 잘 표현할 수 있게 되었다. 그 밖의 어떤 사람의 에세이를 복사하는 것은 이것과는 별개이다. 더 나아가 어떤 사람이 다른 사람의 연구물을 자신의 연구물에 인용하려고 할 때 원저자로부터 인용의 허락을 얻고 그 인용의 출처를 분명히 밝혀야 한다.

❖ **사례 #2 : 소프트웨어 해적행위**

1994년 4월에 MIT 학생인 레메치아(David LaMacchia)는 들리는 바에 따르면 온라인상의 사람들로 하여금 상업용 소프트웨어의 복사품을 교환할 수 있는 컴퓨터 게시판을 만들어 운영한 죄로 기소당했다. 이 시스템은 온라인상에서 누구나 프로그램 복사품을 게시할 수 있도록 만들어졌다. 게시된 프로그램 복사본은 누구나 원하면 무료로 다운받을 수 있다. 따라서 그 사이트는 아주 인기가 좋았다. 조사관들은 그 시스템에서 수백만 달러의 가치에 해당하는 소프트웨어 프로그램을 찾아냈다고 발표했다. 레메치아는 온라인상의 사기와 장물거래에 대해 법적 처벌을 받게 되었다. 확신하건대 그는 곧바로 감옥에 보내질 수도 있고, 25,000달러의 벌금을 선고받을 수도 있었다. 그 당시에 이것은 미국에서 소프트웨어 해적행위에 대한 가장 큰 사건이었다(Rakowsky, 1994). 결국 그 사건은 절차상의 과오 문제로 처리되었다. 레메치아는 그 시스템 설비로부터 금전적으로 이득을 얻지도 못했으며, 자신도 소프트웨어를 다운받지도 못했다. 그러므로 그의 위반은 현행법에 저촉되지 않는다. 그러나 판사는 만약 그 기소가 신뢰할 수 있는 것이라면 기껏해야 그의 행위를 사려 깊지 못한 무책임한 것이라고 설명할 수 있을 것이며, 최악의 경우 자기 기만 행위이며, 가치의 근원적인 의미에서 판단이 결여된 행위로 설명할 수 있을 것이라고 그를 비난했다(Zuckoff, 1994). 그 판사는 앞으로 이 법이 이러한 사건을 처벌할 수 있도록 개정될 필요가 있다고 제안했다.

이 사례는 상업용 소프트웨어를 제작하고 보급·판매하려는 사람들에게 어떠한 보상도 주지 않으면서 운영체제, 워드프로세서, 다른 사무 자동화 기구, 게임 등과 같은 프로그램을 복사하여 마구 사용하는 널리 퍼진 관행들 중의 하나일 뿐이다. 소프트웨어 출판사들은 그들의 생산품들 가운데 반 이상이 불법복제되어 사용되어진다고 평가하고 있다. 어떤 국가들의 경우 90% 정도가 불법복제된 것이 유통되어 사용되고 있다.

미국과 그 밖의 다른 나라들의 경우 소프트웨어 생산자들은 저작권을 인정받을 수 있으며, 이는 저작권자가 그 소프트웨어 프로그램의 유포 및 이용을 통제할 수 있다는 것을 의미한다. 허락 없이 복사품을 만들고 이용하는 것은 불법이다. 소프트웨어 제작 및 공급자들

은 위반자들, 특히 대기업에 대한 실질적인 법적 처벌을 요구할 수 있
게 되었다. 그러나 대부분의 경우 그들은 노력에 비해 돌아오는 것이
신통치 않기 때문에 개인적인 불법 이용자들을 색출하지 못했다.

❖ **사례 #3 : 재포장한 데이터와 데이터베이스**

ProCD라는 회사는 거대한 양의 전화번호 목록이 담겨져 있는 CD-
ROM을 제작했다. 한 위스콘신 대학교 대학원생은 그 CD-ROM에
있는 모든 데이터를 자신의 웹사이트에 올려놓았으며, 그 데이터를
이용하려는 그 웹사이트의 접속자들에게 대금을 청구했다. 그 회사는
자료를 수집하고 편리하게 이용할 수 있게 잘 정리하여 판매하는 데
천만 달러를 투자했는 데 반해 그 대학원생은 그 회사의 CD-ROM
판매를 방해했고, 아무런 노력 없이 이익을 얻었다고 주장하면서 그
대학원생을 고발했다(Samuellson, 1996). 그 대학원생이 CD-ROM에
부여된 압축포장(shrink-wrap)의 인가약정을 위반했다는 단순히 궁색
한 이유로 ProCD는 승소했다.

만약 대학원생이 네트워크나 제3자를 통해 정보를 획득했다면, 생
각하건대 그 학생은 책임을 면할 수도 있었을 것이다. 만약 데이터베
이스는 그 데이터가 선택되거나 모아지는 방식에서 창의력을 내포하
지 않는다면 전통적으로 그 데이터베이스는 저작권에 의해 보호받지
못한다. 이같은 일은 페이스트 출판사(Feist Publication Inc.) 대 시골 전
기통신회사(Rural Telephone Service Co.) 사이에서 벌어졌다. 거기에서
페이스트사가 시골 전기통신사에 의해 출판된 전화번호 목록을 허락
없이 취득하여 사용했고, 자신들의 인명록에 포함시켰다. 법원은 비
록 전화회사가 전화번호부를 만드는 데 많은 노력을 기울였다 하더

라도 그 일은 독창적인 것이 아니므로 보호받지 못한다고 보았다(Ha-yden, 1991). 데이터베이스와 그 안에 있는 데이터가 저작권법에 의해 제공된 것보다 더 많은 보호를 받아야 한다는 주장에 대해 최근 들어 많은 논란이 있어왔다. 예를 들어 유럽연합은 그 회원국가들이 데이터베이스 개발자들에게 데이터베이스와 데이터의 용도에 대한 통제권을 주어야 한다고 요구할 것을 제안했다. 미국도 내적으로, 그리고 세계지적재산권기구(World Intellectual Property Organization : WIPO)에 의한 채택을 위해 유럽연합과 유사한 의도를 가지고 법률안을 제안해 왔다(Samuelson, 1996). 미국의 관심은 데이터의 소유권에 대한 강력한 주장을 제기해 왔다. 예를 들어 미국 농구연맹(Nation Basketball Associa-tion : NBA)은 STARTS 회사가 NBA 게임의 분단위로 스코어를 발표하는 것을 막아달라고 그 회사를 고발했다. NBA는 법정에서 승소하였지만 이 사건은 항소 계류 중이다. 만약 NBA의 주장이 법정에서나 법률적으로 지지를 받는다면 스포츠 경기의 스코어나 통계 뿐만 아니라 주식값, 기상정보, 여행 스케줄 등의 공적인 이용에 광범위한 영향을 미칠 것이다.

❖ **사례 #4 : 역공학(reverse engineering)[1]**

컴퓨터 소프트웨어는 고립된 상태로는 결코 작동되지 않는다. 소

---

[1] 역자 주 : 역공학(逆工學, reverse engineering)은 완성된 제품을 상세하게 분석하여 그 기본적인 설계내용을 추적하는 것을 말한다. 특히 완성되어 있는 컴퓨터 소프트웨어의 설계 방침이나 내용을 추적하는 것을 말한다. 설계 방침→개발 작업→제품의 통상적인 공정을 역으로 추적한다는 의미에서 역공학이라고 부른다. 소프트웨어에 대한 역공학 자체는 위법 행위가 아니지만, 이러한 수법을 사용해서 개발한 제품은 지적 재산권을 침해할

프트웨어는 하드웨어, 운영 시스템 그리고 다른 응용 프로그램과 상호작용해야만 한다. 소프트웨어가 올바로 작동되도록 하기 위하여 소프트웨어 개발자들은 아주 상세하게 다른 종류의 시스템이 어떻게 작동하는지, 특히 그것들과 어떻게 상호 접속해야 하는지를 알아야 한다. 하드웨어, 운영 시스템 그리고 다른 소프트웨어 제작자들은 일반적으로 작동방법과 접속방법에 대해 설명서를 발행한다. 그러나 이 명세서들은 불완전하고, 애매모호하며, 부정확하다. 따라서 소프트웨어 개발자들은 시스템에 올바로 접속하기 위해서는 그 시스템의 하드웨어 디자인이나 실제적인 코드를 연구해야 한다는 것을 알게 된다. 그 시스템의 설계자에 의해 쓰인 바대로 최초의 코드나 디자인이 보통 빈틈 없이 안내되어지기 때문에 그 시스템에 대해 알 필요가 있는 개발자들은 객관적 코드나 컴퓨터에서 실제로 실행하는 암호 코드를 확보해야 하며, 다음으로 그 코드들은 다시 인간이 읽을 수 있는 코드로 전환해야 한다. 이것을 역공학이라고 일컫는다.

역공학은 흔히 확실한 소프트웨어 디자인의 필수요소이다. 명망 있는 회사는 올바른 상호 접속에 필요한 설계 명세표만을 잘 추출할 수 있도록 주의해야 하며, 다른 한편으로 오리지널 코드(original code)의 어느 것도 복사할 수 없도록 유의해야 한다. 그러나 그런 관행은 수많은 소송에서 이의를 제기받아 왔다. 왜냐하면 역공학을 행하는 회사는 최초의 소프트웨어 프로그램을 제작하는 데 요구되는 값비싼 설계업무를 수행하지 않고도 유사한 프로그램을 생산하기 위해 획득

위험성이 있다.

된 통찰력을 활용할 수 있기 때문이다. 어떤 합리적인 제한규정을 잘 따르는 한 현재까지 법원은 역공학을 허용해 왔다(Behrens, 1998).

❖ **사례 #5 : 전송과정에서 복사**

오늘날 대부분의 커다란 컴퓨터 네트워크처럼 인터넷은 흔히 말하는 축적 전송[2]구조를 사용한다. 송신자와 수신자 간을 직접 연결하는 고전적인 아날로그 전화방식과 달리 축적 전송 시스템에서 메시지는 최종 목적지에 도달할 때까지 컴퓨터에서 컴퓨터로 계속 보내진다. 체인망에 있는 어느 컴퓨터도 메시지가 전달되는 경로에 대한 지식과 통제권을 가지고 있지 않다. 메시지를 전할 다음 컴퓨터로 선택하는 것에 대해 충분히 잘 알고 있다. 신뢰성을 위하여 각 컴퓨터는 메시지를 전송한 후 메시지의 카피를 보존하고 그 메시지가 최종 목적지에 도달했다는 확인을 받을 때까지 메시지를 지니고 있다. 만약 최초의 메시지 전송 시도가 실패했다면 그것은 재전송될 수 있는 방법이기도 하다. 이런 절차는 이메일, 파일전송, 그리고 웹페이지를 포함한 모든 종류의 네트워크 전환을 위해 이용된다.

일반적으로 중계과정에서 메시지의 복사는 자동적이고 투명하다. 복사는 전환절차의 일상적인 일로서 소프트웨어에 의해 만들어지며,

---

2) 역자 주 : 축적 전송(蓄積傳送, store-and-forward)은 일종의 패킷이나 프레임으로서 메시지를 일시적으로 통신망상의 중계 노드 등에 저장하였다가 최종 행선지로 전달하는 기법을 말한다. 축적 전송은 직접 최종 행선지로 곧바로 전송하는 것보다 전달 시간이 길어지는 경우도 있으나 원거리에 걸친 복수 망이나 규모가 큰 망을 경유해서 전송하는 경우에 몇 가지 이점을 제공한다. ① 축적 전송은 통신량의 폭주를 예방함으로써 통신회선의 효율적인 이용에 기여한다. ② 수신 측의 단말이나 그 단말이 연결되어 있는 망(예를 들어 구내 정보 통신망)이 온라인 상태가 아닐 때에도 메시지를 보낼 수 있게 한다.

메시지 전달이 완성되었을 때 삭제된다. 그러나 그 복사본을 보존하는 것은 확실히 가능하다. 그리고 복사본을 보존하는 것은 때때로 시스템 백업의 부분으로서 또는 네트워크 통신의 분량, 속성, 내용을 모니터할 진단 목적으로 이루어진다. 예를 들어 어떤 회사가 회사 컴퓨터를 통과한 모든 이메일의 복사본을 저장하는 것은 일상적인 일이다.

축적 전송은 잘 만들어지고 보편적으로 수용되는 기술이다. 그러나 전자 지적 재산의 보호에 대한 점증하는 관심과 더불어 그것에 여러 문제가 제기되기 시작해 왔다. 예를 들어, 월스트리트 저널의 온라인 버전은 회비를 지불한 사람만이 이용할 수 있다는 것을 의미했다. 회비를 지불한 독자가 웹상의 그 신문을 읽고 있다고 가정해 보자. 그 독자의 컴퓨터에 그 신문 복사본 이외에도 전송을 위해 다른 컴퓨터에서 만들어진 여러 가지 복사본이 있었다. 비록 중개 컴퓨터에서 이용하기 위해 복사본을 가로채 저장하는 것이 가능하게 될지라도 보통 이 복사본들은 누구도 알아차리지 못한 가운데 컴퓨터로 들어 왔다 나갈 것이다. 중간에 거쳐간 복사본들은 저작권 위반에 해당되는가? 또 다른 예로서 대기업의 한 사원이 플레이보이지사로부터 허락을 득하지 않고 동료에게 플레이보이지의 사진을 메일로 보냈다고 가정해 보자. 플레이보이지사는 자신들의 자료를 빈틈 없이 지키는 것으로 잘 알려져 있다. 그 기업의 서버는 모든 이메일을 보관한다. 그 결과 수신자는 허가받지 않은 사진을 가지고 있지 않을 뿐만 아니라 그 회사도 그런 사진을 가지고 있지 않음이 드러났다. 플레이보이지사의 변호사는 마음대로 그 회사에 책임을 묻는다는 말인가?

이런 사례들은 전자자료에 대한 지적 재산권의 한계를 시험하는 여러 범주의 가능성을 잘 대변해 주고 있다. 첫 번의 두 사례들은 비교적 간단해 보인다. 적절한 권한을 부여받지 않고도 다른 사람의 저작물을 취하고 자신의 것으로 행세하는 것이 정당화될 수 있다고 주장할 사람은 거의 없을 것이다. 두 번째 사례의 경우, 개발하는 데 수백만 달러의 경비가 들었고 개당 수백 달러에 판매되는 소프트웨어를 개발자에게 아무런 대가를 지불하지 않고 취득하고 이용하는 것은 분명 불공정한 것이다. 모든 소프트웨어는 무료로 배포되어야 한다고 주장하는 사람들도 일부 있다. 그러나 그러한 사람들 중에서도 가장 책임 있는 주장자들은 상업용 소프트웨어를 취득하여 재분배하는 로빈 후드(Robin Hood)[3]적 접근을 지지하지 않고 오히려 공적 영역에서 실행 가능한 대안을 만들려고 노력한다(Mann, 1999). 다른 세 개의 사례들은 더욱 문제가 있다. 만약 내가 야구경기가 끝나기도 전에 맥과이어(M. McGwire)가 70번째 홈런을 친 것을 보았다고 내 친구에게 전화했다면 나는 어떤 사람의 지적 재산권을 침해한 것인가? 또는 만약 내가 여러 친구들의 이메일 주소를 찾아서 내 자신의 데이터베이스에 모아놓고 또 다른 친구에게 그것을 보냈다면 나는 어떤 사람

---

3) 역자 주 : 로빈 후드(Robin Hood)는 중세 영국의 전설적 영웅이다. 그는 1160–1247년경의 인물이라고도 하고, 헌팅던 백작 R. 피츠스(또는 체스터 백작 랜들)의 별명이라는 설도 있으나 확증은 없다. 문학작품 속에서 14세기 후반 랭글랜드의 장편시 「농부 피어스의 환상」에 나타난 것이 가장 오래되었고, 스코틀랜드의 역사가인 윈턴의 『스코틀랜드 연대기』(1420)에서도 그 이름을 볼 수 있다. 14세기 초반부터 유명해져서 15세기 후반 이후 널리 서민의 사랑을 받아온 문학작품 속의 인물이 되었다. 줄거리는 11세기 잉글랜드의 셔우드 숲을 근거지로 하여 로빈 후드가 리틀 존과 테크 수도사 등을 비롯한 의적들과 함께 포악한 관리와 욕심 많은 귀족이나 성직자들의 재산을 빼앗고 그들의 횡포를 응징하여 가난한 사람들을 돕는 이야기이다.

의 지적 재산권을 침해한 것인가? 역공학의 실행과 축적 전송기술에서 포함된 복사기능은 어떤 상황에서 정당하고 필요한 것처럼 보인다.

그러므로 클린턴 행정부가 1996년 현행 저작권법을 훨씬 넘어서 축적된 전자정보로까지 확장하려고 제안했던 것은 놀랍기도 하고 아주 걱정스러운 일이기도 하다. 그 제안이 확정되어 발표되었다면 다섯 가지 사례에서 이루어진 복사가 이루어졌을 경우 모두 불법행위가 될 것이다(Samuelson, 1996). 다행스럽게도 그 제안의 염려스러운 측면들은 1996년 12월의 세계지적재산권기구(WIPO) 조약이나 1998년에 통과된 새로운 미국의 저작권법에서도 채택되지 않았다. 그러나 특히 오락이나 소프트웨어 산업에서 지적 재산권을 확장하려는 강한 관심을 표명하고 있으며, 의심의 여지없이 그 확장 압력은 계속될 것이다(Samuelson, 1999). 그러므로 지적 재산권에 대한 윤리적 토대를 이해하려고 노력하는 것은 중요하다.

Ⅲ. 지적 재산에 대한 철학적 정당성

후게스(J. Hughes, 1988)는 「지적 재산의 철학」이라는 그의 석사 논문에서 지적 재산권에 대한 두 개의 기본적인 정당성을 부여한다. 첫째로 로크식의 정당성이라고 부르는 것인데, 재산권에 관한 노동이론이라고 명명되기도 한다. 로크에 따르면 인간은 어떤 것에 노동을 투자함으로써 그것에 대한 재산권을 획득한다. 예를 들어 만약 어떤 사람이 숲속으로 가서 나무를 잘라 화목을 만들었다면 그 화목은 그 사람의 재산이 된다. 비록 그는 나무나 토지를 소유하지 않고 그 나무를 심고 기르는 데 아무런 기여를 하지 않았을지라도 그 나무를 유용한 것으로 만드는 데 노동을 투입함으로써 그 결과물은 그의 것이 된다. 그는 그 화목을 내다 팔든지 땔감으로 쓰든지 간에 자신이 원하는 바대로 사용할 수 있다. 더욱 중요하게 그는 다른 사람이 그것을 사용할 수 없도록 독점할 수 있다. 이 이론은 상업환경에서 정당성을 제공할 뿐만 아니라, 사람들이 열심히 일하고 그럼으로써 부를 창출할 수 있는 동기를 부여해 준다.

로크가 이런 기본적인 입장을 지적 재산에 적용하지 않았다는 것은 흥미롭다. 그러나 지적 재산권 영역으로의 확장은 분명하다. 책, 작곡, 컴퓨터 프로그램을 만드는 데 많은 생각, 시간, 그리고 노력이 필요하다. 그런 저작물을 만들기 위해 노력했던 사람들은 그 프로젝트에 아무런 기여를 하지 않은 사람의 이용에 대해 비용을 부담시켜야 한다는 강력한 주장을 한다.

노동이론은 최소한도 지적 재산권에 대한 주장을 정당화하기 위하여 오늘날도 이용된다. 예를 들어 비용을 지불하지 않고 소프트웨어를 이용하려는 저작권 침해자들을 처벌하기 원하는 소프트웨어 개발자들은 상업용 소프트웨어를 개발하는 데 들어가는 엄청난 시간과 노력, 그리고 그 개발자들에게 대가를 지불하지 않고 사용함으로써 발생하는 그 위반자들의 이익을 예로 든다.

후게스가 논하고 있는 또 다른 정당성은 그가 지적 재산에 대한 헤겔의 이론 또는 인성이론(personality theory)이라고 명명하는 것이다. 이 관점에 따르면 수필, 책, 음악작곡, 그 밖의 다른 창작물들은 자기 표현과 자기 실현의 행위이다. 그러므로 그것들은 창작자의 외연이기도 하다. 이와 같이 그것들은 소유의 대상으로서가 아니라 자신의 일부로서 창작자들에게 속해 있는 것이다. 그러므로 기본적인 인간 자유는 창작자들이 자신들의 개인적 삶의 다른 측면을 결정할 수 있어야 하는 것처럼 그들의 창작물들을 통제할 수 있어야 함을 요구한다. 예를 들어, 만약 어떤 사람이 특별한 친구를 위해 개인적인 시를 써주었다면 그 시는 저자의 동의 없이 출판되지 않아야 하고, 더 나아가 판매되지도 않아야 한다. 허락 없이 출판되거나 판매되었다면 불공정한 상업상의 거래라기보다 오히려 저자의 인성을 침해하는 것으로 보여질 수 있다.

인성이론은 지적 재산에 대한 현재의 주장을 잘 반영하고 있다. 예를 들어, 소프트웨어의 무료배급에 대한 열렬한 지지자이자 해커인 스톨만(Richard Stallman)은 그의 Emac[4] 교재 편집자와 GNU 소프트웨어[5] 프로젝트의 일부로부터 저작권을 얻었다. 그 저작권(그는 저작권 포기를 copyleft로 부르기도 한다)의 목적은 그가 그 저작권을 판매하고 자신의 노동에 대해 보상받기 위함이 아니다. 왜냐하면, 그는 소프트웨어가 판매되어야 한다고 믿지 않기 때문이다. 그 저작권의 목적은 다만 다른 사람이 그 소프트웨어 판매를 막기 위한 것이다. 그는 회사들이 소프트웨어 프로그램을 영리목적으로 판매하지 않도록 하기 위해 그의 소프트웨어 코드의 분배와 그 이용조건에 대한 통제를 주장

---

[4] 역자 주 : 일종의 디지털 허브를 의미한다.
[5] 역자 주 : GNU 소프트웨어는 각종 정보통신 관련 용어를 통일하고 표준화하기 위하여 광범위하게 수집한 정보통신용어의 목록이다. 영어 표제어와 그에 대한 한글 대역 표제어만 제시되며, 용어 표준화 절차를 거쳐 확정된 표준화 용어와 그 밖의 잠정 표준화 용어로 구성되어 있다.

한다. 영리목적으로 소프트웨어 프로그램을 판매하는 것은 스톨만의 입장에서 자신의 가치를 파괴하는 방식으로 그의 창작물을 획득하여 사용하는 것이다. 그는 정말로 이러한 행위를 인성침해로 간주한다. 또 다른 예로서 비록 벌목회사가 로열티를 지불한다 할지라도 열렬한 환경보호주의자인 음악 작곡가는 자신의 노래 중 하나를 그 회사를 위해 상업적으로 이용되는 것을 극구 반대한다. 왜냐하면 그 작곡가는 개인적으로 그 회사의 환경남용을 못마땅하게 생각하기 때문이다.

노동이론과 인성이론은 최소한도 지적 재산권 주장에 대한 신뢰할 만한 정당성을 부여한다. 사례 1의 경우 표절은 두 이론 모두에서 잘못된 것으로 인정한다. 노동이론에 따르면 학생들은 그 누군가의 저작물에 대한 공로(크레디트)를 인정한다. 인성이론에 따른 분석은 훨씬 더 중요하다. 학생은 선생님으로부터 그 주체를 종합하고 분석하는 수필을 쓸 것을 요구받았다. 학생은 선생님을 위해 가능한 한 가장 좋은 수필을 쓰려고 하지 않았다. 그 경우 그 수필의 기원은 대수롭지 않은 것으로 간주된다. 그 학생이 그 누구의 작품을 자신의 것으로 발표하는 것은 스스로 거짓을 말하는 것이며, 자신의 인격을 훼손하는 것이다. 두 번째 사례에서 앞서 지적했던 것처럼 상업용 소프트웨어의 개발에 엄청난 양의 노동과 자본의 투자는 그 소프트웨어 개발자에게 그 소프트웨어 이용에 대한 통제권, 즉 이용자에게 이용료를 부과할 권리를 부여한다.

현실적으로 제기되는 문제는 권리의 확대를 얼마만큼 할 것이냐이다. 만약 어떤 사람이 주소와 통계치를 수집하는 데 어느 정도 노동의 양을 투입했다면 그 사람은 그 데이터에 대한 독점권을 갖게 되는가?

그 결과 어느 누구도 허락 없이 그 데이터를 사용할 수 없게 되는가? 지적 소유자의 이익과 직접 갈등을 일으키지 않는 부수적인 자선적 이용을 제외하고 창작물의 소유자는 그에 대한 절대적인 통제권을 갖는가? 기본적인 상식 차원에서 우리는 '아니오'라고 말할 것이다. 지적 소유자 외의 다른 사람들도 지적 재산에 대한 흥미를 가지고 있다. 예를 들어, 공적으로 이용할 사실들(facts)은 그것들을 데이터베이스에 보존하기 때문에 소수에 의해 소유될 수 없다. 또 다른 예로서 디자인 아이디어와 지식의 공유는 다른 창작물들의 통합과 상호작용의 효율성을 증가시켜 줄 수 있으며, 건전한 경쟁을 촉진시키고 새로운 아이디어와 창조력을 선도할 수 있다. 일반적으로 지적 창작물들이 더욱 광범위하고 효율적으로 보급되면 될수록 더욱 많은 사람들이 창작물로부터 이익을 얻게 된다. 지적 창작물 개발자들의 합법적인 권리주장들과 지적 창작물들의 가능한 한 광범위한 이용을 통한 공공의 이익증진 사이에 균형이 필요한 것처럼 보인다(Samuelson, 1997). 그 균형이 없다면 소유권을 절대화할 위험이 있으며, 우리가 최근의 입법 제안에서 주목했던 것이기도 한 다른 이익집단들의 손실에 대한 통제를 절대화할 위험이 있다.

Ⅳ. 좀 더 균형적인 입장

윤리적 범주에서 지적 재산이 안고 있는 근원적인 문제는 그것이 순전히 개인적인 문제라는 것이다. 개인적인 문제라는 것은 지적 저작물의 창작자와 개발자에 초점을 맞추고 있다는 점이다. 그것은 창작자나 개발자의 입장에서 맞는 이야기이지만 전체적인 입장에선 틀린 이야기이다. 창작자의 입장만을 배려하는 것은 창작자와 그 창작물 자체의 사회적 역할을 무시하는 것이다. 그러므로 사회의 나머지와 창작자들과의 윤리적으로 중요한 관계를 간과하게 된다. 그 결과 균형을 상실하게 되는 것이다.

만약 우리가 재산에 대한 그런 생각을 가지고 출발한다면 핵심 문제는 자연스럽게 소유와 통제가 될 것이다. 그 문제에 대한 더욱 완전한 입장을 얻으려면 그 틀 밖에서 바라다 보는 것이 필요하다. 그렇게 하기 위해 내가 제안하는 방법은 전통적이지만 지금은 소홀히 취급되는 자연법 이론을 활용하는 것이다.

최소한도 아리스토텔레스의 『니코마코스 윤리학』으로 거슬러 올라가는 자연법은 선이 무엇인가라는 물음으로 시작된다. 아리스토텔레스에 따르면 어떤 것에 대한 선은 그것의 본성에 내재되어 있다. 사물은 그 목적의 실현을 통해 완성된다. 그러므로 도토리는 참나무가 되기 위해 존재하는 것이다. 도토리는 참나무의 목적이며 가능태이다. 도토리는 참나무로 성장하는 과정에서 도토리의 완성(실현)과 도토리의 가치를 발견하게 된다. 인간은 본질적으로 이성적이고 사회적인 존재이다. 인간의 자아실현과 행복은 사회 속에서 이성적으로 살아갈 때 가능하다. 아리스토텔레스는 이러한 입장을 뒷받침하는 수많은 덕목들을 밝히고 있다. 이 덕목들 중 가장 중요한 것은 사랑과 우정이다.

다음으로 우리가 지적 재산이라고 부르는 창작물들, 특히 전산으로 저장되고 전송되는 자료들의 속성은 무엇인가를 물어볼 순서이다. 미스테리 소설, 자서전, 인구통계학 연구, 주식시세표, 사진, 그림, 악보, 자동차 디자인, 그리고 모두가 공통적으로 가지고 있는 웹브라우저 등은 어떤 기능과 어떤 속성을 지니고 있는가? 어떤 의미에서 이런 모든 것들은 정보이다. 컴퓨터에 저장될 수 있는 것은 정보를 처리하는 컴퓨터 프로그램을 포함하여 모두 정보이다. 소프트웨어도 다른 정보와 마찬가지로 체크되고, 교묘히 조작될 수 있으며, 수정될 수 있다.

정보의 목적은 무엇인가? 정보는 개인적인 사상, 그림, 노래처럼 자기 표현일 수 있다. 그리고 정보는 기계설계, 컴퓨터 프로그램과 같은 유용한 기능을 수행하기 위한 산물일 수 있다. 그러나 훨씬 더 근본적인 차원에서 정보는 커뮤니케이션과 관계가 있다. 정보는 커뮤니케이션의 목적이다. 예를 들어 『옥스퍼드 영어 사전』에서 정보를 어떤 사실과 사태에 대한 지식의 커뮤니케이션으로서, 그리고 특수한 주제나 사건에 대해 전달된 지식이나 사실들로서 규정한다. 만약 정보가 커뮤니케이션 자체가 아니라면 정보는 전달되어진 내용이다. 이야기나 에세이가 저자에 의해 쓰여진 것이라 할지라도 읽혀지기 위해 쓰여진 것이다. 노래도 들려지기 위해 불리어진 것이다. 소프트웨어 프로그램도 컴퓨터에 어떤 지시를 전달해야 하고 식별할 수 있는 결과를 창출해야 함을 의미한다. 운동경기에서 그들은 점수를 기록한다. 왜냐하면, 선수들이나 팬들이 누가 이길 것인가에 대한 관심을 갖기 때문이며, 개인적인 성적을 측정하기를 원하기 때문이다. 만약 정보들이 전달되거나 소통되지 않는다면 무가치하다. 따라서 정보의 속성과 목적은 커뮤니케이션이다. 그러므로 커뮤니케이션은 정보의 선이자 덕이다. 어느 적절한 정보윤리든 커뮤니케이션을 설명할 수 있어야 한다.

정보의 또 다른 중요한 특징은 정보가 역동적이고 누가적이라는 것이다. 정보는 인간 사고의 산물이지 물질적인 것이 아니기 때문에 정보는 끊임없이 변화하고, 성장하고, 결합하고, 창조되는 파생물이다. 지적 저작물은 결코 단 한 사람의 정신세계로부터 순수하게 독창적으로 만들어지지 않는다. 거기에는 숱한 영향력이 상호 작용하게 되어 있다. 어떤 소설의 언어, 등장인물, 주제, 구성 모두는 선행조건들에 영향을 받는다. 프로그래머들은 그 방면의 종사자들이 다 알고 있는 바와 같이 다른 프로그래머들로부터 항상 배운다. 무료 소프트웨어에 대한 가장 강력한 주장 중의 하나는 사람들이 그 소프트웨어에 대해 값을 지불할 필요가 없다는 것이 아니라, 다른 프로그래머들이 이미 개발된 소프트웨어를 검토해 볼 수 있고 소프트웨어로부터 배울 수 있다는 점이다. 무료 소프트웨어 지지자들에 따르면, 만약 소프트웨어의 독해 가능한 소스 코드(souece code)가 유포에 적합하지 않다면 소프트웨어는 정말로 무료가 아니다(Mann, 1999).

이런 지적 저작물들의 목적과 선은 전달되고 공유되는 것이다. 물론 윤리는 데이터베이스나 자동차 설계도 그 자체와 관련된 것이 아니라 사람들의 사고와 행동에 관련된 것이다. 그러나 정보의 목적을 안다는 것은 우리에게 정보생산자의 목적과 덕목에 대한 아주 중요한 것을 알려준다. 중요한 것은 정보의 생산뿐만 아니라 정보의 커뮤니케이션이다. 만약 정보 생산자들의 저작물이 적절한 방법으로 공유되지 못한다면 그들은 자체의 목적을 실현할 수도 없고 유덕하지도 않게 된다. 정보의 공유가 더 효과적으로 이루어지면 질수록 정보의 생산자들은 더 유덕해진다.

나는 정보의 공유가 적절한 방법으로 이루어져야 함을 강조한다.

왜냐하면, 더욱 특수한 차원에서 각기 다른 지적 저작물들이 각기 다른 목적을 가지고 있기 때문이다. 가능한 한 광범위하게 많은 사람들에게 읽혀지기 위하여 출판되었다면 그것은 일기 본래의 목적은 아니다. 실제로 일기를 출판하였다면 일기의 목적이 전도된 것이다. 일기의 목적은 필자의 삶에 대한 정직하면서도 은밀한 자기 고백에 있다. 은밀함이라는 것은 프라이버시를 요구한다. 프라이버시는 누구든지 허락 없이 그 일기를 볼 수 없음을 의미한다. 그 일기를 건네받은 한 친구가 허락을 받지 않고 출판을 했다면 분명히 잘못된 것이다. 다른 한편으로, 과학적 연구의 주요 목적은 인류 공동의 발전을 위해 지식의 축적을 증진시키는 것이다. 비록 연구 결과물을 만들어내고 출판하기 위한 비용을 보상받으려는 간접적인 목적을 지니고 있다 할지라도 유덕한 연구가나 출판업자는 그 연구가 가능한 한 많은 사람들에게 유용하게 쓰여지도록 노력해야 할 것이다.

이러한 접근은 우리로 하여금 이 논문의 초반부에서 제시했던 사례들에 대한 건전하고 균형 있는 판단을 하는 데 도움을 줄 것이다. 왜냐하면, 이러한 접근은 우리로 하여금 해당 사례의 일반적인 원리들과 특수한 성격 모두를 고려할 수 있도록 해주기 때문이다. 우리가 앞서 말한 바와 같이 첫 번째 사례에서 보고서의 목적은 학생들이 심사숙고 하에 그 주제에 대한 개인적인 이해와 만족을 얻고 교사들과 그 주제에 대해 효율적으로 의사소통하는 것이다. 단순히 어떤 사람의 글을 찾아서 보고서로 제출하는 것은 보고서의 본래 목적을 왜곡시키는 것이다. 그런 행위는 분명 잘못된 것이다.

사례 2에서 다룬 상업용 소프트웨어는 윤리적으로 더욱 복잡하다. 왜냐하면, 상업용 소프트웨어는 다양한 목적을 지니고 있기 때문이다. 그 소프트웨어는 그 이용자들을 위해 유용한 기능을 수행하게 된다. 다시 말해 소프트웨어 없이는 그 기능의 수행은 불가능하다. 그러나 소프트웨어는 그 개발자의 입장에서 보면 대규모의 자본투자와 수년에 걸쳐 수십 수백 명의 노동력 투입에 의해 개발된 것이다. 그러므로 가장 정의롭고 가치로운 분배구조는 사용자 공동체에게 최대의 가치를 제공해 주는 것이며, 반면에 개발자의 노동과 자본투자를 가치롭게 하기 위한 충분한 보상을 개발자에게 제공해 주는 것이다. 우리는 아직 이상적인 해결법을 찾지 못했다. 그러나 소수의 사람들만이 그 프로그램을 사고 아무런 대가를 지불하지 않은 수많은 사람들이 그것을 이용할 수 있도록 조치하는 것이 해결책이 아님을 우리는 잘 알고 있다. 또한 소프트웨어 개발자들이 저작권을 가지고 있다는 이유로 터무니없이 높은 가격을 책정하는 것이 바람직하지 않다고 우리는 또한 믿고 있다.

사례 3에서 거리의 주소는 그 속성상 공공의 성격을 지니고 있다. 그 주소는 시민들에게 집과 사무실의 위치를 알려주는 데 도움을 준다. 만약 그 주소가 공공의 것이 아니라면 소기의 목적을 완수할 수 없다. 또 어떤 사람이 특별히 유익하고 매력적인 방법으로 그 데이터를 활용할 수 있도록 하는 데 많은 노동과 창의력을 투입했다면 그 특수한 배열의 주소록을 판매할 수도 있을 것이다. 그렇다고 해도 그 개발자들은 그 밖의 다른 사람들이 데이터 그 자체의 공유화를 막지는 못할 것이다. 메이저리그 야구선수들의 타율도 동일한 공공의 성격을 지니고 있다. 위의 주소 사례와 마찬가지로 타율에도 적용될 것이다.

우리가 사례 4와 관련하여 앞서 말했던 바와 같이 소프트웨어 그 자체만으로 작동될 수 없다. 그리고 소프트웨어는 고립된 상태로 개발뵐 수도 없다. 소프트웨어는 적절한 상호작용을 위해 광범위한 정보 공유를 요구한다. 더 나아가 여느 디자인 과정과 마찬가지로 소프트웨어 개발은 아이디어와 경험의 자유로운 공유가 있는 곳에서 더욱 왕성해진다. 그것은 특허권자가 제한된 기간 동안에 걸쳐 배타적이고 독립적인 권한을 부여하는 데는 그들의 설계도를 충분히 공개할 것을 요구받는 이유이기도 하다. 물론 상업용 소프트웨어 개발은 경쟁체제이다. 그리고 한 회사가 또 다른 회사의 프로그램을 복사하여 싼 값으로 판매하는 것은 분명 잘못된 것이다. 그러나 그런 나쁜 만행을 제외하고 가능한 한 정보와 아이디어의 무료 교환이 있어야 한다.

끝으로 사례 5에서 기술된 것과 같은 정보 서비스는 정보를 전달하기 위해 필요한 것이다. 그들의 기업활동을 하기 위해 네트워크에 의존하는 사람들은 또한 네트워크 기술에 의존한다. 만약 그 기술이 정보의 복사본을 만들고 저장하는 데 필요하다면 그 기술은 아주 정당한 것이다. 그 기술은 커뮤니케이션의 본질이기도 하다. 물론 정보의 복제본들은 또한 커뮤니케이션을 촉진하는 것이다. 그 밖의 다른 기술과 정보의 이용은 이의를 제기받을 가능성이 있다.

V. 결론

자신이 생산한 정보의 이용에 대한 통제권과 그것으로부터 이익을 최대화하려는 생산자는 지적 재산이 아주 매력적인 개념임을 알게 된다. 왜냐하면, 지적 재산은 생산자들과 그들의 소유권 주장에 초점을 맞추기 때문이다. 이런 주장들은 타당하다. 우리가 살펴본 바와 같이 그러한 주장들에 대한 정당성이 있지만 그러한 주장들은 불완전하다.

더욱 적절한 입장을 견지하기 위해 우리는 정보의 중요성과 목적에 대해 되돌아 보고 탐색할 필요가 있다. 우리가 이런 노력을 기울임으로써 우리는 권리와 재산의 관점에서만 생각할 때 놓치게 되는 아주 중요한 통찰력을 얻게 된다. 정보는 커뮤니케이션과 관련을 맺고 있다. 정보는 공유될 필요가 있다. 정보의 이용과 분배를 위한 윤리적 정책들은 정보의 사회적 속성을 고려해야 한다. 물론 그 정책들은 생산자들의 합법적인 주장들을 수용해야 하겠지만 말이다. 이것이 바로 균형이며, 아리스토텔레스가 이야기하는 중용이다. 이런 균형과 중용 속에서 덕이 찾아지는 것이다.

이러한 접근은 두 가지 이점을 가지고 있다. 첫째로, 이 접근은 소프트웨어 프로그램이나 지적 재산의 개발자들의 이익 이외에도 사회의 나머지 사람들의 이익을 고려할 수 있는 이론적 토대를 제공한다. 재산에 관해서 이야기할 때 재산권을 갖지 않는 사람들의 이익을 고려하기가 더욱 어렵다. 왜냐하면, 생산자가 아닌 사람들은 개발단계에서 투자를 하지 않음으로 해서 재산권 주장을 할 수 없기 때문이다. 그러나 우리가 앞에서 살펴본 바와 같이 무료로 이용할 수 있어야 하고, 비소유자들도 그 정보에 대한 이용할 권리를 주장할 여러 형태의 정보들이 있다. 물론 공리주의적 체계는 사회 전체의 이익을 고려하고자 할 것이다. 그러나 공리주의는 개인적인 권리를 인정하지 않는다. 그런데 개인적인 권리들은 중요하다. 예를 들어 공리주의적 분석은 개인적인 일기를 출판하는 것이 선이라고 여길 수도 있다. 왜냐하면, 많은 사람들은 사적인 일기의 출판을 즐길 것이고, 그 많은 사람들의 즐거움이 일기를 쓴 사람의 곤혹스런 입장보다 더 중요하다고 생각하기 때문이다. 그러나 그것은 옳지 않은 것으로 보인다. 왜냐하면 그것은 인간 존중의 근본 가치를 훼손하기 때문이다.

다른 이점은 자연법 접근이 개인적 사례들의 미묘한 차이가 있는 분석을 가능하도록 해준다는 점이다. 지금까지 개인적 사례들의 분석은 일반적인 원리들에 의해 이루어졌다. 우리는 개인의 일기와 주식 시세표 사이의 차이를 구별할 수 있고, 오리지널 프로그램과 복제된 프로그램 사이의 차이를 구별할 수 있다. 실제 사례에서 우리는 유용한 판단을 내릴 수 있다.

인정하건대, 이 접근은 깜짝 놀랄 정도의 새로운 결론을 이끌지는 못한다. 어떤 의미에서 이 접근은 우리가 이미 알고 있는 것을 우리에게 말해주고 있는지도 모른다. 즉 지적 재산권 주장은 어느 정도까지만 인정될 수 있을 것이다. 따라서 지적 재산권 주장은 공공 이익과 조화를 이루어야 한다. 더 나아가 다른 형태의 지적 재산이 있다. 그것들은 다르게 취급되어야 한다. 그러나 건전한 상식에 기초한 그 이론의 일관성은 그것의 미덕이다. 윤리의 종국적인 기준은 집합적인 공동체의 도덕적 지혜이다. 만약 어떤 체계가 우리에게 우리 사회의 최선의 정신과 동일한 결론을 부여한다면 그 체계는 아마도 아주 좋은 체계가 될 것이다. 그 체계는 지적 재산의 이름으로 촉진될 더욱 극단적인 제안의 일부만을 수용하기도 하고, 앞으로 더욱 더 많이 수용할 수도 있을 것이다.

참고문헌

Behrens, B. and R. Levary. (1998) "Practical Legal Aspects of Software Reverse Engineering," *Communications of the ACM*, Vol. 41, 2, 27—29.

Hayden, J. (1991) "Copyright Protection of Computer Databases after Feist," *Harvard Journal of Law & Technology*, Vol. 5, 215—243.

Hughes, J. (1988) "The Philosophy of Intellectual Property," *The Georgetown Law Review*, Vol. 77, 287—366.

Mann, C. (1999) "Programs to the People," *Technology Review*, Vol. 102, 36—42.

Rakowsky, J. (1994) "MIT student is called software piracy plotter," *The Boston Globe*, April 8, 1.

Samuelson, P. (1991) "Digital Media and the Law," *Communications of the ACM*, Vol. 34, 10, 23—28.

Samuelson, P. (1996a) "The Copyright Grab," Wired, Vol. 4, 1, 134. Also available on the Web at http://www.wired.com/wired/archive/4.01/whitepaper.html

Samuelson, P. (1996b) "Legal Protection for Database Contents," *Communications of the ACM*, Vol. 39, 12, 17—23.

Samuelson, P. (1997) "The Never Ending Struggle for Balance," *Communications of the ACM*, Vol. 40, 5, 17—21.

Samuelson, P. (1999) "Good News and Bad News on the Intellectual Property Front," *Communications of the ACM*, Vol. 42, 3, 19—24.

Zuckoff, M. (1994) "Software piracy charges dismissed against student," *The Boston Globe*, December 30, 1.

4장_ **저작권은 윤리적으로 정당한가?** :
미국에서 지적 재산권의 이론, 법,
그리고 실제에 관한 검토

셸리 워윅 Shelly Warwick

Ⅰ. 서론

미국 헌법은 과학과 유용한 기술의 발전을 촉진하기 위하여 제한된 기간 동안 작품과 발명품에 대한 배타적 권리를 저자나 발명자에게 보장해 주도록 그 권한을 의회에 주었다(제1조 8항). 1909년 저작권법을 재개정할 때 저작권자의 권리는 다른 법적 근거가 아니라 오직 정부의 승인에 의해서만 인정받을 수 있다고 의회는 명시하였다. 그러므로 저작권법은 정책수단으로서 정부에 의해 제정된 것으로 보여

---

* 이 논문은 처음으로 다음의 발표집에 실렸고, 저자의 허락을 받고 이 책에 다시 게재하게 되었다. *The Proceedings of the Fourth Annual Ethics and Techonology Conference*, Boston College, Chestnut Hill, MA, pp. 135-146.

질 수 있다. 일반으로 정책은 바람직한 결과의 선택에 기반을 두고 있는 것이며, 그 정책선택은 도덕적·윤리적 고려와 그 밖의 다른 고려에 따라 이루어질 수도 있다. 저작권법이 정책을 표현한 것이라면 소프트웨어 사업자들은 컴퓨터 프로그램을 표절하는 개인이나 국가의 도덕성 결핍을 왜 문제 삼는가? 그리고 데이터 뱅크의 생산자들은 자신들의 데이터 뱅크 내에서 공적 영역의 자료들이 다른 사람들에 의해 복제되었을 때 왜 부당하다고 주장하는가?

이 논문은 지적 재산권과 대부분 저작권에 초점을 맞추고 있는 윤리 사이의 연계성을 탐색하고자 한다. 하나는 미국에서 윤리와 저작권법 사이에 어떠한 관계를 맺고 있는가? 다른 하나는 지적 재산의 사적 소유는 본래 정당한가? 컴퓨터 네트워크에 접속하려는 수많은 사람들의 일상적 삶이 지적 재산권법에 의해 통제받고 있기 때문에 이 문제들은 매우 중요하다. 이 법을 위반하는 것은 정해진 시간을 초과하여 주차한 것과 동일하게 체포될 것을 감수하고 저지른 의도적인 모험인가, 아니면 윤리적인 문제인가? 이러한 문제에 대한 면밀한 검토를 위하여 먼저 미국에서 저작권, 지적 재산 등이 생겨난 유래들을 역사적 측면에서 살펴볼 것이다. 제105회 미 의회에서 통과된 저작권법은 지적 재산에 대한 국제적 관점에서 논의되어질 것이다. 다음으로 이론과 실제의 양 측면에서 윤리적 검토를 해 볼 것이다. 불행이도 지적 재산의 제 측면들이 윤리적인 문제인지 아닌지에 대해 쉽게 결론을 내릴 수 없다. 그러나 우리는 미국에서 저작권이 저작권법을 지키는 근거로 경제적 손실보다 더 고차원적인 문제를 제기하고자 할 때만이 윤리적 성찰을 필요로 하는 경제적 관리체제라는 사실을 규명하고자 한다.

Ⅱ. 저작권은 무엇이며, 그것은 어떻게 생겨나는가?

저작권에 대한 여러 접근에 대해 월드론(Waldron, 1984)이 가장 잘 정리해 놓았다. 그는 권리이론을 두 가지 유형으로 설명하고 있는데, 하나는 인지된 본질적 속성(자연적 이론)에 근거를 두고 있다면, 다른 하나는 어떤 사회가 성취하기를 바라는 가치(공리주의 이론)에 근거를 두고 있다. 저작권은 권리, 의무, 목적 등을 포함하는 정치적 도덕성의 문제를 고려하지 않고서는 논의될 수 없다고 주장한다. 권리가 실정법 밖에서 존재할 수 있다고 월드론은 주장하면서도 권리의 근거에 대한 논의는 실정법 테두리 내에서 이루어질 수 있음을 인정한다. 그는 벤담을 자연권에 대한 중요한 자유주의적 이론가로 지목한다. 벤담은 생존권으로부터 모든 권리가 나온다고 보았으며, 권리를 시장을 통한 법의 결과물이라고 간주했다. 최근의 법률가들은 법체계가 개인들로 하여금 배상을 하지 않는 사람에게 손해배상을 청구하는 법을 포함하고 있음을 인정한다. 그러므로 그 법률가들은 개인이 법적 자유를 향유하는 정도에 따라 안전을 보장받지 못한다는 점을 수용하면서 자유주의에 대한 메타이론[1]을 부정한다(Singer, 1969, p. 985).

드워킨(Dworkin, 1984)은 대체로 해당 공동체 목표의 정치적 결정에 대한 정당화를 위한 최후의 수단으로 권리를 바라보고 있다. 어떤

---

[1] 역자 주 : 메타이론은 이론적 체계를 분석하기 위해 고안된 이론을 말한다.

사람에게 위해를 가하는 결정이 공동체를 더 좋게 만들 것이라는 주장에 명백한 지지 근거를 찾을 수 있을 때만이 권리의 개념이 정치이론에서 필요하다고 그는 주장한다. 드워킨은 사회의 가치를 성취하기 위한 법률적 수단으로 권리를 바라본다.

자유주의와 권리에 대해 명료하게 설명한 가장 유명한 사람으로 호펠드(Wesley Hohfeld, 1923)를 꼽을 수 있다. 그는 법률적 이론과 정치적 이론 내의 기본적인 수렴과정을 탐색했고, 모든 법적 결정이 권리의 내재적 논리에 기초한 것이 아니라 정치, 도덕성 그리고 자유와 안전 중 어느 것에 목적을 둘 것이냐에 따라 이루어지는 것임을 법학자들에게 인식시켜 주었다. 간단히 말해 권리에 대한 현대적 견해는 자연적 근원으로부터 나온 것이 아니라 법으로부터 비롯된 것이다. 공평성에 기초한 롤즈의 정의이론은 이러한 사고에 따른 것이다. 그러나 그는 실정법의 제정에 공평성의 개념과 자유의 우선성을 덧붙였다. 반면에 많은 현대 사상가들은 자유주의 이론가들, 특히 로크의 주장을 거부해 왔다. 권리는 국가에 앞서 존재하는 것이며, 국가가 권리를 인정하든 안 하든 상관없이 자연적으로 존재하는 것이라는 로크의 입장은 권리에 대한 대부분의 논의에서 큰 반향을 불러일으키고 있으며, 미국의 건국이념에 중대한 영향을 끼쳤다. 미국의 독립선언서는 권리가 국가로부터 나오는 것이 아니라 신으로부터 부여된 것이며, 타인에게 양도할 수 없다고 주장하는 자유주의 철학의 주장에 기초하고 있다.

Ⅲ. 재산권

재산에 대한 전통적인 법적 토대는 코헨(Cohen, 1935)에 의해 규정·논의되었다. 그는 재산권은 사물에 관한 개인들 사이의 관계로서 규정하고 재산을 형성하는 모든 수입원의 소유자가 사회적 산출의 미래에 세금을 부과할 힘을 얻게 되는 것이라고 주장한다. 경제적으로 독립하지 못하는 대다수인들의 서비스를 통제할 힘과 함께 세금을 부과할 권한은 정치적 주권의 토대로서 간주된다. 사유재산의 발달에 대한 네 가지 접근들이 있다.

1. 점유는 발견과 차용 등에 의해 그 권리를 갖게 된다.
2. 노동을 활용하거나 일을 함으로써 그 권리가 생겨난다.
3. 인권은 개인들이 자유로운 인격체로서 행동한 권리를 의미한다.
4. 경제적 권리의 측면에서 사유재산은 생산을 최대화하기 위한 수단으로 간주된다.

그러나 코헨은 사적 소유가 개인적인 이익을 위해 장기적으로 사회적 이익의 희생을 초래할 수 있음을 지적한다.

점유권에 관해서 재산이 어떻게 획득되었든지 간에 그것을 오래 지니고 있으면 있을수록 그것을 계속해서 간직하려는 기대는 더욱 강해진다고 코헨은 보고 있다. 그래서 법이 합법적인 기대를 보호하는 데 가치를 두어야 한다고 그는 주장했다. 노동을 통한 재산의 분명한 특징에 관해서 코헨은 논평하기를, 경제적 이익은 노동의 결과만이 결코 아니라는 것이다. 일을 하는 동안에 평화와 질서를 수호했던 사람에게조차 경제적 이익을 산출하는 요소로 고려되어져야 함을 그는 역설하고 있다. 코헨은 자유로운 인간으로서 행동하기 위하여 개인의 권리로부터 재산권을 도출하려는 사람들과 물질적 상품을 얻기 위해 타인에게 의지하지 않으려는 사람들에게 그렇게 큰 가치를 부여하지 않는다. 코헨은 사유재산의 경제적 토대를 생산의 최대화 수단으로 특징짓는다. 그러나 그는 사유재산이 단기간의 이득과 사회적 이익의 손실, 그리고 장기적으로 생산성의 감소를 야기할 수도 있음을 염려하고 있다. 간단히 말해 재산에 대한 광범위한 공감대가 있기도 하고 동시에 공감하는 한계점도 있는 것으로 보인다. 그러므로 사려 깊은 사람들이 문제 삼아야 할 것은 사유재산의 유지나 폐지가 아니라 기업들이 자율적인 경영권을 주어야 하지만 공익에 봉사할 수 있도록 하는 분명한 정책결정을 하는 것이다(Cohen, 1985, p. 304).

재산과 권리에 대한 또 다른 상세한 논의는 월드론(Waldron, 1988)에 의해 이루어졌다. 그는 두 가지 문제를 제기했다. 하나는 개인의 이익이 사유재산의 존재에 어떻게 기여하는가? 둘째로 사유재산의 존재가 도덕적으로 너무 중요하다 하여 개인의 이익을 보호할 정부의 의무를 정당화할 이유는 무엇이란 말인가? 월드론은 사유재산에 대한 공리주의적 입장을 검토한다. 공리주의적 입장은 물질적 자원이 국가나 공동체에 의해 통제되는 것보다 개인에 의해 통제된다면 사회는 더 많은 이익을 취하게 될 것이라는 개념에 기초하고 있다. 그는 이 접근에서 두 가지 문제점을 지적한다. 하나는 모든 인간의 욕망과 관심이 타인에게 고통을 가져다 준다 할지라도 그것을 동등한 것으로 간주한다. 다음으로 행복의 총합이 어떻게 성취되는지에 대해 거의 관심을 기울이지 않으며, 정의나 평등에 대해서도 관심을 갖고 있지 않다는 것이다. 자원의 소유자는 단지 개인이다. 자원의 이용에 대한 소유자의 결정이 이러한 유형체계에서 가장 중요한 것으로 간주된다(Waldron, 1988, p. 35).

뎀세츠(Demsetz, 1967)도 자연권의 공리주의적 속성에 대한 중요한 지지자이다. 그는 자신의 방식대로 행동할 수 있도록 동료들의 동의를 얻어낸 사람을 재산의 소유자로 규정한다. 재산권은 사람들이 어떻게 이익을 보고 손해를 보는지를 특징짓는 권리로서 규정된다. 재산권은 여러 사람들에 의해 취해진 행동을 교정하는 데 들어가는 비용을 누가 지불할 것인지를 특징짓는 권리로서 규정된다. 그리고 재산권은 외면적인 것을 더욱 더 내면화하기 위한 수단이나 새로운 요인들을 등식화하는 수단으로써 표현되기도 한다. 뎀세츠의 이론을 상당 부분 수용하고 있는 코세(Coase)는 권리를 생산요소로서 간주하고, 수행된 행위들은 얻어진 이익이 손실 이상으로 더욱 가치가 있을 때만이 바람직하다고 주장한다. 그리고 사회적 이해의 조정과 개인적 결정의 선택이 어떤 결정을 개선시킬 수 있으나 또 다른 결정을 악화시키는 변화를 이끄는 것은 바람직하다고 코세는 보고 있다(Coase, 1960).

사유재산의 기원과 목적, 그리고 희소자원의 통제에 대한 여러 견해를 통해 국가는 법제정을 위해 다음과 같은 접근 방법을 채택하는 역할을 지니고 있음을 알 수 있다 : 1) 재산을 가진 사람들의 기대를 충족시키는 것이며, 2) 최우선의 원리를 따르는 것이며, 3) 바람직한 목적을 성취하기 위해 노력하는 것 등이다. 만약 각국이 단일의 접근

방법을 따른다면 참 편하겠지만, 실제로 미국의 저작권 역사를 검토하면 잘 알 수 있는 것처럼 정부는 지적 재산이나 저작권에 관한 법 제정시 세 가지 접근법들을 통합적으로 이용하는 경향이 있다.

Ⅳ. 지적 재산과 저작권에 대한 제 이론들

지적 재산은 최근 들어 광범위하게 사용되고 있으면서도 정의를 제대로 내리지 않은 상태에서 사용되고 있는 개념이다(Brown et al., 1990 ; Miller, 1979). 지적 재산은 특허권(patent), 저작권, 상표 등을 망라하는 것으로 규정된다(Rozek, 1990). 애보트(Abbot, 1990, p. 312)는 지적 재산권을 지적인 노력의 결실로 한 개인이 얻게 되는 법적으로 보호된 이득으로 정의하고 있다. 반면에, 셔우드(Sherwood, 1990)는 지적 재산권을 아이디어, 발명, 창조적 표현 등과 같은 사적 활동의 결과물과 그에 대한 재산권을 부여하려는 공적인 의도의 결합으로 본다.

대부분의 학자들은 한정된 독점을 허용하는 일종의 재산권으로 저작권을 보려고 한다(Ringer et al., 1965). 그러나 이 권리의 근거에 대한 논란이 분분하다. 예를 들어 권리의 목적은 무엇이며 언제까지 해당 지적 재산권에 대한 보호가 이루어져야 할 것인가 등이다. 다음의 두 가지 접근법이 대표적인 저작권 이론에 관한 것이다. 하나의 접근은 저작권을 로크가 주장하는 노동에 근거하든 아니면 헤겔이 주장하는 인성(personality)에 근거하든 자연권으로 간주한다. 두 번째 접근은 창의력의 고양, 유용한 기술의 발전, 정신의 산물에 대한 시장질서의 확립, 외국과의 무역확장의 수단 등과 같은 정해진 목적을 성취하기 위한 수단으로 저작권을 보려 한다. 저자의 노동에 대한 자연적 권리를 인정하는 첫 번째 접근법은 영국에서 저작권을 인정하기 시작한 때부터 제기되었다(Birrell, 1899 ; Lowndes, 1840 ; Warburton, 1974). 그리고 노동이 작품에 대한 통제권을 결정하는 중요한 요인이어야 한다고 느끼는 사람들이 첫 번째 접근법을 옹호한다(Hicks, 1987 ; Ginsburg, 1990 ; Goldstein, 1992). 저작권이 유용한 기술을 발전시키고 정보에 대한 공적인 접근을 촉진시켜야 한다고 느끼는 사람들이나(Litman, 1992 ; Patterson et al., 1991 ; Samuelson, 1997) 저작권을 정신적 작품을 거래하기 위한 시장의 질서를 담보하는 수단으로 간주하는 사람들(Demsetz, 1967 ; Gordon, 1990 ; Landes et al., 1989) 또한 많다. 현재 미국에서 통용되는 것과 같은 저작권법에 어떠한 역할을 부여하든 적합하다고 느끼는 사람은 아무도 없음을 지적해 둔다. 정보는 무료로 유통되기를 원하는 사람들이나 저작권이 인터넷상의 커뮤니케이션 때문에 소멸될 수밖에 없다고 생각하는 사람(Schlachter, 1996)에서부터 강력한 저작권보호주의자(Ginsburg, 1990 ; Goldstein, 1992)에 이르기까지 저작권법은 논란의 여지가 많으며, 새로운 검토를 필요로 한다.

시장의 선택을 통해 희소성의 경제원리를 실행하면서도 공유자원의 이상을 표방한다는 점에서 브란스콤(Branscomb, 1984)은 미국의 저작권법에 근본적인 갈등이 있음을 밝히고 있다. 반면에, 패터슨(Patterson, 1984)은 근원적인 원리의 결핍 때문에 저적권법을 혹평한다. 비록 고든(Gordon, 1989)과 같은 일부 이론가들은 저작권이 권리의 보호규정 측면에서 다른 재산권법과 일맥상통한다고 믿고 있을지라도 헤팅거(Hettinger, 1993)와 같은 다른 이론가들은 노동에 대한 보상을 사회정책의 선택으로 바라보면서 저작권에 대한 모든 가정에 의문을 제기한다. 헤팅거는 지적 재산으로서 저작권, 특허권, 상표 등을 언명하면서 지적인 재산과 실제적인 재산 사이에 중요한 차이점을 지적한다. 그 차이점으로 지적인 재산은 아무리 사용해도 소모되지 않는다는 것이며, 동시에 한 사람 이상이 지적인 재산을 사용할 수 있다는 것이다. 또한 헤팅거는 표현의 자유에 가치를 두면서 동시에 아이디어와 표현을 사적인 것으로 치부하는 정치체계상의 모순을 지적하기도 한다. 그는 어떤 사람이 자신의 노동을 통해 발생한 결실을 취해야 한다는 개념이 가장 강력한 아이디어임을 인정하면서도 대부분의 지적인 노동이 타인 노동의 바탕에서 가능한 것임을 주장한다. 따라서 지적인 재산을 특정인에게 그 권리를 부여하기 어렵다는 것이다. 신체의 개인적 소유와 신체적 활동을 통해 만든 것에 대한 결과로의 소유에 근거한 로크의 소유이론을 요약하면서 헤팅거는 신체로부터 비롯된 것과 그 결과에서 비롯된 것 사이를 구별할 필요가 있음을 지적한다. 지적인 산물들이 근본적으로 사회적 산물이며, 최후의 기여자가 모든 보상을 취할 이유가 없음을 헤팅거는 주장한다. 따라서 그에 따르면 개인이 노동에 대한 보상을 독점해야 한다는 개념은 사회정책일 수 있으나 도덕적 권리는 아니라는 것이다. 그리고 그는 어떤 사람의 노동의 결과물을 이용할 권리를 지닌다고 말하는 것과 시장이 제공하게 될 모든 것을 독점해야 한다는 주장 사이에는 분명한 차이가 있다고 본다. 만약 창출된 것에 대한 재산권이 항상 노동에 대한 보상이라면, 부모들은 자녀들이 성인이 되었을 때조차도 자녀에 대한 재산권을 자신에게 귀속시킬 것이라고 그는 논박한다. 헤팅거는 또한 지적 재산법이 경쟁을 위해 필수적이라는 공리주의적 주장을 거부한다. 공리주의적 입장은 아이디어를 전파시킨다는 미명 하에 아이디어의 전파를 늦춘다고 그는 주장한다. 더 나아가 현재의 지적 재산법이 실질적으로 이용 가능한 지적 재산의 양이나 이용빈도를 증대시켰는지에 대해 그는 의문을 갖고 있다. 헤팅거(Hettinger, 1993, p. 35)는 만인이 동시에 소유하고 이용할 수 있는 것을 독점적 소유권과 이용권을 한 사람이 가져야 하는지에 대한 윤리적 문제를 제기한다.

란데스(Landes)와 포스너(Posner, 1989)는 저작권에 대한 경제적 근거를 주장한다. 그들은 저작권법을 자원의 효율적 분배의 수단으로 보며, 지적 재산에의 접근 허용과 저작권에 대한 인센티브 부여 사이의 정확한 균형을 깨트리는 것을 저작권법의 중심적 문제로 보고 있다. 그들은 지적 재산에 대한 과잉보호가 지적 창출 비용을 상승시킬 것이고, 반면에 과소보호가 유인요인을 약화시킬 것이라고 믿고 있다. 저작권 보호의 선택적 폭은 사회적으로 더욱 가치 있는 노동계층에게 더욱 크다고 그들은 주장한다. 란데스와 포스너의 주장에 대한 반박은 팔머(Palmer, 1990)에 의해 제기되었다. 팔머는 그의 논의의 대부분을 코세(Coase)와 뎀세츠(Demsets)의 경제이론에 기초하고 있다. 그리고 간단히 면허증과 노동계약과 같은 시장과 개인적 협약으로도 저작권에 대한 요구 없이 저자의 지적인 재산으로부터 이득을 취하는 것이 가능하다고 그는 주장하고 있다. 팔머(Palmer, 1990, p. 279)는 자연적인 산출의 경우, 핵심적인 요소가 희소성이라는 차원에서 확대된 공정한 사용의 지지자들의 입장을 취한다. 그러나 저작권은 희소성이 아니라 법에 의존하고 있다.

저작권에 대한 또 다른 접근은 저자들의 도덕적 권리나 저자의 고유한 권리나 권한을 보호하는 데 있다. 여기서 저자의 권리는 작품의 창조자임을 입증하는 것이다. 그리고 저작권은 완전성의 권리를 의미하기도 한다. 이 권리는 저자의 허락 없이 그 내용의 수정을 방지하는 것이다. 이 접근들에서 중대한 차이점은 재산권이나 경제적 권리가 판매되어지거나 양도되어질 수 있다는 점이다. 반면에, 경제적 권리가 타인에게 양도되어졌다 하더라도 도덕적 권리는 여전히 그 저자에게 귀속된다는 사실이다. 미국과 영국은 오랫동안 경제적 권리와 관련하여 저작권을 바라보는 경향이 있는 반면에, 프랑스와 스칸디나비아 국가들은 저작권을 도덕적 권리와 관련지어서 생각하는 경향이 있다. 미국에서 저작권이 경제적 권리에만 국한하여 이해된다면 윤리적 개념이 아닌 공리주의적 정책으로서의 저작권의 속성은 분명해진다.

Ⅴ. 미국에서 저작권의 역사

미국에서 저작권의 법적 근거는 헌법 제1조 8항이다. 미국의 헌법에서는 과학과 유용한 기술의 발전을 촉진하기 위하여 한정된 기간 동안 저자들과 발명가들에게 자신의 저작물들과 발명품에 대한 독점적 권리를 인정할 것을 의회에 위임하였다. 최초 저작권법의 모델은 앤 여왕의 상(像)이었다. 그곳에서는 일반적으로 저자의 권리를 인정하고 학습을 촉진하기보다는 오히려 거래를 규제하려는 의도에서 저작권을 인정하였다(Patterson, 1968 ; Rose, 1993). 영국과 여타의 유럽국가들에서 저작권은 주권이 자신의 영토 내에서 만물에 대한 권리를 갖고 있으며, 타인의 권리들 또한 왕의 즐거움에 바탕을 두고 있다는 주장에 본질적으로 근거하고 있다(Rose, 1993). 의회와 국가에 의해 분명하게 승인되지 않은 모든 권리를 비축해 둠으로써 국민들은 헌법을 주권자의 지위로 향상시켜 놓는다. 1790년 헌법에 의해 부여된 권리의 제한된 속성은 14년 동안 자신의 저작물을 인쇄 · 재인쇄하고 출판 · 판매하는 것을 승인했다. 그리고 저자에게 승인되지 않은 권리가 국민을 주권자로 특징지운다는 것이 수용될 때만이 그 헌법의 제한된 속성은 명료해진다. 번역, 요약, 파생물과 같은 현재 보호되고 있는 작품들의 변형적이고 생산적인 목적을 위한 사용은 단순히 복사를 의미하는 것이 아니라 그 작품의 사용을 의미한다. 저작권 보호는 단지 미국의 시민들에게만 인정되었을 뿐이다.

현행법에서 금지되지 않았으나 법원이나 의회에서 부정의(不正義)하고 비윤리적이라고 판단되는 복제에 대한 부작용으로 새로운 매체를 포함하고, 저작권자에게 더 광범위한 권리를 부여하기 위해 미국의 저작권법은 계속해서 수정되어 왔다. 예를 들어 번역을 포함한 파생적인 작품을 창출할 권리는 스토(Harriet Beecher Stowe)가 『톰 아저씨의 오두막집』(*Uncle Tom's Cabin*)의 독일어 번역자에 대한 고소가 기각된 이후에나 저자에게 인정되었다. 미국 국민들의 작품에 대한 보호는 그 작품이 미국에서 출판되어야 한다는 단서와 함께 1891년에 시행되었다. 미국은 좀 늦기는 했지만 국가 상호 간의 자작권법의 필요성을 인정했으며, 1951년 포괄적인 저작권 협약(Universal Copiright Convention : UCC)의 창립 멤버가 되었으며, 1989년에 베른 협약(Berne Covention)의 서명국이 되었다. 국제무역에서 저작권의 점증하는 중요성과 지적 산물을 소비품목으로 간주하려는 경향은 1994년 미국에서 채택된 '관세와 무역에 대한 일반 협정'의 틀 속에서 '지적 재산과 관련된 거래'의 협약을 통해 가시화되었다.

저작권법에 대한 가장 최근의 중요한 수정은 20년간의 연구와 격론 끝에 1976년에 이루어졌다(Henry, 1976). 의회의 의도는 법을 아주 포괄적으로 규정함으로써 새로운 매체가 생겨나는 그 작품이 저작권법 개정의 필요성 없이 동등한 저작권 보호를 받게 하려고 한다. 그 법이 제정될 시점에서 사진복사는 중요한 새로운 기술이었고, 컴퓨터는 거대한 공간을 차지하는 것이었으며, 단지 큰 조직이나 집단들에 의해 소유될 수 있을 뿐이다.

1976년에 수정된 현행법은 명백한 표현매체와 제작된 모든 원저작물을 보호하게 되어 있다. 저작권 소유자들은 작품들을 재생산하고, 분배하고, 판매하거나 임대하는 포괄적인 권리를 갖게 된다. 그리고 저작권 소유자는 개인적인 동영상이나 시청각 자료들을 포함하여 사진, 그래픽, 조각작품들을 전시할 권리뿐만 아니라 파생적 작품들을 준비하고 문학, 음악, 드라마, 안무, 판토마임, 동영상 그리고 다른 시청각 자료를 공개적으로 발표할 권리를 갖는다(USC 제17조 106항). 1980년에 소프트웨어는 저작권을 취득할 수 있는 작품형태 정도로 간주되었고, 1984년에 반도체(컴퓨터칩)의 설계자도 독자적인 보호를 받게 되었다.

1997과 1998년 제105회 의회에서 세 개의 중요한 저작권법을 통과시켰다. 하나는 '전자절도 금지법'(No Electronic Theft)이고, 둘째로 '소니 보노 기간 연장법'(Sonny Bono Term Extension Act)이며, 셋째로 '디지털 밀레니엄 저작권법'(Digital Millennium Copyright Act) 등이다. '전자절도 금지법'(NET)은 경제적 이익의 개념을 가치 있는 것의 수입액으로까지 확대했다. 그리고 저작권 침해자가 실질적으로는 이득을 얻지 못했을지라도 그 법안에서는 전체적으로 1,000달러 이상의 가치를 지닌 저작물의 의도적인 침해를 범죄행위로 규정하고 있다. 이 법안 이전의 저작권 침해는 민사적인 문제였다. '소니 보노 기간 연장법' (SBSTEA)은 20년 정도 저작권 기간을 확대한 유럽연합국들의 저작권 보호 기간과 동등하게 하였다. 그 결과 기본적인 저작권의 인정 기간은 저자의 살아 있는 기간 동안에 70년을 더한 기간 동안이다. 이 법안은 이미 창조된 저작물들에도 부분적으로 적용하였다. '전자절도 금지법'(NET)이나 '소니 보노 기간 연장법'은 미국에서 저작권이 이미 창조된 작품들에 대한 보호기간의 추가적인 연장을 해주었기 때문에 새로운 작품을 창조할 수 있는 의욕을 북돋우기보다는 더욱 더 재산상의 이익을 확보하려는 데 초점을 맞추었다고 볼 수 있다. '디지털 밀레니엄 저작권법'(DMCA)은 '1996 용어의 지적 재산(1996 Word Intellectual Property) 협약'을 이행하기 위해 통과되었다. 그 법안은 저작권자에게 부여된 기술적 보호를 위반하는 행위를 범죄로 간주한다. '디지털 밀레니엄 저작권법'의 입법 2년 후에 법안의 효력이 발생한다. 이 기간 동안 의회의 도서관원들은 금지에 대한 적절한 예외조항을 결정하는 규칙제정에 노력을 기울여야 한다(USC 제17조 1201항). 공정한 사용을 위해 명백한 예외는 없다. 그러므로 정보의 사용이 공정할지라도 정보 접근에 대한 보호가 불가능한 사람들은 불가피하게 범죄행위를 하게 될 것이다. 1997년 전자절도 금지법안이 나오자 이번에는 저작권 위반이 형법상의 문제가 아니라 민사상의 문제였다는 사실을 기억한다면 이 법안의 영향력을 쉽게 이해할 수 있을 것이다. 위반자가 생각할 수 있는 최악의 처벌은 복사금지나 벌금을 물리는 정도인 것이다. 새로운 법에서 기술적 보호를 위반하는 사람은 감옥에 갈 수도 있다. 이 법은 출판업자들을 포함한 지적 내용물(콘텐츠) 공급자들에 의해 강력하게 지지되고 있다. 비슷하게 중요한 목적으로 기술적인 보호를 파괴하는 장비를 제조하거나 수입하는 것도 이 법에서는 범죄행위로 간주한다. '디지털 밀레니엄 저작권법'은 어떤 작품에 대해 복사를 제공할 때 저작권 경영정보(Copyright Management Information)를 변경시키거나 삭제시킨 것에 대해도 처벌하도록 한다. 그리고 이 법안은 저작권 책임의 위반시 인터넷 서비스 제공자들을 보호할 장치를 마련해 두고 있으며, 저작권법에 대한 약간의 기술적인 수정도 가능하도록 했다. 그리고 이 법안에서는 의회 도서관원들에게 원격 학습환경에서 저작권 사용을 위한 규칙제정 절차를 위임하도록 명문화하였다.

이러한 가장 최근의 저작권 법안은 국제적 틀 속에서 가장 잘 이해될 수 있다. 영국을 포함한 유럽연합은 최근에 저작자의 생존기간에 70년을 더한 기간을 저작권 보호의 기본적인 기간으로서 설정하는 지적 재산권 지침을 채택했다. 그리고 1996년 12월에 '세계지적재산권기구'(World Intellectual Property Organization)의 두 개의 협약이 제네바에서 채택되었다. 하나는 저작권자에 의해 이용될 기술적인 안전장치의 보호를 요구했다. 이에 대한 훨씬 더 엄격한 조치가 미국에 의해 선포되고 있다(Samuelson, 1997).

1. 저작권 인정의 예외조항

저작권 보호는 미국 정부에 의해 만들어진 아이디어, 절차, 과정, 체계, 작동방법, 개념, 원리, 발견, 에세이, 사실 또는 작품들에 대해 보장되지 않는다. 저작권자의 권리에 대한 수많은 예외조항이 있다. 그 예외의 대부분은 도서관, 교육기관, 케이블 TV, 라디오 방송국 등과 같은 한정된 행위주체들에 해당된다. 두 가지 예외인 최초의 판매권과 공정한 사용은 일반 대중에게 적용될 수 있다. 최초의 판매권은 저작권 보호를 받는 작품의 복사본을 구입한 사람이 그 작품의 복사본을 타인에게 대여하고 판매하고 양도하는 것을 허가하는 것을 의미한다. 두 번째 예외인 공정한 사용은 비판, 논평, 뉴스 보도, 교육, 학문 연구 등과 같은 목적으로 복사를 허용한다고 할 경우에 더욱 복잡하다. 공정한 사용 여부는 다음과 같은 기준에 따라 결정될 것이다. 첫째로, 저작물의 사용이 상업적이냐 아니면 비영리적인 교육적 목적이냐를 포함한 이용의 목적과 성격에 따라 결정된다. 둘째로, 저작권이 인정된 작품의 속성에 따라 결정된다. 셋째로, 일반적으로 저작권이 인정된 작품과 관련하여 사용된 비율의 양과 실체에 따라 결정된다. 넷째로, 저작권이 인정된 작품의 가치나 잠재적 시장에서의 유용성 등에 따라 결정된다(U.S.C 제17조 107항). 일반적으로 공정한 사용이 사용할 권리를 확보하고 저작권자의 권리에 대한 제한으로서 인식되지만, 패터슨(Patterson, 1992)은 공정한 사용이 저작자의 권리를 확대했으며, 1909년 이전의 법에서 소비자들에게 적용하지 않았다고 주장한다. 왜냐하면, 공정한 사용은 작품을 개인적으로 사용하지 않고 상업적으로 사용한 사람들에게 단지 적용하는 저작권 침해에 대한 방어수단이기 때문이다.

VI. 저작권은 과연 윤리적인가?

저작권 윤리는 두 가지 측면에서 논의될 수 있다. 하나는 헤팅거가 제안하고 있는 바와 같이, 만약 모든 창조자가 위대한 재능의 소유자 중 선두에 있다면 저작물의 최후의 공헌자에게 충분한 보상을 독식하도록 허용하고, 타인들이 기여할 길을 봉쇄시킬 권리를 허용할 때 과연 본질적인 도덕성은 무엇인가? 다음으로 로크에 의해 주장되어진 바와 같이, 만약 한 개인이 자신이 창조한 것에 대해 권리를 부여해 준다면 자신의 창조물과 관련하여 창조자의 권리를 제한할 윤리는 무엇이란 말인가? 이론적으로 미국에서 저작권법은 첫 번째 입장에 토대를 두고 있다. 즉, 저자들은 자신의 창작물에 대한 자연권을 가지고 있는 것이 아니라, 새로운 창작물의 창조의지를 진작시킬 목적으로 국가가 부여한 권리에 근거하여 저작권법을 제정한 것이다(H. R. REP. No. 2222). 이러한 접근은 다음과 같은 가정에 기초하고 있다. 정신적 산물의 내용이 일반적으로 사회에 귀속되는 것이지만, 만약 그 결과물이 더욱 더 유용하다면 사회는 더욱 더 많은 이익을 얻을 것이고, 그런 창조적 작업을 고무하기 위해 그러한 창조자들은 자신의 창조물로부터 경제적 이익을 얻을 권리를 부여받아야 한다는 것 등이다. 브란스콤(Branscomb, 1984)가 주장했던 것처럼 이 접근은 자원의 희소성을 입법화함으로써 희소한 자원에의 접근을 고무하고 있다.

일찍이 미국의 저작권법은 창조적 작품들이 일반적으로 사회에 귀속된다는 창작장려 이론(encouragement theory)과 윤리적 입장 등과 더불어 일맥상통했다. 이전의 작품에 기초한 새로운 작품이 아니라 어떤 작품에 대한 완전한 복제만은 금지되었다. 실제 저자는 소설을 연극대본으로 바꾸는 것, 대중을 위해 학문적 저서를 요약하는 것, 그리고 저자에게나 번역권자에게 허가비용을 지불하지 않고 작품을 다른 언어로 번역하는 것은 자유로웠다. 그러나 저적권법이 저작자에게 더 많은 권리를 부여하는 쪽으로 확대됨에 따라 그 법은 창작작업을 고무하는 것 외에 변형하거나 생산적인 사용을 허용하는 개념을 완전히 금지시켰다. 윤리적 입장 외에 저작권은 일관된 이론을 더 이상 지니고 있지 않다. 그동안 저작권법은 합리성의 법칙과 동등한 것으로 불리어졌다. 합리성의 법칙(rule of reason)은 저자의 권리와 이용자의 권리 간에 균형을 맞추려 시도하는 것이다. 이 균형이 법을 통해 권리를 승인함으로써 성취되는 것인지, 아니면 양쪽의 타고난 권리를 인정함으로써 획득되는 것인지 분명하지 않다. 그러나 만약에 저작권이 정말로 단순한 법의 문제라면 법에 의해 승인된 것 이외에 다른 권리는 없어야 한다는 것이다. 저작자와 사용자 양자가 가지고 있는 생각은 기대치이다. 그러나 코헨(Cohen, 1985)이 지적하는 바와 같이 법은 합법적인 기대를 보호하는 데서 가치를 찾고자 한다.

그렇다면 누구의 기대가 합법적인가? 더 훌륭한 쥐덫을 만듦으로써 부를 확장하고자 하는 발명가인가? 아니면 더 훌륭한 쥐덫을 만들거나 쥐가 어떻게 잡혀지는지를 알기 위해 쥐덫의 발명가를 이용할 수 있다고 기대하는 사용자인가? 만약 양측의 기대가 합법적이라면 우리는 딜레마에 직면하게 된다. 그러나 그 딜레마가 윤리적 딜레마인가 아니면 정책적 딜레마인가? 저작권법은 어떤 윤리적 입장의 선택을 피하기도 하고, 어느 집단이 최고의 성과를 이룰 것인가를 결정하는 것조차 회피하기도 한다. 그러나 저작권법은 저작자의 기대와 법에 의해 승인된 기간(저작권 보호기간) 동안 사용자의 기대 사이에 합의 도출을 통해 저작자와 사용자의 타협을 이루어 내는 데 기여한다. 아마도 저작권 기간이 14년이고 한 차례에 걸쳐 14년의 재연장이 가능했을 때(1790년의 저작권법) 저작권법은 합리성의 법칙과 동일한 것으로 간주될 수도 있을 것이다. 그러나 저자의 생존기간에 70년을 더한 기간을 저작권 보호기간으로 인정하는 것이 과연 합법적인가? 이미 창출된 저작들의 보호기간을 확장하는 것이 '창작장려 이론'과 일맥상통하단 말인가?

저작권 보호기간의 계속적인 연장과 저작권의 확장이 미국에서 윤리적 인식의 전환을 시사하는 것이라고 주장한다. 그렇게 됨으로써 저작물로부터 이익을 독점하는 저작권은 이제 더욱 더 합법적인 것으로서 인식된다고 주장한다. 또한 윤리학이나 창작 장려이론에 의거하여 고정된 저작권 보호기간이 지나면 저작권은 상실하게 된다고 주장한다. 그리고 저작권법을 더 강력한 보호로부터 가장 많은 이익을 얻게 되는 사람들에 의해 부당하게 영향을 받는 법이라고 혹자들은 주장할 수 있다. 예를 들어 저작권 기간의 연장을 주장하는 많은 사람들은 문학작품을 저자 가족의 유산으로 간주한다. 저자들이 영구적인 저작권을 위해 로비하는 것과 저자의 미망인과 조카들을 인지세의 수령인으로 지목하는 출판업자들과 일맥상통하는 것이라고 볼 수 있다(Rose, 1993). 그러나 저작권 기간 연장을 도모하고자 하는 세력은 미키마우스를 공적인 것으로 치부하는 것을 두려워하는 월트 디즈니와 같은 저작권을 소유한 회사의 이익과 맞물려 있다(Litman, 1994).

특별히 문학 장르에서 저작자와 문학작품 사이의 강한 밀착관계를 고려할 때 저작자에게 권리를 인정하지 않는 것이 윤리적이라고 주장하기는 어렵다. 마찬가지로 문학작품을 포함한 거의 모든 작품들이 이전의 전 작품들에 어느 정도는 빚을 지고 있다는 사실을 감안할 때, 저작자들에게 그의 작품에 대한 포괄적이고 영속적인 권리를 인정하는 것이 윤리적이라고 주장하기는 어렵다. 그러나 지적인 작품들에 대한 개인적인 소유와 통제에 대한 주장은 호소력이 있다. 왜냐하면, 지적인 작품들도 물리적 작품들에 대해 보상하는 것과 같은 소유의 개념과 일맥상통하기 때문이다. 그리고 오리지널 작품들은 사유재산에 대한 네 가지 접근들(점유, 노동, 인간의 소질, 경제적 목적의 수단) 모두를 만족시키기 때문이다. 그러나 지적 작품들은 물질적 재산과는 다르다. 현재의 저작권 체계 문제점들 중에 하나는 지적 재산이 실제 대상에 용이하게 집중되었을 때 창조된다는 것이다. 그러므로 용기와 그 속의 내용물 사이의 차이점을 대조하는 것이 반드시 필요하지 않다는 것이다. 지적 작품들이 쉽게 복제되고 미디어를 통해 전파되는 것을 가능하게 하는 것은 기술의 진전에 따른 것이 더 이상 아니라는 점이다. 지적 재산의 비소모적이고 비배타적인 속성은 저작물을 재생산하는 데 있어서 낮은 비용을 감안한다면 더욱 더 분명해진다(Hettinger, 1993). 지적 재산법은 예술적 희귀성을 창출함으로써 창조적 작품을 용기 속으로 다시 집어넣는 경향이 있다는 것이다(Branscomb, 1984).

창작자의 이익과 사회의 이익을 조화시키려 할 때 저작권은 윤리에 근거하여 고려될 수 있다. 그러나 그러한 윤리적 고려가 저작권법을 제정한 사람들의 마음 속에 있을지라도 윤리적 고려들이 헌법이나 법에 결코 반영되지 않는다. 실제 작품 속에 적용할 때 이러한 논의는 더욱 복잡해진다. 저작권은 사실이나 아이디어를 결코 보호한 적이 없다. 저작권은 단지 표현양식만을 보호할 뿐이다. 그러므로 링컨의 죽음과 같은 주제를 수년 동안 연구하는 데 종사해 온 어떤 학자는 그의 작품이 출처 없이 인용되고 있다는 것을 발견할 수 있을 것이며, 법의 보호 하에 아무런 권리와 이익도 갖지 못한다. 심판관이 살펴보았을 때, 우리가 아주 부족한 출처만을 대면서 원고작품들의 다양한 영역에서 두 번째 저자가 인용했을 때 우리가 그의 윤리의식에 대해서 어떻게 생각하든지, 참고문헌에 대한 출처를 처음부터 빼고 출판하려고 하는 출판업자인 피고의 윤리의식에 대해 어떻게 생각하든지 간에 우리는 결과적으로 중대한 위반을 했을 정도로 충분히 많은 복사가 이루어지지 않았다고 결론을 낸다. 간단히 말해 표절은 비윤리적일 수 있으나 만약에 공정한 사용에 대해 정당화될 수 있다면 불법적인 것은 아니다. 공정한 사용은 이용된 저서의 출처가 밝혀져야 한다고 명기하지는 않는다.

만약 저작권이 사실(facts)을 보호하지 못한다면 역시 투입된 노동도 보호하지 못한다. 많은 순회법정이 1909년의 저작권법을 노동에 기초한 정보의 편집을 보호하는 것으로 틀리게 해석했을지라도 저작권은 수다쟁이 대 시골 전화사(Feist v. Rural Telephone) 사건에 대한 대법원 판결에 의해 위헌이라고 분명히 밝혀졌다. 수다쟁이 대 시골 전화사는 사실에 대한 2차적인 조정이 단순한 사실과 마찬가지로 보호의 대상이 아니라는 점을 따른다. 이러한 결정이 이루어지는 데 있어서 노동과 투자에 기초한 사실의 편집을 보호하려는 미국에서 법을 통과시키는 데 정보편집자들과 데이터베이스의 개발자들의 중요한 노력이 있어 왔다. 현재의 제안(H. R. 354 정보의 사적 보호 규정집)은 편집물의 합법적인 구입자나 청약자조차도 실질적인 자료의 데이터를 이용하는 것을 어렵게 할 것이다. 정보의 편집물이 노동이나 투자 중 어느 하나의 새로운 투입을 받게 되는 경우에 한해 보호의 갱신을 허용할 것이다. 이러한 보호는 "유럽연합의 데이터베이스 집행부"에 의해 유럽연합에서 이미 승인된 지적 재산권 보호정책과 흡사하다(유럽의회, 1996). 이 새로운 법제화는 사실을 발견하고 해석하는 최초의 연구자들의 노동(수고)을 보호하지 않을 것이다. 왜냐하면, 학술논문과 같은 저술들은 입법화되어짐에 따라 저작권에 의해 보호받게 될 것이기 때문이다. 보호받게 될 것은 최초로 연구된 논문으로부터 사실을 축적한 사람들의 노동과 투자이다. 그러한 입법화에 따른 학문연구와 교육비에 미치게 될 영향이 상세하게 논의되겠지만 우리는 그 밖의 다른 경우에 이것을 실행해 왔던 경위만을 논할 것이다(Warwick, 1998). 특히 여기서는 윤리적 문제에 초점을 맞출 것이다. 최초 작품의 저작자에게 그들의 표현물에 대해서 보호해 줌으로써 창작의욕을 고취시키는 정책을 추진함과 동시에 지적 저작물들이 많은 사람들의 노력의 결과이므로 사회에 속해 있다고 주장하는 딜레마 상황에서 과연 윤리를 어디에서 찾을 수 있는가? 만약 더욱 사회적으로 가치 있는 저작들에 대해 더욱 더 많은 보호가 이루어져야 한다면(Landes and Posner, 1989) 전화번호부 제작자가 중요한 상을 받은 과학논문의 저자보다 더 많은 보호를 받아야만 하는가? 사회적 가치는 어떻게 측정되어져야 하는가? 일부는 데이터베이스 보호가 저작권 보호보다 덜 보호를 받아야 한다고 주장할지라도 미국의 법이나 유럽연합 집행부의 제안된 규정 어느 곳에서도 지적 재산권 보호를 금지하는 것을 찾아볼 수 없으며, 사실 이것은 충분히 예상된 것이기도 하다.

앞서 기술된 바와 같이 미국은 전통적으로 저작자의 도덕적 권리가 아닌 저작자의 경제적 권리를 보호해 왔다. 그러나 1990년에 시각 창작물의 저작자는 권리와 보존권을 승인받았다. 이러한 권리는 저작권과는 구별되는 것이며, 창작자의 사망과 함께 권리의 효력은 만료되는 것이다. 그러나 프랑스에서 도덕적 권리와 달리 경제적 권리는 포기될 수 있다. 시각예술가들이 도덕적 권리를 얼마나 가지고 있는지 윤리적 관점으로 이해하는 것은 어려운 일이다. 일반적으로 재생품의 경우 그 가치를 상실하므로 오리지널 그림이나 조각들만이 보존할 만한 유일한 가치를 지닌 품목이라는 것은 사실인가? 만약 그렇다면 저작권법의 기본 가치는 복제품들이 더 적은 보호를 받아야 한다는 것이다. 그 경우에 사실적 작품들은 최소한도의 보호를 받아야 한다.

도덕적 권리들이 경제적 권리와 구별되는 것으로 인식된다면 저작권의 혼란으로부터 벗어나는 가능한 방법은 있다. 사회가 창작물에 대한 경제적 권리를 소유하고 있는 반면에, 저작자는 도덕적 권리를 소유한다고 공포할 수 있다. 비록 미국이 저작권 보호의 형태로 경제적 유인책을 부여함으로써 더욱 많은 작품을 창조하려는 자극을 주려는 정책을 선택했을지라도 미국 정부의 정책을 채택한 사회는 일관된 윤리적 입장을 취할 것이다. 비록 저작권을 더욱 많은 작품을 창출하기 위한 유인책으로 분석하려고 한다면, 장기간의 저작권 보호가 있었기 때문에 얼마나 많은 작품들이 창작되어졌는지를 아는 것은 가능할 것이다. 확실히 창조적 작품들의 보호를 유인하기 위한 다른 더욱 효과적인 수단이 있다. 그러나 거기에도 헌법상의 문제가 있다. 의회는 과학과 유용한 기술의 진보를 촉진할 권한을 위임받았다지만 이 권한은 저작자들과 발명가들에 한정된 시간 동안 그들의 저작물과 발명품에 대한 독점적 권리를 확보해 줄 것을 요구한다. 많은 사람들은 주장하기를, 이것이 창작을 장려할 다른 수단을 제공할 미 의회의 능력을 제한한다는 것이다. 또한 헌법은 독점적 권리가 도덕적인지 경제적인지 밝히지 않는다. 또한 헌법은 창작자의 경제적 권리와 권리를 승계받은 사람의 경제적 권리 사이를 구별하려 들지도 않는다.

저작권은 월드론(Waldron)의 주장을 분명히 예증하고 있다. 사유재산에 대한 공리주의적 입장이 모든 이익을 동등한 것으로서 취급한다는 점에서 결함이 있다는 소수의 저작자나 출판업자의 이익이 대부분의 시민들의 이익과 동등한 가치가 부여되어져야 한다는 것이다. 추가적인 보호가 제공되지 않음으로써 추가적인 5%의 이익을 얻지 못하는 소수의 출판업자의 이익은 수천 학생들의 이익과 동등한 것으로 간주된다. 추가적인 저작권 보호가 연구비를 상승시킨다면 학생들은 정보에 대한 접근을 도모할 수 없기 때문이다. 지적 재산권에 대한 집단적 권리의 문제는 아메리칸 원주민이나 토착민들의 문화적 상징과 민속물, 그리고 생물학적 부모와 관련하여 제기되어져 왔다(Shive, 1993 ; Rittchie Dawkins and Vallianatos, 1996).

저작권은 언론의 자유와 사생활의 자유권과 갈등이 나타날 때 저작권 윤리가 제기되어 왔다. 예를 들어 마틴 루터 킹 목사의 '나는 꿈

이 있다' 라는 연설은 공적인 것으로 간주되어 왔다. 그리고 케네디 대통령 암살장면의 자프루더(Zapruder)의 비디오 테이프에 대한 저작권자의 허가 없는 사용 역시 주제의 성격상 공적인 것이다. 반대로 샐린저(J. D. Selinger)는 그의 미발간 원고의 사용을 제한할 권리를 주장하고 있다. 그리고 샐린저가 연구를 목적으로 도서관에 그 원고를 기증했다 하더라도 학문적 전기를 쓰기 위해 그 원고를 사용한 것은 정당하지 않다고 보았다(Selinger, Random House Inc.). 이것은 미발간 원고에 대한 정당한 사용을 확대하는 저작권법의 수정을 촉구했다. 저작권법의 이러한 수정과 왜곡이 공공정책을 잘 조정하려는 시도인가 아니면 도덕법을 창출하려는 시도인가? 아마도 양쪽 다일 것이다.

미국 저작권법에 의해 승인된 권리들이 정책보다는 오히려 윤리의 영역에서 그 필요성이 제기된 또 다른 분야는 국제적 영역이다. 이것은 불법이라고 선포하지 않은 나라에서 지적 재산에 대한 복제는 표절이라고 낙인을 찍었으며, 저작권법을 중국, 대만, 남미 등에 수출하려는 많은 노력을 기울였다(Beam, 1995 ; Lara, 1998 ; Slotkin, 1996 ; Yeh, 1996). 미국 시민권자인 지적 재산의 생산자나 유통자는 지적 재산을 엄격하게 보호하지 않는 나라들에서 지적 재산 판매의 손실 때문에 고통받고 있는 것이 사실이지만, 미국에서 정책 선택으로 기술되어진 것이 어떻게 해서 다른 나라 시민들의 행위에 적용할 때 윤리적 차원이 문제가 되는지 의아해한다. 국제 저작권에 관해 미국에서 채택된 도덕적 · 윤리적 입장은 모순적이기도 하다. 왜냐하면, 영국의 저작권자에게 제대로 보상해 주지 않고 그들의 저작물을 사용하는 것으로 보아 미국은 저작물에 대한 상당한 표절을 이미 행해왔기 때문이다. 정말로 1800년대에 미국 밖의 국가들의 저작권을 보호하는 것은 책값을 올리게 되는 바람직하지 않은 정책으로 보통 사람들에게 인식되었다(Putnam, 1891a ; 1891b ; 1891c).

윤리는 소프트웨어를 복제하는 것과 관련하여도 제기된다. 소프트웨어 및 정보산업연합(SIIA)을 결성하기 위해 1991년 1월에 정보산업연합(IIA)과 합병한 소프트웨어 공급자 연합(SPA)은 소프트웨어 사용과 법에 대한 지침을 제안했다. 그 지침은 윤리적 소프트웨어 사용과 관련된 문제에 대한 근본적인 이해를 도모하기 위한 것이다. 동일한 지침에서 선언하기를, 학교가 소프트웨어를 복제하는 것은 잘못이라는 것이다. 백업이나 공문서 작성 목적을 제외하고 소프트웨어를 복제하는 것은 불법적이라고 한다면 그 복제행위는 자동적으로 비윤리적이란 말인가? 만약에 모든 법이 윤리적이라고 생각하지 않는다면, 그리고 법을 위반하는 것이 비윤리적이라고 생각하지 않는다면 불법성과 비윤리성은 자동적으로 동등한 것이 될 수 없다. 사용자보다 저작자에게 더 많은 권리를 부여하려는 법을 제정하도록 의회에서 압력을 넣은 소프트웨어 및 정보산업연합(SIIA)과 정보산업연합(IIA)의 노력이 윤리적 입장에 의한 것인지 더 큰 이익에 대한 욕망에서 촉발된 것인지 사람들은 궁금해할 수 있다.

Ⅶ. 요약

미국의 저작권법은 이론적으로 개인적인 창작자의 이익보다 대체로 일반 사람들의 이익에 더 큰 가치를 부과하는 기본적인 틀 내에서 만들어진 정책에 기초를 두고 있다. 이러한 최초의 기본 틀은 시간이 지나면서 서서히 개인 저작자의 이익에 더 많은 비중을 두는 쪽으로 바뀌어져 갔다. 정책에서 이런 변화는 저작자의 작품에 대한 자신의 통제권을 허용하는 윤리에 기초를 두고 있다. 그러나 이러한 윤리적 입장은 일반적으로 도덕적 권리로 확장되지는 않는다. 물론 도덕적 권리는 출판업자나 공급자가 아닌 저작자에게 단지 이익을 안겨준다. 권리의 확장이 윤리적 입장에 기초된 것인지, 아니면 저작자에 의해 행사되어진 압력에 대한 반작용으로서 나타난 것인지 의문이 든다. 후자의 경우 저작자의 이익은 저작권 보호에 의해 가능해진다. 저작권은 윤리적 구성 개념이 아니라 하나의 정책으로서 비롯된 것이다. 그러나 많은 사람들은 생각하기를 저작권법은 윤리적 구성 개념이고 그래야만 한다는 것이다. 현재의 입법화된 저작권법은 일관된 윤리적 토대를 지닌 것으로 보여지지도 않으며, 학습과 유용한 기술을 촉진하는 일관된 정책을 제공하는 것으로 보여지지도 않는다.

 참고문헌

Abbott, A. F. (1990) "Developing A Framework For Intellectual Property To Advance Innovation," In R. W. Rushing & C. G. Brown (Eds.), *Intellectualy Property Rights In Science, Technology, and Economic Performance : International Comparisons*, 32−46 (Westview Press, Boulder Co.).

Alford, W. (1995) *To Steal a Book is an Elegant Offense : Intellectual Property Law in Chinese Civilization* (Stanford University, Stanford).

Barlow, J. P. (1994) "The Economy Of Ideas : A Framework For Rethinking Patents And Copyrights In The Digital Age (Everything You Know About Intellectual Property Is Wrong)," *Wired*, March, 85−129.

Beam, A. (1995) "Piracy of American Intellectual Property in China," *Detroit College of Law Journal of International Law and Practice*, Vol. 4, 335−365.

Birrell, A. (1899) *Seven Lectures On The Law And History Of Copyright In Books* (Putnam, New York).

Branscomb, A. W. (1984) *The Accommodation Of Intellectual Property Law To The Introduction Of New Technologies* (433−9810.0 ed.). (Office of Technology Assessment of the U.S. Congress, Washington, D.C.).

Brown, C. G., & Rushing, F. W. (1990) "Intellectual property rights in the 1990s : Problem and Solutions," In F. W. Rushing & C. G. Brown (Eds.), *Intellectual Property Rights In Science, Technology, and Economic Performance : Internation Comparisons*, pp. 32−46 (Westview, Boulder, Co.).

Coase, R. H. (1960) "The Problem of Social Cost," *The Journal of Law & Economics*, 3, 1−44.

Cohen, F. (1935) "Transcendental Nonsense and Functional Approach," *Columbia Law Review*, 35 (6), 809−849.

Copyright Act of 1790.

Copyright Act of 1909.

Copyright Act of 1976.

Demsetz, H. (1967) "Toward A Theory Of Property Rights," *The American Economic Review*, 57 (2), 347–359.

Digital Millennium Coptright Act. (1998). P. L. 105–304.

Dougherty, T. (1998) "Group Rights to Cultural Survival : Intellectual Property in Native American Cultural Symbols," *Columbia Human Rights Law Review*, vol. 29, 355.

Dworkin, R. (1984) "Rights as Trumps," In J. Waldron (Ed.), *Theories of Rights*, 153–167 (Oxford University Press, London).

Eisenschiml v. Fawcett Pub. (7th Cir.) 246 F.2d 598 ; 1957 U. S. App. LEXIS 5399.

Estate Of Martin Luther King, Jr., Inc., v. CBS, Inc., (N. D. GA, Atlanta Div., 1998), 13F. Supp. 2d 1347 ; 1998 U. S. Dist. LEXIS 11287 ; 47 U.S.P.Q.2D (BNA) 1611.

European Parliament and Council of the European Union : 1996. *EU Databases Diective.*

Farley, C. (1997) "Protecting Folklore of Indigenous Peoples : Is Intellectual Property the Answer?" *Connecticut Law Review*, vol. 30, 1–25.

Feist v. Rural Telephone Co. (111 S. Ct.1282 ; 1991 U.S. LEXIS 1856).

Ginsburg, J. C. (1990) "Creation and Commercial Value : Copyright Protection of Works of Information," *Columbia Law Review*, 90 (7), 1865–1938.

Goldstein, P. (1992) "Copyright," *Law and Contemporary Problems*, 55 (2), 79–91.

Gordon, W. (1990) "Toward a Jurisprudence of Benefits : The Norms of Copyright and the Problem of Private Censorship," *The University of Chicago Law Review*, 57, 1009–1049.

Gordon, W. J. (1989) "An Inquiry into the Merits of Copyright : The Challenges of

Consistency, Consent, and Encouragement Theory," *Stanford Law Review*, vol. 41 (July), 1343−1469.

H.R. 354. Collections of Information Antipiracy Act. 106th Cong. Lst Sess.(1999).

H.R. REP. No. 2222, 6th Cong., 2d. Sess.7.(1909) (*Report accompanying the Copyright Act of 1909*).

Hettiger, E. C. (1993) "Justifying Intellectual Property Rights," *Philosophy and Public Affairs*, vol. 18, pp. 31−52.

Hick, J. B. (1987) "Copyright and Computer Databases : Is Traditional Compilation Law Adequate? *Texas Law Review*, vol. 65, 5, 993−1028.

Hohfeld, W. N. (1923) *Fundamental Legal Conceptions As Applied In Judicial Reasoning And Other Legal Essays* By Wesley Newcomb Hohfeld (Yale University Press, New Haven).

Kost, R. J. (1987) "The End of Copyright," In Network Advisory Committee (Ed.), *Intellectual Property Rights in an Electronic Age : Network Planning Paper* No. 16, Proceedings of the Library of Congress Network Advisory Committee Meeting, April 22−24, 1987, 19−25 (Network Development and MARC Standards Office Library of Congress, Washington, D.C.).

Landes, W. M. & Posner, R. A. (1989) "An Economic Analysis of Copyright Law," *Journal of Legal Studies*, vol. 28, 325−363.

Lara, G. (1998) "The Privacy of American Films in China : Why the U.S. Art Form is Not Protected by Copyright Laws in the People's Republic of China," *UCLA Journal of International Law and Foreign Affairs*.

Litman, J. (1992) "Copyright and Information Policy," *Law and Contemporary Problem*, vol. 55 (2), 185−209.

Litman, J. (1994) "Mickey Mouse Emeritus : Character Protection and the Public Domain," *University of Miami Entertainment & Sports Law Review*, vol. 11, 429−435.

Lowndes J. L. (1840) *An Historical Sketch of the Law of Copyright ; with Remarks on Sergeant Talfourd's Bill : And an Appendix Of The Copyright Laws Of Foreign Countries.* (Saunders and Benning, London).

Miller, J. K. (1979) *Appling The New Copyright Law : A Guide For Educators And Librarians.* (American Library Association, Chicago, IL).

No Electronic Theft (NET) Act (1997). PL 105−147.

Palmer, T. G. (1990) "Intellectual Property : A Non−Posnerian Law and Economics Approach," *Hamline Law Review,* vol. 2, 261−304.

Patterson, L. R. & Lindberg, S. W. (1991) *The Nature of Copyright : A Law of Users' Rights* (University of Georgia Press, Athens, GA).

Patterson, L. R. (1968) *Copyright In Historical Perspective* (Vanderbilt University Press, Nashville, TN).

Patterson, L. R. (1984) *Copyright and New Technology : The Impact On The Law Of Privacy Antitrust And Free Speech* (Office of Technology Assessment, United States Congress, Washington, D.C.).

Public Law No. 103−465 (1994). The Trade−Related Aspects of Intellectual Property (TRIPs) of th General Agreement of Tariffs and Trade (GATT).

Putnam, G. H. (1891a) "Literacy Property, An Historical Sketch." In G. H. Putnam (Ed.), *The Question of Copyright,* 36−95 (G. P. Putman's Sons, New York).

Putnam, G. H. (1891b) "International Copyright Will Not Increase The Prices Of Books." In G. H. Putnam (Ed.), *The Question of Copyright,* 356−375 (G. P. Putman's Sons, New York).

Putnam, G. H. (1891c) "The Contest For International Copyright." In G. H. Putnam (Ed.), *The Question of Copyright,* 376−398 (G. P. Putman's Sons, New York).

Rawls, J. (1972) *A Theory of Justice* (Oxford University Press, New York).

Ringer, B. A. & Gitlin, P. (1965) *Copyright* (Rev. Ed. ed.) (Practicing Law Institute, New York).

Ritchies, M. K. Dawkins and M. Vallianatos. (1996) "Intellectual Property Rights and Biodiversity : The Industrialization of Natural Resources and Traditional Knowledge," *St. John's Journal of Legal Commentary*, vol. 11, 431–452.

Rose, M. (1993) *Authors and Owners : The Invention Of Copyright*(Havard University Press, Cambridge, MA).

Rozek, R. P. (1990) "Protection Of Intellectual Property Rights : Research And Development Decisions And Economic Growth," In F. W. Rushing and C. G. Brown (Eds.) *Intellectual Property Rights In Science, Technology, And Economic A Performance : International Comparisons*, 32–46 (Westview, Boulder, Co).

Salinger v. Random House, Inc(2ndCir. 1987), 818F. 2d 252 ; 1987 U.S.A, pp. LEXIS 7173 ; 2U.S.P.Q.2D (BNA)1727.

Samuelson, P. (1997) "The U.S. Digital Agenda at WIPO." Virginia Journal of International Law Association,vol. 37, 369–439.

Schlachter, E. *The Intellectual Property Renaissance in Cyberspace : Why Copyright Law Could Be Unimportant on the Internet*(un pub).

Shiva, V. (1993) "Intellectual Piracy and the Neem Tree," *The Ecologist*, vol. 23, 223–227.

Shiva, V. (1990) "Biodiversitry, Biotechnology, and Profit : The Need for a Peoples' Plan to Protect Biological Diversity," *The Ecologist*, vol. 20, 44–47.

Sherwood, R. M. (1990) *Intellectual Property And Economic Developement*(Westview Press, San Francisco).

Singer, J. W. (1982) "The Legal Rights Debate in Analytical Jurisprudence from Bentham to Hohfeld," *Wisconsin Law Review*, vol. 975–1059.

Slotkin, S. (1996) "Trademark Piracy in Latin American : A Case Study on Reebok International Ltd.," *Loyola of Los Angeles International & Comparative Law Journal*, vol. 18, 671–682.

Sony Corporation Of America v. Universal City Studios, Inc., 464 U.S. 417 ; 104S. Ct.

774 ; 1984 U.S.LEXIS 19.

Time Inc. v. Bernard Geis Assoc. Inc.(S.D.N.Y. 1968)293F. Supp. 130 ; 1968 U.S. Dist. LEXIS 12385 ; 159 U.S.P.Q.(BNA)663.

The Sonny Bono Copyright Extension Act of 1998. PL 105–298.

SPA (1997) : www.spa.org/piracy/sftuse.htm

Trade Related Aspects of Intellectual Property(TRIPs) Agreement of the General Agreement of Tariffs and Trade : 1994.

Waldron, J. (1984) "Introduction," In J. Waldron(Ed.), Theories of Rights, 1–20. (Oxford University Press, London).

Waldron, J. (1988) *The Right To Private Property*(Clarendon Press, Oxford).

Warburton, W. (1747) "A Letter from an Author to a Member of Parliament Concerning Literary Property, London, 1747." Reprinted 1974 in *Horace Walpole's Political Tracts*, 1747–1748 with Two by William Warburton(Garland Publishing, New York).

Warwick, S. (1998) "Beyond Copyright : Database Protection And The Web." In Willams, Martha(Ed.) *Proceedings of the Nineteenth National Online Meeting*, New York Hilton May 12–14, 1998, 455–463(Information Today, New York).

WIPO (1996) WIPO Copyright Treaty. World Intellectual Property Organization, CRNR'DC/94.

http://www.wipo.org/eng/diplconf/distrib/94dc.htm

Yeh, M. (1996) "Up Against Great Wall : The First Struggle Against Intellectual Property Piracy in China," *Minnesota Journal of Global*, vol. 5, 503–530.

5장_ 웹상에서 저작권 침해보다 더한 표절문제

존 스네퍼 John W. Snapper

I. 표절과 저작권 침해

일반적으로 혼란스럽긴 하지만 저작권 정책에 내재한 가치들은 아이디어들의 적절한 인가를 위한 학문적 준거들에 내재한 가치들과 다르다. 저작권 침해는 저작권 위반이며, 표절은 신뢰를 저버린 것이다.[1] 저작권 침해와 표절의 가장 일반적인 사례들은 동등하게 양쪽에 다 해당될 수 있기 때문에 양자의 구분은 헷갈릴 수 있다. 그러나 표절과

---

* 이 논문은 *Ethics and Information Technology* (1 : 127–136, 1999)에 게재된 것으로서 Kluwer Academic Publishers의 허가를 받아 이 책에 다시 실은 것이다.

[1] 표절과 저작권 침해에 대한 대조적 정의는 대부분의 법률적 정의와 일맥상통한다. 물론 관점이 혼란스러울 수도 있고, 용어가 다르게 정의될 수 있어 논의의 여지는 남아 있다. K. R. St. Onge, *The Melancholy Anatomy of Plagiarism*, University Press, Cr 1988 참조.

저작권 침해를 구별하는 사례를 제시하기란 어렵지 않다. 나의 기억에서 희미한 19세기 시를 인용하면서 마치 내가 쓴 것인 양 둔갑하는 것은 저작권 침해가 아니라 표절이다. 저작권은 그 작품에 대한 보호기간이 종료됨에 따라 소멸되기 때문에 기간이 지난 작품의 이용은 저작권 침해는 아니다. 그러나 그러한 유형의 표절은 저널리즘 종사자의 경우 여전히 해고의 사유가 될 수도 있다. 만약 내가 현대 시의 한 부분을 편집하는 데 저작권자의 허락을 받는 것을 깜박 잊었다면 그것은 표절이 아니라 저작권 침해가 될 것이다. 저작자나 출판사에게 충분한 대가가 지불된다면 표절이 아니다. 동시에 표절은 확실히 저작권법 실행을 위한 토대가 될 것이다. 우리는 저자권이 표현의 수단에 대한 통제를 승인 할 뿐, 결코 정부와 아이디어에 대한 통제를 허가하지 못한다는 상식적인 관점에 입각하여 표절과 저작권 침해에 더욱 정확한 구별을 할 수 있다.[2] 비록 어떤 유형의 표현에 대한 저작권 침해를 유발하지 않는다 하더라도 대가를 지불하지 않고 정보를 이용하는 것은 표절이다.[3]

---

[2] 오리지널 작품에 대한 저작권 보호는 어느 경우에도 아이디어까지 포함하지 않는다(1976년의 저작권법 #102b). 아이디어와 표현수단에 대한 양분은 저작권법에 대한 모든 논의의 핵심이다. 그러나 거의 모든 논평자들은 양분이 불분명하며, 최악의 경우 혼란스럽다는 점을 지적함으로써 자신의 논의를 시작한다. 전자출판 데이터베이스의 내용물에 대한 보호를 거부한 미 대법원의 판결은 상당한 논란을 일으켰고, 데이터베이스를 보호하고자 하는 입법적 시도를 야기하였다. 이 문제는 지적 재산법의 뜨거운 감자이기도 하다.

[3] Narell V. Freeman 872F. 2nd 907에 이러한 관점이 잘 묘사되어 있다. 프리맨(Freeman)은 나렐(Narell)에 의한 앞선 연구로부터 허락 없이 인용한 책을 썼다. 이것이 표절의 분명한 예이다. 거기에는 소수의 직접적인 인용만 있었기 때문에 직접적인 주장이 받아들여지지 않았다. 스턴스(Lourie Sterns)는 이것을 표절과 저작권 침해를 구별해 주는 패러다임이라고 칭한다. Laurie Sterns "Copy Wrong : Plagiarism, Process, Property, and the Law," *California Law Review* 80, 1922, p. 542.

웹망에 존재하는 전자출판물에 대한 많은 이용도 새로운 맥락의 저작권 침해와 표절문제를 야기해 왔다. 저작권과 학문적 인정에 대한 분명한 준거를 가지고 있지 않기 때문에 이러한 상황이 생겨났다. 예를 들어, 웹페이지의 배치를 규정하는 html 표식어를 다운로드하는 일반적인 관행을 생각해 보자. 나는 내가 좋아하는 동영상과 함께 웹페이지의 배치도를 본다. 나는 그 페이지를 다운로드하여 나의 개인적 출판을 위해 그것을 이용한다. 나는 오리지널 사이트로부터 어느 문구나 그림 정보를 인용하지 않고 다만 html 표식어와 자바 스크립트만 인용한다. 이러한 행위가 저작권 침해인가? 학자로서 나는 레이아웃 코드의 제작자에게 대가를 지불해야 하는가? 상황은 분명하지가 않다. 그래서 저작권 기준의 설정이 학문적 인용의 문제를 모두 해결해 줄 것이라고 우리는 기대해지 말아야 한다. 왜냐하면, 이것들은 별개 유형의 불법행위이기 때문이다. 이러한 종류의 사례분석은 우리가 저작권 침해와 표절에 대한 비난에 내재한 가치를 입증해야 할 것을 요구한다. 다음으로 그 가치들이 새로운 상황에 대처할 방법을 제시하고 있는지 알아볼 것을 요구한다.

인간문제의 가치 탐색보다 저작권 문제에 대한 가치 탐색이 훨씬 용이하다. 이제 저작권은 정해진 법으로 규정된다. 미국의 법규는 미국 헌법에 분명한 근거를 두고 있다.[4] 국제 저작권법은 국제 합의에 분명한 근거를 두고 있다.[5] 만약 우리가 저작권법의 어떤 부분을 못

---

[4] 미국 수정헌법 제1조 8항.
[5] 1974년의 보편적인 저작권 조례, 1986년의 베른 조례, 1988년의 베른 조례 이행에 의해 수정된 1976년의 저작권법 모두는 관례적으로 다음의 책에서 수합되어졌다. P. Goldstein et al, *Selected Statutes and International Agreements on Unfair Competition Trademark*, Copy-

마땅하게 생각한다면, 그리고 그 법이 전통적인 저작권의 가치를 촉
진하지 못한다고 믿는다면 그 다음 우리는 그 법을 어떻게 수정할 것
인지를 안다. 그러나 표절에 대한 조사는 훨씬 더 어렵다. 우리는 각
기 다른 학문적 원리들의 혼재, 저작자 공동체 내에서 잘못 규정된 전
통, 공공 법에 대한 비일관적인 인식 등에 직면하게 된다.[6] 비록 많은
경우에서 우리는 표절을 보면 금방 알아차릴 수 있을지라도[7] 표절은
일반적으로 인식되어진 고전적 사례들과 관계없이 주목받고 있다.
그리고 만약 우리가 표절기준을 수정할 필요성이 제기되었다고 다들
믿는다면 이러한 수정을 위한 아이디어를 제안하는 노력을 우리는
해야 할 것이다. 아마도 표절을 조사하는 어려움이 있기 때문에 저작
권이 인정되는 대규모의 문학작품과는 대조적으로 주제와 관련해서
는 매우 적은 작품만이 존재한다. 인터넷 웹상의 저작권 문제는 상당
한 주목을 받고 있지만 그동안 표절 자체는 무시되었다. 이러한 이유
때문에 본 논문은 웹상에서 가열되고 있는 저작권 침해에 대한 논의
보다는 오히려 표절에 대한 비난에 내재해 있는 가치문제에 관심을
집중하고자 한다.

---

right and Patente Foundations Press, 1995.

[6] 많은 법률적 인용을 탐색하기 위해서는 스턴스(Lourie Sterns) 부부의 논문을 참조하라. 현
재의 이 글에서 제기되고 있는 문제들에 흥미 있는 독자들은 주의깊게 읽어 보아야 할 논
문이다. 스턴스 부인은 아주 흥미롭게 현재 논문의 접근과는 다르게 표절과 저작권 침해
의 구분에 대한 통찰력 있는 비판을 가했다.

[7] 이러한 준거에 대한 가장 유명한 용례("포르노그라피를 보면 포르노그라피라는 것을 금
방 알 수 있다")는 스튜어트(Judge Stewart)의 주장이다. 스튜어트가 포르노그라피를 본
순간에 포르노그라피임을 알아차렸다는 것에 극단적으로 의문을 제기한다는 사실은 그
기준에 대한 의문점이 있다고 본다.

1. 표절에는 어떤 손실이 발생하는가?

우리는 도덕적 기준을 어김으로써 받게 되는 손실을 계산해 봄으로써 기준을 평가한다. 어쨌든 얼핏 보기에도 저작권 침해가 저작권 소유자에게 손해를 끼치는 것은 분명해 보인다. 저작권 소유자는 관례적으로 무단복사로 받게 되는 수입의 손실을 보게 된다. 반대로 얼핏 보기에 어떤 사람이 표절 때문에 손해를 입었다는 사실은 그리 분명해 보이지 않는다.

표절 때문에 가장 큰 손해를 보는 사람은 아무런 대가를 받지 못하는 저자 자신이다. 그러나 저자가 입게 되는 손실이 무엇인지를 알기란 결코 쉽지 않다. 만약 저작권 침해가 없었다면 자신의 저작물의 표절에 대한 경제적 손실을 주장할 법적 근거가 미약하다. 즉, 직접적인 경제적 손실은 없다는 이야기이다. 그리고 아이디어나 정보에 대한 재산권 보호를 인정하길 거부하는 강한 전통이 있으므로(반대로 표현수단에 대한 재산권 보호는 인정한다) 저작자에게 저작권을 인정받지 못한 어떤 논문의 내용에 대한 경제적 이익의 보장을 원할 가능성은 없어 보인다.[8] 아마도 적절한 대가를 지불하지 않으면서 어떤 아이디어

---

[8] 거래비밀보호와 같은 지적 재산의 그러한 영역을 무시한다면 이것은 약간의 과장이 있다. 특별히 국제 뉴스 서비스(International News Service)와 관련 언론기관의 대법원 판례 (39.38)를 생각해 봐라. 판례에서 표현형태의 복제가 없다 하더라도 뉴스 보도는 경쟁사 뉴스 보도에 기초해서 이루어지는 것을 금했다. 이것은 흔히 공법과 저작권 보호의 제한 밖에 있는 허위재산이라고 불리어지는 한 사례이다. 이 논문에서 이러한 대안들을 모색하는 것은 주제를 벗어나는 것이다. 서론적 논의를 위해서 Charles McManis, *Unfair Trade Practices* 3rd Ed. West Publishing, 1992. ch. 6을 참조하라. 국제 뉴스 서비스는 이 논

를 채택함에 따라 명성을 얻지 못한 저작자에게 간접적인 경제적 손실을 끼칠 수 있을 것이다. 그러나 이러한 손실은 주지하다시피 측정하기가 어렵다.[9] 의문의 여지없이 인용횟수를 학문적 명성의 증표로서 생각하는 학자들은 자신의 저서가 인용되지 않았을 경우 부당하고 불합리하다고 생각한다. 그러나 그 부당함은 표절의 범죄적 행위 때문에 법적 보호를 요구할 정도로 심대한 손실을 입히지는 않는다는 점을 암시하고 있다. 잠재적 명성에 대한 예상되는 손실은 학자들이 표절의 경우에 갖게 되는 윤리적 분노를 살 만한 충분한 이유는 되지 못한다. 그리고 예를 들어 지금은 없어진 19세기 회사의 저작물에서 표절한 경우에 잠재적 명성의 손상에 대해 걱정해야 할 대상이 없어 보인다. 우리는 어떤 사람이 이전에 자신이 출판했던 저작물에서 표절할 경우도 생각해 볼 수 있다. 비록 그러한 행위가 저자의 겸손에 의해 정당화될지라도 그것은 인용의 흔적을 없애버릴 수 있다. 이 논문의 시각에서 보면 그조차도 표절이다.

표절로 인해 발생한 실제적인 손실은 저자들에게보다 독자들에게 더 클 수 있다고 나는 생각한다. 어디서 인용했는지 밝히지 않았다면 독자는 그 논문과 관련된 추가적인 자료를 찾을 수 있는 유용한 기회를 상실하게 된다. 자료의 원천이 역탐색되고 입증되도록 하는 것은 바로 학자들의 가장 중요한 의무이기도 하다. 예를 들어, 믿을 수 없는 자료를 역으로 탐색해 들어간 '버뮤다 삼각해협'(Bermuda Triangle)[10]

문에서 규정된 표절의 경우가 엄격히 아니라는 점을 유의해라.

[9] 저작물에 인용된 횟수를 세어봄으로써 학문적 가치나 명성을 평가하는 방법에 대한 흥미 있는 논의를 위해서 Arthur Austine, "The Reliability of Citation Counts in Judgements on Promotion, Tenure, and Status," *Arizonal Law Review* 35. 1993 참조.

연구를 생각해 보자. 이러한 추적은 삼각해협의 측정을 위해 아주 중요하다. '시온 장로들 간의 협약서'(Protocols of the Elders of Zion)의 근원을 밝히는 일의 중요성을 생각해 보라. 그리고 어떤 관점이 최근의 저작물 속에서 나타났을 때 그것을 끊임없이 역탐색하는 일의 중요성을 생각해 보자. 따라서 표절은 학문적 탐색을 불가능하게 만들며, 더나아가 학문적 노력 자체에 중대한 해악을 끼친다. 허위 자료와 허위역사를 양산하는 것과 마찬가지로 표절은 잘못된 것이며, 자료의 출처를 숨김으로써 독자를 속이는 것이다. 저작권 침해는 재산에 손상을 입힌 것이라면 표절은 독자들을 잘못 인도하는 기만[11]행위이다.[12] 저작권 침해의 사실에 대해서는 침해의 사례를 제도화하는 법적인 확고한 입장을 견지하고 있다. 반면에 표절로 인해 손해를 본 저작자가없더라도 표절 그 자체를 극구 반대하는 학문적 또는 저널리즘 공동체가 있다.

만약 표절의 해악에 대한 분석이 옳다면 인터넷 웹상에서 표절에대비하는 보호의 필요성이 증대될 것이다. 근원적인 문제는 웹에서

---

[10] Larry Kusche의 연구는 명확하지 않은 자료 탐색의 좋은 예이다. *The Bermuda Triangle Mystery Scolved*, Prometheus Books, 1995.

[11] 표절이라는 용어처럼 기만(Fraud)이라는 용어도 법률적 전통에서 애매모호하게 규정하고 있기 때문에 적합한 용례라고 생각된다. 넓게 말해 기만은 타인을 오도하고 손실을 초래하는 의도적인 허위 진술이다. *Prosser On Trots*를 참조하라. 손실을 측정하기 어렵기 때문에 정말로 기만으로도 보기 어려울 것이다. 표절과 상업적 속여팔기 사이의 관계에 대해서는 스턴스의 글 주 49)를 참조하라.

[12] Peter Show, "Plagiarism," *American Scholar*, 51, 1982. 이 논문에서는 표절 때문에 대수롭지 않게 질책을 받았지만 데이터를 날조했던 사실이 밝혀졌을 때 해고당했던 한 과학자의 예를 들고 있다. 과학에서 어떤 유형의 기만이 더 심각한 것으로 받아들여지냐가 명백해진다.

출처를 설정하기가 어렵다는 점이고, 결과적으로 출처를 보존하기 위해 더욱 열심히 노력하는 것이 더욱 중요하다는 사실이다. 문제들 중의 하나는 '보이지 않는 수정' (invisival revisability)[13]이다. 개인적인 예를 들어본다면, 현재 이 글의 저자에 대한 정보를 검색하고자 하는 전기 작가는 나의 인터넷 홈페이지에 연결된 약력을 보고 내가 1967년에 박사학위를 받았다는 사실을 알게 될 것이다. 1967년도는 내가 이제 막 수정한 타이프상의 오류였다. 문제는 허위 정보가 공포되었다는 것이 아니다. 허위 정보는 전자매체이며, 흔히 있는 것처럼 인쇄된 활자에서도 흔히 있는 일이다. 문제는 내가 수정을 했고 수정의 흔적이 전혀 남아 있지 않다는 것이다. 이와 대조적으로 인쇄된 책의 수정은 처음에 출판된 것과 나중에 출판된 것을 대조해 봄으로써 알 수 있을 것이다. 인터넷 웹상에서 인용한 허위 날짜를 이용한 전기 작가는 웹상의 자료가 이미 보이지 않게 수정됨으로써 허위 정보 기재로 비난 받을 수 있다. 그리고 어떤 학자가 후에 정보를 역추적해 봄으로써 명백한 근거도 없이 학위받은 연도의 이상한 차이로 미궁에 빠질 수도 있다.

학술적 참고의 준거 설정을 위해 '보이지 않는 수정' 의 문제를 해결해 보자는 수많은 조직들에 의해 최근 몇 년간에 걸쳐 상당한 노력이 있어왔다. 예를 들어 '현대 언어학회' (Modern Language Association),[14]

---

13) 내가 추적해 본 바에 따르면 '보이지 않은 수정'이라는 말은 Andrew Harnack와 Gene Kleppinger에 의해 처음으로 사용되었다. Andrew Harnack and Gene Kleppinger, "Beyond the MLA Handbook : Documenting Electronic Source on the Internet," presented at the 23rd Conference, Kenturky Phiological Association, March 1996 and posted at <falon.eku. edulhonors/beyond mla> . 인용 준거에 관심 있는 독자에게 이 논문은 아주 중요하다.

'미국 심리학회'(American Psychological Association),[15] '국제 표준화 기구'(International Standardization Organization)[16] 등은 보이지 않는 수정에 대한 지침을 포함한 웹 인용의 기준을 만드는 일에 관여하고 있다.[17] 이 지침의 대부분은 직관적이다. 웹상의 출판물을 인용하고자할 때 당신은 출판물을 발견한 사이트의 URL[18]과 그 출판물의 이전 자료를 모두 언급해야 한다. 전자출판물과 인쇄된 출판물 모두로 출판된 중요 신문의 경우처럼 출판물의 보관된 장소가 확실하다면 물론 URL과 신문사 이름 모두를 언급해야 한다. 발표물에서 인용한 과거 문서의 요구에 반응하여 웹 사용자에게 그 출처를 서비스하는 신종 사업이 등장하고 있다.[19] 확실하게 웹상에 오르기 이전의 출처가 분명한 출판물에 대해 웹상의 출처 인정을 거부하는 일부 학술기구들은 오리지널 출처에 대한 요구를 강화하고 있다. 이것은 좋은 기준이다. 그

---

[14] Harnack and Kleppinger, *ibid.*를 참고.

[15] Mary Elleng Guffey, "APA Style Electronic Formats," *Business Communication* Quarterly March 1997를 참조.

[16] Excerpts from ISO Standard 690-2(1997). <www.nlc-bnc.ca/iso/tc46sc9/standard/696-2c.html> .

[17] 인터넷 웹사이트에서 정보와 학술적 인용에 관해서는 <www.gu.edu.aulgint.wwwvl/online Refs.html> 를 참조.

[18] 역자 주 : URL(uniform resource locator)은 인터넷에서 파일, 뉴스 그룹과 같은 각종 자원을 표시하기 위한 표준화된 논리 주소를 말한다. 사용할 프로토콜(http, ftp 등), 주 컴퓨터의 이름과 주소, 파일이 있는 디렉터리 위치, 파일 이름으로 구성된다. 예를 들어 http://www. 등이다.

[19] 오리지널 출처와 그와 관련된 신종 산업의 요구와 문제에 대한 더 많은 토론을 위해서는 Cross Industry Working Team White Paper(May 1997) on "Managing Access to Digital Information : An Approach Based on Digital Objects and Stated Operation," <www.xiwt.org./documents/MagagAccess.html> 등을 참조. 이 백서는 웹 출판에 대한 흥미 있는 지적 재산의 다양한 문제를 관심 있게 다루고 있다.

러나 이는 나의 웹상의 약력을 검색해 봄으로써 가장 쉽게 획득된 정보를 얻고자 하는 사람에게 상당히 제한을 가하는 기준이기도 하다.

이러한 인용에 대한 기준이 표절의 관점에 결정적으로 관련을 맺고 있다는 것은 분명하다. 어떤 차원에서 보면 표절은 인용의 기준을 따르지 않으려는 것이다. 인용기준을 새롭게 만들 때 우리는 표절에 대한 관점을 바꾸기도 한다. 보이지 않는 수정을 방지하기 위하여 웹상에서는 인용에 대한 더욱 엄격한 기준을 요구한다. 더욱 엄격한 기준은 더 높은 학문적 책무감을 갖게 만들기도 한다. 그리고 그런 높은 책무감은 위반에 대한 심각성과 표절의 심각성을 더욱 뼈저리게 느끼게 할 수 있다. 위험한 정보의 원천으로서 잘 인식되어지는 웹상에서는 더욱 더 중요한 정보의 원천이 될 수 있으므로 이 시나리오는 사실 실현가능한 것이다. 우리는 이러한 시나리오를 현실에서 보게 될 것이다.

나는 보이지 않는 수정에 대한 논의를 전자출판의 출처에 대한 좀 더 일반적인 문제로 확장하고 싶다. 보이지 않는 수정은 단지 전자정보의 변화무쌍한 속성의 한 예일 뿐이다. 미래의 문제로서 서명자만 이용할 수 있는 키를 지닌 암호화된 문서의 출판을 상정해 보자. 만약 출판자가 암호화된 문서를 암호화되지 않은 형태의 문서로 출판하지 않고 절판시키도록 했다면, 고대 그리스 서적들이 알렉산드리아 도서관의 파괴로 분실된 것처럼 그렇게 완전히 그 문서가 사라질 가능성도 있다. 전자출판은 인쇄출판보다 훨씬 더 쉽게 단명할 수 있다.[20]

---

[20] 내가 암호화된 문건에 대한 중요한 언급을 할 수 없는 것도 웹정보의 일회적 속성의 한 특징이기도 하다. The IBM InfoMarket 1995 site <www.infomarket.ibm.com> . 어디로

그리고 최종적으로 어떤 저자가 중요한 오리지널 출처를 쉽게 바꿀 수 있다고 생각해 보자. 예를 들어, 이메일 통신에 기초한 주장을 생각해 보라. 이것은 웹에 기반을 둔 정보의 원천에 대한 인용을 탐구하는 모든 조직들이 지니고 있는 중요한 관심사이다. 부정직한 저자는 어떤 주장에 대한 증거로서 제시된 최초의 이메일 메시지를 변경할 수도 있다. 전자정보의 속임수는 노출되기 훨씬 더 어렵다는 것을 제외하고는 이러한 속임수는 인쇄된 출판물에서 날조된 글을 이용하는 것과 같이 전자출판물에서도 똑같은 상황이 벌어질 수 있다. 전자정보의 출처문제는 속임수를 더욱 용이하게 만들고 학문분야에 더욱 위험을 초래할 수 있기 때문에 학문공동체가 표절에 대한 의식을 강화하는 것은 합당하다고 본다. 표절을 평가하기 위한 인용의 더 높은 기준을 요구한다든지 표절사건에 대한 학자들의 강도 높은 대응을 포함한 다양한 형태를 고려해 볼 수 있다.[21)]

2. 저작권 사용이란 무엇인가?

이 논문에서 독자의 기대보다 오히려 저작자의 권리에 대해 초점

보나 그 사이트는 새로운 사이트에 링크 없이도 제거되었다. 암호화(cryptolope)의 문제는 XIWT 백서에서 상세히 논의되고 있다.

21) 학술적 부적합성에 대한 학자들의 반응은 아주 미온적이다. 비록 대학들은 잘못된 교수를 비난하려 하고 잘못된 것을 털어버리려고 할지라도 신문이나 잡지는 표절이나 저작권 침해를 훨씬 더 심각하게 생각한다. 이에 대한 흥미 있는 논의를 위해서는 다음 글을 참고하라. Marilyn V. Yarbrough, "Do As I Say, Not As I Do : Mixed Message for Law Students," *Dickenson Law Review* 100. 3(1996).

을 맞추는 것은 저작권 침해와 표절을 구별하고자 하는 것이다. 위에서 살펴본 바와 같이 저작권 침해는 저작권자에게 손해를 끼치는 것이다. 그 손실은 마치 재산상 손해를 끼친 범죄행위로서 간주된다. 가장 흔한 손실은 불법복제로부터 파생된 수입의 감소를 말한다. 불법복제는 흔히 절도라고 불린다. 우리는 또한 저작권이 인정된 교재에 대한 허가받지 않은 개조도 생각해 볼 수 있다. 비록 이 개조도 재산권을 침해한 범죄행위이지만 이는 절도보다는 오히려 파괴에 가깝다. 그러나 어쨌든 저작권자는 재산 손실을 유발한 범죄나 불법행위로 인한 희생자임에 틀림없다.

그러나 저작권은 사용자보다는 오히려 소유자에 대한 관심을 보인다는 관점은 웹출판에 대한 저작권과 관련된 문제에 대한 연구를 위한 출발점일 뿐이다. 우리의 저작권 정책은 재산과 관련된 관점을 설정한 법률적 관례이다. 저작권에 대한 실제적인 문제는 이러한 관례에 대한 사회적 유용성이다.[22] 특별히 우리 앞의 문제들은 그런 관례들이 인쇄출판물의 경우와 마찬가지로 인터넷 웹상의 출판물의 경우에도 마찬가지로 유용한지 여부이다. 이 저작권 문제에 대한 최근의

---

22) 이러한 언급은 저작권 정책의 공리주의적 평가를 가정하고 있다. 그리고 저자가 자신의 노동의 결실에 대한 자연적 권리를 가질 수 있다는 제안을 무시한다. 이 논문은 이러한 근원적인 문제들에 대해 논의할 여지는 없다. 우리는 단지 논의 없이 표준적인 공리주의적 접근을 채택해야 한다. 자연적 권리에 대한 주장은 자신의 작품에 대해 긍지를 가지고 있는 소설가나 저널리스트들 사이에 흔히 있을 수 있다. 법학이나 철학적 저작에서 주요한 흐름은 지적 재산이 자연적 권리가 아니라 사회적 이익을 위해서 보장되어야 한다는 제퍼슨(Thomas Jefferson)의 관점과 일맥상통한다. "The Letter to Issac M'Pherson, Aug. 13, 1813," *The Writings of Thomas Jefferson*, Taylor & Maury, 1854, vd. 6, 181. 우연히도 나는 제퍼슨을 잘못 인용한 2차 자료를 통해 이 내용을 다루었다는 사실이 이 논문의 논점을 강화시켜 줄 것이라고 생각한다.

방대한 연구를 감안할 때 이 짧은 글에서 그 정당성을 찾기란 어려울 것이다. 웹상에서 저작권 연구는 탁월한 법에 대한 논평글, 서적, 기관의 백서, 그리고 시사적인 법적 판결 등의 안정적 보급과 함께 일종의 산업이 되고 있다. 나는 웹출판에서 제기된 복잡한 저작권 문제의 합당한 범위까지 정할 의도를 갖고 있지 않다. 오히려 나는 전자출판이 미약하지만 저작권 보호가 이루어지면 유망한 사업이 될 수 있음을 암시하는 특수한 전자출판의 측면에 관심을 두고 있다. 인쇄출판에서 웹에 기초한 출판으로의 발 빠른 전환은 좀 미약한 저작권 보호상태에 있는 출판사업에 적절한 인센티브를 부여할 수 있는 새로운 경제적 환경을 창출하게 된다는 점이다. 그러나 논의의 출발점에서 세 가지 중요한 특징을 살펴보도록 하자.

첫째, 내 개인적인 인상으로 대부분의 법학자들은 전자출판물에 대한 지적 재산 보호를 약화시키기보다는 강화시키자고 제안할 것이다. 아주 합리적인 논평자들은 저작권 정책이 이전에 저작권이 인정된 분야에 대한 새로운 연구의 진행을 방해할 정도의 지나친 엄격한 보호와 새롭게 저작권을 획득하고자 하는 노력에 경제적 인센티브를 주지 못할 정도로 지나치게 미약한 보호 사이에 균형점을 모색하도록 해야 한다고 생각한다. 이제까지의 선행연구를 검토해 보았을 때, 대부분의 법학자들은 전자출판으로 공급되는 웹 자료들에 대한 복제의 용이성 때문에 지적 재산 보호의 새로운 균형점을 모색하고자 하는 환경을 조성하고자 노력한다. 우리는 이와 관련하여 '지적 재산권 연구단체'(Working Group on Intellectual Property Rights)의 태도가 전형적인 모델이라고 간주할 수 있다. 이 글에서 수많은 논의를 모두 다루고 있지는 않지만 수많은 논의들을 검토한 후 '지적 재산권 연구단체'는 '국가정보기구'(National Information Infrastaructure)에서 저작권 소유자의 권리를 약화시키는 것이 공익 증진과 무관하다는 결론을 맺고 있다.[23] 반대로, 저작권자의 권리를 극대화시키는 것 또한 정당화되지 않는다고 그들은 결론을 맺고 있다. 저작권에 대한 완만한 증가를 주장하는 '지적 재산권 연구단체'와는 달리 이 글에서는 저작권의 완만한 감소를 제안함으로써 다수의 견해와는 동떨어진다고 볼 수 있다.

둘째, 이 글은 1970년 브레이어(S. Breyer)에 의해 발표된 흔히 확신이 결여된 주장과 일맥상통하는 측면이 있다.[24] 그에 따르면, 기술의 급진전이 대부분의 저작권 보호가 더 이상 출판 장려의 필요성이 없을 정도로 출판비용을 대폭 낮추었다는 것이다. 비록 그의 주장은 일부의 관심만을 받고 있을지라도 브레이어가 출판산업의 경제성을 평가하지 못하고 있다고 많은 사람들이 믿고 있다. 현재의 논의는 여러 면에서 브레이어의 주장과는 상이하다. 분명히 웹상의 출판은 1970년에 브레이어에 의해 관찰된 기술과는 현격한 차이가 있다. 그러나 브레이어는 저작권 체계의 광범위한 정비를 주장하고 있는 데 반해, 현재의 논의는 단지 저작권 보호의 미세한 약화만을 주장할 뿐이다.

셋째, 가장 복잡한 정책이기도 한 저작권 정책은 무수한 사회적 유용성을 지니고 있다는 것이다. 미국의 저작권 정책에 대해 미 헌법에 진술된 바와 같이 저작권 보호가 의도하는 유용성은 과학과 유익한

---

[23] WGIPR 보고서 서론의 마지막 부분으로부터 발췌한 것이다. WGIPR (책임자는 미 상무부장관인 Bruce Lehman) 보고서는 백악관 국가정보기구(책임자는 상무장관인 Ronald Brown)를 위해 준비된 것이며, 1995년 미 의회에 제출되었다. 그 보고서는 다음의 웹 사이트에서 검색할 수 있다< www.upsto.gov/web/offices/com/doc/ipnii> .

[24] S. Breyer, "The Uneasy case for Copyright," *Havard Law Review* 84, 1970.

기술의 발전을 촉진한다는 것이다. 저작권 정책은 새로운 과학·기술적 작품의 출판의욕을 북돋워 주는지 여부에 따라 정당성이 확보된다는 것을 암시하고 있다. 비록 우리는 성공적인 저작권 정책의 사회적 유용성들 중에 과학적 정보의 점증하는 출판을 꼽을 수는 있을지라도 이것은 분명히 오늘날의 세계에서 저작권 정책의 유일한 유용성만은 아니다. 예를 들어, 다른 유용성 중에는 훌륭한 기술작품의 장려책도 있을 수 있고, 특히 소프트웨어 산업분야에서 산업과정 발전의 장려책도 있을 수 있다. 과학과 기술의 발전이 저작권 정책의 유일한 사회적 유용성이라는 주장을 하지 않으면서도 나는 저작권 정책이 오리지널 저작물의 출판에 얼마만큼의 경제적 인센티브를 제공하느냐에 초점을 맞추고자 한다. 특별히 나는 웹 환경에서 새로운 저작물을 출판할 의욕을 출판자들에게 제공하기 위해서 무임승차자에 대비한 허용의 수준을 어느 정도 해야 하는지 의문을 갖고 있다.

출판자에 대해 초점을 맞추는 것은 저작자들에게 좀 이상하게 보일 수도 있다. 저작자들은 출판인들에게 인센티브를 부과하는 것보다 작품을 쓴 저자들에게 인센티브를 부과하는 것에 더욱 관심을 가지고 있다. 저자들의 입장에서 자신들의 작품을 저자 스스로 웹상의 출판기회가 늘어나면서 출판인의 보호에서 저작자의 보호로 바뀌어야 한다고 주장하고 있다.[25] 반대로, 다음의 분석은 자신의 웹사이트에 자신의 저작물을 게시하는 저자들에게 사람들이 그렇게 크게 주

---

[25] 레쵸(Joan Latchaw)와 갤린(Jeffrey Galin)은 지적 재산의 경계가 변하고 있다는 사실에 대해 논쟁한다. 저자와 출판자의 영향력 중 저자의 관심 쪽에 더 큰 무게 중심이 기울고 있는 현상이 웹상에서 벌어지고 있다.

목하지 않는다는 것을 보여주고 있다. 나는 웹상에서 스스로 출판한 저작물에 대한 경제적 권리를 소리 높여 주장하는 저자들에게 크게 동정하지 않는다는 점을 인정할 수밖에 없다. 이런 종류의 활동이 저작권 보호를 통해 경제적 인센티브를 요구하기가 어렵다고 본다.[26] 출판산업을 위한 경제적 보호에 대한 나의 주장은 나의 학문적 배경과 관련을 맺고 있다. 요리책과 미스테리 소설의 저자들은 자신의 작품에 대한 로열티를 징수할 사업적 성격을 갖게 되는 반면에, 나와 같은 분야의 학자들은 자신의 노력을 통해 직접적인 이익을 기대하면서 글을 쓰지 않는다. 특별한 기대라고 하더라도 성공한 학술적 저자의 경우 여름 휴가비를 번다든지 새 차를 받는 것 이상의 로열티를 보장받기란 어렵다는 사실이다. 비록 학자들이 많은 것을 쓰고 학술적 가치를 인정받음으로써 그들의 논문이나 저서로부터 이익을 얻는다고 할지라도 저작권을 통해 많은 돈을 벌 것이라고 기대해서는 안 된다. 학자로서 내가 필요로 하는 것은 나의 글을 출판하기 원하는 건전한 학술출판 산업이다. 웹기술에 의해서 생겨난 문제로 전자출판을 장려하기 위해 어떤 유형의 저작권 정책이 필요한가이다.[27] 이것들은 인쇄출판업자들에게 인센티브를 제공하는 데 요구되는 것과 동일한 저작권 정책들인가?

---

[26] 저작권 침해로 입은 손실은 수입의 감소를 산술적으로 계산하는 데 근거한 것이라고 가정한다면 웹상에서 비상업적으로 스스로 자유롭게 출판한 원고에 대해 의미 있는 보상이 있을 것이라고 기대하기 어렵다. 만약 오리지널 사이트에 잠재적인 상업적 가치가 있다면 물론 그것은 또 다른 문제이다.

[27] 출판작품들에 대한 법적 보호외의 유인책은 저자나 과학자 그리고 학자로부터 발생하지 않고 책 판매자들, 인쇄업자들, 그리고 출판업자들에게서 발생한다.

이 문제가 출판산업에 대한 경제적 인센트브와 관련하여 발생된 것이라면 인쇄출판과 전자출판 각각의 영역의 요구들 사이의 즉각적인 차이점을 우리는 알 수 있다. 전자출판은 출판비용과 출판의 경제적 위험도를 낮춘다. 그러므로 전자출판 산업이 인쇄출판 산업보다 더 약화된 저작권 보호를 필요로 한다고 나는 제안한다. 이 글을 준비하면서 나는 전자출판으로 전환했거나 전환하고 있는 여러 출판업자들에게 이야기했다. 아프리카와 미국의 훌륭한 예술에 초점을 맞추고 있는 시카고에 있는 소규모 잡지 출판업자에 관한 이야기이다. 인쇄출판을 하는 그 잡지사의 1977년 한 해 동안 예산이 약 30만 달러였다. 그 중의 반은 편집진, 영업자 등의 급료와 투고자의 원고료 등으로 들어간다. 나머지 반은 타이핑, 인쇄, 종이 등의 구입비를 포함한 잡지의 제작비로 들어간다. 이 제작비는 전자출판으로 바뀌면서 15만 달러에서 1만 달러로 감소되었다. 기본적으로 출판비는 전자출판으로 전환하면 약 반으로 줄어든다. 그러나 이것은 절약의 한 부분일 뿐이다. 그 이외도 출판위험은 크게 줄어든다. 인쇄출판의 경우 편집자는 출판부수를 산출해야 한다. 만약 편집자가 부수를 지나치게 많이 찍었다면 창고에 판매되지 않은 재고 때문에 상당한 경제적 손실을 감수해야 한다. 반대로 지나치게 적은 부수를 찍었다면 더욱 광범위하게 배포함으로써 얻게 될 광고 기회의 상실을 포함하여 기회 손실에 따른 경제적 손실을 감수해야 한다. 인쇄 부수는 전자출판의 경우에 전혀 문제되지 않는다. 전자출판업자가 웹상에서든지 CD롬 판매 형태로든지 그 출판물을 보급하려 든다면 출판업자는 단지 작은 재고품만을 필요로 하며, 수요를 충족시키기 위하여 재빨리 제품을 생산할 수 있다. 끝으로 전자출판업자는 보조적인 제품들의 온라인 판매를 통해여 새로운 이익창출 기회를 얻게 된다. 전자출판업자는 저 널 사이트에서 직접적 마케팅의 가능성을 갖게 될 것이며, 더 나아가 저널사이트에 연결되어 있는 웹상의 고객들에게 아이템을 판매하고 자 하는 광고자들로부터 어떤 형태의 보상을 받을 기회를 갖게 된다. 작은 규모의 예술저널 출판자들에게도 전자출판은 상당히 적은 경제 적 투자를 통해 새로운 경제적 기회를 제공하게 된다.

만약 우리가 저작권을 학문적 출판물의 이익을 보호해 주기 위한 수단으로서 인식한다면 위의 예들을 통해 저작권 보호의 수준을 낮출 수 있음을 시사한다. 그러나 그 사례는 저작권 보호의 완전한 제거를 제안하지는 않는다. 비록 출판비용이 반 이상이 절감된다 할지라도 그 비용이 완전히 없어지지는 않는다. 작은 잡지출판업자는 저작권 침해로부터 보호를 필요로 한다. 우리는 저작권 보호의 제거를 제안 하기 위해 위에서 든 예를 이용할 수 없다. 그러나 그 예를 통해 추론 할 수 있는 것은 낮은 수준의 저작권 보호이다. 특별히 대학 강의에서 전자 교과서를 배급하는 데 있어서 공정한 사용을 위해 허가를 받지 않는 전자복사의 허용폭을 확대할 것을 나는 제안한다. 완전히 일치 하지는 않지만 저작권이 인정된 전자출판물과 실질적으로 유사한 논 문을 허가받지 않고 출판할 수 있도록 우리는 유사성의 기준을 약화 시킬 수도 있다. 저자와 출판업자 모두가 독립적으로 재발행의 권한 을 지닌 저작권을 가지고 있다고 우리는 인식한다. 그리고 충분한 저 작권을 가진 저자에 의해 직접 판매가 이루어지는 것으로 인식하지 는 않는다. 어쨌든 위에서 든 예를 통해 인쇄출판의 경우보다 웹상의 출판의 경우에 저작권 침해가 덜 중요하다고 볼 수 있다.[28] 그리고 이 것은 웹 환경에서 표절의 중요성에 대해 위에서 내린 결론과는 직접적으로 대조를 이룬다.

그 사례는 시사점을 주지만 독자적으로 쉽게 결론을 이끌어내지는
못한다. 많은 출판업자들과 나와의 개인적인 토론으로부터 저널들이
인쇄출판에서 웹출판으로 전환하고 있음을 보여주는 전형적인 사례
라고 볼 수 있다. 예를 들어 웹망을 통해 영화를 배급하고자 하는 미
래의 가능성을 생각해 본다면 상황이 급속도로 바뀔 수도 있다. 영화
사에서 제작된 필름값은 필름 원판을 만드는 값을 말한다. 비록 웹을
통해 영화사들이 직접 영화를 보급할 수 있는 길이 열려 있다 하더라
도 잡지의 경우와 같이 제작비의 반 이상을 영화에서도 절감할 수 있
다고 이야기할 수는 없다. 웹을 통한 컴퓨터 게임과 컴퓨터 소프트웨
어의 보급,[29] 웹망을 통한 음악의 보급, 그리고 웹을 이용한 대학 강의
진행[30] 등은 전자저널 사업과는 구별되는 특별한 필요성을 지니고 있

---

[28] Fred Cate et al., "Copyright Issues in Colleges and Universities," *Academe*, May/June 1998,
p. 44. 이 논문에서는 반대 입장을 주장한다. 한 논문으로부터 한 면을 복사한다든지 동
영상에서 한 프레임을 복사하는 것은 정당한 것으로 생각되어졌다. 왜냐하면, 전체 중
작은 한 부분만을 단지 복사할 뿐이기 때문이었다. 컴퓨터의 경우엔 작은 부분이 시장을
창출할 수도 있기 때문에 인쇄의 경우 공정 사용이 디지털 정보의 맥락에서 그렇지 않을
수 있다.

[29] 이 목록의 각 산업에서 지적 재산 보호는 지적 재산권 연구단체(WGIPR)의 보고서에
서 상세히 논의되고 있다. 그 보고서에서는 저작권 보호를 위한 다양한 필요성에 대한
논의를 위한 기준점을 세우려고 한다.

[30] 공정 사용의 재정의를 통해 전자 강의실을 제공할 필요성을 제기하는 데 있어서 상당한
이론적 논의와 법적 노력이 있어왔다. 슈렉(Ellen Schreck)은 아래의 논문에서 일반적으
로 웹상의 강의나 원격학습은 그 시설 설치비용 때문에 아주 비싸다고 주장한다. 따라
서 그 원격학습이 전통적 교육에 대한 대안일 수 있다는 일반적인 주장을 그녀는 거부한
다. Ellen Schreck, "Editoral Introduction to The Technology and Intellectual Property of
Academy," May/June 1998. 셔크와 스미스(Henrietta Shirk & Howard Smith)도 아래 논
문에서 전자강의의 공정 사용을 위한 다양한 기준에 대한 좋은 관점을 제공하고 있다.
Henrietta Shirk and Howard Smith, "Emerging Fair Use Guidelines for Multimedia :

다. 우리는 전자저널의 경험을 지나치게 일반화하지 않도록 주의해야 한다. 컴퓨터 포르노그라피 산업은 웹사이트에 저작권 주장을 그렇게 강하게 제기하지 않을지라도 잘 작동하고 있으며, 프로그램 공급자에게 이익을 안겨준다. 전자도서 출판의 신종산업은 웹에 기초한 출판이 인쇄출판에서와 동일한 수준의 저작권 보호를 필요로 하지 않는다는 증거를 제시한다.[31]

위의 분석은 저작권 침해는 일종의 무임승차의 행태라는 점을 부각시키고 있다. 무임승차라 함은 저작권 침해자가 자본의 투자 없이 원저자의 노력결과를 이용하려 드는 것을 일컫는다. 비록 이것은 저작권 문제에 대한 논의 가운데 가장 공통적인 것이라고 할지라도 우리는 저작권 침해의 해악을 알 수 있는 다른 분석방법이 있음을 염두에 두어야 한다. 특히 우리는 원고를 허가받지 않고 변형하는 것을 방지하기 위한 저작권 활용을 주목해야 한다. 가장 최근의 저작권법 개정에서는 저작권 소유자의 전통적인 경제적 권리에다 저자의 도덕적 권리의 인정을 더하였다. 이러한 권리를 행사할 때, 이 글을 준비하기 위해 읽었던 웹상의 논문들 중의 하나는 저자가 저작권을 소유하고 있다는 사실을 주장하고 있었지만 변형이나 수정 없이 완전 복사를 허용하고 있었다. 출판된 논문에서 어떤 문단의 공정한 인용을 위한

Implications for the Writing Classroom."
31) 『월스트리트 저널』(*The Wall Street Journal*)에 따르면 전자도서 출판업자들은 전자도서 판매가를 약 30% 정도 할인해도 수입이 두 배정도 늘어날 것이라고 예상한다는 것이다. 이러한 사실이 전반적으로 위에서 언급된 바와 같이 전자출판으로의 전환을 끊임없이 모색하게 만드는 요인이 되고 있다는 것이다. Joshau Kwan, "Na-scent Electronic Book Field Already Seems Crowded," *Wall Street Journal*, July 30. 1998.

일반적인 학술적 준거가 마련되어 있다 하더라도 저자가 어떤 종류의 복사를 금하려고 하는지 분명하다. 그렇지만 이런 종류의 관심은 많은 저자들의 마음 속에 확실히 존재한다.[32] 그리고 그 관심은 주로 경제적인 관심만은 아니다. 사실 이러한 관심은 텍스트의 변형을 독자에 대해서보다는 오히려 저자에 대해 해악을 끼치는 것으로서 간주하려는 것을 제외한다면 저작권 침해를 표절과 아주 유사한 것으로 간주하려는 경향과도 일치한다. 두 경우 모두 문제는 텍스트 정보 소스 코드의 순수성이다.

3. 모두 함께 가져오기

위에서 살펴본 것들은 웹이 표절의 위험성을 증가시키고 저작권 침해의 위험성을 감소시키는 환경을 조성하였다는 주장에 대한 증거를 제시하고 있다. 그 증거는 시사적이기는 하지만 현 체제의 급진적 수정을 정당화하지는 못한다. 정말로 어떤 차원에서 지금까지 우리의 고찰은 주로 표절을 무시하는 반면에, 저작권 침해의 범죄행위를 공

---

32) 최초로 제정된 1976년의 미국 저작권법에서는 어떤 저작물에 대한 변형을 막기 위한 저자의 도덕적 권리에 대한 관심을 기울이지 않고 있다. 그러나 이러한 관심은 다른 나라들에서 상당한 주목을 받았다. 베르네 조례 문건(The Berne Convention Article.6B)은 도덕적 권리에 대한 아주 강한 진술을 담고 있다. 저자의 경제적 권리에 관계없이 권리의 양도 이후조차도 저자는 그 작품의 원저작자임을 주장할 권리뿐만 아니라 그 작품에 대한 왜곡, 절단, 수정 또는 손상시키는 행위를 반대할 권리를 갖게 된다. 이와 같은 행위로 원저작자는 명예와 명성에 손상을 줄 수도 있을 것이기 때문이다. 미국의 저작권법이 베르네 조례에 맞추어 개정됨에 따라 도덕적 권리에 대한 강한 진술이 섹션 106A에 담겨 있다.

식적으로 인정하는 현재의 법체계의 지속성을 정당화시켜 준다. 이러한 잘못된 관행은 위에서 지적한 바와 같이 표절에 의해서보다 저작권 침해에서 생긴 손실을 양적으로 계산하기 용이하게 해준다. 저작권 침해로 인한 손실을 계산할 때 법원은 무임승차의 저작권 침해자에 의해 생겨난 부당이득뿐만 아니라 오리지널 작품의 가치손상도 함께 계산한다. 우리가 표절에 의해 발생한 손실을 어떻게 계산할 것인지는 분명하지 않다. 법원은 누가 무엇 때문에 신뢰를 받는지에 대한 무익한 논쟁에 분명히 개입하기를 원치 않는다. 그러므로 법은 표절보다 저작권 침해를 더 적극적으로 다루려고 할 수밖에 없음을 알아야 한다. 반대로, 학자들이 자신들의 복사기로 저작권 침해를 밥먹듯이 하면서 그들이 학술논문에서 표절한 데이터의 증거를 발견했을 때 크게 불만을 토로하는 사실에 놀라워하지 말아야 한다. 비록 전자출판의 이용을 통해 표절이 더 빈번해지고 저작권 침해가 줄어든다고 할지라도 이러한 잘못된 관행에 대한 우리 현재의 법적·윤리적 반응으로 철저한 즉각적인 통제를 필요로 한다고 주장하지는 않는다. 웹망이 연구와 정보의 보급을 위해 더욱 더 중요한 수단이 되고 있음에 따라 우리가 저작권 침해와 표절에 결부되어 있는 중요도에서 약간의 변화를 예상해 볼 수 있다. 예를 들어, 인용횟수 문제로 돌아가서 전자 데이터베이스가 인용횟수의 측정을 더욱 용이하게 한다는 사실에 우리는 유념할 필요가 있다. 단지 법률가들만이 인용횟수를 측정하기 용이하도록 하는 참고문헌 기록의 형태를 마련해 놓곤 하지만, 전자 데이터베이스가 갖춰진 이론 물리학 분야의 경우 인용횟수의 측정이 현실적으로 가능하다. 비록 잠재적 명성의 손실에 대한 관심이 학자들이 표절을 다루는 진실을 정당화시켜 줄 수 없다는 것은 여전히 남아 있다 하더라도, 웹에 기초한 데이터베이스가 참고자료의 추적에 대한 관심을 고조시키는 의도를 어떻게 변화시키고 있는지 우리는 주목해야 한다. 그리고 우리는 새로운 기준을 가지고 그 변화에 적절히 대응해야 한다.

웹으로부터 얻은 파일의 디지털화된 오래된 기록의 실행과정을 면밀히 관찰해 봄으로써 그 관점은 잘 파악된다. 전자문서 출처의 변화무쌍함을 방지하기 위한 분명한 지침은 웹에 기초한 정보의 과거기록이다. 만약 출처를 밝히지 않고 정보를 발표하는 것이 표절이라면 학자들은 변화무쌍한 웹상에서 근거가 사라지는 것을 방지하기 위한 지침으로서 그 원전의 복사를 꼭 해놓아야 한다. 그러나 표절의 비난을 피하기 위해 필요한 복사를 한다면, 특히 긴 논문을 완전히 복사한다면 그것은 저작권 침해일 수 있다. 그러나 전자정보의 넷 기록을 남겨놓기 위해 복사하는 것이 공정 사용으로 간주되어지는 것은 합당한 것처럼 보인다. 이것은 저작권법 제106항과 제107항에 전통적으로 규정된 바와 같이 공정 사용의 정의와 아주 유사하다. 저작권법 제106항과 제107항에서는 저작권을 부여받은 저작물의 가치와 잠재적인 시장을 위축시키지 않는 범위 내에서 보존을 위한 복사를 허용한다. 옛 기록을 밝히기 위한 공정 사용과 관련된 교의는 현안 문제를 해결하려고 처음에 기획된 것이 아니라, 오히려 전자자료가 아닌 사진의 보존과 보안을 위해 복사한 도서관이나 기록보관소에 의해 시행된 것으로 알려졌다. 웹 환경에서 웹에 기초한 인용을 위한 지침을 강화할 필요성 중에는 엄격히 말해 도서관이 아닌 개인의 기록보관소에서 화일의 전자기록의 복사를 위한 저작권 정책에서 광범위한 인정을 포함해야 할 것이다. 정말로 저작권법에서 현재의 성향은 기록할 목적으로 더욱 더 공정 사용을 위한 복사를 인정하는 것이다.[33] 사이버 공간에서 표절을 방지하고 학문적 공동체를 보호하기 위해 우리는 사이버공간에서 저작권 소유자의 재산 보호를 완화할 필요가 있다.

웹출판자들의 경제적 보호에 대한 필요성 감소와 관련된 웹 표절에 대한 관심의 증대가 공정 사용 정책을 웹상에서 확장하고자 한다는 것을 포함해야 한다고 나는 제안한다. 예를 들어, 우리는 웹사이트에서 조작의 용이성을 해당 사이트로부터 디지털화된 파일을 다운받는 것이 공정 사용인 것인지와 관련시켜 생각해 볼 수 있다. 이러한 입장에서 보면 어떤 식으로도 분명하게 기록되어 있지 않은 홈페이지에서 파일을 다운받는 것은 공정 사용이다. 반대로 MIT 대학 출판부에서 출판된 책들은 온라인상에서와 서점에서 종종 이용할 수 없다. 인쇄된 책으로 출판한 경우에 그 책을 디지털화하여 복제할 수 있는 공정 사용 권리에 반대한다. 어떤 책이 엄격하게 기록 관리된다는 것은 경제적 보호를 위한 저작권자의 기대에 부응하는 것이다. 물론 이것은 웹 환경이 무료 이용과 약화된 저작권 보호의 광범위한 인식을 이끌 수 있는 방법의 유일한 예이기도 하다. 사실 파일들을 사이버공간에서 이용하는 많은 새로운 문제들이 더욱 제한된 공정 사용 정책보다는 오히려 광범위한 공정 사용정책 방향으로 결정되어야 한다고 이러한 많은 사례들이 암시하고 있다.[34]

---

[33] 1997년 상원에서 제출된 저작권법의 1146항은 디지털 기록을 분명히 인정하는 저작권법의 공정 사용 조항을 개정한 것이다.

[34] 광범위한 관련 문제들은 공정사용위원회(Conference on Fair Use)의 중간보고서에서 논의되었다. < www.usptol.gov/web/offices/dcom/olia/confn > 공정사용위원회(CONFU)는 문헌기록을 위한 학술적 필요성도 지적하고 있다. 공정 사용 지침의 아주 특수한 제

상업적 웹출판에 대한 경제적 인센티브에 심각한 손상을 입힐 저작권 정책을 이끌 수 있는 현재 논의의 확대에 우리는 아주 조심스럽게 접근해야 한다. 나는 웹자료를 인용했던 한 학자가 학술적 연구와 결부된 것으로서 이용 가능한 다운로드 버전을 만들 수 있는 정책을 제한하지는 않는다.[35] 현재 규정된 대로라면 이것은 분명히 공정 사용이 아니다. 만약 저작권을 인정받는 자료를 탑재한 요금 지불 후 접근 가능한 웹 사이트의 이익 획득의 기회를 크게 감소시킨다면 실질적으로 저작권 보호를 크게 약화시킬 것이다. 음반시장에서 사용하는 것과 같이 로열티의 자동적 분배방식처럼 전자출판물의 강제적인 저작권을 행사할 수 있는 체제 하에 제2의 이용자들이 음반의 소프트웨어를 공급하는 체제를 상상할 수 있을 것이다. 물론 우리가 웹사이트를 보호할 새로운 시스템을 상상할 수 있다는 것은 우리가 그 시스템을 곧바로 실행해야 한다는 것을 의미하지 않는다. 지금으로서는 그런 시스템을 고려해 보는 것으로도 충분하다는 것이다. 이 논문에서는 우리가 저작권 보호의 급작스런 제거를 추진하자는 것이 아니라,

---

안을 포함하여, 이 논문의 범위를 뛰어넘는 웹상에서 공정 사용의 정의문제를 이 위원회는 전향적으로 검토하고 있다. 예를 들어 그 위원회는 긴 논문 중에서 1,000단어 미만의 단락으로 복사를 제한할 것을 제안한다.

35) 여기서 문제는 다운로드되고 출판된 논문의 첨부 파일들이다. 아주 밀접하게 관련된 문제는 최초의 참고자료 출처인 사이트에 접속을 실행할 수 있느냐의 문제이다. 이 문제에 대해서는 아래 자료를 참고하라. Walter A. Effross, "Withdrawl of the Reference : Rights, Rules and Remedies for Unwelcome Web-Linking," *South Carolina Law Review* 49, Summer 1998. 이 논문은 아래 웹사이트에서 이용할 수 있다. <www.law.sc.edu/sclr/vol49-4. htm> . 나는 *South Carolina Law Review*의 위 사이트보다는 오히려 그 논문의 html 버전이 위치한 곳에 직접 찾도록 하는 참조 안내를 통해 그 논문을 알게 되었다는 사실에 주목한다. 그 논문은 그것이 실려 있는 잡지를 무시하고 그러한 직접적인 접속의 경우에 상업적 가치의 손실에 대한 그 잡지사의 구제방안을 다루고 있다.

우리가 디지털 복제 일부의 경우에 공정 사용에 대한 관점을 완화할 수도 있음을 제안하는 것이다.

이제 이 논문의 제1장에서 제기된 문제로 돌아가 보자. 해당 사이트에 나타난 단어나 그림을 직접 복사하지 않고, 그 웹사이트의 모습을 입증하는 화면 배정 코드에 대해 허가받지 않고, 더 나아가 출처도 밝히지 않는 복사를 생각해 보자. 이것이 심각한 표절의 사례로 간주되지 않아야 한다고 나는 제안한다. 대부분 html 표시로 최초의 출처를 인식할 만한 학술적 가치가 아주 미미하거나 없다는 점이다. 우리는 훌륭한 예술에 대한 역사가가 그 예술 코드의 창조자에게 흥미를 갖는 예들을 상정해 볼 수 있으나 이러한 예들은 극히 희귀하다. 대체로 이런 종류의 복제는 표절방지의 지침에 내재된 가치의 측면에 그리 중요해 보이지 않는다. 저작권이 원고를 쓰는 데 투입되는 노동으로부터 이익을 얻을 수 있는 프로그래머의 기회를 보호한다는 이론에서 그래픽 형판을 규정하는 준칙은 어떤 상황 하에서도 저작권을 취득할 수 있는 대상임을 우리는 인정할 수 있다. 그러나 웹이 지적 정보의 보급을 더욱 용이하고 값싸게 해줌에 따라 우리는 저작권을 획득할 수 있는 대상으로서 텍스트에 대해 상대적 높은 기준을 정해도 된다고 우리는 제안한다. 배치 코드에 대한 저작권 주장을 위한 "이마에 흘린 땀"[36]의 양을 시험해 보자는 입장에서 만약 배치 코드가 상당히 길고 상당한 개발비를 투입했다면 우리는 배치 코드에 대

---

36) 이마에 흘러내린 땀 테스트(a sweat of brow test)는 저작권법에서 오랜 관례적 역사를 갖고 있다. 일반적으로 그 테스트는 최근의 결정에서 그렇게 유효하지는 않다. 현재의 제안은 이런 측면에 아주 급진적이다.

한 저작권 보호를 또한 확장해야 한다.

참고문헌

Arthur Austin, The Reliability of Citation Counts in Judgments on Promotion, Tenure, and Status. *Arizona Law Review* 35, 1993.

S. Breyer, The Uneasy Case for Copyright. *Harvard Law Review* 84, 1970.

Fred Cate et al., Copyright Issues in Colleges and Universities. *Academe*, May/June 1998.

Cross Industry Working Team. Managing Access to Digital Information : An Approach Based on Digital Objects and Stated Operations. < www.xiwt.org/documents/MagagAccess/MagagAccess.html> , May 1997, accessed July 1998.

Electronic References and Scholarly Citations of Internet Sources. <www.gu.edu.au/gint.WWWWVL/OnlineRefs.html>

Mary Ellen Guffey, APA style Electronic Formats. *Business Communication* Quarterly, < www.westwords.com/guffey/apa_z.html> , March 1997, accessed July 1998.

Andrew Harnack and Gene Kleppinger, Beyond the MLA Handbook : Documenting Electronic Sources on the Internet. 23rd Conference, Kentucky Philological Association, < falcon. eku. edu/honors/beyond−mla>, November 1996, accessed July 1998.

International Standardization Organization, Excerpts from ISO Standard 690−2, < www.nlc−bnc.ca/iso/tc46sc9/standard/6962c.html> , 1997, accessed July 1998.

Thomas Jefferson, Letter to Isaac M'Pherson, Aug13, 1813. The Writings of Thomas Jefferson. Taylor & Maury, vol.6.1854.

Larr Kusche, *The Bermuda Triangle Mystery Solved.* Prometheus Books, 1995.

Joshua Kwan, Nascent Electronic Book Field Already Seems Crowded. *Wall Street Journal,* July 30, 1998.

Joan Latchaw and Jeffrey Galin, Shifting Boundaries of Intellectual Property : Authors and Publishers Negotiating the WWW. *Computers and Composition* 15(12), 1998.

Lia Li and Nancy Crane, *Electronic Style: A Guide to Citing Electronic Information*, 1993.

Charles McManis, *Unfair Trade Practices*, 3rdEd. West Publishing, 1992.

I. R. Prosser et al., *Casebook on Torts*. Foundation Press, 1982.

Ellen Schrecker, Technology and intellectual property. *Academe*, May/June 1998.

Peter Shawl, Plagiarism. *American Scholar* 51, 1982.

Henrietta Shird and Howard Smith, Emerging Fair Use Guidelines for Multimedia : Implications for the Writing Classroom. *Computers and Composition* 15(2), 1998.

K. R. St. Onge, *The Melancholy Anatomy of Plagiarism*. University Press, 1988.

Laurie Sterns, Copy Wrong : Plagiarism, Process,Property, and the Law. *California Law Review* 80, 1992.

Working Group on Intellectual Property Rights for the White House National Information Infrastructure Task Force. < www.uspto.gov/web/offices/com/doc/ipnii>, 1995, accessed Aug. 1998.

Maril, V. Yarbrough, Do As I say, Not As I Do : MiXed Messages for < aw Students. *Dickenson Law Review* 100(3), 1996.

 법률사례

Feist Publications, Inc. v Rural Telephone Service Co., 499 U.S. 340, 1991.

International News Service v Associated Press, 39 SC 38, 1918.

Jacobelis v. Ohio, 378 US 197, 1964.

Narell v. Freeman 872 F. 2nd 907.

6장_ 웹사이트 접속에 대한 윤리적 평가

리차드 스피넬로 Richard A. Spinello

월드 와이드 웹(www)의 대중적 인기로 다른 웹과의 접속 용이성은 도덕적·법적으로 중요한 문제를 야기하게 되었다. 하이퍼링크는 독특하고 효율적인 형태로 인터넷 항해를 가능하게 해주기 때문에 웹에 기초한 활동의 핵심이다. 그러나 광범위한 접속은 주목할 만한 논쟁을 불러일으켰다. 대부분의 사이트들은 새로운 접속을 환영하고 지지하는 반면에, 그 밖의 다른 사이트들은 새로운 접속을 막고 어떤 방식으로든 새로운 접속을 선별하여 허가하려 한다. 특별히 딥링크(deep link)[1]는 문제가 된다. 딥링크는 웹사이트에서 흔히 발견되는 광고물

---

* 이 글은 본래 다음에서 발표된 것이다. Richard A. Spinello, *Computers and Society*, Vol. 30, No. 4 (December) 2000 : 25-32.

[1] 역자 주 : 딥링크(deep link)는 웹사이트상의 홈페이지가 아닌 다른 웹페이지로 가는 하이퍼텍스트 링크를 말한다. "deep"이라는 말은 한 사이트에 있는 웹페이지의 계층구조 내에 있는 페이지의 깊이를 가리킨다. 계층구조 내의 최상의 페이지, 즉 홈페이지 아래에 있

이나 선전 팜플렛을 실은 홈페이지를 무시한다. 어떤 사람들은 웹상에서 한 사이트의 단순한 존재가 실제적으로 어떤 형태의 접속을 묵시적으로 허용하는 것이라고 주장하는 반면에, 최소한도 어떤 상황에서 딥링크가 불공정한 것이며 지적 재산의 오용이라고 일부 사람들은 주장하기도 한다.

이 논문에서 우리는 명확히 도덕적 관점에서 **딥링크**의 문제를 탐색해 볼 것이다. 법학자들은 이 문제에 대해 격렬하게 논쟁을 벌인 반면에, 그 문제는 윤리학자들에게 별다른 관심을 받지 못했다. 그러나 딥링크는 미묘한 도덕적 함의를 지닌 복잡한 속성의 문제이기도 하다. 그러므로 딥링크는 우리의 면밀한 검토를 받아야 한다. 가장 근본적인 문제는 웹사이트 소유자의 재산권 인정의 적절한 범위와 그 재산권 주장은 웹상에서 자유롭고 개방적인 의사소통과 같은 공익적인 요소와 어떻게 균형을 맞출 것인지에 관한 것이다. 자신의 의지대로 딥링크의 특권에 대한 추정상의 요구는 없다는 점이 바로 우리의 주장이다. 왜냐하면, 어떤 상황에서도 재산권을 존중하지 않을 수 없기 때문이다. 이러한 입장을 옹호하기 위하여 우리는 웹사이트도 재산 소유를 정당화하는 주요한 이론으로부터 지지를 얻고 있는 지적 재산의 유형이라는 사례를 우선 제시한다. 일단 우리가 웹사이트도 정말로 재산이라고 간주한다면 그러한 소유에 의해 발생된 특수한 권리를 고려할 것이다. 그러한 권리에 기초해서 예상되는 부정적 결과 때문에 만약 사용자들이 목표로 하는 웹사이트 접속의 허락을 득하지

는 페이지라면 어떠한 것이라도 "deep"이라고 간주할 수 있다.

않았다면 사용자들은 딥링크를 수용하였다고 가정하지 말아야 한다는 명백한 관례를 만들어야 한다고 우리는 결론짓고 있다.

우리는 또한 웹을 사유화할 위험성과 가장 유연한 형태의 접속을 장려할 필요성을 충분히 인식한다. 그러므로 딥링크를 위해 근거 없거나 불필요한 제한을 인터넷 환경에서 개방적인 의사소통, 유연성 그리고 최대의 침투성 등과 같은 공익을 위하여 가급적 삼가야 한다고 주장한다. 웹사이트 저자들은 정말로 그들의 창조적 작업에 대한 재산권을 지니고 있을 수 있으나, 그들은 특수한 소유권이 딥링크에 의해 위험한 상태에 있지 않을 때 정보의 자유로운 공유와 흐름을 촉진할 수 있는 상응하는 의무를 갖게 된다.

Ⅰ. 웹사이트 접속의 기술적 측면

웹사이트는 www으로 알려진 인터넷 영역에 삽입된 문서, 영상, 음향의 조합을 일컫는다. 각각의 웹사이트는 독특한 주소 또는 www.bc.edu와 같은 URL(Universal Resource Locator)을 갖고 있다. 웹사이트는 초기 화면이나 홈페이지에서 구성되고 구동되는 다양한 측면들을 포함한다. 그러나 웹사이트가 이러한 논리적 프로토콜(logical protocol)[2] 이

---

[2] 역자 주 : 프로토콜(protocol)은 컴퓨터 상호 간에 접속되어 오류를 최소화함으로써 정보를 원활하게 교환할 수 있게 하기 위해 필요한 규칙의 집합이며, 우리 말로 보통 프로토콜이라고 부른다.

상의 의미와 기능을 담당하고 있다는 점을 아는 것이 중요하다. 웹사이트는 또한 물리적 차원의 성격을 지니고 있다. 왜냐하면, 웹 사이트는 네트워크상에서 다른 시스템과 연결시켜 주는 서버[3] 소프트웨어를 구동하는 기계장치에 의존하기 때문이다. 논리적 웹사이트는 그러한 물리적 서버에 축적된 것이므로 인터넷 서비스 제공자들에 의해 소유되고 통제될 수 있다. 물론 어떤 경우에 논리적 웹사이트의 창안자는 물리적 서버를 소유하기도 한다. 이러한 구별은 어느 정도에서 문제를 복잡하게 할 수도 있지만 재산권을 다루는 데 있어서 우리는 논리적 웹사이트와 그것에 담겨진 내용만을 언급하고자 한다. 그리고 만약 사이트의 창안자가 사이트를 연결시킬 서버를 갖고 있지 않다면 그는 웹사이트를 구축하고 구동하기 위하여 그 서버를 이용할 권한을 갖게 된다는 것을 가정한다.

아주 간단히 말해 접속은 동일한 웹사이트나 다른 두 개의 웹사이트를 연결시켜 주는 기능이며, 예를 들어 웹페이지 내의 하이퍼링크는[4] 클릭만 하면 구동되는 또 다른 웹사이트와의 접속을 위한 URL을

---

3) 역자 주 : 서버(server)는 통신망상에서 다른 컴퓨터에 대하여 그 통신망의 전부 또는 일부에 대한 접속과 그 통신망의 자원(디스크 장치, 파일, 프린터 등)에 대한 접속을 제어하는 관리 소프트웨어를 운용하는 컴퓨터나 장치 또는 프로그램을 말한다. 구내 정보 통신망(LAN)상에서 서버 기능을 하는 컴퓨터는 워크스테이션(WS) 기능을 하는 컴퓨터에 이러한 자원을 제공한다.

4) 역자 주 : 하이퍼링크(hyperlink)는 하이퍼텍스트 문서(hypertext document) 내의 하나의 단어나 구(phrase), 기호, 화상과 같은 요소와 그 문서 내의 다른 요소 또는 다른 하이퍼텍스트 문서 내의 다른 요소 사이의 연결을 말한다. 사용자는 하이퍼텍스트 문서 내의 밑줄 쳐진(underlined) 요소 또는 문서 내의 나머지 부분과 다른 색으로 표시된 요소(링크된 요소)를 클릭함으로써 하이퍼링크를 기동 또는 활성화(activate)한다. 그렇게 함으로써 같은 하이퍼텍스트 문서 내의 한 요소와 다른 요소의 연결을 선택하여 검색할 수 있고, 수백 또는 수천 km 떨어져 있는 다른 인터넷 호스트에 있는 월드 와이드 웹(WWW) 서버

포함할 수 있다. 대부분의 링크들은 사용자에게 다른 웹사이트의 홈페이지로 연결시켜 주기도 하지만 해당 웹사이트 내의 여러 하위 페이지로 연결시켜 주는 것도 가능하다. 이러한 실행을 딥링크(deep link)라고 불리워진다. 하이퍼링크 텍스트는 여러 형태로 나타날 수 있다. 하이퍼링크 텍스트는 웹사이트와 연결된 이름이거나 그 웹사이트에서 담고 있는 내용에 대한 묘사이기도 하다(보통 그 이름이나 묘사는 주목받은 텍스트를 나타내기도 한다). 하이퍼링크 텍스트는 회사 로고와 같은 그래픽이나 이미지를 알리는 형태를 취할 수도 있다. 통상적으로 두 개의 링크가 있다. 하나는 브라우저에게 또 다른 웹사이트의 위치를 알려주고 사용자를 위해 그 내용을 제공해 주는 HREF 링크이며, 또 다른 하나는 IMG 또는 이미지 링크이다. IMG 링크는 완전히 다른 웹사이트에 위치한 분리된 파일에 포함되어 있는 이미지를 가지고 사용자의 웹페이지상의 텍스트를 끌어올리는 방법을 브라우저에게 가르쳐 준다. 예를 들어, 어떤 사람이 프랑스 인상주의 화가인 모네(Monet)에 대한 이야기를 쓰려고 한다면 그 이야기에 덧붙일 삽화를 제공해 줄 온라인상의 '보스톤 미술 박물관'으로부터 이미지 화일을 다운받아 삽입할 수 있다.

더욱 더 공통적인 HREF 링크 방법은 아주 간단하다. 한 링크는 다음과 같은 HTML 코드의 단순한 조합이다.

상의 하이퍼텍스트 문서 내의 다른 요소의 연결을 선택하여 검색할 수도 있다. 하이퍼링크는 표준 범용 문서 생성언어 (SGML)와 하이퍼텍스트 생성언어 (HTML) 등의 문서 생성언어의 꼬리표(tag)를 통해 하이퍼텍스트 문서 내에 매입된다. 꼬리표는 일반적으로 사용자에게는 보이지 않는다. 하이퍼링크는 하이퍼텍스트 링크(hypertext link), 핫링크(hot link)라고도 한다.

< A HREF="http://www. bc.edu"> Boston college< A> .

'< A HERF' 코드는 브라우저에게 그것이 사용자가 선택해야 할 또 다른 웹페이지 링크라는 사실을 알려준다. 웹페이지의 URL이나 주소는 "http://www.bc.edu"와 같은 형식을 따른다. 그리고 Boston Col-lege라는 단어들은 스크린에 나타난 텍스트를 표현한 것이다. 즉, 이것은 사용자가 실제로 보게 되는 유일한 것이다. 브라우저가 이러한 코드를 접하게 될 때 보스턴 대학의 웹페이지 위치를 알려주게 되는 것이다. <A HERF 코드는 사용자의 브라우저에게 웹페이지의 카피를 보낸다. 이 논의를 명확히 하기 위하여 우리는 가고자 하는 목표(target) 웹사이트에 링크된 사이트에 대해 이야기하려고 한다. 하이퍼텍스트 링크를 포함하고 있는 사이트는 원시[5] 사이트(source site)라고 불리어질 것이다.

연결의 가치와 사회적 이익이 다양하다는 것은 논의의 여지가 없다. 대부분의 웹페이지는 다른 웹페이지와의 다양한 연결기능을 가지고 있다. 그리고 대부분의 웹페이지는 수많은 연결의(links) 표적이 된다. 한 웹사이트로부터 다른 웹사이트로의 연결은 수많은 정보에의 즉각적인 접근을 허용하는 것이다. 다양한 웹사이트의 데이터베이스를 넘나들며 여러 결과물들을 탐색해 주도록 하는 검색 엔진을 위해서 링크는 필수불가결한 요소이다. 또한 링크는 사용자로 하여금 복잡하고 난해한 연구의 실마리를 쉽게 탐색해 볼 수 있도록 해준

---

5) 역자 주 : 원시(原始, source)는 컴파일러나 어셈블러에 의해 기계어로 번역되기 전의 프로그램 형태로서 이 용어는 일반적으로 단독으로 는 쓰이지 않으며 '원시 언어'와 같이 다른 용어와 함께 쓰인다.

다. 그리고 각각의 사용자는 연구의 단서를 얼마나 넓고 깊게 추적할 것인지를 결정할 수 있다. 연결은 www의 핵심이다. 링크에 대한 법적·기술적 제한이 웹을 위해 실질적인 부정적인 결과를 낳게 될 것이라는 점은 의심의 여지가 없다. 비록 대부분의 사용자들은 가고자 하는 사이트의 허락을 받지 않고도 연결에는 별 어려움이 없다는 점에 동의할지라도 일부 원시 사이트가 연결하려는 방식에 문제가 발생될 수 있다. 가장 심각하고 공통적인 문제는 다음의 두 사례를 통해 확연히 드러난다.

Ⅱ. 두 사례 연구들

1. 티켓마스터 대 마이크로소프트사

1997년에 '티켓마스터 그룹'(Ticketmaster Group Inc)은 상표권 침해와 불공정한 경쟁에 대해 마이크로소프트사를 상대로 소송을 제기했다. 마이크로소프트사는 '시애틀 사이드워크'(Seattle Sidewalk)라고 불리어지는 웹사이트를 운영한다. 그 웹사이트는 시애틀 도시지역에서 레크리에이션과 문화활동의 안내자 역할을 담당한다. 시애틀 워크 웹사이트는 티켓마스터로의 연결을 포함하여 관련 웹사이트와의 풍부한 연결망을 제공했다. 티켓마스터는 인기 있는 티켓을 판매하는 웹사이트를 운영한다. 그러나 그 링크는 티켓마스터 홈페이지를 경유만 한다. 그리고 시애틀 사이드워크 홈페이지에 게시된 공연들의 티켓 구입을 위해 공연사의 해당 홈페이지에 곧바로 가도록 연결되었다. 예를 들어, 시애틀 심포니에 관해 시애틀 사이드워크 홈페이지에 게시되었다면 사용자들이 시애틀 심포니의 티켓 구입이 가능한 티켓마스터의 하위 사이트로 직접 연결되도록 만들어 놓았다는 것이다.

이것은 딥링크의 중요한 사례이며, 티켓마스터는 이런 관행에 대한 수많은 해당사들에 대해 소송을 제기했다. 티켓마스터에 따르면, 그 홈페이지에 경유만 함으로써 시애틀 사이드워크 이용자들은 티켓마스터 홈페이지에 게시된 광고물과 선전물을 보지 않게 된다. 이것은 광고의 가치를 감소시킬 것이며, 궁극적으로 미래의 광고주들을 유치할 매력을 떨어트릴 것이다. 이런 연결방식과 관련된 두 번째 문제는 티켓마스터와 마스터카드(MasterCard)와의 관계에 관한 것이다. 마스터카드는 다른 지불방식보다 더 큰 특혜를 약속받았다. 그러나 만약 티켓마스터는 그 이용자들이 이 사이트를 어떻게 검색할 것인지를 통제할 수 없다면 티켓 마스터는 마스터카드와 약속을 지킬 수 없게 된다. 마이크로소프트사가 이 링크를 토대로 해서 광고 수입을 챙길 수 있다는 점에 티켓마스터는 또한 불만을 갖고 있다. 왜냐하면, 마이크로소프트사는 티켓마스터 이름과 링크를 전시했던 동일한 면에 배너 광고를 부탁했기 때문이다. 그리고 와그너(Wagner, 1997)에 따르면 연결이 그런 방식으로 이루어짐으로써 부정확하게, 그리고 전후 연결에 관계없이 정보를 전달하고 있다는 점을 티켓마스터 측이 주장했다.

이런 사례는 확실히 홈페이지상에 부정확하게, 그리고 전후 연결에 관계없이 게시되어 있는 광고와 선전을 가로막는 딥링크와 관련된 근원적인 문제를 제기했다. 딥링크가 가고자 하는 사이트의 광고 가치를 감소시킬 뿐만 아니라 그 사이트로부터 적절한 노출과 주목 받을 기회를 박탈하게 된다. 다른 한편으로, 티켓마스터는 여기서 실질적인 싸움을 할 필요가 없다고 볼 수도 있다. 티켓마스터의 웹사이트 정보는 최소한도로 준공공(guasi-public)의 성격을 지닌다. 그러므로 티켓마스터는 웹상의 자유로운 정보 흐름에 개입하지 말아야 한다. 마이크로소프트사는 법적 반박을 통해 티켓마스터가 어느 웹사이트 운영자나 그 밖의 다른 웹사이트와 연결할 권리를 가지고 있다는 인터넷의 불문율을 위반하고 있다고 주장했다(Tedeschi, 1999). 마이크로소프트사는 이런 공공의 정보를 출판할 미국 수정헌법 제1조(The First Amendment)의 권리를 가지고 있다고 주장했다.

1999년 2월에 이 소송을 법정 밖에서 해결했다. 비록 해결이라는 말을 드러내지 않았을지라도 마이크로소프트사는 티켓마스터의 하위 페이지로 연결하는 대신에 티켓마스터의 홈페이지에 연결하는 데 동의했다. 이 해법은 논쟁의 여지가 있는 연결활동에 대해 확고한 법적 선례를 찾고자 하는 사람들에게 실망스런 결과이다. 결과적으로 최소한도 미국에서 딥링크를 행하는 데 있어서 현재로서는 확실한 법적 지침은 없는 셈이다.

티켓마스터 사건 이래로 상업용 웹사이트들을 위한 딥링크의 문제를 부각시켰던 여러 다른 논쟁들이 계속해서 있어왔다. 예를 들어, 유니버설 스튜디오는 무비 리스트(Movie-List)라고 불리는 웹사이트가 유니버설 사이트에서 영화 예고편의 직접적인 연결을 중단해야 한다고 주장했다. 유니버설 영화사는 어떤 영화에 대한 전반적인 정보 페이지와 연결에는 아무런 문제가 없으나 예고편에 대해서만큼은 연결을 허용하지 않는다. 유니버설 영화사의 대변인에 따르면, 모든 미디어에서 영화사의 재산을 보호할 수단으로서 이 문제를 추진하는 일은 아주 중요하다(Kaplan, 1999). 그리고 eBay 사이트는 최근 들어 Auction Watch와 같은 경매 검색 엔진에 반대하는 강력한 입장을 취해오고 있다. 이 사이트들은 eBay와 다른 경매 사이트에 팔 물건들에 대한 데이터를 수신한 다음에 상품 아이템들과 연결시켜 놓는다. 그러나 eBay는 이런 검색 엔진들이 경매 데이터베이스 내의 여러 품목들에 직접적으로 연결하려는 시도를 방지하는 법적 조치를 취하고자 한다. Auction Watch가 eBay의 투자로부터 불공정하게 이익을 취하고 있으며, eBay의 상표가치를 절하시킨다고 eBay는 주장한다. 왜냐하면, 구매자들은 eBay의 홈페이지에 아예 들어오지 않기 때문이다.

2. 마리아의 온라인 화랑

이 사례는 순전히 가설적이지만, 비상업용 웹사이트들이 딥링크로 경험할 수 있는 실제적인 문제들일 수 있다. 마리아는 젊고 최근 들어 뜨는 화가이다. 그녀는 그녀의 가장 최근의 미술작품들을 스캔한 이미지를 웹사이트에 올리기로 마음먹었다. 그 홈페이지에 그녀는 이전시물의 합당한 문제에 대해 설명하고 세 가지 기본적인 주제를 담고 있는 이 작품들을 적절한 효과를 위해 연속해서 어떻게 감상해야 하는지를 기술하고 있다. 그녀는 그녀의 사이트에 접속을 허용하려고 한다. 그러나 그녀는 반드시 그녀의 홈페이지에 접속하기를 원한다. 그래야 관람자와 비평가들이 그 작품에 대한 그녀의 설명을 읽고 나서 작품을 관람하기를 그녀는 바란다. 그럼에도 불구하고 이 사이트에서의 딥링크를 통해 사전 설명을 접하지 않고 감상했을 때 감상한 사람은 도발적이고 다소 선정적인 것처럼 보이는 작품에 특별히 분노를 느낄 수 있다. 그러나 적절한 설명을 읽고 난 다음에 바라보았을 때 훨씬 다른 의미를 갖게 된다. 온라인 전시를 담당하고 있는 소수의 독불장군 같은 원시 사이트를 통해 이 작품을 본 여러 미술평론가들은 이 그림 채색에 기초하여 마리아의 전시작품을 비판하게 될 것이며, 그에 따라 마리아의 명성은 크게 훼손될 수도 있을 것이다.

확실히 딥링크는 이 사건들에 의해 충분히 설명되지 않은 그 밖의 많은 어려움의 원인일 수 있다. 그럼에도 불구하고 티켓마스터 사례와 마리아 화랑의 가설적 사례는 딥링크에 의해 생겨난 도덕적·법적 문제를 대표한다고 볼 수 있다.

Ⅲ. 지적 재산으로서 웹사이트

위의 사례들에서 살펴본 잠재적 해악을 감안할 때 딥링크에 대해 어떤 조치를 취해야겠는가? 어느 정도의 그 규범적 문제의 해결은 웹사이트를 사유재산으로 분류될 수 있느냐 여부에 달려 있다. 만약 사유재산으로 간주한다면 어떤 특별할 권리가 그 소유자에게 부여되어야 하는지에 따라 그 문제의 해결이 달라진다. 저작자가 웹사이트를 고안해서 www에 올려놓았을 때, 그 사이트는 결과적으로 인터넷 공공의 영역이 되는 것인가? 그리고 이것은 어떤 식으로든 그들이 선택한 사이트에 접속할 권한을 웹사이트 소유자에게 부여할 것인가? 또는 웹사이트는 그것들의 준공공적인 특징과 사회적 속성에도 불구하고 웹사이트 소유자의 지적 재산이란 말인가? 우리가 이 문제를 분명히 결론짓기 전에 먼저 재산권을 정당화하는 지적 재산의 탁월한 이론들을 검토하는 것이 의미 있다고 사료된다. 이런 이론들은 웹사이트를 지적 사유재산으로 분류할 만한 정당성 여부를 해결하는 데 도움을 줄 수 있다. 더 나아가 그 이론들을 저적 재산으로 분류할 때 어떤 종류의 특수한 권리나 특권을 포함할 것인지를 결정하는 데 도움을 줄 수 있다. 지적 재산에 대해서는 전통적으로 세 가지 이론이 있는데, 그 각각은 그에 상응하는 명칭을 가지고 있다.

1. 공리주의(utilitarianism)
2. 로크주의 또는 노동 공적 이론(Labor-desert theory)
3. 인성이론(personality theory)

비록 우리는 각각의 이론이 어떤 결함을 지니고 있다는 점은 인정하지만 이 이론들의 지속적 생명력에는 관심이 없다. 피셔(Fisher, 1998)가 지적한 바와 같이 이 이론들의 어느 것도 법적 특권과 복잡한 소유권의 문제들을 해결할 결정적 수단을 제공하지는 못한다. 오히려 그 이론들은 누가 무엇을 소유해야 하는지를 결정하고자 할 때, 그것을 설명해 주어야 할 여러 구성요소들을 밝히는 데 도움을 주는 용어나 패러다임으로 이해되어야 한다. 그러므로 그 이론들은 지적 재산과 소유문제에 대하여 우리로 하여금 비판적으로 사고하도록 도와주는 방법을 제시해 준다. 그 이론들의 종국적인 불확실성에도 불구하고 그 이론들은 우리로 하여금 지적 재산문제에 대해 더욱 더 합리적인 판단이 가능하도록 해준다.

공리주의적 접근은 최대다수의 최대행복(선)으로 표현되는 공리의 원리가 재산의 권리를 결정하는 토대가 되어야 한다고 주장한다. 공리의 원리는 여러 변수들을 가지고 있으나 중요한 점은 사람들이 어느 정도의 행복과 자아실현을 성취하기 위하여 물질을 획득하고, 소유에 대한 불안감은 그러한 행복을 보장할 수 없기 때문에 물질의 소유와 이용 그리고 통제에 대한 안정감이 필수적이다. 더 나아가 소유에 대한 안정감은 재산권 체계에 의해서만 성취될 수 있다. 벤담과 같은 공리주의자들은 미래의 소유에 대한 인식이 사회적으로 가치 있는 재화를 증대시킬 수 있는 방식으로 사람들을 행동하도록 하는 유인 요소라는 주장을 통해 사유재산제도를 정당화시켰다. 이러한 공리주의적 주장은 지적 재산으로 간편하게 확장될 것이라고 확신한다. 란데스와 포스너(Landes/Posner)의 모델에 따르면, 지적 산물은 낮은 복제비용 때문에 쉽게 복사될 수 있으므로 저작자들이 지적 산물의 생산비용을 보상받지 못할 위험이 있다. 예를 들어 소설을 쓰는 데, 또는 음악 앨범을 제작하는 데 투입되는 시간과 노력에 대한 보상을 받을 수 없는 문제가 있다는 점이다. 만약 저작자들은 작품들에 대한 소유권이나 자신들의 작품을 출간할 독자적 권한을 갖지 못한다면 저작자들에게서 사회적으로 가치 있는 작품들을 창조할 의욕이 생기지 않을 수도 있다. 그러므로 지적 재산권의 인정은 저작자들에게 작품을 창출할 의욕을 진작시키며, 더 나아가 사회의 총체적 선(善)에도 기여하게 된다(Fisher, 1998).

때때로 노동 공적 이론으로 언급되어지는 두 번째 접근은 공공의 자원에 노동을 가한 사람이 그 노동의 산물에 대한 권한을 갖는다는 가정에 기초하고 있다. 존 로크는 정부에 대한 두 번째 논문의 제5장에서 단순한 명제를 진술했다. 그 명제를 통해 재산을 정치철학의 중심 주제라고 로크는 밝혔다. 로크에 따르면 인간은 자연권이나 노동의 산물에 대한 소유권을 가진다. 그러므로 어떤 사람이 사용하지 않는 공공의 땅에 많은 노력을 투입함으로써 소중한 농장으로 탈바꿈시켰다면 그 사람은 그 땅을 소유할 만한 자격이 있다. 로크의 주장은 노동이 고통스럽고 성가신 일이며, 사람들이 이익을 얻기 위해서만 노동을 한다는 것이다. 결과적으로 그런 고통을 통해 얻은 이익을 당사자가 갖지 못하도록 하는 것은 부정의한 일이다. 간단히 말해 재산권은 노동자들의 고통스럽고 고생스러운 노동에 대한 적절한 보상으로 획득된다. 그러나 사람들이 재화를 타인을 위해서 충분히 남겨놓은 범위 내에서만 그러한 재산권을 획득할 수 있다는 조건을 로크는 요구한다.

비록 로크는 토지와 같은 물질적 재산을 마음 속에서 생각하고 있다 하더라고 이 이론은 자연스럽게 지적 재산에도 확대 적용할 수 있는 것처럼 보인다. 이 경우에 관련 자원은 공공의 지식(소유되지 않은 사실, 아이디어, 알고리즘 등)이다. 그러므로 이런 공공의 지식에 가치를 부여하는 지적 노동은 소설, 컴퓨터 프로그램, 음악 작곡 등과 같은 완성된 결과물에 대한 자연적 재산권을 부여해 주어야 한다. 비록 이런 종류의 노동이 그렇게 싫거나 어렵지 않다 하더라도 이 노동이 사회적 가치를 창출했기 때문에 재산권을 인정받아야 한다고 후게스(Hughes, 1997)는 주장한다. 더 나아가 대부분의 지적 재산권의 인정은 로크의 충분조건을 충족시킬 것이다. 만약 다른 사람들이 어떤 유형의 손실로 고통받지 않는다면 노동을 통한 재산의 소유가 수용될 수 있다는 것이 로크의 충분조건에 대한 적절한 해석이라고 노직(Nozic, 1974)은 주장했다. 이런 인센티브가 없다면, 즉 자신의 발명품에 대한 장기간에 걸쳐 엄격하게 보호되는 독점권이 없다면 아마도 발명의욕은 사라질 것이며, 모든 사람의 삶은 더 열악해질 것이기 때문에 이 충분조건을 충족시키기 위해서는 특허권을 인정해야 한다고 노직은 주장한다.

마지막 접근의 토대는 재산권의 적절한 개인적 표현에 필수적이라는 점이다. 이 이론은 헤겔 철학에 그 기반을 두고 있다. 개인들은 물건들을 생산하고 훌륭한 솜씨를 발휘함으로써 인간의 잠재성을 현실세계로 투영하는 것이기 때문에 재산이 자유의 실현을 위해 필수적이라고 헤겔은 주장했다. 레베(Reeve, 1986)에 따르면 재산은 한 개인이 그의 의지를 사물 속으로 투입할 수 있도록 한다는 것이다. 그러므로 재산은 인간 잠재성의 표현이며, 자아실현의 메커니즘이다. 이 이론은 특히 지적 재산에 적합하다. 인간들은 소설, 예술작품, 시 등과 같은 것들에 자신의 의지를 자유롭게 구체화하기 때문에 인간들은 재산을 창출한다. 지적 재산은 인성이나 개성의 표현이기 때문에 재산권이 부여되어져야 한다는 것이다. 지적 재산은 인간 존재의 확장이다. 그럼으로써 지적 재산은 제작자에게 귀속된다. 모든 형태의 지적 재산이 많은 인성을 포함하고 있지는 않다 하더라도 자신의 지적 작품들이 더욱 더 창조적이고 개인적일수록 특수한 대상에 대한 개인적 관계가 더욱 커지며, 어떤 형태의 소유권에 대한 필요성이 더욱 중요해진다(Hughes, 1997).

이론적 숙고를 통한 일반적 결론을 통해 볼 때 웹사이트 창안자의 소유권과 재산을 인정받아야 한다는 제안도 가능할 것이다. 로크의 입장에서도 웹사이트에 대한 재산권을 인정해야 한다는 것이다. 왜 냐하면, 웹사이트의 가치는 그 웹사이트를 구축하는 데 투입된 시간 과 에너지에 주로 의존하기 때문이다. 웹사이트의 제작은 대부분 노 동집약적 활동이다. 그래서 웹사이트를 만들기 위해서 시간과 노력을 투자한 사람에게 재산권을 부여해 주어야 한다. 그외에도 만약 우리 가 로크의 주장에서 암시하는 가치추가적 논리를 따른다면, 공공의 지적 자원으로부터 웹사이트의 제작은 사회적 가치를 창출하는 것으 로 적절한 보상을 받을 만하다.

더 나아가 비록 웹사이트에 대한 재산권은 사회가 재산권을 어떻 게 해석하고 이행할 것이냐에 분명히 의존한다 하더라도 웹사이트의 재산권은 로크의 충분조건과 일맥상통할 것이다. 웹사이트의 재산권 은 공공적인 영역에 속한 지적 자원에 대해 우리가 어떻게 생각하느 냐에 크게 의존한다. 만약 노직의 생각과 좀 다른 후게스(Hughes)의 해석에 따른다면 웹사이트의 지적 재산도 우리가 이용할 수 있거나 우리의 이해범주 내에서 이용할 수 있는 아이디어 등을 포함한다. 후 게스(Hughes, 1997)에 따르면 대부분의 아이디어의 개발과 표현은 사 람들로 하여금 새로운 아이디어에 도달하도록 자극하며, 공공의 영역 을 감소시키기보다는 오히려 확장한다. 이 해석에 따르면 웹사이트의 재산권을 인정하는 것은 타인의 몫이나 행운을 약화시키지는 않을 것이다. 왜냐하면, 웹사이트가 내포하고 있는 아이디어들은 잠재적인 새로운 웹사이트 개발자들에게 새로운 아이디어를 자극할 수 있기 때 문이다. 예를 들어 eBay 웹사이트(미국에 소재한 인터넷 경매 전문업체) 의 재산권을 인정한다고 하여 우리는 유사한 서비스를 제공하는 독 특하고 고귀한 웹사이트 제작에 대한 새로운 아이디어를 다른 사람이 개발하는 것을 방해하는 그 어떠한 조치도 내리지 않는다. 멀티미디어 웹사이트를 구축하는 데 필요한 그래픽이나 텍스트, 표준의 음악 하모니, 알고리즘과 같은 기초적인 자료들은 공적인 영역으로 남아 있다(있어야 한다). 다른 웹사이트 개발자들은 그 자료를 이용할 수 있어야 한다. 결과적으로 재산권이 적절히 행사되는 한, 재산권이 사람들에게 결코 손실을 안겨주지 않을 것이다. 왜냐하면, 재산권이 부여될 때 유의미한 방식으로 이용 가능한 자료들이 크게 제한받지 않도록 할 것이기 때문이다. 실로 미국의 법체계는 웹사이트에 대한 어떤 형태로든 재산권을 인정한다. 아직은 이러한 조치가 새로운 웹사이트 개발의 특별한 노력을 방해하지 않고 있다.

마찬가지로 소유권은 사회적 유용성을 극대화하고 미래의 웹사이트를 제작할 인센티브를 제공해 주기 때문에 정당화된다는 공리주의자들의 주장은 적절하다. 미래의 소유에 대한 소망, 그리고 그것이 포함하고 그 밖의 모든 것들이 웹사이트의 고안과 장식을 위한 인센티브로 작용한다고 결론짓는 것은 합당한 것처럼 보인다. 그리고 많은 웹사이트들은 높은 제작비용이 들어간다. 소유권에 대한 희망 없이는 어느 웹사이트도 제작되지 않을 것이라고 말할 수는 없을지라도 그러한 인센티브가 없다면 웹사이트의 제작비율이 크게 감소될 것이며, 특히 상업용 웹사이트들은 더욱 더 감소될 것이라는 점은 분명해 보인다. 상업용 웹사이트의 경우 자신들의 투자에 대한 보상 차원에서 수입을 확보하기 위해 자신들의 사이트에 대한 소유 및 지배권의 기대를 가지고 있다. 또한 웹사이트의 질과 높은 제작비용 사이에 높은 상관관계가 있기 때문에 웹사이트의 질도 크게 떨어진다. 그 비용이 높으면 높을수록 웹 제작자들은 그들의 투자비를 보상받기 위해 소유권을 더욱 강력히 주장하게 될 것이다. 소유권 보호가 없다면 값싼 저질 웹사이트들의 범람에 직면하게 될 것이다. 그러므로 어느 정도 웹사이트에 대한 사유재산권의 인정은 질 높은 새로운 사이트를 개발하는 유인요인을 제공해 준다. 왜냐하면 사이트 개발자들은 사이트 접근에 대한 확고한 통제력을 유지할 수 있고 소유권에 대한 유형·무형의 보상을 얻을 수 있기 때문이다.

그리고 끝으로 다양한 정도에서 웹사이트는 인간 잠재성(인성)의 창조적 표현이며, 이런 이유 때문에 또한 재산의 형태로 간주되어야 한다. 특별히 개인들에 의해 제작되지 않은 웹페이지는 확실히 웹사이트 제작자의 인성을 반영한다. 레딘(Radin, 1980)의 이론에 따르면, 다른 지적 결과물처럼 웹페이지도 한 인간의 인성과 밀접한 관련을 맺고 있다는 것이다. 왜냐하면, 웹페이지도 세계 속에서 지속적으로 개인의 인성을 스스로 구성하고 있는 부분들로 이루어졌기 때문이다. 모든 웹페이지가 동일한 차원의 자기 표현으로 이루어지지 않았다는 것도 사실이다. 하디(Hardy, 1996)는 회사의 웹페이지들은 훨씬 더 개인적 속성을 가진다는 점에 주목한다. 그러나 여기에서조차도 회사의 특성은 종종 웹페이지에 의해서 표현된다. 개인과 회사 모두 웹페이지상에서 어떤 개인적인 이해관계가 담겨져 있다고 한다면 웹페이지의 개발자는 이해관계를 지키기 위해 웹페이지에 대한 재산상의 이익을 취할 만하다(Hughes, 1997).

그러므로 모든 세 이론들은 웹사이트를 지적 재산이라는 입장으로 모아지고 그 입장을 지지하는 것으로 보인다. 우리의 분석에 따르면 재산권은 미래의 창조를 위한 유인책으로서 자신의 노동과 그 노동에 의해 창출된 사회적 가치에 대한 보상으로서, 그리고 개인적 인성이 지적 산물 속에 무엇이 포함되어 있든지 간에 그것을 보호하기 위한 수단으로서 정당화된다. 이 결과는 우리의 공통적인 도덕적 의식과 일맥상통한다. 가상세계가 현실세계를 대신하기 시작함에 따라 웹사이트는 회사와 개인들 모두의 중요한 부와 이익의 원천이 되는 중요한 정보 제공자이다.

IV. 딥링크에 대한 재고

비록 웹사이트는 개인의 지적 재산의 형태일지라도 개인이 지적 재산을 소유한다고 말하는 것이 무엇을 의미하는가? 웹사이트 저작자에게 속해 있는 권리의 범주에는 무엇을 포함하는가? 우리는 어떤 사람이 웹사이트에 대한 재산권 주장을 하기 때문에 그 사이트와 관련을 맺고 있는 딥링크 활동이 도덕적으로 금지된다고 주장할 수 없다. 특수한 웹사이트의 소유에 함축된 특수한 지적 재산권은 무엇이란 말인가? 예를 들어 재산권이 무단복제를 막고 원작을 모방한 2차적 작품의 제작을 막을 수 있는 권한을 포함할 것이라는 예상을 직관적으로 쉽게 해볼 수 있다. 그러므로 온라인 서적상은 amazone.com의 웹페이지의 내용을 단순 복사할 수 없다. 그러므로 온라인 서적상은 도서판매의 동일한 기능을 수행하는 그 자신의 오리지널 웹페이지를 제작해야 한다. 그렇다면 그 밖에 무엇이 재산권 내에 포함되는가? 다른 사람들이 웹사이트에 접속하는 방법을 결정할 권리가 소유권자에게 있다는 주장에 대해 어떤 근거가 있는가?

이 문제에 답하기 위하여 우리는 먼저 재산의 소유에 함축된 의미를 고려해야 한다. 호노레(Honore, 1961)에 따르면 소유는 '성숙한 법체계가 인정하는 어떤 사물 내에서 취할 수 있는 가장 큰 이익'으로 규정된다. 재산권 소유는 절대적이지 않지만 소유권 내에는 일련의 권한, 권리, 특권 등을 포함한다는 점을 이러한 소유권 정의에서 제안한다. 이러한 관점에 따라 절대적 소유와는 반대로 자유주의적 소유 개념이 다음과 같은 요소를 포함한다고 호노레는 주장한다. 소유권, 사용권, 경영권, 수입권, 자본권, 저당권, 양도권, 무제한의 기간, 유해한 사용에 대한 거부권, 집행할 책임, 그리고 유산의 성격 등이다. 이러한 소유의 하위요소들을 이 논문에서 상세하게 다룰 의도는 없다. 그러나 경영권과 수입권(the right to income)은 위에서 살펴본 두 가지 사례연구의 측면에서 특별히 우리의 분석과 관련이 깊은 것으로 보인다. 경영권은 어떤 사물이 어떻게 누구에 의해서 사용될 것인지를 결정할 권리이다. 반면에, 수입권은 타인이 어떤 사람의 재산을 이용하도록 허용함으로써 발생된 가치를 사용할 권리이다.

이 소유권에 포함될 요소들에 기초한 소유에 대한 많은 변수들이 있다. 그러나 베커(Becker, 1977)에 따르면 소유, 이용, 수입, 경영 등을 확실하게 보장하는 권리가 소유권에서 가장 중요한 요소들이다. 이 핵심적 요소들은 물질적·지적 재산의 소유에서 공통적으로 의미하는 것의 본질이기도 하다. 웹사이트 저자들이 소유권의 핵심적 권리를 향유해야 한다고 가정하는 것은 합당한 것으로 보인다. 그러나 우리는 그 중 수입을 얻을 권리와 경영할 권리에 관심을 집중해야 할 것이다. 이러한 권리를 소유로부터 배제한다면 그야말로 소유권 인정은 빛 좋은 개살구에 지나지 않을 것이며, 정당화될 수도 없을 것이다.

우선 많은 딥링크 논의에서 늘 문제가 되고 있는 수입을 얻을 권리를 생각해 보자. 호페디언(Hofeldian)의 정의에 따르면 이 권리는 부분적으로 지배권(a power right)을 나타내기도 한다. 지배권자는 또 다른 사람(책임 담지자)의 권리, 자유, 의무, 영향력, 또는 특권 등의 일부를 도덕적으로(법적으로) 자신의 의지대로 제한할 수 있다(Becker, 1997). 웹사이트 소유자는 그 웹사이트와 관련된 다른 접속자들의 권리와 자유를 제한할 권리를 갖게 되며, 그 사이트를 통해 수입을 올리고자 하는 사람들의 연결(linking) 조건을 정할 권리를 갖는다는 것을 의미한다.

만약 노동이 웹사이트에서 재산권을 발생시키는 요인이라면 웹사이트 제작자는 가장 기본적인 소유권 중의 하나인 해당 사이트로부터 수입을 얻을 권리를 가져야 한다. 왜냐하면, 그 수입은 투입된 노동에 대한 보상이기도 하고 미래의 창조에 대한 유인요인이기도 하기 때문이다. 웹사이트 제작과정에서 노동, 에너지, 자본의 투자를 통해 웹사이트 소유자는 그 투자에 대한 보상을 극대화할 권리를 부여받는다. 보상은 그 사이트를 타인들이 이용하도록 함으로써 생기는 소득을 거둘 권리를 통해 이루어진다. 그 특수한 권리에 대한 제한은 새로운 웹사이트 제작과 같은 사회적으로 가치 있는 과제에 대한 강한 투자의욕을 떨어트리는 요인이 될 것이다. 만약 투자에 대해 적절한 보상을 받을 수 없다면 노동의 가치에 기초한 재산권은 확실히 속 빈 강정이 되고 말 것이다.

그렇다면 웹사이트의 소유권 인정은 딥링크의 활동에 무슨 의미를 함축하고 있는가? 티켓마스터 사례는 일반적인 문제를 제기했다. 웹사이트 X는 주로 홈페이지에 게재된 광고를 통해 수입을 얻는다. 그러나 웹사이트 Y는 그 홈페이지의 하위 페이지에 직접 연결함으로써 홈페이지의 광고를 완전히 지나쳐 버린다. 결과적으로 사이트 X를 방문한 많은 이용자들은 이 광고를 보지 않게 된다. 이것은 그 광고를 직접 눈으로 볼 기회를 크게 줄이게 될 것이며, 광고의 효과를 크게 반감시키게 될 것이다. 그러므로 사이트 X에의 딥링크가 사이트 X의 수입을 감소시킬 것이며, 그 사이트로부터 소득을 얻을 권리를 침해하게 될 것이다. 요약하면, 사이트 X와 관련된 사이트 Y의 행위는 타인들로 하여금 자신의 재산 이용을 허가함으로써 발생한 물질적 이익을 취하려는 X의 노력을 방해한 것이다. 그러므로 이러한 Y의 행위는 소득을 얻을 X의 권리를 침해한다.

마리아의 온라인 갤러리의 가설적 사례는 광고수입과 관련 없기 때문에 좀 다르다. 다만 문제가 되는 것은 마리아의 웹사이트를 통제할 그녀의 권리이다. 호노레의 설명에 따르면 이 사례에서 문제가 되고 있는 기본적인 재산권은 사람들이 그녀의 창조적 속성을 보존하기 위하여 그녀의 웹사이트를 이용하는 방법을 결정하고 운영할 권리이다. 이것은 또한 부분적으로 그녀의 웹사이트와 관련하여 타인의 자유를 제한할 수 있는 영향력이기도 하다. 이런 상황에서 온라인상의 관람자들에게 그녀의 작품이 제시되는 방식은 통제할 권리가 허락 없이 딥링크를 시도하는 원시 사이트에 의해 크게 침해된다. 만약 우리가 마리아의 사례와 관계가 있는 인성이론을 통해 재산권을 정당화하려면 웹상의 예술가들이나 저작자들이 자신의 개성적 표현에 대한 통제력을 유지할 필요성은 가장 중요한 요소이다. 마리아의 온라인 갤러리에 대한 감정적이고 인간적인 강한 집착은 그녀가 그녀의 작품에 대한 재산권으로서 관심을 가져야 하며, 그 관심은 타인들이 그녀의 예술작품을 어떻게 감상해야 하는지를 숙지할 것을 요구한다. 작품들은 작가의 인성을 나타내기 때문에 인성이론의 본질은 자기 작품의 공개를 통제할 권리이다. 작품들이 어떻게 또는 어떤 방식으로 다른 사람의 접근을 통제하는 방식을 결정할 권리를 통해 이것은 효과적으로 실현될 수 있다. 경영권을 통해 마리아는 표현하고자 하는 본래의 상태를 더 잘 보호할 수 있을 것이다.

더 나아가 이 문제는 미국 수정헌법 제1조의 자유로운 표현권과 관련되어 있다. 후게스(Hughes, 1997)가 지적한 바와 같이 그 표현이 완벽하게 유지·보존된다는 보장 없이는 표현의 자유는 무의미하다. 때때로 딥링크가 목표 사이트(target site)의 작업을 편집하기 위한 도구로 사용될 수 있으며, 또한 창조자의 작품 속성을 훼손하는 그릇된 결과를 낳을 수도 있다. 마리아와 같은 작가들은 가능한 한 효과적으로 이러한 표현매체를 사용할 권리를 가져야 한다. 이 권리는 딥링크가 저작자들의 창조적 노력과 표현들을 과장하여 모방한다든지 왜곡시킬 때 타인들이 딥링크를 스스로 억제하도록 요구할 도덕적 권리를 의미하기도 한다.

만약 소유권이 웹사이트 저작자를 위한 진실한 의미를 갖는 것이라면, 소유권은 경영권과 수입권을 포함한 호노레가 지적한 소유의 기본적인 요소를 포함해야 한다. 최소한도로 만약 웹사이트가 합법적인 소유자에게 재산으로서 간주되려면 그 소유자는 자신의 지적재산을 통제할 권리, 즉 웹사이트가 타인들에 의해 접근되고 이용되는 방식의 조건과 규칙을 정할 권리를 갖는다.

물론 수입권, 경영권과 같은 통제의 권리가 다른 인터넷 이용자를 위한 심대한 비효용성이나 부정적인 형식주의 때문에 어느 정도 제한되어야 한다는 반대 주장을 펼 수도 있다. 이런 재산권의 목표가 재산권의 형식주의를 완화하기 위하여 제한되어야 한다는 주장이 제기되기도 한다. 그러나 이러한 특수한 소유권의 축소를 정당화할 만큼의 비효용성이 있단 말인가?

비록 우리가 딥링크에 대한 무제한의 자유를 없앴을 때 비효용성이나 불편함이 생겨날지라도 그 누구도 자신의 소유물에 대해 마음대로 경영하고 수입을 얻을 기본적인 소유권의 제한을 정당화할 만큼 그렇게 심각하지 않다. 때때로 이용자들은 홈페이지를 통해 사이트에 들어갈 필요성과 지정한 경로를 따라 나가야 할 필요성 때문에 불편을 겪을 수도 있다. 딥링크가 이용자들이 자료와 정보에 접근을 상당히 용이하게 만든다. 그리고 딥링크가 인터넷의 특수한 유연성을 더 잘 활용한다. 더욱 중요한 것으로 딥링크의 기능성이 인터넷 이용자들에게 아주 의미 있는 것으로 받아들여진다. 왜냐하면, 그 연결통로의 개설은 이용자들이 인터넷의 가치와 의미를 밝히는 창조적 자기 표현행위이기 때문이다. 우리가 이미 설명했던 것처럼 웹사이트를 제작한다는 것은 중요한 창조적 활동이다. 그 창조적 활동은 딥링크와 같은 기술의 이용을 통해서 더욱 더 활성화된다. 우리가 딥링크 활동에 대한 어떤 제한을 가함으로써 생기는 불편함과 함께 딥링크의 기능성과 가치를 인정하는 것과 함께 우리는 두 가지 중요한 점을 고려해야 한다, 첫째로 딥링크가 웹사이트 전체에 전면적으로 허용되지 말아야 한다고 우리는 주장하지 않는다. 다만 허락 없는 딥링크의 권리를 주장하지 말아야 한다는 것이다. 만약 목표 사이트(target site)가 합리적이고 더 나아가 유해한 요소가 거의 없거나 아주 없다면, 딥링크가 웹사이트 제작과정에서 의미 있는 활동역할이 있음에도 불구하고 여전히 목표 사이트 소유권은 우위를 차지해야 한다. 어떤 사람의 창의적 표현물을 이용하기 위하여 합법적인 재산권을 제한하는 조처는 그 어디에서도 정당성을 찾을 수 없다. 우리는 이러한 입장을 견지하는 현실세계에서의 많은 유사한 사례를 찾을 수 있다. 예를 들어 20세기 시인들의 명시선(名詩選)을 모아놓은 것도 창조적 활동이다. 그러나 허락받는 일이 불편하고 자신의 창작활동을 방해하기 때문에 명시선의 편집자가 시인들이나 저작권자들의 허락을 받지 않아도 된다는 것을 의미하지 않는다.

더 나아가 베커(Becker, 1977)에 따르면 우리로 하여금 재산권에 제한을 가하도록 부추기는 불편함은 우리가 인용했던 경우보다 훨씬 더 큰 규모로 나타날 수 있을 것이다. 그 불편함은 보통 희귀한 자료나 자원에 대한 완전한 접근 불가능이나 독점을 포함하기도 한다. 베커는 노동에 대한 논의가 사람들로 하여금 완전한 소유권의 획득을 선호하는 가정을 전제한다고 주장한다. 그리고 일단 완전한 소진, 축적, 그리고 유해한 사용 등의 불편함이 잘 처리된다면 노동과 자유에 대한 논쟁보다 더 심각한 다른 불편함은 줄어들 가능성이 높다. 사용자들이 딥링크 전에 허가를 득할 것을 요구할 때 정보의 완전한 소진, 축적, 유해한 사용 등의 문제들은 생겨나지 않는다. 피땀 흘린 노동에 근거한 소유의 제한을 정당화할 만한 실질적인 불편함이란 없다. 그러므로 어떤 웹사이트에 대한 재산권을 행사하려면 그 사이트로의 딥링크가 수입의 손실과 창조적 속성의 손상과 같이 객관적으로 커다란 손실을 낳을 때 다른 인터넷 이용자들의 이익이나 권리를 제한할 필요가 있다.

Ⅴ. 공동선(공익)의 존중

비록 우리가 웹사이트 저작자의 재산권에 대해 어떤 입장을 주장할지라도 지적 재산 문제가 도덕적 입장에서 고려될 때 그 입장에 대한 또 다른 측면이 있다. 재산권 소유자로서 웹사이트 제작자는 다른 이해 당사자의 이익을 완전히 부정하거나 무시하지 말아야 한다. 우리가 개인적인 재산권에만 배타적으로 초점을 맞추고자 할 때 상대방의 요구와 이익을 반영시키지 못할 위험성이 상존한다. 개인의 재산권만을 강조하는 것은 도덕적 입장과 양립 불가능하다. 도덕적 입장은 타인의 입장과 견해에 대한 존중을 요구한다. 더 나아가 개인의 권리에 대한 너무나 협소한 관점은 창조적 활동의 사회적 역할을 무시하게 된다. 그러므로 웹에 대한 사회적 공익의 고려와 웹사이트의 재산권 사이의 균형을 이룰 필요가 있다. 이런 종류의 균형 없이는 인터넷에 의해 제공될 수 있는 더 큰 목적의 손실을 초래할 것이며, 이용자를 위해 제공해 주는 연결성보다 소유권 주장을 절대화하는 우를 범할 수 있다. 맥퍼랜드(McFarland)가 주장하는 것처럼 아무리 생산자의 합법적인 요구를 인정한다 하더라도 정보의 이용과 배분에 대한 윤리적 정책은 정보의 사회적 속성을 고려해야 한다. 중요한 미덕은 바로 균형점을 찾는 것이다.

그러나 이 경우에 공익은 무엇이며, 공익은 어떻게 해야 가장 잘 실현할 수 있는가? 아마도 공익은 www의 궁극 목적을 검토해 봄으로써 명백해질 것이다. www의 궁극적인 목적은 정보의 나눔과 보급이다. 이런 목적이 충실히 달성되기 위하여 www가 내포하고 있는 웹사이트와 정보는 가장 효율적인 방법으로 가능한 광범위하게 이용될 수 있어야 한다.

이 모두는 연결과 같은 이런 일상적인 활동을 위해 어떤 의미를 지니는가? 우리가 이미 암시했던 바와 같이 연결(linking)이 웹상의 실제적인 활동이라는 인식이 있어야 한다. 웹상의 실제적인 활동은 열린 의사소통의 목표, 즉 아이디어와 정보의 자유로운 교환과 흐름을 촉진시킨다. 도덕적 의무를 공익과 정보의 사회적 속성을 존중하는 것이라고 가정할 때, 웹사이트 제작자가 향유하는 일부에 대해 합목적적 제한이 가해져야 한다. 이런 균형점을 이룰 수 있는 한 방법은 목표 사이트의 홈페이지에 반드시 연결해야 할 법적 권리를 당연한 것으로 받아들이는 것이다. 왜냐하면, 이런 종류의 연결은 논쟁과정에 문제가 되지 않았기 때문이다. 목표 사이트는 특별한 상황에서만 연결을 막아야 하며, 허가를 요구해야 한다. 우리의 판단으로 모든 HREF 링크에 대하여 분명한 허가를 고집하는 것은 너무나 무거운 짐이며, 역효과를 일으키게 될 것이다. 그러한 허가를 추구할 필요성은 웹상에서 발생하는 연결을 갑자기 단절하는 것이며, 정보의 자유로운 흐름의 공익적 성격을 감소시킬 것이다. 수입의 상실이나 사이트의 속성에 대한 위협과 같이 해당 웹 사이트에서 생길 수 있는 유해 요인이 없는 경우에 딥링크가 허용되고 활용되어야 한다. 그러한 분명한 유해요인으로부터 고통받지 않는 웹사이트는 정보의 자유로운 흐름을 생각해서 딥링크를 허용해야 한다. 결과적으로 애매모호하고 하찮은 이유로 딥링크를 막지 말아야 한다. 왜냐하면, 딥링크가 특수한 기능을 가지고 있으며 개방성과 정보 공유의 목적에 대한 가치 있는 수단으로서 활용되기 때문이다.

만약 웹사이트의 제작자가 여기서 인용된 합법적 이유가 있을 때만 딥링크를 차단하거나 사전에 허가를 받을 것을 요구한다면 제작자는 분별 있게 행동하는 것이며, 그들 자신의 중요한 재산권과 타인의 이익, 그리고 웹의 궁극적인 목적 사이에 조화를 이루려는 도덕적 책무를 다하는 것이다. 우리의 견해로 이러한 분명한 규칙은 웹사이트 제작자의 합법적인 재산권과 인터넷상의 공익 존중과의 조화를 이루는 합리적 방법이다.

Ⅵ. 결론

비록 딥링크가 표면상 웹의 의미를 획득하고 실현하는 자비로운 활동으로 보일지라도 이 논문에서 열거된 이유 때문에 논쟁의 대상이 되었다. 이 문제는 복잡하며, 어떤 상징적 의미를 지닌다. 왜냐하면, 딥링크나 다른 기술을 통해 웹사이트를 제작하는 일은 저작활동에 대한 우리의 전통적 관점을 약화시키고 있는 것으로 보인다. 전통적 관점은 최소한의 참고문에 대한 딥링크의 권리를 자랑으로 여기는 원시 사이트(source site)의 추상적인 주장에 대해 반대한다. 그래서 우리는 다음과 같은 주장을 통해 이 입장을 옹호하고자 한다.

1. 딥링크가 어떤 상황에서 해당 웹사이트에 해를 줄 수 있다. 예를 들어, 딥링크가 광고 수입의 손실과 사이트의 창조적 성격의 훼

손을 초래할 수 있다.

2. 이런 예상되는 유해 요인 때문에 허락 없는 딥링크의 자유에 대한 추정상의 주장은 정당화되지 못한다. 이러한 주장은 웹사이트가 공공 재산이 아니라 개인의 지적 재산이라는 가정에 기초하고 있다. 결과적으로 웹사이트 접근과 관련한 자유는 제한되어져야 한다는 것이다.

3. 논리적 웹사이트(logical web site)가 지적 재산이라는 관점은 재산권의 전통적 입장[공리주의, 노동가치(공적), 인성이론]에 호소함으로써 옹호될 수 있다. 이 세 가지 이론들은 웹사이트를 개인의 지적 재산으로 확실하게 규정하고 있다. 재산권은 공리주의에서 주장하는 미래의 창조에 대한 인센티브로서, 그리고 노동에 의해 창출된 노동과 사회적 가치에 대한 보상으로서, 그리고 인간 인성의 반영을 통해 창출된 지적 재산을 보호하기 위한 수단으로서 정당화된다.

4. 소유의 자유이론에 따라 만약 웹사이트가 재산이라면 재산권은 수입을 얻고 경영할 권리를 최소한도 포함해야 한다. 이런 기본적인 권리를 포함하지 않은 소유는 무의미한 것이다. 이 두 가지 권리는 웹사이트 소유자에게 자신의 사이트에 접근하고 그것을 이용하는 방식에 대한 조건을 결정할 권리를 제공한다. 만약 원시 사이트가 해당 웹 사이트 소유자의 허락을 득하지 못한다면 그 소유권자는 딥링크와 같은 잠재적으로 파괴적인 활동을 방지할 수 있을 것이다.

5. 그러나 도덕적 관점은 다른 정향의 구성요소를 가지고 있으며, 지적 재산 소유자가 또한 공익을 고려해야 할 것을 요구한다.

웹의 궁극적인 목적은 정보의 공유이다. 그러므로 웹사이트 재산 소유자는 애매모호하거나 중요하지 않은 이유로 딥링크를 막지 말아야 한다. 그러나 유해요인이 생겼을 때만이 딥링크를 차단해야 한다. 이러한 측면에서 웹사이트에서 재산권은 적절히 공익과 조화를 이루어야 할 것이다.

6. 결론적으로 딥링크를 시도하는 다른 웹사이트들에 도덕적 의무를 부과하는 해당 웹사이트 소유자의 제한되고 조화로운 재산권 행사는 딥링크가 초래할 수 있는 유해요인을 고려하는 것이다. 다음으로 딥링크가 손실을 발생시키지 않고 해당 사이트에 의해 환영받는다는 확신이 명확히 서지 않을 경우에 한해 딥링크에 대해 허락을 요구해야 한다고 일반적으로 주장한다.

참고문헌

Becker, L. (1977) *Property Rights: Philosophic Fountions.* Routledge & Kegan Paul, London.

Fisher, W. (1998) Property and Contract on The internet.

http://cyber.law.harvard.edu/ipcoop/98fish.html

Hardy, T. (1996) The Ancient Doctrine of Trespass to web sites. *Journal of Online Law*, art. 7

Honore, A. M. (1961) Ownership, in Oxford Essays in Jurisprudence, (edu.A.G. Guest), 107–147, Oxford University Press, New York.

Hughes, J. (1997) *The Philosophy of Intellectual Property, in Intellectual Property* (ed. A. Moore), 107–177, Rowman & Littlefield, Lanham, MD.

Jakab, P. (1997) *Facts and Law of Web Linking.* Twelfth Annual Computer Law Institute, State Bar of Georgia.

Kaplan, C. (1997) Editors Feud over Whether Linking is Stealing. *Cyber Law Journal*, November 27.

Kaplan, C. (1999) Is Linking always Legal The Experts Aren't Sure. *Cyber Law Journal*, August6.

McFarland, M. (1999) Intellectual Property Information, and the Common Good. *Proceedings, Fourth Annual Ethics and Technology Conference*, Boston College, 88–95.

Mozick, R. (1974) *Anarchy, State and Utopia.* Basic Books, New York.

Radin, J. (1982) Property and personhood. *Stanford Law Review*, 34, 957.

Reeve, A. (1986) *Property.* Humanities Press, Atlantic Heights, NJ.

Tedeschi, B.(1999) Ticketmaster and Microsoft settle suit on internet linking. *The New York Times*, February 15.

Wagner, M. (1997) Suits Attack Web Fundamentals. *Computer World*, May 5, 125.

에릭 레이먼드Eric Raymond

Ⅰ. 대성당과 바자회

리눅스(Linux)[1]는 파괴적이다. 세계적인 인터넷 작동체계가 단지
가느다란 줄로 연결된 지구상에 흩어진 수천 명의 개발자들의 해킹
에 의해 마술을 부리듯 붕괴될 수 있다는 사실을 5년 전만 해도 감히
누가 생각이나 했겠는가?

---

* 이 논문은 최초로 레이먼드(Eric Raymond) 웹사이트에 게재되었고, 『대성당과 바자회』
  (*The Cathedral and the Bazzar*)라는 책으로 출판되었다. 출판사(O'Reilly & Associates,
  Inc.)의 허락을 받고 이 책에 실었다.
1) 역자 주 : 1991년 핀란드 헬싱키 대학 학생이던 토발즈(Linus Tovalds)가 대형 기종에서
  만 작동하던 운영체계인 유닉스를 386 기종의 개인용 컴퓨터(PC)에서도 작동할 수 있게
  만든 운영체계로서 인타넷을 통하여 무료로 배포하였다. 프로그램 소스 코드가 공개되어
  있으므로 원하는 대로 특정 기능을 추가할 수 있을 뿐만 아니라 어느 플랫폼에서도 포팅

확실히 나는 아니다. 리눅스가 1993년 초 나의 레이다 스크린으로 걸려들었을 때 나는 이미 10년 동안 유닉스(Unix)[2]와 개방 소스(open source)[3] 소프트웨어 개발에 관여했었다. 나는 1980년대 중반에 최초의 GNU[4] 공헌자들 가운데 한 사람이다. 나는 아직도 널리 사용하고 있는 독자 개발했거나 공동 개발한 프로그램(nethack, Emacs' VC와 GUD 방식, Xlife 등)과 같은 공개된 자료 소프트웨어를 인터넷상에 옮겨놓고 다운로드를 허락했다. 나는 그것이 어떻게 실행되는지 알고 있다고

이 가능하다. 이러한 장점 때문에 일반 기업과 인터넷 서비스 업체, 연구기관 등에서 수요가 늘어나고 있다. 우리나라에서도 1999년부터는 리눅스 사용자가 꾸준히 증가하면서 리눅스를 상품화하려는 업체들이 늘고 있으며, 리눅스의 설치 및 구성, 그리고 관리 운영 기술 및 프로그래밍 교육도 점차 활발해지고 있는 추세이다.

[2] 역자 주 : 미국 벨(Bell) 연구소가 프로그래밍 연구와 개발을 촉진시킬 환경조성을 목적으로 개발한 다수의 사용자를 위한 운영체계이다. 유닉스(UNIX)는 벨 연구소가 GE사와 함께 MULTICS 운영체계를 개발하기 위한 MIT 프로젝트인 MAC에 참가하였던 톰슨에 의해 DEE사의 PDP-7컴퓨터를 위해 어셈블리 언어로 작성되었다가 1972년에 리치에 의해 고급 언어인 C언어로 다시 작성되었다. 현재 개인용 컴퓨터(PC)나 소형 컴퓨터 기종의 대부분이 유닉스를 사용하며 강력한 명령어와 장치는 독립적인 파일체제를 갖추고 있다.

[3] 역자 주 : 개방 소스 소프트웨어(open source software) : 일반 대중의 공동 연구를 통하여 개발, 시험 및 개선됨과 아울러 미래의 공동 연구를 보장하기 위하여 소스 코드를 반드시 다른 사람들과 공유해야 한다는 사상과 함께 배포되는 소프트웨어를 지칭한다.

[4] 역자 주 : 그누(GNU)는 무료 소프트웨어 재단(FSF)에서 개발하여 무료로 배포하고 있는 유닉스 운영체계 호환 컴퓨터 프로그램의 총칭이다. GNU 소프트웨어라고 하며, 이의 개발 프로젝트를 GNU 또는 GNU 프로젝트라고 한다. GNU 소프트웨어는 일반 공중 라이센스(GPL)라는 협약에 의해 배포되는데, 이 협약에 따라 GNU 소프트웨어의 복사본을 가지고 있는 사람은 누구든지 그것을 다른 사람에게 같은 조건으로 재배포하는 것을 제한하지 못한다. GNU 소프트웨어를 배포하는 사람은 소스 코드(source code)를 반드시 제공해야 하며, 그렇지 않으면 소스 코드를 어디에서 획득할 수 있는지 알려주어야 한다. GNU 소프트웨어 사용자는 그것을 개작할 수는 있으나 개작판을 재배포하는 경우에는 그 사실을 분명히 표시해야 하는데, 그 이유는 GNU의 원저작권은 재단이 보유하고 있기 때문이다. GNU 소프트웨어 중에는 이맥스 편집기(Emacs editor), GNUC 컴파일러(GCC), GNU 디버거(GDB), 고스트스크립트(Ghostscript) 등 우수한 프로그램이 있다.

생각했다.

리눅스는 내가 안다고 생각했던 많은 부분을 마구 흔들어 놓았다. 나는 수년 동안 작은 도구, 신속히 생긴 표준이자 진화된 프로그램인 유닉스에 대한 절대적 신념을 전파하고 있었다. 그러나 나는 중앙집중화되고 우선순위가 정해진 접근이 요구되는 중대한 복잡성이 있음을 또한 믿었다. 가장 중요한 소프트웨어(운영체제 그리고 Emacs 프로그램 편집기와 같은 정말로 대규모의 도구들)는 시간이 되기 전에는 나타나지 않는 개인적인 마법사들이나 화려한 유리에서 작용하는 작은 무리의 마법사들에 의해 조심스럽고 정교하게 만들어진 대성당처럼 제작될 필요가 있다고 나는 믿었다.

토발즈(Linus Torvalds)의 개발 스타일은 조기에, 그리고 자주 공개되고, 여러분이 할 수 있는 모든 것을 위임하며, 극도의 혼돈 시점에서 등장하며, 무엇보다도 갑작스럽게 나타난다. 엄숙하고 외경스런 대성당을 짓는 것과는 거리가 멀다. 오히려 리눅스 공동체는 다양한 의제(agenda)와 접근들(어느 사람으로부터와 의뢰를 받는 리눅스 아카이브[5] 사이트에 의해 적절히 상징화된)의 어수선한 대바자회와 닮은꼴이다. 그런 바자회로부터 일관적이고 안정적인 체계가 기적처럼 생겨날 수 있다.

이 바자회 스타일이 원활히 작동한다는 사실은 대단한 충격으로

---

5) 역자 주 : 아카이브(archive)는 다음의 두 가지 의미가 있다. ① 분실되거나 파손되는 경우를 대비하여 컴퓨터 프로그램이나 데이터 파일의 사본을 안전이나 검증의 목적으로 보존하는 것이다. ② 복수의 파일이나 대용량의 파일을 압축하여 하나의 파일로 만든 것이다. 이것을 보통 아카이브 파일이라고 하며, 복수의 파일을 압축하여 하나의 아카이브 파일로 전송하면 전송시간이 단축되므로 PC 통신이나 인터넷에서의 파일전송은 대부분 아카이브 파일로 전송한다. 아카이브 파일의 작성과 복원(해동 또는 전개라고도 한다)을 위한 소프트웨어를 아카이버라고 한다.

다가온다. 나는 이런 작동방식을 알게 되면서 개인적인 프로젝트 방식으로 연구하지 않는다. 그러나 나는 세계가 혼돈상태에서 독립하여 작동할 뿐만 아니라, 대성당 건축가들이 상상할 수 없는 속도로 강력하게 진행되는 그 원인을 이해하려고 열심히 연구했다.

1996년대 중반쯤 되어 나는 그 원인을 알게 되었다. 나는 의식적으로 바자회 스타일에서 운영할 수 있는 개방 소스(open source) 프로젝트의 형태로 나의 이론을 검증할 완벽한 방법을 찾게 되었다. 나는 그렇게 했고, 나름대로 대단한 성공을 거두었다.

이것이 그 프로젝트에 관한 이야기이다. 나는 효과적인 개방 소스 개발에 대한 다음의 Ⅱ절에서 제기된 격언(aphorism)을 제안하기 위해 그 프로젝트를 이용할 것이다. 이 격언들 모두가 리눅스 세계에서 내가 처음으로 알았던 것은 물론 아니다. 그러나 리눅스 세계가 어떻게 격언들의 도출에 특별한 관점을 제공하게 되는지를 알게 될 것이다. 만약 내가 옳다면 리눅스 공동체를 좋은 소프트웨어의 원천이 되도록 하는 것이 무엇을 의미하는지를 정확히 알도록 그런 격언들이 여러분들을 도와줄 것이다. 아마도 격언들은 더욱 생산적이 되도록 여러분을 도와줄 것이다.

Ⅱ. 메일은 전달되어야 한다

1993년 이래 나는 펜실베니아의 웨스트 '체스터 지역 내의 상호 연결'(Chester County Inter-Link : CCIL)이라 불리어진 소규모 무료접속 인터넷 서비스 제공자의 기술적 부분을 담당하고 있었다. 나는 CCIL를 공동 설립했고, 개별적인 다수 이용자들의 게시판 소프트웨어를 제작했다. 여러분들은 www.locke.ccil.org에 접속해 봄으로써 그것을 확인해 볼 수 있다. 현재 CCIL은 30개 라인을 통해 3,000명의 이용자들에게 지원해 준다. CCIL의 56K선을 통한 온종일 연결을 가능하게 해 주었다. 사실 그 일은 24시간 동안 연결상태의 유지를 요구했다.

나는 즉각적인 인터넷 이메일에 아주 익숙했었다. 나는 귀찮게 하는 메일을 받지 않기 위해 정기적으로 인터넷을 차단시킬 필요성을 발견하게 되었다, 내가 원했던 바는 나의 메일이 나의 홈시스템으로 전달되는 것이었다. 그래서 메일이 도착되었을 때 통지를 받게 될 것이고, 나의 모든 관련 도구를 이용해서 나의 메일을 통제할 수 있다.

인터넷의 고유한 메일 전송의 프로토콜인 단순 메일 전송 프로토콜(Simple Mail Transfer Protocol : SMTR)은 나의 개인 컴퓨터가 항상 연결되어 있지 않거나 안정적인 IP(internet protocol) 주소를 갖고 있지 않는 동안에는 적합하지 않을 것이다. 왜냐하면, SMTR은 인터넷상에 계속 연결되어 있을 때 가장 잘 작동하기 때문이다. 내가 필요했던 것은 나의 이따금의 접속을 통해서 접근 가능하고 전달된 나의 메일을 열어볼 수 있는 프로그램이었다. 나는 그런 것이 가능하다는 것을 알았다. 그리고 그것들 대부분은 포스트 오피스 프로토콜(Post Office Protocol : POP)이라고 불리우는 단순한 운용 프로토콜을 사용했다. POP는 내가 사용하는 메일 리더기에는 맞지 않았다.

나는 POP3[6] 의뢰인이 필요했다. 그래서 나는 메일넷을 빠져나가 한 사람을 찾았다. 실제로 3-4명을 찾았다. 나는 잠시 동안 그들 중 하나를 이용했다. 그러나 그 의뢰자는 보내온 메일의 주소를 알아낼 방법이 무엇인지를 알지 못했다. 그 능력이 있어야만이 메일에 답 메일을 적절히 줄 수 있을 것이다.

문제는 다음과 같은 것이었다 : locke라는 서버에 'joe'라고 불리어지는 어떤 사람이 나에게 메일을 보냈다고 가정해 보자. 만약 내가 나의 홈시스템으로 그 메일을 가져다 다시 읽어본 다음에 보내온 메일에 답하려 한다면 나의 발송자는 즐거운 마음으로 홈시스템에서 존재하지 않는 'joe'에게 답을 보낼 것이다. '@ccil.org'를 덧붙여 손으로 편집한 답 주소는 어디로 가야 할지 몰라 헤매게 될 것이다.

이것은 확실히 컴퓨터가 나를 위해 해주어야 할 몫이었다. 그러나 현존하는 POP 의뢰인 중 어느 누구도 그 방법을 알지 못한다. 우리는 이것을 통해 첫 번째 교훈을 얻게 된다.

1. 소프트웨어의 원활한 작동은 개발자의 개인적인 가려운 곳을 긁어줌으로써 가능해진다.

이 말은 분명히 옳은 말이다. 다시 말해 필요가 발명의 어머니라는 말은 오랫동안 전해오는 유명한 말이다. 그러나 한편으로는 소프트웨어 개발자들은 돈벌 목적으로 필요하지도 않고 좋아하지도 않는 프로그램들을 개발하는 데 자신의 시간을 보낸다. 그러나 리눅스 세

---

6) 역자 주 : POP3 (post office protocol version3)는 전자 우편을 내려받기 위해 사용되는 포스트 오피스 프로토콜(POP)의 3판이며, 인터넷 메일 클라이언트가 메일 서버로부터 메일을 꺼내기 위한 규약으로서 인터넷에서 사실상 표준이 되어 있다.

계에서는 그렇지 않다. 리눅스 공동체에서 기반을 두고 있는 소프트웨어의 평균 질이 왜 그렇게 높은지를 리눅스 세계에서는 설명이 가능하다.

그래서 나는 현존하는 것과 경쟁하는 새로운 POP3 클라이언트로 기호화한 혼란스런 소용돌이에 자발적으로 뛰어 들어가지 않았던가? 물론 여러분의 삶 속으로 뛰어 들어가진 않는다. 나는 조심스럽게 내 수중에 있는 POP 유틸리티를 살펴본다. 그리고 어느 것이 내가 원하는 것과 가장 밀접한 것인가를 자문해 본다.

2. 훌륭한 프로그래머들은 어떻게 제작할 것인지를 안다. 위대한 프로그래머들은 어떻게 다시 제작하고 재사용할 것인지를 안다.

나는 위대한 프로그래머가 될 것을 강력히 희망하지는 않지만 위대한 프로그래머를 닮으려고 노력한다. 위대한 프로그래머의 중요한 특징은 발전적인 게으름뱅이라는 것이다. 여러분이 노력 때문이 아니라 결과 때문에 A를 받았다고 위대한 프로그래머들은 안다. 그들은 백지상태에서 출발하기보다 부분적인 좋은 해결책으로부터 출발하는 것이 더 쉽다고 인식한다.

예를 들어, 토발즈는 실제로 가려운 데 긁기 차원에서 리눅스를 제작하려 하지 않았다. 대신에 그는 PC 클론[7]에서 유닉스처럼 작동하

---

7) 역자 주 : 클론(clone)은 호환성이 있고 내부 설계도 동일한 머신 또는 소프트웨어를 말한다. 일반적으로 IBM PC의 호환기를 말할 때도 있다. 다만, 하드웨어는 회로나 BIOS까지

는 작은 체계인 미닉스(Minix)[8]로부터 코드와 아이디어를 재사용하는 것으로 출발했다. 결과적으로 모든 미닉스 코드는 날아갔거나 전면적으로 재작성되었다. 그러나 미닉스가 있으므로 해서 리눅스라는 옥동자를 낳는 발판이 마련되었다.

같은 생각으로 나는 개발의 발판으로서 이용될 수 있게 합리적으로 코드화된 현존하는 POP 유틸리티를 계속해서 찾아보았다.

유닉스 세계의 소스를 공유하는 전통은 기꺼운 마음으로 코드를 재사용하는 것이다. 이것은 운영체계(operate system) 그 자체의 심각한 제한조건에도 불구하고 GNU 프로젝트가 유닉스를 기본적인 운영체계로서 선택한 이유이다. 리눅스 세계는 그것의 기술적인 제한에 대한 이러한 전통을 취해왔다. 리눅스 세계는 일반적으로 이용 가능한 수많은 테라바이트 분량의 개방 소스를 가지고 있다. 그래서 어떤 좋은 자료를 탐색하는 데 걸리는 시간을 놓고 볼 때, 어느 다른 것보다 리눅스 세계에서 여러분에게 좋은 결과를 제공할 가능성이 더 많다.

그리고 나에게도 마찬가지이다. 내가 일찍이 찾았던 그것들과 함께 나의 두 번째 탐색은 전체적으로 아홉 개의 후보군들(fetchpop, popTart, get-mail, gwpop, pimp, pop-perl, popc, popmail, 그리고 upop)로 구성했다. 내

동일한 것을 지칭하며, 그 레벨까지 동일하지 않은 호환기와 구별하며, 소프트웨어는 명령체계나 조작방법이 극히 비슷한 것을 말한다.

8) 역자 주 : 미닉스(Minix)는 네덜란드의 앤드류 다넨바움이 개발한 교육용 PC-UNIX이다. 유닉스(UNIX)의 상용화가 진전됨에 따라 권리상의 문제에서 연유되어 소스 코드(source code)의 일반 공개가 보류된 시기가 있었다. 미닉스는 그러한 상황을 반영하여 개발되었기 때문에 기능은 한정되어 있지만 소스 코드의 열람이 가능하게 되어 유닉스를 배우려는 사람에게 널리 보급되었다. IBM 호환기 이외의 플랫폼에도 이용할 수 있기 때문에 매킨토시(68k), SPARC station 등에 이식되어 있다.

가 첫 번째로 정한 것은 오성홍(Seung—Hong Oh)에 의해 개발된 패치팝(fetchpop)[9]이었다. 나는 그것을 수정하는 작업을 시도했고, 여러 다른 것들을 개선했다. 그 저자는 그의 1.9 버전을 무료 배포함으로써 나에게 사용 승인을 해주었다.

그럼에도 불구하고 몇 주 후에 나는 우연히 해리스(Carl Harris)에 의해 제작된 팝클라이언트(popclient) 코드를 발견했으며, 내가 문제를 지니고 있음을 알게 되었다. 패치팝은 그 분야에 최초의 좋은 아이디어였지만 패치팝은 단지 POP3만을 통제할 수 있었으며, 오히려 어설프게 코드화되었다. 오성홍은 그 당시에 꽤 영리하였으나 경험이 많지 않은 프로그래머였다. 칼(Carl)의 코드는 더 좋았고, 아주 전문적이었으며, 세련되었다. 그러나 그의 프로그램은 여러 중요한 패치팝 요소들이 빠져 있었으며, 애매모호한 실행요소들이 있었다.

그대로 둘 것인가, 아니면 바꿀 것인가? 만약 바꾼다면 나는 더 훌륭한 개발의 발판을 마련하는 대신에 내가 이미 해놓은 그 코드를 잃어버리게 될 것이다. 바꾸려는 실제적인 동기는 다차원의 프로토콜 지원을 선보이기 위해서이다. POP3는 메일 서버 프로토콜에 가장 공통적으로 사용되는 것이긴 하지만 유일한 것은 아니다. 팻치팝과 다른 이에 상응하는 프로그램인 POP2, PROP 또는 APOP를 실행하지 않았다. 나는 흥미 있는 인터넷 메시지 전달 프로토콜(Internet Massage

---

[9] 역자 주 : 패치(fetch, 꺼냄)는 컴퓨터의 중앙처리장치(CPU)가 기억장치에 들어 있는 기계어 명령이나 자료를 수행시키기 위하여 CPU 내로 가져오는 일을 일컫는다. 그리고 패치는 필요한 자료가 즉시 이용 가능한 위치에 있지 않을 때, 그 자료를 저장되어 있는 곳으로부터 꺼내오는 일을 담당한다.

Access Protocol : IMAP)을 추가할 생각을 막연하게나마 이미 가지고 있었다.

그러나 나는 바꾸는 것이 더 좋은 생각일 수 있다고 생각하는 이론적인 이유를 가지고 있었다. 나는 그것을 리눅스 출현 이전에 이미 알고 있었다.

3. 어떤 것을 포기해라. 그러면 너는 어떻게 해서든 해낼 것이다.

또 다른 방법을 시도하라. 그러면 네가 해결책을 찾는 첫 번째 순간이 되면 그 문제를 정말로 이해하게 될 것이다. 아마도 두 번째로 너는 그것을 제대로 할 수 있을 만큼 충분히 알게 된다. 그래서 만약 네가 올바로 그것을 획득하기를 원한다면 최소한도 한번 이상 시작할 준비를 해라.

나 스스로에게 다짐했던 것처럼 패치팝으로의 교체는 나의 첫 번째 시도였다. 그래서 나는 바꾸었다. 나는 1996년 6월에 나의 첫 번째 유형의 팝클라이언트 패치를 해리스에게 보낸 후에 그가 얼마 전부터 팝클라이언트에 대해 완전히 흥미를 잃었다는 것을 알았다. 그 코드는 작은 벌레들이 기생하고 있는 미세한 먼지와 같은 존재였다. 나는 많은 변화를 시도했다. 내가 할 논리적인 일들은 프로그램을 교체하는 것에 재빨리 동의하는 일이다.

나의 실제적인 관심을 기울이지 않는 가운데도 그 프로젝트는 계속 발전했다. 나는 현존하는 팝클라이언트에 소규모의 프로그램 꺼내주기(patch)에 더 이상 연연하지 않는다. 나는 전체적인 것을 유지하는 데 관심을 가졌다. 중요한 변화를 수반할 중요한 아이디어들이 내 머리 속에서 용솟음쳤다.

코드 공유를 장려하는 소프트웨어 풍토에서 이것은 프로젝트를 진화시키는 자연스러운 방식이기도 하다. 나는 다음과 같은 원칙을 실천에 옮기고자 한다.

4. 만약 네가 올바른 태도를 갖는다면 흥미로운 문제들이 너를 찾을 것이다.

그러나 해리스의 태도가 훨씬 더 중요하다. 그는 그것을 잘 이해하고 있다.

5. 네가 어떤 프로그램에 흥미를 잃었을 때 그것에 대한 너의 마지막 의무는 능력 있는 후계자에게 그것을 넘겨주는 것이다.

논의의 여지없이 칼(Carl)과 나는 거기에서 가장 좋은 해결책을 찾아야 할 공동의 목적을 가지고 있다는 것을 잘 안다. 중요한 문제는 우리가 좋은 파트너가 될 수 있느냐이다. 내가 그의 훌륭한 파트너가 되어준다면 그는 우호적이고 신속하게 그 일을 해낼 것이다. 나도 내 차례가 오면 마찬가지로 그 일을 잘 해낼 준비가 되어 있다.

Ⅲ. 이용자 확보의 중요성

그래서 나는 팝클라이언트를 물려받았다. 중요한 것으로 나는 팝클라이언트의 이용자 전부를 물려받았다. 이용자들은 확보해야 할 중요한 존재들이다. 이용자들에게 네가 그들의 요구에 응했고 네가 제대로 그 일을 해냈다는 것을 나타내 보이려는 것 때문이 아니다. 적절하게 비유해 본다면 이용자들은 공동개발자이며, 동업자이다.

리눅스가 극단적으로 열망하는 유닉스 전통의 또 다른 강점은 많은 이용자들이 해커라는 점이다. 소스 코드(source code)를 이용할 수 있기 때문에 그들은 실력 있는 해커가 될 수 있다. 결함 수정[10]의 타임을 단축하는 데 놀랄 만한 효과가 있다. 약간의 흥미를 유발하면 너의 이용자들은 문제를 진단하고 문제된 곳을 알려줄 것이고, 네가 도움을 받지 않고 했을 때보다 훨씬 더 빨리 코드 개선을 도와줄 것이다.

---

10) 역자 주 : 버그(bug)는 벌레, 디버그(debug)는 원래 '해충을 잡다'라는 뜻이며, 프로그램의 결함를 벌레에 비유하여 결함를 찾아 수정하는 일이라는 의미로 쓰인다. 프로그램 개발공정의 마지막 단계에서 이루어진다. 주로 디버그가 **결함 수정** 프로그램과 그 작업을 통칭하는 반면, 작업에 중점을 둔 어휘는 **디버깅**(debugging)을 쓰며, 결함 수정 소프트웨어를 가리킬 때는 **디버거**(debugger)라는 말을 쓴다. 잘못된 부분을 찾아내거나 이를 바로잡는 일을 의미한다. 그리고 컴퓨터 자체에서 오동작을 감지하고 고치는 것을 포함한다.

6. 너의 이용자를 공동개발자로서 대접한다는 것은 급속한 코드 개선과
효과적인 결함 수정의 지름길이다.

그 이용자들의 영향력을 과소평가하기 쉽다. 토발즈가 우리에게 중
요한 결과를 보여줄 때까지 개방 소스의 세계에서 우리 모두는 수많
은 이용자들과 함께, 그리고 인터넷 체계의 복잡성에 비하여 그 영향
력이 얼마나 증가할 것인지를 과소평가해 왔다.

사실 나는 리누스의 가장 영특하고 중요한 해킹은 리눅스 핵심의
구성이 아니라 오히려 리눅스 개발 모델의 발명이라고 나는 생각한
다. 언젠가 내가 그의 면전에서 이런 의견을 개진했을 때 그는 웃으면
서 조용히 그가 종종 말하곤 했던 다음의 이야기를 들려주었다. "나
는 기본적으로 다른 사람이 실제로 해놓은 것을 이용해 칭찬을 받는
여우처럼 게으른 사람이다." 하인레인(Robert Heinlein)이 "너무나 게을
러서 실패할 수 없다"고 그의 성격의 단면을 묘사했던 유명한 말을
떠올렸다.

되돌아 보면 리누스의 방법과 성공에 대한 한 선례는 GNU 이멕스
리스프[11] 도서관과 리스프 코드 아카이브의 개발과정에서 보여준다. 이

---

11) 역자 주 : 리스프(Lisp)는 리스트 처리용 프로그래밍 언어이다. 리스프(List Processing :
LISP)는 미국 MIT 대학의 존 매카시(John McCarthy) 교수가 1959~1960년에 개발한
비수치 프로그래밍 언어의 이름이다. 리스프는 주로 인공지능 연구의 도구로 개발된 언
어인데, 데이터 요소의 순서적 집합인 목록을 함수로서 처리하는 것이 특징이다. 리스프
는 개발된 지 오래된 언어이지만 이의 표준화 움직임이 지연되었기 때문에 맥 리스프
(Mac LISP), 프란츠 리스프(Franz LISP) 등 많은 변종이 개발되었다. 그러나 그것이 리
스프 발전의 계기가 되어 인공지능 연구뿐만 아니라 자연어 처리, 기호 처리, 수식 처

멕스 C코어(core)와 대부분의 다른 GNU 도구들에서 나타난 대성당 건축 스타일과는 달리 리스프 코드 풀(code pool)의 진화는 매우 유동적이며 이용자 지향적이다. 아이디어와 원형 모드는 안정적인 최종 형태로 자리잡기 전에 3-4번 다시 작성되었다. 인터넷상, 즉 리눅스에서 느슨하게 짝지어진 파트너들 간의 협력은 아주 빈번하게 이루어진다.

정말로 패치메일(fetchmail) 이전에 나 자신의 가장 성공적인 단순한 해킹은 아마도 Emacs 제어(version control : VC)[12] 모드였다. 세 명의 다른 사람들과 이메일을 통한 리눅스 방식의 협동작업을 했다. 지금까지 나는 그들 중 이멕스의 개발자인 스톨만(Richchard Stallman)을 만났을 뿐이다. 원터치 제어 작동을 제공했던 것은 바로 이멕스 내부로 SCCS, 원격 컴퓨터 서비스(RCS) 그리고 후에 CVS를 제작하기 위한 준비작업이었다. 그것은 누군가가 작성했었던 작고 엉성한 sccs. el 모드로부터 발전된 것이었다. 그리고 이멕스와 달리 이멕스 리스트 코드는 아주 신속하게 그 산출결과를 공개하고, 검증하고, 개선할 수 있었기 때문에 제어(VC)의 개발에 성공했다.

리 기능을 갖는 변종이 개발되고 그런 기능을 수행할 수 있게 설계된 제품이 널리 이용됨에 따라 필연적으로 표준화가 필요하게 되었다. 그 결과 공통 리스프(Common LISP)가 작성되었는데, 이것은 초기의 리스프에 다양한 기능을 추가하고 확장한 것이다.

12) 역자 주 : 제어(制御, version control)는 새로운 개정의 생성과 기존 개정들에 대한 접근을 적절히 통제하는 것을 지칭한다.

Ⅲ. 조기에 공개하고 자주 공개하라

조기 공개와 빈번한 공개는 리눅스 개발 모델의 중요한 요소이다. 나를 포함한 대부분의 개발자들은 보잘 것 없는 프로젝트이기 때문에 이것이 좋지 않은 정책이라고 생각하곤 했다. 왜냐하면, 초기의 버전은 명확히 저질 버전이며, 이용자들의 인내의 한계상황을 만들기를 원치 않았기 때문이다.

이런 믿음은 대성당 건축 스타일에 대한 집착을 강화시켰다. 만약 최우선의 목적은 이용자들이 가능한 한 적은 결함를 찾아내는 것이라면, 그러면 너는 왜 6개월마다 단지 그 버전을 공개하려고 하며, 공개과정에서 결함 수정에 열중하려고 하는가? 이멕스 C 코어는 이런 식으로 개발되었다. 리스프 도서관은 네가 이멕스의 공개 주기와는 무관하게 새롭고 발전된 코드 버전을 찾으러 갈 수 있는 FSF의 통제권 밖의 적극적인 리스프 아키브가 있었기 때문이 실제로 아니다.

이것들 중에서 가장 중요한 오하이오 주 elisp 아키브는 그 정신과 오늘날 대규모의 리눅스 아키브의 많은 특징을 예상했다. 그러나 우리가 무엇을 하고 있는지, 또는 모든 아키브의 존재들이 FSF의 대성당 건축 개발 모델의 문제에서 어떤 의미를 함축하고 있는지에 대해서 어느 누구도 그렇게 심각하게 생각하지 않았다. 공식적인 이멕스 리스프 도서관으로 통합된 많은 오하이오 코드에 도달하기 위해 나는 1992년쯤 중요한 시도를 했다. 그러나 나는 정치적인 곤경에 부딪쳤으며, 성공을 거두지도 못했다.

그러나 1년 후쯤 리눅스가 광범위하게 출현함에 따라 이질적이면서도 바람직한 일들이 진행되고 있다는 것은 분명해 보였다. 리누스의 개방적인 개발정책은 대성당 건축과는 정반대였다. 리눅스의 인터넷 아키브는 급속히 성장했으며, 다방면으로 보급이 확산되었다. 이 모든 것은 지금까지 들어본 것이 없는 핵심 체제의 빈번한 공개에 의해 촉진되었다. 리누스는 가장 효율적인 가능한 방법으로 그의 이용자들을 공동 개발자로 대우하고 있다.

7. 조기 공개하고 자주 공개하라. 그리고 너의 고객에 귀를 기울여라.

리눅스의 혁신은 수많은 이용자 피드백에 걸맞는 빠른 공개로의 전환에 있는 것이 아니라, 그가 개발하는 것의 복잡성에 상응하는 차원의 빈도로 공개를 증가시킴으로써 이루어진다. 1991년도에 리누스가 하루에 한번 이상 새로운 핵심 요소를 공개하는 것이 알려졌다. 그는 어느 누구보다 공동 개발자의 도움을 받을 수 있는 토대를 마련하고 협력작업을 위해 인터넷을 활용했기 때문에 이것이 가능했다.

그러나 리눅스는 어떻게 작동했는가? 그리고 리눅스는 내가 복제할 수 있는 것이었나? 또는 리눅스는 토발즈의 천재적 속성에 의존했는가? 나는 그렇게 생각하지 않는다. 리눅스는 굉장히 훌륭한 해커라고 여겨진다. 처음부터 원활한 작동체계의 핵심을 설계하여 제작할 수 있는 사람이 우리 중에 과연 얼마나 있을까? 그러나 리눅스는 갑작스런 개념적 도약을 시도하지 않았다. 스톨만이나 고슬링(James Gosling, News와 Java의 제작자)이 디자인의 천재라는 측면과는 달리 리눅스는 최소한도 또는 아직은 그런 천재적인 기질이 없었다. 오히려 내가 보기에 리눅스는 결함과 발전의 참담한 나락을 피할 수 있는 육감과 최소한의 노력으로 A지점에서 B지점으로 나아갈 수 있는 요령을 가지고 있다는 측면에서 설계와 개발의 천재인 것처럼 보인다. 실제로 리눅스의 전체적인 디자인은 이러한 자질을 확장한 것이며, 리누스의 보수적이고 단순한 디자인 접근을 반영한 것이다.

그래서 만약 신속한 공개와 철저히 인터넷 매체를 활용하는 것이 우연이 아니고 최소의 노력으로 설계의 목적을 달성하는 리누스의 중요한 속성이라고 본다면 리누스는 무엇을 최대화하려고 하는가? 그는 복잡한 절차로부터 무엇을 준비하고자 하는가?

그 방법을 잘 생각해 보면 문제 자체에서 답이 나온다. 리누스는 그의 이용자들과 해커들에게 자기 만족적인 몫을 줌으로써 자극을 했고, 그들에게 그들의 과업 수행과정에서 끊임없는 개선 전망을 통해 보상을 주었다.

만약 어떤 심각한 결함이 고치기 어렵다고 판명된다면 코드상의 불안정과 사용자 그룹의 소멸에도 불구하고 결함을 치유하고 개선하는 데 리누스는 투입할 인원과 시간을 최대화하려고 한다. 리누스는 마치 다음과 같은 것에 확신을 가지고 있는 것처럼 행동했었다.

8. 대규모의 베타 테스터(패치메일 동호인)들과 공동 개발자 풀을 갖게 되면 거의 모든 문제가 쉽게 드러날 것이며, 누구에게나 문제의 소재가 분명해질 것이다.

간단히 말해 여러 사람의 눈으로 쳐다보면 모든 결함은 보이게 되어 있다. 나는 이것을 '리누스의 법칙'이라고 부른다.

모든 문제가 누군가에게 분명히 드러날 것이라는 것이 나의 최소의 표현이었다. 그 문제를 이해하고 그 문제의 위치를 알고 있는 사람은 그 문제를 최초로 표현한 사람이 반드시 아닐 수도 있다는 것에 리누스는 이의를 제기했다. 어떤 사람이 그 문제를 발견한다면 그 밖의 다른 사람들은 그 문제를 이해한다고 리누스는 말한다. 그리고 문제를 발견하는 것이 더 큰 도전이라고 말함으로써 나는 나의 태도를 분명히 밝힐 것이다. 그러나 문제는 두 가지 일이 급속하게 진행된다는 것이다.

나는 여기에 대성당 건축 스타일과 바자회 스타일 사이에 기본적인 차이가 있다고 생각한다. 프로그램 제작시 대성당 건축가의 입장에서 결함과 그것을 개선시키는 문제는 복잡하고, 예리하며, 심오한 현상이다. 네가 그들 모두를 탐지하는 데는 바로 열성을 지닌 소수의 사람에 의한 수개월의 조사기간이 필요할 것이다. 그러므로 장기간 공개를 미루거나, 그리고 오랜 기다림 끝에 이루어진 공개가 완벽하지 않아 실망을 안겨줄 수 있다.

반대로 바자회의 측면에서 일반적으로 결함이 그리 심각한 현상이라고 보지 않는다고 나는 확신한다. 새로운 공개로 말미암아 새로운 자발적인 공동 개발자들에게 그 문제가 노출될 때, 아주 신속하게 그 문제를 해결할 수 있는 것으로 본다. 따라서 너는 더 많은 개선을 위해 더 자주 공개하고 부수적인 효과로서 만약 이따금 실패를 잘 극복할 수 있다면 너는 더 적게 잃게 된다.

만약 리누스의 법칙이 허위라면, 리눅스의 핵심과 같이 그렇게 복잡한 어느 체계도 예상치 못한 나쁜 상호작용과 드러나지 않은 심각한 결함에 의해 붕괴되고 말았을 것이다. 반대로 만약 리누스의 법칙이 사실이라면 상대적인 결함의 부족과 계속해서 그것을 작동하는 데 걸리는 개월 수나 연수의 단축을 설명하기에 충분하다.

아마도 그것은 그렇게 놀랄 만한 일이 아님에 틀림없다. 수년 전에 사회학자들은 많은 전문가들의 일반적인 견해가 단순히 임의적으로 선택된 관찰자들의 견해보다 훨씬 더 신뢰할 수 있는 예언이라는 점을 발견했다. 그들은 이것을 "델피효과"(Delphi effect)라고 불렀다. 리누스가 보여주려 했던 것은 델피효과가 운영체계에서 발생하는 결함를 제거하는 데도 적용할 수 있다는 점이다. 그리고 델피효과는 운영체계 핵심의 복잡성 수준에서도 발달과정의 복잡성을 제어할 수 있다.

델피효과를 통해 분명히 이바지할 수 있는 리눅스 상황의 한 특성은 부여된 프로젝트에 대한 기여자들의 자발적 선택에 의해 이루어진다는 사실이다. 임의로 표집된 사람들로부터 도움을 받는 것이 아니라, 자유 소프트웨어[13]를 이용하고 그 소프트웨어가 어떻게 작동하

---

13) 역자 주 : 자유 소프트웨어(free software)는 누구든지 자유로이 사용 · 복사 · 개작 및 재배포할 수 있도록 소스 코드(source code)와 함께 무상으로 배포되는 소프트웨어이다. 자유 소프트웨어는 소프트웨어의 자유로운 개발과 공유를 촉진할 목적으로 자유 소프트웨어 재단(FSF)을 설립한 리처드 스톨만(Richard Stallman)이 주창한 개념이다. 자유 소프트웨어는 최근에 플로피 디스크나 CD-ROM과 같은 전자 매체에 담아서 서적이나 잡지의 부록으로 첨부하는 일이 많아 널리 보급되고 있다. 개인용 컴퓨터를 편리하게 이용할 수 있는 유틸리티 프로그램이나 통신 관련 프로그램이 많으며 다양한 종류의 프로그램이 유통되고 있다. 자유 소프트웨어는 사용료를 부담하지 않고 아무런 제약 없이 사용하고 재배포할 수 있으나 저작권이 포기되거나 양도된 공개 소프트웨어(PDS)는 아니다. 따라서 이를 개작하여 재배포하는 경우에는 모든 개작 내용을 분명하게 표

는지를 배우고, 그들이 직면하게 되는 문제에 대한 해결책을 찾으려고 노력하고, 실제로 합리적이고 결정을 도출하는 데 흥미 있는 사람들로부터 도움을 받는다고 그 응답자들은 지적했다. 모든 이런 관문을 통과한 사람은 유익한 기여를 할 가능성이 아주 높다.

나는 리누스의 법칙이 결함 수정과정과 유사하다고 말한 나의 친구인 더츠키(Jeff Dutky)에게 고마운 마음을 갖고 있다. 더츠키는 비록 결함 수정이 그 결함 수정자들로 하여금 일부 협력관계의 개발자들과의 의사소통을 요구할지라도 결함 수정은 그 수정자들 사이에 중요한 협력을 요구하지 않는다고 본다. 그러므로 추가로 합류한 개발자들을 문제 유발자로 인식하게 하는 동일한 2차적 복합성과 과도한 운영비의 함정에는 빠지지 않을 것이다.

실제로 결함 수정자들에 의한 일의 중복 때문에 생길 수 있는 이론상 효율성의 손실은 리눅스의 세계에서 결코 중요한 문제가 되지 않는다. 조기공개정책과 빈번한 공개정책의 효과는 잘못된 위치를 재빨리 알려줌으로써 그러한 중복을 최소화하는 것이다.

브룩스(Brooks,『신화적 인간-달』의 저자)는 더츠키의 관점과 관련된 즉흥적인 관찰을 했다 : "광범위하게 사용되는 프로그램을 유지하는 전체적인 비용은 일반적으로 그 프로그램을 개발하는 경비의 40% 또는 그 이상이다. 놀랍게도 그 경비는 사용자의 수에 크게 영향을 받는다. 더 많은 사용자는 더 많은 결함을 발견한다."

시해야 하고 원저작자의 성명과 저작권 공고(copyright notice)를 삭제하거나 변경해서는 안 된다. 이것이 자유 소프트웨어가 프리웨어(freeware)와 다른 점이다. 프리웨어는 저작자가 저작권을 포기한 것도 있고 보유한 것도 있다. 저작권의 포기를 선언하지 않고 보유하고 있는 프리웨어는 저작자의 허가 없이 개작하여 재배포해서는 안 된다.

더 많은 사용자를 추가한다는 것은 그 프로그램에 가해지는 더욱 다양한 스트레스의 유형들이 덧붙여지기 때문에 더 많은 이용자는 더 많은 결함을 발견하게 된다. 이용자들이 공동 개발자일 때 이런 효과는 더 커진다. 각각의 공동 개발자들은 그 문제에 대한 약간씩 다른 인식틀과 분석적 도구, 그리고 다른 각도로 그 결함의 특징을 밝히는 과제에 접근한다. 델피효과는 이러한 다양한 변수 때문에 분명히 작용하는 것처럼 보인다. 오류 수정의 특수한 맥락에서 다양한 시각들이 노력의 중복을 줄여주는 효과가 있다.

그래서 더 많은 베타 테스터들이 증가함에 따라 그 개발자의 관점에서 현재의 심각한 오류의 복잡성을 감소시키지 않을 수 있으나 어떤 사람의 분석도구를 통해 그 사람에게 그 결함이 그렇게 대수롭지 않은 문제로 다가올 가능성을 증가시킬 수 있다.

리누스는 또한 내기를 건다. 심각한 결함이 있는 경우에 리눅스의 핵심적인 버전은 아주 다양한 방식으로 나타나게 될 것이므로 잠재적 이용자들은 "안정적"으로 설계된 마지막 버전을 활용할 것인지, 아니면 벼랑 끝으로 몰고 가 위험한 결함에 직면할 것인지를 선택할 수 있다. 이러한 전술은 대부분 리눅스 해커들에 의해 아직은 공식적으로 모방되지 않지만 아마도 앞으로 그렇게 되어야 할 것이다. 어느 쪽이나 유용할 수 있다는 사실이 둘 모두를 더 매력적인 것으로 만든다.

Ⅳ. 장미는 언제 장미가 아닌가?

리누스의 행태를 연구하고 리누스의 성공 이유에 대한 이론을 정립하고자 했을 때 나는 나의 새로운(훨씬 덜 야망적이고 복잡한) 프로젝트를 수행하면서 이 이론을 검증하기 위한 의도적인 결정을 내렸다.

그러나 내가 했던 첫 번째 일은 팝클라이언트를 재조직하고 단순화하는 일이다. 해리스의 실행은 아주 좋았으나 많은 C 프로그래머들에게 공통적으로 나타나는 불필요한 복잡성이었다. 그는 코드를 핵심적인 것으로 간주했으며, 데이터 구조를 코드를 지원해 주는 것으로 보았다. 결과적으로 코드는 아름다운 것이며, 이런 오래된 리스프(LISP) 해커의 높은 기준에 따르면 데이터 구조 디자인은 임시적인 것이며 저수준의 것이다.

그러나 나는 코드와 데이터 구조 디자인을 개선시키는 것 이외에 다시 제작해야 할 또 다른 목적을 가지고 있었다. 그 목적은 내가 완전히 이해하는 방식으로 그 프로그램을 발전시키는 것이었다. 네가 이해하지 못하는 프로그램에서 결함(bug)의 위치를 책임지고 찾는 것은 그렇게 재미있는 일이 아니다.

첫 1개월 동안 나는 해리스의 기본적인 디자인이 담고 있는 내용을 추적하였다. 내가 시도했던 첫 번째 심각한 변화는 IMAP[14] 지원

---

14) 역자 주 : IMAP(Internet Mail Access Protocol Version) 4는 1997년 미국 넷스케이프 커뮤니케이션스사와 마이크로소프트사가 각각 월드 와이드 웹(WWW) 브라우저와 세트

을 추가하는 것이었다. 나는 프로토콜 장치를 특유의 드라이버와 세 가지 방식의 표(pop2, pop3, IMAP)로 재조직함으로써 이러한 변화를 시도했다. 이것과 이전의 변화는 자연스럽게 다음의 역동적인 형태를 취하지 않는 C같은 언어들로 프로그래머들이 기억하기 좋은 일반적 원리를 잘 표현한다.

9. 컴퓨터화된 데이터 구조와 무선 코드(dumb code)는 주변의 다른 벙법보다 훨씬 더 잘 작동한다.

브룩스(Brooks)는 9장에서 다음과 같이 이야기한다 : "나에게 너의 코드를 보여다오. 그리고 너의 데이터 구조를 숨겨라. 그러면 나는 계속해서 속게 될 것이다. 나에게 구조를 보여다오. 그러면 나는 너의 코드를 필요치 않을 것이다. 너의 코드가 분명해질 것이다." 실제로 그는 도표와 표를 말했다. 그러나 30년 동안의 전문용어와 문화의 변화

로 제공하고 있는 인터넷 메일을 위한 차세대 메일 통신 규약이다. 세계적인 규모로 움직이고 있는 인터넷 메일은 지금까지 간이 전자우편 전송 프로토콜(SMTP)과 POP3 (post office protocol version 3)의 2개 통신규약에 의지해 왔다. SMTP는 주로 메일의 송신에 사용한 통신 규약으로, 주로 사용하는 명령은 송신원 지정, 주소 지정, 메일 본문 송신 등 몇 개 사항에 불과하며, POP3은 메일 서버를 이용해 자기 주위의 개인용 컴퓨터로 메일을 뽑아내는 통신규약인데, 인증용의 명령을 제외하면 메일의 일람표, 출력, 삭제 등 4-5개의 명령만이 이용된다. 단순하다는 결점이 있지만 사용상 보편성 때문에 널리 이용되었으나 인터넷 이용환경의 변화로 1980년대에 개발된 SMTP, POP3은 IMAP4를 낳게 하였다. IMAP4 통신규약은 POP3 등에 비해 다음과 같은 장점이 있다. 원격 접근 등의 이동환경에서 사용하기에 편리하다. 1명이 여러 대의 PC를 편리하게 사용할 수 있다. 사서함의 일원적 관리를 할 수 있다. 그룹웨어적인 사용을 할 수 있다.

를 감안하더라도 그 코드는 거의 동일한 관점이다.

이러한 관점에서 나는 1996년 9월 초 약 6주 동안 명칭 변경이 순차적으로 이루어질 수 있다고 나는 생각하기 시작했다. 결국 그것은 팝클라이언트가 더 이상 아니었다. 그러나 나는 주저했다. 왜냐하면, 그 디자인에서 아직 정말로 새로운 것이란 아무 것도 없기 때문이었다. 팝클라이언트의 나의 버전은 그것의 고유한 특성을 더 발전시켜야 했다.

패치메일이 보내진 메일을 '간이 전자우편 전송 프로토콜'(SMTP) 포트로 전송하는 방식을 인식하게 되었을 때 그것은 급속히 바뀌었다. 나는 순식간에 SMTP 포트에 도달할 것이다. 그러나 우선 토발즈가 올바로 시행했는지에 대한 나의 이론을 검증하기 위해 이 프로젝트를 사용하기로 결정했다고 나는 말했다. 내가 그것을 어떻게 했는지를 여러분은 당연히 의문을 갖게 될 것이다 :

- 나는 일찍이 그리고 자주 공개했다(10일마다 공개했고, 강도 높은 개발기간 동안 하루에 한번씩 공개했다).
- 나는 패치메일에 접속한 모든 사람을 합류시킴으로써 나의 베타 멤버를 늘려나갔다.
- 나는 공개할 때마다 베타 멤버들에게 참여를 장려한다는 의미에서 흥미 있는 발표를 했다.
- 그리고 나는 나의 베타 검증자들에게 귀를 기울였고, 디자인 결정시 여론의 결정을 경청했으며, 그들이 패치(프로그램을 이어붙여 수정하는 일)와 피드백을 보내올 때마다 그들을 격려해 주었다.

이런 단순한 조치로부터 생겨난 보상은 곧바로 이루어졌다. 그 프로젝트의 시작부터 그 결함의 위치와 함께 대부분의 개발자들이 퇴치하고 싶어하는 양질의 결함 보고서를 얻었다. 나는 사려 깊은 비판, 팬메일, 지적인 제안 등을 얻게 되었다. 이 결과는 다음과 같은 것으로 정리할 수 있다.

10. 만약 네가 너의 베타 테스터들(패치메일 동호인들)을 가장 가치 있는 존재로 대우한다면 그들은 너에게 가장 가치 있는 소스를 제공해 줌으로써 그에 보답할 것이다.

패치메일 성공의 가장 흥미로운 조치는 그 프로젝트의 베타 멤버(패치메일 동호인들)의 규모이다. 2000년 8월 마지막 수정 당시 그 프로젝트 참여자는 249명이었으며, 일 주일에 2−3명씩 늘어나고 있다.

실제로 내가 1997년 5월 말에 수정하려고 할 때 참여자는 흥미로운 이유로 300명 정도의 정점에서 줄기 시작했다. 여러 사람들이 참여 명단에 서명하지 않겠다고 내게 요구해 왔다. 왜냐하면, 패치메일이 그 참여자들을 위해 원활히 작동하므로 그들 간의 왕래를 더 이상 볼 필요가 없기 때문이다. 아마도 이것이 성숙한 바자회 방식의 프로젝트의 정상적인 생활주기의 한 부분이기도 하다.

Ⅴ. 팝클라이언트가 패치메일이 되다

그 프로젝트에서 실제적인 전환점은 호크하이저(Harry Hochheiser)가 메일을 클라이언트 장치의 SMTP 포트로 전송하기 위해 그의 스크레치 코드를 내게 보냈을 때였다. 이러한 신뢰할 만한 실행 노력들이 그 밖의 모든 다른 메일 전송 모드를 업그레이드시킬 수 있다는 것을 나는 곧바로 깨닫게 되었다.

수주 동안 접속장치의 설계와 같은 느낌이 오래감으로 해서 짜증나는 느낌을 지울 수 없었지만 나는 오히려 크게 패치메일을 비비꼬고 있었다. 짜증나는 느낌이 들게 했던 것은 그 접속장치가 연결되지 못했을 뿐더러 너무나 많은 불안한 옵션이 도처에 있었기 때문이다. 패치메일을 메일박스 파일이나 표준 출력방식으로 전송하는 옵션들은 특히 나를 괴롭혔다. 그러나 나는 그 이유를 명확히 밝힐 수 없었다. 만약 여러분이 인터넷 메일의 기술상의 문제에 관심이 없다면 다음 두 단락은 쉽게 건너뛸 수 있다.

포트 25가 최초의 위치에서 TGP[15]/IP 지원을 받는 플랫폼 위에 있다는 보장이 있을 때 메일 전달자들을 배열하거나 메일박스를 잠그고 메일을 받아서 보관하는 일을 정하는 데 있어서 복잡한 과정이 왜 생겨나고 상호 간섭하는가? 특히 회수된 메일이 정상적인 송신자에

---

15) 역자 주 : 국제 전신 회선의 통일적인 약칭 'TGP'를 접두사로 하여 그 뒤에 회선별로 일련번호를 부여하여 사용하는 회선이다.

의해 비롯된 SMTP메일처럼 보인다고 확신할 때 진정으로 우리가 원하는 것은 어느 것인가?

비록 당신이 바로 이전의 기술적 용어를 따르지 않는다 할지라도 여기에는 여러 가지 교훈들이 있다. 우선 이러한 SMTP 전송 개념은 리누스의 방식을 의식적으로 능가하려는 노력으로부터 얻은 가장 큰 수확이었다. 이용자들은 내게 놀랄 만한 아이디어를 제공해 주었다. 내가 할 일은 그것이 시사하는 바를 이해하는 것이었다.

11. 좋은 아이디어를 얻는 데 다음으로 가장 좋은 방법은 너의 이용자들로부터 좋은 아이디어를 제대로 인정해 주는 것이다. 때때로 그 이용자들의 아이디어가 더 좋을 수 있다.

만약 여러분이 다른 사람들에게 얼마나 많이 신세지고 있는지에 대해 겸손하게 그리고 완전히 인정한다면 세계는 여러분이 스스로 발명과정 내내 했던 것에 대해 충분히 여러분을 대접해 줄 것이고, 여러분은 여러분의 본래의 천재성 발휘에 가장 잘 적응하고 있음을 재빨리 깨닫게 될 것이다. 이것이 리눅스에서 얼마나 잘 작동했는지를 우리는 잘 알 수 있다.

내가 1997년 8월 펄(Perl)[16] 컨퍼런스에서 강연하고 있었을 때 특이

---

16) 역자 주 : 펄(perl)은 주로 유닉스계의 운영체계(OS)로 사용되고 있는 프로그램 언어이다. www 서버의 백 앤드(back end) 처리를 실행하는 게이트웨이(gateway) 프로그램의 개발 등에 이용되고 있다.

한 해커인 월(Larry Wall)은 맨 앞줄에 앉아 있었다. 강의 말미에 그는 종교의식에서 주문을 외우듯이 "형제여 그것을 나에게 말해주오. 그것을 내게 말해주오" 하고 외쳤다. 전체 청중들은 웃었다. 왜냐하면, 그들은 이것이 펄의 발명자들을 위해 준비되었다는 것을 알았기 때문이다.

같은 생각으로 그 프로젝트를 진행한 몇 주 후에 나는 나의 이용자로부터가 아니라 그 말을 들었던 다른 사람에게서 비슷한 칭찬을 듣기 시작했다. 나는 그 이메일 중의 일부를 숨겨두었다. 만약 내 삶이 가치로운 것인지를 의심하기 시작한다면 나는 그것을 다시 보게 될 것이다.

그러나 모든 종류의 디자인에 일반적으로 나타나는 두 개의 더욱 더 근본적이고 비정치적인 교훈이 있다.

12. 종종 여러분의 가장 충격적이고 혁신적인 해결책은 그 문제에 대한 여러분의 인식이 잘못되었다는 것을 깨닫는 순간에 나타난다.

모든 종류의 멋진 송수신 모드와 결합된 메시지 전송 에이전트(MTA)/단색 표시 어댑터(MDA)[17]를 가지고 팝클라이언트를 계속 개

---

17) 역자 주 : 단색 표시 어댑터(monochrome display adapter : MDA)는 1981년에 발표된 비디오 어댑터로 하나의 문자 모드, 즉 80문자 25행, 밑줄, 블링킹 및 고채도(高彩度) 문자만을 실현하는 것이다. IBM사에서 MDA라는 용어를 사용한 적은 없으나 MDA라고 하면 IBM 단색 표시 어댑터(Monochrome Display Adapter)를 가리키는 경우가 많다.

발함으로써 잘못된 문제를 정상적인 SMTP의 한 부분인 순수한 MTA 로 재고할 필요성이 있었다.

개발과정에서 네가 벽에 부딪칠 때 네가 올바른 답을 구한 것인지 여부가 아니라 네가 올바른 질문을 가지고 있는지 물을 때가 있다. 아마도 문제를 재구성할 필요가 있다.

나는 나의 문제를 재구성했다. 해야 할 올바른 일은 첫째로 포괄적인 드라이버로 지원체계를 이끄는 평범한 SMTP를 발견하는 것이고, 둘째로 그것을 작동하지 못하도록 하는 것이며, 셋째로 다른 송수신 양식, 특별히 파일로의 송달과 표준산출로의 송달 모두를 버리는 것이었다.

대안적인 송수신 메커니즘에 의존하는 장기간의 팝클라이언트를 화나게 하는 것이 두려워서 당분간 나는 3단계 이상으로 나가는 것을 주저했다. 이론상으로 동등한 효과를 거두기 위해 파일의 전송방식을 즉각적으로 바꿀 수 있다. 실제로 그런 변화는 께름칙하고 혼란스런 것이기도 하다.

그러나 내가 그렇게 했을 때 크게 이득을 보았다. 드라이버 코드의 불필요한 부분들이 사라졌다. 시스템 구성이 급속도로 단순해졌다. MDA 체계와 사용자 메일박스에 더 이상 매달릴 필요가 없으며, 기본적인 운영체계가 파일 잠금을 지원해 줄지 여부에 대해 더 이상 걱정할 필요가 없다.

또한 메일을 분실할 염려도 없어졌다. 만약 네가 송달을 파일과 뭔가로 가득한 디스크에 한정한다면 너의 메일은 분실될 수 있다. 만약 그 메시지가 배달될 수 없거나 최소한도 나중 배달을 위해 머물러 있지 않는다면 너의 SMTP 수신자는 OK로 되돌아오지 않을 것이기 때문에 메일 분실은 SMTP 전송방식에서 생겨날 수 없다.

여러분들이 한번 작동해 보고서 알 수는 없을지라도 성능이 개선됐음은 틀림없는 사실이다. 이런 변화에 따른 또 다른 중요한 이익은 매뉴얼 쪽수가 줄어들었다는 점이다. 후에 나는 역동적인 직렬회선 인터넷 프로토콜(SLIP)에서 나타나는 다소 애매한 상황을 통제하기 위하여 사용자에 국한된 지엽적 단색 표시 어댑터(MDA)를 통한 송달을 도로 채택해야 했다. 그러나 나는 그것을 해결할 훨씬 단순한 방법을 찾았다.

도덕이란 무엇인가? 네가 효율성을 떨어뜨리지 않고 그것을 할 수 있을 때 미련 두지 말고 낡은 것을 던져버려라. 생떽쥐베리(Antoine de Saint-Exupéry)는 고전적 어린이용 도서의 저자이기 이전에 항공사 조종사이자 비행기 설계사였다. 그는 다음과 같이 말했다.

13. 설계상에서 완벽함은 더 이상 덧붙일 아무 것도 없을 때가 아니라, 오히려 더 이상 없앨 것이 아무 것도 없을 때 이루어진다.

너의 코드가 더 좋아지기도 하고 더 단순해지기도 할 때는 그것이 옳다는 것을 네가 알 때이다. 그 과정에서 패치메일 설계는 과거의 팝클라이언트와는 다른 고유한 특징을 갖게 되었다.

이제 명칭을 변경할 때가 되었다. 새로운 디자인은 과거의 팝클라이언트보다 훨씬 더 발전된 두 가지 특징을 지닌 센드메일(sendmail)[18]처럼 보인다. 두 가지 특징은 메시지 전송 에이전트(MTA)이다. 센드메일 송달을 누르면 새로운 팝클라이언트는 송달된 메일을 꺼내온다. 두 달 동안 모든 장애물을 제거한 후 나는 그것을 패치메일이라고 명명하였다.

SMTF 송달방식이 어떻게 패치메일이 되었는지에 대한 이야기 속에 더욱 더 일반적인 교훈이 담겨져 있다. 그 교훈은 필적할 만한 결함 수정 과정뿐만 아니라 놀라울 정도로 디자인공간의 발달과 발견이 있다. 너의 개발양식이 급속도로 반복될 때 발달과 강화가 특별한 결함 수정의 경우에 해당될 수 있다. 즉, 그 소프트웨어의 최초의 능력과 개발 구상과정에서 누락된 것을 찾아내는 것이 이에 해당된다고 볼 수 있다.

더 높은 수준의 설계과정에서조차도 너의 프로그램 제작의 디자인공간을 배회하는 숱한 공동 개발자들의 생각을 공유하는 것은 아주 가치로운 일이다. 물웅덩이에서 배수로를 찾아가는 방법을 생각해 보자. 더 좋은 예로 개미들이 먹이를 찾아가는 방법을 생각해 보자. 가능한 의사소통 메커니즘을 통해 개발되어질 수 있고, 문제의 확산을 통해 그 해법을 모색해 볼 수도 있다. 호크하이저와 나와 함께 했던 것처럼 여러분들의 선도 그룹들 중의 한 사람이 폐쇄적으로 보면 결코 볼 수 없는 문제들에 대한 해법을 찾아낼 수 있다.

---

[18] 역자 주 : 센드메일(sendmail)은 가장 일반적으로 사용되고 있는 간이 전자우편 전송 프로토콜(SMTP) 서버 소프트웨어이다. 인터넷 전자우편 분배는 오랫동안 센드메일로만 처리되어 왔기 때문에 SMTP 서버의 사실상의 표준으로 널리 사용되고 있다. 미국 캘리포니아 대학에서 APARNET 접속용으로 개발한 딜리버메일(delivermail)을 기본으로 개발된 것이다. 센드메일의 설정은 복잡하고 이해하기 힘들기 때문에 일반 이용자는 취급하기 힘들다. 그러나 기능이 확장된 '센드메일 프로'(sendmail pro)는 이러한 불만을 해소할 수 있도록 그래픽 사용자 인터페이스(GUI)를 활용해서 설정한 툴이 부속되어 있는 등 이용자의 편의 도모에 역점을 두고 개발한 것이다.

VI. 패치메일의 성장

내가 매일 이용해 봤기 때문에 나는 아주 잘 작동된 기막히고 혁신적인 디자인, 그리고 그와 함께 갑자기 늘어난 베타 리스트를 갖게 되었다. 소수의 다른 사람들에게 유용한 것으로 비쳐질 수 있는 하찮은 개인적인 해킹을 더 이상 하지 않기로 나부터 솔선수범했다. Unix box 와 SLIPP/PPP[19) 메일 연결장치를 가진 모든 해커들이 정말로 필요로 하는 프로그램을 만드는 데 나는 동참했다.

SMTP[20) 전송 특징과 더불어 그것의 적소에 아주 적절하게 채움으로써 다른 대안들이 제외되는 것이 아니다. 사라져 가는 고전적 프로그램들 중의 하나인 "저가 할인판매 전문점"(category killer) 전략은 경쟁자 보다 훨씬 앞서 나가는 방법인 것이다.

여러분들이 정말로 이와 같은 결과를 목표로 하거나 계획할 수 없다고 나는 생각한다. 여러분들은 디자인 아이디어에 따라 아주 강력하게 그 일을 수행하게 된다면 후에 나타날 결과가 필연적인 것이며 미리 예정되어진 것이다. 그와 같은 아이디어를 실현하는 유일한 방법은 수많은 아이디어를 가짐으로써 가능하다. 즉 다른 사람의 좋은

---

19) 역자 주 : SLIP는 serial line internet protocol의 약어로서 인터넷상에서 두 개의 네트워크 시스템을 연결해 주는 기능을 담당한다. 지금은 ppp (point to point protocol)로 대체되고 있다.

20) 역자 주 : SMTP는 simple mail transfer protocol의 약어로서 메일체계 상호작용의 특수한 기능을 수행하고 메일 포맷을 통제하는 기능을 수행한다.

아이디어들을 채택할 기술적 판단력을 지님으로써 가능하다. 그렇게 함으로써 아이디어의 창안자들이 처음 생각했던 것을 더욱 발전시켜 나갈 수 있다.

타넨바움(Andy Tanenbaum)은 가르치는 도구로서 사용할 목적(Minix 라고 불리우는)으로 IBM 개인용 컴퓨터를 위해 본래의 간단한 Unix를 만든 최초의 아이디어를 생각해냈다. 토발즈는 앤드류(Andrew)가 생각했던 것보다 더 진전된 Minix 개념을 발전시켜 나갔다. 그 결과 아주 훌륭한 것으로 발전·성장하였다. 작은 규모이긴 하지만 동일한 방법으로 나는 해리스(Carl Harris)와 호크하이저(Harry Hochheiser)가 만들어낸 아이디어를 채택하여 그것들을 더욱 더 발전시켰다. 우리 중 어느 누구도 완전한 천재적 창조자는 없다. 그러나 대부분의 과학, 기술, 소프트웨어의 개발은 최초의 천재에 의해서 이루어지는 것이 아니라 반대로 해커의 신화에 의해 달성되는 경우가 많다.

어쨌든 결과는 아주 영특한 재주에 달려 있다. 그 재주는 모든 해커들의 성공조건이기도 하다. 그리고 그 결과 내가 나의 기준을 훨씬 더 높게 세워야 한다는 것을 의미했다. 내가 지금 보고 있는 것만큼 그렇게 좋은 패치메일을 만들기 위해서 나는 나 자신의 필요에 의해서만 써야 하는 것이 아니라, 나의 영역 밖에 있는 다른 사람들에게도 필요한 요소를 포함하고 지원해 주어야 한다. 프로그램이 아주 단순하고 세련미가 없다고 판단될 경우 특히 그렇게 해라.

이것을 깨달은 후에 내가 제작했던 최초로 가장 중요한 특징은 다양한 지원이었다. 예를 든다면, 단체 이용자들을 위해 모든 메일을 모아놓은 메일박스로부터 메일을 가져오고, 각각의 메일을 수령자들에게 전송할 수 있는 능력 등을 포함한다.

일부 이용자들이 부분적으로 다(多)투입구 지원을 끊임없이 요구했을 뿐만 아니라, 가장 중요하게 완벽한 전송체제를 갖출 것을 강요함으로써 단 하나의 투입구만 있음으로 해서 생길 수 있는 결점을 없애버린 것이라고 생각했기 때문에 나는 다투입구 지원체제를 보완하기로 결정했다. 그 결정이 옳았음이 밝혀졌다. 내가 RFC[21]82번째 문구의 문장 해석권을 취득하는 데 너무 오랜 시간이 걸렸다. 왜냐하면 그 권리에 대한 개별적인 구별이 난해하기 때문이 아니라, 그 권리는 상호 의존적이고 까다로운 세부 항목들을 포함하기 때문이다.

그러나 다투입구 전송체계는 탁월한 디자인 결정이었음이 판명되었다. 내가 어떻게 알았는지에 대한 설명이 다음에 있다 :

14. 어느 도구나 기대했던 방면에서 유용성이 있지만 진정으로 위대한 도구는 여러분이 전혀 기대하지 못했던 유용성을 제공한다.

다투입구 패치메일의 예상치 못한 내용은 인터넷 연결의 단골 이용자의 입장에서 목록 보관과 가명(별칭)의 확장과 더불어 우편목록을 관리·운영하는 것이다. 이것은 ISP(Internet service provider) 계정을 통해 개인적인 기기를 운영하는 사람이 ISP의 가명 파일에 대한 계속적인 접근을 하지 않아도 우편목록을 관리·운영할 수 있다는 것을 의미한다.

---

21) 역자 주 : RFC는 request for comments의 약어로서 필요한 절차와 형식 등 인터넷에 관한 정보를 알리기 위한 중요한 수단으로 사용한다.

　　나의 베타 테스터(beta tester)에 의해 요구된 또 다른 중요한 변화는 8비트 MIME[다목적 인터넷 메일확장(Multipurpose Internet Mail Extensions)] 작동에 대한 지원이었다. 이것은 시행하기가 아주 쉬웠다. 왜냐하면, 나는 8비트 코드를 깨끗하게 유지하는 데 충분히 신경을 썼기 때문이다. 나는 이러한 특징에 대한 요구를 예상했기 때문이 아니라 오히려 다음과 같은 규칙에 잘 순종했기 때문이다 :

15. 어떤 종류의 접근통로 소프트웨어를 제작하고자 할 때 가능한 한 적게 데이터의 흐름을 방해하도록 노력하라. 만약 수령인이 당신에게 버리도록 강요하지 않는다면 정보를 결코 버리지 마라.

　　만약 내가 이 규칙을 지키지 않았다면 8비트의 다목적 인터넷 메일확장(MIME) 지원은 어려웠을 것이고, 프로그램 결함을 일으켰을 것이다. 내가 해야 할 전부는 MIME 기준(RFC 1652)을 읽는 것이고, 1세대 논리에 하찮은 것이라도 덧붙이는 것이다.

　　일부 유럽의 이용자들은 회합할 때마다 검색될 메시지의 수를 제한할 옵션을 추가함으로써 나를 괴롭혔다. 그래서 그들은 비싼 전화망 연결 비용을 통제할 수 있었다. 나는 오랫동안 이것을 견뎌냈다. 그래서 나는 아직도 그 문제에 대해 유쾌한 기분이 아니다. 그러나 만약 당신이 세계를 대상으로 프로그램을 제작하려 한다면 당신은 세계 도처의 고객들의 요구에 귀를 기울여야 한다. 그렇지 않으면 당신의 고객들은 당신에게 돈을 지불하지 않을 것이므로 이러한 입장은 바뀌지 않는다.

Ⅶ. 패치메일로부터 얻은 더 많은 교훈들

우리가 전반적인 소프트웨어 기술문제로 되돌아가기 전에 패치메일로부터 곰곰이 생각해 보아야 할 몇 개의 특별한 교훈이 있다. 기술적인 부분에 관심이 없는 독자들은 이 부분을 건너뛸 수 있다.

통제(rc)화일의 구문(syntax)은 전반적으로 구문론자에 의해 무시되어지는 선택적인 소음과 같은 핵심어를 포함하기도 한다. 구문론자들이 허용하는 영어와 같은 구문은 여러분이 소음과 같은 구문들을 모두 제거했을 때 얻게 되는 전통적으로 간결한 핵심어들보다 더 판독되기 쉽다.

rc화일 선언은 간단한 명령어와 얼마나 많이 비슷한지를 인식하기 시작했을 무렵인 늦은 밤의 실험으로 이것들이 시작되었다. 이것은 내가 최초의 팝클라이언트 '서버'라는 핵심어를 폴(poll)[22]이라는 말로 바꾼 이유이기도 하다.

나에게 영어와 같은 간단한 명령어를 형성하려고 노력하는 것이 이용하기 더 편리한 것으로 보인다. 비록 나는 이멕스, HTML, 그 밖의 많은 데이터베이스 엔진 등에서 증명된 바와 같이 디자인 연구 등에서 어떤 언어로 통일하는 것에 대해 적극 옹호하지만, 그렇다고 영어와 같은 구문에 대한 열렬한 팬은 아니라는 사실이다.

---

22) 역자 주 : 폴(poll)은 다중점 회로에서 지국(station)들이 회선을 사용할 때 경쟁 없이 전송하도록 중앙에서 통제하는 융통성 있고 체계적인 방법이다.

전통적으로 프로그래머들은 아주 분명하고 간결한 통제구문을 선호하는 경향이 있으며, 절대로 중복하려 하지 않는다. 이것은 컴퓨터 자원들이 비쌀 때부터 생겨난 문화적 유산이다. 그래서 구문의 분석단계는 가능한 한 값싸고 단순해야 한다. 그러므로 약 50%의 중복을 지닌 영어는 아주 부적절한 모델처럼 보였다.

이것이 영어와 같은 구문을 정상적으로 회피하기 위한 핑계는 아니다. 나는 그것을 바꾸어야 한다는 것을 말하고 있을 뿐이다. 값싸지만 가치 있는 순환과 핵심 용어가 지닌 간결성은 그 자체로 목적이 되지 않아야 한다. 요즈음 어떤 언어가 컴퓨터를 위해서 값싸고 단순하기보다는 사용하기 편리한 것이 더 중요하다.

그러나 우리가 주의를 기울여야 할 타당한 좋은 이유들이 있다. 하나는 구문 분석단계의 복잡화 비용이다. 여러분들은 구문 분석단계가 버그와 이용자들이 혼돈을 일으키는 중요한 원인이 될 정도로 그 복잡성의 증대를 원치 않는다. 또 다른 이유로 언어구문을 영어로 채택하려는 것은 그것이 말하고자 하는 영어의 형태가 심각하게 망가지는 경향이 있을 수 있다는 점이다. 그래서 자연어와 겉보기에 유사함은 전통적인 구문처럼 그렇게 혼돈을 일으킬 수 있다(여러분들은 많은 제4세대와 상업적 데이터베이스 등의 의문부호에 끼친 나쁜 영향을 보게 된다).

패치메일의 통제구문은 이 문제를 피하고 있는 것으로 보인다. 왜냐하면, 해당 언어의 도메인은 극히 제한되어 있기 때문이다. 패치메일 통제구문은 일반적인 목적의 언어와는 거리가 멀다. 그것이 단순히 말하고자 하는 것은 절대로 복잡하지 않다. 그래서 영어의 작은 부분집합들과 실제적인 통제언어 사이를 정신적으로 움직이는 데 혼돈의 여지는 거의 없다. 여기에 더 광범위한 교훈이 있다고 나는 생각한다.

16. 당신의 언어가 가상의 만능품과 거리가 멀 때, 통어적인 달콤한 말(syntactic suger)이 당신의 친구가 될 수 있다.

또 다른 교훈은 불명료성에 의한 보안에 관한 것이다. 일부 패치메일 사용자들은 rc화일에서 암호화된 패스워드를 저장하기 위해 소프트웨어를 바꿀 것을 내게 부탁했다. 그래야 염탐꾼들이 인과적으로 그 패스워드를 알 수 없을 것이다.

나는 보안을 유지할 수 없다. 왜냐하면, 이것은 보호장치를 덧붙이지 않았기 때문이다. 너의 rc화일을 읽을 수 있는 허가를 득한 사람은 누구나 너와 마찬가지로 패치메일을 열어볼 수 있을 것이다. 즉, 만약 그것이 그들이 찾고 있는 너의 패스워드라면, 그들은 그 패스워드를 얻기 위해 패치메일 코드로부터 필요한 암호 해독기를 찾아낼 수 있을 것이다.

패스워드 암호화를 수행한 패치메일의 rc가 존재하는 모든 것은 아주 심각하게 생각하지 않는 사람에게 보안에 대한 그릇된 인식을 준다. 여기서 일반적인 규칙은 다음과 같다 :

17. 보안체계는 그것의 비밀의 정도만큼만 안전하다. 그러나 허위의 비밀
    도 있음에 유의하라.

Ⅷ. 바자회 스타일의 필수적인 선행조건

이 논문의 논평자들과 검토자들은 끊임없이 성공적인 바자회 스타
일 개발의 선결조건들에 대한 의문을 제기했다. 그 선결조건들에는
공개적으로 진행하고 공동 개발자 공동체를 건설하려 시작할 즈음의
코드 상태와 그 프로젝트 리더들의 자질 모두를 포함한다.

사람들이 바자회 스타일에 기초하여 코드화할 수 없다는 것은 아
주 분명해 보인다. 우리는 바자회 스타일에서 검증할 수 있고, 결함
(버그)을 없앨 수 있고 개선할 수 있다. 그러나 바자회 스타일에서 어
떤 프로젝트를 고안하는 것은 매우 어려울 것이다. 리누스는 그것을
시도하지 않았다. 나 또한 그것을 시도하지 않았다. 당신의 초기 개발
자 공동체는 함께 작동하기 위한 보조적이고 검증 가능한 어떤 것을
가질 필요가 있다.

당신이 공동체를 설립하고 발전시키는 데 필요한 것은 그럴 듯한
가능성을 개진하는 일이다. 당신의 프로그램은 특별히 잘 작동할 필
요가 없다. 당신의 프로그램은 미숙하고, 미흡하고, 불완전하고, 부족
한 증거를 댈 수 있다. 우리가 꼭 염두에 두어야 할 것은 잠재적인 공
공 개발자들에게 그 프로그램이 가까운 장래에 정말로 세련되고 완

전한 것으로 진화될 수 있음을 확신시키는 일이다.

리눅스와 패치메일 모두는 강력하고 매력적인 기본적인 디자인을 지닌 공공적인 성격을 띤 것이라고 볼 수 있다. 바자회 모델에 대해서 생각하는 많은 사람들은 올바른 방향에서 바자회 모델을 비판적으로 검토한다. 그들은 바자회 모델로부터 프로젝트 선도자들의 고도의 디자인 통찰력과 영특함이 필수적이라고 결론내린다.

그러나 리눅스는 유닉스(Unix)로부터 자신의 디자인을 얻는다. 비록 팝클라이언트는 후에 많은 변화를 할지라도 나는 원형의 팝클라이언트(popclient)로부터 나의 디자인을 얻게 된다. 그래서 실제로 바자회 스타일의 노력을 위한 리더나 진행 책임자는 별도의 디자인 재능을 지녀야 한다. 그렇지 않으면 그들은 타인의 디자인 재능을 지렛대 삼아 자신의 디자인을 얻을 수 있는가?

내가 생각하기에 진행자가 타고난 총명함으로 최초의 디자인을 만들 수 있다는 것은 중요하지 않다. 그러나 진행 책임자가 타인들로부터 좋은 디자인 아이디어를 인식할 수 있는 것은 아주 중요하다.

리눅스와 패치메일 프로젝트 모두는 이러한 노력의 중요성에 대한 증거를 잘 제시해 준다. 리누스는 특별한 재능을 가진 최초의 디자이너가 아닐지라도 좋은 디자인을 인식하고 리눅스 핵심으로 좋은 디자인을 통합하기 위한 탁월한 요령을 잘 발휘해 왔다. 패치메일에서 단순하면서도 가장 강력한 디자인 아이디어가 어떤 사람에게서 어떻게 나왔는지를 나는 이미 잘 설명해 놓았다.

이 논문의 초기 독자들은 내가 바자회 프로젝트에서 디자인 독창성을 평가절하하는 경향이 있음을 지적하면서 불만을 토로했다. 이런 지적은 어느 정도의 타당성이 있을 수 있다. 즉, 디자인은 확실히 나의 가장 강력한 기술일 수 있다.

그러나 소프트웨어 디자인에서 총명함, 독창성과 관련된 문제는 그것이 습관적 행위와 맥이 닿아 있다는 것이다. 즉, 여러분들은 여러 실체들을 조잡하고 단순하게 유지해야 할 때 여러분들은 반사적으로 그 실체를 더 세련되고 복잡하게 만들기 시작한다. 나는 나의 실수로 프로젝트를 와르르 무너트렸다. 그러나 나는 패치메일을 가지고 수습하려 하지 않았다.

그래서 나는 패치메일 프로젝트가 부분적으로 성공했다고 믿는다. 왜냐하면, 나는 좀 더 튀고 싶어하는 나의 성향을 억제했기 때문이다. 최소한도 이것은 성공적인 바자회 프로젝트를 위해 필수적인 독창성에 반한 주장이다. 리눅스를 생각해 보라. 토발즈(Linus Torvalds)가 개발기간 동안 체계 디자인을 작동하는 데 있어서 근본적인 혁신을 이루려고 노력했었다는 것을 가정해 보자. 핵심적인 결과가 있는 것처럼 그렇게 안정적이고 성공적일 것이라고 생각하는가?

물론 디자인과 코딩기술의 확실한 기본적인 수준이 요구된다. 그러나 나는 바자회 방식의 노력에 도달하고자 심사숙고하는 사람은 누구나 최소 수준 이상에 올라 있다고 생각한다. 어느 정도 명성이 있는 개방 소스 공동체의 내부적 시장에서는 발전 가능한 노력을 기울이지 않거나 임무를 수행할 능력이 없는 사람들에게 오묘하게 압력을 가한다. 지금까지 바자회는 아주 잘 작동하고 있는 것처럼 보인다.

내가 생각하기에 바자회 프로젝트의 우수한 디자인 설계와 같이 그렇게 중요한 소프트웨어 개발과 일반적으로 관련이 없는 또 다른 종류의 기술이 요구된다. 그 기술은 더욱 중요한 것일 수 있다. 바자회 프로젝트 협력자나 리더는 좋은 사람들의 확보와 함께 커뮤니케이션 기술을 지녀야 한다.

바자회 프로젝트 협력자나 리더는 이것을 분명히 해야 한다. 프로 그램 개발 공동체를 구축하기 위하여 당신은 사람들에게 유인책을 제 공해야 하고, 당신이 하고 있는 일에 흥미를 갖도록 할 필요가 있다. 그리고 당신은 그들이 하고 있는 일의 양에 따라 행복을 느낄 수 있도 록 해주어야 한다. 기술적인 큰 진전은 프로그램 개발 공동체의 목표 달성에 큰 도움을 줄 것이다. 그러나 기술적인 발전만이 전부는 아니 다. 당신의 인성이 또한 중요하다.

리누스가 사람들로 하여금 그를 좋아하게 만들고 그를 자발적으로 돕기를 원하도록 만드는 좋은 사람이라고 인정받는 일은 결코 우연 이 아니다. 내가 대중들과 함께 일하기를 즐기는 정열적인 외향적 성 격의 소유자이고 코믹한 말솜씨와 재능을 가지고 있는 것도 결코 우 연이 아니다. 바자회 모델이 작동하도록 하기 위하여 만약 당신이 사 람들에게 호감을 사는 기술을 조금이라도 지니고 있다면 당신은 큰 도움을 받게 될 것이다.

IX. 개방 소스 소프트웨어의 사회적 맥락

가장 훌륭한 해커는 매일매일 부딪히는 문제들에 대한 개인적인 해결책의 일환으로 출발했다. 그 문제들이 대부분의 사용자들에게 나타나는 문제이기 때문에 그 해킹은 점점 확산된다. 이것은 결국 우 리로 하여금 규칙을 재고하게 만들며, 더욱 더 유용한 방식으로 재조직화하게 해주었다.

18. 흥미로운 문제를 해결하기 위하여 먼저 당신에게 흥미로운 문제를 찾
    아내는 것으로부터 시작하라.

해리스(Carl Harris)와 선구적인 팝클라이언트(popclient)도 그렇게 해
서 생겨난 것이며, 나와 패치메일도 역시 그렇게 해서 생겨난 것이다.
리눅스와 페치메일의 역사가 요구했던 흥미로운 점은 다음 단계의
것이다. 다음 단계의 것은 이용자와 공동 개발자들의 활동적인 대규
모 공동체의 출현에 따른 소프트웨어의 진화이다.

『상상의 인간과 한 달』(*The Mythical/Man-Month*)이라는 책에서 부룩
스(Fred Brooks)는 프로그래머의 시간이 대체 가능하지 않다는 것을 발
견했다. 즉, 개발자들을 후속 소프트웨어 프로젝트에 추가로 참여하
는 것은 그 프로젝트의 진행을 더욱 더 늦어지게 만든다. 그는 프로젝
트의 복잡성과 커뮤니케이션 비용은 프로그램 개발자들 수의 제곱에
비례하여 증가하지만 단독으로 수행된 일은 선형적으로 증가할 뿐이
다. 이것은 브룩스의 법칙이라고 불리어졌으며, 많은 사람들에게 자
명한 이치로 인식되었다. 그러나 만약 브룩스의 법칙이 전체적인 모
습이었다면 리눅스는 불가능했을 것이다.

와인버그(Gerald Weinberg)의 고전인 『컴퓨터 프로그램 심리학』(*The
Psychology of Computer Programming*)에서 브룩스의 주장에 대한 실제적인
수정이라고 볼 수 있는 시사점을 제공한다. 무자아 프로그램(egoless
programming)에 대한 와인버그의 논의과정에서 프로그램 개발자들이

자신들의 코드에 대해 권리를 주장하지 않는 곳에서, 그리고 프로그램 개발자들이 다른 사람들로 하여금 결함을 찾아내고 그것을 개선하도록 격려해 주는 곳에서 개선이 그 어느 곳보다 극적으로 빠르게 진행될 수 있음을 그는 주목했다.

전문용어에 대한 와인버그의 선택은 그 용어에 대한 대중의 수용과 지지를 얻는 데 어려움이 있다. 즉 인터넷 해커를 '무자아'로 묘사하고자 하는 발상에 실소를 머금게 한다. 그러나 그의 주장이 오늘날 무엇보다도 호소력 있다고 나는 생각한다.

유닉스(Unix)의 역사를 통해 볼 때 우리가 리눅스로부터 배우고 있는 것을 착실히 준비했어야 했다. 즉, 내가 리누스의 방법을 신중하게 채택함으로써 소규모로 검증되었던 것을 적용하기 위해 노력했어야 했다. 코드화 작업이 본질적으로 고립된 활동으로 존재하는 한, 정말로 위대한 해커는 전체 공동체의 관심과 지혜를 이용함으로써 가능하다는 것이다. 폐쇄적인 프로젝트에서 단지 자신의 머리만을 이용하는 프로그램 개발자는 디자인 공간, 코드 기부, 결함부분 그리고 그 밖의 다른 개선점을 탐색하는 피드백이 수백 또는 수천 명의 사람들로부터 비롯되는 개방적으로 진화상태를 창출하는 방법을 알고 있는 개발자에게 뒤쳐질 수밖에 없다.

그러나 전통적인 유닉스 세계는 여러 가지 요인에 의해 궁극적인 이러한 개방적 접근을 추구하는 데 걸림돌로 작용한다. 그 걸림돌 중의 하나는 여러 특허, 거래비밀, 상업적 이익에 대한 법적 구속이다. 그 이면의 또 다른 걸림돌은 인터넷 자체가 아직은 충분히 잘 작동하지 않았다는 점이다.

전통적인 유닉스 세계는 값싼 인터넷 이전에 지리적으로 좁은 구역에 밀집해 있는 공동체였다. 그러한 공동체 문화는 와인버그의 "무자아" 프로그래밍을 장려했고, 프로그램 개발자는 많은 기술자들과 공동 개발자들을 손쉽게 유인할 수 있었다. 벨 연구소, UC 버클리에 있는 인공지능연구소(AI Lab) 등은 전설적이고 잠재성이 풍부한 혁신의 본고장이었다.

리눅스는 전 세계를 인재 풀로서 이용하려는 의식적이고 성공적인 노력을 시도한 최초의 프로젝트였다. 리눅스의 태동 기간과 월드 와이드 웹(www)의 출현과 일치하는 것이 우연이라고 나는 생각하지 않는다. 그리고 리눅스가 1993-1994 기간 동안 걸음마 단계를 벗어나 ISP[23]산업의 도약을 이끌고 인터넷에 대한 중요한 관심을 불러일으킨 주역이라는 사실이 우연의 일치라고 생각하지 않는다. 리누스는 광범위한 인터넷 접근이 가능하도록 하는 새로운 규칙에 의한 작동법을 배운 선구자적 역할을 했다.

값싼 인터넷은 리눅스 모델이 진화하기 위한 필수조건이라 하지만 그 자체가 충분조건이라고 나는 생각하지 않는다. 또 다른 실제적인 요소는 프로그램 개발자들로 하여금 공동 개발자를 손쉽게 찾을 수 있고, 매체로부터 최대의 영향력을 확보할 수 있는 리더십 스타일과 협력적인 풍토의 육성이었다.

---

23) 역자 주 : 인터넷 서비스 제공자(Internet service provider : ISP)는 일반 사용자나 기업체, 기관, 단체 등이 인터넷에 접속하여 인터넷을 이용할 수 있도록 해주는 사업자이다. 국내에서는 한국 통신이 1994년 6월에 일반인을 대상으로 하는 인터넷 상용 서비스를 시작하여 최초의 인터넷 서비스 제공자(ISP)가 되었다. 그후에 인터넷의 이용이 급증함에 따라 데이콤, 한국 PC 통신, 아이네트 기술 등 많은 수의 ISP가 인터넷 서비스를 제공하고 있다.

그렇다면 리더십 스타일이란 무엇이고 협력적 풍토란 무엇인가? 이것들은 흔히 권력관계에 기반한 것을 의미하지는 않는다. 따라서 강제에 의한 리더십은 우리가 기대했던 결과를 낳지 못할 것이다. 와인버그는 이와 관련한 주제를 19세기 러시아 무정부주의자인 크로포트킨(Pyott Alexeyvich Kropotkin)의 『혁명가의 회고록』(*Memoirs of Revolutionist*)에서 다음과 같이 인용하고 있다.

> 나는 농노 소유자의 가정에서 자라면서 어린 시절의 모든 어린 아이들처럼 지시, 명령, 꾸짖음, 처벌 등이 필요하다는 강한 확신을 가지고 적극적인 삶을 살아왔다. 그러나 사회 초년병 시절에 내가 중요한 사업을 운영하고 여러 사람들과 교제해야 할 때, 그리고 내가 저지른 매번의 실수가 즉시 큰 결과를 초래하게 될 때, 나는 명령과 규율에 따라 행하는 것과 공공의 이해의 원리에 따라 행동하는 것 사이에 큰 차이가 있음을 알게 되었다. 명령과 규율에 따른 행동은 군사 퍼레이드에서 훌륭한 것일 수 있으나 실제적인 생활과 관련해서는 그렇게 가치로운 것이라고 볼 수 없다. 그 가치로운 목적은 여러 사람들의 의견을 모아가려는 노력을 통해서만 실현될 수 있다.

여러 사람들의 아이디어를 수렴하려는 진실한 노력은 리눅스와 같은 프로젝트가 요구하는 것이기도 하다. 무정부주의자들의 천국이라 불리우는 인터넷에서 자원자들에게 "명령의 원리"(principle of command)를 적용하는 것은 결과적으로 불가능하다. 효율적으로 작동하고 경쟁하기 위해 공동의 프로젝트를 추진하길 바라는 해커들은 크로포트킨의 『이해의 원리』(*principle of understanding*)에서 제안하고 있는 방식에 따라 효율적인 이익공동체를 강화하고 활성화시키는 방법을 배워야 한다. 즉, 그들은 리누스의 법칙을 이용하는 법을 배워야 한다.

앞에서 나는 리눅스의 법칙에 대한 가능한 설명으로서 '델피효과' (Delphi effect)를 언급했다. 그러나 더욱 강력한 비유로는 생물학과 경제에서 사용되는 적응체계(adaptive system)와 유사하다는 것이다. 리눅스 세계는 여러 측면에서 이익을 최대화하는 이기적인 대리인들의 집합체인 자유시장이나 생태계처럼 작동한다. 리눅스 세계는 그 과정에서 중앙계획적 시스템이 이룰 수 있는 것보다 더욱 정교하고 효율적으로 자기 수정의 자발적 질서를 창출한다. 그러므로 리눅스 세계는 "이해의 원리"를 추구하는 곳이다.

리눅스 해커들이 최대화하고자 하는 "유용성의 기능"(utility function)은 고전적인 의미에서 경제적인 것이 아니라 무형의 자기 만족이며, 다른 해커들 사이에서 명성을 얻는 것이기도 하다. 사람들은 그들의 동기를 이타적이라고 부르기도 하지만, 이것은 이타주의자들에게 자기 만족의 형태라는 사실을 무시하는 것이다. 이런 방식으로 작용하는 자발적 문화는 실제로 그렇게 특이한 것이 아니다. 내가 오랫동안 참여했던 또 다른 곳은 과학소설 동호회이다. 그 동호회에서는 해커 동호회와는 달리 오랫동안 분명하게 자기를 고양하는 것(다른 동호인들 사이에서 자신의 명성을 드높이는 것)을 자발적 활동의 이면에 있는 본능으로 인식해 왔다.

리눅스는 소프트웨어 개발이 주로 다른 사람들에 의해 이루어지는 프로젝트의 문지기로서(gatekeeper) 스스로를 자리매김하며, 그 프로젝트가 스스로 존립할 때까지 그 프로젝트에 대한 관심을 고조시키는 역할을 담당했다. 따라서 리누스는 크로포트킨의 공유된 이해의 원리에 대해 정확히 파악하고 있음을 보여주었다. 리눅스 세계에 대한 준경제적 입장은 그 이해가 구체적으로 어떻게 적용되는지를 알 수 있도록 해준다.

우리는 리누스의 방법을 효율적인 시장을 창출하는 방법으로서, 즉 개개인의 해커들의 이기심을 지속적인 협력에 의해서만 성취될 수 있는 어려운 목적에 가능한 한 견고하게 묶어두는 방법으로서 간주할 수 있다. 패치메일 프로젝트의 추진과정에서 나는 비록 작은 규모이긴 하지만 이 방법이 좋은 결과를 낳을 수 있으며, 모방할 필요가 있음을 느꼈다. 아마도 나는 리누스가 자신의 방식으로 행했던 것보다 좀 더 의식적으로, 그리고 체계적으로 그 방법을 행해왔다.

정치적으로 자유시장을 불신하는 많은 사람들은 자아지향적인 이기주의 문화가 파멸적이고 낭비적이고 비밀스럽고 적대적이라고 생각한다. 그러나 이러한 생각은 리눅스 정보, 기록, 문서 등의 놀랄 만한 다양성, 질, 그리고 심오함을 통해 잘못되었음이 밝혀지고 있다. 프로그래머들이 문서화하는 것을 싫어한다는 것을 감안하다면 놀라운 일이다. 그러면 리눅스 헤커들이 정보화 문서를 그렇게 많이 생산할 수 있는 것은 어떻게 가능한가? 분명히 자기를 드높이는 리눅스의 자유시장은 상업용 소프트웨어 생산자들의 거대한 규모의 정보·문서 작업보다 탁월하고 타인지향적인 행동을 훨씬 더 잘한다.

패치메일과 리눅스의 핵심적인 프로젝트 모두는 다른 많은 자기지향적인 해커들에게 적절히 보상해 줌으로써 실력 있는 개발자나 협력자가 프로젝트를 혼돈상태로 와해시키지 않으면서도 많은 공동 개발자를 확보할 수 있는 인터넷을 이용할 수 있음을 잘 보여주고 있다. 따라서 브룩스의 법칙에 따라 나는 다음과 같은 역제안을 한다.

19. 개발 협력자가 최소한 인터넷과 같은 매체를 가지고 있고, 강제적이지 않으면서 다른 사람을 리드하는 방법을 알고 있다고 가정한다면 여러 사람들의 아이디어가 한 사람의 아이디어보다 필연적으로 더 좋아진다는 것이다.

개방 소스 소프트웨어의 미래가 리누스의 게임을 할 줄 아는 사람과 대성당을 포기하고 바자회를 채택하는 사람들에게 좌우될 것이라고 나는 생각한다. 오히려 개방 소스 소프트웨어의 전기 마련을 개인적인 입장과 탁월성을 떠나 자발적인 이익공동체의 효율적인 구축을 통해 가능할 것이라고 나는 생각한다.

아마도 이것만이 개방 소스 소프트웨어의 미래를 결정하지 않는다. 폐쇄 소스(close source) 개발자는 리누스 공동체가 어떤 문제에 관심을 집중할 수 있는 인재풀과 연결될 수 없다. 패치메일에 연결된 200명(1999 : 600명, 2000 : 800명) 이상을 참여시킬 여력은 거의 없다.

아마도 결국에 개방 소스 문화는 성공을 거둘 것이다. 왜냐하면, 협력이 도덕적으로 옳거나 소프트웨어를 꼭꼭 숨기는 것이 도덕적으로 나쁘기 때문이 아니라, 단순히 폐쇄 소스 세계가 개방 소스 공동체와 진화론적 경쟁에서 승리를 거둘 수 없기 때문이다.

X. 운영과 마지노선

1997년 최초의 「대성당과 바자회」 논문은 다음과 같은 입장으로 결론을 맺었다. 즐거운 마음으로 연결된 프로그래머들과 무정부주의자들의 세계가 전통적으로 폐쇄적인 소프트웨어의 위계적 세계보다 경쟁 우위에 있다는 점이다.

그러나 많은 비판론자들은 아직 확신하지 못하고 있으며, 그들이 제기하는 문제들은 상당히 타당한 면이 있다. 바자회 스타일의 주장에 대한 대부분의 반대자들은 바자회 스타일의 옹호론자들이 전통적인 운영의 생산증대 효과를 평가절하했다고 주장했다.

프로젝트 그룹들이 개방 소스 세계에서 만들어지고, 바뀌고, 해체되는 임시적인 조직구성이 단일의 폐쇄 소스 개발자보다 개방 소스 공동체의 분명히 많은 구성원들의 이점을 무시하고 있다는 점을 전통적인 사고를 지닌 소프트웨어 개발 운영자는 부정한다. 전통적인 사고를 지닌 사람들은 소프트웨어 개발과정에서 개발된 프로그램에 대한 지속적인 노력과 투자의 정도가 더 중요하다는 사실에 주목한다. 얼마나 많은 사람들이 뼈를 솥에 집어넣고 끓을 때까지 남아 있느냐가 중요한 것이 아니라는 것이다.

확실히 이런 주장에는 문제가 있다. 사실 나는 『마술의 가마솥』(*The Magic Cauldron*)에서 기대되는 미래의 서비스 가치가 소프트웨어 생산 경제의 열쇠라는 생각을 피력해 왔다.

그러나 개방 소스 개발이 그러한 지속적인 노력을 수행할 수 없다는 주장에는 중요한 감춰진 문제가 있다. 사실 전통적인 운영이 중요하다고 하는 다양한 종류의 인센티브 구조나 제도적 통제 없이도 오랜 기간 동안 일관적인 방향과 효율적인 중요한 공동체를 유지할 수 있는 것은 바로 개방 소스 프로젝트이다. GNU Emacs 편집자나 편집기의 양성이나 개발은 아주 극단적이고 교훈적인 예이다. 그 편집자나 편집기는 높은 전환비용이나 단 한 사람의 작품만이 계속 게재될 수 있다는 사실에도 불구하고 15년에 걸친 수백 명 기여자들의 노력을 수용하고 있다. 폐쇄 소스 편집자는 이런 장기간의 기록 관리에 적합하지 않다.

이것은 전통적으로 운영되는 소프트웨어 개발의 이점에 의문을 제기하는 이유이기도 하다. 만약 GNU Emacs가 15년에 걸쳐 일관된 구성적 입장을 표현하는 것이 가능하다면, 리눅스와 같은 운영체계가 8년간에 걸친 급속히 변화하는 하드웨어와 플렛폼 기술로도 동일한 일을 하는 것이 가능하다면, 즉 5년 이상 기간 동안의 아주 잘 구성된 개방 소스 프로젝트가 있다면 우리는 엄청난 전통적 개발비용으로 우리에게 무엇을 제공해 줄 것인지에 대해 의문을 품을 수도 있다.

그것이 무엇이든지 간에 데드라인이나 예산, 또는 모든 특징에 대한 믿을 만한 실행을 포함하진 않는다. 세 가지 전부는 차치하더라도 이 목적들 중의 하나조차 충족하는 운영 프로젝트도 아주 희귀하다 할 수 있을 것이다. 프로젝트 존속기간 동안 기술과 경제적 상황의 변화에 적응할 능력이 있는 것으로 여겨지지 않는다. 개방 소스 공동체는 그 적응에 훨씬 효율적임이 드러났다. 예를 들어 30년간의 인터넷 역사와 그 반쯤되는 개별적인 네트워킹 기술을 비교함으로써, 또는 마이크로 소프트웨어 윈도우에서 16비트에서 32비트의 전환비용과 동일한 기간동안 리눅스의 큰 노력이 없는 상향 이동을 비교함으로써 사람들은 쉽사리 증명할 수 있다.

전통적인 양식을 여러분들에게 제공한다고 많은 사람들이 생각하는 것은 프로젝트가 더 악화되면 법적인 보장과 보상을 받는다는 사실이다. 그러나 이것은 환상이다. 대부분의 소프트웨어 라이센스는 실행요령을 제처두고라도 판매보증서조차도 거부한다고 쓰여져 있다. 구동되지 않는 소프트웨어의 복구도 기대하기 힘들다. 비록 이런 일들이 일상화된다 할지라도 누구나 소송을 할 수 있도록 함으로써 안심을 시킨다는 것은 문제의 본질을 비켜가는 것이다. 여러분들은 소송상태에 있기를 원치 않으며, 소프트웨어가 잘 운영되기를 원한다.

구입한 소프트웨어의 원활한 가동은 무엇을 의미하는가?

그것을 실행하기 위하여 우리는 소프트웨어 개발 운영자들이 믿고 있는 바를 이해할 필요가 있다. 내가 알기로 이 일에 아주 조예가 깊은 여성 전문가는 소프트웨어 프로젝트 운영은 다섯 가지 기능을 가지고 있다고 진술한다 :

- 목적을 설정하고 동일한 방향에 위치하고 있는 사람을 지켜주는 것
- 중요한 세부사항들이 누락되지 않았는지를 감시하고 보장하는 것
- 지루하지만 필요한 단조로운 일을 할 수 있도록 동기화하는 것
- 최고의 생산성을 달성하기 위해 인원배치를 조직화하는 것
- 그 프로젝트를 지속하는 데 필요한 자원을 정비하는 것

　외양상 가치로운 목표들, 이 모든 기능들은 개방 소스 모델 하에서, 그리고 주변의 사회적 상황에서 비추어 볼 때 이상할 정도로 서로 무관한 것처럼 보일 수 있다. 우리는 역순으로 그 기능들을 살펴볼 것이다.

　많은 자원정비는 근본적으로 방어적이라고 내 동료들은 보고한다. 즉, 만일 당신은 당신의 직원, 기계, 사무실을 확보하게 되었다면 당신은 동일한 자원을 놓고 경쟁관계에 있는 동업종 경영자의 침투를 막아야 하며, 한정된 가용자원을 가장 효율적인 이용을 위해 배치해야 한다.

　그러나 개방 소스 개발자들은 그 프로젝트에 대한 관심과 능력 때문에 스스로 선택한 자원자들이다. 봉급을 받는 사람들의 경우도 마찬가지이다. 자원자(volunteer) 정신은 자동적으로 자원관리의 적극적 측면에 관심을 갖는 경향이 있다. 즉, 사람들은 자신의 소스를 테이블로 가져온다. 그리고 전통적인 의미로 운영자는 그 소스를 방어할 필요가 없다.

　어쨌든 값싼 개인용 컴퓨터와 빠른 인터넷 접속이 가능한 세계에서 정말로 유일한 한정자원이 기술자들의 관심이라는 사실을 우리는 발견하게 된다. 개방 소스 프로젝트가 실패할 경우 기계나 링크 또는 사무실 공간 등의 부족으로 그렇게 된 것이 결코 아니다. 개방 소스 프로젝트는 개발자들이 흥미를 잃게 될 때만이 작동을 멈추게 된다. 개방 소스 해커들이 자발적 선택으로 최대의 생산을 위해 자기 조직화하는 것은 이중으로 중요하다. 사회적 환경은 인정사정 없이 능력에 따라서만 선택한다. 개방 소스 세계와 대규모의 폐쇄적 프로젝트 모두에 익숙한 내 친구는 개방 소스 문화가 프로그래밍 인구 중 가장 재능 있는 5% 정도만을 용인하기 때문에 개방 소스가 부분적 성공을 거두었다고 믿는다. 그녀는 나머지 95%를 배치하는 데 시간의 대부분을 보낸다. 그 과정에서 그녀는 가장 능력 있는 프로그래머들과 단순 능력자 사이의 생산성의 백 가지 요인들 중의 한 요인에서 가장 잘 알려진 차이를 관찰했다.

차이 정도는 늘 곤혹스런 질문에 마주치게 된다. 해당 프로젝트에서 최소의 능력을 지닌 50% 이상을 뺀다면 대체로 개인적 프로젝트나 그 분야가 훨씬 발전할 것인가? 만약 전통적인 소프트웨어 운영의 단순한 기능이 최소의 능력자를 순손실로부터 한계이익으로 전환하는 것이라면, 그것은 그리 수지맞는 것이 아니라고 오랫동안 사려 깊은 운영자들은 이해했다.

개방 소스 공동체의 성공은 무언가를 할 만한 사람들로 가득 찬 빌딩을 운영하는 것보다 인터넷으로부터 스스로 선택한 자원자를 충원하는 것이 더 싸고 더 효율적이라는 명백한 증거를 제시함으로써 이 문제를 상당히 잘 해결하도록 만든다.

개방 소스 공동체의 성공은 우리에게 동기의 문제를 생각하게 해 준다. 내 친구의 견해에 따르면, 전통적인 개발 운영은 그렇지 않으면 열심히 일하지 않을 비교적 동기가 약한 프로그래머들에 필수적인 보상이라는 것이다.

이 대답은 개방 소스 공동체가 매력적이거나 기술적으로 다루기 쉬운 일을 하는 것에 따라 달라질 수 있다는 주장과 잘 부합한다. 즉, 만약에 작은 방의 미숙련 노동자들에게 채찍을 가하는 경영자와 더불어 돈벌이에 혈안이 된 미숙련 노동자들에 의해 대량 생산되지 않는다면 아무 것도 이루어지지 않는 채로 남아 있게 될 것이다. 나는 "인

간의 지적 활동을 가산(家産)화"(Homesteading the Noosphere) 주장에 회
의적인 심리적 · 사회적 이유를 설명하고자 한다. 그러나 현재의 목
적을 위하여 지적 재산의 사유화를 기정사실화하려는 함의를 지적하
는 것이 더욱 흥미롭다고 나는 생각한다.

만약 소프트웨어 개발의 전통적이고 폐쇄 소스 스타일이나 과격하
게 운영되는 스타일은 지루하게 만드는 문제들의 최소한에 의해서만
정말로 보호될 수 있다면 어느 누구도 그 문제들에 대해 흥미를 발견
하지 못하는 한, 그리고 그 문제를 해결하는 방법을 찾아내지 못하는
한 개인적 영역으로 남게 될 것이다. 그 순간 지속적인 소프트웨어에
대한 개방 소스의 경쟁 때문에, 그리고 그 문제가 지닌 매력 때문에
고객들은 그 문제를 해결하기로 선택한 사람들에 의해 마침내 해결
의 실마리를 찾게 될 것임을 알게 될 것이다. 다른 종류의 창작물에서
와 마찬가지로 소프트웨어의 경우도 문제 그 자체가 돈보다 훨씬 더
효과적인 원동력이 될 것이다.

동기를 부여하기 위해 단지 전통적인 운영구조를 취하는 것은 아
마도 좋은 전술일 수 있으나 나쁜 전략이기도 하다. 즉, 단기적으로
성과와 이익을 얻을 수 있으나 장기적으로 확실한 실패와 손실을 맛
보게 될 것이다. 지금까지 전통적인 개발 운영은 두 가지 점(자원배치,
조직)에서 개방 소스에 비해 잘못된 선택인 것으로 보인다. 전통적인
개발 운영은 동기 운영 면에서는 뜻밖의 장점이 있는 것처럼 보인다.
엉성하게 엮여진 전통적 경영자는 논의된 이슈로부터 어떤 도움도
받지 못할 것이다. 개방 소스 공동체가 갖고 있는 가장 강력한 주장은
탈중앙집중화된 동료들의 검토는 세세한 것도 실수하지 않겠다고 큰
소리치는 모든 전통적 방법을 훨씬 능가한다는 점이다.

우리는 전통적인 소프트웨어 프로젝트 운영의 경비 때문에 그 프로젝트의 목적을 정당한 것으로서 규정하는 것을 수용할 수 있는가? 그러나 그러기 위하여 우리는 경영위원회와 회사의 로드맵이 개방 소스 세계에서 유사한 역할을 수행하는 프로젝트 지도자와 부족의 연장자보다 가치와 널리 공유된 목적을 규정하는 데 훨씬 더 성공적이라고 믿을만한 타당한 근거를 필요로 할 것이다.

타당한 근거를 마련하는 일은 아주 어려운 일이다. 근거 마련을 어렵게 만드는 것은 개방 소스의 균형적 측면만은 아니다. 오히려 그 어려운 소프트웨어 프로젝트의 목표를 규정하기 위한 전통적인 메커니즘의 분명히 드러난 권위주의적 속성이다.

소프트웨어 공학의 가장 잘 알려진 민간부문의 원리들 중의 하나는 전통적인 프로젝트의 60-75%가 그들의 의도된 이용자들에 의해 결코 완성되지 않거나 거부되어진다는 사실이다. 만약 그 비율이 사실이라면(나는 그것에 반론을 제기하는 사람을 만난 적이 없다) 더 많은 프로젝트들이 현실적으로 도달할 수 없거나 분명히 잘못된 목적을 지향하고 있는 것이다.

어느 다른 문제 이상으로 이것은 오늘날의 소프트웨어 기술세계에서 "경영위원회"(management committee)라는 바로 그 명칭이 듣는 사람의 등골을 오싹하게 만들 가능성이 있는 이유이기도 하다. 비록 듣는 사람이 경영자일 때조차도 말이다. 프로그래머들만이 이 패턴을 이해했던 시절은 이미 오래 전에 지나갔다. 딜버트(Dilbert)의 만화가 이제 최고 경영자의 책상 위에 걸려 있다.

그러므로 전통적인 소프트웨어 개발 경영자에 대한 우리의 답은 단순하다. 만약 개방 소스 공동체가 전통적 경영의 가치를 과소평가했다면 여러분들 중의 그렇게 많은 사람들이 왜 여러분 자신의 운영 과정에 대한 경멸을 표출하는가?

다시 한 번 개방 소스 공동체의 존재는 이러한 의문을 상당히 첨예화시킨다. 왜냐하면, 우리는 우리가 하고 있는 일에 대해 재미를 느끼고 있기 때문이다. 우리의 창조적 역할은 놀라운 비율로 기술적인 시장 공유와 가치 공유에서 성공을 거두어 왔다. 우리는 더 좋은 소프트웨어를 개발할 수 있을 뿐만 아니라 그 과정에서 즐거움을 누릴 수 있다는 것을 밝히고 있다.

이 글을 발표한 지 2년 반이 지나고 나서 내가 제안했던 가장 급진적 사고는 개방 소스가 지배하는 소프트웨어 세계의 입장이 더 이상 아니다. 결국 그러한 생각은 요즈음 많은 사려 깊은 사람들에게 그럴듯하게 보인다.

오히려 나는 소프트웨어(모든 종류의 창작물이나 전문적인 작품을 포함하여)에 대한 더 광범위한 교훈이 있음을 제안하고자 한다. 일반적으로 인간은 어떤 종류의 낙관적인 도전분야에 직면했을 때 그 과제 수행과정에서 기쁨을 누리게 된다. 그 도전은 지루할 만큼 쉽지도 않아야 하고, 너무 어려워 도저히 해낼 수 없는 것도 아니어야 한다. 행복한 프로그래머는 잘못 수립된 목표와 긴장이 많은 처리과정의 불협화음에 큰 화를 당한다든지 스트레스를 받지 않는 사람이다. **즐거움은 효율성을 담보한다.**

당신 자신의 일처리에 두려움과 혐오감으로 가득 차 있다면 본질적으로 그 처리과정은 실패로 귀결된다는 증거임에 틀림없다. 즐거움, 유머, 쾌활함이 큰 장점이다. 내가 위에서 "행복한 무리들"(happy hordes)이라고 표현했던 것은 똑같이 알파벳 h로 시작되는 두운적 표현만은 아니다. 리눅스 마스코트가 "포옹하는 팽귄"(happy hordes)이라는 것은 단순한 조크가 아니다.

개방 소스 성공의 가장 중요한 결과는 놀이가 창조적 작업의 가장 경제적으로 효율적인 방식임을 우리에게 분명히 가르쳐 준다.

XI . 감사의 말씀

이 논문은 문제점의 개선을 도와준 많은 사람들과의 대화와 토론을 통해 크게 발전되었다. 특히 결함 수정이 수평적인 공식화라고 제안해 주었고 분석의 개발을 도왔던 더츠키(Jeff Dutky)에게 감사한다. 나는 크로포트킨을 인용함으로써 와인버그에 토론하도록 제안한 레보비츠(Nancy Lebovits)에게 고마움을 느낀다. 제너럴 테크닉사(General Technics)의 에스링거(Joan Eslinger)와 프란츠(Marty Frants)는 내 논문에 대한 날카로운 비판을 해주었다. 반텐버그(Glen Vandenburg)는 프로젝트 기여자들의 자발적인 선택의 중요성을 지적했으며, 많은 발전이 '생략된 결함'(bugs of omission)을 수정하는 유익한 아이디어를 제안했다. 우퍼(Daniel Upper)는 이것과 자연스런 비유를 제안했다. 나는 필라델피아 리눅스 사용자 그룹에 감사한다. 그들은 이 글의 첫 번째 버전을 최초로 검토해 주었다. 매튜스잭(Paula Matuszek)은 소프트웨어 운영의 실행에 대한 요령을 알려주었다. 허드슨(Phil Hudson)은 나에게 해커문화의 사회적 조직이 소프트웨어 조직을 반영한다는 사실을 상기시켰다. 끝으로 토발즈(Linus Torvalds)의 코멘트는 큰 도움이 되었으며, 그의 초기 권고와 추천은 아주 고무적인 것이었다.

XII. 더 읽을거리

나는 브룩스(Frederic P. Brooks)의 고전인 『상상의 인간과 한 달』(*The Mythical Man—Manth*)을 여러 번 인용했다. 왜냐하면, 여러 측면에서 그의 통찰력을 한 단계 더 끌어올려야 했기 때문이다. 나는 진심으로 웨스레이(Addison Wesley)의 25주기 기념판을 읽어볼 것을 권한다. 그 기념판에서는 그의 1986년도 논문인 「특효약이란 없다」(No Silver Bullet)를 실었다. 그 새 판은 아주 귀중한 20년간의 회고를 싣고 있다. 거기에서 브룩스는 솔직히 시간의 검증을 하지 못했던 잘못된 판단을 인정한다. 나는 이 논문의 최초의 공개된 버전이 완성된 후 회고록을 읽었다. 나는 그것을 읽고 난 후 브룩스가 바자회의 관행을 마이크로소프트에서 찾고 있는 것을 알고서 놀랐다. [그러나 사실 이러한 연결은 잘못된 것임이 판명되었다. 1998년에 우리는 마이크로소프트의 내적인 개발 공동체가 사실 가능하지도 않은 바자회를 지지하는 데 필요한 일반적인 소스 접근의 유형에 심히 적대감을 지니고 있다는 것을 헬로우웬 문건(Halloween Documents)으로부터 알게 되었다.]

와인버그(Gerald M. Weinberg)는 그의 책 『컴퓨터 프로그래밍 심리학』(*The Psychology of Computer Programming*, New York : Van Nostrand Reinhold, 1971)에서 처음으로 무자아 프로그램에 대해 불만족스러운 수준의 개념을 소개했다. 와인버그는 "명령의 원리"(principle of comand)의 유익

성을 제일 먼저 깨닫지는 않았지만 그것과 소프트웨어 개발의 특수한 관계의 중요성을 최초로 인정하고 주장하였다.

리눅스 이전 시대의 유닉스(Unix) 문화에 심취한 가브리엘(Richard P. Gabriel)은 마지못해 그의 1989년 발표된 논문인 「Lisp : Good News, Bad News, and How to Win Big」에서 바자회 스타일 모델의 우수성을 주장했다. 어떤 측면에서 시대에 뒤떨어진 것이긴 하지만 이 논문은 (나를 포함한) Lisp의 펜들 사이에서 아직도 칭송받고 있다. 한 통신원(기고자)은 "악화는 양화를 구축한다"고 명명된 섹션이 리눅스의 미래로서 예상될 수 있음을 나에게 상기시켰다. 이 논문은 다음의 웹주소를 통해 구해볼 수 있다. http://www. naggum.nolworse−is−better.html.

드 마코(De Marco)와 리스터(Lister)의 저서인 『Peopleware : Productive Projects and Teams』(New York : Dorset House, 1987)에서는 내가 브룩스 회고문의 인용문을 보고 즐거워했었다고 잘못 이해하는 문구가 있다. 그 저자들이 말하고자 했던 것 중에는 직접적으로 리눅스나 개방 소스[24] 공동체에 적용될 수 있는 것은 많지 않지만 창작활동에 필요한 조건들에 대한 저자의 통찰력은 상업적으로 활용하고자 하는 사람들에게 훌륭하고 가치 있는 것이기도 하다.

끝으로 나는 하마터면 이 논문을 「대성당과 아고라」(The Cathdral and the Agora)라고 명명할 수도 있었음을 밝힌다. 그리어인 아고라는 열린

---

24) 역자 주 : source는 우리말로 원시(原始)로 번역될 수 있으며, 컴파일러나 어셈블러에 의해 기계어로 번역되기 전의 프로그램 형태를 말한다. 이 용어는 일반적으로 단독으로는 쓰이지 않으며 '원시 언어'와 같이 다른 용어와 함께 쓰인다.

시장과 공개적인 만남의 장소를 의미한다. 밀러(Mark Miller)와 드렉슬러(Eric Drexler)가 세미나에서 발표한 논문인 「Agoric System」은 개방 소스 문화와 유사한 현상에 대해 나로 하여금 명료하게 생각하도록 도와주었다. 그러한 아이디어를 리눅스가 5년 후에 가로챘다. 이 논문은 다음의 웹사이트에서 자세히 볼 수 있다. http://www.agorics.com/agorpapers.html.

XIII. 후기 : 넷츠케이프는 비자회 스타일을 채택했다

네가 역사창조를 돕고 있다는 것을 알고서 이상한 느낌이 들었다 ….

「대성당과 바자회」(The Cathdral and the Bazzar)를 발표하고 7개월이 지난 1998년 1월 22일 넷츠케이프 커뮤니케이션사는 넷츠케이프 커뮤니케이터의 소스를 공개할 것임을 발표했다. 나는 발표 당일 이전에 그런 일이 일어날 낌새를 전혀 알아차리지 못했다. 넷츠케이프사의 부회장이자 최고 기술 책임자인 한(Eric Hahn) 씨는 다음과 같이 내게 메일을 보내왔다. "넷츠케이프사의 모든 구성원을 대신하여 이런 조치를 취할 수 있도록 도와준 당신에게 감사한다. 당신의 아이디어와 논문들은 우리가 이러한 결정을 내리는 데 결정적인 계기가 되었다."

다음 주에 나는 넷츠케이프사의 최고 경영자들, 기술진들과 함께 실시된 하루 동안의 전략회의(1998. 2. 4)에 초대를 받아 실리콘 벨리

로 날아갔다. 우리는 넷츠케이프의 소스를 공개하는 전략과 특허권을
함께 설계했다. 몇 일 후 나는 다음과 같은 글을 썼다.

> 넷츠케이프는 상업분야에서 대규모로 바자회 모델에 대한 현실세계에서
> 시험하려 한다. 개방 소스 문화는 하나의 위험에 직면해 있다. 만약 넷츠케이
> 프의 실행이 실패로 돌아간다면 개방 소스 개념은 신뢰를 상실하게 됨으로써
> 향후 10년 동안 상업적으로 다시 그것을 이용하려 들지 않을 것이다.

다른 한편으로 이것은 아주 극적이고 중요한 기회일 수도 있다. 월
스트리트나 그 밖의 다른 곳에서 이런 움직임에 대한 최초의 반응은
신중하고 긍정적인 반응을 보였다. 우리는 이제 스스로를 입증할 기
회를 부여받고 있다. 만약 넷츠케이프가 이러한 변화를 통해 실질적
인 시장 점유율을 확보하게 된다면 소프트웨어 산업분야에서 오랫동
안 준비된 혁명을 시작하게 될 것이다.

다음 해는 아주 유익하고 흥미로운 시간이 될 것이다.

정말로 그랬다. 내가 1999년 중반에 이 글을 쓰고 있었을 때 후에
'모질라'(Mozilla)의 개발은 제한된 성공만을 거두었을 뿐이다. 그 개
발로 넷츠케이프의 최초 목적을 성취했다. 그 목적은 브라우저 시장
에서 마이크로소프트의 독점을 저지하는 것이었다. 그 목적은 극적
인 성공을 거두었다.

그러나 모질라 개발자가 희망했던 넷츠케이프 밖에서의 광범위한
개발 노력에서는 아직 성공을 거두지 못했다. 문제는 오랫동안 모질
라의 보급이 실제로 바자회 모델의 기본 규칙 중의 하나를 위반했다
는 점이다. 모질라 개발자들은 잠재적 공급자들이 용이하게 운영할

수 있고, 작동요령을 알아야 할 것들을 제대로 전달하지 못했다는 점이다.

외부세계의 관점으로부터 가장 부정적인 것으로 모질라 그룹은 앞으로 양질의 생산능력을 지닌 브라우저를 개발해야 한다. 그 프로젝트의 주역들 중의 한 명은 부실경영과 실기(失機)에 불만을 품고 사표를 제출함으로써 센세이션을 일으켰다. 개방 소스가 결코 가볍게 다룰 성질이 아님을 그는 정확히 간파하였다.

정말로 그렇지 않다. 모질라에 대한 장기 예측은 자윈스키(Jamie Zawinski)가 사직서를 낼 때보다 지금은 훨씬 더 낙관적이다. 그러나 개방적으로 운영하는 것이 잘못 규정된 목표나 코드 또는 만성적인 기술적 문제 등으로부터 겪고 있는 현존 프로젝트를 결코 구해낼 수 없다고 주장한 그의 주장은 옳다. 모질라는 동시적·개방적 소스가 실패와 성공의 예를 보여주고자 노력하였다.

그러나 그 과정에서 개방 소스 아이디어는 성공을 이루었으며, 그밖의 여러 곳에서 지지를 얻을 수 있었다. 1998년과 1999년 후반기 동안에 개방 소스 개발 모델에 대한 폭발적인 관심을 목격하였다. 그리고 우리는 리눅스 작동체계의 지속적인 성공을 장려하는 경향을 보았다. 모질라의 출현에 따른 이러한 경향은 가속화되고 있다.

 주석

[JB] 『생각하는 프로그래밍』(*Programming Pearls*)의 저자이며 주목받는 컴퓨터 과학분야의 금언작가인 벤틀레이(John Bentley)는 "만약 당신이 하나를 버리기로 했다면 너는 두 개를 버리게 될 것이다"라고 브룩스의 관점에서 자신의 감회를 말한다. 브룩스의 관점과 벤틀레이의 관점은 최초의 시도가 잘 못될 수밖에 없음을 의미하는 것이 아니라, 올바른 아이디어를 가지고 시작하는 것이 보통 혼란에서 벗어나려는 것보다 더 효과적이라는 것이다.

[QR] 인터넷 폭발을 앞당겼고 유닉스와 인터넷 전통과는 무관한 바자회 방식인 성공적 개방 소스의 사례들은 그동안 계속해서 있어왔다. 1990-1992년 동안 주로 도스 방식을 위한 info-zip 압축 유틸리티의 개발이 그러한 사례 중의 하나이다. 또 다른 사례는 도스 방식을 위한 전자사서함(RBBS) 게시판 운영체계이다. 그 게시판 체계는 1983년에 시작했으며, 성공적으로 강력한 공동체를 구축했다. 그 공동체는 지역 전자게시판(BBS)을 통한 인터넷 메일과 파일의 공유에도 불구하고 1999년 중반까지 상당히 정기적인 공개가 있어왔다. info-zip 공동체는 어느 정도로 인터넷 메일에 의존해 왔지만 전자사서함 개발자의 문화를 통해 TCP/IP [25] 구조와는 완전히 다른 실질적

---

25) 역자 주 : TCP/IP는 전송 제어 프로토콜/인터넷 프로토콜(Transmission Control Protocol/Internet Protocol)의 약어이다. 컴퓨터 간의 통신을 위해 미국 국방부에서 개발한 통신 프로토콜로 TCP와 IP를 조합한 것이다. 이는 현재 인터넷에서 사용되는 통신 프로토콜로 통신 프로토콜이 통일됨에 따라 세계 어느 지역의 어떤 기종과도 정보교환이 가능하게 되었다. RFC(Request for Comments) 행태로 공개되고 있고 유닉스에서는 표준 프로토콜로 설정되어 있으며, 거의 모든 운영 체계에서 구현되고 있으므로 널리 보급되어 있다. TCP와 IP의 2가지 통신규약만을 가리키는 것이 아니라 관련되는 모든 프로토콜을 총칭하는 경우가 많다.

인 온라인 공동체를 실제로 구축할 수 있었다.

[JH] 해슬러(John Hasler)는 노력의 중복에 따른 개방 소스 개발과정에서 net-drag를 발생시키지 않는 다는 사실에 대한 흥미로운 설명을 제시했다. 그는 그것을 해슬러의 법칙이라고 명명할 것을 제안했다. 중복된 노동비용은 팀의 규모에 비례하여 상승하는 경향이다. 다시 말해 중복 노동비용을 제거하는 데 소요된 기획, 운영 총경비보다 더 느리게 상승한다.

이 주장은 실제로 브룩스의 법칙(Brooks's law)과 모순되지 않는다. 전체적인 복잡성 경비와 버그에의 취약성이 팀 사이즈의 제곱에 비례하여 상승하는 경우가 있을 수 있다. 그러나 중복 노동의 경비는 더욱 더 느리게 상승하는 특수한 경우이다. 대부분의 결함의 원인이 되는 전 체계에 만연된 뜻하지 않은 부정적 상호작용을 방지하는 것보다 노력의 중복을 방지할 다른 개발자들의 코드 사이의 기능적 경계를 일치시키는 것이 훨씬 용이하다는 확고한 사실에서 출발한다면 이러한 주장의 그럴 듯한 이유를 찾는 일은 그리 어렵지 않다. 리누스 법칙과 해슬러 법칙의 조합은 실제로 소프트웨어 프로젝트에서 세 가지 중요한 규모의 관리체제가 있을 수 있음을 제안한다. 작은 규모의 프로젝트에서 선도 프로그래머를 선발하는 것과 같이 정교한 운영 구조를 필요로 하지 않는다. 그리고 전통적으로 운영비가 상대적으로 낮은 중간 규모가 있다. 그러므로 그 경우 노력의 중복을 피함으로써 얻는 이익이나 결함을 탐색하는 과정에서 얻는 이익은 긍정적인 결과를 낳는다. 그러나 무엇보다도 리누스 법칙과 해슬러 법칙의 조합은 대규모의 프로젝트에서 전통적인 운영비용과 문제들이 노력의 중복에서 생겨난 예상비용보다 훨씬 더 빠르게 상승한다고 제안한다. '다인수 관찰효과'(many-eyeballs effect)를 구조적으로 이용할 수 없다는 것은 최소의 경비를 상쇄시킨다. 그러므로 대규모 프로젝트의 경우에 이런 법칙들의 조합은 효과적으로 전통적인 운영의 순수 비용을 거의 영으로 만들 수도 있다.

[HBS] 리눅스의 실험용 버전과 안정된 버전 사이의 분리는 위험을 억제하는 것과 관련을 맺고 있지만 그것과 구별되는 것이다. 그 분리는 경계선들의 경계선이라는 또 다른 문제를 야기한다. 프로그래머들이 불변의 요소목록과 고정된 마감시간을 고수하고자 했을 때, 그 프로그램의 질은 떨어지고 제작과정에서 큰 혼란의 가능성이 있다. 이런 억압요인들 중의 어느 하나를 해소하는 것이 일정표를 원활하게 할 수 있게 해준 기여자로 나를 지목해 준 점에 대해 하바드 비즈니스 스쿨(Havard Business School)의 이안스티(Macro Iansti)에게 큰 은혜를 입고 있다. 이런 일을 수행하는 한 방법은 마감시간을 고정하는 것이지만, 마감시간까지 완성하지 못한다면 요소들을 줄이도록 함으로써 요소항목을 유연하게 조정하는 것이다. 이것은 본질적으로 안정적인 핵심 분야의 전략이다. 안정적인 핵심 요소의 유지자인 콕스(Alan Cox)는 상당히 규칙적인 간격의 해소책을 마련했다. 그러나 특수한 결함이 견고하게 자리잡게 될 때 걷잡을 수 없게 된다. 이런 일을 수행하는 또 다른 방법은 바람직한 요소 목록을 정하고 그 목록이 정해질 때만이 작동하는 것이다. 이것은 본질적으로 실험적 핵심 분야(kernel branch)의 전략이기도 하다. 이런 일정표 정책(내 순서가 되었을 때 나를 깨워라)은 최고의 양질뿐만 아니라 현실적이거나 공격적인 일정표보다 평균적으로 더 짧은 실행횟수를 야기한다. 나는 이 논문의 최초 버전에서 개방 소스 공동체의 생산성과 품질에 대한 반(反)마감시간 정책(anti-deadline policy), 즉 "내 순서에서 나를 깨워라"고 하는 것의 중요성을 과소평가했다는 점을 의심하기 시작했다. 1999년에 GNOME 1.0의 경험은 조기의 프로그램 개방 압력이 공개소스의 큰 장점을 상쇄시킬 수도 있다는 점이었다. 개방 소스의 과정에 있어 투명성이 "내 순서에서 나를 깨워라"와 같은 일정표와 개발자 자기 선택과 더불어 세 개의 동등한 특징들 중의 하나임이 드러났다.

[IN] 바자회 스타일에서 무(zero)로부터 프로젝트를 출발할 수 있는지에 관련

된 이슈는 바자회 스타일이 진실로 혁신적인 과제를 지원할 수 있느냐와 관련을 맺고 있다. 강력한 리더십이 부족하므로 바자회 스타일이 단지 아이디어의 무성(無性)생식과 개선만을 조장할 수 있다는 일부 주장은 과거 기술의 공학상태(the engineering state of the art)에서 나타나지만 그 기술의 상태를 강행할 수는 없다. 이러한 논쟁은 개방 소스 현상에 대하여 쓰여진 두 개의 당혹스러운 내부 문건인 할로우엔 문건(Halloween Documents)에 의해 가장 악명 높게 전개되었다. 저자는 유닉스와 같은 운영체제의 리눅스식 개발을 계속해서 꼬리를 잡는 것과 비교했다. 그리고 만약 어떤 프로젝트가 현 기술의 상태로 동일한 것을 일구어냈다면 새로운 분야의 개척을 일구어내는데 필수적인 운영수준이 광범위하다고 그는 생각했다.

이러한 주장에 내포된 사실에 중대한 과오가 있다. 할로우엔 저자들이 새로운 연구 아이디어들이 다른 플랫폼에서 이용할 수 있거나 동화되기 전에 먼저 리눅스에서 실행되고 이용될 수 있음을 후에 알게 되었을 때, 그 과오는 발견되었다.

만약 우리가 리눅스를 위한 개방 소스를 해석해 우리는 이것이 결코 새로운 현상이 아님을 알게 된다. 역사적으로 개방 소스 공동체는 계속해서 꼬리를 물거나 대규모로 운영함으로써 이멕스(Emace)나 www.나 인터넷 자체를 발명하지는 않았다. 그리고 현재 개방 소스에서 진행되고 있는 너무나 많은 혁신적인 작업이 있으므로 그 선택을 위해 고민하게 된다. 많은 것들 중의 하나를 선택하는 GNOME[26] 프로젝트는 사용자 인터페이스(GUI)의 기술 상태를 추구하며, 리눅스 공동체 밖의 컴퓨터 거래 잡지에서 상당한 주목을 끌기에 충분히 난해한 객관적 기술을 추구한다. 어떤 날에 Freshmeat[27] 방문

---

26) 역자 주 : 그놈(GNOME) 프로젝트는 사용자를 위한 완전히 자유롭고 사용하기 쉬운 데스크탑 환경과 동시에 소프트웨어 개발자를 위한 강력한 어플리케이션 프레임워크를 만들고 있다. 그놈은 GNU 프로젝트의 일부이며, 자유소프트웨어이다. 흔히 개방 소스 소프트웨어라고 불린다.

이 재빨리 밝혀지는 것과 같은 그 밖의 수많은 사례들이 있다.

그러나 성당식 모델(또는 바자회 모델, 그 밖의 다른 종류의 운영구조)에서 믿을 만한 혁신이 생겨날 수 있다는 분명한 가정에 더욱 근본적인 과오가 있다. 이것은 넌센스이다. 그 집단은 비약적인 발전을 위한 통찰력을 갖고 있지 못하다. 바자회식 무정부상태의 자원과 집단들조차도 현재의 비용으로 생존의 위기에 처해 있는 사람들 간의 협조적인 분위기는 차치하더라도 진실한 창의성을 발휘할 수 없다. 통창력은 개인으로부터 나온다. 사회적 메커니즘에서 가장 바람직한 것은 비약적인 발전을 위한 통찰력이다. 그 통찰력은 개인들을 억압하는 대신에 용기를 북돋아 주고 보상해 주고 엄격하게 검증해 준다.

일부 사람들은 이것을 시대에 뒤떨어진 외로운 발명가 모습의 복귀로 특징짓기도 한다. 그렇지는 않다. 일단 그 집단들이 계획을 세우기만 한다면 그들이 비약적인 발전을 위한 통찰력을 개발할 수 없다고 나는 생각하지 않는다. 정말로 우리는 고품질의 산물을 만드는 데 필수적인 동료들의 검토과정으로부터 배운다. 오히려 나는 모든 그러한 집단 개발이 한 사람의 머리에서 나온 좋은 아이디어로부터 시작된다는 점을 지적하고자 한다. 성당식이나 바자회식이나 그 밖의 다른 사회구조도 번쩍이는 아이디어를 낼 수도 있고 세련화시킬 수도 있지만 요구가 있는 즉시 할 수는 없다.

그러므로 소프트웨어나 그 밖의 다른 곳에서 혁신의 근원적인 문제는 정말로 혁신을 강력히 추진하는 방법이 아니라 최초로 통찰력을 지닐 가능성

---

27) 역자 주 : freshmeat는 생고기라는 뜻으로 최신의 신선한 리눅스 프로그램 발표 소식을 가장 일찍, 자주 알려주는 사이트이다. 원래는 리눅스에서 사용되는 프로그램 목록을 정리하기 위한 개인적인 사이트로 시작되었다가 발전을 거듭하면서 현재에 이르게 되었다. 메인 화면에서는 최신 리눅스웨어의 업데이트 소식과 리눅스 관련 뉴스를 제공한다. 최신 리눅스 프로그램은 프로그램명과 버전에 대한 소개, 작성자와 등록시간, 프로그램에 대한 개요와 설명, 최신 버전에서 변경된 사항, 중요도, 라이센스, 분류 카테고리, 다운로드, 홈페이지, 변경이력, 자세한 설명에 대한 링크 정보가 있다.

이 있는 많은 사람들을 양성하는 방법이다.

성당 스타일의 개발이 이런 방법을 잘 운영할 수 있지만, 바자회 스타일의 낮은 출입장벽과 과정상의 유동성이 이런 방법을 잘 운영할 수 없다고 가정하는 것은 바보스러운 것이다. 만약 좋은 아이디어를 지닌 사람이 있다면 그 사람이 그런 좋은 아이디어를 지닌 다른 수천, 수만 명의 협력을 이끌 수 있는 사회적 환경은 누구를 막론하고 틀림없이 혁신시켜 줄 것이다.

그리고 정말로 만약 우리가 성당식 모델을 사용한 조직을 통해 소프트웨어 혁신의 역사를 살펴본다면 우리는 그 경우가 많지 않음을 쉽게 알게 될 것이다. 대기업은 새로운 아이디어를 위해 대학 연구소에 주로 의존한다. 또는 대기업은 새로운 두뇌들로 구성된 작은 회사를 통째로 사버리기도 한다. 어느 경우에도 성당식 문화 고유의 혁신은 존재하지 않는다. 그렇게 수입된 많은 혁신들은 할로우엔 문건의 저자들이 그렇게 찬양했던 대규모의 경영 하에서 압살당하는 것으로 끝나게 된다.

그러나 그것은 부정적인 인식이다. 독자들은 긍정적인 입장에 더 호감을 갖게 될 것이다. 나는 하나의 실험으로 다음과 같은 것을 제안한다.

- 네가 믿기에 네가 일관적으로 적용할 수 있는 창발성의 준거를 선정해 보아라.
- 리눅스를 능가하는 폐쇄적 소스의 운영체계와 현재의 개발과제 수행을 위한 최선의 소스를 뽑아봐라.
- 한달 동안 그 소스와 Freshmeat를 주의 깊게 관찰해 보아라. 매일 네가 창조적 과제라고 생각하는 Freshmeat상에서 발표된 것들의 수를 헤아려 보아라. 동일한 창발성의 정의를 다른 운영체계(OS)를 위한 발표에도 적용하고 그 숫자를 헤아려 보아라.
- 30일 후 양쪽의 총계를 내보아라.

내가 이 글을 썼던 날에 Freshmeat는 22개의 소스를 발표했고, 그 중 세 개는 어떤 면에서 첨단 기술수준(state of the art)으로 곧 추진할 수 있는 것으로 나타났다. 이것은 Freshmeat 입장에선 발표건 수가 상대적으로 적은 날이었다. 그러나 만약 어느 독자가 폐쇄적인 소스 채널에서 한 달에 세 개의 혁신적인 소스를 보고한다면 나는 충격을 받게 될 것이다.

[EGCS] 우리는 여러 측면에서 패치메일보다 바자회의 근거에 대해 더욱 직설적인 검증을 제공하는 프로젝트에 대한 역사를 갖고 있다. 그 프로젝트는 실험적인 GNU 승인 시스템(the experimental GNU compiler system : EGCS)이다.

이 프로젝트는 성당과 바자에 대한 초기의 공식적인 버전에 그 아이디어를 적용하려는 의식적인 시도로서 1997년 8월 중반에 발표되었다. 그 프로젝트 창안자는 GCC(GNU C compiler)의 개발이 침체되고 있었음을 느꼈다. 그후 약 20개월 동안 GCC와 EGCS는 유사한 결과들을 계속해서 만들어냈다. 둘 모두는 동일한 인터넷 개발그룹으로부터 인기를 끌었고, 동일한 GCC 소스의 토대에서 시작했으며, 동일한 유닉스 도구셋과 개발 환경을 많이 이용했다. 그 프로젝트는 EGCS가 의식적으로 바자회식 전략을 적용하려 했다는 점에서만 다를 뿐이다. 반면 GCC는 폐쇄적인 개발그룹을 지니고 이따금의 공개만 하는 성당식의 조직을 운영하고 있다.

이것은 통제된 실험과 아주 밀접하며, 그 결과들은 아주 극적이기도 하다. 수개월 내에 EGCS 버전은 실질적으로 몇 가지 측면에서 향상되었다. 예를 들어 FORTRAN과 C++[28]에 더 훌륭한 적합성과 더 많은 지원을 가능하게

---

28) 역자 주 : C++는 언어를 확장한 객체 지향 프로그래밍 언어이다. AT&T 벨 연구소의 슈트로우스트롭(B. Stroustrup)이 1983년에 발표하였다. C 언어규격을 완전히 만족하여 그 확장 버전(++는 C의 증분 연산자를 나타낸다)으로 설계되어 있다. C++의 프로세스계는 C의 사전 처리기로 개발되기도 하지만 C++ 컴파일러도 있다. 이 언어는 스몰토크(Smalltalk)만큼 객체 지향 언어는 아니지만 C 언어와 호환성이 있기 때문에 애플 컴퓨터회사 및 선 마이크로시스템스사 등 많은 벤더들이 채택하고 있다.

해주었다. 많은 사람들은 EGCS 개발이 GCC의 가장 최근의 안정적 버전보다 더 신뢰할 만하다고 많은 사람들은 알고 있다. 주요한 리눅스 보급이 EGCS와 결합하기 시작했다.

1999년 4월에 무료 소프트웨어 재단(Free Software Foundation : GCC의 공식 스폰서)은 최초의 GCC 개발 그룹을 해체하고 EGCS 지도팀에게 그 프로젝트의 통제권을 부여했다.

[SP] 물론 크로포트킨(Kropotkin)의 비판과 리누스의 법칙은 사회조직들의 사이버네틱에 대한 광범위한 이슈를 제기한다. 소프트웨어 공학의 또 다른 일반 법칙 중 하나를 제안한다. 그것은 콘웨이(Conway)의 법칙이라고 불리워지고 있으며, 그 내용으로 만약 네가 컴파일러상에서 작업하는 네 그룹을 가지고 있다면 너는 네 개의 패스 컴파일러(pass compiler)를 얻게 될 것이다. 최초의 진술은 더욱 일반적이다. 즉, 시스템을 설계하는 조직들은 이 조직들의 커뮤니케이션 구조를 복제한 디자인을 만들 것을 강요받는다. 우리는 더욱 간결하게 "수단이 목적을 결정한다. 또는 과정이 결과가 된다"와 같이 그것을 표현할 수 있다.

따라서 개방 소스 공동체에서 조직적인 형태와 기능이 여러 차원에서 결합될 수 있음을 주목할 필요가 있다. 네트워크가 결합의 전부이며, 어디에서나 가능하다. 인터넷이 아니라 그 일을 수행하는 사람이 다양한 풍요로움을 제공하기도 하고 아주 우아하게 그 정도를 줄이기도 하는 느슨하게 결합된 통로 간의 네트워크를 형성한다. 양쪽 네트워크에서 각각의 노드는 다른 노드들이 그것과 협력하기를 원하는 정도만큼만 중요하다.

동료의식은 해당 공동체의 놀라운 생산성에 필수적이다. 크로포트킨의 권력관계에 대해 언급하고자 했던 관점은 SNAFU [29] 원리에 의해 더욱 발전

---

29) 역자 주 : 'SNAFU(스나프) 원리'는 명령체계를 갖는 조직이 왜 쉽게 확장될 수 없는가

되었다. 그 원리는 다음과 같다. "진실한 커뮤니케이션은 동등한 사람들 사이에서만 가능하다는 것이다. 왜냐하면, 하급자는 자신의 상급자에게 진실을 말하기보다는 기분을 좋게 하기 위해 거짓을 말하는 것이 더 일관적인 보상을 받기 때문이다." 종국적으로 창조적인 팀워크는 진실한 커뮤니케이션에 달려 있다. 그러므로 창조적인 팀워크는 권력관계의 출현에 의해 아주 심각하게 방해를 받는다. 그러한 권력관계에서 비교적 자유로운 개방 소스 공동체는 폐쇄적 소스 공동체가 결함, 낮은 생산성, 기회의 상실 때문에 얼마나 많은 경비를 지불했는지를 비교해 보면 그것의 우수성을 우리에게 잘 알려준다.

더 나아가 SNAFU 원리는 권위주의적인 조직에서 결정자와 실제 사이의 점진적인 불일치를 잘 나타내 준다. 관례적인 소프트웨어 개발에서 그런 작동방식을 알기란 쉽다. 즉, 하급자들이 문제를 숨기고, 무시하고, 최소화하려는 강한 유혹이 있다. 이런 반복되는 과정이 결과로 나타날 때 소프트웨어는 재앙을 맞이하게 된다.

에 대한 매우 명쾌한 분석을 담고 있다. SNAFU는 제2차 세계대전 당시에 미 육군에서 유래된 속어로 "Situation Normal, All Fucked Up!", 즉 "항상 그런 것처럼 나쁜 상황이 군"이라는 뜻을 갖고 있지만 양쪽 모두가 동등한 관계일 때만 진정한 의사소통이 성립할 수 있다는 것이다. 왜냐하면, 권력이나 명령체계를 갖는 조직에서는 우위관계가 발생되기 때문에 약자는 지속적인 보상을 받기 위해서 강자에게 거짓과 감언이설로 현실을 왜곡시키기 때문이다.

찾아보기

역자 약력

▶ **이태건**

서울대학교 문리과대학 철학과 졸업
서울대학교 대학원 졸업(교육학 박사)
서울대학교 강사
인하대학교 사범대학 사회교육과 교수
인하대학교 사회교육원장, 교무처장, 교육대학원장
한국윤리학회 회장 역임
현 인하대학교 명예교수, 성산효대학원대학교 부총장

저서 및 역서

『지속가능한 사회−새로운 환경 패러다임의 이해』(공역, 인간사랑, 2005),
『사이버윤리』(공역, 인간사랑, 2001),
"북한의 '효' 개념 정치화에 관한 연구",
"21세기 한국적 공동체 윤리의 새 지평" 외 다수

▶ **홍용희**

서울대학교 대학원 졸업(교육학 박사)
현 충주대학교 부교수

저서 및 역서

『사회학의 이해』(공저, 인간사랑, 2007),
『현대인을 위한 직업윤리』(공저, 삼경문화사, 2004),
"생태적 삶과 환경윤리의 만남",
"정보화 사회의 시민윤리와 교육" 외 다수

▶ **이범웅**

서울대학교 대학원 국민윤리교육과 졸업
교육학 석사 및 박사
UC, Riverside방문 연구자
공주교육대학교 윤리교육과 교수

저서 및 역서
『초등교사를 위한 도덕과 교육원론』(공저, 인간사랑, 2008),
『새로운 시대의 인격교육』(공역, 인간사랑, 2008),
『통일시대의 북한학』(공저, 양서원, 2007),
『넥스트-좋은 사회로 가는 길』(역서, 인간사랑, 2007),
『도덕과 교육의 실제』(공저, 인간사랑, 2005) 외 다수

▶ **노병철**

서울대학교 대학원 졸업(교육학 박사)
현 충주대학교 부교수

저서 및 역서
『지속가능한 사회-새로운 환경 패러다임의 이해』(공역, 인간사랑, 2005),
『사이버윤리』(공역, 인간사랑, 2001),
"사이버윤리 연구의 새로운 방법론 모색",
"체계분석의 방법론적 효용성에 관한 연구-사회과학적 함의를 중심으로" 외 다수

▶ **조일수**

서울대학교 대학원 졸업(교육학 박사)
현 충북대학교 조교수

저서 및 역서
『공학윤리』(공저, 인간사랑, 2007),
『인공과학의 이해』(공역),
"사이버 공간에서의 새로운 민주시민성에 대한 고찰",
"정보화 시대의 민주주의 모델에 대한 시론적 연구" 외 다수

엮은이

- 리차드 스피넬로(Richard A. Spinello, Ph.D., Fordham University)는 Boston College 캐롤 경영대학원(Carroll School of Management) 부교수로 재직 중이다. Boston College 교수로 재직하기 전에 소프트웨어 분야의 프로그래머, 컨설턴트, 그리고 마케팅 매니저로 활동하였다. 컴퓨터윤리와 관련된 세 권의 저서를 집필하였다. 가장 최근의 저서로는 『사이버윤리 : 사이버공간에 있어서 법과 도덕』(*Cyberethics : Morality and Law in Cyberspace*)이 있다. 또한 윤리학과 경영에 관련된 수많은 논문들을 발표하였다.

- 허만 타바니(Herman T. Tavani, Ph.D., Temple University)는 Rivier College 철학과 교수이며 자유연구 프로그램 책임자이다. Rivier College 교수로 재직하기 전에 소프트웨어 분야의 기술작가와 출판관리자로 활동하였다. 컴퓨터윤리 분야의 많은 논문을 발표하였고, 현재 『컴퓨터와 사회』(*Computer and Society*)의 부편집인과 『윤리학과 정보기술』(*Ethics and Information Technology*)의 서평 편집인으로 활동하고 있다.

정보화 시대의 사이버윤리

초판1쇄 / 2008년 9월 10일

엮은이 **리차드 스피넬로 / 허만 타바니**
옮긴이 **이태건/홍용희/이범웅/노병철/조일수**
펴낸이 **여국동**
펴낸곳 **도서출판 인간사랑**
인 쇄 **백왕인쇄**
제 본 **은정제책사**

출판등록 1983. 1. 26. / 제일-3호

정가 25,000원

ISBN 978-89-7418-253-3 93190

(411- 815) 경기도 고양시 일산구 백석동 1178-1
TEL (031)901-8144, 907-2003
FAX (031)905-5815
e-mail/igsr@yahoo.co.kr
igsr@naver.com

※ 잘못된 책은 교환해 드립니다.　　　　　※ 불법복사는 지적재산을 훔치는 범죄행위입니다.